权威·前沿·原创

皮书系列为
"十二五""十三五""十四五"时期国家重点出版物出版专项规划项目

建设用地蓝皮书
BLUE BOOK OF CONSTRUCTION LAND

中国城市建设用地节约集约利用报告 *No.4*

ANNUAL REPORT ON THE SAVING AND INTENSIVE USE OF THE URBAN
CONSTRUCTION LAND (No.4)

"十三五"开发区土地集约利用回顾与总结

主　　编／邓红蒂　林　坚　左玉强
副 主 编／王　萌　楚建群　王晓莉

社会科学文献出版社
SOCIAL SCIENCES ACADEMIC PRESS（CHINA）

图书在版编目(CIP)数据

中国城市建设用地节约集约利用报告. No.4,"十三五"开发区土地集约利用回顾与总结 / 邓红蒂, 林坚, 左玉强主编；王萌, 楚建群, 王晓莉副主编. -- 北京：社会科学文献出版社, 2023.10
（建设用地蓝皮书）
ISBN 978-7-5228-1591-6

Ⅰ.①中…　Ⅱ.①邓…②林…③左…④王…⑤楚…⑥王…　Ⅲ.①城市土地－土地利用－研究报告－中国　Ⅳ.①F299.22

中国国家版本馆CIP数据核字（2023）第050620号

建设用地蓝皮书

中国城市建设用地节约集约利用报告No.4
——"十三五"开发区土地集约利用回顾与总结

主　　编 / 邓红蒂　林　坚　左玉强
副主编 / 王　萌　楚建群　王晓莉

出 版 人 / 冀祥德
责任编辑 / 薛铭洁
责任印制 / 王京美

出　　版 / 社会科学文献出版社·皮书出版分社（010）59367127
　　　　　地址：北京市北三环中路甲29号院华龙大厦　邮编：100029
　　　　　网址：www.ssap.com.cn
发　　行 / 社会科学文献出版社（010）59367028
印　　装 / 三河市东方印刷有限公司

规　　格 / 开　本：787mm×1092mm　1/16
　　　　　印　张：36.75　字　数：554千字
版　　次 / 2023年10月第1版　2023年10月第1次印刷
审 图 号 / GS京（2022）1349号
书　　号 / ISBN 978-7-5228-1591-6
定　　价 / 228.00元

读者服务电话：4008918866

《中国城市建设用地节约集约利用报告No.4》
编　委　会

主要编撰者简介

邓红蒂　研究员，中国国土勘测规划院副院长，中国土地学会土地规划分会副主任委员，全国自然资源与国土空间规划标准化技术委员会委员、全国自然资源与国土空间规划标准化技术委员会土地资源利用分技术委员会副主任委员、全国自然资源与国土空间规划标准化技术委员会保护与修复分技术委员会委员。长期从事国土空间规划、国土空间用途管制、土地评价、土地政策、自然资源与国土空间规划标准化研究及实践。主持完成国家科技攻关项目、国家社科基金专项、国土资源大调查重点项目、土地资源调查监测重大工程、国土资源部重点科研课题等30余项，先后参与三轮全国土地利用总体规划，汶川、玉树灾后恢复重建土地利用规划，全国国土空间规划、长江经济带国土空间规划、自然生态空间用途管制研究等研究及应用管理工作，主持、参与省市县乡级土地利用总体规划、城市建设用地节约集约利用评价、开发区土地集约利用评价等多项规范标准的编制，出版学术著作多部、发表论文多篇，获国土资源科技奖、土地规划优秀成果奖多项。

林　坚　北京大学城市与环境学院二级教授、博士生导师，城市与区域规划系主任，自然资源部国土空间规划与开发保护重点实验室副主任，兼任中国土地学会常务理事、中国城市规划学会常务理事等职。长期从事国土空间规划、国土空间用途管制、土地节约集约利用、自然资源与国土空间规划标准化等方面的研究和实践。主持完成国家社会科学基金重大专项课题、国家自然科学基金、行业公益性专项项目、国家科技支撑计划子课题等百余项科研和实践项目。参与全国土地利用总体规划纲要、国土规划纲要、国土空间规划纲要研究编制以及建设用地节约集约利用评价等工作。以主要起草人身份参编 3 部国家标准、8 部行业标准和 2 项自然资源部技术文件。先后获得省级哲学社会科学优秀成果一等奖 1 项，省部级科学技术奖一等奖 2 项、二等奖 2 项，出版多部专著，发表百余篇学术论文。

左玉强　中国国土勘测规划院土地利用规划评审中心主任，研究员。长期从事土地利用规划、国土空间规划、土地利用评价等研究与实践，主持和参与多项国土资源大调查、土地资源调查评价、国家科技支撑计划等重大工程和科研项目，参与全国土地利用总体规划、全国国土空间规划、长江经济带国土空间规划和汶川、玉树灾后恢复重建土地利用规划等编制，参与《建设用地节约集约利用评价规程》《开发区土地集约利用评价规程》《开发区土地集约利用评价数据库标准》等行业标准研制，参与全国城市、开发区、高校教育用地等节约集约用地评价技术指导。获国土资源科学技术奖 2 项，2015 年入选国土资源高层次创新型科技人才培养工程——杰出青年科技人才培养计划，2019 年入选自然资源高层次科技创新人才第三梯队。

王　萌　中国国土勘测规划院土地规划评审中心高级工程师。长期从事建设用地节约集约利用评价和建设项目用地预审政策研究相关工作。参与全国城市建设用地节约集约利用状况整体评价、全国开发区土地集约利用评价及监测统计、全国产业园土地集约利用状况总调查、建设用地节约集约利用详细评价、高校教育用地集约利用评价、农村建设用地集约利用评价等工作。参与《建设用地节约集约利用评价规程》《开发区土地集约利用评价规程》《开发区土地集约利用评价数据库标准》等行业标准研制。承担 2018~2022 年开发区土地集约利用评价技术方案编制与评价技术指导工作，完成《全国开发区公告目录（2018 版）》审核修订工作及开发区土地集约利用状况国家级汇总。

楚建群　北京大学城市与环境学院副教授，北京大学不动产研究鉴定中心副主任。长期从事国土空间规划、土地节约集约利用、开发区土地集约利用评价等方面的研究和实践。参与国家自然科学基金、国家科技支撑计划课题等 10 余项科研和实践项目。参与《开发区土地集约利用评价规程》《开发区土地集约利用评价数据库标准》等行业标准的制定、修改完善工作。承担各年度北京市开发区土地集约利用评价的技术指导，先后编写各评价年度《北京市开发区土地集约利用评价技术指引》等技术规范，完成各年度的北京市开发区土地集约利用评价汇总分析工作。发表 20 余篇学术论文，获国土资源科学技术奖一等奖。

王晓莉　中国国土勘测规划院土地利用规划评审中心工程师。主要从事土地利用评价、国土空间规划及用途管制、土地政策研究等相关工作，入选自然资源部科技创新团队"国土空间规划创新团队"。先后主持和参与建设用地节约集约利用评价、国土空间用途管制运行体系研究、城镇国土空间监测、"三调"建设用地专题分析、"多规合一"视角下土地供给侧结构性改革研究等近 20 项省部级重点项目和国家科研基金项目。参与城市、开发区、农村建设用地节约集约利用评价技术标准制修订工作，承担《城市建设用地节约集约利用详细评价技术规程》行业标准研制以及全国范围内各项评价工作的技术指导，参编多部学术著作，发表多篇核心期刊论文。

前　言

　　我国人口众多而土地资源相对有限，以资源环境约束趋紧为主要特征的土地供需矛盾日益突出，如何既实现耕地保护目标又满足城市化与工业化合理的用地需求，是我国的社会经济可持续发展面临的重大问题。土地集约利用是推进生态文明建设的现实要求，也是促进经济发展方式转变的有效途径。习近平总书记在中央城镇化工作会议上指出："要按照严守底线、调整结构、深化改革的思路，严控增量，盘活存量，优化结构，提升效率，切实提高城镇建设用地集约化程度。"2019 年，全国人大常委会通过《中华人民共和国土地管理法》修正案，修正案将提高土地节约集约利用水平作为土地利用总体规划编制的原则之一。土地集约利用是中央新发展理念的科学体现，也是推进可持续发展的重要手段。

　　开发区是我国改革开放的成功实践。自 1984 年国务院批准建立国家级开发区以来，全国各级各类开发区在引导产业集聚和促进对外开放等方面发挥了难以替代的作用。开发区已成为推动我国城镇化与工业化快速发展的重要平台，但开发区建设用地利用粗放、产业结构落后、用地结构不合理等问题阻碍了开发区进一步发展。当前，我国经济发展进入新常态，开发区作为改革开放的排头兵，将面临引领经济结构优化调整和发展方式转变的新挑战，建设用地作为基本生产要素，其空间配置与开发利用方式必须进行相应改变。开发区土地集约利用评价，能够全面掌握各级各类开发区的土地利用现状与变化趋势，综合反映开发区土地集约利用水平，是促进开发区土地集约利用的一项重要的基础性工作。2008 年，国土资源部组织中国国土勘测规划院（原中国土地勘测规划院）、北京大学城市与环境学院等单位专家编制并发布了第一版《开发区土地集约利用评价规程》，并持续进行规程的修订研究。在相关规程的指导下，自然资源部已经连续多年组织并开展全国开发区土地集约利用评价工作，一是全面掌握全国各级各类开发区土地集约利用情况，二是为开发区规划编制、政策制定和管理体系完善提供依据。

本书基于"全国开发区土地集约利用评价"工作，对2016~2020年全国、四大区域和重点城市群的开发区基本情况（参评数量与用地规模）、土地利用状况（土地供应建设情况、土地利用结构、土地闲置情况和建设量情况）和土地集约利用状况（土地利用程度、土地利用结构、土地利用强度、综合用地效益和土地管理绩效）进行综合分析，提出促进开发区土地集约利用的政策建议，旨在从全国、区域和城市群等不同空间尺度上进行综合分析，为我国开发区实现差异化管理提供参考，也为有关学术研究提供数据支撑。

全书包括4个部分，分别为总报告、区域篇、重点城市群篇、专题研究篇，以及附录。其中，总报告分析了2016~2020年全国国家级和省级开发区土地利用特征、土地集约利用状况及变化情况，提出了主要结论和政策建议。区域篇分为东部地区、中部地区、西部地区和东北地区四个部分，分别对各区域开发区土地集约利用现状水平、动态变化和主要特征进行了分析。重点城市群篇对京津冀城市群、长三角城市群、珠三角城市群和成渝城市群的开发区土地集约利用总体状况与主要特征进行了综合分析并提出了相应的政策建议。专题研究篇包括开发区土地集约利用评价工作情况与汇总分析方法、开发区土地集约利用研究综述、典型开发区与典型企业土地集约利用状况分析。附录包括开发区土地集约利用评价工作依据清单、开发区土地集约利用评价有关名词解释和开发区土地集约利用评价工作技术体系。

摘　要

　　本书依托自然资源部、原国土资源部部署开展的全国开发区土地集约利用评价工作，基于各级各类开发区经济社会与土地利用调查数据，分别从全国、四大区域和四个重点城市群等不同维度上，总结了2016~2020年开发区土地集约利用的现状水平、动态变化、区域格局和总体特征，并结合各区域与城市群的实际情况，研究提出了促进开发区土地集约利用水平提升的政策建议。

　　"十三五"期间，我国开发区数量有所增长，参评积极性不断提升，具有向综合型、高新型和产城融合型开发区转变的趋势。开发区用地规模持续扩张，土地集约利用收效显著，但开发区土地集约利用水平分异较大，区域发展不平衡现象仍然突出。部分开发区存在招商引资力度不足、建设项目质量较低、土地利用强度不够、闲置土地处理不及时等诸多问题。持续推进开发区土地集约利用需从科学规划开发区整体布局、建立工业项目全生命周期管理模式以及推进开发区土地集约利用评价成果转化等方面着手。

　　四大区域开发区土地集约利用水平呈现不同的特征。东部地区开发区数量最多，平均用地规模最大，高新区和海关特殊监管区发展较快，土地集约利用总体水平最好，但可拓展的用地空间明显不足，有必要探索存量用地再开发模式，打造土地集约利用示范区。中部地区开发区平均用地规模较小，高新区发展动力较强，开发区土地利用程度和土地利用强度较高，但综合用地效益和土地管理绩效明显不足，有待进一步提升开发区产业发展能级，加快闲置土地的处理。西部地区开发区数量仅次于东部地区，但参评持续性相对较弱，省级开发区平均用地规模最大，边境合作区等经济类开发区发展速度较快，开发区土地集约利用总体水平较低，仅国家级开发区人口承载能力较好，可实施适当的政策促进特色产业发展，需进一步提升土地管理水平。东北地区开发区数量最少，平均用地规模相对较小，经济类开发区发展较快，开发区土地利用程度较高，土地管理绩效较好，但土地利用强度和综合用地效益明显不足，亟须创新招商引资方式、提升经济活力，促进产业升级。

四个重点城市群内部开发区土地集约利用水平各有特点。京津冀城市群开发区土地集约利用总体水平相对较高，但河北省开发区土地利用强度和综合用地效益明显较低，有必要探索京津冀园区合作共建，促进产业协同发展，需进一步加强河北省开发区土地使用管理。长三角城市群开发区数量较多，产城融合发展导向明显，土地集约利用总体水平最高，省际差异相对较小，可进一步强化省际分工合作，建立开发区联动机制，推进开发区存量挖潜与二次开发。珠三角城市群开发区数量较少且保持稳定，平均用地规模较大，土地利用强度较高，省级特色工业园数量占比最高，但综合用地效益较低，且存在一定比例的闲置土地，推进珠三角城市群开发区土地集约利用需强化开发区创新引领，重点提升省级特色工业园土地管理水平。成渝城市群开发区数量相对较多，平均用地规模较小，产城融合发展导向明显，开发区土地利用强度较高，但综合用地效益明显不足，省级开发区存在较多闲置土地，需进一步推进成渝开发区产业协同发展，强化科技成果转化能力，加强省级开发区土地管理能力。

关键词：开发区　城市建设用地　土地集约利用评价　区域格局

目 录 ⟨⟩

Ⅰ 总报告

Ⅱ 区域篇

Ⅲ 重点城市群篇

Ⅳ 专题研究篇

皮书数据库阅读**使用指南**

CONTENTS ↰↱

I   General Report

II   Regions

Ⅲ   Major Urban Agglomerations

Ⅳ   Special Researches

CONTENTS

总 报 告

General Report

B.1

2016~2020 年全国开发区

土地集约利用状况分析

摘　要： 本报告基于我国 31 个省、自治区、直辖市 2016~2020 年开发区土
地集约利用评价基础数据，分析全国开发区基本情况、土地利用状
况、土地集约利用状况及变化情况，比较不同类型的开发区土地集
约利用状况差异。报告指出，"十三五"期间，我国开发区参评积
极性不断提升，向综合型、高新型和产城融合型转变的趋势明显，
建设用地规模持续扩张，土地集约利用收效显著，但开发区土地集
约利用水平分异较大，区域发展不平衡现象仍然突出，部分开发区
仍存在招商引资力度不足、建设项目质量较低、土地利用强度不
够、闲置土地处理不及时等诸多问题。持续推进开发区土地集约利
用需从科学规划开发区整体布局、建立工业项目全生命周期管理模

式以及推进开发区土地集约利用评价成果转化等方面着手。

关键词： 开发区　城市建设用地　土地集约利用

一　2016~2020 年全国开发区基本情况分析

（一）国家级开发区

1. 参评数量

2016~2020 年，全国国家级开发区参加土地集约利用评价的数量（以下简称参评数量）逐年增长，《中国开发区审核公告目录》（2018 年版）（以下简称《目录》）中国家级开发区参评率[①]逐年提升。2020 年，开发区参评数量为 559 个，较 2016 年净增加 75 个；参评率为 98.3%，较 2016 年提升 9.2 个百分点；不在《目录》中的开发区数量为 27 个（见表 1），为 2018 年以来新设立的或由省级开发区升级而来的国家级开发区。[②]

表 1　2016~2020 年全国国家级开发区参评数量及参评率

年份	参评数量（个）			《目录》中未参评数量（个）	《目录》中开发区参评率（%）
	总计	在《目录》中	不在《目录》中		
2016	484	482	2	59	89.1
2017	520	520	0	21	96.1
2018	531	521	10	20	96.3
2019	541	526	15	15	97.2
2020	559	532	27	9	98.3

① 《目录》中开发区参评率为在《目录》中且参加评价的开发区数量与应参加评价的开发区数量的比值。《目录》共包含 552 个国家级开发区，其中，11 个国家旅游度假区不需要参加评价，应参加评价的开发区数量为 541 个。

② 本报告及区域篇与重点城市群篇的各篇报告汇总分析涉及的开发区为所有参评开发区。

从审批类别看，经开区参评数量占比最大，高新区和海关特殊监管区增长较多。2020 年，经开区、高新区和海关特殊监管区参评数量分别为 252 个、166 个和 141 个，占比分别为 45.1%、29.7% 和 25.2%，较 2016 年分别净增加 14 个、27 个和 34 个（见图 1）。其中，新增参评开发区①包括 16 个经开区、28 个高新区和 35 个海关特殊监管区。从评价类型看，工业主导型开发区参评数量占比较大且增长较多，部分开发区评价类型发生变化。2020 年，产城融合型和工业主导型开发区参评数量分别为 128 个和 431 个，占比分别为 22.9% 和 77.1%，较 2016 年分别净增加 31 个和 44 个（见图 2）。其中，新增产城融合型和工业主导型开发区参评数量分别为 13 个和 66 个，5 个开发区由产城融合型转变为工业主导型，23 个开发区由工业主导型转变为产城融合型。从审批类别与评价类型看，海关特殊监管区均为工业主导型，高新区中产城融合型开发区比例较高。2020 年，高新区中产城融合型开发区比例为 36.7%，经

图 1　2016~2020 年全国国家级开发区分审批类别参评数量变化

① 新增参评开发区指 2020 年参加评价且起始年（国家级为 2016 年，省级为 2017 年）未参加评价的开发区，下同。

图2　2016~2020年全国国家级开发区分评价类型参评数量变化

开区为26.6%（见图3）。从区域差异上看，东部地区开发区参评数量占比最大，西部地区开发区参评数量增长最多。2020年，东部地区、中部地区、西部地区和东北地区开发区参评数量分别为254个、117个、134个和54个，占全国比例分别为45.4%、20.9%、24.0%和9.7%，较2016年分别净增长18个、18个、27个和12个（见图4、图5）。

2. 用地规模

2016~2020年，参评开发区依法审批范围用地规模有所增长，平均用地规模有所下降。2020年，开发区依法审批范围用地规模为51.91万公顷，较2016年增长8.2%；平均用地规模为929公顷，较2016年下降6.3%（见图6）。

从审批类别看，经开区与高新区平均用地规模相当，海关特殊监管区平均用地规模最小且下降趋势明显。2020年，经开区、高新区和海关特殊监管区平均用地规模分别为1165公顷、1113公顷和288公顷，较2016年分别增长1.0%、下降5.2%和下降26.5%。从评价类型看，产城融合型开发区

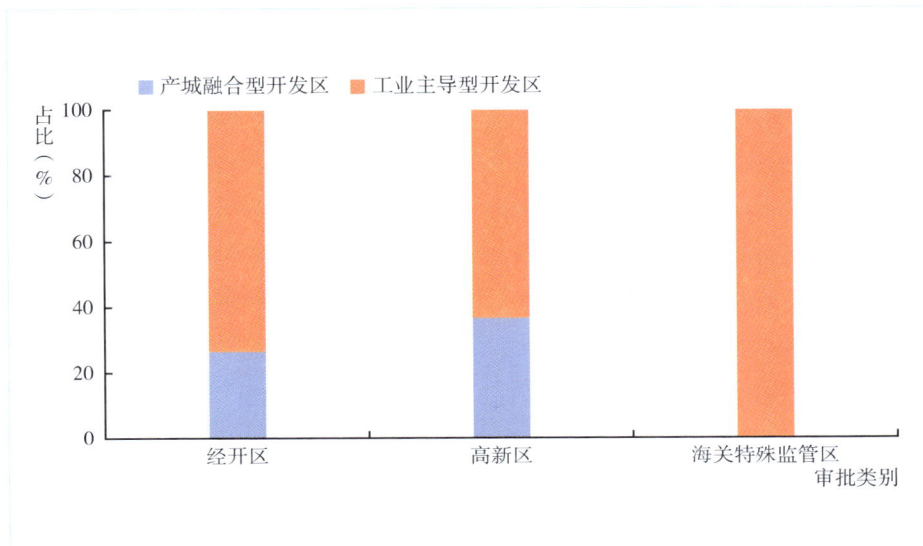

图3　2020 年全国国家级开发区分审批类别不同评价类型开发区比例

图4　2016~2020 年全国国家级开发区分区域参评数量变化

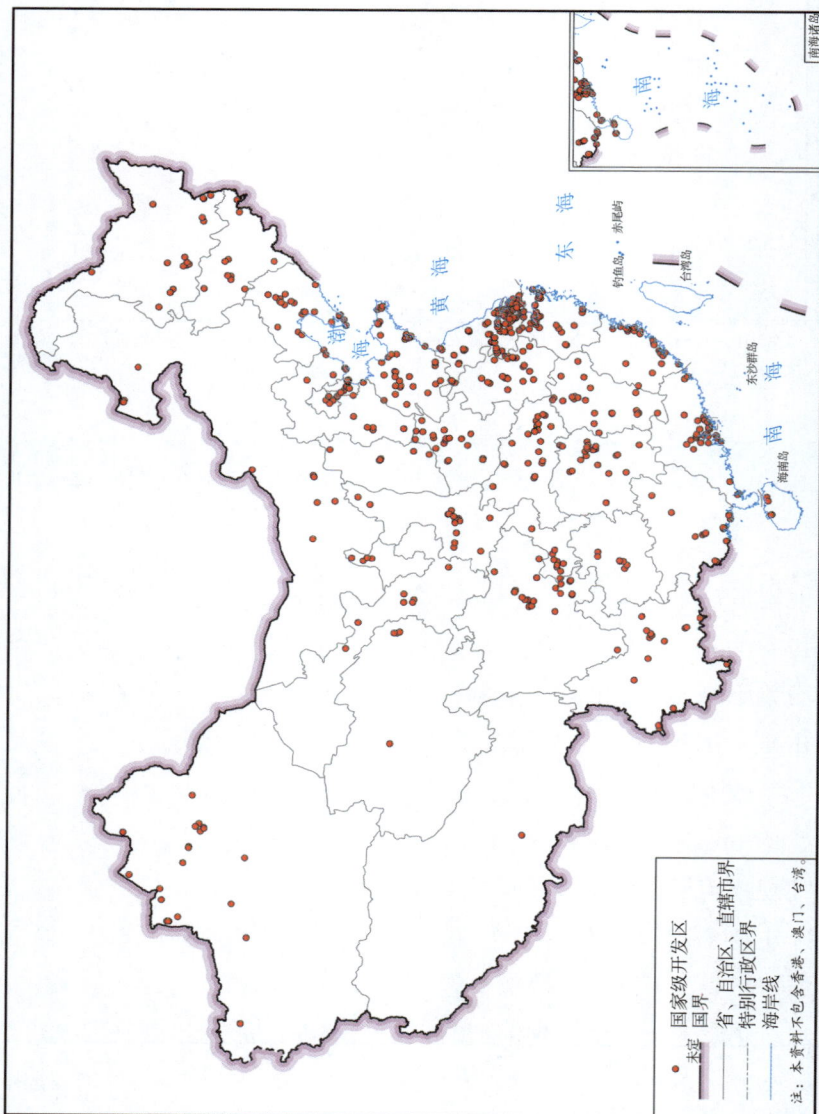

图5 2020年全国参评国家级开发区分布情况

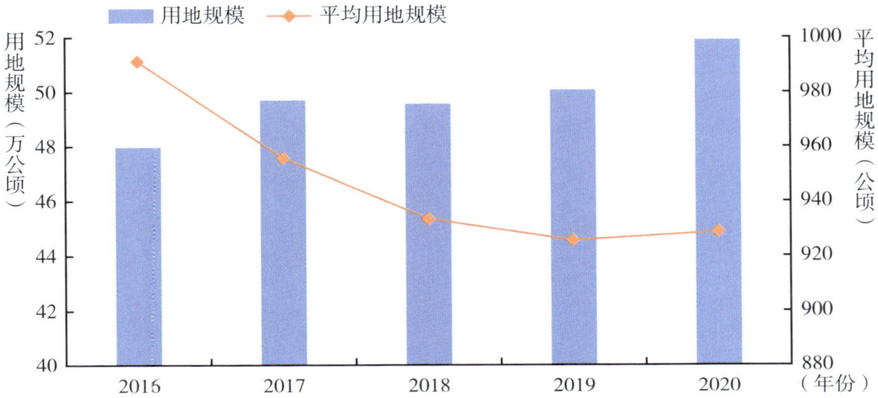

图6   2016~2020 年全国国家级开发区依法审批范围用地规模与平均用地规模变化

平均用地规模较大，各类开发区平均用地规模均有所下降。2020 年，产城融合型和工业主导型开发区平均用地规模分别为 1196 公顷和 849 公顷，较 2016 年分别下降 5.9% 和 7.8%。从审批类别与评价类型看，2016~2020 年持续参评开发区中，产城融合型高新区平均用地规模有所增长，海关特殊监管区有所下降，其余类型开发区用地规模无明显变化。新增参评开发区中，工业主导型经开区平均用地规模高于同类型持续参评开发区，其余类型开发区平均用地规模均低于同类型持续参评开发区（见表 2）。从区域差异上看，东部地区开发区平均用地规模最大，除东北地区外，各区域开发区平均用地规模均有所下降，西部地区降幅最大。2020 年，东部地区、中部地区、西部地区和东北地区开发区平均用地规模分别为 1067 公顷、812 公顷、794 公顷和 864 公顷，较 2016 年分别下降 5.2%、下降 4.1%、下降 10.4% 和增长 2.1%（见图 7）。

表2 2016~2020年全国国家级开发区分审批类别与评价类型依法审批范围平均用地规模变化情况

审批类别	评价类型	2016年参评	2020年参评	数量（个）	2016年平均用地规模（公顷）	2020年平均用地规模（公顷）
经开区	产城融合型	是	是	63	1048	1048
		否	是	4	—	450
	工业主导型	是	否	2	1031	—
		是	是	173	1194	1194
		否	是	12	—	1598
高新区	产城融合型	是	是	52	1478	1493
		否	是	9	—	836
	工业主导型	是	否	1	503	—
		是	是	86	997	996
		否	是	19	—	732
海关特殊监管区	工业主导型	是	否	1	2739	—
		是	是	106	370	308
		否	是	35	—	228

注：由于持续参评开发区存在类型变动的情况，为保证可比性，此表将持续参评开发区类型按2020年参评类型处理，因此此表仅可推算2020年开发区实际情况，无法推算基期年开发区情况。后文类似表同理。

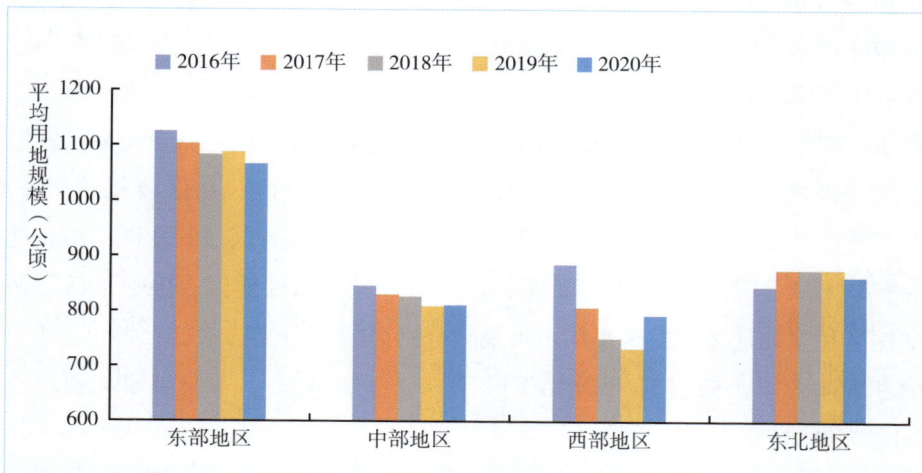

图7 2016~2020年全国国家级开发区分区域依法审批范围平均用地规模变化

随着开发区评价范围从依法审批范围扩大到实际管理相关范围，部分开发区划定了发展方向区或扩大了开发区代管范围，2017~2018 年开发区实际管理范围用地规模和平均用地规模发生了跳跃式增长。2020 年，参评开发区的实际管理范围用地规模为 336.83 万公顷，较 2016 年增长 2.3 倍；平均用地规模为 6026 公顷，较 2016 年增长 1.9 倍（见图 8）。

图 8　2016~2020 年全国国家级开发区实际管理范围用地规模变化

从审批类别看，经开区与高新区平均用地规模相当，海关特殊监管区平均用地规模最小，各类型开发区平均用地规模均大幅增加。2020 年，经开区、高新区和海关特殊监管区平均用地规模分别为 7976 公顷、7743 公顷和 518 公顷，较 2016 年分别增长 2.3 倍、1.7 倍和 32.0%。从评价类型看，产城融合型开发区平均用地规模较大，各类开发区平均用地规模均大幅增长。2020 年，产城融合型和工业主导型开发区平均用地规模分别为 9856 公顷和 4888 公顷，较 2016 年分别增长 2.4 倍和 1.6 倍。从审批类别和评价类型看，2016~2020 年持续参评开发区中，各类开发区平均用地规模均大幅上升。新增参评开发区中，各类开发区平均用地规模均低于同类型持续参评开发区（见表 3）。从区域差异上看，东北地区开发区平均用地规模最大且增幅最大。2020 年，东部地区、中部地区、西部地区和东北地区平均用地规模分别为 6268 公顷、6441

公顷、4801 公顷和 7025 公顷，较 2016 年分别增长 1.9 倍、1.8 倍、1.4 倍和 3.3 倍（见图 9）。

表 3　2016 年和 2020 年全国国家级开发区分审批类别与评价类型实际管理范围平均用地规模变化情况

审批类别	评价类型	2016 年参评	2020 年参评	数量（个）	2016 年平均用地规模（公顷）	2020 年平均用地规模（公顷）
经开区	产城融合型	是	是	63	2346	8944
		否	是	4	—	5515
	工业主导型	是	否	2	3090	—
		是	是	173	2470	8041
		否	是	12	—	2778
高新区	产城融合型	是	是	52	3576	12218
		否	是	9	—	4522
	工业主导型	是	否	1	1700	—
		是	是	86	2408	5954
		否	是	19	—	5118
海关特殊监管区	工业主导型	是	否	1	2739	—
		是	是	106	370	523
		否	是	35	—	502

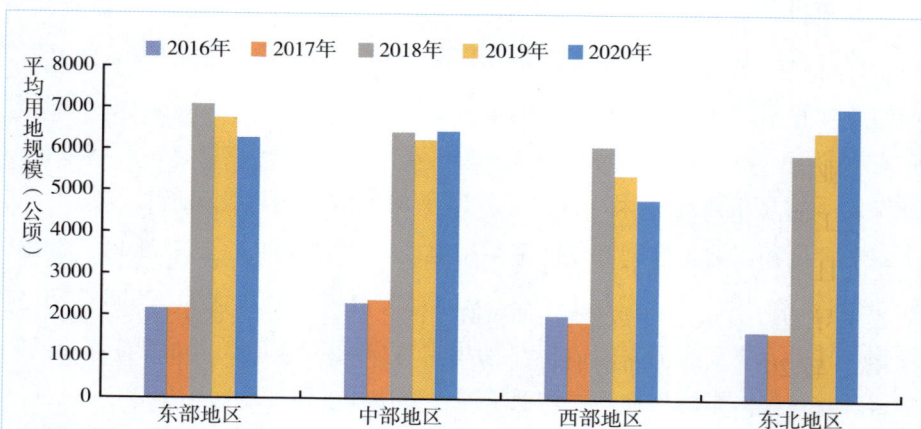

图 9　2016~2020 年全国国家级开发区分区域实际管理范围平均用地规模变化

（二）省级开发区

1. 参评数量

2017~2020 年，全国省级开发区参评数量大幅增长，《目录》中参评率[①]波动提升。2020 年，开发区参评数量为 2163 个，较 2017 年净增加 384 个；参评率为 91.3%，较 2017 年提升 2.0 个百分点，2019~2020 年部分省级开发区参评连续性不强，参评率有所下降；不在《目录》中的开发区数量为 345 个（见表 4），属于自主参评的开发区。[②]

表 4　2017~2020 年全国省级开发区参评数量及参评率

年份	参评数量（个）			《目录》中未参评数量（个）	《目录》中开发区参评率（%）
	总计	在《目录》中	不在《目录》中		
2017	1779	1778	1	213	89.3
2018	1941	1845	96	146	92.7
2019	1939	1830	109	161	91.9
2020	2163	1818	345	173	91.3

从审批类别看，经开区参评数量占比最大且增长最多，部分特色工业园和经开区向高新区转型，部分特色工业园向经开区转型。2020 年，经开区、高新区和特色工业园参评数量分别为 1158 个、284 个和 721 个，占比分别为 53.5%、13.1% 和 33.3%，较 2017 年分别净增加 236 个、137 个和 11 个（见图 10）。其中，新增参评开发区中包括 239 个经开区、75 个高新区和 188 个特色工业园，41 个经开区转型为高新区，76 个特色工业园转型为经开区，35 个特色工业园转型为高新区。从评价类型看，工业主导型开发区参评数量占比较大且增长较多，部分开发区评价类型发生变化。2020 年，产城融合型和工业主导型开发区参评数量分别为 312 个和 1851 个，占比分别为 14.4% 和 85.6%，较 2017 年分别净增加 65 个和 319 个（见图 11）。其中，新增产城融

---

① 《目录》共包含 1991 个国家级开发区，全部应参加评价。
② 2017 年修订《目录》的同时未进行 2016 年省级开发区的评价工作，因此省级开发区的评价分析时段为 2017~2020 年。

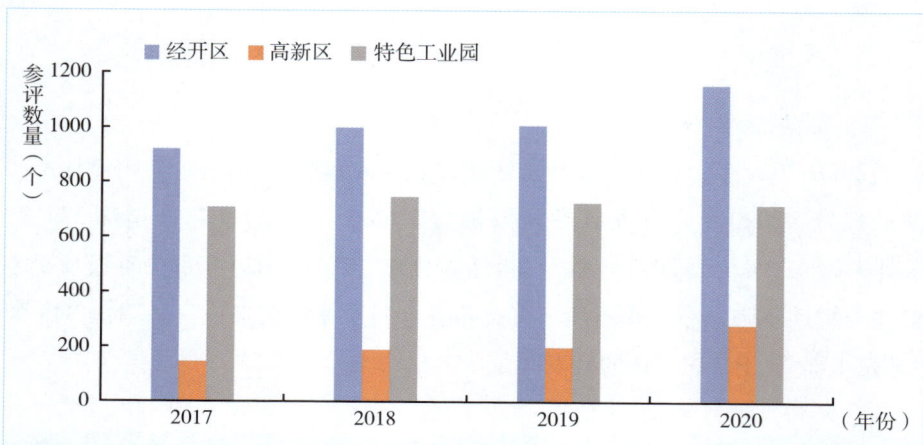

图 10 2017~2020 年全国省级开发区分审批类别参评数量变化

图 11 2017~2020 年全国省级开发区分评价类型参评数量变化

合型和工业主导型开发区参评数量分别为 70 个和 432 个，32 个开发区由产城融合型转变为工业主导型，44 个开发区由工业主导型转变为产城融合型。从审批类别与评价类型看，高新区与经开区中产城融合型开发区比例较高，特色工业园中产城融合型开发区比例最低。2020 年，经开区和高新区中产城融合型开发区比例分别为 17.5% 和 19.7%，特色工业园中产城融合型开发区比例仅为 7.4%（见图 12）。从区域差异上看，东部地区开发区参评数量占比最大且增长较多。2020 年，东部地区、中部地区、西部地区和东北地区开发区参评数量分别为 814 个、561 个、573 个和 215 个，较 2017 年分别净增长 178个、57 个、106 个和 43 个，占全国比例分别为 37.6%、25.9%、26.5% 和 9.9%（见图 13、图 14）。

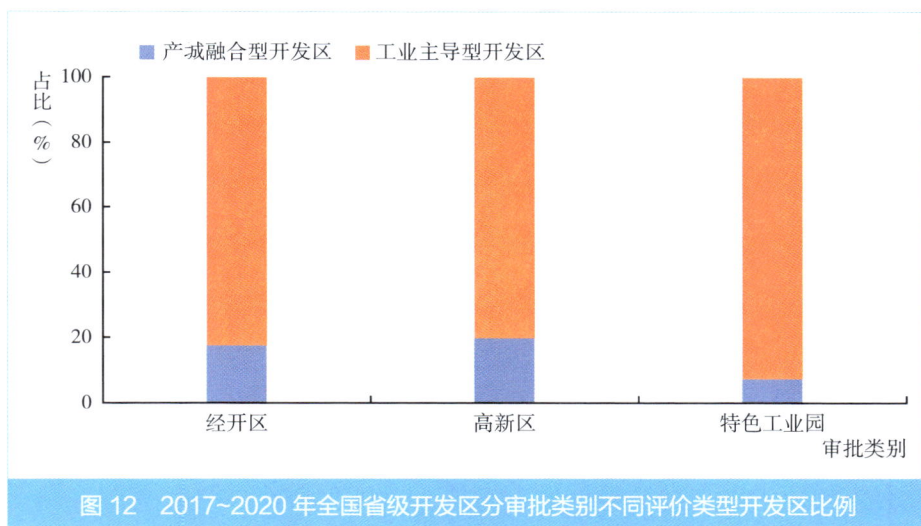

图 12 2017~2020 年全国省级开发区分审批类别不同评价类型开发区比例

图 13 2017~2020 年全国省级开发区分区域参评数量变化

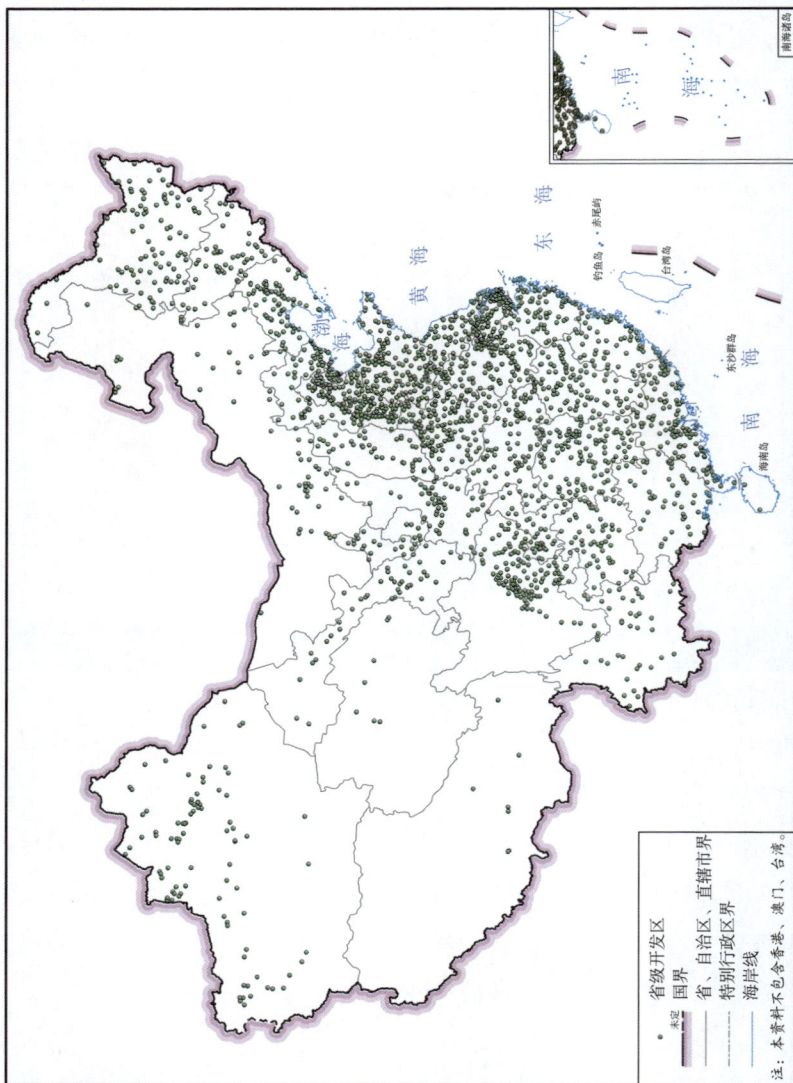

图14 2020年全国参评省级开发区分布情况

2. 用地规模

2017~2020 年，参评开发区依法审批范围用地规模和平均用地规模均逐年增长。2020 年，开发区依法审批范围用地规模为 168.17 万公顷，较 2017 年增长 46.9%；平均用地规模为 778 公顷，较 2017 年增长 20.8%（见图 15）。

图 15　2017~2020 年全国省级开发区依法审批范围用地规模与平均用地规模变化

从审批类别看，高新区平均用地规模最大，经开区与特色工业园平均用地规模相当，各类型开发区平均用地规模增幅均较大。2020 年，经开区、高新区和特色工业园平均用地规模分别为 720 公顷、1074 公顷和 753 公顷，较 2017 年分别增长 20.4%、20.9% 和 15.6%。从评价类型看，产城融合型与工业主导型开发区平均用地规模相当且增幅均较大。2020 年，产城融合型和工业主导型开发区平均用地规模分别为 794 公顷和 775 公顷，较 2017 年分别增长 24.8% 和 20.2%。从审批类别与评价类型看，2017~2020 年持续参评开发区中，各类型开发区平均用地规模均有所增长。新增参评开发区中，各类型开发区平均用地规模均高于同类型持续参评开发区（见表 5）。从区域差异上看，西部地区开发区平均用地规模最大，除中部地区外，各区域开发区平均用地规模增幅均较大。2020 年，东部地区、中部地区、西部地区和东北地区平均用地规模分别为 763 公顷、668 公顷、958 公顷和 639 公顷，较 2017 年分别增长 22.0%、8.8%、26.1% 和 32.3%（见图 16）。

表 5　2017 年和 2020 年全国省级开发区分审批类别与评价类型依法审批范围平均用地规模变化情况

审批类别	评价类型	2017 年参评	2020 年参评	数量（个）	2017 年平均用地规模（公顷）	2020 年平均用地规模（公顷）
经开区	产城融合型	是	否	8	337	—
		是	是	164	595	621
		否	是	39	—	1565
	工业主导型	是	否	29	794	—
		是	是	756	577	634
		否	是	200	—	945
高新区	产城融合型	是	否	5	1122	—
		是	是	38	833	881
		否	是	18	—	1243
	工业主导型	是	否	9	998	—
		是	是	171	820	1001
		否	是	57	—	1332
特色工业园	产城融合型	是	否	4	1056	—
		是	是	40	482	530
		否	是	13	—	582
	工业主导型	是	否	63	765	—
		是	是	492	665	697
		否	是	175	—	1005

2017~2018 年，开发区实际管理范围用地规模和平均用地规模发生跳跃式增长，2018 年后略有下降。2020 年，参评开发区的实际管理范围用地规模为 514.63 万公顷，较 2017 年增长 1.9 倍；平均用地规模为 2379 公顷，较 2017 年增长 1.4 倍（见图 17）。

从审批类别看，经开区与高新区平均用地规模相当，特色工业园平均用

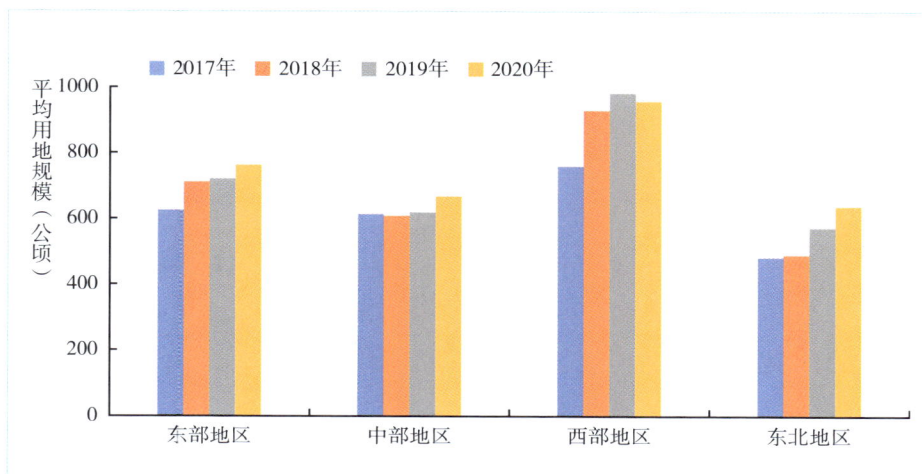

图 16　2017~2020 年全国省级开发区分区域依法审批范围平均用地规模变化

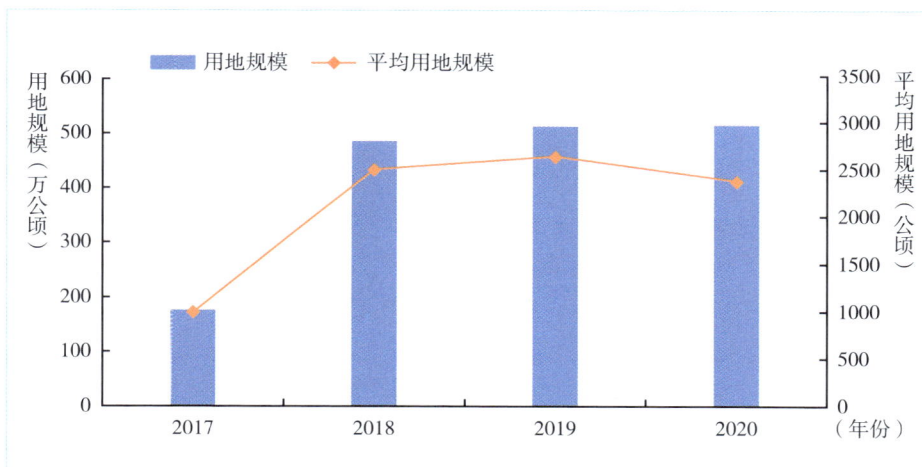

图 17　2017~2020 年全国省级开发区实际管理范围用地规模变化

地规模相对较小，各类开发区平均用地规模均大幅增加。2020 年，经开区、高新区和特色工业园平均用地规模分别为 2819 公顷、2941 公顷和 1451 公顷，较 2017 年分别增长 1.8 倍、1.3 倍和 64.3%。从评价类型看，产城融合型开发区平均用地规模较大，各类开发区平均用地规模均大幅增长。2020 年，产城融合型和工业主导型开发区平均用地规模分别为 2735 公顷和 2319 公顷，较 2017 年分别增长 1.3 倍和 1.4 倍。从审批类别和评价类型看，2017~2020 年持续参评开发区中，各类开发区实际管理范围平均用地规模均大幅上升。新增参评开发区中，工业主导型经开区与工业主导型高新区平均用地规模高于同类型持续参评开发区，其余类型开发区平均用地规模均低于同类型持续参评开发区（见表 6）。从区域差异上看，东部地区开发区平均用地规模最大且增幅最大。2020 年，东部地区、中部地区、西部地区和东北地区平均用地规模分别为 3114 公顷、1918 公顷、2380 公顷和 1797 公顷，较 2017 年分别增长 2.0 倍、88.8%、1.4 倍和 1.4 倍（见图 18）。

表 6　2017 年和 2020 年全国省级开发区分审批类别与评价类型实际管理范围平均用地规模变化情况

审批类别	评价类型	2017 年参评	2020 年参评	数量（个）	2017 年平均用地规模（公顷）	2020 年平均用地规模（公顷）
经开区	产城融合型	是	否	8	1030	—
		是	是	129	1092	3119
		否	是	39	—	2571
	工业主导型	是	否	29	1215	—
		是	是	668	982	2796
		否	是	200	—	2988
高新区	产城融合型	是	否	5	1982	—
		是	是	29	1421	3864
		否	是	18	—	2931
	工业主导型	是	否	9	1506	—
		是	是	102	1188	3030
		否	是	57	—	3647
特色工业园	产城融合型	是	否	4	1590	—
		是	是	27	1323	1995
		否	是	13	—	1073
	工业主导型	是	否	63	923	—
		是	是	485	855	1715
		否	是	175	—	1579

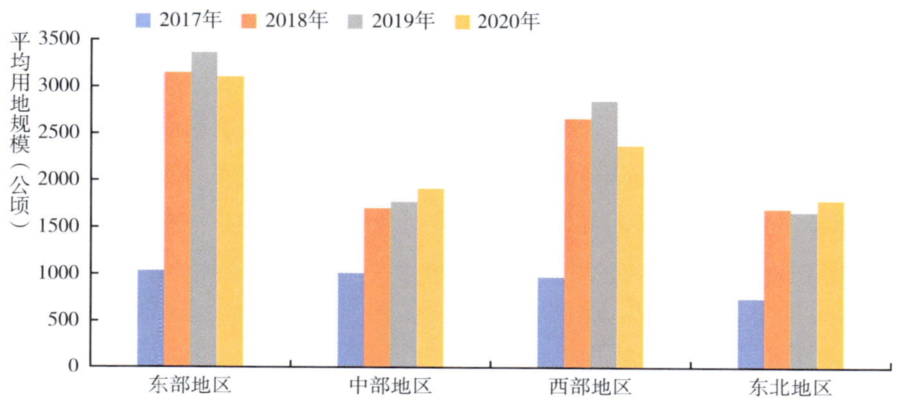

图 18　2017~2020 年全国省级开发区分区域实际管理范围平均用地规模变化

二　2016~2020 年全国开发区土地利用情况分析 ①

（一）国家级开发区

1. 土地供应建设状况

2016~2020 年，开发区土地供应与开发建设工作稳步推进，依法审批范围内，已达到供地条件土地面积（以下简称达供面积）、已供应国有建设用地面积（以下简称供应面积）和已建成城镇建设用地面积（以下简称建成面积）均逐年增长。2020 年，开发区达供面积为 44.87 万公顷，较 2016 年增长 11.3%；供应面积为 41.50 万公顷，较 2016 年增长 12.4%；建成面积为 38.32 万公顷，较 2016 年增长 11.6%（见图 19）。其中，2016~2020 年持续参评的开发区达供面积、供应面积和建成面积增幅分别为 2.3%、3.8% 和 3.8%（见表 7）。

---

① 表格中数据由原始数据计算得到，文中数据存在四舍五入，因此文中数据计算结果与表格中数据可能存在误差。

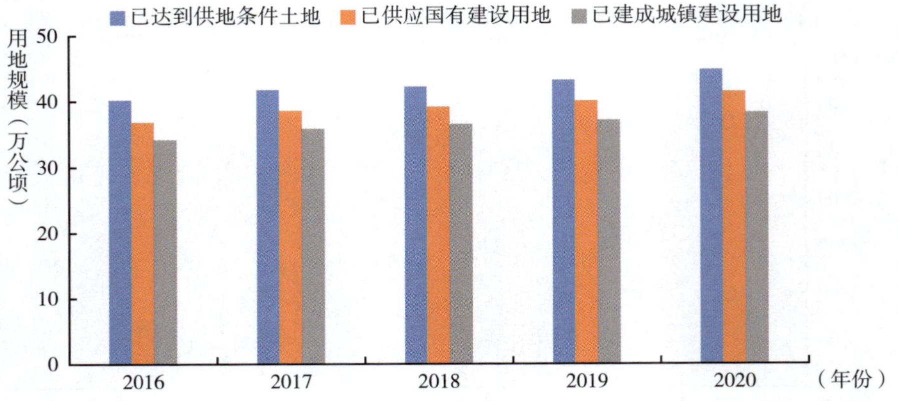

图 19 2016~2020 年全国国家级开发区依法审批范围土地供应建设状况变化

表 7 2016~2020 年全国国家级开发区依法审批范围土地供应建设状况变化情况

范围	数量（个）	已达到供地条件土地		已供应国有建设用地		已建成城镇建设用地	
		增长（万公顷）	增幅（％）	增长（万公顷）	增幅（％）	增长（万公顷）	增幅（％）
全部开发区	559	4.55	11.3	4.57	12.4	3.99	11.6
2016~2020 年持续参评的开发区	480	0.91	2.3	1.38	3.8	1.30	3.8
新增参评开发区	79	4.10	—	3.65	—	3.11	—

注：全部开发区包括基期年参评而 2020 年未参评的开发区，因此其增量并不等于持续参评开发区和新增参评开发区之和。下同。

从审批类别看，高新区土地供应与开发建设速度最快。2020 年，经开区、高新区和海关特殊监管区达供面积分别为 24.96 万公顷、16.26 万公顷和 3.66 万公顷，较 2016 年分别增长 9.7%、14.9% 和 6.8%；供应面积分别为 22.89 万公顷、15.60 万公顷和 3.01 万公顷，较 2016 年分别增长 10.5%、15.9% 和 9.6%；建成面积分别为 21.14 万公顷、14.73 万公顷和 2.45 万公顷，较 2016 年分别增长 10.2%、14.7% 和 6.7%。从评价类型看，产城融合型开发区土地供应与开发建设速度较快。2020 年，产城融合型和工业主导型开发区达供面积分别为 13.49

万公顷和 31.38 万公顷，较 2016 年分别增长 26.0% 和 5.9%；供应面积分别为 12.91 万公顷和 28.59 万公顷，较 2016 年分别增长 27.5% 和 6.7%；建成面积分别为 12.22 万公顷和 26.10 万公顷，较 2016 年分别增长 26.9% 和 5.7%。

2016~2020 年，开发区实际管理范围内，由于部分开发区设立或调整发展方向区，达供面积、供应面积和建成面积均大幅增长。2020 年，开发区达供面积为 160.72 万公顷，较 2016 年增长 1.0 倍；供应面积为 137.98 万公顷，较 2016 年增长 1.0 倍；建成面积为 120.36 万公顷，较 2016 年增长 93.4%。其中，持续参评且有发展方向区的开发区达供面积、供应面积和建成面积分别增长 1.0 倍、1.0 倍和 92.9%（见表 8）。

表 8　2016~2020 年全国国家级开发区实际管理范围土地供应建设状况变化情况

范围	数量（个）	已达到供地条件土地		已供应国有建设用地		已建成城镇建设用地	
		增长（万公顷）	增幅（%）	增长（万公顷）	增幅（%）	增长（万公顷）	增幅（%）
全部开发区	559	81.79	103.6	69.55	101.6	58.13	93.4
持续参评且无发展方向区的开发区	147	0.20	2.4	0.23	3.2	0.39	6.4
持续参评且有发展方向区的开发区	333	72.18	103.4	61.78	102.0	51.49	92.9
新增参评开发区	79	10.36	—	8.35	—	7.00	—

从审批类别看，2020 年，经开区、高新区和海关特殊监管区达供面积分别为 98.37 万公顷、56.96 万公顷和 5.39 万公顷，较 2016 年分别增长 1.2 倍、89.3% 和 57.4%；供应面积分别为 82.86 万公顷、50.71 万公顷和 4.41 万公顷，较 2016 年分别增长 1.1 倍、91.1% 和 60.7%；建成面积分别为 72.78 万公顷、43.85 万公顷和 3.73 万公顷，较 2016 年分别增长 1.0 倍、79.7% 和 62.6%。从评价类型看，2020 年，产城融合型和工业主导型开发区达供面积分别为 53.59 万公顷和 107.13 万公顷，较 2016 年分别增长 1.4 倍和 88.1%；供应面积分别为 47.32 万公顷和 90.66 万公顷，较 2016 年分别增长 1.4 倍和 84.8%；建成面积分别为 41.19 万公顷和 79.17 万公顷，较 2016 年分别增长 1.3 倍和 78.6%。

2. 土地利用结构

2016~2020 年，开发区依法审批范围内，工矿仓储用地和住宅用地的规模均有所增长，住宅用地增幅较大。2020 年，工矿仓储用地面积为 18.03 万公顷，较 2016 年增长 6.6%；住宅用地面积为 6.37 万公顷，较 2016 年增长 24.2%。其中，2016~2020 年持续参评的开发区中，工矿仓储用地面积有所下降，降幅为 1.1%，住宅用地面积增长 16.6%（见表 9）。

表 9 2016~2020 年全国国家级开发区依法审批范围工矿仓储和住宅用地规模变化情况

范围	数量（个）	工矿仓储用地		住宅用地	
		增长（万公顷）	增幅（%）	增长（万公顷）	增幅（%）
全部开发区	559	1.11	6.6	1.24	24.2
2016~2020 年持续参评的开发区	480	−0.19	−1.1	0.84	16.6
新增参评开发区	79	1.55	—	0.44	—

从审批类别看，高新区与经开区住宅用地增长均较快，海关特殊监管区工矿仓储用地规模增幅较大。2020 年，经开区、高新区和海关特殊监管区工矿仓储用地面积分别为 10.73 万公顷、5.63 万公顷和 1.67 万公顷，较 2016 年分别增长 5.3%、7.4% 和 12.1%；经开区和高新区住宅用地面积分别为 3.33 万公顷和 3.03 万公顷，较 2016 年分别增长 22.3% 和 28.3%。从评价类型看，产城融合型开发区工矿仓储用地和住宅用地规模增幅均较大。2020 年，产城融合型和工业主导型开发区工矿仓储用地面积分别为 2.76 万公顷和 15.27 万公顷，较 2016 年分别增长 12.6% 和 5.5%；住宅用地面积分别为 3.72 万公顷和 2.65 万公顷，较 2016 年分别增长 37.1% 和 9.7%。

2016~2020 年，开发区实际管理范围内，工矿仓储用地和住宅用地的规模均大幅增长。2020 年，工矿仓储用地面积为 54.01 万公顷，较 2016 年增长 71.9%；住宅用地面积为 21.57 万公顷，较 2016 年增长 1.3 倍。其中，持续参评且有发展方向区的开发区工矿仓储用地和住宅用地面积分别增长 71.1% 和 1.3 倍（见表 10）。

表10 2016~2020 年全国国家级开发区实际管理范围工矿仓储和住宅用地规模变化情况					
范围	数量（个）	工矿仓储用地		住宅用地	
		增长（万公顷）	增幅（%）	增长（万公顷）	增幅（%）
全部开发区	559	22.59	71.9	12.38	134.7
持续参评且无发展方向区的开发区	147	0.11	3.5	0.09	13.4
持续参评且有发展方向区的开发区	333	19.80	71.1	11.13	132.2
新增参评开发区	79	3.22	—	1.22	—

从审批类别看，2020 年，经开区、高新区和海关特殊监管区工矿仓储用地面积分别为 33.98 万公顷、17.65 万公顷和 2.37 万公顷，较 2016 年分别增长 76.2%、65.9% 和 59.4%；经开区和高新区住宅用地面积分别为 12.85 万公顷和 8.55 万公顷，较 2016 年分别增长 1.7 倍和 94.2%。从评价类型看，2020年，产城融合型和工业主导型开发区工矿仓储用地面积分别为 13.27 万公顷和 40.74 万公顷，较 2016 年分别增长 1.2 倍和 61.4%；住宅用地面积分别为 10.31 万公顷和 11.26 万公顷，较 2016 年分别增长 1.4 倍和 1.3 倍。

3. 土地闲置状况

2016~2020 年，开发区依法审批范围内，闲置土地面积呈波动趋势。2020 年，开发区闲置土地面积为 339 公顷，较 2016 年增长 6 公顷。其中，2016~2020 年持续参评的开发区闲置土地面积减少 25 公顷。从审批类别看，2020 年，经开区、高新区和海关特殊监管区闲置土地面积分别为 187 公顷、76 公顷和 76 公顷。从评价类型看，2020 年，产城融合型和工业主导型开发区闲置土地面积分别为 101 公顷和 238 公顷。

2016~2020 年，开发区实际管理范围内，闲置土地面积增长较快。2020 年，开发区闲置土地面积为 3268 公顷，较 2016 年增长 2531 公顷。其中，持续参评且有发展方向区的开发区闲置土地增长 2356 公顷。从审批类别看，2020 年，经开区、高新区和海关特殊监管区闲置土地面积分别为 1119 公顷、2073 公顷和 76 公顷。从评价类型看，2020 年，产城融合型和工业主导型开发区闲置土地面积分别为 1345 公顷和 1923 公顷。

4. 建设量状况

2016~2020 年，开发区依法审批范围内，建设量逐年增长。2020 年，开发区建筑面积为 38.43 亿平方米，较 2016 年增长 21.5%；建筑基底面积为 12.53 亿平方米，较 2016 年增长 15.5%；工矿仓储用地建筑面积（以下简称工矿仓储建筑面积）为 17.03 亿平方米，较 2016 年增长 14.5%；工矿仓储用地建筑物构筑物基底总面积、露天堆场和露天操作场地面积（以下简称工矿仓储建筑基底面积）为 9.60 亿平方米，较 2016 年增长 12.7%（见图 20）。其中，2016~2020 年持续参评的开发区中，建筑面积增长 14.4%，建筑基底面积增长 8.0%，工矿仓储建筑面积增长 7.0%，工矿仓储建筑基底面积增长 4.9%（见表 11）。

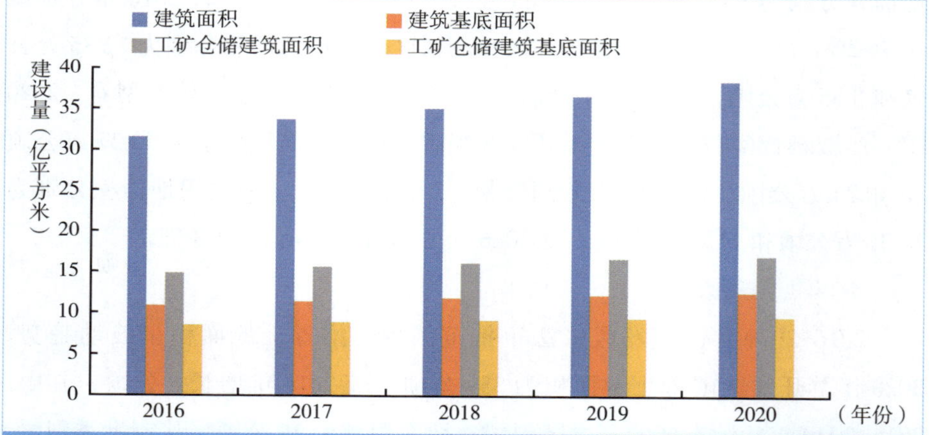

图 20 2016~2020 年全国国家级开发区依法审批范围建设量状况变化

表 11 2016~2020 年全国国家级开发区依法审批范围建设量状况变化情况

范围	数量（个）	建筑面积		建筑基底面积		工矿仓储建筑面积		工矿仓储建筑基底面积	
		增长（亿平方米）	增幅（%）	增长（亿平方米）	增幅（%）	增长（亿平方米）	增幅（%）	增长（亿平方米）	增幅（%）
全部开发区	559	6.80	21.5	1.68	15.5	2.16	14.5	1.08	12.7
2016~2020 年持续参评的开发区	480	4.50	14.4	0.86	8.0	1.03	7.0	0.41	4.9
新增参评开发区	79	2.67	—	0.94	—	1.32	—	0.79	—

从审批类别看，2020 年，经开区、高新区和海关特殊监管区建筑面积分别为 20.23 亿平方米、16.55 亿平方米和 1.65 亿平方米，较 2016 年分别增长 21.7%、23.5% 和 3.1%；建筑基底面积分别为 7.12 亿平方米、4.69 亿平方米和 0.73 亿平方米，较 2016 年分别增长 15.2%、16.4% 和 12.7%；工矿仓储建筑面积分别为 9.72 亿平方米、5.82 亿平方米和 1.49 亿平方米，较 2016 年分别增长 12.8%、16.0% 和 20.7%；工矿仓储建筑基底面积分别为 5.72 亿平方米、2.93 亿平方米和 0.95 亿平方米，较 2016 年分别增长 11.4%、12.4% 和 21.5%。从评价类型看，2020 年，产城融合型和工业主导型开发区建筑面积分别为 15.24 亿平方米和 23.19 亿平方米，较 2016 年分别增长 38.8% 和 12.3%；建筑基底面积分别为 3.73 亿平方米和 8.80 亿平方米，较 2016 年分别增长 35.5% 和 8.7%；工矿仓储建筑面积分别为 2.66 亿平方米和 14.37 亿平方米，较 2016 年分别增长 26.8% 和 12.6%；工矿仓储建筑基底面积分别为 1.44 亿平方米和 8.16 亿平方米，较 2016 年分别增长 25.9% 和 10.6%。

2016~2020 年，开发区实际管理范围内，建设量大幅增长。2020 年，开发区建筑面积为 123.62 亿平方米，较 2016 年增长 1.3 倍；建筑基底面积为 39.01 亿平方米，较 2016 年增长 96.8%；工矿仓储建筑面积为 48.50 亿平方米，较 2016 年增长 80.6%；工矿仓储建筑基底面积为 27.72 亿平方米，较 2016 年增长 79.9%。其中，持续参评且有发展方向区的开发区建筑面积、建筑基底面积、工矿仓储建筑面积和工矿仓储建筑基底面积分别增长 1.3 倍、93.9%、79.8% 和 78.2%（见表 12）。

从审批类别看，2020 年，经开区、高新区和海关特殊监管区建筑面积分别为 61.52 亿平方米、59.43 亿平方米和 2.67 亿平方米，较 2016 年分别增长 1.1 倍、1.49 倍和 65.7%；建筑基底面积分别为 24.12 亿平方米、13.67 亿平方米和 1.22 亿平方米，较 2016 年分别增长 1.1 倍、77.1% 和 88.8%；工矿仓储建筑面积分别为 27.18 亿平方米、19.22 亿平方米和 2.10 亿平方米，较 2016 年分别增长 69.3%、1.0 倍和 70.2%；工矿仓储建筑基底面积分别为 17.13 亿平方米、9.09 亿平方米和 1.50 亿平方米，较 2016 年分别增长 78.2%、81.1% 和 92.3%。从评价类型看，2020 年，产城融合型和工业主导型开发区建筑面积分别为 45.61 亿平方米和 78.01 亿平方米，较 2016 年分别增长 1.5 倍和 1.2 倍；建筑基底面积分别为 12.70 亿平方米和 26.31 亿平方米，较 2016 年分别增长 1.4 倍和 81.1%；工矿仓储建筑面积分别为 11.87 亿平方米和 36.63 亿平方米，较 2016 年分别增长 1.3 倍和 68.8%；工矿仓储建筑基底面积分别为 6.45 亿平方米和 21.27 亿平方米，较 2016 年分别增长 1.4 倍和 67.9%。

表 12 2016~2020 年全国国家级开发区实际管理范围建设量状况变化情况

范围	数量（个）	建筑面积		建筑基底面积		工矿仓储建筑面积		工矿仓储建筑基底面积	
		增长（亿平方米）	增幅（%）	增长（亿平方米）	增幅（%）	增长（亿平方米）	增幅（%）	增长（亿平方米）	增幅（%）
全部开发区	559	68.81	125.5	19.19	96.8	21.64	80.6	12.31	79.9
持续参评且无发展方向区的开发区	147	0.69	12.5	0.20	11.7	0.28	10.3	0.17	12.1
持续参评且有发展方向区的开发区	333	62.13	127.4	16.80	93.9	19.04	79.8	10.79	78.2
新增参评开发区	79	6.53	—	2.38	—	2.61	—	1.56	—

（二）省级开发区

1. 土地供应建设状况

2017~2020 年，开发区土地供应与开发建设速度较快，依法审批范围内，达供面积、供应面积和建成面积均大幅增长。2020 年，开发区达供面积为 121.04 万公顷，较 2017 年增长 52.8%；供应面积为 100.61 万公顷，较 2017 年增长 49.3%；建成面积为 90.35 万公顷，较 2017 年增长 48.2%（见图 21）。其中，2017~2020 年持续参评的开发区中，达供面积、供应面积和建成面积分别增长 16.3%、18.4% 和 18.1%（见表 13）。

从审批类别看，高新区土地供应与开发建设速度最快。2020 年，经开区、高新区和特色工业园达供面积分别为 58.43 万公顷、21.92 万公顷和 40.69 万公顷，较 2017 年分别增长 49.4%、1.5 倍和 30.1%；供应面积分别为 50.07

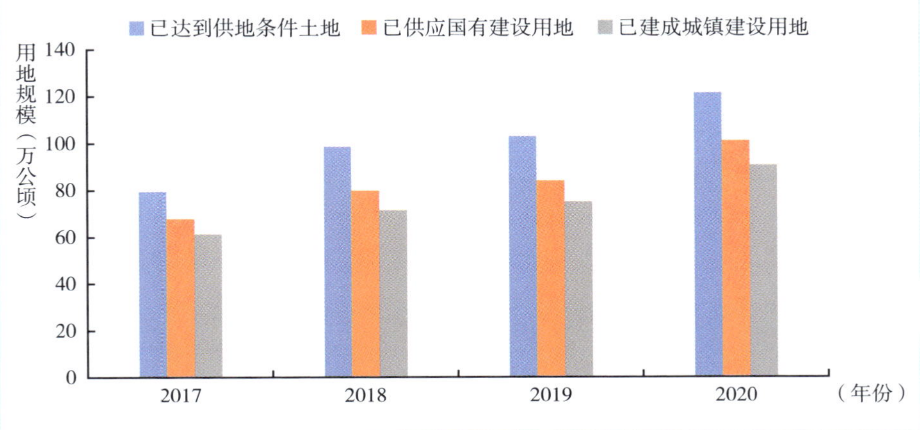

图 21 2017~2020 年全国省级开发区依法审批范围土地供应建设状况变化

万公顷、19.57 万公顷和 30.96 万公顷，较 2017 年分别增长 45.6%、1.5 倍和 23.6%；建成面积分别为 45.45 万公顷、17.61 万公顷和 27.28 万公顷，较 2017 年分别增长 43.9%、1.4 倍和 23.1%。从评价类型看，产城融合型与工业主导型开发区土地供应与开发建设速度均较快。2020 年，产城融合型和工业主导型开发区达供面积分别为 17.02 万公顷和 104.02 万公顷，较 2017 年分别增长 51.7% 和 53.0%；供应面积分别为 14.65 万公顷和 85.96 万公顷，较 2017 年分别增长 46.7% 和 49.8%；建成面积分别为 13.29 万公顷和 77.05 万公顷，较 2017 年分别增长 43.2% 和 49.1%。

表 13 2017~2020 年全国省级开发区依法审批范围土地供应建设状况变化情况

范围	数量（个）	已达到供地条件土地		已供应国有建设用地		已建成城镇建设用地	
		增长（万公顷）	增幅（%）	增长（万公顷）	增幅（%）	增长（万公顷）	增幅（%）
全部开发区	2163	41.83	52.8	33.23	49.3	29.39	48.2
2017~2020 年持续参评的开发区	1661	11.90	16.3	11.53	18.4	10.29	18.1
新增参评开发区	502	36.15	—	26.35	—	23.23	—

2017~2020 年，开发区实际管理范围内，达供面积、供应面积和建成面积均逐年大幅增长。2020 年，开发区达供面积为 222.35 万公顷，较 2017 年增长 88.1%；供应面积为 176.39 万公顷，较 2017 年增长 79.9%；建成面积为 156.75 万公顷，较 2017 年增长 77.7%。其中，持续参评且有发展方向区的开发区达供面积、供应面积和建成面积分别增长 67.5%、64.6% 和 63.6%（见表 14）。

表 14 2017~2020 年全国省级开发区实际管理范围土地供应建设状况变化情况

范围	数量（个）	已达到供地条件土地		已供应国有建设用地		已建成城镇建设用地	
		增长（万公顷）	增幅（%）	增长（万公顷）	增幅（%）	增长（万公顷）	增幅（%）
全部开发区	2163	104.16	88.1	78.35	79.9	68.52	77.7
持续参评且无发展方向区的开发区	349	3.43	19.5	3.47	24.2	3.09	24.4
持续参评且有发展方向区的开发区	1312	62.03	67.5	49.84	64.6	44.29	63.6
新增参评开发区	502	57.32	—	40.01	—	34.65	—

从审批类别看，2020 年，经开区、高新区和特色工业园达供面积分别为 129.79 万公顷、37.13 万公顷和 55.43 万公顷，较 2017 年分别增长 1.0 倍、2.0 倍和 33.6%；供应面积分别为 104.73 万公顷、31.91 万公顷和 39.75 万公顷，较 2017 年分别增长 93.4%、1.9 倍和 20.6%；建成面积分别为 93.63 万公顷、28.62 万公顷和 34.50 万公顷，较 2017 年分别增长 89.8%、1.9 倍和 19.1%。从评价类型看，2020 年，产城融合型和工业主导型开发区达供面积分别为 36.11 万公顷和 186.24 万公顷，较 2017 年分别增长 77.3% 和 90.4%；供应面积分别为 30.01 万公顷和 146.38 万公顷，较 2017 年分别增长 75.5% 和 80.8%；建成面积分别为 27.25 万公顷和 129.49 万公顷，较 2017 年分别增长 73.7% 和 78.5%。

2. 土地利用结构

2017~2020 年，开发区依法审批范围内，工矿仓储用地和住宅用地的规模均大幅增长。2020 年，工矿仓储用地面积为 55.39 万公顷，较 2017 年增长 49.3%；住宅用地面积为 9.57 万公顷，较 2017 年增长 43.9%。其中，2017~2020 年持续参评的开发区中，工矿仓储用地和住宅用地面积分别增长 19.1% 和 23.4%（见表 15）。

表 15　2017~2020 年全国省级开发区依法审批范围工矿仓储和住宅用地规模变化情况

范围	数量（个）	工矿仓储用地		住宅用地	
		增长（万公顷）	增幅（%）	增长（万公顷）	增幅（%）
全部开发区	2163	18.30	49.3	2.92	43.9
2017~2020 年持续参评的开发区	1661	6.58	19.1	1.47	23.4
新增参评开发区	502	14.36	—	1.83	—

从审批类别看，高新区工矿仓储用地和住宅用地规模增幅最大。2020 年，经开区、高新区和特色工业园工矿仓储用地面积分别为 26.99 万公顷、9.91 万公顷和 18.50 万公顷，较 2017 年分别增长 46.7%、1.6 倍和 24.5%；住宅用地面积分别为 5.74 万公顷、2.03 万公顷和 1.80 万公顷，较 2017 年分别增长 40.2%、1.2 倍和 11.3%。从评价类型看，产城融合型开发区住宅用地规模增幅略高，工业主导型开发区工矿仓储用地规模增幅较高。2020 年，产城融合型和工业主导型开发区工矿仓储用地面积分别为 3.22 万公顷和 52.17 万公顷，较 2017 年分别增长 27.1% 和 51.0%；住宅用地面积分别为 4.35 万公顷和 5.22 万公顷，较 2017 年分别增长 44.9% 和 43.1%。

2017~2020 年，开发区实际管理范围内，工矿仓储用地和住宅用地的规模均大幅增长。2020 年，工矿仓储用地面积为 92.20 万公顷，较 2017 年增长 67.1%；住宅用地面积为 18.56 万公顷，较 2017 年增长 1.0 倍。其中，持续参评且有发展方向区的开发区工矿仓储用地和住宅用地面积分别增长 53.0% 和 1.0 倍（见表 16）。

表 16　2017~2020 年全国省级开发区实际管理范围工矿仓储和住宅用地规模变化情况

范围	数量（个）	工矿仓储用地		住宅用地	
		增长（万公顷）	增幅（%）	增长（万公顷）	增幅（%）
全部开发区	2163	37.01	67.1	9.49	104.6
持续参评且无发展方向区的开发区	349	1.67	21.5	0.40	33.2
持续参评且有发展方向区的开发区	1312	23.13	53.0	7.29	100.1
新增参评开发区	502	20.60	—	3.04	—

从审批类别看，2020 年，经开区、高新区和特色工业园工矿仓储用地面积分别为 53.85 万公顷、15.20 万公顷和 23.15 万公顷，较 2017 年分别增长 79.4%、1.8 倍和 16.7%；住宅用地面积分别为 12.38 万公顷、3.86 万公顷和 2.33 万公顷，较 2017 年分别增长 1.1 倍、2.0 倍和 21.3%。从评价类型看，2020 年，产城融合型和工业主导型开发区工矿仓储用地面积分别为 10.18 万公顷和 82.01 万公顷，较 2017 年分别增长 65.0% 和 67.3%；住宅用地面积分别为 6.81 万公顷和 11.75 万公顷，较 2017 年分别增长 75.6% 和 1.3 倍。

3. 土地闲置状况

2017~2020 年，开发区依法审批范围内，闲置土地面积呈波动增长趋势。2020 年，开发区闲置土地面积为 2338 公顷，较 2017 年增长 931 公顷。其中，2017~2020 年持续参评的开发区闲置土地面积增长 460 公顷。从审批类别看，2020 年，经开区、高新区和特色工业园闲置土地面积分别为 664 公顷、320 公顷和 1354 公顷。从评价类型看，2020 年，产城融合型和工业主导型开发区闲置土地面积分别为 518 公顷和 1820 公顷。

2017~2020 年，开发区实际管理范围内，闲置土地面积大幅增长。2020 年，开发区闲置土地面积为 3887 公顷，较 2017 年增长 2099 公顷。其中，持续参评且有发展方向区的开发区闲置土地面积增长 2741 公顷。从审批类别看，2020 年，经开区、高新区和特色工业园闲置土地面积分别为 2407 公顷、615 公顷和 865 公顷。从评价类型看，2020 年，产城融合型和工业主导型开发区闲置土地面积分别为 687 公顷和 3200 公顷。

4. 建设量状况

2017~2020 年，开发区依法审批范围内，建设量迅速增长。2020 年，开发区建筑面积为 74.49 亿平方米，较 2017 年增长 53.0%；建筑基底面积为 30.75 亿平方米，较 2017 年增长 50.1%；工矿仓储建筑面积为 45.46 亿平方米，较 2017 年增长 52.7%；工矿仓储建筑基底面积为 29.32 亿平方米，较 2017 年增长 52.3%（见图 22）。其中，2017~2020 年持续参评的开发区中，建筑面积、建筑基底面积、工矿仓储建筑面积和工矿仓储建筑基底面积分别增长 27.9%、24.7%、28.1% 和 23.3%（见表 17）。

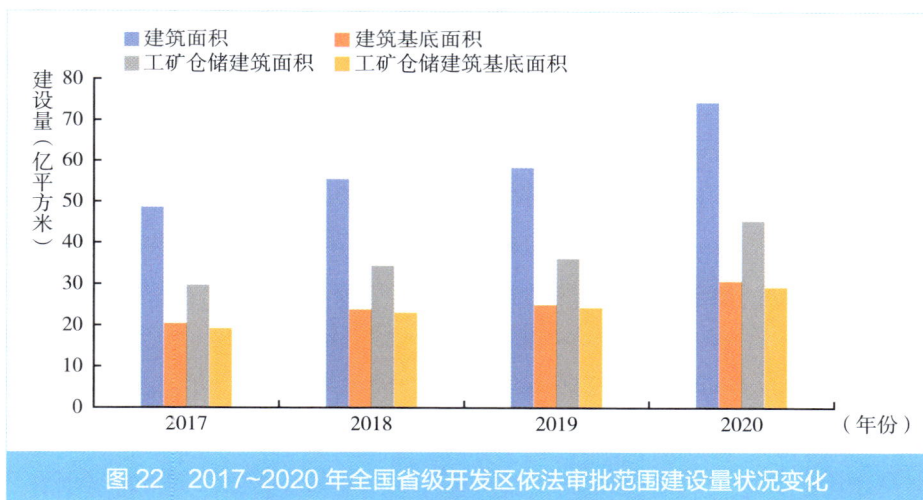

图 22　2017~2020 年全国省级开发区依法审批范围建设量状况变化

表 17　2017~2020 年全国省级开发区依法审批范围建设量状况变化情况

范围	数量（个）	建筑面积		建筑基底面积		工矿仓储建筑面积		工矿仓储建筑基底面积	
		增长（万平方米）	增幅（%）	增长（万平方米）	增幅（%）	增长（万平方米）	增幅（%）	增长（万平方米）	增幅（%）
全部开发区	2163	25.80	53.0	10.27	50.1	15.68	52.7	10.07	52.3
2017~2020 年持续参评的开发区	1661	12.78	27.9	4.73	24.7	7.84	28.1	4.16	23.3
新增参评开发区	502	15.88	—	6.85	—	9.68	—	7.30	—

从审批类别看，2020年，经开区、高新区和特色工业园建筑面积分别为38.98亿平方米、15.93亿平方米和19.58亿平方米，较2017年分别增长49.0%、1.4倍和22.7%；建筑基底面积分别为15.92亿平方米、5.97亿平方米和8.86亿平方米，较2017年分别增长49.2%、1.4倍和21.8%；工矿仓储建筑面积分别为22.59亿平方米、8.93亿平方米和13.94亿平方米，较2017年分别增长50.6%、1.7倍和22.0%；工矿仓储建筑基底面积分别为14.44亿平方米、5.23亿平方米和9.65亿平方米，较2017年分别增长50.9%、1.5倍和27.0%。从评价类型看，2020年，产城融合型和工业主导型开发区建筑面积分别为15.56亿平方米和58.93亿平方米，较2017年分别增长55.0%和52.4%；建筑基底面积分别为4.26亿平方米和26.49亿平方米，较2017年分别增长46.2%和50.8%；工矿仓储建筑面积分别为2.96亿平方米和42.50亿平方米，较2017年分别增长40.1%和53.6%；工矿仓储建筑基底面积分别为1.71亿平方米和27.61亿平方米，较2017年分别增长33.3%和53.7%。

2017~2020年，开发区实际管理范围内，建设量大幅增长。2020年，开发区建筑面积为125.90亿平方米，较2017年增长80.6%；建筑基底面积为53.61亿平方米，较2017年增长78.8%；工矿仓储建筑面积为72.99亿平方米，较2017年增长65.3%；工矿仓储建筑基底面积为48.06亿平方米，较2017年增长68.5%。其中，持续参评且有发展方向区的开发区建筑面积、建筑基底面积、工矿仓储建筑面积和工矿仓储建筑基底面积分别增长71.6%、69.7%、55.2%和54.9%（见表18）。

从审批类别看，2020年，经开区、高新区和特色工业园建筑面积分别为75.89亿平方米、25.46亿平方米和24.55亿平方米，较2017年分别增长90.7%、1.8倍和17.9%；建筑基底面积分别为32.70亿平方米、9.64亿平方米和11.27亿平方米，较2017年分别增长92.6%、1.8倍和18.2%；工矿仓储建筑面积分别为42.95亿平方米、13.14亿平方米和16.89亿平方米，较2017年分别增长77.6%、1.8倍和10.2%；工矿仓储建筑基底面积分别为28.25亿平方米、8.20亿平方米和11.61亿平方米，较2017年分别增长80.5%、1.9倍和15.5%。从评价类型看，2020年，产城融合型和工业主导型开发区建筑面积分别为 27.60 亿平方米和 98.30 亿平方米，较 2017 年分别增长 77.4% 和 81.6%；建筑基底面积分别为 8.99 亿平方米和 44.62 亿平方米，较 2017 年分别增长 76.0% 和 79.3%；工矿仓储建筑面积分别为 8.88 亿平方米和 64.11 亿平方米，较 2017 年分别增长 73.2% 和 64.2%；工矿仓储建筑基底面积分别为 5.45 亿平方米和 42.61 亿平方米，较 2017 年分别增长 75.8% 和 67.5%。

表 18　2017~2020 年全国省级开发区实际管理范围建设量状况变化情况

范围	数量（个）	建筑面积		建筑基底面积		工矿仓储建筑面积		工矿仓储建筑基底面积	
		增长（亿平方米）	增幅（%）	增长（亿平方米）	增幅（%）	增长（亿平方米）	增幅（%）	增长（亿平方米）	增幅（%）
全部开发区	2163	56.20	80.6	23.62	78.8	28.82	65.3	19.53	68.5
持续参评且无发展方向区的开发区	349	3.30	36.5	0.96	24.9	1.78	31.5	0.89	23.9
持续参评且有发展方向区的开发区	1312	40.40	71.6	16.86	69.7	19.82	55.2	12.54	54.9
新增参评开发区	502	22.74	—	10.23	—	13.64	—	10.47	—

三　2016~2020 年全国开发区土地集约利用情况分析

（一）国家级开发区

1. 土地利用程度

2016~2020 年，工业主导型开发区依法审批范围内土地开发率和土地供应率有所提升，土地建成率有所下降。2020 年，土地开发率和土地供应率分别为 88.5% 和 91.1%，较 2016 年分别提升 2.2 个和 0.6 个百分点；土地建成率为 91.3%，较 2016 年下降 0.8 个百分点（见图 23）。2016~2020 年持续参评的开发区土地开发率、土地供应率与土地建成率分别提升 3.5 个、1.4 个和 0.1 个百分点。新增参评开发区土地开发率、土地供应率与土地建成率分别为 80.8%、87.5% 和 82.9%（见表 19）。从审批类别上看，2020 年，海关特殊监管区土地开发率最高，为 91.4%，分别较经开区和高新区高 4.1 个和 1.4 个百分点；高新区土地供应率和土地建成率最高，分别为 95.3% 和 93.1%，较经开区分别高 4.3 个和 1.0 个百分点，较海关特殊监管区分别高 13.1 个和 11.7 个百分点。从区域差异上看，东北地区土地开发率最高，东部地区土地供应率最高，中部地区土地建成率最高。2020 年，东部地区、中部地区、西部地区和东北地区土地开发率分别为 91.6%、91.8%、86.7% 和 95.3%；土地供应率分别为 89.0%、88.9%、86.6% 和 88.5%；土地建成率分别为 92.7%、94.4%、80.8% 和 93.9%。

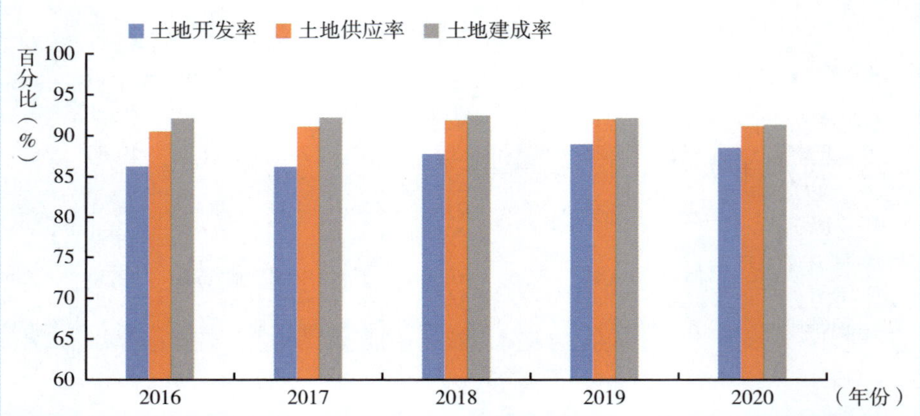

图 23　2016~2020 年全国国家级工业主导型开发区依法审批范围土地利用程度变化

表 19　2016 年和 2020 年全国国家级工业主导型开发区依法审批范围土地利用程度

范围	数量（个）	土地开发率（%）		土地供应率（%）		土地建成率（%）	
		2016 年	2020 年	2016 年	2020 年	2016 年	2020 年
全部开发区	431	86.3	88.5	90.5	91.1	92.1	91.3
2016~2020 年持续参评的开发区	365	86.0	89.5	90.1	91.5	92.1	92.2
新增参评开发区	66	—	80.8	—	87.5	—	82.9

注：持续参评开发区类型依 2020 年参评类型确定。下同。

2016~2020 年，工业主导型开发区实际管理范围内土地利用程度有所下降。2020 年，土地开发率、土地供应率和土地建成率分别为 57.3%、84.6% 和

87.3%，较 2016 年分别下降 22.4 个、1.5 个和 3.0 个百分点。持续参评且有发展方向区的开发区土地开发率、土地供应率与土地建成率分别下降 23.6 个、1.2 个和 3.4 个百分点。新增参评开发区土地开发率、土地供应率与土地建成率分别为 53.9%、81.0% 和 83.6%（见表 20）。从审批类别上看，2020 年，海关特殊监管区土地开发率最高，为 80.4%，分别较经开区和高新区高 23.8 个和 24.4 个百分点；高新区土地供应率和土地建成率最高，分别为 87.0% 和 89.8%，较经开区分别高 3.1 个和 3.3 个百分点，较海关特殊监管区分别高 5.1 个和 5.1 个百分点。从区域差异上看，东北地区土地开发率最高，东部地区土地供应率和土地建成率最高。2020 年，东部地区、中部地区、西部地区和东北地区土地开发率分别为 59.8%、49.3%、52.4% 和 67.4%；土地供应率分别为 87.8%、86.5%、79.7% 和 72.5%；土地建成率分别为 90.1%、87.4%、81.9% 和 78.4%。

表 20　2016 年和 2020 年全国国家级工业主导型开发区实际管理范围土地利用程度

范围	数量（个）	土地开发率（%）		土地供应率（%）		土地建成率（%）	
		2016 年	2020 年	2016 年	2020 年	2016 年	2020 年
全部开发区	431	79.7	57.3	86.1	84.6	90.3	87.3
持续参评且无发展方向区的开发区	128	83.1	89.1	83.8	84.1	84.6	87.7
持续参评且有发展方向区的开发区	237	79.7	56.1	86.1	84.9	91.0	87.6
新增参评开发区	66	—	53.9	—	81.0	—	83.6

2016~2020 年，产城融合型开发区依法审批范围内土地开发率和土地供应率有所提升，土地建成率有所下降。2020 年，开发区土地开发率和土地供应率分别为 91.7% 和 95.7%，较 2016 年分别提升 1.7 个和 1.1 个百分点；土地建成率为 94.7%，较 2016 年下降 0.5 个百分点（见图 24）。2016~2020 年持续参评的开发区土地开发率、土地供应率与土地建成率分别提升 2.0 个、1.2 个和下降 0.2 个百分点。新增参评开发区土地开发率、土地供应率与土地建成率分别为 88.8%、94.3% 和 93.6%（见表 21）。从审批类别上看，2020 年，高新区土地开发率、土地供应率和土地建成率较高，分别为 93.0%、96.7% 和

95.9%，较经开区分别高 2.8 个、2.5 个和 2.8 个百分点。从区域差异上看，东北地区土地开发率最高，西部地区土地供应率最高，中部地区土地建成率最高。2020 年，东部地区、中部地区、西部地区和东北地区土地开发率分别为93.0%、95.8%、95.3% 和 97.7%；土地供应率分别为 92.1%、89.8%、93.0% 和 89.4%；土地建成率分别为 95.1%、97.6%、95.3% 和 94.6%。

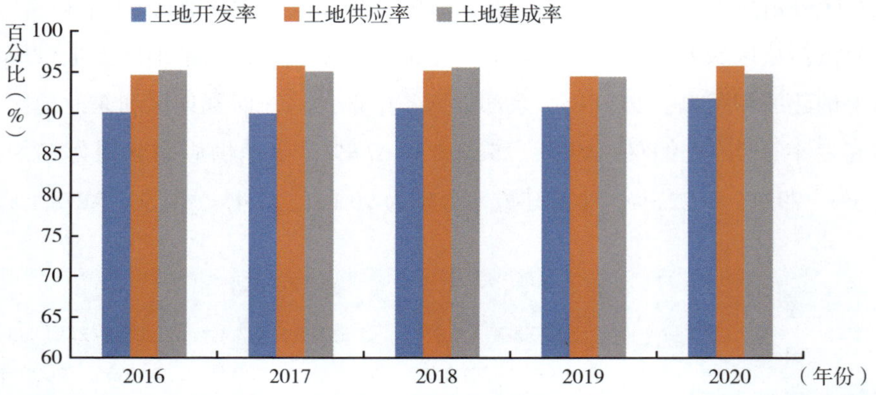

图 24　2016~2020 年全国国家级产城融合型开发区依法审批范围土地利用程度变化

表 21　2016 年和 2020 年全国国家级产城融合型开发区依法审批范围土地利用程度

范围	数量（个）	土地开发率（%）		土地供应率（%）		土地建成率（%）	
		2016 年	2020 年	2016 年	2020 年	2016 年	2020 年
全部开发区	128	90.0	91.7	94.6	95.7	95.2	94.7
2016~2020 年持续参评的开发区	115	89.9	91.9	94.6	95.8	94.9	94.7
新增参评开发区	13	—	88.8	—	94.3	—	93.6

2016~2020 年，产城融合型开发区实际管理范围内土地开发率大幅下降，土地供应率略有提升，土地建成率有所下降。2020 年，开发区土地开发率为49.2%，较 2016 年下降 30.6 个百分点；土地供应率为 88.3%，较 2016 年提升 0.2 个百分点；土地建成率为 87.1%，较 2016 年下降 5.5 个百分点。持续

参评且有发展方向区的开发区土地开发率、土地供应率与土地建成率分别下降 29.3 个、提升 0.6 个和下降 5.5 个百分点。新增参评开发区土地开发率、土地供应率与土地建成率分别为 47.0%、79.6% 和 84.2%（见表 22）。从审批类别上看，2020 年，经开区土地开发率较高，为 55.6%，较高新区高 11.6 个百分点；高新区土地供应率较高，为 91.4%，较经开区高 6.1 个百分点；经开区土地建成率较高，为 91.4%，较高新区高 8.5 个百分点。从区域差异上看，东部地区土地开发率、土地供应率和土地建成率均最高。2020 年，东部地区、中部地区、西部地区和东北地区土地开发率分别为 58.6%、45.8%、43.3% 和 46.1%；土地供应率分别为 93.6%、89.6%、78.8% 和 90.4%；土地建成率分别为 93.1%、88.7%、89.0% 和 59.8%。

表 22　2016 年和 2020 年全国国家级产城融合型开发区实际管理范围土地利用程度

范围	数量（个）	土地开发率（%）		土地供应率（%）		土地建成率（%）	
		2016 年	2020 年	2016 年	2020 年	2016 年	2020 年
全部开发区	128	79.8	49.2	88.1	88.3	92.6	87.1
持续参评且无发展方向区的开发区	19	88.6	91.3	95.7	97.5	90.1	90.9
持续参评且有发展方向区的开发区	96	77.9	48.6	87.9	88.5	92.5	87.0
新增参评开发区	13	—	47.0	—	79.6	—	84.2

2. 工业用地结构

2016~2020 年，工业主导型开发区依法审批范围内工业用地率略有下降。2020 年，工业用地率为 58.5%，较 2016 年下降 0.1 个百分点。2016~2020 年持续参评的开发区工业用地率下降 1.2 个百分点。新增参评开发区工业用地率为 59.7%。从审批类别上看，2020 年，海关特殊监管区工业用地率最高，为 68.1%，分别高于经开区和高新区 9.1 个和 13.8 个百分点。从区域差异上看，东部地区工业用地率最高。2020 年，东部地区、中部地区、西部地区和东北地区工业用地率分别为 61.1%、58.2%、52.3% 和 53.0%。

2016~2020 年，工业主导型开发区实际管理范围内工业用地率明显下降。

2020 年，工业用地率为 51.5%，较 2016 年下降 5.5 个百分点。持续参评且有发展方向区的开发区工业用地率下降 6.1 个百分点。新增参评开发区工业用地率为 53.4%。从审批类别上看，2020 年，海关特殊监管区工业用地率最高，为 63.5%，分别高于经开区和高新区 11.8 个和 14.5 个百分点。从区域差异上看，西部地区工业用地率最高。2020 年，东部地区、中部地区、西部地区和东北地区工业用地率分别为 52.4%、50.3%、53.1% 和 46.0%。

3. 土地利用强度

2016~2020 年，工业主导型开发区依法审批范围内土地利用强度有所提升。2020 年，综合容积率和工业用地综合容积率分别为 0.89 和 0.94，较 2016 年分别提升 0.05 和 0.06；建筑密度和工业用地建筑系数分别为 33.7% 和 53.4%，较 2016 年分别提升 0.9 个和 2.4 个百分点（见图 25、图 26）。2016~2020 年持续参评的开发区综合容积率提升 0.08，工业用地综合容积率提升 0.06，建筑密度提升 1.2 个百分点，工业用地建筑系数提升 2.7 个百分点。新增参评开发区综合容积率为 0.77，建筑密度为 31.2%，工业用地综合容积率为 0.83，工业用地建筑系数为 51.4%（见表 23）。从审批类别上看，2020 年，高新区综合容积率与工业用地综合容积率最高，分别为 0.99 和 1.02，较经开区分别高 0.11 和 0.11，较海关特殊监管区分别高 0.31 和 0.13；高新区建筑密

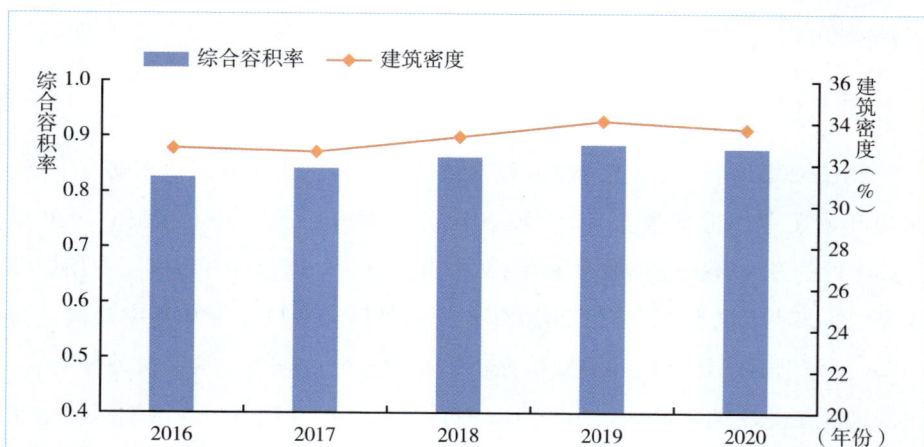

图 25　2016~2020 年全国国家级工业主导型开发区依法审批范围土地利用强度变化

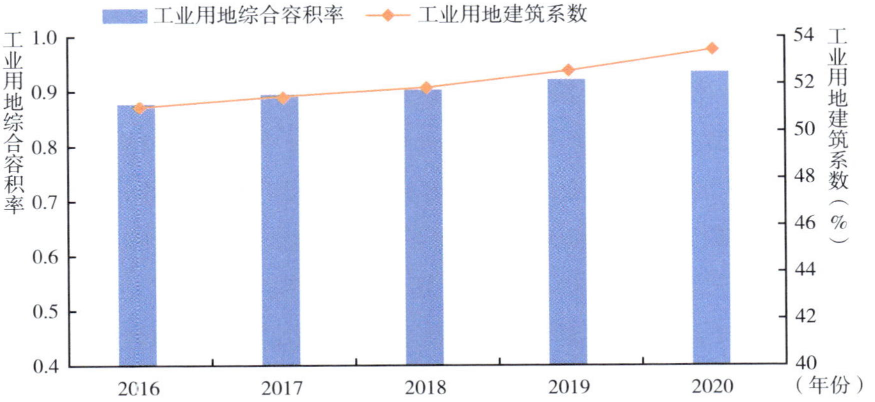

图 26　2016~2020 年全国国家级工业主导型开发区依法审批范围工业用地利用强度变化

度最高，为 34.3%，分别较经开区和海关特殊监管区高 0.3 个和 4.6 个百分点；海关特殊监管区工业用地建筑系数最高，为 57.0%，分别较经开区和高新区高 4.1 个和 3.8 个百分点。从区域差异上看，中部地区综合容积率最高，东部地区建筑密度、工业用地综合容积率和工业用地建筑系数最高。2020 年，东部地区、中部地区、西部地区和东北地区综合容积率分别为 0.92、0.95、0.74 和 0.78；建筑密度分别为 35.5%、35.4%、27.7% 和 28.6%；工业用地综合容积率分别为 1.02、0.96、0.69 和 0.71；工业用地建筑系数分别为 55.2%、51.8%、50.3% 和 49.0%。

表 23　2016 年和 2020 年全国国家级工业主导型开发区依法审批范围土地利用强度变化情况

范围	数量（个）	综合容积率		建筑密度（%）		工业用地综合容积率		工业用地建筑系数（%）	
		2016年	2020年	2016年	2020年	2016年	2020年	2016年	2020年
全部开发区	431	0.84	0.89	32.8	33.7	0.88	0.94	51.0	53.4
2016~2020 年持续参评的开发区	365	0.82	0.90	32.8	34.0	0.89	0.95	50.9	53.6
新增参评开发区	66	—	0.77	—	31.2	—	0.83	—	51.4

2016~2020 年，工业主导型开发区实际管理范围内土地利用强度有所提升。2020 年，综合容积率和工业用地综合容积率分别为 0.99 和 0.90，较 2016 年分别提升 0.17 和 0.04；建筑密度和工业用地建筑系数分别为 33.2% 和 52.2%，较 2016 年分别提升 0.4 个和 2.0 个百分点。持续参评且有发展方向区的开发区综合容积率和工业用地综合容积率分别提升 0.19 和 0.04，建筑密度和工业用地建筑系数分别提升 0.3 个和 1.8 个百分点。新增参评开发区综合容积率为 0.86，建筑密度为 33.6%，工业用地综合容积率为 0.77，工业用地建筑系数为 49.8%（见表 24）。从审批类别上看，2020 年，高新区综合容积率最高，为 1.44，分别较经开区和海关特殊监管区高 0.65 和 0.72；经开区建筑密度最高，为 33.5%，分别较高新区和海关特殊监管区高 0.8 个和 0.9 个百分点；高新区工业用地综合容积率最高，为 1.13，分别较经开区和海关特殊监管区高 0.33 和 0.25；海关特殊监管区工业用地建筑系数最高，为 63.4%，分别较经开区和高新区高 12.7 个和 10.3 个百分点。从区域差异上看，东部地区综合容积率最高，中部地区建筑密度最高，东部地区工业用地综合容积率和工业用地建筑系数最高。2020 年，东部地区、中部地区、西部地区和东北地区综合容积率分别为 1.12、0.89、0.71 和 0.63；建筑密度分别为 34.7%、35.1%、29.8% 和 24.0%；工业用地综合容积率分别为 1.00、0.86、0.66 和 0.57；工业用地建筑系数分别为 55.9%、49.1%、47.3% 和 39.7%。

表 24　2016 年和 2020 年全国国家级工业主导型开发区实际管理范围土地利用强度变化情况

范围	数量（个）	综合容积率		建筑密度（%）		工业用地综合容积率		工业用地建筑系数（%）	
		2016年	2020年	2016年	2020年	2016年	2020年	2016年	2020年
全部开发区	431	0.82	0.99	32.8	33.2	0.86	0.90	50.2	52.2
持续参评且无发展方向区的开发区	128	0.80	0.85	29.5	30.9	0.88	0.95	46.7	50.4
持续参评且有发展方向区的开发区	237	0.81	1.00	33.1	33.4	0.86	0.90	50.7	52.5
新增参评开发区	66	—	0.86	—	33.6	—	0.77	—	49.8

　　2016~2020 年，产城融合型开发区依法审批范围内土地利用强度有所提升。2020 年，综合容积率为 1.25，较 2016 年提升 0.11；建筑密度为 30.6%，较 2016 年提升 2.0 个百分点（见图 27）。2016~2020 年持续参评的开发区综合容积率提升 0.12，建筑密度提升 1.4 个百分点。新增参评开发区综合容积率为 1.17，建筑密度为 27.4%（见表 25）。从审批类别上看，2020 年，高新区综合容积率较高，为 1.27，较经开区高 0.05；经开区建筑密度较高，为 32.6%，较高新区高 3.5 个百分点。从区域差异上看，西部地区综合容积率最高，中部地区建筑密度最高。2020 年，东部地区、中部地区、西部地区和东北地区综合容积率分别为 1.21、1.27、1.36 和 0.92；建筑密度分别为 29.8%、35.2%、29.5% 和 25.9%。

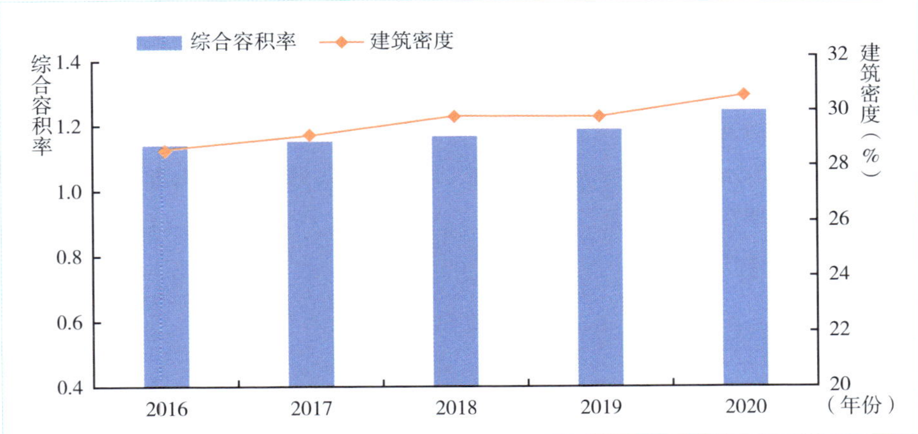

图 27　2016~2020 年全国国家级产城融合型开发区依法审批范围土地利用强度变化

表 25　2016 年和 2020 年全国国家级产城融合型开发区依法审批范围土地利用强度变化情况

范围	数量（个）	综合容积率		建筑密度（%）	
		2016 年	2020 年	2016 年	2020 年
全部开发区	128	1.14	1.25	28.6	30.6
2016~2020 年持续参评的开发区	115	1.13	1.25	29.3	30.7
新增参评开发区	13	—	1.17	—	27.4

2016~2020 年，产城融合型开发区实际管理范围内土地利用强度有所提升。2020 年，综合容积率为 1.11，较 2016 年提升 0.08；建筑密度为 30.8%，较 2016 年提升 1.2 个百分点。持续参评且有发展方向区的开发区综合容积率提升 0.08，建筑密度保持稳定。新增参评开发区综合容积率为 1.12，建筑密度为 35.1%（见表 26）。从审批类别上看，2020 年，高新区综合容积率较高，为 1.25，较经开区高 0.28；经开区建筑密度较高，为 32.3%，较高新区高 2.9个百分点。从区域差异上看，东北地区综合容积率和建筑密度最高。2020 年，东部地区、中部地区、西部地区和东北地区综合容积率分别为 1.10、1.02、1.14和 1.24；建筑密度分别为 29.0%、33.4%、26.7% 和 45.1%。

表 26　2016 年和 2020 年全国国家级产城融合型开发区实际管理范围
土地利用强度变化情况

范围	数量（个）	综合容积率		建筑密度（%）	
		2016 年	2020 年	2016 年	2020 年
全部开发区	128	1.03	1.11	29.6	30.8
持续参评且无发展方向区的开发区	19	1.27	1.32	25.2	26.6
持续参评且有发展方向区的开发区	96	1.02	1.10	30.8	30.8
新增参评开发区	13	—	1.12	—	35.1

4. 综合用地效益

2016~2020 年，工业主导型开发区依法审批范围内综合用地效益有所提升。2020 年，工业用地固定资产投入强度为 9419 元 / 米^2，较 2016 年提升40.1%；工业用地地均税收为 685 元 / 米^2，较 2016 年提升 2.8%（见图 28）。2016~2020 年持续参评的开发区工业用地固定资产投入强度提升 43.4%，工业用地地均税收提升 6.2%。新增参评开发区工业用地固定资产投入强度为7417 元 / 米^2，工业用地地均税收为 376 元 / 米^2（见表 27）。从审批类别上看，2020 年，高新区工业用地固定资产投入强度最高，为 10404 元 / 米^2，分别较经开区和海关特殊监管区高 15.0% 和 14.7%；海关特殊监管区工业用地地均税收最高，为 796 元 / 米^2，分别较经开区和高新区高 25.4% 和 5.7%。从区域差异上看，东部地区综合用地效益最高。2020 年，东部地区、中部地区、西部地区和东北地区工业用地固定资产投入强度分别为 10789 元 / 米²、7876 元 / 米²、7167 元 / 米² 和 6695 元 / 米²；工业用地地均税收分别为 913 元 / 米²、411 元 / 米²、263 元 / 米² 和 329 元 / 米²。

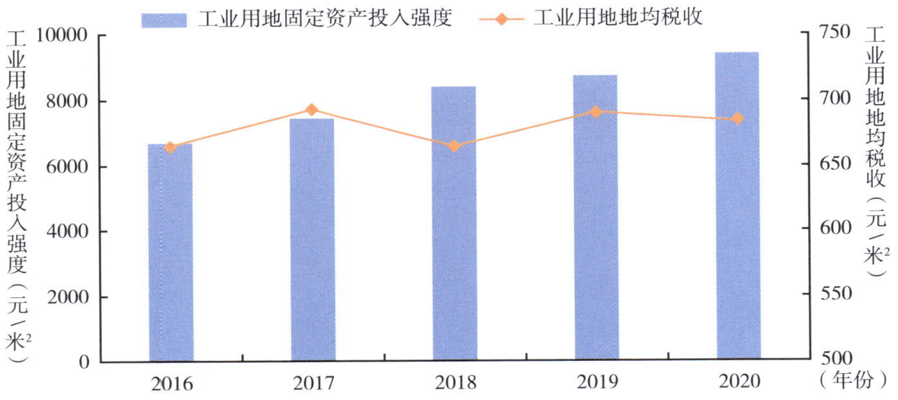

图 28　2016~2020 年全国国家级工业主导型开发区依法审批范围综合用地效益变化

表 27　2016 年和 2020 年全国国家级工业主导型开发区依法审批范围综合用地效益变化情况

范围	数量（个）	工业用地固定资产投入强度（元 / 米²）		工业用地地均税收（元 / 米²）	
		2016 年	2020 年	2016 年	2020 年
全部开发区	431	6725	9419	666	685
2016~2020 年持续参评的开发区	365	6710	9625	674	716
新增参评开发区	66	—	7417	—	376

2016~2020 年，工业主导型开发区实际管理范围内工业用地固定资产投入强度有所提升，工业用地地均税收有所下降。2020 年，工业用地固定资产投入强度为 7197 元 / 米²，较 2016 年提升 17.6%；工业用地地均税收为 420 元 / 米²，较 2016 年下降 19.1%。持续参评且有发展方向区的开发区工业用地固定资产投入强度提升 17.9%，工业用地地均税收下降 19.3%。新增参评

开发区工业用地固定资产投入强度为 6058 元 / 米^2，工业用地地均税收为 258 元 / 米^2（见表 28）。从审批类别上看，2020 年，海关特殊监管区工业用地固定资产投入强度与工业用地地均税收均最高，分别为 7999 元 / 米^2 和 629 元 / 米^2，较经开区分别高 15.9% 和 67.8%，较高新区分别高 3.8% 和 31.0%。从区域差异上看，东部地区工业用地固定资产投入强度和工业用地地均税收最高。2020 年，东部地区、中部地区、西部地区和东北地区工业用地固定资产投入强度分别为 8157 元 / 米^2、6855 元 / 米^2、4991 元 / 米^2 和 4431 元 / 米^2；工业用地地均税收分别为 527 元 / 米^2、306 元 / 米^2、200 元 / 米^2 和 233 元 / 米^2。

表 28　2016 年和 2020 年全国国家级工业主导型开发区实际管理范围综合用地效益变化情况

范围	数量（个）	工业用地固定资产投入强度（元 / 米^2）		工业用地地均税收（元 / 米^2）	
		2016 年	2020 年	2016 年	2020 年
全部开发区	431	6120	7197	519	420
持续参评且无发展方向区的开发区	128	7498	10534	859	958
持续参评且有发展方向区的开发区	237	5947	7009	481	388
新增参评开发区	66	—	6058	—	258

2016~2020 年，产城融合型开发区依法审批范围内综合用地效益有所提升。2020 年，综合地均税收为 817 元 / 米^2，较 2016 年提升 42.1%；人口密度为 142 人 / 公顷，较 2016 年提升 16.4%（见图 29）。2016~2020 年持续参评的开发区综合地均税收提升 56.9%，人口密度提升 16.3%。新增参评开发区综合地均税收为 156 元 / 米^2，人口密度为 111 人 / 公顷（见表 29）。从审批类别上看，2020 年，高新区综合地均税收较高，为 1029 元 / 米^2，较经开区高 96.1%；经开区人口密度较高，为 143 人 / 公顷，较高新区高 2.0%。从区域差异上看，东部地区综合地均税收最高，西部地区人口密度最高。2020 年，东部地区、中部地区、西部地区和东北地区综合地均税收分别为 1508 元 / 米^2、344 元 / 米^2、346 元 / 米^2 和 155 元 / 米^2；人口密度分别为 140 人 / 公顷、129 人 / 公顷、156 人 / 公顷和 127 人 / 公顷。

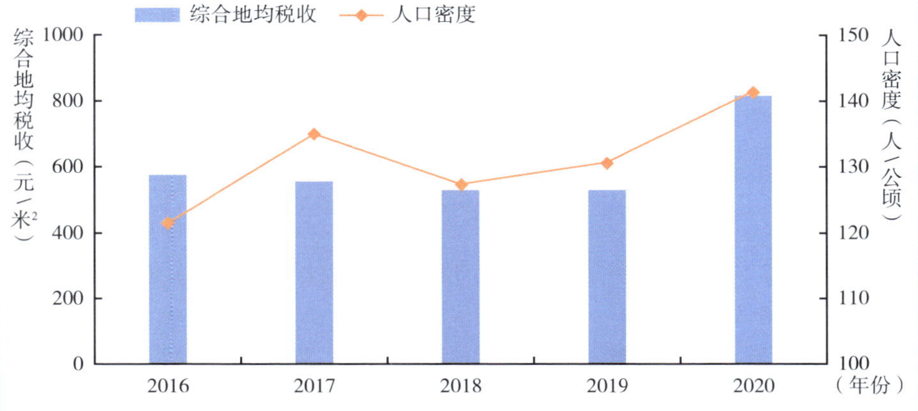

图 29　2016~2020 年全国国家级产城融合型开发区依法审批范围综合用地效益变化

表 29　2016 年和 2020 年全国国家级产城融合型开发区依法审批范围综合用地效益变化情况

范围	数量（个）	综合地均税收（元 / 米 ^{2}）		人口密度（人 / 公顷）	
		2016 年	2020 年	2016 年	2020 年
全部开发区	128	575	817	122	142
2016~2020 年持续参评的开发区	115	547	858	123	143
新增参评开发区	13	—	156	—	111

2016~2020 年，产城融合型开发区实际管理范围内综合用地效益有所下降。2020 年，综合地均税收为 352 元 / 米 ^{2}，较 2016 年下降 24.1%；人口密度为 80 人 / 公顷，较 2016 年下降 14.0%。持续参评且有发展方向区的开发区综合地均税收下降 18.8%，人口密度下降 15.6%。新增参评开发区综合地均税收为 157 元 / 米 ^{2}；人口密度为 93 人 / 公顷（见表 30）。从审批类别上看，2020 年，高新区综合用地效益较高，综合地均税收为 490 元 / 米 ^{2}，较经开区高 1.2 倍；人口密度为 90 人 / 公顷，较经开区高 25.5%。从区域差异上看，东部地区综合地均税收最高，西部地区人口密度最高。2020 年，东部地区、中部地区、西部地区和东北地区综合地均税收分别为 550 元 / 米 ^{2}、230 元 / 米 ^{2}、192

元/米²和113元/米²；人口密度分别为72人/公顷、80人/公顷、96人/公顷和72人/公顷。

范围	数量（个）	综合地均税收（元/米²）		人口密度（人/公顷）	
		2016年	2020年	2016年	2020年
全部开发区	128	464	352	93	80
持续参评且无发展方向区的开发区	19	994	980	159	160
持续参评且有发展方向区的开发区	96	414	336	90	76
新增参评开发区	13	—	157	—	93

表30 2016年和2020年全国国家级产城融合型开发区实际管理范围综合用地效益变化情况

5. 土地管理绩效

2016~2020年，工业主导型开发区依法审批范围内土地闲置率有所下降。2020年，土地闲置率为0.08%，较2016年下降0.04个百分点。2016~2020年持续参评的开发区土地闲置率下降0.05个百分点。新增参评开发区土地闲置率相对较高，为0.11%。从审批类别上看，2020年，经开区、高新区和海关特殊监管区土地闲置率分别为0.08%、0.03%和0.25%。从区域差异上看，东北地区土地闲置率最低。2020年，东部地区、中部地区、西部地区和东北地区土地闲置率分别为0.04%、0.26%、0.06%和0.01%。

2016~2020年，工业主导型开发区实际管理范围内土地闲置率有所提升。2020年，土地闲置率为0.21%，较2016年提升0.10个百分点。持续参评且有发展方向区的开发区土地闲置率提升0.12个百分点。新增参评开发区土地闲置率为0.24%。从审批类别上看，2020年，经开区、高新区和海关特殊监管区土地闲置率分别为0.13%、0.41%和0.17%。从区域差异上看，东北地区土地闲置率最低。2020年，东部地区、中部地区、西部地区和东北地区土地闲置率分别为0.08%、0.64%、0.29%和0.01%。

2016~2020年，产城融合型开发区依法审批范围内土地闲置率有所提升。2020年，土地闲置率为0.08%，较2016年提升0.07个百分点。

2016~2020 年持续参评的开发区土地闲置率提升 0.07 个百分点。新增参评开发区无闲置土地。从审批类别上看，2020 年，经开区和高新区土地闲置率分别为 0.09% 和 0.07%。从区域差异上看，东北地区土地闲置率最低。2020 年，东部地区、中部地区、西部地区和东北地区土地闲置率分别为 0.02%、0.08%、0.17% 和 0。

2016~2020 年，产城融合型开发区实际管理范围内土地闲置率有所提升。2020 年，土地闲置率为 0.28%，较 2016 年提升 0.19 个百分点。持续参评且有发展方向区的开发区土地闲置率提升 0.20 个百分点。新增参评开发区土地闲置率为 0.44%。从审批类别上看，2020 年，经开区和高新区土地闲置率分别为 0.15% 和 0.41%。从区域差异上看，东北地区土地闲置率最低。2020 年，东部地区、中部地区、西部地区和东北地区土地闲置率分别为 0.20%、0.67%、0.16% 和 0.08%。

（二）省级开发区

1. 土地利用程度

2017~2020 年，工业主导型开发区依法审批范围内土地开发率有所提升，土地供应率和土地建成率有所下降。2020 年，土地开发率为 73.9%，较 2017 年上升 4.0 个百分点；土地供应率和土地建成率分别为 82.6% 和 89.6%，较 2017 年分别下降 1.8 个和 0.4 个百分点（见图 30）。2017~2020 年持续参评的开发区土地开发率和土地供应率分别提升 4.4 个和 1.7 个百分点，土地建成率下降 0.4 个百分点。新增参评开发区土地开发率、土地供应率与土地建成率分别为 72.3%、72.5% 和 88.2%（见表 31）。从审批类别上看，2020 年，特色工业园土地开发率最高，为 76.2%，分别较经开区和高新区高 3.8 个和 2.9 个百分点；高新区土地供应率最高，为 89.2%，分别较经开区和特色工业园高 3.1 个和 13.7 个百分点；经开区土地建成率最高，为 90.7%，分别较高新区和特色工业园高 1.0 个和 2.5 个百分点。从区域差异上看，东北地区土地开发率最高，西部地区土地供应率最高，东部地区土地建成率最高。2020 年，东部地区、中部地区、西部地区和东北地区土地开发率分别为 90.4%、88.4%、

88.2% 和 95.1%；土地供应率分别为 71.9%、70.2%、78.3% 和 74.1%；土地建成率分别为 90.4%、89.6%、71.1% 和 80.4%。

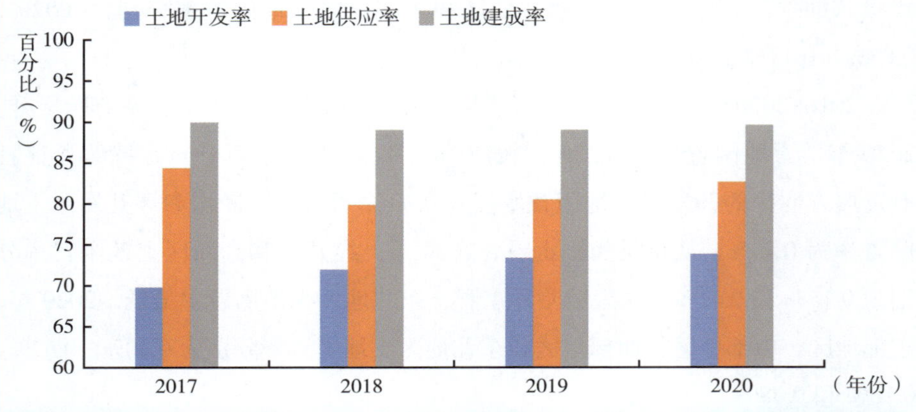

图 30　2017~2020 年全国省级工业主导型开发区依法审批范围土地利用程度变化

表 31　2017 年和 2020 年全国省级工业主导型开发区依法审批范围土地利用程度

范围	数量（个）	土地开发率（%）		土地供应率（%）		土地建成率（%）	
		2017 年	2020 年	2017 年	2020 年	2017 年	2020 年
全部开发区	1851	69.9	73.9	84.4	82.6	90.0	89.6
2017~2020 年持续参评的开发区	1419	70.2	74.6	85.3	87.0	90.5	90.1
新增参评开发区	432	—	72.3	—	72.5	—	88.2

　　2017~2020 年，工业主导型开发区实际管理范围内土地利用程度有所下降。2020 年，土地开发率、土地供应率和土地建成率分别为 47.0%、78.6% 和 88.5%，较 2017 年分别下降 20.9 个、4.1 个和 1.1 个百分点。持续参评且有发展方向区的开发区土地开发率下降 24.0 个百分点，土地供应率下降 1.5 个百分点，土地建成率下降 0.7 个百分点。新增参评开发区土地开发率、土地供应率与土地建成率分别为 49.3%、69.0% 和 86.1%（见表 32）。从审批类别上看，2020 年，特色工业园土地开发率最高，为 55.8%，分别较经开区和高

新区高 12.5 个和 6.7 个百分点；高新区土地供应率最高，为 85.3%，分别较经开区和特色工业园高 4.6 个和 14.7 个百分点；经开区土地建成率最高，为 89.1%，分别较高新区和特色工业园高 0.2 个和 2.3 个百分点。从区域差异上看，西部地区土地开发率最高，中部地区土地供应率最高，东北地区土地建成率最高。2020 年，东部地区、中部地区、西部地区和东北地区土地开发率分别为 45.9%、45.5%、51.0% 和 42.7%；土地供应率分别为 85.1%、86.7%、65.0% 和 77.9%；土地建成率分别为 89.2%、87.3%、87.3% 和 92.4%。

表 32　2017 年和 2020 年全国省级工业主导型开发区实际管理范围土地利用程度

范围	数量（个）	土地开发率（%）		土地供应率（%）		土地建成率（%）	
		2017 年	2020 年	2017 年	2020 年	2017 年	2020 年
全部开发区	1851	67.9	47.0	82.7	78.6	89.6	88.5
持续参评且无发展方向区的开发区	298	69.1	72.7	80.2	83.8	88.7	88.7
持续参评且有发展方向区的开发区	1121	68.0	44.0	83.5	82.0	90.1	89.4
新增参评开发区	432	—	49.3	—	69.0	—	86.1

2017~2020 年，产城融合型开发区依法审批范围内土地利用程度有所下降。2020 年，土地开发率、土地供应率和土地建成率分别为 71.0%、86.1% 和 90.7%，较 2017 年分别下降 2.3 个、3.0 个和 2.2 个百分点（见图 31）。2017~2020 年持续参评的开发区土地开发率和土地供应率分别提升 5.5 个和 0.5 个百分点，土地建成率提升 0.5 个百分点。新增参评开发区土地开发率、土地供应率与土地建成率分别为 58.0%、75.2% 和 87.8%（见表 33）。从审批类别上看，2020 年，特色工业园土地开发率最高，为 75.0%，分别较经开区和高新区高 5.0 个和 2.7 个百分点；高新区土地供应率和土地建成率最高，分别为 89.7% 和 91.3%，较经开区分别高 5.5 个和 0.1 个百分点，较特色工业园分别高 0.9 个和 4.5 个百分点。从区域差异上看，中部地区土地开发率最高，东部地区土地供应率最高，东北地区土地建成率最高。2020 年，东部地区、中部地区、西部地区和东北地区土地开发率分别为 64.9%、77.0%、74.5% 和

72.5%；土地供应率分别为 92.1%、91.4%、80.6% 和 73.1%；土地建成率分别为 92.5%、90.7%、85.5% 和 96.8%。

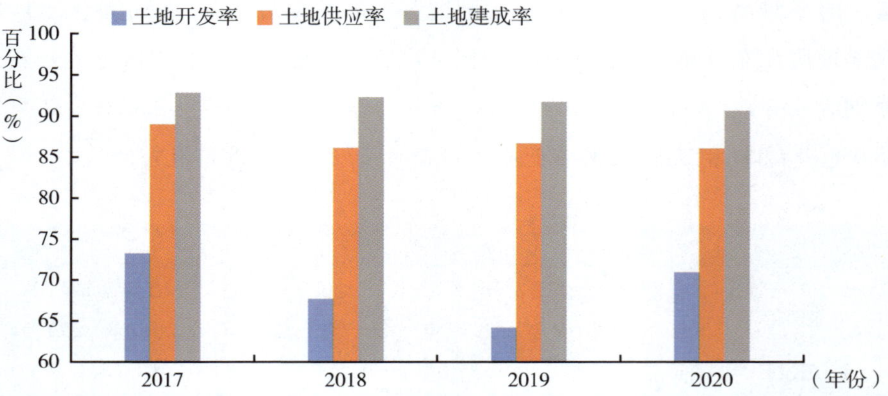

图 31　2017~2020 年全国省级产城融合型开发区依法审批范围土地利用程度变化

表 33　2017 年和 2020 年全国省级产城融合型开发区依法审批范围土地利用程度

范围	数量（个）	土地开发率（%）		土地供应率（%）		土地建成率（%）	
		2017 年	2020 年	2017 年	2020 年	2017 年	2020 年
全部开发区	312	73.3	71.0	89.1	86.1	92.9	90.7
2017~2020 年持续参评的开发区	242	73.1	78.6	90.0	90.5	91.4	91.9
新增参评开发区	70	—	58.0	—	75.2	—	87.8

2017~2020 年，产城融合型开发区实际管理范围内土地利用程度有所下降。2020 年，土地开发率、土地供应率和土地建成率分别为 46.3%、83.1% 和 90.8%，较 2017 年分别下降 24.2 个、0.8 个和 1.0 个百分点。持续参评且有发展方向区的开发区土地开发率和土地供应率下降 25.3 个和 1.3 个百分点，土地建成率提升 0.3 个百分点。新增参评开发区土地开发率、土地供应率与土地建成率分别为 48.0%、75.5% 和 89.5%（见表 34）。从审批类别上看，2020年，特色工业园土地开发率最高，为 62.3%，分别较经开区和高新区高 18.0

个和 15.2 个百分点；高新区土地供应率和土地建成率最高，分别为 88.1% 和 92.4%，较经开区分别高 7.3 个和 1.5 个百分点，较特色工业园分别高 1.1 个 和 5.4 个百分点。从区域差异上看，东北地区土地开发率最高，东部地区土 地供应率最高，东北地区土地建成率最高。2020 年，东部地区、中部地区、 西部地区和东北地区土地开发率分别为 42.4%、47.4%、52.1% 和 56.2%；土 地供应率分别为 87.1%、83.3%、80.0% 和 67.4%；土地建成率分别为 93.0%、 88.6%、86.0% 和 96.6%。

表 34　2017 年和 2020 年全国省级产城融合型开发区实际管理范围土地利用程度

范围	数量（个）	土地开发率（%）		土地供应率（%）		土地建成率（%）	
		2017 年	2020 年	2017 年	2020 年	2017 年	2020 年
全部开发区	312	70.5	46.3	83.9	83.1	91.8	90.8
持续参评且无发展方向区的开发区	51	72.9	82.0	88.1	88.6	88.6	89.5
持续参评且有发展方向区的开发区	191	69.5	44.2	85.8	84.5	91.0	91.3
新增参评开发区	70	—	48.0	—	75.5	—	89.5

2. 工业用地结构

2017~2020 年，工业主导型开发区依法审批范围内工业用地率有所提升。 2020 年，工业用地率为 67.7%，较 2017 年提升 0.8 个百分点。2017~2020 年 持续参评的开发区工业用地率提升 0.4 个百分点。新增参评开发区工业用地 率为 69.2%。从审批类别上看，2020 年，特色工业园工业用地率最高，为 70.1%，分别高于经开区和高新区 2.7 个和 5.6 个百分点。从区域差异上看， 西部地区工业用地率最高。2020 年，东部地区、中部地区、西部地区和东北 地区工业用地率分别为 66.5%、67.1%、70.0% 和 66.1%。

2017~2020 年，工业主导型开发区实际管理范围内工业用地率明显下降。 2020 年，工业用地率为 63.3%，较 2017 年下降 4.3 个百分点。持续参评且有 发展方向区的开发区工业用地率下降 4.9 个百分点。新增参评开发区工业用地率为 64.7%。从审批类别上看，2020 年，特色工业园工业用地率最高，为 68.7%，分别高于经开区和高新区 6.7 个和 8.4 个百分点。从区域差异上看，西部地区工业用地率最高。2020 年，东部地区、中部地区、西部地区和东北地区工业用地率分别为 62.1%、63.2%、66.3% 和 61.3%。

3. 土地利用强度

2017~2020 年，工业主导型开发区依法审批范围内土地利用强度有所提升。2020 年，综合容积率和工业用地综合容积率分别为 0.76 和 0.81，较 2017 年分别提升 0.01 和 0.01；建筑密度和工业用地建筑系数分别为 34.4% 和 52.9%，较 2017 年分别提升 0.4 个和 0.9 个百分点（见图 32、图 33）。2017~2020 年持续参评的开发区综合容积率提升 0.06，工业用地综合容积率提升 0.06，建筑密度提升 1.9 个百分点，工业用地建筑系数提升 1.8 个百分点。新增参评开发区综合容积率为 0.62，建筑密度为 29.7%，工业用地综合容积率为 0.67，工业用地建筑系数为 50.9%（见表 35）。从审批类别上看，2020 年，经开区和高新区综合容积率均为 0.80，较特色工业园高 0.11；经开区建筑密度最高，为 35.6%，分别较高新区和特色工业园高 1.1 个和 3.1 个百分点；高新区工业用地综合容积率最高，为 0.88，分别较经开区和特色工业园高 0.05 和 0.13；经开区工业用地建筑系数最高，为 53.6%，分别较高新区和特色工业

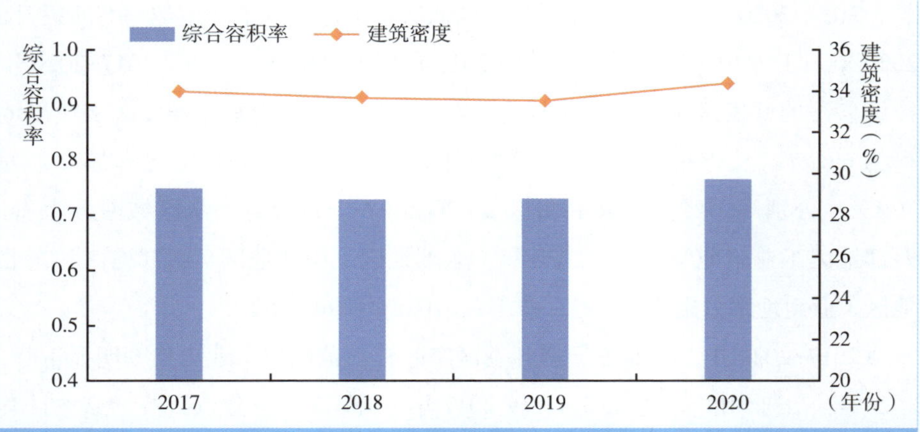

图 32　2017~2020 年全国省级工业主导型开发区依法审批范围土地利用强度变化

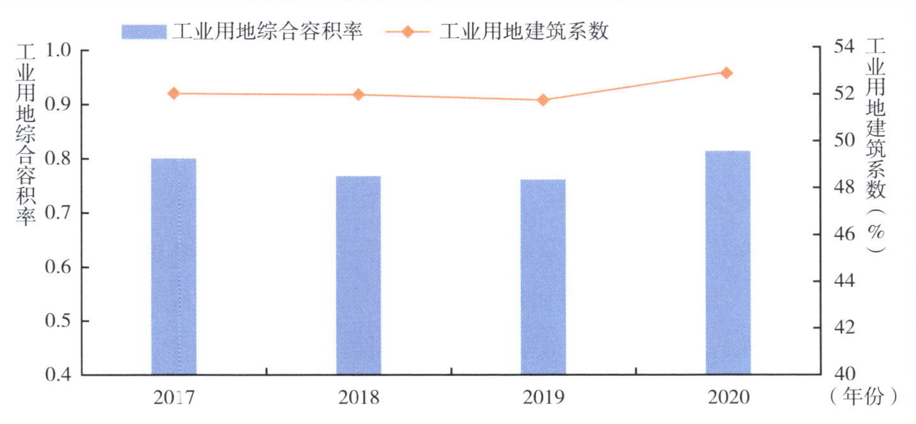

图 33　2017~2020 年全国省级工业主导型开发区依法审批范围工业用地利用强度变化

园高 0.8 个和 1.5 个百分点。从区域差异上看，东部地区土地利用强度最高。2020 年，东部地区、中部地区、西部地区和东北地区综合容积率分别为 0.87、0.83、0.61 和 0.58；建筑密度分别为 38.8%、34.3%、29.8% 和 29.8%；工业用地综合容积率分别为 0.95、0.88、0.65 和 0.56；工业用地建筑系数分别为 55.9%、51.0%、52.0% 和 47.0%。

表 35　2017 年和 2020 年全国省级工业主导型开发区依法审批范围土地利用强度变化情况

范围	数量（个）	综合容积率		建筑密度（%）		工业用地综合容积率		工业用地建筑系数（%）	
		2017年	2020年	2017年	2020年	2017年	2020年	2017年	2020年
全部开发区	1851	0.75	0.76	34.0	34.4	0.80	0.81	52.0	52.9
2017~2020 年持续参评的开发区	1419	0.75	0.81	34.0	35.9	0.81	0.87	51.8	53.6
新增参评开发区	432	—	0.62	—	29.7	—	0.67	—	50.9

2017~2020 年，工业主导型开发区实际管理范围内土地利用强度略有提升。2020 年，综合容积率和工业用地综合容积率分别为 0.76 和 0.78，较 2017

年分别增长 0.01 和减少 0.02；建筑密度和工业用地建筑系数分别为 34.5% 和
52.0%，较 2017 年分别增长 0.2 个和 0.1 个百分点。持续参评且有发展方向区
的开发区综合容积率和工业用地综合容积率分别提升 0.06 和 0.01，建筑密度
和工业用地建筑系数分别提升 1.6 个和 0.3 个百分点，新增参评开发区综合容
积率为 0.60，建筑密度为 29.1%，工业用地综合容积率为 0.65，工业用地建
筑系数为 50.7%（见表 36）。从审批类别上看，2020 年，高新区综合容积率
最高，为 0.81，分别较经开区和特色工业园高 0.03 和 0.12；经开区建筑密度
最高，为 35.2%，分别较高新区和特色工业园高 0.4 个和 2.6 个百分点；高新
区工业用地综合容积率最高，为 0.85，分别较经开区和特色工业园高 0.06 和
0.13；高新区工业用地建筑系数最高，为 53.9%，分别较经开区和特色工业
园高 1.6 个和 3.8 个百分点。从区域差异上看，东部地区土地利用强度最高。
2020 年，东部地区、中部地区、西部地区和东北地区综合容积率分别为 0.82、
0.80、0.63 和 0.58；建筑密度分别为 38.2%、34.0%、29.3% 和 28.0%；工业
用地综合容积率分别为 0.88、0.84、0.61 和 0.54；工业用地建筑系数分别为
54.2%、50.8%、50.5% 和 45.8%。

表 36　2017 年和 2020 年全国省级工业主导型开发区实际管理范围土地利用强度变化情况

范围	数量（个）	综合容积率		建筑密度（%）		工业用地综合容积率		工业用地建筑系数（%）	
		2017年	2020年	2017年	2020年	2017年	2020年	2017年	2020年
全部开发区	1851	0.75	0.76	34.3	34.5	0.80	0.78	51.9	52.0
持续参评且无发展方向区的开发区	298	0.65	0.71	30.7	30.8	0.72	0.78	48.1	49.2
持续参评且有发展方向区的开发区	1121	0.76	0.82	34.9	36.5	0.82	0.83	52.4	52.7
新增参评开发区	432	—	0.60	—	29.1	—	0.65	—	50.7

2017~2020 年，产城融合型开发区依法审批范围内土地利用强度有所提
升。2020 年，综合容积率为 1.17，较 2017 年提升 0.09；建筑密度为 32.1%，

较 2017 年提升 0.7 个百分点（见图 34）。2017~2020 年持续参评的开发区综合容积率提升 0.09，建筑密度提升 2.0 个百分点。新增参评开发区综合容积率为 1.04，建筑密度为 28.1%（见表 37）。从审批类别上看，2020 年，高新区综合容积率较高，为 1.36，分别较经开区和特色工业园高 0.27 和 0.17；经开区与特色工业园建筑密度均为 32.4%，较高新区高 1.2 个百分点。从区域差异上看，东部地区土地利用强度最高。2020 年，东部地区、中部地区、西部地区和东北地区综合容积率分别为 1.31、1.23、1.08 和 0.76；建筑密度分别为 34.8%、34.1%、25.7% 和 32.9%。

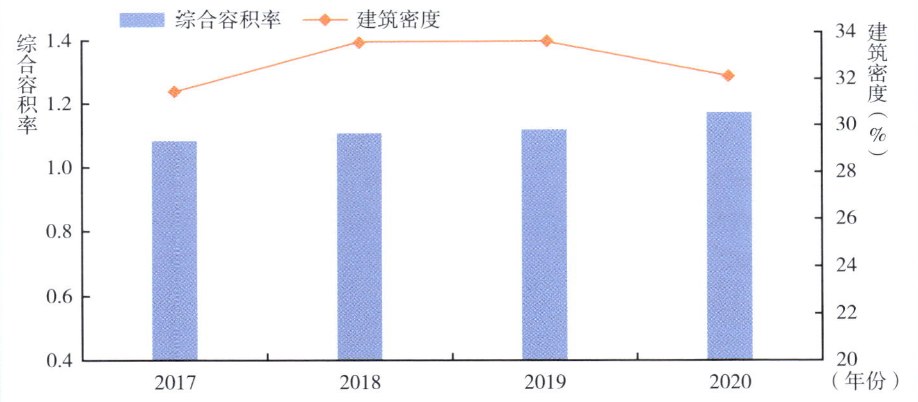

图 34　2017~2020 年全国省级产城融合型开发区依法审批范围土地利用强度变化

表 37　2017 年和 2020 年全国省级产城融合型开发区依法审批范围土地利用强度变化情况

范围	数量（个）	综合容积率		建筑密度（%）	
		2017 年	2020 年	2017 年	2020 年
全部开发区	312	1.08	1.17	31.4	32.1
2017~2020 年持续参评的开发区	242	1.12	1.21	32.1	34.1
新增参评开发区	70	—	1.04	—	28.1

2017~2020 年，产城融合型开发区实际管理范围内土地利用强度有所提升。2020 年，综合容积率为 1.01，较 2017 年提升 0.02；建筑密度为 33.0%，

较 2017 年提升 0.5 个百分点。持续参评且有发展方向区的开发区土地利用强度有所下降，综合容积率下降 0.02，建筑密度下降 0.1 个百分点。新增参评开发区土地利用强度较低，综合容积率为 0.98，建筑密度为 31.9%（见表 38）。从审批类别上看，2020 年，高新区综合容积率较高，为 1.16，分别较经开区和特色工业园高 0.21 和 0.16；经开区建筑密度最高，为 33.9%，分别较高新区和特色工业园高 3.7 个和 0.1 个百分点。从区域差异上看，中部地区综合容积率最高，东部地区建筑密度最高。2020 年，东部地区、中部地区、西部地区和东北地区综合容积率分别为 1.03、1.06、0.98 和 0.80；建筑密度分别为 34.9%、33.5%、27.1% 和 33.2%。

表 38　2017 年和 2020 年全国省级产城融合型开发区实际管理范围土地利用强度变化情况

范围	数量（个）	综合容积率		建筑密度（%）	
		2017 年	2020 年	2017 年	2020 年
全部开发区	312	0.99	1.01	32.5	33.0
持续参评且无发展方向区的开发区	51	1.11	1.24	28.8	29.2
持续参评且有发展方向区的开发区	191	1.02	1.00	34.0	33.9
新增参评开发区	70	—	0.98	—	31.9

4. 综合用地效益

2017~2020 年，工业主导型开发区依法审批范围内综合用地效益有所提升。2020 年，工业用地固定资产投入强度为 5207 元/米^2，较 2017 年提升 20.2%；工业用地地均税收为 251 元/米^2，较 2017 年提升 1.6%（见图 35）。2017~2020 年持续参评的开发区工业用地固定资产投入强度提升 25.9%，工业用地地均税收提升 3.3%。新增参评开发区工业用地固定资产投入强度为 4431 元/米^2，工业用地地均税收为 244 元/米^2（见表 39）。从审批类别上看，2020 年，经开区工业用地固定资产投入强度最高，为 5433 元/米^2，分别较高新区和特色工业园高 3.6% 和 11.4%；高新区工业用地地均税收最高，为 408 元/米^2，分别较经开区和特色工业园高 70.2% 和 1.2 倍。从区域差异上看，东部地区综合用地效益最高。2020 年，东部地区、中部地区、西部地区和东北地区工业用地固定资产投入强度分别为 6727 元 / 米²、4506 元 / 米²、4338 元 / 米² 和 3254 元 / 米²；工业用地地均税收分别为 382 元 / 米²、177 元 / 米²、176 元 / 米² 和 123 元 / 米²。

图 35　2017~2020 年全国省级工业主导型开发区依法审批范围综合用地效益变化

表 39　2017 年和 2020 年全国省级工业主导型开发区依法审批范围综合用地效益变化情况

范围	数量（个）	工业用地固定资产投入强度（元 / 米²）		工业用地地均税收（元 / 米²）	
		2017 年	2020 年	2017 年	2020 年
全部开发区	1851	4331	5207	247	251
2017~2020 年持续参评的开发区	1419	4360	5488	246	254
新增参评开发区	432	—	4431	—	244

　　2017~2020 年，工业主导型开发区实际管理范围内工业用地固定资产投入强度有所提升，工业用地地均税收有所下降。2020 年，工业用地固定资产投入强度为 4946 元 / 米²，较 2017 年提升 15.8%；工业用地地均税收为 215 元 / 米²，较 2017 年下降 9.3%。持续参评且有发展方向区的开发区工业用地固定资产投入强度提升 20.5%，工业用地地均税收下降 11.4%。新增参评开发区工业用地固定资产投入强度为 4067 元 / 米²，工业用地地均税收为 202

元 / 米 ^{2}（见表 40）。从审批类别上看，2020 年，特色工业园工业用地固定资产投入强度最高，为 5160 元 / 米 ^{2}，分别较经开区和高新区高 7.2% 和 13.1%；高新区工业用地地均税收最高，为 331 元 / 米 ^{2}，分别较经开区和特色工业园高 71.5% 和 73.0%。从区域差异上看，东部地区综合用地效益最高。2020 年，东部地区、中部地区、西部地区和东北地区工业用地固定资产投入强度分别为 6150 元 / 米 ^{2}、4391 元 / 米 ^{2}、3887 元 / 米 ^{2} 和 2925 元 / 米 ^{2}；工业用地地均税收分别为 277 元 / 米 ^{2}、163 元 / 米 ^{2}、159 元 / 米 ^{2} 和 98 元 / 米 ^{2}。

表 40　2017 年和 2020 年全国省级工业主导型开发区实际管理范围综合用地效益变化情况

范围	数量（个）	工业用地固定资产投入强度（元 / 米 ^{2}）		工业用地地均税收（元 / 米 ^{2}）	
		2017 年	2020 年	2017 年	2020 年
全部开发区	1851	4271	4946	237	215
持续参评且无发展方向区的开发区	298	3830	4694	246	234
持续参评且有发展方向区的开发区	1121	4403	5305	236	209
新增参评开发区	432	—	4067	—	202

2017~2020 年，产城融合型开发区依法审批范围内综合用地效益有所提升。2020 年，综合地均税收为 353 元 / 米 ^{2}，较 2017 年提升 3.2%；人口密度为 132 人 / 公顷，较 2017 年提升 3.1%（见图 36）。2017~2020 年持续参评的开发区综合地均税收提升 7.8%。人口密度提升 6.8%。新增参评开发区综合地均税收为 297 元 / 米 ^{2}，人口密度为 105 人 / 公顷（见表 41）。从审批类别上看，2020 年，高新区综合地均税收最高，为 951 元 / 米 ^{2}，分别较经开区和特色工业园高 5.3 倍和 4.5 倍；高新区人口密度最高，为 154 人 / 公顷，分别较经开区和特色工业园高 25.2% 和 12.1%。从区域差异上看，东部地区综合地均税收和人口密度最高。2020 年，东部地区、中部地区、西部地区和东北地区综合地均税收分别为 715 元 / 米 ^{2}、135 元 / 米 ^{2}、105 元 / 米 ^{2} 和 116 元 / 米 ^{2}；人口密度分别为 160 人 / 公顷、117 人 / 公顷、109 人 / 公顷和 118 人 / 公顷。

图36 2017~2020 年全国省级产城融合型开发区依法审批范围综合用地效益变化

表41 2017 年和 2020 年全国省级产城融合型开发区依法审批范围综合用地效益变化情况

范围	数量（个）	综合地均税收（元/米²）		人口密度（人/公顷）	
		2017 年	2020 年	2017 年	2020 年
全部开发区	312	342	353	128	132
2017~2020 年持续参评的开发区	242	346	373	132	141
新增参评开发区	70	—	297	—	105

2017~2020 年，产城融合型开发区实际管理范围内综合用地效益有所下降。2020 年，综合地均税收为 239 元/米²，较 2017 年下降 13.7%；人口密度为 97 人/公顷，较 2017 年下降 5.8%。持续参评且有发展方向的开发区综合地均税收下降 12.0%，人口密度下降 8.0%。新增参评开发区综合地均税收为 228 元/米²，人口密度为 91 人/公顷（见表 42）。从审批类别上看，2020 年，高新区综合地均税收最高，为 549 元/米²，分别较经开区和特色工业园高 3.1 倍和 2.5 倍；高新区人口密度最高，为 112 人/公顷，分别较经开区和特色工业园高 21.4% 和 25.8%。从区域差异上看，东部地区综合地均税收最高，东北地区人口密度最高。2020 年，东部地区、中部地区、西部地区和东北地区综合地均税收分别为 352 元/米²、133 元/米²、

93 元 / 米^2 和 119 元 / 米^2；人口密度分别为 98 人 / 公顷、105 人 / 公顷、83 人 / 公顷和 113 人 / 公顷。

表 42　2017 年和 2020 年全国省级产城融合型开发区实际管理范围综合用地效益变化情况

范围	数量（个）	综合地均税收（元 / 米^2）		人口密度（人 / 公顷）	
		2017 年	2020 年	2017 年	2020 年
全部开发区	312	277	239	103	97
持续参评且无发展方向区的开发区	51	975	907	158	167
持续参评且有发展方向区的开发区	191	192	169	100	92
新增参评开发区	70	—	228	—	91

5. 土地管理绩效

2017~2020 年，工业主导型开发区依法审批范围内土地闲置率有所下降。2020 年，土地闲置率为 0.21%，较 2017 年下降 0.02 个百分点。2017~2020 年持续参评的开发区土地闲置率降幅为 0.02 个百分点。新增参评开发区土地闲置率为 0.19%。从审批类别上看，2020 年，经开区、高新区和特色工业园土地闲置率分别为 0.13%、0.14% 和 0.37%。从区域差异上看，东北地区土地闲置率最低。2020 年，东部地区、中部地区、西部地区和东北地区土地闲置率分别为 0.07%、0.38%、0.28% 和 0.06%。

2017~2020 年，工业主导型开发区实际管理范围内土地闲置率有所提升。2020 年，土地闲置率为 0.22%，较 2017 年提升 0.01 个百分点。持续参评且有发展方向区的开发区土地闲置率提升 0.18 个百分点。新增参评开发区土地闲置率为 0.34%。从审批类别上看，2020 年，经开区、高新区和特色工业园土地闲置率分别为 0.24%、0.20% 和 0.19%。从区域差异上看，东部地区土地闲置率最低。2020 年，东部地区、中部地区、西部地区和东北地区土地闲置率分别为 0.11%、0.50%、0.40% 和 0.35%。

2017~2020 年，产城融合型开发区依法审批范围内土地闲置率有所提升。2020 年，土地闲置率为 0.35%，较 2017 年提升 0.29 个百分点。2017~2020 年持续参评的开发区土地闲置率提升 0.32 个百分点。新增参评开发区土地闲置率为 0.27%。从审批类别上看，2020 年，经开区、高新区和特色工业园土地闲置率分别为 0.16%、0.27% 和 1.55%。从区域差异上看，东部地区土地闲置率最低。2020 年，东部地区、中部地区、西部地区和东北地区土地闲置率分别为 0.02%、0.34%、0.94% 和 0.05%。

2017~2020 年，产城融合型开发区实际管理范围内土地闲置率有所提升。2020 年，土地闲置率为 0.23%，较 2017 年提升 0.15 个百分点。持续参评且有发展方向区的开发区土地闲置率提升 0.15 个百分点。新增参评开发区土地闲置率为 0.31%。从审批类别上看，2020 年，经开区、高新区和特色工业园土地闲置率分别为 0.19%、0.18% 和 0.58%。从区域差异上看，东部地区土地闲置率最低。2020 年，东部地区、中部地区、西部地区和东北地区土地闲置率分别为 0.10%、0.36%、0.59% 和 0.13%。

四 主要结论和政策建议

（一）开发区土地集约利用评价总体状况与主要特征

1. 开发区参评率不断提升，自主参评开发区数量持续增长

"十三五"期间，自然资源管理部门在全国各省（区、市）顺利开展了各年度开发区土地集约利用评价工作，土地集约利用调查评价方法与工作流程不断更新完善，调查评价成果得到有效应用，开发区参评积极性不断提升，全国开发区的土地集约利用情况得到全面调查与充分评价。2016~2020 年，国家级开发区参评率由 89.1% 提升至 98.3%，2017~2020 年，省级开发区参评率由 89.9% 提升至 91.9%，其中西部地区开发区参评率有待进一步提升。《目录》外自主参评的开发区数量持续增长，截至 2020 年底，《目录》外共 27 个国家级开发区和 345 个省级开发区自主参评，主要分布在经济活跃的东部地区。

2. 部分开发区由单一经济型向综合经济型转型，由传统产业向高新技术产业转型，由工业主导型向产城融合型转型

随着我国人口变化趋势逐渐转为负增长，制造业将面临劳动力价格上涨

与国际产业转移的双重压力，劳动密集型产业将逐渐被资本密集型和技术密集型产业代替。在顺应产业发展规律与适应国内外环境的情况下，一些以单一产业为主导的特色工业园开始向上下游相关产业延伸，逐渐转型为综合性经济开发区，一些综合性经济开发区逐步提升科技创新水平，不断吸纳高新技术产业，谋求转型为高新技术产业开发区。2016~2020 年，从全国开发区整体情况上看，高新区比例提升 4.4 个百分点，新设立的高新区与由特色工业园和经开区转型而来的高新区数量相当，从开发区个体情况上看，省级开发区中分别有 41 个经开区和 35 个特色工业园转型为高新区，有 76 个特色工业园转型为经开区，开发区产业综合性和技术创新能力已成为开发区的重要发展目标。

为促进城市土地集约利用水平与居民生活水平的提升，"以产促城，以城兴产"的产城融合的理念在我国得到迅速发展。在产城融合理念的指导下，一批经开区和高新区依托现有产业园区，在促进产业集聚、加快产业发展的同时，进行住宅用地的建设和公共服务设施的配套，完成从单一的生产型园区经济向综合型城市经济的转型。2016~2020 年，从开发区整体情况上看，产城融合型开发区比例提升 0.9 个百分点，开发区住宅用地比例明显提升，国家级开发区工业用地率略有下降，从开发区个体情况上看，23 个国家级开发区和 44 个省级开发区由工业主导型转变为产城融合型，开发区产城融合发展导向明显。

3. 参评开发区依法审批范围用地规模持续增长，国家级开发区呈集约化发展趋势，省级开发区呈扩张性发展趋势，实际管理范围用地规模扩张明显

"十三五"期间，开发区参评数量逐年增多，同时一些开发区进行了扩区调整，因此参评开发区依法审批范围用地规模持续增长。2016~2020 年，全国国家级参评开发区依法审批范围规模增长了 8.2%，省级参评开发区依法审批范围规模增长了 46.9%，总量达 57.6 万公顷。国家级开发区平均用地规模呈集约化发展趋势，评价时段内持续参评的国家级开发区平均规模由 989 公顷下降为 976 公顷，新增参评国家级开发区平均规模仅为 638 公顷，省级开发区呈扩张性发展趋势，省级开发区平均规模由 633 公顷上升为 692 公顷，且

新增省级开发区平均规模达到 1059 公顷。

开发区实际管理范围规模扩张明显。2017~2018 年，自然资源部对开发区土地集约利用调查评价范围的要求发生变化，许多开发区新设立发展方向区或将开发区代管范围纳入实际管理范围，造成开发区实际管理范围用地规模跳跃式增长。2016~2020 年，国家级开发区实际管理范围平均规模增长约 4000 公顷，省级开发区平均增长约 1400 公顷。

4. 持续参评的开发区土地集约利用程度不断提升，新增参评的开发区土地集约利用程度相对较低，开发区实际管理范围土地集约利用程度相对较低

开发区土地集约利用成效显著，持续参评的国家级开发区与省级开发区在土地利用程度、土地利用强度、综合用地效益和土地管理绩效等方面均有所提升。2016~2020 年，持续参评的产城融合型国家级开发区，综合容积率由 1.13 提升至 1.25，综合地均税收由 547 万元 / 公顷提升至 858 万元 / 公顷；持续参评的工业主导型省级开发区土地开发率由 70.2% 提升至 74.6%，土地闲置率由 0.24% 下降至 0.22%。

新增参评开发区与持续参评的开发区土地集约利用程度存在明显差异。新增参评开发区大多处于起步发展期，土地集约利用水平相对较低，可通过增量发展的方式提升土地集约利用水平。2020 年，新增国家级与省级开发区与持续参评开发区相比，土地利用强度和综合用地效益均明显较低，如新增参评的产城融合型国家级开发区综合容积率仅为 1.17，较持续参评的开发区平均水平低 0.08，综合地均税收仅为 156 万元 / 公顷，为持续参评的开发区平均水平的 18%；新增参评的工业主导型省级开发区综合容积率仅为 0.62，较持续参评的开发区平均水平低 0.19，综合地均税收为 244 万元 / 公顷，为持续参评的开发区平均水平的 90%。

开发区实际管理范围土地集约利用程度相对较低，实际管理范围内存在大量未开发土地和低效利用土地，土地集约利用潜力较大。2020 年，开发区实际管理范围土地利用程度、土地利用强度和综合用地效益明显低于依法审批范围，如产城融合型国家级开发区实际管理范围土地建成率为 79.6%，低于依法审批范围 14.7 个百分点，综合容积率为 1.12，低于依法审批范围 0.05；

工业主导型省级开发区实际管理范围工业用地地均税收为 202 万元 / 公顷，是依法审批范围的 83%。国家级开发区实际管理范围内闲置土地面积达到 3268 公顷，是依法审批范围的 9.6 倍；省级开发区达到 3887 公顷，是依法审批范围的 1.7 倍。

5. 开发区土地集约利用水平分异较大，区域发展不均衡的现象仍然突出

从全国看，开发区土地集约利用水平总体呈现"东部＞中部＞西部＞东北"的梯度格局。东部地区经济活跃，土地开发和供应速度较快，项目建设速度较快，土地利用强度最高，人口承载能力较强，工业用地投入产出能力最高，闲置土地较少，处于经济发展的良好循环之中。相比之下，中部地区土地利用强度仅次于东部地区，但综合用地效益明显不及东部地区，闲置土地较多。西部地区土地利用程度较低，工业用地率较高，工业用地投入强度与中部地区相当，但土地利用强度较低，地均产出较低，土地闲置率较高，国家级开发区人口承载能力最高，产城融合发展导向明显。东北地区吸引投资能力有限，土地利用强度和综合用地效益相对较低，新增建设项目较少，土地建成率最高且土地闲置率最低。

（二）开发区土地集约利用存在的问题

1. 部分开发区招商引资与项目建设速度较慢，土地供应程度和项目建设速度偏低

我国开发区数量众多，土地供应程度与项目建设速度参差不齐。开发区在设立之初一般会划定一定范围的土地进行开发以供工业项目招商引资使用，一些开发区招商引资未达到预期目标，部分已开发的土地没有及时得到供应，一些开发区招商引资质量较低，项目建设速度较慢，导致部分已供应的土地迟迟没有建成，影响了开发区土地利用程度。2020 年，国家级开发区中，仍有 14% 的开发区土地供应率低于 80%，16% 的开发区土地建成率低于 80%，省级开发区中，仍有 21% 的开发区土地供应率低于 80%，16% 的开发区土地建成率低于 80%，这些开发区的土地供应程度和土地建设程度有待进一步提升。

2. 部分产城融合型开发区工业用地率与住宅用地率均较低，土地利用结构仍需调整，部分工业主导型开发区工业用地比例偏低

产城融合型开发区在促进工业生产要素集聚的同时还需进行商住用地和公共服务设施的配套，谋求生产空间和生活空间的平衡。部分产城融合型开发区工业用地比例与住宅用地比例均不高，需要根据开发区工业主导或产城融合的发展导向合理安排工业、居住和公共服务设施，调整土地利用结构。2020 年国家级产城融合型开发区中，20% 的开发区住宅用地率低于 25%；省级产城融合型开发区中，25% 的开发区住宅用地率低于 25%。

工业主导型开发区是工业发展的集聚区，主要以工业生产、提升经济发展水平为重要目标。部分工业主导型开发区工业用地率较低，大量的土地被居住、绿化和公用建设用地等占用，非生产性用地比例过高，导致开发区投资向非生产性项目倾斜，影响了工业生产要素的集聚。2020 年国家级工业主导型开发区中，有 9% 的开发区工业用地占比低于 40%；省级工业主导型开发区中，有 4% 的开发区工业用地占比低于 40%。

3. 部分开发区综合容积率偏低，土地利用强度有待提升

部分开发区招商引资缺乏相应的建设要求，一些工业企业项目建设无法达到国家或省级规定的容积率标准，造成土地资源的低效利用。2020 年国家级产城融合型开发区中，23% 的开发区综合容积率低于 1.0，10% 的开发区建筑密度低于 20%，工业主导型开发区中，26% 的开发区工业用地综合容积率低于 0.8，4% 的开发区工业用地建筑系数低于 30%；省级产城融合型开发区中，34% 的开发区综合容积率低于 1.0，13% 的开发区建筑密度低于 20%，工业主导型开发区中，42% 的开发区工业用地综合容积率低于 0.8，5% 的开发区建筑密度低于 30%。

4. 部分产城融合型开发区综合用地效益偏低，部分工业主导型开发区工业投入强度与产出水平偏低

产城融合型开发区在综合地均税收和人口承载能力上差异明显，综合地均税收较高且人口承载能力强的开发区仅占 10% 左右，部分开发区人才吸引能力不足，综合经济发展水平有限，综合用地效益偏低。2020 年产城融合型开发区中，43% 的开发区综合地均税收低于省级开发区平均值的一半（120 万元/公顷），21% 的开发区人口密度低于省级开发区平均值的一半（70 人/公顷）。

工业主导型开发区在工业用地地均固定资产投资强度和地均税收上差异明显，部分开发区工业生产能级不足，科技创新水平较低，部分开发区产业单一，产业链不完整，部分开发区引进项目间关联性较弱，工业生产资本投入不高，导致开发区工业生产综合效益较低。2020 年工业主导型开发区中，18% 的开发区工业用地投入强度低于省级开发区平均值的一半（2500 万元/公顷），40% 的开发区工业用地地均税收低于省级开发区平均值的一半（130 万元/公顷）。

5. 部分开发区仍有闲置土地，有待盘活利用

部分开发区内一些企业由于资金不到位等，在取得土地使用权后未动工建设或中止开发建设，出现了土地使用的闲置。2020 年国家级开发区中，约 8% 的开发区土地存在闲置情况，省级开发区中，约 7% 的开发区土地存在闲置情况。

6. 部分开发区依法审批范围内可用土地较少，用地空间不足

一些设立时间较早的开发区经过长时间的开发建设，土地开发利用程度已相当成熟，土地供应状况良好，开发区依法审批范围内土地即将供应完毕，土地利用空间明显不足。2020 年全国参评的 559 个国家级开发区中，120 个开发区土地开发率、土地供应率和土地建成率均超过 95%，14% 的开发区绝对建成率[①] 超过 95%，2020 个省级开发区中，122 个开发区土地开发率、土地供应率和土地建成率均超过 95%，4% 的开发区绝对建成率超过 95%，这些开发区经济效益较高，且对新增用地需求迫切。

（三）提升开发区土地集约利用水平的对策建议

1. 重视规划在开发区土地集约利用中发挥的作用，探索产城融合型与工业主导型开发区差异化土地利用模式，持续推进开发区土地集约利用

规划具有综合性、前瞻性和引领性，在促进开发区土地集约利用中发

---

① 绝对建成率 = 工地开发率 × 工地供应率 × 土地建成率。

挥重要的作用。依据国土空间规划,科学编制开发区总体规划,优化开发区空间布局,严格执行节约集约用地的刚性约束要求,有助于推动开发区人口有序集疏、产业合理集聚、空间高效集约,打造区域经济高质量发展的增长极[①]。科学系统地规划开发区整体布局,首先要以开发区资源禀赋为基础,发展具有比较优势的产业,打造园区特色品牌,其次要强化创新引领,加大创新投入,培育创新主体,促进产业升级,发展战略性新兴产业集群,最后要加强开发区产业规划的引领作用,合理配置产业业态,加强产业规划与空间规划的有机联系,保障产业项目的及时落地。开发区土地集约利用评价成果可以揭示开发区土地集约利用水平,在规划编制过程中为开发区确立土地集约利用目标、调整产业规划、制定相应的土地利用政策提供依据。

探索产城融合型开发区土地利用规划,推动功能混合和产城融合、从单一生产型园区经济向综合型城市经济转型。产城融合型开发区要在促进生产要素集聚的同时,统筹居住、商业和公共服务等城市功能建设,并且要避免开发区走入大搞房地产开发的误区。开发区可通过保障公共服务等基础设施用地需求、提高生产性服务业用地比例、适当增加生活性服务业用地供给、合理安排住宅用地比例等措施满足开发区转型升级及产城融合发展的需求。探索差异化产业供地政策,保障主导产业用地需求,为新产业、新业态提供更多空间,加大新兴产业用地支持力度。[②]

探索工业主导型开发区土地利用规划,推动标准厂房和多层厂房建设,提高工业用地土地利用强度,提高综合用地效益。工业主导型开发区可按照产业政策对部分中小企业或总投资较少的项目,以集中建设标准厂房的方式提供生产经营空间,不单独供地,鼓励开发区规划建设多层工业厂房供企业进行生产、研发、设计、经营等功能复合利用,提供低成本生产经营场所,

---

① 安文占、柴祥君:《聚焦开发区土地节约集约利用 助力经济社会高质量发展——基于浙江省省级以上开发区土地集约利用全面评价项目的实践探索》,《浙江国土资源》2022 年第 7 期。
② 王娜娜:《基于土地集约利用评价的开发区土地利用导向和对策研究》,沈阳农业大学,硕士学位论文,2020。

鼓励各类投资开发主体参与标准厂房与多层厂房的开发建设和运营管理。[①] 根据开发区实际情况，适当鼓励各类建筑向密集型发展，适当提高建筑容积率与建筑密度，控制非生产性用地比例，提升土地利用强度。鼓励企业通过改建、扩建等方式增加单位土地的固定资产投入强度，发挥土地资源的最大使用效率，提升单位土地生产效益。

2. 完善开发区土地集约利用监督管理制度，探索构建信息化监管方式

建立准入评估、过程监管、事后评估的监督管理制度，采取全方位、全生命周期的管理模式，促进土地集约利用。加强对项目的准入评估。严把准入门槛，确保拟入园项目符合产业政策、环保政策和土地利用规划，科学设定用地条件，在土地出让合同约定事项的基础上，设定达产目标、投资额目标和项目完工日期等要求，明确违约责任及后果，作为后期实施监管的依据。[②] 探索建立入园项目投入产出标准，将项目固定资产投入强度、地均产出、建筑容积率、建筑系数和绿地率等控制性指标纳入用地使用条件。

加强对项目的过程监管。充分发挥自然资源部门、财政部门和监察部门的作用，实现对项目开发建设过程中土地利用情况和资金投入情况的监管。重点加强对建设项目的建设强度和资金投入等情况的跟踪调查，若发现项目建设擅自改变土地规划类型或资金投入明显不足等情况，应及时对项目主体进行警告并要求在规定时间内对项目建设进行调整，避免项目建设出现非法用地或低效用地的情况。

加强对项目的事后评估。项目竣工投产后对企业进行达产评估，对于完成既定目标、经济社会效益好的项目给予适度奖励。未按时完成建设的项目按有关标准认定闲置土地并及时处理，腾退"僵尸"企业，避免土地资源浪费。建立并完善闲置土地的整改、退出和收回制度，对闲置土地可实行限期整改、适度补偿回购等方式进行盘活，并优先安排给符合国家产业政策的建设项目使用，对尚未达到法定收回期限的闲置土地，可通过协商和合理补偿，

---

① 张滨：《开发区土地集约利用及项目用地保障机制研究——以济南综合保税区为例》，《东方行政论坛》2014年第1期。

② 刘勇、张笑凡：《开发区土地集约利用问题与对策探析》，《国土资源》2019年第10期。

动员土地使用者退出土地，对无任何原因的闲置土地予以强制收回。

探索建立开发区信息化项目管理方式，为提高开发区土地集约利用水平提供技术方法与平台支撑。搭建管理数据库平台，建立包含土地利用数据、建筑工程数据以及经济社会统计数据等的综合管理信息系统，并整合集成为统一的数据系统。采用遥感影像自动判别等方法实现项目建设全过程建设情况的动态跟踪。联合财政部门，整合企业资金流动信息，对产业用地的投入产出强度进行实时报告监测。

3. 加强对开发区土地集约利用水平的考核，完善促进开发区土地集约利用提升的激励机制，合理配置土地资源提升土地集约利用水平

开发区土地集约利用是我国实行建设用地总量和强度双控、促进实现高质量发展的重要目标之一，加强对全国各国家级和省级开发区土地集约利用水平的考核，是激励开发区提升土地集约利用水平的重要举措，年度开发区土地集约利用评价成果包括开发区土地集约利用指标与综合集约度排序，为考核工作提供了基础和依据。开发区土地集约利用评价成果可以作为配置新增建设用地指标、决定开发区能否升级扩区的依据。对于土地开发率、土地供应率和土地建成率较低，土地利用强度不高，土地闲置率较高的开发区，限制其用地规模扩张，促进其现有用地的开发建设速度提升与闲置土地盘活利用。对于土地利用程度较高、综合用地效益较高但发展空间不足的开发区，给予开发区扩区指标，促进其进一步发展。

在开发区发展水平评价的基础上，对开发区进行发展阶段和类型的划分，按照"区别对待、分类指导"原则，实行差别化的开发区调控政策。[1]针对产城融合型和工业主导型开发区采用差异化的配置规则，产城融合型开发区重点考虑其人口承载能力和综合地均税收，工业主导型开发区重点考虑其工业用地率和工业用地投入产出水平。推进土地利用"增存挂钩"，把批而未供和闲置土地处置数量作为重要测算指标，逐年减少批而未供、闲置土地多和处置不力的开发区新增建设用地计划安排。

---

① 郑新奇、王恒:《开发区节约集约用地的回顾与展望》,《中国国土资源经济》2017 年第 6 期。

区 域 篇
Regions

B.2
2016~2020 年东部地区开发区
土地集约利用状况分析

摘　要： 本报告基于东部地区 10 个省（市）共 255 个国家级开发区和 853
个省级开发区的土地集约利用评价基础数据，分析 2016~2020 年
东部地区开发区基本情况、土地利用状况、土地集约利用状况及
变化情况，比较不同类型开发区土地集约利用状况差异。报告指
出，东部地区开发区数量最多，参评持续性强，高新区和海关特
殊监管区发展迅速，用地规模较大。土地集约利用总体水平上，
东部地区开发区在土地利用程度、土地利用强度、综合用地效益
和土地管理绩效上均较高。推进东部地区开发区土地集约利用可
从整合规模较小的开发区、推进产城融合发展、探索存量用地再
开发、控制开发区新增建设用地规模、提升开发区信息化管理水

平等方面着手，打造开发区土地集约利用示范区。

关键词： 开发区　土地集约利用　东部地区

一　2016~2020 年东部地区开发区基本情况分析

（一）国家级开发区

1. 参评数量

2016~2020 年，东部地区国家级开发区参评数量逐年增长，《目录》中国家级开发区参评率^① 逐年提升。2020 年，开发区参评数量为 254 个，较 2016 年净增加 18 个；参评率为 99.2%，较 2016 年提升 5.2 个百分点；不在《目录》中的开发区数量为 6 个（见表 1、图 1）。

表 1　2016~2020 年东部地区国家级开发区参评数量及参评率

年份	参评数量（个）			《目录》中未参评数量（个）	《目录》中开发区参评率（%）
	总计	在《目录》中	不在《目录》中		
2016	236	235	1	15	94.0
2017	240	240	0	10	96.0
2018	245	244	1	6	97.6
2019	247	245	2	5	98.0
2020	254	248	6	2	99.2

从审批类别看，经开区参评数量占比最大，高新区和海关特殊监管区增长较多。2020 年，经开区、高新区和海关特殊监管区参评数量分别为 105 个、68 个和 81 个，占比分别为 41.3%、26.8% 和 31.9%，较 2016 年分别净增加 3 个、7 个和 8 个（见图 2）。其中，新增参评开发区包括 3 个经开区、7 个高新区和 9 个海关特殊监管区。从评价类型看，工业主导型开发区参评数量占比较

---

①　《目录》中东部地区应参加评价的开发区数量为 250 个。

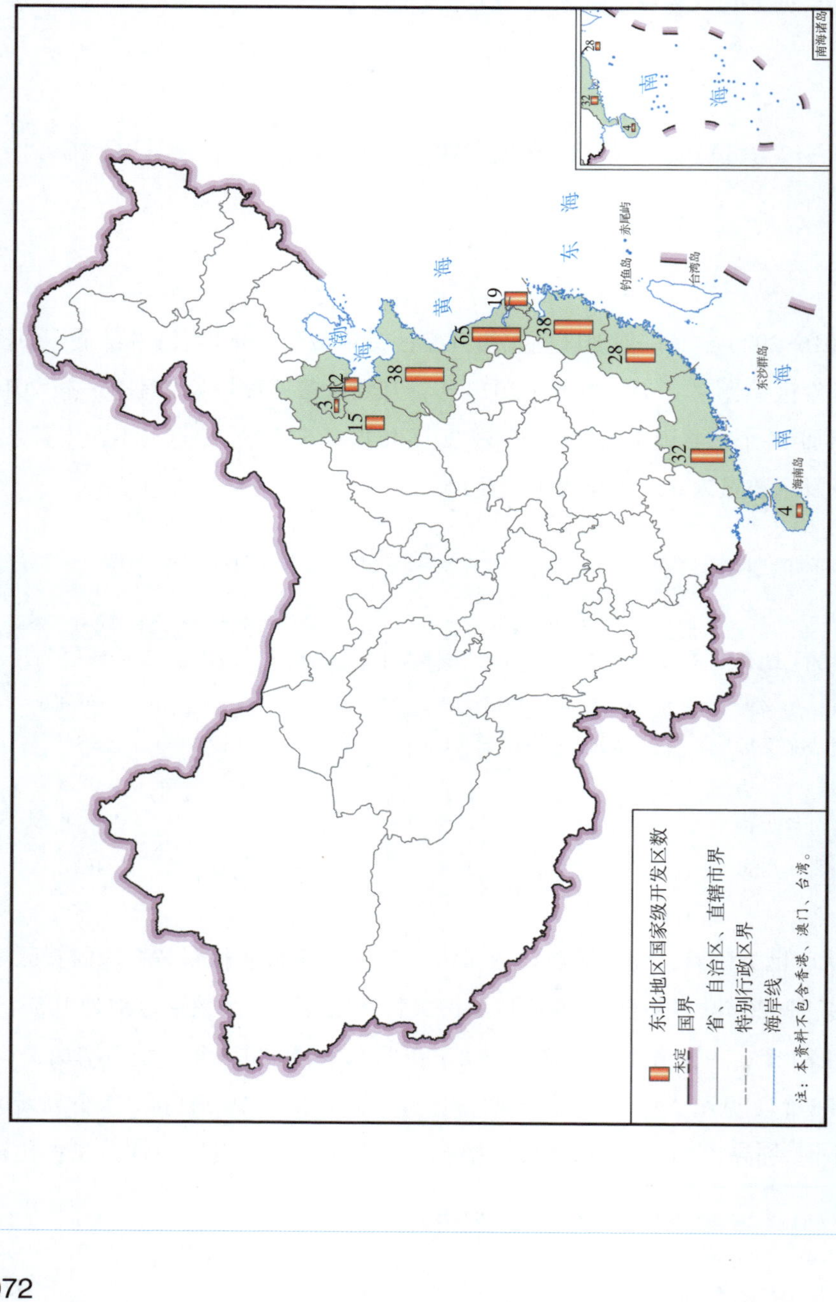

图 1 2020 年东部地区参评国家级开发区数量分布情况

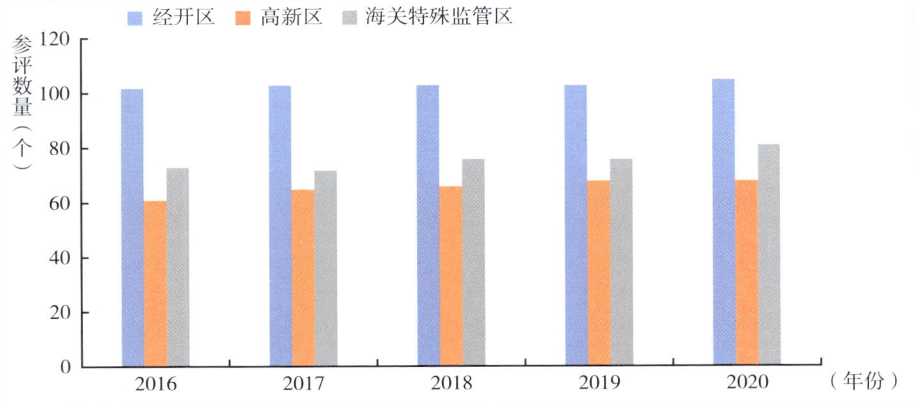

图 2　2016~2020 年东部地区国家级开发区分审批类别参评数量变化

大且增长较多，部分开发区评价类型发生变化。2020 年，产城融合型和工业主导型开发区参评数量分别为 34 个和 220 个，占比分别为 13.4% 和 86.6%，较 2016 年均净增加 9 个（见图 3）。其中，新增产城融合型和工业主导型开发区参评数量分别为 1 个和 18 个，1 个开发区由产城融合型转变为工业主导型，9 个开发区由工业主导型转变为产城融合型。从审批类别与评价类型看，海关特殊监管区均为工业主导型，高新区中产城融合型开发区比例较高。2020 年，经开区与高新区中产城融合型开发区比例分别为 16.2% 和 25.0%（见图 4）。

图 3　2016~2020 年东部地区国家级开发区分评价类型参评数量变化

图 4　2020 年东部地区国家级开发区分审批类别不同评价类型开发区比例

2. 用地规模

2016~2020 年，参评开发区依法审批范围用地规模有所增长，平均用地规模有所下降。2020 年，开发区依法审批范围用地规模为 27.11 万公顷，较 2016 年增长 2.0%；平均用地规模为 1067 公顷，较 2016 年下降 5.2%（见图 5）。

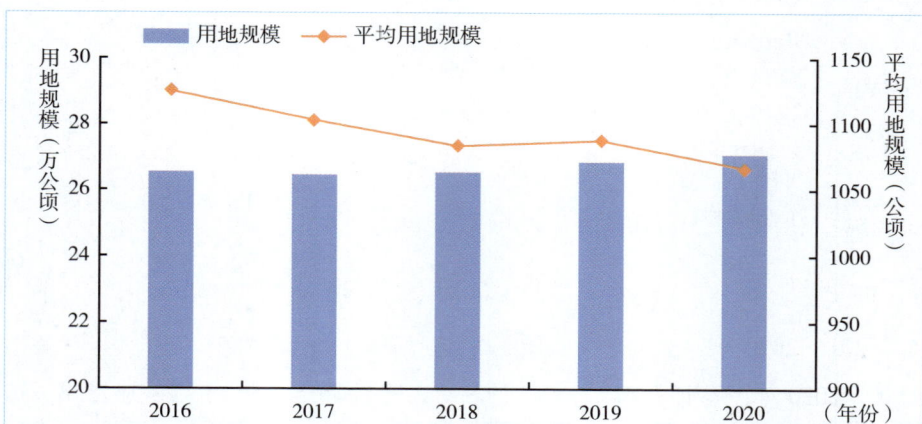

图 5　2016~2020 年东部地区国家级开发区依法审批范围用地规模与平均用地规模变化

从审批类别看，经开区与高新区平均用地规模相当，海关特殊监管区平均用地规模最小且下降趋势明显。2020 年，经开区、高新区和海关特殊监管区平均用地规模分别为 1450 公顷、1378 公顷和 309 公顷，较 2016 年分别增长 0.7%、下降 6.0% 和下降 23.1%。从评价类型看，产城融合型开发区平均用地规模较大且降幅较大。2020 年，产城融合型和工业主导型开发区平均用地规模分别为 1948 公顷和 931 公顷，较 2016 年分别下降 13.1% 和 6.3%。从审批类别与评价类型看，2016~2020 年持续参评开发区中，工业主导型经开区平均用地规模增长 13 公顷，海关特殊监管区平均用地规模下降 46 公顷，其余类型开发区用地规模无明显变化。新增参评开发区中，工业主导型经开区平均用地规模达到 1446 公顷，略高于同类型持续参评开发区，其余类型开发区平均用地规模均低于同类型持续参评开发区（见表 2）。

表 2　2016 年和 2020 年东部地区国家级开发区分审批类别与评价类型依法审批范围平均用地规模变化情况

审批类别	评价类型	2016 年参评	2020 年参评	数量（个）	2016 年平均用地规模（公顷）	2020 年平均用地规模（公顷）
经开区	产城融合型	是	是	17	1647	1648
	工业主导型	是	是	85	1398	1411
		否	是	3	—	1446
高新区	产城融合型	是	是	16	2351	2351
		否	是	1	—	593
	工业主导型	是	是	45	1151	1149
		否	是	6	—	630
海关特殊监管区	工业主导型	是	否	1	2739	—
		是	是	72	370	324
		否	是	9	—	196

2016~2020 年，参评开发区实际管理范围用地规模和平均用地规模大幅增长。2020 年，参评开发区的实际管理范围用地规模为 159.22 万公顷，较 2016 年增长 2.1 倍；平均用地规模为 6268 公顷，较 2016 年增长 1.9 倍（见图 6）。

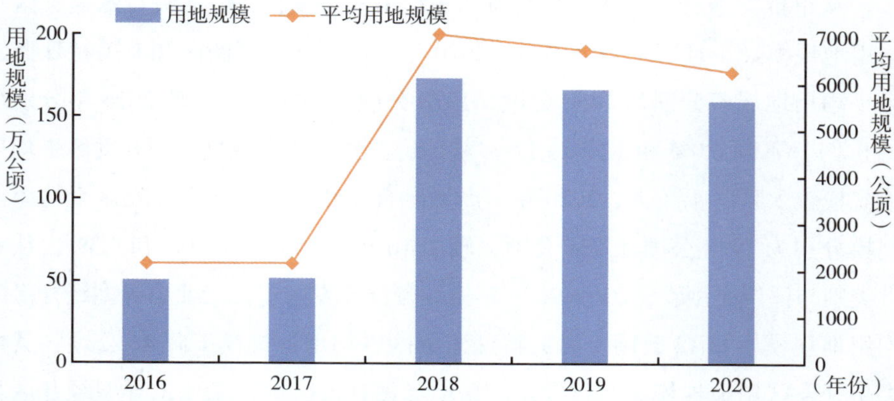

图6　2016~2020年东部地区国家级开发区实际管理范围用地规模变化

从审批类别看，经开区与高新区平均用地规模相当，海关特殊监管区平均用地规模最小，各类开发区平均用地规模均大幅增加。2020年，经开区、高新区和海关特殊监管区平均用地规模分别为9198公顷、8452公顷和638公顷，较2016年分别增长2.3倍、1.6倍和58.5%。从评价类型看，产城融合型开发区平均用地规模较大，各类开发区平均用地规模均大幅增长。2020年，产城融合型和工业主导型开发区平均用地规模分别为12848公顷和5251公顷，较2016年分别增长1.5倍和1.9倍。从审批类别和评价类型看，2016~2020年持续参评开发区中，各类开发区实际管理范围平均用地规模均大幅上升。新增参评开发区中，海关特殊监管区平均用地规模为725公顷，略高于同类型持续参评开发区，其他各类开发区平均用地规模均低于同类型持续参评开发区（见表3）。

表3　2016年和2020年东部地区国家级开发区分审批类别与评价类型实际管理范围平均用地规模变化情况

审批类别	评价类型	2016年参评	2020年参评	数量（个）	2016年平均用地规模（公顷）	2020年平均用地规模（公顷）
经开区	产城融合型	是	是	17	3623	12835
	工业主导型	是	是	85	2593	8652
		否	是	3	—	4046

续表

审批类别	评价类型	2016 年参评	2020 年参评	数量（个）	2016 年平均用地规模（公顷）	2020 年平均用地规模（公顷）
高新区	产城融合型	是	是	16	5138	13356
		否	是	1	—	4951
	工业主导型	是	是	45	2537	7536
		否	是	6	—	2833
海关特殊监管区	工业主导型	是	否	1	2739	—
		是	是	72	370	627
		否	是	9	—	725

（二）省级开发区

1. 参评数量

2017~2020 年，东部地区省级开发区参评数量大幅增长，《目录》中参评率① 波动提升。2020 年，开发区参评数量为 814 个，较 2017 年净增加 178 个；参评率为 94.9%，较 2017 年提升 4.8 个百分点；不在《目录》中的开发区数量为 144 个，占参评开发区的 17.7%（见表 4、图 7）。

表 4 2017~2020 年东部地区省级开发区参评数量及参评率

年份	参评数量（个）			《目录》中未参评数量（个）	《目录》中开发区参评率（%）
	总计	在《目录》中	不在《目录》中		
2017	636	636	0	70	90.1
2018	717	675	42	31	95.6
2019	722	680	42	26	96.3
2020	814	670	144	36	94.9

从审批类别看，经开区参评数量占比最大且增长最多，部分特色工业园和经开区向高新区转型，部分特色工业园向经开区转型。2020 年，经开区、高新区和特色工业园参评数量分别为 484 个、124 个和 206 个，占比分别为

① 《目录》中东部地区应参加评价的开发区数量为 706 个。

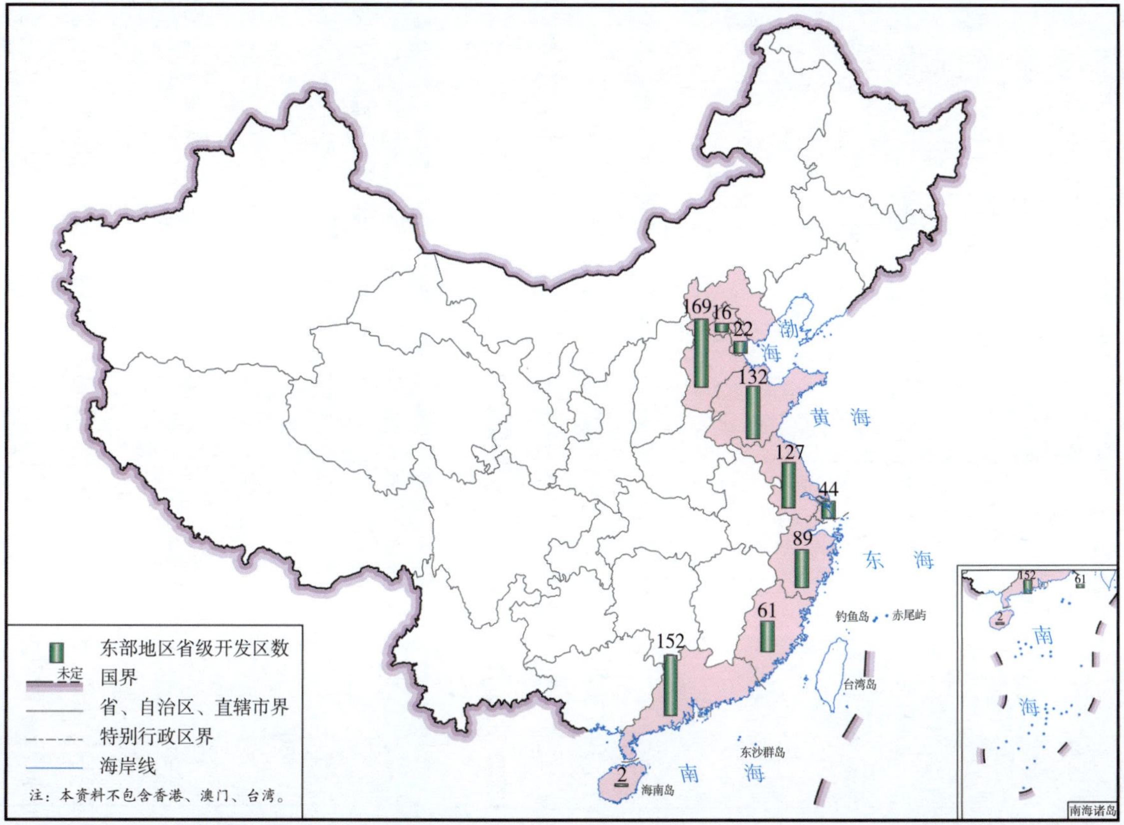

图7 2020年东部地区参评省级开发区数量分布情况

59.5%、15.2% 和 25.3%，较 2017 年分别净增加 98 个、54 个和 26 个（见图 8）。其中，新增参评开发区中包括 96 个经开区、49 个高新区和 60 个特色工业园，6 个经开区转型为高新区，24 个特色工业园转型为经开区，3 个特色工业园转型为高新区。从评价类型看，工业主导型开发区参评数量占比较大且增长较多，部分开发区评价类型发生变化。2020 年，产城融合型和工业主导型开发区参评数量分别为 117 个和 697 个，占比分别为 14.4% 和 85.6%，较 2017 年分别净增加 28 个和 150 个（见图 9）。其中，新增产城融合型和工业主导型

图 8　2017~2020 年东部地区省级开发区分审批类别参评数量变化

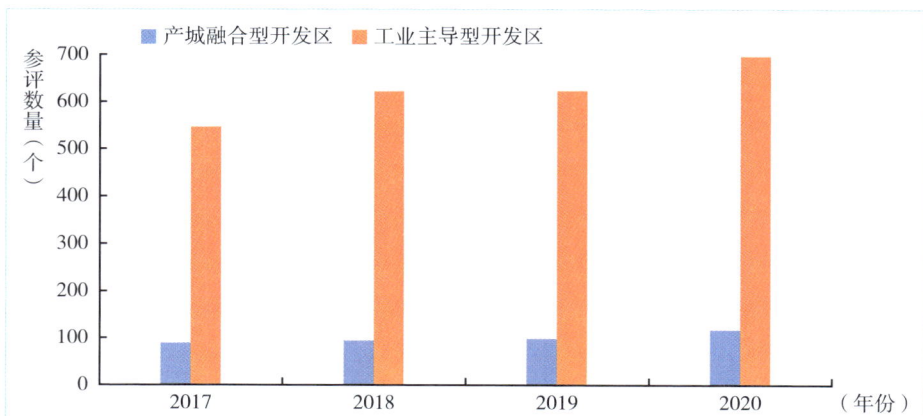

图 9　2017~2020 年东部地区省级开发区分评价类型参评数量变化

开发区参评数量分别为 28 个和 177 个，6 个开发区由产城融合型转变为工业主导型，9 个开发区由工业主导型转变为产城融合型。从审批类别与评价类型看，高新区中产城融合型开发区比例较高。2020 年，经开区、高新区和特色工业园中产城融合型开发区比例分别为 13.8%、28.2% 和 7.3%（见图 10）。

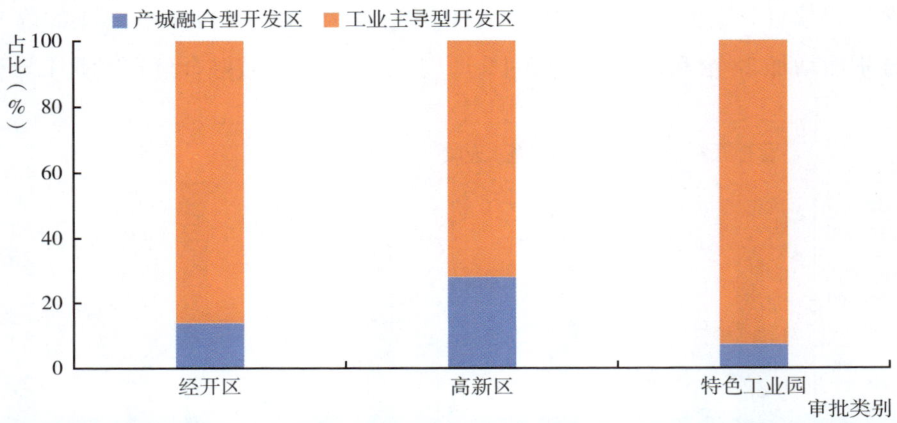

图 10　2017~2020 年东部地区省级开发区分审批类别不同评价类型开发区比例

2. 用地规模

2017~2020 年，参评开发区依法审批范围用地规模和平均用地规模均逐年增长。2020 年，开发区依法审批范围用地规模为 62.09 万公顷，较 2017 年增长 56.2%；平均用地规模为 763 公顷，较 2017 年增长 22.0%（见图 11）。

从审批类别看，高新区平均用地规模最大，各类型开发区平均用地规模均有所增长。2020 年，经开区、高新区和特色工业园平均用地规模分别为 716 公顷、1116 公顷和 661 公顷，较 2017 年分别增长 14.1%、28.8% 和 25.6%。从评价类型看，产城融合型与工业主导型开发区平均用地规模相当且均有所增长。2020 年，产城融合型和工业主导型开发区平均用地规模分别为 836 公顷和 750 公顷，较 2017 年分别增长 18.8% 和 22.6%。从审批类别与评价类型看，2017~2020 年持续参评开发区中，除产城融合型经开区和产城融合型特色工业园外，其余类型开发区平均用地规模均有所增长。新增参评开发

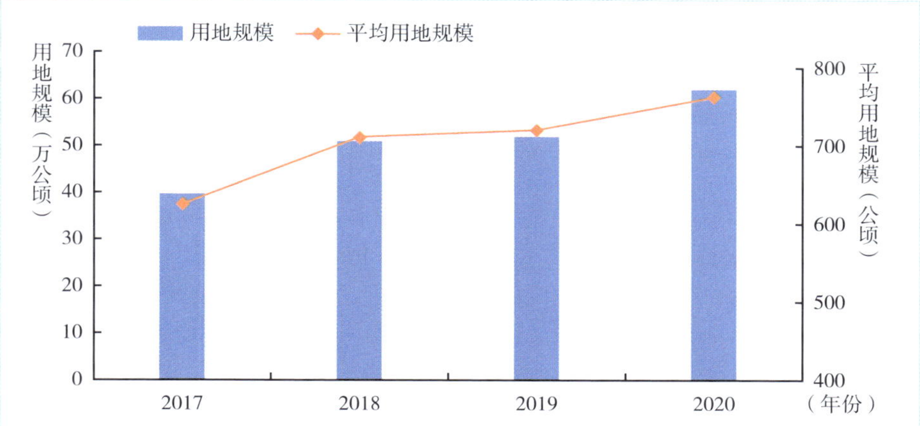

图 11 2017~2020 年东部地区省级开发区依法审批范围用地规模与平均用地规模变化

区中，除工业主导型高新区和产城融合型特色工业园外，其余类型开发区平均用地规模均高于同类型持续参评开发区（见表5）。

表5 2017 年和 2020 年东部地区省级开发区分审批类别与评价类型依法审批范围平均用地规模变化情况

审批类别	评价类型	2017 年参评	2020 年参评	数量（个）	2017 年平均用地规模（公顷）	2020 年平均用地规模（公顷）
经开区	产城融合型	是	否	1	671	—
		是	是	56	727	727
		否	是	11	—	1596
	工业主导型	是	否	15	548	—
		是	是	332	586	618
		否	是	85	—	975
高新区	产城融合型	是	否	2	891	—
		是	是	21	741	825
		否	是	14	—	1068
	工业主导型	是	否	2	1491	—
		是	是	54	864	1201
		否	是	35	—	1178

续表

审批类别	评价类型	2016 年参评	2020 年参评	数量（个）	2016 年平均用地规模（公顷）	2020 年平均用地规模（公顷）
特色工业园	产城融合型	是	是	12	491	491
		否	是	3	—	459
	工业主导型	是	否	7	331	—
		是	是	134	583	590
		否	是	57	—	876

2017~2020 年，开发区实际管理范围用地规模和平均用地规模大幅增长。2020 年，参评开发区的实际管理范围用地规模为 253.45 万公顷，较 2017 年增长 2.8 倍；平均用地规模为 3114 公顷，较 2017 年增长 2.0 倍（见图 12）。

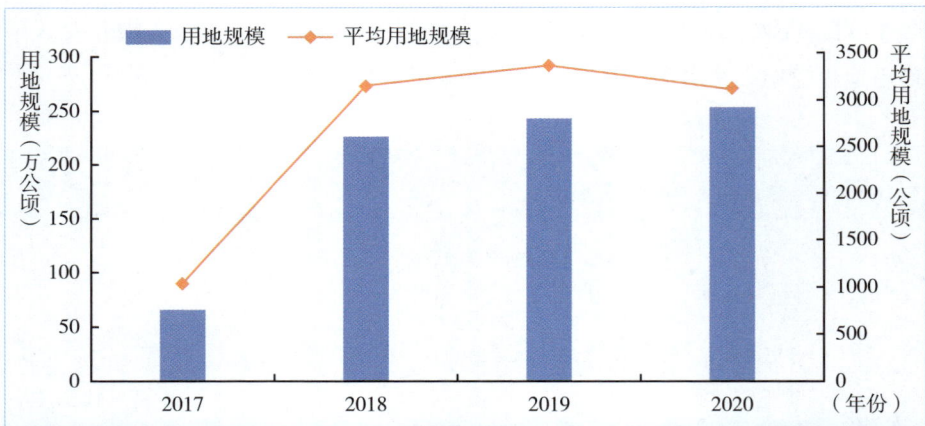

图 12 2017~2020 年东部地区省级开发区实际管理范围用地规模变化

从审批类别看，经开区与高新区平均用地规模相当，各类开发区平均用地规模均大幅增加。2020 年，经开区、高新区和特色工业园平均用地规模分别为 3692 公顷、3286 公顷和 1651 公顷，较 2017 年分别增长 2.3 倍、1.8 倍和 1.1 倍。从评价类型看，产城融合型开发区平均用地规模较大，各类开发区平均用地规模均大幅增长。2020 年，产城融合型和工业主导型开发区平均用地规模分别为 3991 公顷和 2966 公顷，较 2017 年分别增长 2.4 倍和 1.9 倍。从审批类别和评价类型看，2017~2020 年持续参评开发区中，各类开发区实际管理范围平均用地规模均大幅上升。新增参评开发区中，除工业主导型经开区外，各类型开发区平均用地规模均低于同类型持续参评开发区（见表 6）。

审批类别	评价类型	2017 年参评	2020 年参评	数量（个）	2017 年平均用地规模（公顷）	2020 年平均用地规模（公顷）
经开区	产城融合型	是	否	1	2451	—
		是	是	56	1240	5337
		否	是	11	—	2977
	工业主导型	是	否	15	1071	—
		是	是	332	1081	3487
		否	是	85	—	3504
高新区	产城融合型	是	否	2	891	—
		是	是	21	1136	4088
		否	是	14	—	1812
	工业主导型	是	否	2	1491	—
		是	是	54	1207	3664
		否	是	35	—	2811
特色工业园	产城融合型	是	是	12	969	1877
		否	是	3	—	522
	工业主导型	是	否	7	547	—
		是	是	134	785	1885
		否	是	57	—	1112

表 6　2017 年和 2020 年东部地区省级开发区分审批类别与评价类型实际管理范围平均用地规模变化情况

二　2016~2020 年东部地区开发区土地利用情况分析

（一）国家级开发区

1. 土地供应建设状况

2016~2020 年，开发区依法审批范围内，达供面积、供应面积和建成面积均逐年增长。2020 年，达供面积为 23.36 万公顷，较 2016 年增长 5.5%；供应面积为 21.80 万公顷，较 2016 年增长 6.9%；建成面积为 20.06 万公顷，较 2016 年增长 6.9%（见图 13）。其中，2016~2020 年持续参评的开发区达供面积、供应面积和建成面积增幅分别为 2.5%、3.9% 和 4.1%（见表 7）。

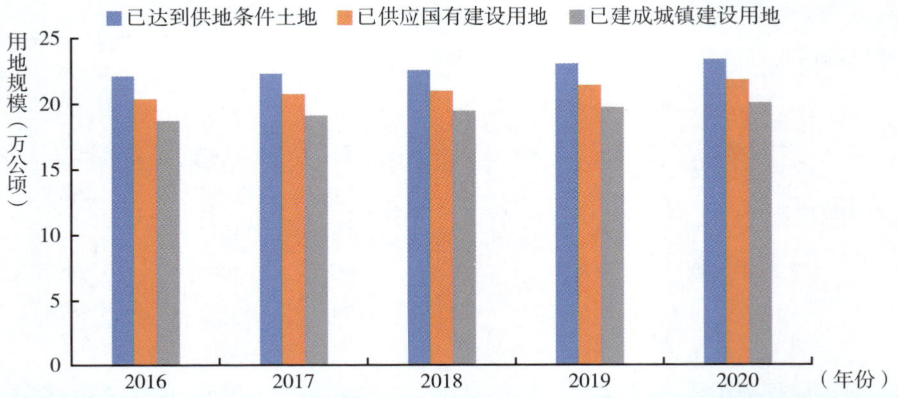

图 13　2016~2020 年东部地区国家级开发区依法审批范围土地供应建设状况变化

表 7　2016~2020 年东部地区国家级开发区依法审批范围土地供应建设状况变化情况

范围	数量（个）	已达到供地条件土地		已供应国有建设用地		已建成城镇建设用地	
		增长（万公顷）	增幅（%）	增长（万公顷）	增幅（%）	增长（万公顷）	增幅（%）
全部开发区	254	1.22	5.5	1.41	6.9	1.30	6.9
2016~2020 年持续参评的开发区	235	0.55	2.5	0.78	3.9	0.77	4.1
新增参评开发区	19	0.90	—	0.85	—	0.73	—

从审批类别看，经开区土地供应与开发建设速度较快，海关特殊监管区土地开发建设面积有所下降。2020 年，经开区、高新区和海关特殊监管区达供面积分别为 12.91 万公顷、8.20 万公顷和 2.25 万公顷，较 2016 年分别增长 7.2%、增长 6.7% 和降低 6.6%；供应面积分别为 12.11 万公顷、7.79 万公顷和

1.90 万公顷，较 2016 年分别增长 8.0%、增长 8.0% 和降低 3.0%；建成面积分别为 11.09 万公顷、7.30 万公顷和 1.70 万公顷，较 2016 年分别增长 8.4%、增长 7.0% 和降低 1.9%。从评价类型看，产城融合型开发区土地供应与开发建设速度较快。2020 年，产城融合型和工业主导型开发区达供面积分别为 5.79 万公顷和 17.57 万公顷，较 2016 年分别增长 17.3% 和 2.1%；供应面积分别为 5.51 万公顷和 16.29 万公顷，较 2016 年分别增长 17.5% 和 3.8%；建成面积分别为 5.12 万公顷和 14.93 万公顷，较 2016 年分别增长 15.7% 和 4.2%。

2016~2020 年，开发区实际管理范围内，达供面积、供应面积和建成面积均大幅增长。2020 年，达供面积为 79.83 万公顷，较 2016 年增长 97.6%；供应面积为 71.33 万公顷，较 2016 年增长 1.0 倍；建成面积为 64.90 万公顷，较 2016 年增长 99.6%。其中，持续参评且有发展方向区的开发区达供面积、供应面积和建成面积均增长 1.1 倍（见表 8）。

表 8　2016~2020 年东部地区国家级开发区实际管理范围土地供应建设状况变化情况

范围	数量（个）	已达到供地条件土地		已供应国有建设用地		已建成城镇建设用地	
		增长（万公顷）	增幅（%）	增长（万公顷）	增幅（%）	增长（万公顷）	增幅（%）
全部开发区	254	39.44	97.6	35.67	100.0	32.39	99.6
持续参评且无发展方向区的开发区	89	0.19	3.6	0.19	4.0	0.31	7.8
持续参评且有发展方向区的开发区	146	37.72	108.3	34.08	111.0	30.84	108.8
新增参评开发区	19	1.76	—	1.63	—	1.44	—

从审批类别看，2020 年，经开区、高新区和海关特殊监管区达供面积分别为 48.92 万公顷、27.27 万公顷和 3.63 万公顷，较 2016 年分别增长 1.2 倍、78.6% 和 50.6%；供应面积分别为 43.65 万公顷、24.63 万公顷和 3.05 万公顷，较 2016 年分别增长 1.2 倍、83.5% 和 56.1%；建成面积分别为 39.60 万公顷、22.52 万公顷和 2.78 万公顷，较 2016 年分别增长 1.1 倍、82.8% 和 63.6%。从

评价类型看，2020 年，产城融合型和工业主导型开发区达供面积分别为 20.75 万公顷和 59.07 万公顷，较 2016 年分别增长 1.1 倍和 94.6%；供应面积分别为 19.41 万公顷和 51.92 万公顷，较 2016 年分别增长 1.1 倍和 95.3%；建成面积分别为 18.08 万公顷和 46.82 万公顷，较 2016 年分别增长 1.1 倍和 94.5%。

2. 土地利用结构

2016~2020 年，开发区依法审批范围内，工矿仓储用地和住宅用地的规模均有所增长，住宅用地增幅较大。2020 年，工矿仓储用地面积为 10.37 万公顷，较 2016 年增长 4.4%；住宅用地面积为 2.75 万公顷，较 2016 年增长 15.1%。其中，2016~2020 年持续参评的开发区中，工矿仓储用地面积增长 0.5%，住宅用地面积增长 13.9%（见表 9）。

表 9　2016~2020 年东部地区国家级开发区依法审批范围工矿仓储和住宅用地规模变化情况

范围	数量（个）	工矿仓储用地		住宅用地	
		增长（万公顷）	增幅（%）	增长（万公顷）	增幅（%）
全部开发区	254	0.44	4.4	0.36	15.1
2016~2020 年持续参评的开发区	235	0.05	0.5	0.33	13.9
新增参评开发区	19	0.49	—	0.05	—

从审批类别看，高新区工矿仓储用地规模增幅较大，经开区住宅用地增幅较大。2020 年，经开区、高新区和海关特殊监管区工矿仓储用地面积分别为 6.07 万公顷、3.13 万公顷和 1.17 万公顷，较 2016 年分别增长 4.1%、5.4% 和 3.1%；经开区和高新区住宅用地面积分别为 1.58 万公顷和 1.17 万公顷，较 2016 年分别增长 20.8% 和 10.9%。从评价类型看，产城融合型开发区工矿仓储用地和住宅用地规模增幅均较大。2020 年，产城融合型和工业主导型开发区工矿仓储用地面积分别为 1.25 万公顷和 9.12 万公顷，较 2016 年分别增长 3.5% 和 4.5%；住宅用地面积分别为 1.37 万公顷和 1.38 万公顷，较 2016 年分别增长 21.7% 和 9.5%。

2016~2020 年，开发区实际管理范围内，工矿仓储用地和住宅用地的规模均大幅增长。2020 年，工矿仓储用地面积为 30.65 万公顷，较 2016 年增长 75.8%；住宅用地面积为 11.43 万公顷，较 2016 年增长 1.7 倍。其中，持续参评且有发展方向区的开发区工矿仓储用地和住宅用地面积分别增长 80.9% 和 1.8 倍（见表 10）。

表 10　2016~2020 年东部地区国家级开发区实际管理范围工矿仓储和住宅用地规模变化情况

范围	数量（个）	工矿仓储用地		住宅用地	
		增长（万公顷）	增幅（%）	增长（万公顷）	增幅（%）
全部开发区	254	13.22	75.8	7.14	166.4
持续参评且无发展方向区的开发区	89	0.11	5.1	0.07	18.8
持续参评且有发展方向区的开发区	146	12.26	80.9	6.94	177.7
新增参评开发区	19	0.96	—	0.15	—

从审批类别看，2020 年，经开区、高新区和海关特殊监管区工矿仓储用地面积分别为 19.06 万公顷、9.77 万公顷和 1.82 万公顷，较 2016 年分别增长 78.1%、74.7% 和 61.1%；经开区和高新区住宅用地面积分别为 7.10 万公顷和 4.18 万公顷，较 2016 年分别增长 2.2 倍和 1.1 倍。从评价类型看，2020 年，产城融合型和工业主导型开发区工矿仓储用地面积分别为 6.13 万公顷和 24.51 万公顷，较 2016 年分别增长 1.0 倍和 70.5%；住宅用地面积分别为 4.31 万公顷和 7.13 万公顷，较 2016 年分别增长 1.2 倍和 2.1 倍。

3. 土地闲置状况

2016~2020 年，开发区依法审批范围内，闲置土地面积呈波动趋势。2020 年，开发区闲置土地面积为 84 公顷，较 2016 年减少 166 公顷。其中，2016~2020 年持续参评的开发区闲置土地面积减少 170 公顷。从审批类别看，2020 年，经开区、高新区闲置土地面积分别为 66 公顷和 18 公顷，海关特殊监管区无闲置土地。从评价类型看，2020 年，产城融合型和工业主导型开发区闲置土地面积分别为 15 公顷和 69 公顷。

2016~2020 年，开发区实际管理范围内，闲置土地面积增长较快。2020 年，开发区闲置土地面积为 826 公顷，较 2016 年增长 359 公顷。其中，持续参评且有发展方向区的开发区闲置土地增长 498 公顷。从审批类别看，2020 年，经开区、高新区闲置土地面积分别为 467 公顷和 359 公顷，海关特殊监管区无闲置土地。从评价类型看，2020 年，产城融合型和工业主导型开发区闲置土地面积分别为 393 公顷和 433 公顷。

4. 建设量状况

2016~2020 年，开发区依法审批范围内，建设量有所增长。2020 年，开发区建筑面积为 19.98 亿平方米，较 2016 年增长 15.6%；建筑基底面积为 6.84 亿平方米，较 2016 年增长 14.2%；工矿仓储建筑面积为 10.51 亿平方米，较 2016 年增长 14.1%；工矿仓储建筑基底面积为 5.70 亿平方米，较 2016 年增长 13.3%（见图 14）。其中，2016~2020 年持续参评的开发区中，建筑面积增长 13.7%，建筑基底面积增长 10.8%，工矿仓储建筑面积增长 10.6%，工矿仓储建筑基底面积增长 8.9%（见表 11）。

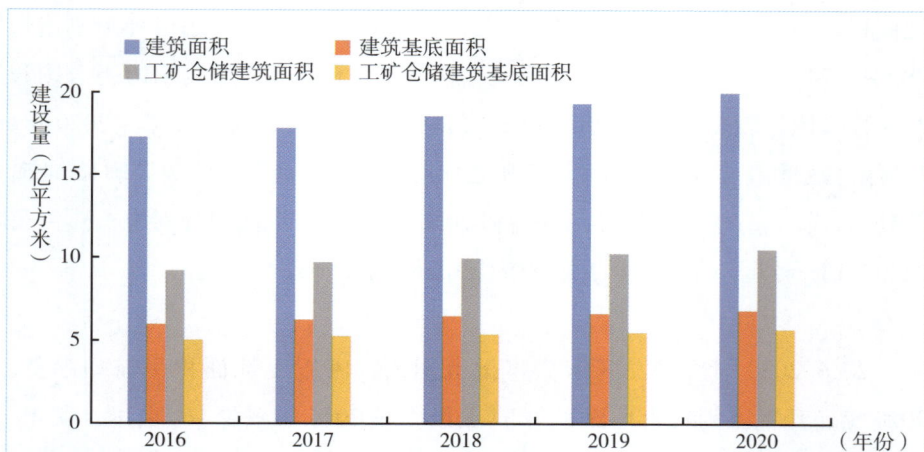

图 14　2016~2020 年东部地区国家级开发区依法审批范围建设量状况变化

表 11　2016~2020 年东部地区国家级开发区依法审批范围建设量状况变化情况

范围	数量（个）	建筑面积		建筑基底面积		工矿仓储建筑面积		工矿仓储建筑基底面积	
		增长（亿平方米）	增幅（%）	增长（亿平方米）	增幅（%）	增长（亿平方米）	增幅（%）	增长（亿平方米）	增幅（%）
全部开发区	254	2.69	15.6	0.85	14.2	1.30	14.1	0.67	13.3
2016~2020 年持续参评的开发区	235	2.33	13.7	0.64	10.8	0.97	10.6	0.44	8.9
新增参评开发区	19	0.63	—	0.27	—	0.44	—	0.28	—

　　从审批类别看，2020 年，经开区、高新区和海关特殊监管区建筑面积分别为 10.85 亿平方米、8.04 亿平方米和 1.09 亿平方米，较 2016 年分别增长 19.8%、增长 14.1% 和下降 8.4%；建筑基底面积分别为 4.00 亿平方米、2.34 亿平方米和 0.49 亿平方米，较 2016 年分别增长 16.0%、12.7% 和 7.8%；工矿仓储建筑面积分别为 5.99 亿平方米、3.52 亿平方米和 0.99 亿平方米，较 2016 年分别增长 13.2%、17.6% 和 7.7%；工矿仓储建筑基底面积分别为 3.37 亿平方米、1.65 亿平方米和 0.68 亿平方米，较 2016 年分别增长 12.4%、15.6% 和 12.2%。从评价类型看，2020 年，产城融合型和工业主导型开发区建筑面积分别为 6.23 亿平方米和 13.75 亿平方米，较 2016 年分别增长 20.5% 和 13.5%；建筑基底面积分别为 1.53 亿平方米和 5.31 亿平方米，较 2016 年分别增长 22.5% 和 12.1%；工矿仓储建筑面积分别为 1.20 亿平方米和 9.31 亿平方米，较 2016 年分别增长 15.7% 和 13.9%；工矿仓储建筑基底面积分别为 0.66 亿平方米和 5.04 亿平方米，较 2016 年分别增长 15.3% 和 13.0%。

　　2016~2020 年，开发区实际管理范围内，建设量大幅增长。2020 年，开发区建筑面积为 72.77 亿平方米，较 2016 年增长 1.52 倍；建筑基底面积为 21.55 亿平方米，较 2016 年增长 1.02 倍；工矿仓储建筑面积为 29.60 亿平方米，较 2016 年增长 88.8%；工矿仓储建筑基底面积为 16.49 亿平方米，较 2016 年增长 87.0%。其中，持续参评且有发展方向区的开发区建筑面积、建筑基底面积、工矿仓储建筑面积和工矿仓储建筑基底面积分别增长 1.7 倍、1.1 倍、95.8% 和 90.0%（见表 12）。

表 12　2016~2020 年东部地区国家级开发区实际管理范围建设量状况变化情况

范围	数量（个）	建筑面积		建筑基底面积		工矿仓储建筑面积		工矿仓储建筑基底面积	
		增长（亿平方米）	增幅（%）	增长（亿平方米）	增幅（%）	增长（亿平方米）	增幅（%）	增长（亿平方米）	增幅（%）
全部开发区	254	43.86	151.7	10.87	101.8	13.92	88.8	7.67	87.0
持续参评且无发展方向区的开发区	89	0.49	13.7	0.16	14.1	0.24	12.0	0.12	12.1
持续参评且有发展方向区的开发区	146	42.38	169.0	10.17	107.1	13.00	95.8	6.98	90.0
新增参评开发区	19	1.26	—	0.61	—	0.79	—	0.62	—

　　从审批类别看，2020 年，经开区、高新区和海关特殊监管区建筑面积分别为 33.35 亿平方米、37.45 亿平方米和 1.97 亿平方米，较 2016 年分别增长 1.1 倍、2.1 倍和 64.3%；建筑基底面积分别为 13.35 亿平方米、7.25 亿平方米和 0.95 亿平方米，较 2016 年分别增长 1.1 倍、85.1% 和 1.07 倍；工矿仓储建筑面积分别为 15.84 亿平方米、12.21 亿平方米和 1.56 亿平方米，较 2016 年分别增长 67.9%、1.3 倍和 69.0%；工矿仓储建筑基底面积分别为 10.01 亿平方米、5.27 亿平方米和 1.21 亿平方米，较 2016 年分别增长 80.0%、98.5% 和 99.4%。从评价类型看，2020 年，产城融合型和工业主导型开发区建筑面积分别为 19.91 亿平方米和 52.86 亿平方米，较 2016 年分别增长 1.2 倍和 1.6 倍；建筑基底面积分别为 5.25 亿平方米和 16.29 亿平方米，较 2016 年分别增长 1.1 倍和 1.0 倍；工矿仓储建筑面积分别为 5.02 亿平方米和 24.59 亿平方米，较 2016 年分别增长 1.0 倍和 86.0%；工矿仓储建筑基底面积分别为 2.78 亿平方米和 13.71 亿平方米，较 2016 年分别增长 96.3% 和 85.1%。

（二）省级开发区

1. 土地供应建设状况

　　2017~2020 年，开发区土地供应与开发建设速度较快，依法审批范围内，达供面积、供应面积和建成面积均逐年增长。2020 年，开发区达供面积为

42.68 万公顷，较 2017 年增长 52.6%；供应面积为 38.63 万公顷，较 2017 年增长 52.0%；建成面积为 35.06 万公顷，较 2017 年增长 49.5%（见图 15）。其中，2017~2020 年持续参评的开发区中，达供面积、供应面积和建成面积分别增长14.9%、16.7% 和 17.4%（见表 13）。

图 15　2017~2020 年东部地区省级开发区依法审批范围土地供应建设状况变化

表 13　2017~2020 年东部地区省级开发区依法审批范围土地供应建设状况变化情况

范围	数量（个）	已达到供地条件土地		已供应国有建设用地		已建成城镇建设用地	
		增长（万公顷）	增幅（%）	增长（万公顷）	增幅（%）	增长（万公顷）	增幅（%）
全部开发区	814	14.68	52.6	13.21	52.0	11.61	49.5
2017~2020 年持续参评的开发区	609	3.97	14.9	4.06	16.7	3.90	17.4
新增参评开发区	205	11.91	—	10.27	—	8.73	—

从审批类别看，高新区土地供应与开发建设速度最快。2020 年，经开区、高新区和特色工业园达供面积分别为 23.26 万公顷、9.78 万公顷和 9.54 万公顷，较 2017 年分别增长 35.6%、1.4 倍和 43.1%；供应面积分别为 21.00 万公顷、9.06万公顷和 8.58 万公顷，较 2017 年分别增长 35.1%、1.4 倍和 41.3%；建成面积

分别为 19.27 万公顷、8.30 万公顷和 7.49 万公顷，较 2017 年分别增长 33.2%、1.3 倍和 37.7%。从评价类型看，产城融合型与工业主导型开发区土地供应与开发建设速度均较快。2020 年，产城融合型和工业主导型开发区达供面积分别为 6.11 万公顷和 36.47 万公顷，较 2017 年分别增长 41.4% 和 54.7%；供应面积分别为 5.63 万公顷和 33.00 万公顷，较 2017 年分别增长 39.9% 和 54.2%；建成面积分别为 5.21 万公顷和 29.85 万公顷，较 2017 年分别增长 40.0% 和 51.3%。

2017~2020 年，开发区实际管理范围内，达供面积、供应面积和建成面积均逐年大幅增长。2020 年，开发区达供面积为 100.97 万公顷，较 2017 年增长 1.2 倍；供应面积为 86.31 万公顷，较 2017 年增长 1.1 倍；建成面积为 77.61 万公顷，较 2017 年增长 1.1 倍。其中，持续参评且有发展方向区的开发区达供面积、供应面积和建成面积分别增长 89.8%、85.8% 和 84.4%（见表 14）。

表 14　2017~2020 年东部地区省级开发区实际管理范围土地供应建设状况变化情况

范围	数量（个）	已达到供地条件土地		已供应国有建设用地		已建成城镇建设用地	
		增长（万公顷）	增幅（%）	增长（万公顷）	增幅（%）	增长（万公顷）	增幅（%）
全部开发区	814	55.13	120.3	46.00	114.1	40.59	109.6
持续参评且无发展方向区的开发区	131	2.04	34.0	2.05	38.1	1.92	40.0
持续参评且有发展方向区的开发区	478	34.02	89.8	28.42	85.8	25.83	84.4
新增参评开发区	205	21.03	—	17.33	—	14.47	—

从审批类别看，2020 年，经开区、高新区和特色工业园达供面积分别为 67.82 万公顷、18.45 万公顷和 14.70 万公顷，较 2017 年分别增长 1.2 倍、2.4 倍和 48.6%；供应面积分别为 56.83 万公顷、16.55 万公顷和 12.92 万公顷，较 2017 年分别增长 1.1 倍、2.3 倍和 47.8%；建成面积分别为 51.15 万公顷、15.24 万公顷和 11.22 万公顷，较 2017 年分别增长 1.1 倍、2.3 倍和 43.8%。从

评价类型看，2020 年，产城融合型和工业主导型开发区达供面积分别为 17.42 万公顷和 83.54 万公顷，较 2017 年分别增长 1.4 倍和 1.2 倍；供应面积分别为 15.18 万公顷和 71.13 万公顷，较 2017 年分别增长 1.3 倍和 1.1 倍；建成面积分别为 14.13 万公顷和 63.48 万公顷，较 2017 年分别增长 1.3 倍和 1.1 倍。

2. 土地利用结构

2017~2020 年，开发区依法审批范围内，工矿仓储用地和住宅用地的规模均大幅增长。2020 年，工矿仓储用地面积为 21.10 万公顷，较 2017 年增长 50.5%；住宅用地面积为 3.82 万公顷，较 2017 年增长 45.8%。其中，2017~2020 年持续参评的开发区中，工矿仓储用地和住宅用地面积分别增长 17.3% 和 24.3%（见表 15）。

表 15　2017~2020 年东部地区省级开发区依法审批范围工矿仓储和住宅用地规模变化情况

范围	数量（个）	工矿仓储用地		住宅用地	
		增长（万公顷）	增幅（%）	增长（万公顷）	增幅（%）
全部开发区	814	7.08	50.5	1.20	45.8
2017~2020 年持续参评的开发区	609	2.32	17.3	0.60	24.3
新增参评开发区	205	5.35	—	0.73	—

从审批类别看，高新区工矿仓储用地和住宅用地规模增幅最大。2020 年，经开区、高新区和特色工业园工矿仓储用地面积分别为 11.82 万公顷、4.28 万公顷和 5.00 万公顷，较 2017 年分别增长 35.5%、1.5 倍和 40.1%；住宅用地面积分别为 2.25 万公顷、1.04 万公顷和 0.54 万公顷，较 2017 年分别增长 33.7%、96.9% 和 29.0%。从评价类型看，工业主导型开发区工矿仓储用地和住宅用地规模增幅较大。2020 年，产城融合型和工业主导型开发区工矿仓储用地面积分别为 1.23 万公顷和 19.87 万公顷，较 2017 年分别增长 26.7% 和 52.3%；住宅用地面积分别为 1.67 万公顷和 2.15 万公顷，较 2017 年分别增长 38.3% 和 51.9%。

2017~2020 年，开发区实际管理范围内，工矿仓储用地和住宅用地的规模均大幅增长。2020 年，工矿仓储用地面积为 45.25 万公顷，较 2017 年增长 91.7%；住宅用地面积为 9.49 万公顷，较 2017 年增长 1.6 倍。其中，持续参评且有发展方向区的开发区工矿仓储用地和住宅用地面积分别增长 66.0% 和 1.5 倍（见表 16 ）。

表 16　2017~2020 年东部地区省级开发区实际管理范围工矿仓储和住宅用地规模变化情况

范围	数量（个）	工矿仓储用地		住宅用地	
		增长（万公顷）	增幅（%）	增长（万公顷）	增幅（%）
全部开发区	814	21.64	91.7	5.86	161.4
持续参评且无发展方向区的开发区	131	1.03	37.4	0.21	48.5
持续参评且有发展方向区的开发区	478	13.10	66.0	4.48	149.8
新增参评开发区	205	8.53	—	1.36	—

从审批类别看，2020 年，经开区、高新区和特色工业园工矿仓储用地面积分别为 30.45 万公顷、7.39 万公顷和 7.41 万公顷，较 2017 年分别增长 92.4%、2.1 倍和 37.1%；住宅用地面积分别为 6.32 万公顷、2.30 万公顷和 0.87 万公顷，较 2017 年分别增长 1.6 倍、2.2 倍和 78.7%。从评价类型看，2020 年，产城融合型和工业主导型开发区工矿仓储用地面积分别为 5.76 万公顷和 39.48 万公顷，较 2017 年分别增长 1.3 倍和 87.1%；住宅用地面积分别为 3.23 万公顷和 6.26 万公顷，较 2017 年分别增长 1.1 倍和 2.0 倍。

3. 土地闲置状况

2017~2020 年，开发区依法审批范围内，闲置土地面积呈波动增长趋势。2020 年，开发区闲置土地面积为 269 公顷，较 2017 年增长 223 公顷。其中，2017~2020 年持续参评的开发区闲置土地面积增长 129 公顷。从审批类别看，2020 年，经开区、高新区和特色工业园闲置土地面积分别为 95 公顷、73 公顷和 101 公顷。从评价类型看，2020 年，产城融合型和工业主导型开发区闲置土地面积分别为 14 公顷和 255 公顷。

2017~2020 年，开发区实际管理范围内，闲置土地面积大幅增长。2020 年，开发区闲置土地面积为 951 公顷，较 2017 年增长 875 公顷。其中，持续参评且有发展方向区的开发区闲置土地面积增长 710 公顷。从审批类别看，2020 年，经开区、高新区和特色工业园闲置土地面积分别为 515 公顷、284 公顷和 152 公顷。从评价类型看，2020 年，产城融合型和工业主导型开发区闲置土地面积分别为 152 公顷和 799 公顷。

4. 建设量状况

2017~2020 年，开发区依法审批范围内，建设量迅速增长。2020 年，开发区建筑面积为 32.86 亿平方米，较 2017 年增长 65.5%；建筑基底面积为 13.41 亿平方米，较 2017 年增长 62.0%；工矿仓储建筑面积为 20.23 亿平方米，较 2017 年增长 67.2%；工矿仓储建筑基底面积为 11.83 亿平方米，较 2017 年增长 58.8%（见图 16）。其中，2017~2020 年持续参评的开发区中，建筑面积、建筑基底面积、工矿仓储建筑面积和工矿仓储建筑基底面积分别增长 30.1%、26.9%、29.9% 和 24.0%（见表 17）。

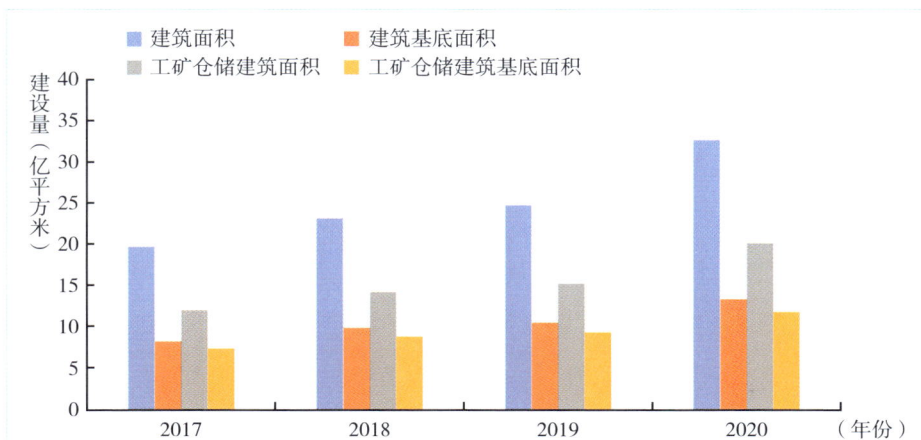

图 16　2017~2020 年东部地区省级开发区依法审批范围建设量状况变化

表 17　2017~2020 年东部地区省级开发区依法审批范围建设量状况变化情况

范围	数量（个）	建筑面积		建筑基底面积		工矿仓储建筑面积		工矿仓储建筑基底面积	
		增长（亿平方米）	增幅（%）	增长（亿平方米）	增幅（%）	增长（亿平方米）	增幅（%）	增长（亿平方米）	增幅（%）
全部开发区	814	13.01	65.5	5.13	62.0	8.13	67.2	4.38	58.8
2017~2020 年持续参评的开发区	609	5.67	30.1	2.13	26.9	3.45	29.9	1.70	24.0
新增参评开发区	205	8.31	—	3.38	—	5.23	—	3.02	—

　　从审批类别看，2020 年，经开区、高新区和特色工业园建筑面积分别为 18.01 亿平方米、8.41 亿平方米和 6.44 亿平方米，较 2017 年分别增长 48.1%、1.4 倍和 53.5%；建筑基底面积分别为 7.72 亿平方米、2.89 亿平方米和 2.79 亿平方米，较 2017 年分别增长 49.2%、1.3 倍和 52.3%；工矿仓储建筑面积分别为 11.21 亿平方米、4.29 亿平方米和 4.73 亿平方米，较 2017 年分别增长 50.6%、1.7 倍和 53.7%；工矿仓储建筑基底面积分别为 6.83 亿平方米、2.26 亿平方米和 2.74 亿平方米，较 2017 年分别增长 45.8%、1.3 倍和 52.5%。从评价类型看，2020 年，产城融合型和工业主导型开发区建筑面积分别为 6.86 亿平方米和 26.00 亿平方米，较 2017 年分别增长 56.5% 和 68.2%；建筑基底面积分别为 1.82 亿平方米和 11.59 亿平方米，较 2017 年分别增长 55.6% 和 63.0%；工矿仓储建筑面积分别为 1.27 亿平方米和 18.96 亿平方米，较 2017 年分别增长 44.3% 和 68.9%；工矿仓储建筑基底面积分别为 0.71 亿平方米和 11.12 亿平方米，较 2017 年分别增长 35.5% 和 60.6%。

　　2017~2020 年，开发区实际管理范围内，建设量大幅增长。2020 年，开发区建筑面积为 67.10 亿平方米，较 2017 年增长 1.2 倍；建筑基底面积为 29.20 亿平方米，较 2017 年增长 1.2 倍；工矿仓储建筑面积为 40.14 亿平方米，较 2017 年增长 97.8%；工矿仓储建筑基底面积为 24.70 亿平方米，较 2017 年增长 94.3%。其中，持续参评且有发展方向区的开发区建筑面积、建筑基底面积、工矿仓储建筑面积和工矿仓储建筑基底面积分别增长 91.1%、91.1%、67.7% 和 67.8%（见表 18）。

表 18 2017~2020 年东部地区省级开发区实际管理范围建设量状况变化情况

范围	数量（个）	建筑面积		建筑基底面积		工矿仓储建筑面积		工矿仓储建筑基底面积	
		增长（亿平方米）	增幅（%）	增长（亿平方米）	增幅（%）	增长（亿平方米）	增幅（%）	增长（亿平方米）	增幅（%）
全部开发区	814	36.17	116.9	15.71	116.5	19.85	97.8	11.99	94.3
持续参评且无发展方向区的开发区	131	1.96	49.4	0.63	41.6	1.16	50.5	0.50	37.0
持续参评且有发展方向区的开发区	478	23.21	91.1	10.34	91.1	11.61	67.7	7.30	67.8
新增参评开发区	205	12.47	—	5.37	—	7.93	—	4.78	—

从审批类别看，2020 年，经开区、高新区和特色工业园建筑面积分别为 42.94 亿平方米、14.88 亿平方米和 9.28 亿平方米，较 2017 年分别增长 1.1 倍、2.1 倍和 54.7%；建筑基底面积分别为 19.72 亿平方米、5.39 亿平方米和 4.09 亿平方米，较 2017 年分别增长 1.2 倍、2.1 倍和 50.1%；工矿仓储建筑面积分别为 26.29 亿平方米、7.18 亿平方米和 6.66 亿平方米，较 2017 年分别增长 95.9%、2.2 倍和 44.4%；工矿仓储建筑基底面积分别为 16.77 亿平方米、4.08 亿平方米和 3.86 亿平方米，较 2017 年分别增长 95.6%、2.1 倍和 35.6%。从评价类型看，2020 年，产城融合型和工业主导型开发区建筑面积分别为 14.57 亿平方米和 52.53 亿平方米，较 2017 年分别增长 1.1 倍和 1.2 倍；建筑基底面积分别为 4.94 亿平方米和 24.26 亿平方米，较 2017 年分别增长 1.3 倍和 1.1 倍；工矿仓储建筑面积分别为 5.31 亿平方米和 34.83 亿平方米，较 2017 年分别增长 1.3 倍和 93.5%；工矿仓储建筑基底面积分别为 3.29 亿平方米和 21.42 亿平方米，较 2017 年分别增长 1.3 倍和 89.5%。

三 2016~2020年东部地区开发区土地集约利用情况分析

（一）国家级开发区

1. 土地利用程度

2016~2020年，工业主导型开发区依法审批范围内土地利用程度有所提升。2020年，土地开发率、土地供应率和土地建成率分别为89.0%、92.7%和91.7%，较2016年分别提升3.6个、1.4个和0.4个百分点（见图17）。2016~2020年持续参评的开发区土地利用程度有所提升，土地开发率、土地供应率与土地建成率分别提升3.3个、1.1个和0.2个百分点。新增参评开发区土地开发率、土地供应率与土地建成率分别为86.7%、94.7%和85.6%（见表19）。从审批类别上看，2020年，海关特殊监管区土地开发率最高，为91.7%，分别较经开区和高新区高4.0个和1.3个百分点；高新区土地供应率最高，为94.4%，分别较经开区和海关特殊监管区高0.6个和10.3个百分点；高新区土地建成率最高，为92.8%，分别较经开区和海关特殊监管区高0.9个和4.9个百分点。

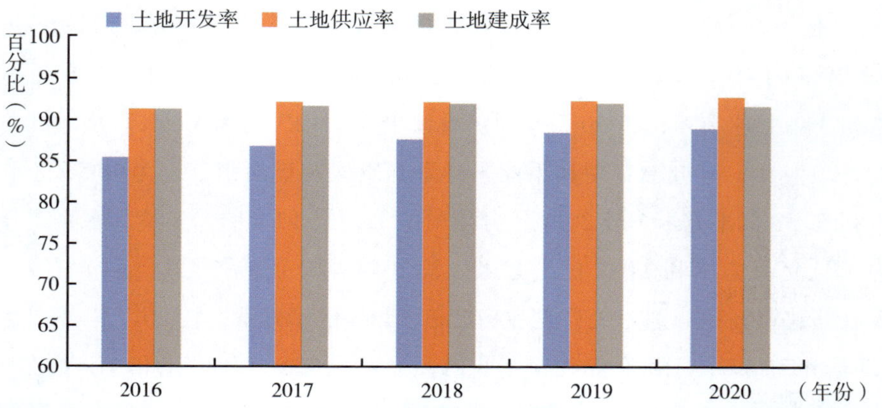

图17 2016~2020年东部地区国家级工业主导型开发区依法审批范围土地利用程度变化

表 19　2016 年和 2020 年东部地区国家级工业主导型开发区依法审批范围土地利用程度							
范围	数量（个）	土地开发率（%）		土地供应率（%）		土地建成率（%）	
		2016 年	2020 年	2016 年	2020 年	2016 年	2020 年
全部开发区	220	85.4	89.0	91.3	92.7	91.3	91.7
2016~2020 年持续参评的开发区	202	85.8	89.1	91.5	92.6	91.8	92.0
新增参评开发区	18	—	86.7	—	94.7	—	85.6

2016~2020 年，工业主导型开发区实际管理范围内土地开发率有所下降，土地供应率有所提升，土地建成率有所下降。2020 年，土地开发率为 59.9%，较 2016 年下降 22.3 个百分点；土地供应率为 87.9%，较 2016 年提升 0.3 个百分点；土地建成率为 90.2%，较 2016 年下降 0.3 个百分点。持续参评且有发展方向区的开发区土地开发率、土地供应率与土地建成率分别下降 24.2 个、0.2 个和 1.7 个百分点。新增参评开发区土地开发率、土地供应率与土地建成率分别为 52.4%、92.7% 和 89.0%（见表 20）。从审批类别上看，2020 年，海关特殊监管区土地开发率最高，为 78.9%，分别较经开区和高新区高 18.7 个和 22.7 个百分点；高新区土地供应率最高，为 88.2%，分别较经开区和海关特殊监管区高 0.1 个和 4.3 个百分点；高新区土地建成率最高，为 92.2%，分别较经开区和海关特殊监管区高 3.0 个和 1.1 个百分点。

表 20　2016 年和 2020 年东部地区国家级工业主导型开发区实际管理范围土地利用程度							
范围	数量（个）	土地开发率（%）		土地供应率（%）		土地建成率（%）	
		2016 年	2020 年	2016 年	2020 年	2016 年	2020 年
全部开发区	220	82.2	59.9	87.6	87.9	90.5	90.2
持续参评且无发展方向区的开发区	84	82.4	88.0	87.7	88.1	84.6	87.9
持续参评且有发展方向区的开发区	118	82.6	58.4	87.9	87.7	92.1	90.4
新增参评开发区	18	—	52.4	—	92.7	—	89.0

2016~2020 年，产城融合型开发区依法审批范围内土地开发率和土地供应率有所提升，土地建成率有所下降。2020 年，开发区土地开发率和土地供应率分别为 92.2% 和 95.1%，较 2016 年分别提升 0.1 个和 0.1 个百分点；土地建成率为 93.0%，较 2016 年下降 1.4 个百分点（见图 18）。2016~2020 年持续参评的开发区土地开发率、土地供应率与土地建成率分别提升 2.2 个、1.4 个和 0.3 个百分点。新增参评开发区土地开发率、土地供应率与土地建成率分别为 98.3%、99.2% 和 91.1%（见表 21）。从审批类别上看，2020 年，经开区土地开发率较高，为 92.4%，较高新区高 0.4 个百分点；高新区土地供应率最高，为 96.0%，较经开区高 2.1 个百分点；高新区土地建成率最高，为 94.9%，较经开区高 4.5 个百分点。

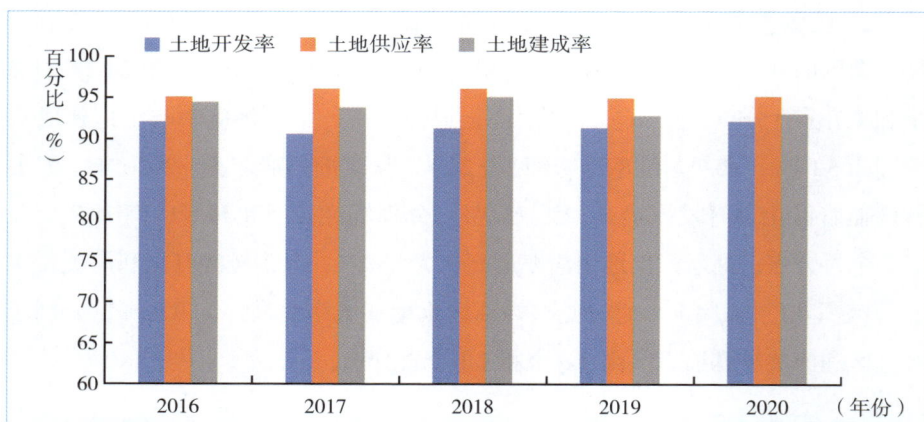

图 18　2016~2020 年东部地区国家级产城融合型开发区依法审批范围土地利用程度变化

表 21　2016 年和 2020 年东部地区国家级产城融合型开发区依法审批范围土地利用程度

范围	数量（个）	土地开发率（%）		土地供应率（%）		土地建成率（%）	
		2016 年	2020 年	2016 年	2020 年	2016 年	2020 年
全部开发区	34	92.1	92.2	95.0	95.1	94.4	93.0
2016~2020 年持续参评的开发区	33	89.9	92.1	93.7	95.1	92.7	93.0
新增参评开发区	1	—	98.3	—	99.2	—	91.1

2016~2020 年，产城融合型开发区实际管理范围内土地开发率明显下降，土地供应率和土地建成率有所提升。2020 年，开发区土地开发率为 58.6%，较 2016 年下降 23.4 个百分点；土地供应率和土地建成率分别为 93.6% 和 93.1%，较 2016 年分别提升 3.2 个和 0.1 个百分点。持续参评且有发展方向区的开发区土地开发率、土地供应率与土地建成率分别下降 22.1 个、提升 4.7 个和提升 0.9 个百分点。新增参评开发区土地利用程度相对较低，土地开发率、土地供应率与土地建成率分别为 17.0%、86.2% 和 77.6%（见表 22）。从审批类别上看，2020 年，经开区土地开发率较高，为 69.1%，较高新区高 18.4 个百分点；高新区土地供应率较高，为 93.7%，较经开区高 0.3 个百分点；经开区土地建成率较高，为 95.9%，较高新区高 5.7 个百分点。

表 22　2016 年和 2020 年东部地区国家级产城融合型开发区实际管理范围土地利用程度

范围	数量（个）	土地开发率（%）		土地供应率（%）		土地建成率（%）	
		2016 年	2020 年	2016 年	2020 年	2016 年	2020 年
全部开发区	34	82.0	58.6	90.4	93.6	93.0	93.1
持续参评且无发展方向区的开发区	5	90.0	95.0	97.7	97.8	79.8	81.6
持续参评且有发展方向区的开发区	28	80.6	58.5	88.7	93.4	92.7	93.6
新增参评开发区	1	—	17.0	—	86.2	—	77.6

2. 工业用地结构

2016~2020 年，工业主导型开发区依法审批范围内工业用地率有所提升。2020 年，工业用地率为 61.1%，较 2016 年提升 0.2 个百分点。2016~2020 年持续参评的开发区工业用地率下降 1.2 个百分点。新增参评开发区工业用地率为 71.3%。从审批类别上看，2020 年，海关特殊监管区工业用地率最高，为 70.0%，分别高于经开区和高新区 9.4 个和 11.5 个百分点。

2016~2020 年，工业主导型开发区实际管理范围内工业用地率明显下降。2020 年，工业用地率为 52.3%，较 2016 年下降 7.4 个百分点。持续参评且有发展方向区的开发区工业用地率下降 8.7 个百分点。新增参评开发区工业用地率为 68.9%。从审批类别上看，2020 年，海关特殊监管区工业用地率最高，为 65.5%，分别高于经开区和高新区 13.9 个和 14.3 个百分点。

3. 土地利用强度

2016~2020 年，工业主导型开发区依法审批范围内土地利用强度有所提升。2020 年，综合容积率和工业用地综合容积率分别为 0.92 和 1.02，较 2016 年分别提升 0.07 和 0.08；建筑密度和工业用地建筑系数分别为 35.5% 和 55.3%，较 2016 年分别提升 2.4 个和 4.2 个百分点（见图 19、图 20）。2016~2020 年持续参评的开发区综合容积率提升 0.10，工业用地综合容积率提升 0.09，建筑密度提升 2.1 个百分点，工业用地建筑系数提升 4.1 个百分点。新增参评开发区综合容积率为 0.77，建筑密度为 38.0%，工业用地综合容积率为 0.88，工业用地建筑系数为 56.6%（见表 23）。从审批类别上看，2020 年，高新区综合容积率与工业用地综合容积率最高，分别为 1.02 和 1.13，较经开区分别高 0.09 和 0.13，较海关特殊监管区分别高 0.37 和 0.28；经开区建筑密度最高，为 36.6%，分别较高新区和海关特殊监管区高 0.9 个和 7.0 个百分点；海关特殊监管区工业用地建筑系数最高，为 58.5%，分别较经开区和高新区高 3.6 个和 3.9 个百分点。

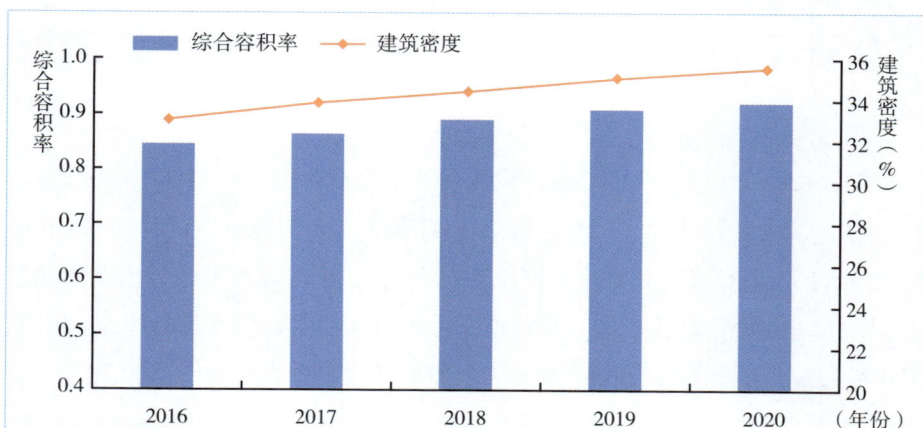

图 19　2016~2020 年东部地区国家级工业主导型开发区依法审批范围土地利用强度变化

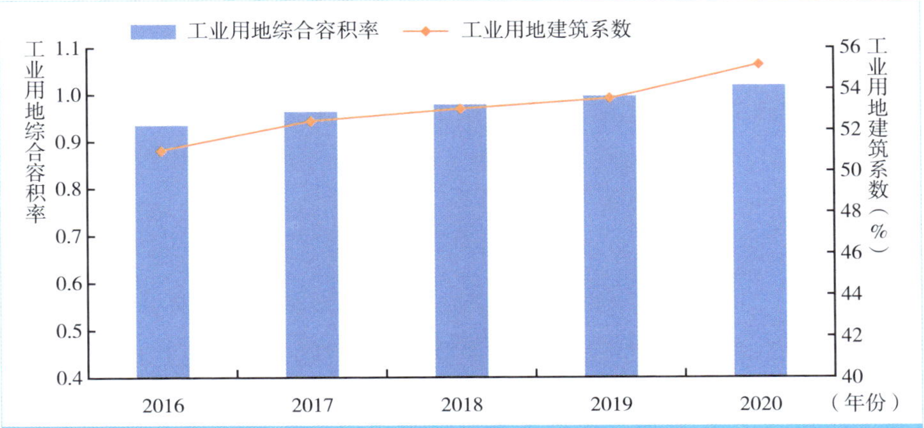

图 20 2016~2020 年东部地区国家级工业主导型开发区依法审批范围
工业用地利用强度变化

表 23 2016 年和 2020 年东部地区国家级工业主导型开发区依法审批范围
土地利用强度变化情况

范围	数量（个）	综合容积率		建筑密度（%）		工业用地综合容积率		工业用地建筑系数（%）	
		2016年	2020年	2016年	2020年	2016年	2020年	2016年	2020年
全部开发区	220	0.85	0.92	33.1	35.5	0.94	1.02	51.1	55.3
2016~2020 年持续参评的开发区	202	0.83	0.93	33.3	35.4	0.94	1.03	51.1	55.2
新增参评开发区	18	—	0.77	—	38.0	—	0.88	—	56.6

2016~2020 年，工业主导型开发区实际管理范围内土地利用强度有所提升。2020 年，综合容积率和工业用地综合容积率分别为 1.13 和 1.00，较 2016 年分别提升 0.30 和 0.08；建筑密度和工业用地建筑系数分别为 34.8% 和 55.9%，较 2016 年分别提升 1.0 个和 4.4 个百分点。持续参评且有发展方向区的开发区综合容积率和工业用地综合容积率分别提升 0.34 和 0.09；建筑密度和工业用地建筑系数分别提升 0.2 个和 3.9 个百分点。新增参评开发区综合容积率为 0.80，建筑密度为 42.9%，工业用地综合容积率为 0.81，工业用地建筑系数为 64.8%（见表 24）。从审批类别上看，2020 年，高新区综合容积率和

工业用地综合容积率最高，分别为 1.84 和 1.37，较经开区分别高 1.01 和 0.51，较海关特殊监管区分别高 1.14 和 0.51；经开区建筑密度最高，为 35.0%，分别较高新区和海关特殊监管区高 0.4 个和 0.9 个百分点；海关特殊监管区工业用地建筑系数最高，为 66.6%，分别较经开区和高新区高 12.5 个和 9.2 个百分点。

表 24　2016 年和 2020 年东部地区国家级工业主导型开发区实际管理范围土地利用强度变化情况

范围	数量（个）	综合容积率		建筑密度（%）		工业用地综合容积率		工业用地建筑系数（%）	
		2016 年	2020 年	2016 年	2020 年	2016 年	2020 年	2016 年	2020 年
全部开发区	220	0.83	1.13	33.8	34.8	0.92	1.00	51.5	55.9
持续参评且无发展方向区的开发区	84	0.83	0.88	29.1	31.1	0.92	0.99	47.1	50.3
持续参评且有发展方向区的开发区	118	0.82	1.16	34.7	34.9	0.92	1.01	52.2	56.1
新增参评开发区	18	—	0.80	—	42.9	—	0.81	—	64.8

2016~2020 年，产城融合型开发区依法审批范围内土地利用强度有所提升。2020 年，综合容积率为 1.22，较 2016 年提升 0.05；建筑密度为 29.8%，较 2016 年提升 1.6 个百分点（见图 21）。2016~2020 年持续参评的开发区综

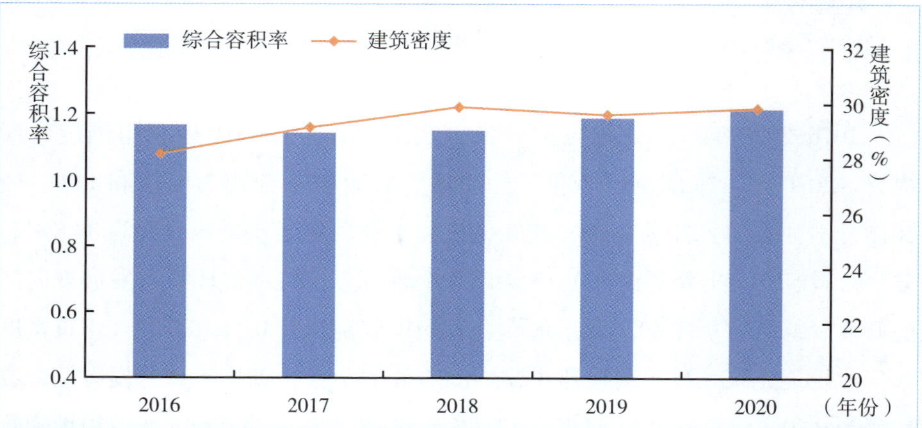

图 21　2016~2020 年东部地区国家级产城融合型开发区依法审批范围土地利用强度变化

合容积率提升 0.06，建筑密度提升 1.8 个百分点。新增参评开发区综合容积率为 2.12，建筑密度为 26.1%（见表 25）。从审批类别上看，2020 年，高新区综合容积率较高，为 1.22，较经开区高 0.01；经开区建筑密度较高，为 33.8%，较高新区高 6.6 个百分点。

表 25　2016 年和 2020 年东部地区国家级产城融合型开发区依法审批范围土地利用强度变化情况

范围	数量（个）	综合容积率		建筑密度（%）	
		2016 年	2020 年	2016 年	2020 年
全部开发区	34	1.17	1.22	28.2	29.8
2016~2020 年持续参评的开发区	33	1.15	1.21	28.1	29.9
新增参评开发区	1	—	2.12	—	26.1

2016~2020 年，产城融合型开发区实际管理范围内综合容积率有所提升，建筑密度有所下降。2020 年，综合容积率为 1.10，较 2016 年提升 0.05；建筑密度为 29.1%，较 2016 年下降 0.9 个百分点。持续参评且有发展方向区的开发区综合容积率提升 0.07，建筑密度下降 1.5 个百分点。新增参评开发区综合容积率为 2.80，建筑密度为 25.0%（见表 26）。从审批类别上看，2020 年，高新区综合容积率较高，为 1.37，较经开区高 0.52；经开区建筑密度较高，为 29.7%，较高新区高 1.3 个百分点。

表 26　2016 年和 2020 年东部地区国家级产城融合型开发区实际管理范围土地利用强度变化情况

范围	数量（个）	综合容积率		建筑密度（%）	
		2016 年	2020 年	2016 年	2020 年
全部开发区	34	1.05	1.10	30.0	29.1
持续参评且无发展方向区的开发区	5	1.37	1.42	22.3	21.7
持续参评且有发展方向区的开发区	28	1.02	1.09	30.8	29.3
新增参评开发区	1	—	2.80	—	25.0

4. 综合用地效益

2016~2020 年，工业主导型开发区依法审批范围内综合用地效益有所提升。2020 年，工业用地固定资产投入强度为 10790 元 / 米^2，较 2016 年提升 41.4%；工业用地地均税收为 913 元 / 米^2，较 2016 年提升 13.7%（见图 22）。2016~2020 年持续参评的开发区工业用地固定资产投入强度提升 45.2%，工业用地地均税收提升 16.6%。新增参评开发区工业用地固定资产投入强度为 7165 元 / 米^2，工业用地地均税收为 428 元 / 米^2（见表 27）。从审批类别上看，2020 年，高新区工业用地固定资产投入强度最高，为 11857 元 / 米^2，分别较经开区和海关特殊监管区高 11.3% 和 29.1%；高新区工业用地地均税收最高，为 1042 元 / 米^2，分别较经开区和海关特殊监管区高 24.2% 和 5.6%。

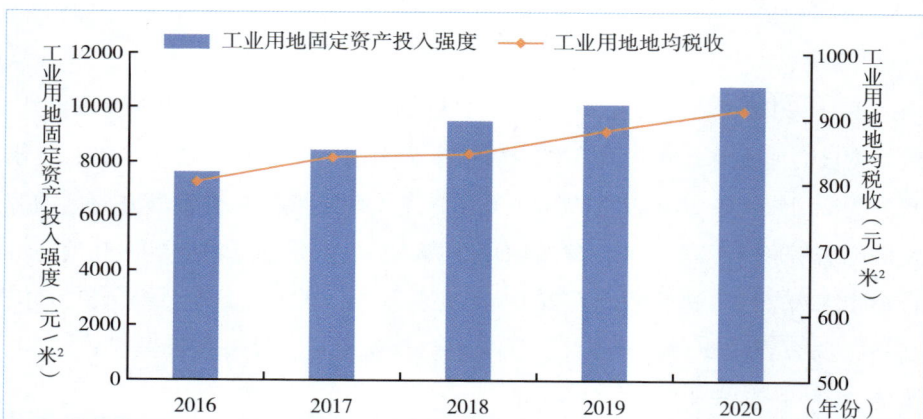

图 22　2016~2020 年东部地区国家级工业主导型开发区依法审批范围综合用地效益变化

表 27　2016 年和 2020 年东部地区国家级工业主导型开发区依法审批范围综合用地效益变化情况

范围	数量（个）	工业用地固定资产投入强度（元 / 米^2）		工业用地地均税收（元 / 米^2）	
		2016 年	2020 年	2016 年	2020 年
全部开发区	220	7630	10790	803	913
2016~2020 年持续参评的开发区	202	7573	10994	807	941
新增参评开发区	18	—	7165	—	428

2016~2020 年，工业主导型开发区实际管理范围内工业用地固定资产投入强度有所提升，工业用地地均税收有所下降。2020 年，工业用地固定资产投入强度为 8158 元 / 米²，较 2016 年提升 14.8%；工业用地地均税收为 528 元 / 米²，较 2016 年下降 17.6%。持续参评且有发展方向区的开发区工业用地固定资产投入强度提升 16.1%，工业用地地均税收下降 16.7%。新增参评开发区工业用地固定资产投入强度为 6710 元 / 米²，工业用地地均税收为 275 元 / 米²（见表 28）。从审批类别上看，2020 年，高新区工业用地固定资产投入强度最高，为 8979 元 / 米²，较经开区和海关特殊监管区分别高 14.9% 和 14.0%；海关特殊监管区工业用地地均税收最高，为 721 元 / 米²，较经开区和高新区分别高 58.0% 和 13.5%。

表 28　2016 年和 2020 年东部地区国家级工业主导型开发区实际管理范围综合用地效益变化情况

范围	数量（个）	工业用地固定资产投入强度（元 / 米²）		工业用地地均税收（元 / 米²）	
		2016 年	2020 年	2016 年	2020 年
全部开发区	220	7107	8158	641	528
持续参评且无发展方向区的开发区	84	7968	10779	1044	1146
持续参评且有发展方向区的开发区	118	6848	7950	570	475
新增参评开发区	18	—	6710	—	275

2016~2020 年，产城融合型开发区依法审批范围内综合用地效益有所提升。2020 年，综合地均税收为 1509 元 / 米²，较 2016 年提升 67.5%；人口密度为 140 人 / 公顷，较 2016 年提升 27.3%（见图 23）。2016~2020 年持续参评的开发区综合地均税收提升 80.1%，人口密度提升 21.7%。新增参评开发区综合地均税收为 403 元 / 米²，人口密度为 102 人 / 公顷（见表 29）。从审批类别上看，2020 年，高新区综合地均税收较高，为 1917 元 / 米²，较经开区高 1.1 倍；经开区人口密度较高，为 152 人 / 公顷，较高新区高 15.6%。

图23　2016~2020年东部地区国家级产城融合型开发区依法审批范围
综合用地效益变化

表29　2016年和2020年东部地区国家级产城融合型开发区依法审批范围
综合用地效益变化情况

范围	数量 （个）	综合地均税收 （元 / 米²）		人口密度 （人 / 公顷）	
		2016 年	2020 年	2016 年	2020 年
全部开发区	34	901	1509	110	140
2016~2020 年持续参评的开发区	33	844	1520	115	140
新增参评开发区	1	—	403	—	102

2016~2020年，产城融合型开发区实际管理范围内综合用地效益有所下降。2020年，综合地均税收为550元 / 米²，较2016年下降18.2%；人口密度为73人 / 公顷，较2016年下降13.1%。持续参评且有发展方向区的开发区综合地均税收下降12.3%，人口密度下降16.0%。新增参评开发区综合地均税收为444元 / 米²，人口密度为122人 / 公顷（见表30）。从审批类别上看，2020年，高新区综合用地效益较高，综合地均税收为832元 / 米²，较经开区高1.9倍；人口密度为81人 / 公顷，较经开区高45.2%。

表 30　2016 年和 2020 年东部地区国家级产城融合型开发区实际管理范围
综合用地效益变化情况

范围	数量 （个）	综合地均税收 （元／米²）		人口密度 （人／公顷）	
		2016 年	2020 年	2016 年	2020 年
全部开发区	34	672	550	84	73
持续参评且无发展方向区的开发区	5	2217	2128	239	240
持续参评且有发展方向区的开发区	28	575	504	81	68
新增参评开发区	1	—	444	—	122

5. 土地管理绩效

2016~2020 年，工业主导型开发区依法审批范围内土地闲置率有所下降。2020 年，土地闲置率为 0.04%，较 2016 年下降 0.11 个百分点。2016~2020 年持续参评的开发区土地闲置率下降 0.12 个百分点。新增参评开发区土地闲置率为 0.05%。从审批类别上看，2020 年，海关特殊监管区无闲置土地，经开区和高新区土地闲置率分别为 0.07% 和 0.01%。

2016~2020 年，工业主导型开发区实际管理范围内土地闲置率有所下降。2020 年，土地闲置率为 0.08%，较 2016 年下降 0.06 个百分点。持续参评且有发展方向区的开发区土地闲置率下降 0.01 个百分点。新增参评开发区土地闲置率为 0.06%。从审批类别上看，2020 年，海关特殊监管区无闲置土地，经开区和高新区土地闲置率分别为 0.06% 和 0.14%。

2016~2020 年，产城融合型开发区依法审批范围内土地闲置率有所提升。2020 年，土地闲置率为 0.03%，较 2016 年提升 0.02 个百分点。2016~2020 年持续参评的开发区土地闲置率提升 0.02 个百分点。新增参评开发区无闲置土地。从审批类别上看，2020 年，仅高新区有闲置土地。

2016~2020 年，产城融合型开发区实际管理范围内土地闲置率有所提升。2020 年，土地闲置率为 0.20%，较 2016 年提升 0.10 个百分点。持续参评且有发展方向区的开发区土地闲置率提升 0.11 个百分点。新增参评开发区无闲置土地。从审批类别上看，2020 年，经开区与高新区土地闲置率分别为 0.25% 和 0.15%。

（二）省级开发区

1. 土地利用程度

2017~2020 年，工业主导型开发区依法审批范围内土地开发率保持稳定，土地供应率和土地建成率有所下降。2020 年，土地开发率为 72.0%；土地供应率和土地建成率分别为 90.5% 和 90.5%，较 2017 年分别下降 0.3 个和 1.7 个百分点（见图 24）。2017~2020 年持续参评的开发区土地开发率、土地供应率与土地建成率分别提升 4.2 个、1.6 个和 0.3 个百分点。新增参评开发区土地开发率、土地供应率与土地建成率分别为 63.2%、86.1% 和 84.4%（见表 31）。从审批类别上看，2020 年，高新区土地开发率和土地供应率最高，分别为 72.2% 和 92.5%，较经开区分别高 0.2 个和 2.3 个百分点，较特色工业园分别高 0.3 个和 3.0 个百分点；经开区土地建成率最高，为 91.6%，分别较高新区和特色工业园高 0.2 个和 4.7 个百分点。

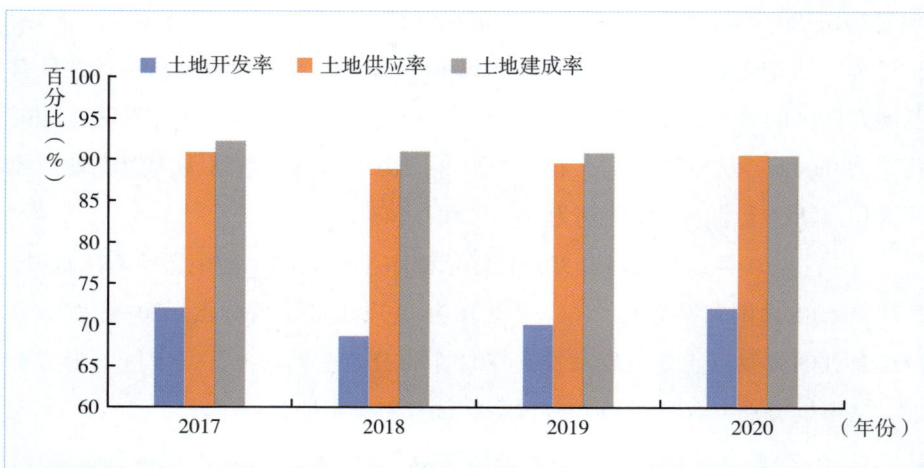

图 24　2017~2020 年东部地区省级工业主导型开发区依法审批范围土地利用程度变化

表 31　2017 年和 2020 年东部地区省级工业主导型开发区依法审批范围土地利用程度							
范围	数量（个）	土地开发率（%）		土地供应率（%）		土地建成率（%）	
		2017 年	2020 年	2017 年	2020 年	2017 年	2020 年
全部开发区	697	72.0	72.0	90.8	90.5	92.2	90.5
2017~2020 年持续参评的开发区	520	72.0	76.2	90.7	92.3	92.4	92.7
新增参评开发区	177	—	63.2	—	86.1		84.4

2017~2020 年，工业主导型开发区实际管理范围内土地开发率、土地供应率和土地建成率均有所下降。2020 年，土地开发率、土地供应率和土地建成率分别为 46.0%、85.1% 和 89.3%，较 2017 年分别下降 24.6 个、2.3 个和 2.5 个百分点。持续参评且有发展方向区的开发区土地开发率、土地供应率和土地建成率分别下降 27.1 个、1.5 个和 1.0 个百分点。新增参评开发区土地开发率、土地供应率与土地建成率分别为 46.2%、81.6% 和 82.1%（见表 32）。从审批类别上看，2020 年，高新区土地开发率、土地供应率和土地建成率均最高，分别为 53.4%、88.3% 和 91.7%，较经开区分别高 9.5 个、4.4 个和 2.3 个百分点，较特色工业园分别高 4.3 个、0.9 个和 5.5 个百分点。

表 32　2017 年和 2020 年东部地区省级工业主导型开发区实际管理范围土地利用程度							
范围	数量（个）	土地开发率（%）		土地供应率（%）		土地建成率（%）	
		2017 年	2020 年	2017 年	2020 年	2017 年	2020 年
全部开发区	697	70.6	46.0	87.4	85.1	91.8	89.3
持续参评且无发展方向区的开发区	110	67.1	74.7	89.2	92.1	88.9	90.3
持续参评且有发展方向区的开发区	410	71.1	44.0	86.9	85.4	92.3	91.3
新增参评开发区	177	—	46.2	—	81.6	—	82.1

2017~2020 年，产城融合型开发区依法审批范围内土地开发率和土地供应率有所下降，土地建成率保持稳定。2020 年，土地开发率和土地供应率分

别为 64.9% 和 92.2%，较 2017 年分别下降 7.4 个和 0.9 个百分点；土地建成率为 92.5%（见图 25）。2017~2020 年持续参评的开发区土地开发率、土地供应率与土地建成率分别提升 5.7 个、1.1 个和 1.3 个百分点。新增参评开发区土地开发率、土地供应率与土地建成率分别为 42.8%、87.1% 和 89.4%（见表33）。从审批类别上看，2020 年，特色工业园土地开发率、土地供应率和土地建成率均最高，分别为 77.4%、97.9% 和 92.8%，较经开区分别高 18.9 个、7.1个和 0.1 个百分点，较高新区分别高 4.0 个、5.0 个和 0.6 个百分点。

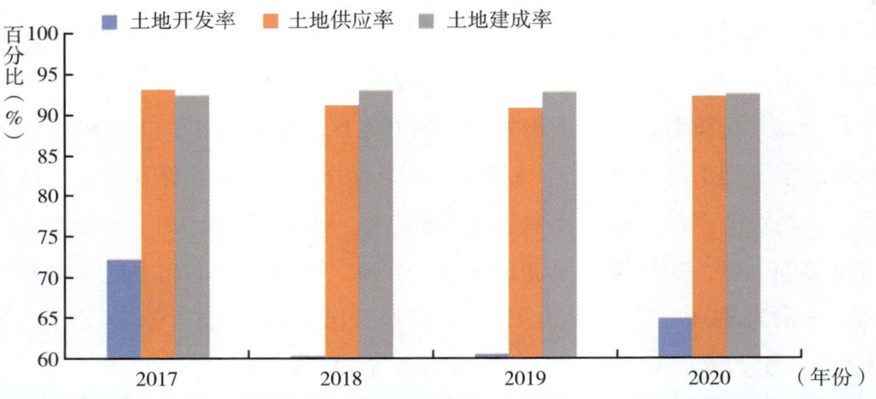

图 25 2017~2020 年东部地区省级产城融合型开发区依法审批范围土地利用程度变化

表 33 2017 年和 2020 年东部地区省级产城融合型开发区依法审批范围土地利用程度

范围	数量（个）	土地开发率（%）		土地供应率（%）		土地建成率（%）	
		2017 年	2020 年	2017 年	2020 年	2017 年	2020 年
全部开发区	117	72.3	64.9	93.1	92.2	92.5	92.5
2017~2020 年持续参评的开发区	89	71.5	77.2	92.7	93.8	92.1	93.4
新增参评开发区	28	—	42.8	—	87.1	—	89.4

2017~2020 年，产城融合型开发区实际管理范围内土地开发率和土地供应率有所下降，土地建成率有所提升。2020 年，土地开发率和土地供应率分

别为 42.4% 和 87.1%，较 2017 年分别下降 29.6 个和 3.7 个百分点；土地建成率为 93.1%，较 2017 年提升 1.0 个百分点。持续参评且有发展方向区的开发区土地开发率、土地供应率和土地建成率分别下降 31.2 个、下降 3.8 个和提升 0.5 个百分点。新增参评开发区土地开发率、土地供应率与土地建成率分别为 47.8%、88.2% 和 93.2%（见表 34）。从审批类别上看，2020 年，特色工业园土地开发率、土地供应率和土地建成率均最高，分别为 59.6%、94.7% 和 93.8%，较经开区分别高 20.6 个、11.2 个和 0.9 个百分点，较高新区分别高 11.1 个、1.1 个和 0.6 个百分点。

表 34　2017 年和 2020 年东部地区省级产城融合型开发区实际管理范围土地利用程度

范围	数量（个）	土地开发率（%）		土地供应率（%）		土地建成率（%）	
		2017 年	2020 年	2017 年	2020 年	2017 年	2020 年
全部开发区	117	72.0	42.4	90.8	87.1	92.1	93.1
持续参评且无发展方向区的开发区	21	77.9	84.7	92.1	94.3	90.1	90.8
持续参评且有发展方向区的开发区	68	70.9	39.7	90.0	86.2	92.8	93.3
新增参评开发区	28	—	47.8	—	88.2	—	93.2

2. 工业用地结构

2017~2020 年，工业主导型开发区依法审批范围内工业用地率有所提升。2020 年，工业用地率为 66.6%，较 2017 年提升 0.4 个百分点。2017~2020 年持续参评的开发区工业用地率提升 0.1 个百分点。新增参评开发区工业用地率为 67.6%。从审批类别上看，2020 年，特色工业园工业用地率最高，为 69.1%，分别高于经开区和高新区 1.9 个和 7.0 个百分点。

2017~2020 年，工业主导型开发区实际管理范围内工业用地率明显下降。2020 年，工业用地率 62.2%，较 2017 年下降 6.2 个百分点。持续参评且有发展方向区的开发区工业用地率下降 6.9 个百分点。新增参评开发区工业用地率为 62.9%。从审批类别上看，2020 年，特色工业园工业用地率最高，为

67.4%，分别高于经开区和高新区 4.9 个和 11.0 个百分点。

3. 土地利用强度

2017~2020 年，工业主导型开发区依法审批范围内土地利用强度有所提升。2020 年，综合容积率和工业用地综合容积率分别为 0.87 和 0.95，较 2017 年均提升 0.09；建筑密度和工业用地建筑系数分别为 38.8% 和 55.9%，较 2017 年分别提升 2.7 个和 2.9 个百分点（见图 26、图 27）。2017~2020 年持续参评的开发区综合容积率提升 0.08，工业用地综合容积率提升 0.09，建筑密

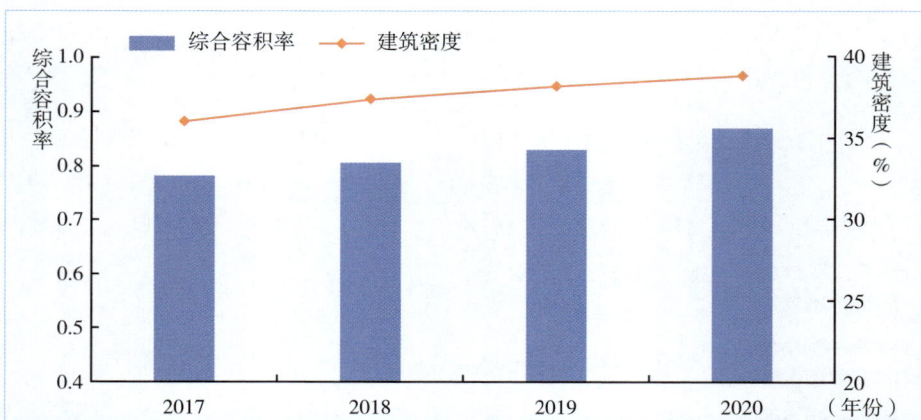

图 26　2017~2020 年东部地区省级工业主导型开发区依法审批范围土地利用强度变化

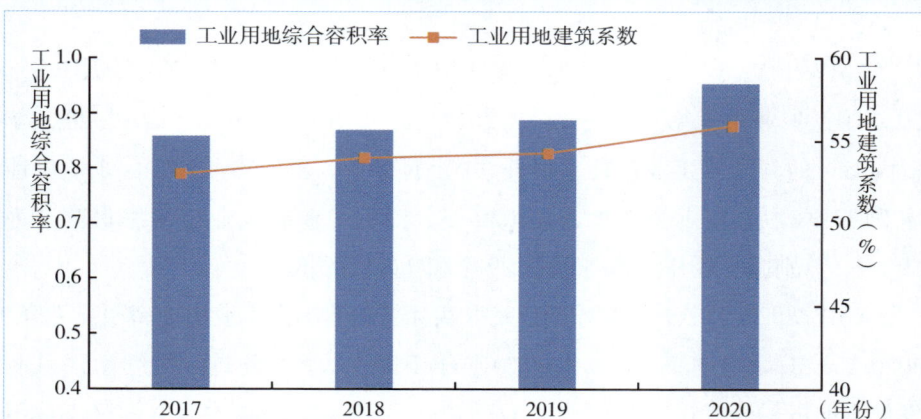

图 27　2017~2020 年东部地区省级工业主导型开发区依法审批范围工业用地利用强度变化

度提升 2.9 个百分点，工业用地建筑系数提升 3.0 个百分点。新增参评开发区综合容积率为 0.89，建筑密度为 39.3%，工业用地综合容积率为 0.97，工业用地建筑系数为 56.3%（见表 35）。从审批类别上看，2020 年，经开区综合容积率最高，为 0.90，较高新区和特色工业园均高 0.06；经开区建筑密度最高，为 40.7%，分别较高新区和特色工业园高 5.0 个和 3.6 个百分点；高新区工业用地综合容积率最高，为 0.98，较经开区和特色工业园均高 0.03；经开区工业用地建筑系数最高，为 57.7%，分别较高新区和特色工业园高 5.2 个和 2.9 个百分点。

表 35　2017 年和 2020 年东部地区省级工业主导型开发区依法审批范围土地利用强度变化情况

范围	数量（个）	综合容积率		建筑密度（%）		工业用地综合容积率		工业用地建筑系数（%）	
		2017年	2020年	2017年	2020年	2017年	2020年	2017年	2020年
全部开发区	697	0.78	0.87	36.1	38.8	0.86	0.95	53.0	55.9
2017~2020 年持续参评的开发区	520	0.78	0.86	35.8	38.7	0.86	0.95	52.8	55.8
新增参评开发区	177	—	0.89	—	39.3	—	0.97	—	56.3

2017~2020 年，工业主导型开发区实际管理范围内土地利用强度略有提升。2020 年，综合容积率和工业用地综合容积率分别为 0.83 和 0.88，较 2017 年分别增长 0.05 和 0.03；建筑密度和工业用地建筑系数分别为 38.2% 和 54.2%，较 2017 年分别增长 1.5 个和 0.6 个百分点。持续参评且有发展方向区的开发区综合容积率和工业用地综合容积率分别提升 0.06 和 0.01，建筑密度和工业用地建筑系数分别提升 2.3 个和 0.7 个百分点。新增参评开发区综合容积率为 0.81，建筑密度为 36.8%，工业用地综合容积率为 0.92，工业用地建筑系数为 55.7%（见表 36）。从审批类别上看，2020 年，高新区综合容积率最高，为 0.87，较经开区和特色工业园均高 0.05；经开区建筑密度最高，为 39.0%，分别较高新区和特色工业园高 1.9 个和 2.7 个百分点；高新区工业用地综合容

积率最高，为 0.97，分别较经开区和特色工业园高 0.11 和 0.07；经开区和高新区工业用地建筑系数均为 54.8%，较特色工业园高 3.0 个百分点。

表 36　2017 年和 2020 年东部地区省级工业主导型开发区实际管理范围土地利用强度变化情况

范围	数量（个）	综合容积率		建筑密度（%）		工业用地综合容积率		工业用地建筑系数（%）	
		2017年	2020年	2017年	2020年	2017年	2020年	2017年	2020年
全部开发区	697	0.78	0.83	36.7	38.2	0.85	0.88	53.6	54.2
持续参评且无发展方向区的开发区	110	0.72	0.78	32.3	32.4	0.82	0.90	49.2	49.0
持续参评且有发展方向区的开发区	410	0.78	0.84	37.0	39.3	0.86	0.87	53.8	54.5
新增参评开发区	177	—	0.81	—	36.8	—	0.92	—	55.7

2017~2020 年，产城融合型开发区依法审批范围内土地利用强度有所提升。2020 年，综合容积率为 1.32，较 2017 年提升 0.14；建筑密度为 34.8%，较 2017 年提升 3.5 个百分点（见图 28）。2017~2020 年持续参评的开发区综合容积率提升 0.14，建筑密度提升 2.5 个百分点。新增参评开发区综合容积率

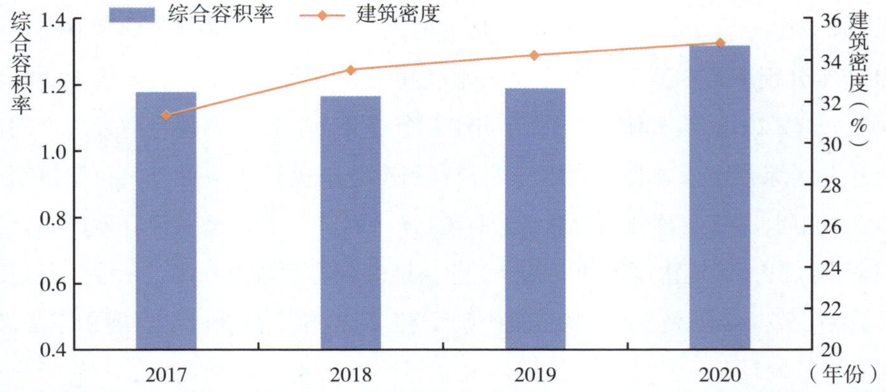

图 28　2017~2020 年东部地区省级产城融合型开发区依法审批范围土地利用强度变化

为 1.36，建筑密度为 34.7%（见表 37）。从审批类别上看，2020 年，高新区综合容积率最高，为 1.57，分别较经开区和特色工业园高 0.40 和 0.43；特色工业园建筑密度最高，为 39.4%，分别较经开区和高新区高 3.3 个和 7.4 个百分点。

表 37　2017 年和 2020 年东部地区省级产城融合型开发区依法审批范围土地利用强度变化情况

范围	数量（个）	综合容积率		建筑密度（%）	
		2017 年	2020 年	2017 年	2020 年
全部开发区	117	1.18	1.32	31.3	34.8
2017~2020 年持续参评的开发区	89	1.16	1.30	32.4	34.9
新增参评开发区	28	—	1.36	—	34.7

2017~2020 年，产城融合型开发区实际管理范围内综合容积率有所下降，建筑密度有所提升。2020 年，综合容积率为 1.03，较 2017 年下降 0.09；建筑密度为 35.0%，较 2017 年提升 0.2 个百分点。持续参评且有发展方向区的开发区综合容积率下降 0.13，建筑密度下降 2.5 个百分点。新增参评开发区综合容积率为 1.21，建筑密度为 39.1%（见表 38）。从审批类别上看，2020 年，高新区综合容积率最高，为 1.25，较经开区和特色工业园均高 0.31；特色工业园建筑密度最高，为 37.9%，分别较经开区和高新区高 1.4 个和 6.9 个百分点。

表 38　2017 年和 2020 年东部地区省级产城融合型开发区实际管理范围土地利用强度变化情况

范围	数量（个）	综合容积率		建筑密度（%）	
		2017 年	2020 年	2017 年	2020 年
全部开发区	117	1.12	1.03	34.8	35.0
持续参评且无发展方向区的开发区	21	1.30	1.42	28.3	29.5
持续参评且有发展方向区的开发区	68	1.09	0.96	37.3	34.8
新增参评开发区	28	—	1.21	—	39.1

4.综合用地效益

2017~2020 年，工业主导型开发区依法审批范围内综合用地效益有所提升。2020 年，工业用地固定资产投入强度为 6727 元 / 米^2，较 2017 年提升 27.5%；工业用地地均税收为 383 元 / 米^2，较 2017 年提升 12.0%（见图 29）。2017~2020 年持续参评的开发区工业用地固定资产投入强度提升 30.2%，工业用地地均税收提升 6.9%。新增参评开发区工业用地固定资产投入强度为 6178 元 / 米^2，工业用地地均税收为 420 元 / 米^2（见表 39）。从审批类别上看，2020 年，经开区工业用地固定资产投入强度最高，为 7158 元 / 米^2，分别较高新区和特色工业园高 13.7% 和 17.6%；高新区工业用地地均税收最高，为 597 元 / 米^2，分别较经开区和特色工业园高 82.1% 和 78.2%。

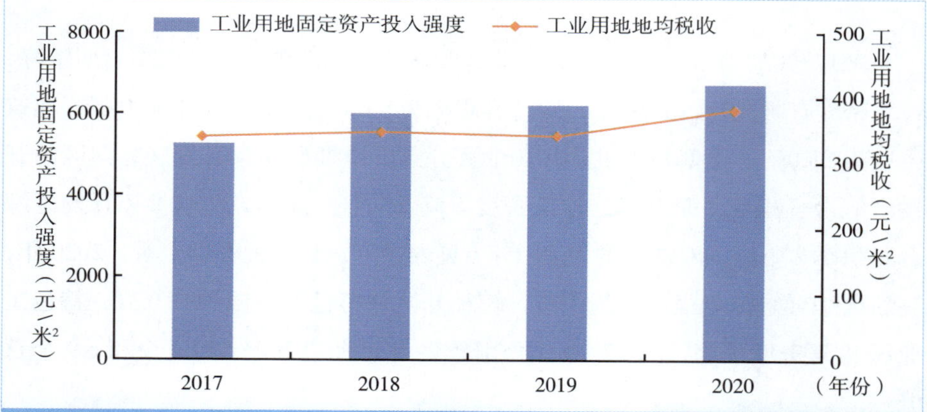

图 29 2017~2020 年东部地区省级工业主导型开发区依法审批范围综合用地效益变化

表 39 2017 年和 2020 年东部地区省级工业主导型开发区依法审批范围综合用地效益变化情况

范围	数量（个）	工业用地固定资产投入强度（元 / 米^2）		工业用地地均税收（元 / 米^2）	
		2017 年	2020 年	2017 年	2020 年
全部开发区	697	5277	6727	342	383
2017~2020 年持续参评的开发区	520	5315	6920	346	370
新增参评开发区	177	—	6178	—	420

118

2017~2020 年，工业主导型开发区实际管理范围内工业用地固定资产投入强度有所提升，工业用地地均税收有所下降。2020 年，工业用地固定资产投入强度为 6150 元 / 米^2，较 2017 年提升 20.3%；工业用地地均税收为 277 元 / 米^2，较 2017 年下降 12.6%。持续参评且有发展方向区的开发区工业用地固定资产投入强度提升 23.5%，工业用地地均税收下降 18.0%。新增参评开发区工业用地固定资产投入强度为 5431 元 / 米^2，工业用地地均税收为 312 元 / 米^2（见表 40）。从审批类别上看，2020 年，经开区工业用地固定资产投入强度最高，为 6214 元 / 米^2，分别较高新区和特色工业园高 4.4% 和 2.2%；高新区工业用地地均税收最高，为 452 元 / 米^2，分别较经开区和特色工业园高 1.0 倍和 42.9%。

表 40　2017 年和 2020 年东部地区省级工业主导型开发区实际管理范围综合用地效益变化情况

范围	数量（个）	工业用地固定资产投入强度（元 / 米^2）		工业用地地均税收（元 / 米^2）	
		2017 年	2020 年	2017 年	2020 年
全部开发区	697	5114	6150	317	277
持续参评且无发展方向区的开发区	110	4709	5533	425	409
持续参评且有发展方向区的开发区	410	5206	6429	306	251
新增参评开发区	177	—	5431	—	312

2017~2020 年，产城融合型开发区依法审批范围内综合地均税收有所上升，人口密度保持稳定。2020 年，综合地均税收为 716 元 / 米^2，较 2017 年提升 12.0%；人口密度为 160 人 / 公顷（见图 30）。2017~2020 年持续参评的开发区综合地均税收提升 11.1%，人口密度提升 13.3%。新增参评开发区综合地均税收为 800 元 / 米^2，人口密度为 122 人 / 公顷（见表 41）。从审批类别上看，2020 年，高新区综合地均税收最高，为 1432 元 / 米^2，分别较经开区和特色工业园高 4.2 倍和 5.1 倍；高新区人口密度最高，为 186 人 / 公顷，分别较经开区和特色工业园高 27.0% 和 43.9%。

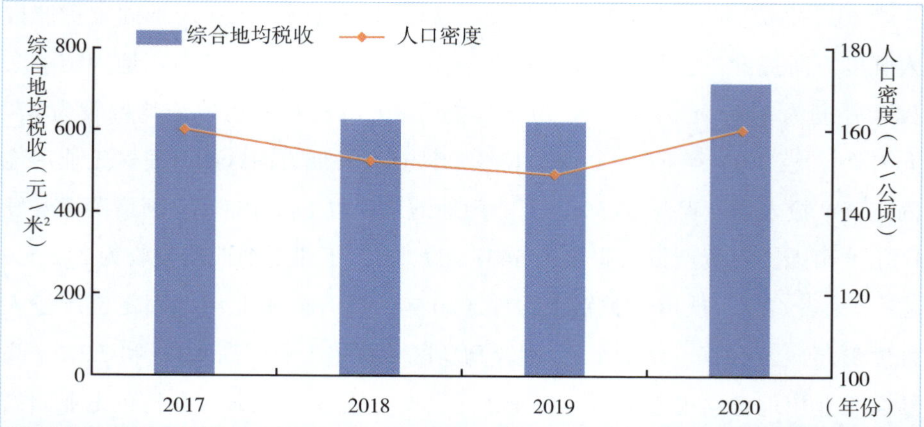

图30 2017~2020 年东部地区省级产城融合型开发区依法审批范围综合用地效益变化

表41 2017 年和 2020 年东部地区省级产城融合型开发区依法审批范围
综合用地效益变化情况

范围	数量（个）	综合地均税收（元/米²）		人口密度（人/公顷）	
		2017 年	2020 年	2017 年	2020 年
全部开发区	117	639	716	160	160
2017~2020 年持续参评的开发区	89	624	693	150	170
新增参评开发区	28	—	800	—	122

　　2017~2020 年，产城融合型开发区实际管理范围内综合用地效益有所下降。2020 年，综合地均税收为 353 元/米²，较 2017 年下降 28.8%；人口密度为 99 人/公顷，较 2017 年下降 21.4%。持续参评且有发展方向区的开发区综合地均税收下降 29.3%，人口密度下降 15.4%。新增参评开发区综合地均税收为 493 元/米²，人口密度为 96 人/公顷（见表 42）。从审批类别上看，2020 年，高新区综合地均税收最高，为 750 元/米²，分别较经开区和特色工业园高 3.2 倍和 3.0 倍；高新区人口密度最高，为 123 人/公顷，分别较经开区和特色工业园高 40.6% 和 34.7%。

表 42　2017 年和 2020 年东部地区省级产城融合型开发区实际管理范围
综合用地效益变化情况

范围	数量（个）	综合地均税收（元/米²）		人口密度（人/公顷）	
		2017 年	2020 年	2017 年	2020 年
全部开发区	117	496	353	126	99
持续参评且无发展方向区的开发区	21	1659	1606	191	206
持续参评且有发展方向区的开发区	68	280	198	104	88
新增参评开发区	28	—	493	—	96

5. 土地管理绩效

2017~2020 年，工业主导型开发区依法审批范围内土地闲置率有所提升。2020 年，土地闲置率为 0.08%，较 2017 年提升 0.06 个百分点。2017~2020 年持续参评的开发区土地闲置率提升 0.05 个百分点。新增参评开发区土地闲置率为 0.10%。从审批类别上看，2020 年，经开区、高新区和特色工业园土地闲置率分别为 0.05%、0.10% 和 0.13%。

2017~2020 年，工业主导型开发区实际管理范围内土地闲置率有所提升。2020 年，土地闲置率为 0.11%，较 2017 年提升 0.09 个百分点。持续参评且有发展方向区的开发区土地闲置率提升 0.11 个百分点。新增参评开发区土地闲置率为 0.09%。从审批类别上看，2020 年，经开区、高新区和特色工业园土地闲置率分别为 0.08%、0.21% 和 0.13%。

2017~2020 年，产城融合型开发区依法审批范围内土地闲置率有所提升。2020 年，土地闲置率为 0.02%，较 2017 年提升 0.02 个百分点。2017~2020 年持续参评的开发区土地闲置率提升 0.02 个百分点。新增参评开发区土地闲置率为 0.02%。从审批类别上看，2020 年，特色工业园无闲置土地，经开区和高新区土地闲置率分别为 0.02% 和 0.03%。

2017~2020 年，产城融合型开发区实际管理范围内土地闲置率有所提升。2020 年，土地闲置率为 0.10%，较 2017 年提升 0.10 个百分点。持续参评且有发展方向区的开发区土地闲置率提升 0.12 个百分点。新增参评开发区土地闲

置率为 0.01%。从审批类别上看，2020 年，特色工业园无闲置土地，经开区和高新区土地闲置率分别为 0.12% 和 0.08%。

四　主要结论和政策建议

（一）开发区土地集约利用评价总体状况与主要特征

1. 国家级开发区

从数量上看，东部地区国家级开发区参评数量较多，2020 年达到 254 个，占全国比例为 45.4%，开发区参评持续性较强，参评率由 2016 年的 94.0% 提升至 2020 年的 99.2%。海关特殊监管区依托沿海的地理条件发展优势明显，2020 年东部地区开发区中，海关特殊监管区数量占比 31.9%，高于全国水平 6.7 个百分点。部分持续参评开发区表现出产城融合的发展导向，9 个开发区由工业主导型向产城融合型转型，新增参评开发区以高新区和海关特殊监管区为主。

从用地规模上看，东部地区国家级开发区平均用地规模较大，2020 年依法审批范围和实际管理范围平均用地规模分别为 1067 公顷和 6268 公顷，分别高于全国水平 14.9% 和 4.0%。2016~2020 年开发区依法审批范围平均用地规模有所下降，降幅为 5.2%，其中，持续参评开发区依法审批范围平均用地规模略有下降，新增参评开发区依法审批范围平均用地规模明显较小。

从土地集约利用程度上看，东部地区工业主导型国家级开发区土地集约利用程度较高，2020 年依法审批范围内土地建成率高于全国水平 0.4 个百分点，工业用地率高于全国水平 2.6 个百分点，综合容积率高于全国水平 0.03，工业用地地均税收高于全国水平 33.3%，土地闲置率低于全国水平 0.04 个百分点。产城融合型国家级开发区综合地均税收较高、管理绩效较好，但土地利用程度和土地利用强度相对较低，2020 年依法审批范围内综合地均税收高于全国水平 84.7%，土地闲置率低于全国水平 0.05 个百分点，而土地建成率低于全国水平 1.7 个百分点，综合容积率低于全国水平 0.03。

2. 省级开发区

从数量上看，东部地区省级开发区参评数量较多，2020 年达到 814 个，占全国比例为 37.6%，开发区参评持续性较强，参评率由 2017 年的 90.1% 稳步提升至 2020 年的 94.9%。高新区依托优质的人才资源和高速发展的经济水平发展优势明显，2020 年东部地区开发区中，高新区占比 15.2%，高于全国水平 2.1 个百分点。部分持续参评开发区表现出产城融合的发展导向，9 个开发区由工业主导型向产城融合型转型，部分特色工业园向高新区和经开区转型，部分经开区向高新区转型，新增参评开发区以经开区和高新区为主。

从用地规模上看，2020 年东部地区省级开发区依法审批范围平均用地规模为 763 公顷，与全国水平相当，发展方向区平均用地规模较大，实际管理范围平均用地规模达到 3114 公顷，高于全国水平 30.9%。2017~2020 年开发区依法审批范围平均用地规模大幅提升，增幅为 22.0%，其中，持续参评开发区依法审批范围平均用地规模略有增长，新增参评开发区依法审批范围平均用地规模明显较大。

从土地集约利用程度上看，东部地区工业主导型省级开发区土地开发率较低，土地开发潜力较大，土地利用强度、综合用地效益和土地管理绩效较高，但工业用地率较低，2020 年依法审批范围内土地开发率低于全国水平 1.9 个百分点，土地建成率高于全国水平 0.9 个百分点，综合容积率高于全国水平 0.11，工业用地地均税收高于全国水平 33.3%，土地闲置率低于全国水平 0.13 个百分点，而工业用地率低于全国水平 1.1 个百分点。产城融合型省级开发区土地集约利用程度较高，2020 年依法审批范围内土地建成率高于全国水平 1.8 个百分点，综合容积率高于全国水平 0.15，综合地均税收高于全国水平 1.0 倍，人口密度高于全国水平 21.2%，土地闲置率低于全国水平 0.33 个百分点。

（二）提升开发区土地集约利用水平的对策建议

推进东部地区开发区转型升级，加快科技创新成果转化，增强开发区自主创新能力与内生发展动力，支持开发区建设具有全球影响力的生产与研发基地，打造世界级产业集群，支持有条件的开发区创建自主创新示范区，为全国开发区建设提供经验借鉴。促进开发区空间整合，整合空间位置相近的开发区，对规模较小、分布散乱的各类园区和开发区进行清理整顿，建立统一的管理机构，实现产业规模化和集聚化发展，推进海关特殊监管区用地规模和空间布局的整合，实现各工业片区差异化发展，提升外向型经济发展能级[1]。进一步优化开发区土地利用方式，科学规划开发区功能布局，提高生产性服务业用地比例，支持工业用地再开发，鼓励挖潜存量用地，探索地下空间利用方式，对于位于中心城区且工业比重较低的开发区，积极推动向城市综合功能区转型，统筹生活区、商务区、办公区等城市功能建设，促进新型城镇化发展，将开发区打造成为宜商、宜业、宜学、宜居的新城区。[2][3] 持续推进开发区土地集约利用评价工作，探索评价成果应用转化方式，重点评价省级新增开发区土地集约利用水平，控制省级新增开发区用地规模，合理配置土地资源，促进土地集约利用程度稳中有升。进一步提升开发区运营管理水平，推进开发区管理体制机制创新，鼓励开发区设立综合服务平台，提供行政审批一站式服务。

[1] 刘飞:《上海开发区土地集约利用评价研究》，华东理工大学硕士学位论文，2018。
[2] 孙忠英:《开发区问题与对策研究——以江苏开发区为例》，《企业技术开发》2016年第24期。
[3] 潘树锋:《福建省开发区土地集约利用水平与提升对策》，《亚热带资源与环境学报》2021年第3期。

摘　要： 本报告基于中部地区 6 个省共 117 个国家级开发区和 585 个省级开
发区的土地集约利用评价基础数据，分析 2016~2020 年中部地区
开发区基本情况、土地利用状况、土地集约利用状况及变化情况，
比较不同类型开发区土地集约利用状况差异。报告指出，中部地
区开发区数量约占全国的 1/5，平均用地规模相对较小，其中高新
区发展动力较强。土地集约利用总体水平上，中部地区开发区土
地利用程度和土地利用强度均较高，但综合用地效益和土地管理
绩效有待提升。推进中部地区开发区土地集约利用可从推进开发
区差异化发展、发展新型战略产业集群、提升开发区运营管理水
平、加快闲置土地的处置等方面着手。

关键词： 开发区　土地集约利用　中部地区

一　2016~2020 年中部地区开发区基本情况分析

（一）国家级开发区

1. 参评数量

2016~2020 年，中部地区国家级开发区参评数量逐年增长，《目录》中
国家级开发区参评率[①]提升至 100%。2020 年，开发区参评数量为 117 个，

[①]《目录》中中部地区应参加评价的开发区数量为 107 个。

较 2016 年净增加 18 个；不在《目录》中的开发区数量为 10 个（见表 1、图 1）。

从审批类别看，经开区参评数量占比较大，高新区增长较多。2020 年，经开区、高新区和海关特殊监管区参评数量分别为 52 个、44 个和 21 个，占比分别为 44.4%、37.6% 和 17.9%，较 2016 年分别净增加 2 个、11 个和 5 个（见图 2）。其中，2016 年参评的开发区 2020 年均参评。从评价类型看，工业主导型开发区参评数量占比较大，产城融合型开发区增长较多，部分开发区评价类型发生变化。2020 年，产城融合型和工业主导型开发区参评数量分别为 31 个和 86 个，占比分别为 26.5% 和 73.5%，较 2016 年分别净增加 13 个和 5 个（见图 3）。其中，新增产城融合型和工业主导型开发区参评数量分别为 4 个和 14 个，9 个开发区由工业主导型转变为产城融合型。从审批类别与评价类型看，海关特殊监管区均为工业主导型，高新区中产城融合型开发区比例较高。2020 年，经开区和高新区中产城融合型开发区比例分别为 23.1% 和 43.2%（见图 4）。

表 1　2016~2020 年中部地区国家级开发区参评数量及参评率

年份	参评数量（个）			《目录》中未参评数量（个）	《目录》中开发区参评率（%）
	总计	在《目录》中	不在《目录》中		
2016	99	99	0	8	92.5
2017	105	105	0	2	98.1
2018	112	105	7	2	98.1
2019	114	107	7	0	100
2020	117	107	10	0	100

2. 用地规模

2016~2020 年，参评开发区依法审批范围用地规模有所增长，平均用地规模有所下降。2020 年，开发区依法审批范围用地规模为 9.50 万公顷，较 2016 年增长 13.3%；平均用地规模为 812 公顷，较 2016 年下降 4.1%（见图 5）。

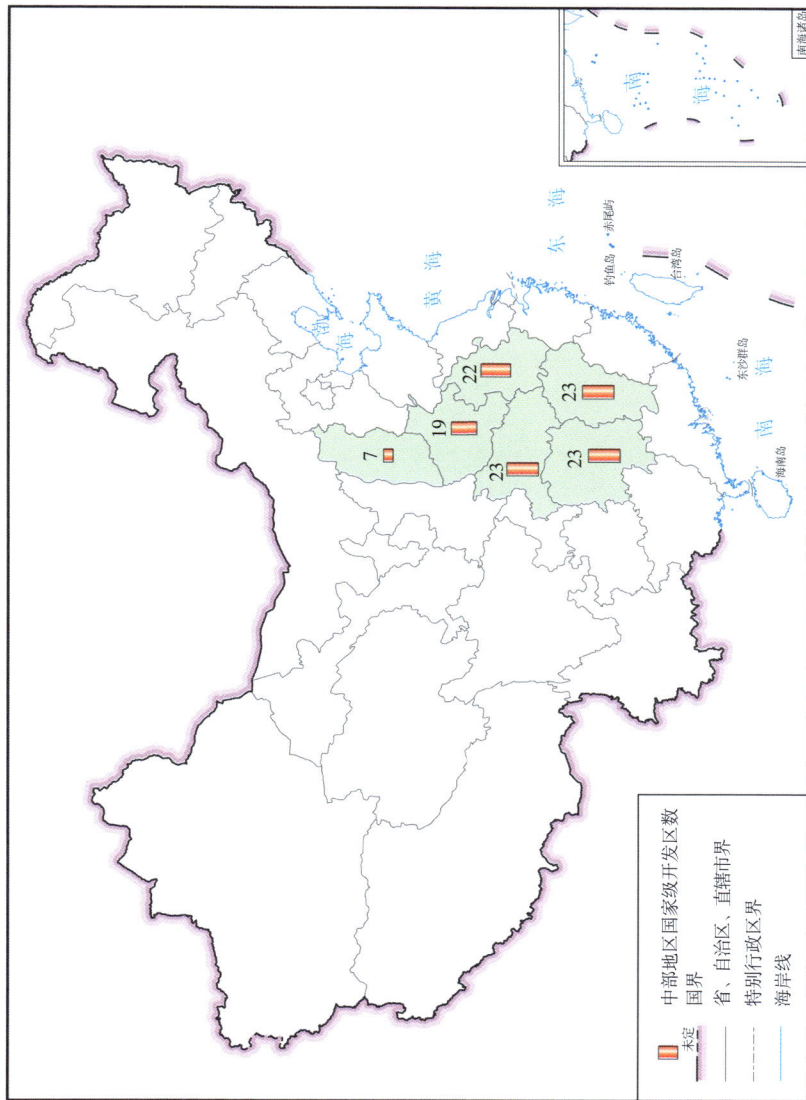

图 1　2020 年中部地区参评国家级开发区数量分布情况

图2　2016~2020年中部地区国家级开发区分审批类别参评数量变化

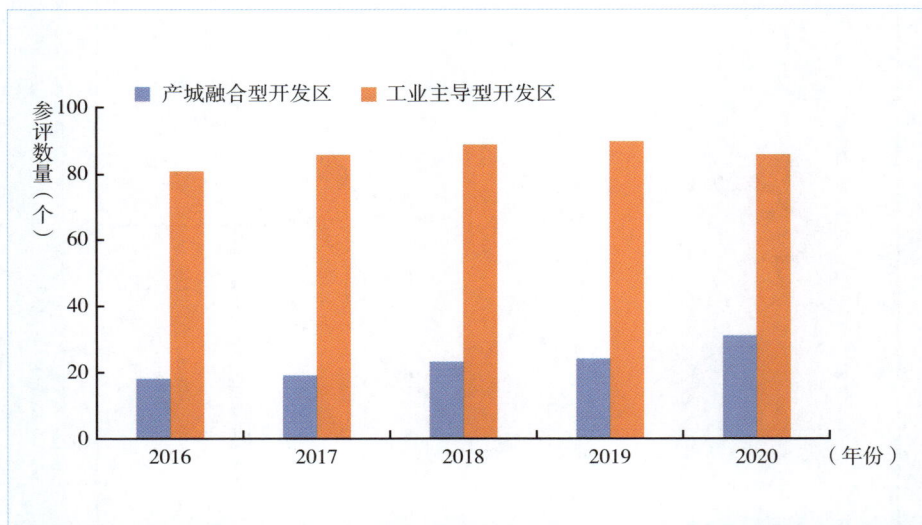

图3　2016~2020年中部地区国家级开发区分评价类型参评数量变化

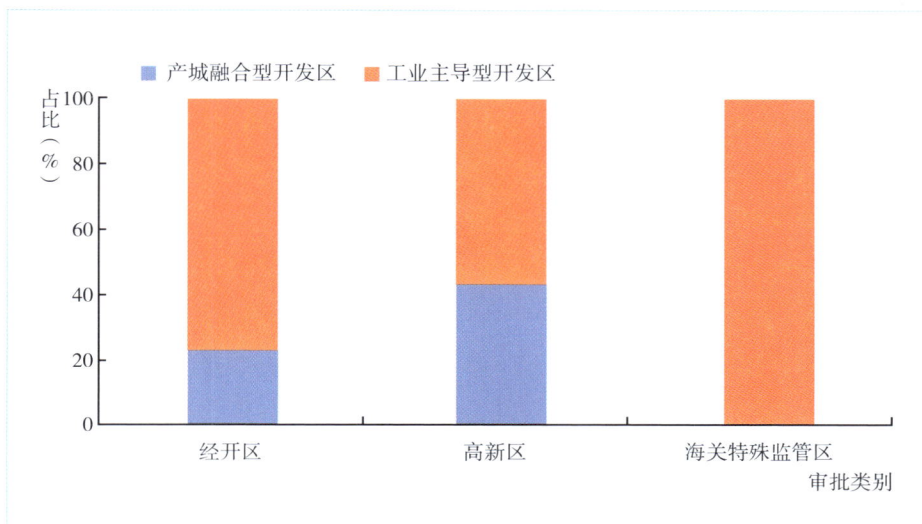

图4　2020 年中部地区国家级开发区分审批类别不同评价类型开发区比例

图5　2016~2020 年中部地区国家级开发区依法审批范围用地规模与平均用地规模变化

从审批类别看，经开区与高新区平均用地规模相当，海关特殊监管区平均用地规模较小且下降趋势明显。2020年，经开区、高新区和海关特殊监管区的平均用地规模分别为998公顷、874公顷和223公顷，较2016年分别增长1.8%、下降5.8%和下降15.8%。从评价类型看，产城融合型开发区平均用地规模较大，工业主导型开发区平均用地规模有所下降。2020年，产城融合型开发区平均用地规模为1015公顷，与2016年相同；工业主导型开发区平均用地规模为739公顷，较2016年下降8.7%。从审批类别与评价类型看，2016~2020年持续参评开发区中，产城融合型高新区平均用地规模增长53公顷，海关特殊监管区平均用地规模下降61公顷，其余类型开发区用地规模无明显变化。新增参评开发区中，工业主导型经开区和海关特殊监管区平均用地规模高于同类型持续参评开发区，其余类型开发区平均用地规模均低于同类型持续参评开发区（见表2）。

表2　2016年和2020年中部地区国家级开发区分审批类别与评价类型依法审批范围平均用地规模变化情况

审批类别	评价类型	2016年参评	2020年参评	数量（个）	2016年平均用地规模（公顷）	2020年平均用地规模（公顷）
经开区	产城融合型	是	是	12	1057	1057
	工业主导型	是	是	38	955	955
		否	是	2	—	1457
高新区	产城融合型	是	是	15	964	1017
		否	是	4	—	882
	工业主导型	是	是	18	897	896
		否	是	7	—	507
海关特殊监管区	工业主导型	是	是	16	265	204
		否	是	5	—	286

2016~2020年，参评开发区实际管理范围用地规模和平均用地规模大幅增长。2020年，参评开发区的实际管理范围用地规模为75.35万公顷，较

2016 年增长 2.3 倍；平均用地规模为 6441 公顷，较 2016 年增长 1.8 倍（见图 6）。

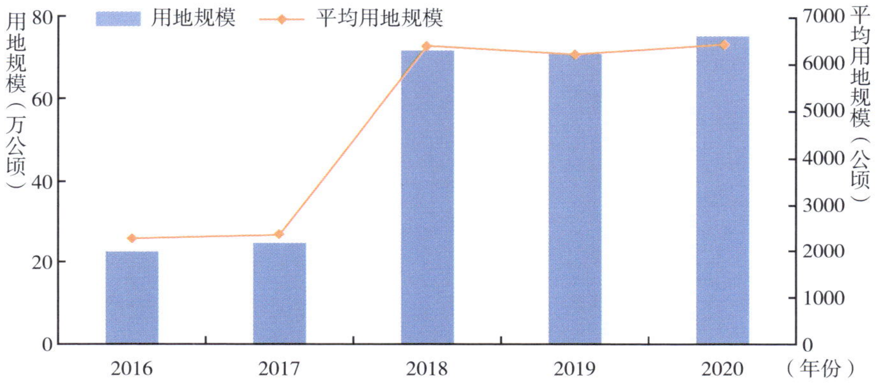

图 6　2016~2020 年中部地区国家级开发区实际管理范围用地规模变化

从审批类别看，经开区平均用地规模较大，海关特殊监管区平均用地规模较小且有所下降。2020 年，经开区和高新区平均用地规模分别为 8286 公顷和 7218 公顷，较 2016 年分别增长 2.1 倍和 1.6 倍；海关特殊监管区平均用地规模为 242 公顷，较 2016 年下降 8.7%。从评价类型看，产城融合型开发区平均用地规模较大，各类开发区平均用地规模均大幅增长。2020 年，产城融合型和工业主导型开发区平均用地规模分别为 10135 公顷和 5109 公顷，较 2016 年分别增长 2.2 倍和 1.4 倍。从审批类别和评价类型看，2016~2020 年持续参评开发区中，除海关特殊监管区外，其余类型开发区实际管理范围平均用地规模均大幅上升。新增参评开发区中，工业主导型高新区和海关特殊监管区平均用地规模高于同类型持续参评开发区，其余类型开发区平均用地规模均低于同类型持续参评开发区（见表 3）。

131

表3 2016年和2020年中部地区国家级开发区分审批类别与评价类型实际管理范围平均用地规模变化情况

审批类别	评价类型	2016年参评	2020年参评	数量（个）	2016年平均用地规模（公顷）	2020年平均用地规模（公顷）
经开区	产城融合型	是	是	12	2732	11124
	工业主导型	是	是	38	2621	7716
		否	是	2	—	2088
高新区	产城融合型	是	是	15	3599	10927
		否	是	4	—	4200
	工业主导型	是	是	18	2013	5012
		否	是	7	—	6666
海关特殊监管区	工业主导型	是	是	16	265	228
		否	是	5	—	287

（二）省级开发区

1. 参评数量

2017~2020年，中部地区省级开发区参评数量大幅增长，《目录》中参评率[①]有所下降。2020年，开发区参评数量为561个，较2017年净增加57个；参评率为95.6%，部分省级开发区参评连续性不强，参评率较2017年下降1.7个百分点；不在《目录》中的开发区数量为66个，占参评开发区的11.8%（见表4、图7）。

表4 2017~2020年中部地区省级开发区参评数量及参评率

年份	参评数量（个）			《目录》中未参评数量（个）	《目录》中开发区参评率（%）
	总计	在《目录》中	不在《目录》中		
2017	504	504	0	14	97.3
2018	516	505	11	13	97.5
2019	520	509	11	9	98.3
2020	561	495	66	23	95.6

① 《目录》中中部地区应参加评价的开发区数量为518个。

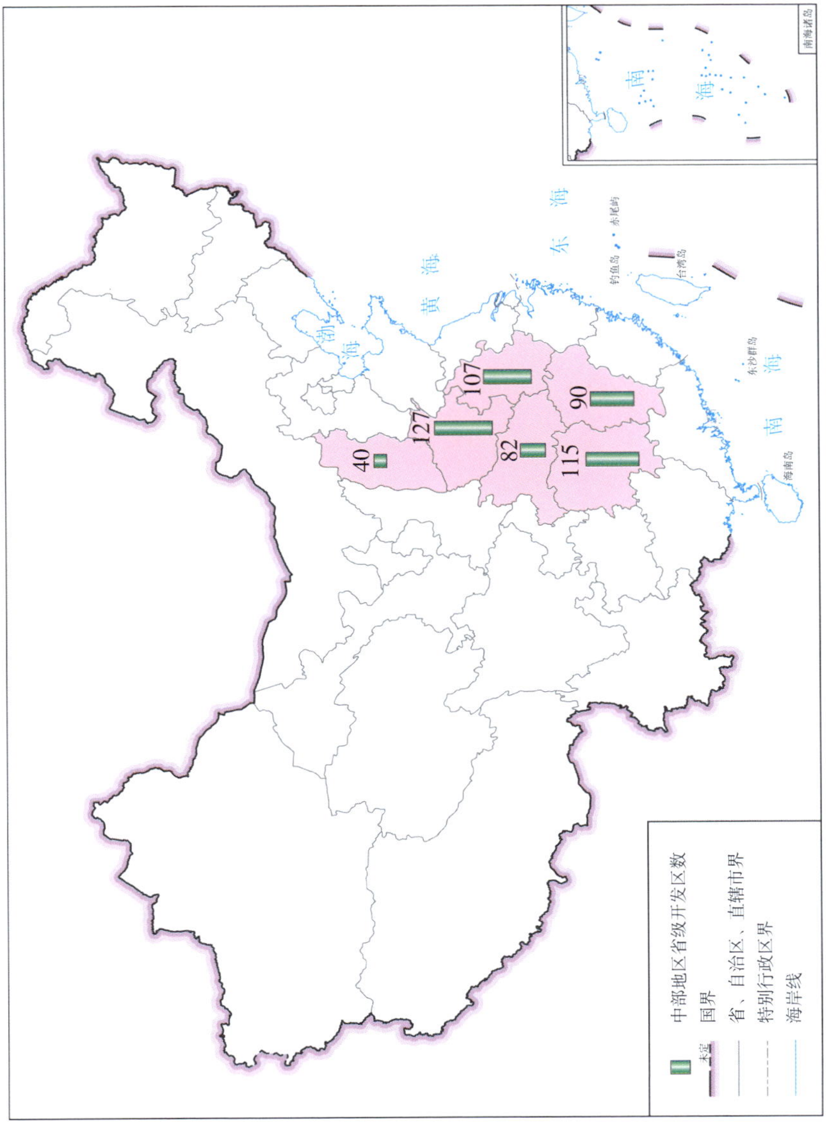

图 7 2020 年中部地区参评省级开发区数量分布情况

从审批类别看，经开区参评数量占比较大，高新区增长较多，特色工业园有所下降，部分特色工业园和经开区向高新区转型，部分特色工业园向经开区转型。2020 年，经开区、高新区和特色工业园参评数量分别为 259 个、83 个和 219 个，占比分别为 46.2%、14.8% 和 39.0%，较 2017 年分别净增加 34 个、净增加 42 个和净减少 19 个（见图 8）。其中，新增参评开发区中包括 40 个经开区、3 个高新区和 36 个特色工业园，22 个经开区转型为高新区，24 个特色工业园转型为经开区，21 个特色工业园转型为高新区。从评价类型看，工业主导型开发区参评数量占比较大且增长较多，部分开发区评价类型发生变化。2020 年，产城融合型和工业主导型开发区参评数量分别为 81 个和 480 个，占比分别为 14.4% 和 85.6%，较 2017 年分别净增加 12 个和 45 个（见图 9）。其中，新增产城融合型和工业主导型开发区参评数量分别为 7 个和 72 个，11 个开发区由产城融合型转变为工业主导型，18 个开发区由工业主导型转变为产城融合型。从审批类别与评价类型看，经开区中产城融合型开发区比例较高。2020 年，经开区中产城融合型开发区比例为 21.6%，高新区与特色工业园中产城融合型开发区比例分别为 9.6% 和 7.8%（见图 10）。

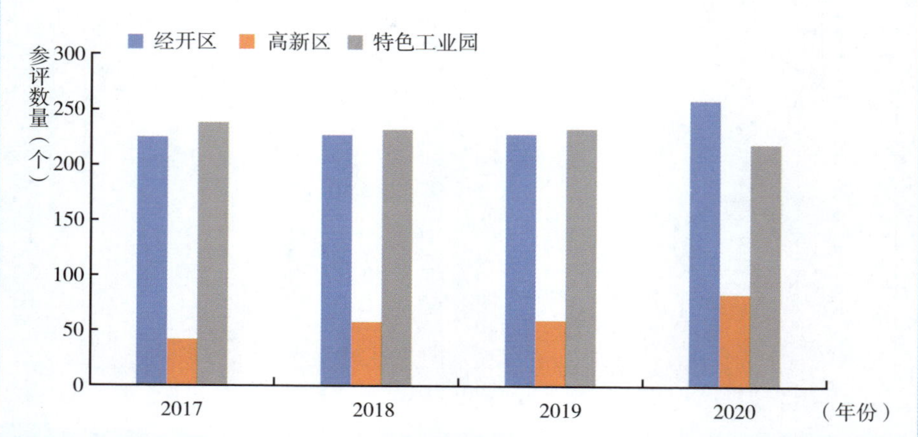

图 8　2017~2020 年中部地区省级开发区分审批类别参评数量变化

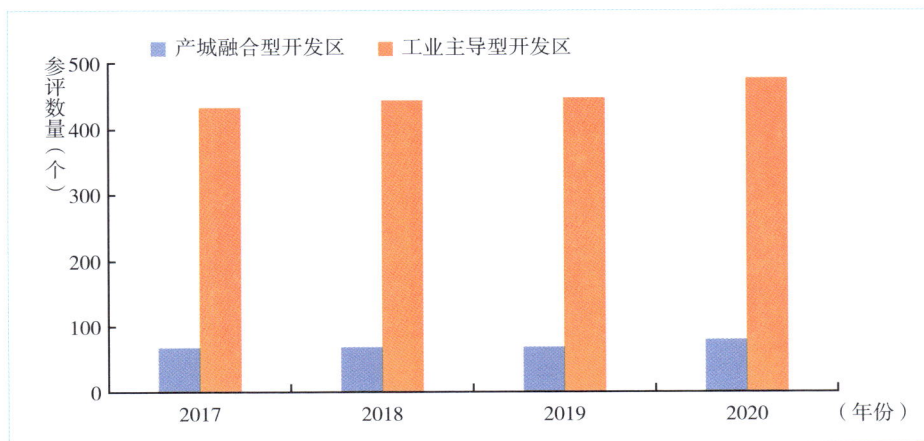

图 9　2017~2020 年中部地区省级开发区分评价类型参评数量变化

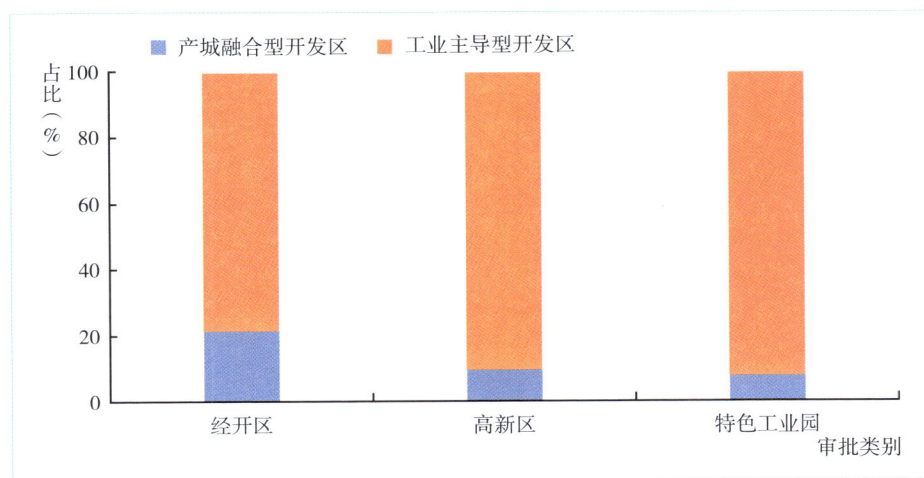

图 10　2017~2020 年中部地区省级开发区分审批类别不同评价类型开发区比例

2. 用地规模

2017~2020 年，参评开发区依法审批范围用地规模和平均用地规模有所增长。2020 年，开发区依法审批范围用地规模为 37.46 万公顷，较 2017 年增长 21.1%；平均用地规模为 668 公顷，较 2017 年增长 8.8%（见图 11）。

135

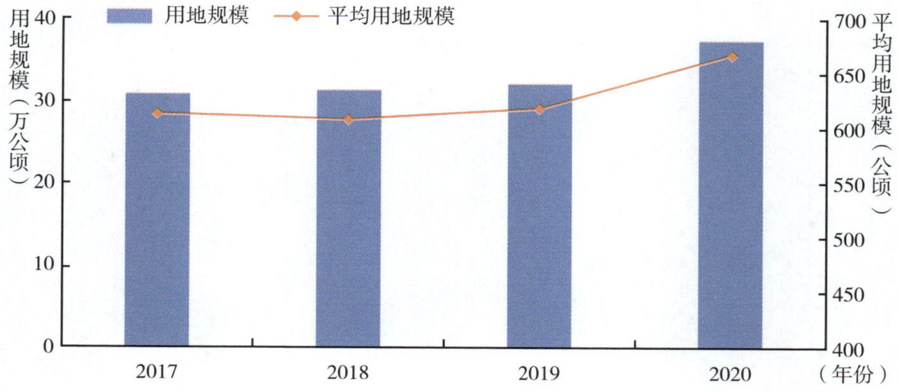

图 11　2017~2020 年中部地区省级开发区依法审批范围用地规模与平均用地规模变化

从审批类别看,高新区平均用地规模较大,经开区与高新区平均用地规模有所增长,特色工业园平均用地规模有所下降。2020 年,经开区和高新区平均用地规模分别为 716 公顷和 830 公顷,较 2017 年分别增长 12.4% 和 6.9%;特色工业园平均用地规模分别为 549 公顷,较 2017 年下降 2.6%。从评价类型看,工业主导型开发区平均用地规模较大且增幅较大。2020 年,产城融合型和工业主导型开发区平均用地规模分别为 592 公顷和 680 公顷,较 2017 年分别增长 1.4% 和 10.0%。从审批类别与评价类型看,2017~2020 年持续参评开发区中,各类型开发区平均用地规模均有所增长。新增参评开发区中,除工业主导型高新区和产城融合型特色工业园外,其余类型开发区平均用地规模均低于同类型持续参评开发区(见表 5)。

表 5　2017~2020 年中部地区省级开发区分审批类别与评价类型依法审批范围平均用地规模变化情况

审批类别	评价类型	2016 年参评	2020 年参评	数量(个)	2016 年平均用地规模(公顷)	2020 年平均用地规模(公顷)
经开区	产城融合型	是	是	53	570	578
		否	是	3	—	266

续表

审批类别	评价类型	2016 年参评	2020 年参评	数量（个）	2016 年平均用地规模（公顷）	2020 年平均用地规模（公顷）
经开区	工业主导型	是	否	5	800	—
		是	是	166	669	811
		否	是	37	—	435
高新区	产城融合型	是	否	2	1442	—
		是	是	7	722	764
		否	是	1	—	500
	工业主导型	是	否	5	522	—
		是	是	73	725	803
		否	是	2	—	1119
特色工业园	产城融合型	是	是	14	352	490
		否	是	3	—	1189
	工业主导型	是	否	10	611	—
		是	是	169	530	581
		否	是	33	—	521

2017~2020 年，开发区实际管理范围用地规模和平均用地规模大幅增长。2020 年，参评开发区的实际管理范围用地规模为 107.62 万公顷，较 2017 年增长 1.1 倍；平均用地规模为 1918 公顷，较 2017 年增长 88.8%（见图 12）。

从审批类别看，经开区与高新区平均用地规模相当，特色工业园平均用地规模相对较小，各类开发区平均用地规模均大幅增加。2020 年，经开区、高新区和特色工业园平均用地规模分别为 2384 公顷、2256 公顷和 1240 公顷，较 2017 年分别增长 1.2 倍、55.6% 和 43.7%。从评价类型看，产城融合型开发区平均用地规模较大，各类开发区平均用地规模均大幅增长。2020 年，产城融合型和工业主导型开发区平均用地规模分别为 2198 公顷和 1871 公顷，较 2017 年分别增长 69.1% 和 92.7%。从审批类别和评价类型看，2017~2020 年持续参评开发区中，各类开发区平均用地规模均大幅上升。新增参评开发区中，除工业主导型高新区和产城融合型特色工业园外，其余类型开发区平均用地规模均低于同类型持续参评开发区（见表 6）。

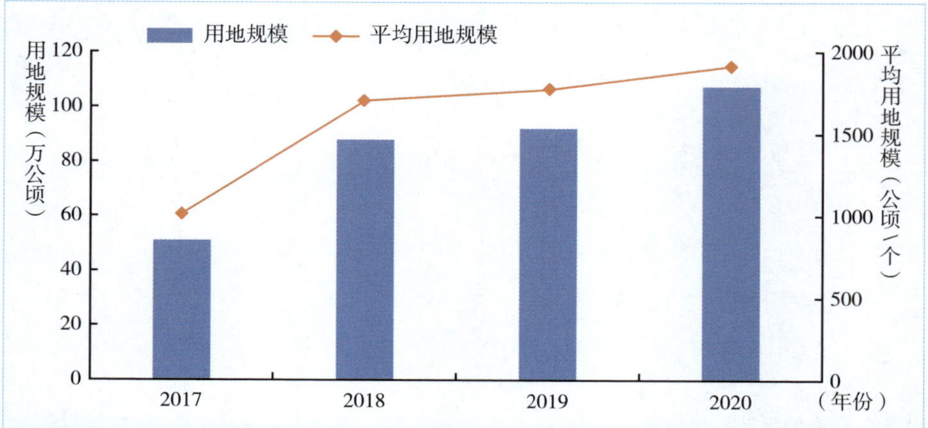

图12　2017~2020年中部地区省级开发区实际管理范围用地规模变化

表6　2017~2020年中部地区省级开发区分审批类别与评价类型实际管理范围平均用地规模变化情况

审批类别	评价类型	2016年参评	2020年参评	数量（个）	2016年平均用地规模（公顷）	2020年平均用地规模（公顷）
经开区	产城融合型	是	是	53	1166	2257
		否	是	3	—	1124
	工业主导型	是	否	5	907	—
		是	是	166	1086	2592
		否	是	37	—	1659
高新区	产城融合型	是	否	2	3593	—
		是	是	7	2162	3891
		否	是	1	—	1938
	工业主导型	是	否	5	1178	—
		是	是	73	1110	1986
		否	是	2	—	3040
特色工业园	产城融合型	是	是	14	817	1264
		否	是	3	—	1563
	工业主导型	是	否	10	981	—
		是	是	169	799	1289
		否	是	33	—	1246

二 2016~2020 年中部地区开发区土地利用情况分析

（一）国家级开发区

1. 土地供应建设状况

2016~2020 年，开发区依法审批范围内，达供面积、供应面积和建成面积均逐年增长。2020 年，开发区达供面积为 8.19 万公顷，较 2016 年增长15.2%；供应面积为 7.83 万公顷，较 2016 年增长 15.8%；建成面积为 7.30 万公顷，较 2016 年增长 14.2%（见图 13）。其中，2016~2020 年持续参评的开发区达供面积、供应面积和建成面积增幅分别为 3.1%、4.2% 和 4.1%（见表 7）。

图 13 2016~2020 年中部地区国家级开发区依法审批范围土地供应建设状况变化

表 7 2016~2020 年中部地区国家级开发区依法审批范围土地供应建设状况变化情况

范围	数量（个）	已达到供地条件土地		已供应国有建设用地		已建成城镇建设用地	
		增长（万公顷）	增幅（%）	增长（万公顷）	增幅（%）	增长（万公顷）	增幅（%）
全部开发区	117	1.08	15.2	1.07	15.8	0.91	14.2
2016~2020 年持续参评的开发区	99	0.22	3.1	0.29	4.2	0.26	4.1
新增参评开发区	18	0.86	—	0.79	—	0.66	—

从审批类别看，海关特殊监管区土地供应与开发建设速度较快。2020年，经开区、高新区和海关特殊监管区达供面积分别为4.56万公顷、3.23万公顷和0.41万公顷，较2016年分别增长8.2%、23.2%和45.9%；供应面积分别为4.39万公顷、3.12万公顷和0.32万公顷，较2016年分别增长9.3%、23.9%和44.5%；建成面积分别为4.12万公顷、2.93万公顷和0.24万公顷，较2016年分别增长8.5%、21.2%和48.3%。从评价类型看，产城融合型开发区土地供应与开发建设速度较快。2020年，产城融合型和工业主导型开发区达供面积分别为2.69万公顷和5.50万公顷，较2016年分别增长66.2%和0.2%；供应面积分别为2.63万公顷和5.20万公顷，较2016年分别增长66.3%和0.5%；建成面积分别为2.52万公顷和4.77万公顷，较2016年分别增长63.9%和下降1.4%。

2016~2020年，开发区实际管理范围内，达供面积、供应面积和建成面积均大幅增长。2020年，达供面积为31.91万公顷，较2016年增长94.6%；供应面积为27.98万公顷，较2016年增长90.2%；建成面积为24.60万公顷，较2016年增长83.6%。其中，持续参评且有发展方向区的开发区达供面积、供应面积和建成面积分别增长79.2%、75.9%和70.1%（见表8）。

表8　2016~2020年中部地区国家级开发区实际管理范围土地供应建设状况变化情况

范围	数量（个）	已达到供地条件土地		已供应国有建设用地		已建成城镇建设用地	
		增长（万公顷）	增幅（%）	增长（万公顷）	增幅（%）	增长（万公顷）	增幅（%）
全部开发区	117	15.51	94.6	13.27	90.2	11.20	83.6
持续参评且无发展方向区的开发区	19	0.02	3.2	0.00	0.2	0.02	5.4
持续参评且有发展方向区的开发区	80	12.58	79.2	10.82	75.9	9.13	70.1
新增参评开发区	18	2.91	—	2.45	—	2.05	—

从审批类别看，2020年，经开区、高新区和海关特殊监管区达供面积分别为18.43万公顷、13.05万公顷和0.42万公顷，较2016年分别增长90.2%、

1.0 倍和 50.2%；供应面积分别为 16.10 万公顷、11.54 万公顷和 0.33 万公顷，较 2016 年分别增长 85.0%、99.7% 和 49.0%；建成面积分别为 14.10 万公顷、10.24 万公顷和 0.25 万公顷，较 2016 年分别增长 80.1%、89.5% 和 53.4%。从评价类型看，2020 年，产城融合型和工业主导型开发区达供面积分别为 11.92 万公顷和 19.99 万公顷，较 2016 年分别增长 1.8 倍和 64.3%；供应面积分别为 10.68 万公顷和 17.30 万公顷，较 2016 年分别增长 1.8 倍和 59.5%；建成面积分别为 9.47 万公顷和 15.13 万公顷，较 2016 年分别增长 1.6 倍和 54.2%。

2. 土地利用结构

2016~2020 年，开发区依法审批范围内，工矿仓储用地和住宅用地的规模均有所增长，住宅用地增幅较大。2020 年，工矿仓储用地面积为 3.44 万公顷，较 2016 年增长 6.8%；住宅用地面积为 1.37 万公顷，较 2016 年增长 35.6%。其中，2016~2020 年持续参评的开发区中，工矿仓储用地面积下降 3.6%，住宅用地面积增长 25.0%（见表 9）。

表 9　2016~2020 年中部地区国家级开发区依法审批范围工矿仓储和住宅用地规模变化情况

范围	数量（个）	工矿仓储用地		住宅用地	
		增长（万公顷）	增幅（%）	增长（万公顷）	增幅（%）
全部开发区	117	0.22	6.8	0.36	35.6
2016~2020 年持续参评的开发区	99	−0.12	−3.6	0.25	25.0
新增参评开发区	18	0.34	—	0.10	—

从审批类别看，高新区工矿仓储用地与住宅用地增幅均较大，海关特殊监管区工矿仓储用地规模迅速增长。2020 年，经开区、高新区和海关特殊监管区工矿仓储用地面积分别为 2.12 万公顷、1.17 万公顷和 0.15 万公顷，较 2016 年分别增长 4.1%、9.5% 和 34.6%；经开区和高新区住宅用地面积分别为 0.66 万公顷和 0.71 万公顷，较 2016 年分别增长 23.3% 和 48.1%。从评价类型看，产城融合型开发区工矿仓储用地和住宅用地规模增幅均较大。2020 年，

产城融合型和工业主导型开发区工矿仓储用地面积分别为0.66万公顷和2.78万公顷，较2016年分别增长57.1%和下降0.5%；住宅用地面积分别为0.81万公顷和0.56万公顷，较2016年分别增长76.4%和0.9%。

2016~2020年，开发区实际管理范围内，工矿仓储用地和住宅用地的规模均大幅增长。2020年，工矿仓储用地面积为10.78万公顷，较2016年增长61.9%；住宅用地面积为4.64万公顷，较2016年增长1.1倍。其中，持续参评且有发展方向区的开发区工矿仓储用地和住宅用地面积分别增长50.9%和95.6%（见表10）。

表10 2016~2020年中部地区国家级开发区实际管理范围工矿仓储和住宅用地规模变化情况

范围	数量（个）	工矿仓储用地		住宅用地	
		增长（万公顷）	增幅（%）	增长（万公顷）	增幅（%）
全部开发区	117	4.12	61.9	2.45	111.9
持续参评且无发展方向区的开发区	19	−0.01	−5.3	0.01	21.8
持续参评且有发展方向区的开发区	80	3.29	50.9	2.07	95.6
新增参评开发区	18	0.84	—	0.38	—

从审批类别看，2020年，经开区、高新区和海关特殊监管区工矿仓储用地面积分别为6.45万公顷、4.18万公顷和0.15万公顷，较2016年分别增长60.2%、65.5%和37.1%；经开区和高新区住宅用地面积分别为2.56万公顷和2.08万公顷，较2016年分别增长1.1倍和1.1倍。从评价类型看，2020年，产城融合型和工业主导型开发区工矿仓储用地面积分别为3.17万公顷和7.61万公顷，较2016年分别增长1.3倍和43.9%；住宅用地面积分别为2.48万公顷和2.16万公顷，较2016年分别增长2.1倍和55.3%。

3. 土地闲置状况

2016~2020年，开发区依法审批范围内，闲置土地面积呈增长趋势。2020年，开发区闲置土地面积为157公顷，较2016年增长113公顷。其中，

2016~2020 年持续参评的开发区闲置土地面积增长 111 公顷。从审批类别看，2020 年，经开区、高新区和海关特殊监管区闲置土地面积分别为 53 公顷、35 公顷和 69 公顷。从评价类型看，2020 年，产城融合型和工业主导型开发区闲置土地面积分别为 22 公顷和 135 公顷。

2016~2020 年，开发区实际管理范围内，闲置土地面积增长较快。2020 年，开发区闲置土地面积为 1839 公顷，较 2016 年增长 1696 公顷。其中，持续参评且有发展方向区的开发区闲置土地增长 1421 公顷。从审批类别看，2020 年，经开区、高新区和海关特殊监管区闲置土地面积分别为 495 公顷、1275 公顷和 69 公顷。从评价类型看，2020 年，产城融合型和工业主导型开发区闲置土地面积分别为 717 公顷和 1122 公顷。

4. 建设量状况

2016~2020 年，开发区依法审批范围内，建设量有所增长。2020 年，开发区建筑面积为 7.78 亿平方米，较 2016 年增长 26.9%；建筑基底面积为 2.58 亿平方米，较 2016 年增长 15.2%；工矿仓储建筑面积为 3.38 亿平方米，较 2016 年增长 13.4%；工矿仓储建筑基底面积为 1.80 亿平方米，较 2016 年增长 8.4%（见图 14）。其中，2016~2020 年持续参评的开发区中，建筑面积增长

图 14　2016~2020 年中部地区国家级开发区依法审批范围建设量状况变化

143

16.8%，建筑基底面积增长5.2%，工矿仓储建筑面积增长1.4%，工矿仓储建筑基底面积下降1.3%（见表11）。

表11 2016~2020年中部地区国家级开发区依法审批范围建设量状况变化情况

范围	数量（个）	建筑面积		建筑基底面积		工矿仓储建筑面积		工矿仓储建筑基底面积	
		增长（亿平方米）	增幅（%）	增长（亿平方米）	增幅（%）	增长（亿平方米）	增幅（%）	增长（亿平方米）	增幅（%）
全部开发区	117	1.65	26.9	0.34	15.2	0.40	13.4	0.14	8.4
2016~2020年持续参评的开发区	99	1.03	16.8	0.12	5.2	0.04	1.4	-0.02	-1.3
新增参评开发区	18	0.62	—	0.23	—	0.36	—	0.17	—

从审批类别看，2020年，经开区、高新区和海关特殊监管区建筑面积分别为4.22亿平方米、3.35亿平方米和0.21亿平方米，较2016年分别增长20.6%、33.5%和72.8%；建筑基底面积分别为1.47亿平方米、1.04亿平方米和0.07亿平方米，较2016年分别增长11.1%、19.4%和59.6%；工矿仓储建筑面积分别为2.03亿平方米、1.17亿平方米和0.18亿平方米，较2016年分别增长8.5%、16.3%和69.6%；工矿仓储建筑基底面积分别为1.12亿平方米、0.61亿平方米和0.07亿平方米，较2016年分别增长8.8%、4.5%和57.2%。从评价类型看，2020年，产城融合型和工业主导型开发区建筑面积分别为3.23亿平方米和4.56亿平方米，较2016年分别增长86.3%和3.5%；建筑基底面积分别为0.89亿平方米和1.69亿平方米，较2016年分别增长81.2%和下降3.2%；工矿仓储建筑面积分别为0.69亿平方米和2.70亿平方米，较2016年分别增长74.9%和4.0%；工矿仓储建筑基底面积分别为0.36亿平方米和1.44亿平方米，较2016年分别增长72.2%和下降0.5%。

2016~2020年，开发区实际管理范围内，建设量大幅增长。2020年，开发区建筑面积23.21亿平方米，较2016年增长1.0倍；建筑基底面积为8.48亿平方米，较2016年增长91.9%；工矿仓储建筑面积为9.75亿平方米，较

2016 年增长 68.4%；工矿仓储建筑基底面积为 5.38 亿平方米，较 2016 年增长 72.4%。其中，持续参评且有发展方向区的开发区建筑面积、建筑基底面积、工矿仓储建筑面积和工矿仓储建筑基底面积分别增长 86.0%、77.1%、56.5% 和 62.0%（见表 12）。

表 12　2016~2020 年中部地区国家级开发区实际管理范围建设量状况变化情况

范围	数量（个）	建筑面积		建筑基底面积		工矿仓储建筑面积		工矿仓储建筑基底面积	
		增长（亿平方米）	增幅（%）	增长（亿平方米）	增幅（%）	增长（亿平方米）	增幅（%）	增长（亿平方米）	增幅（%）
全部开发区	117	11.62	100.3	4.06	91.9	3.96	68.4	2.26	72.4
持续参评且无发展方向区的开发区	19	0.04	10.7	0.01	8.1	0.02	8.5	0.00	0.9
持续参评且有发展方向区的开发区	80	9.64	86.0	3.32	77.1	3.15	56.5	1.88	62.0
新增参评开发区	18	1.95	—	0.73	—	0.80	—	0.38	—

从审批类别看，2020 年，经开区、高新区和海关特殊监管区建筑面积分别为 12.51 亿平方米、10.49 亿平方米和 0.21 亿平方米，较 2016 年分别增长 90.6%、1.1 倍和 76.7%；建筑基底面积分别为 4.98 亿平方米、3.42 亿平方米和 0.07 亿平方米，较 2016 年分别增长 92.5%、91.6% 和 62.4%；工矿仓储建筑面积分别为 5.76 亿平方米、3.81 亿平方米和 0.19 亿平方米，较 2016 年分别增长 62.2%、78.8% 和 72.6%；工矿仓储建筑基底面积分别为 3.29 亿平方米、2.02 亿平方米和 0.07 亿平方米，较 2016 年分别增长 70.4%、76.0% 和 59.7%。从评价类型看，2020 年，产城融合型和工业主导型开发区建筑面积分别为 9.71 亿平方米和 13.50 亿平方米，较 2016 年分别增长 1.9 倍和 63.7%；建筑基底面积分别为 3.16 亿平方米和 5.31 亿平方米，较 2016 年分别增长 2.0 倍和 58.5%；工矿仓储建筑面积分别为 3.15 亿平方米和 6.60 亿平方米，较 2016 年分别增长 1.7 倍和 42.7%；工矿仓储建筑基底面积分别为 1.64 亿平方米和 3.74 亿平方米，较 2016 年分别增长 1.9 倍和 46.3%。

（二）省级开发区

1. 土地供应建设状况

2017~2020 年，开发区依法审批范围内，达供面积、供应面积和建成面积均逐年增长。2020 年，开发区达供面积为 26.33 万公顷，较 2017 年增长 30.6%；供应面积为 23.66 万公顷，较 2017 年增长 33.1%；建成面积为 21.01 万公顷，较 2017 年增长 31.1%（见图 15）。其中，2017~2020 年持续参评的开发区中，达供面积、供应面积和建成面积分别增长 22.7%、26.0% 和 23.9%（见表 13）。

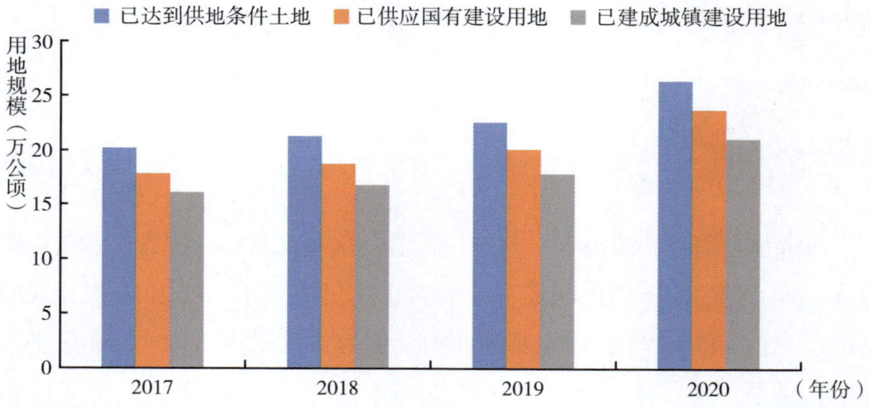

图 15　2017~2020 年中部地区省级开发区依法审批范围土地供应建设状况变化

表 13　2017~2020 年中部地区省级开发区依法审批范围土地供应建设状况变化情况

范围	数量（个）	已达到供地条件土地		已供应国有建设用地		已建成城镇建设用地	
		增长（万公顷）	增幅（%）	增长（万公顷）	增幅（%）	增长（万公顷）	增幅（%）
全部开发区	561	6.17	30.6	5.89	33.1	4.98	31.1
2017~2020 年持续参评的开发区	482	4.36	22.7	4.40	26.0	3.67	23.9
新增参评开发区	79	2.75	—	2.35	—	2.02	—

从审批类别看，高新区土地供应与开发建设速度最快。2020 年，经开区、高新区和特色工业园达供面积分别为 13.39 万公顷、4.89 万公顷和 8.05 万公顷，较 2017 年分别增长 35.4%、增长 1.4 倍和下降 2.0%；供应面积分别为 12.15 万公顷、4.43 万公顷和 7.08 万公顷，较 2017 年分别增长 35.4%、1.5 倍和 1.0%；建成面积分别为 10.80 万公顷、3.87 万公顷和 6.34 万公顷，较 2017 年分别增长 34.2%、增长 1.4 倍和下降 0.3%。从评价类型看，工业主导型开发区土地供应与开发建设速度较快。2020 年，产城融合型和工业主导型开发区达供面积分别为 3.65 万公顷和 22.68 万公顷，较 2017 年分别增长 25.3% 和 31.5%；供应面积分别为 3.34 万公顷和 20.33 万公顷，较 2017 年分别增长 27.2% 和 34.2%；建成面积分别为 3.03 万公顷和 17.98 万公顷，较 2017 年分别增长 23.6% 和 32.4%。

2017~2020 年，开发区实际管理范围内，达供面积、供应面积和建成面积均有所增长。2020 年，开发区达供面积为 47.06 万公顷，较 2017 年增长 48.1%；供应面积为 40.54 万公顷，较 2017 年增长 50.3%；建成面积为 35.50 万公顷，较 2017 年增长 48.5%。其中，持续参评且有发展方向区的开发区达供面积、供应面积和建成面积分别增长 41.9%、43.9% 和 42.0%（见表 14）。

表 14　2017~2020 年中部地区省级开发区实际管理范围土地供应建设状况变化情况

范围	数量（个）	已达到供地条件土地		已供应国有建设用地		已建成城镇建设用地	
		增长（万公顷）	增幅（%）	增长（万公顷）	增幅（%）	增长（万公顷）	增幅（%）
全部开发区	561	15.29	48.1	13.57	50.3	11.60	48.5
持续参评且无发展方向区的开发区	41	0.34	24.9	0.31	25.7	0.28	26.6
持续参评且有发展方向区的开发区	441	12.03	41.9	10.69	43.9	9.10	42.0
新增参评开发区	79	4.64	—	4.00	—	3.44	—

从审批类别看，2020 年，经开区、高新区和特色工业园达供面积分别为 24.86 万公顷、8.40 万公顷和 13.80 万公顷，较 2017 年分别增长 59.2%、1.2

倍和 11.3%；供应面积分别为 21.60 万公顷、7.22 万公顷和 11.72 万公顷，较 2017 年分别增长 58.6%、1.3 倍和 15.2%；建成面积分别为 18.91 万公顷、6.24 万公顷和 10.34 万公顷，较 2017 年分别增长 58.1%、1.2 倍和 14.2%。从评价类型看，2020 年，产城融合型和工业主导型开发区达供面积分别为 8.06 万公顷和 39.00 万公顷，较 2017 年分别增长 38.9% 和 50.2%；供应面积分别为 6.72 万公顷和 33.82 万公顷，较 2017 年分别增长 37.1% 和 53.2%；建成面积分别为 5.96 万公顷和 29.55 万公顷，较 2017 年分别增长 32.2% 和 52.3%。

2. 土地利用结构

2017~2020 年，开发区依法审批范围内，工矿仓储用地和住宅用地的规模均大幅增长。2020 年，工矿仓储用地面积为 12.89 万公顷，较 2017 年增长 34.7%；住宅用地面积为 2.48 万公顷，较 2017 年增长 31.2%。其中，2017~2020 年持续参评的开发区中，工矿仓储用地和住宅用地面积分别增长 27.6% 和 26.5%（见表 15）。

表 15　2017~2020 年中部地区省级开发区依法审批范围工矿仓储和住宅用地规模变化情况

范围	数量（个）	工矿仓储用地		住宅用地	
		增长（万公顷）	增幅（%）	增长（万公顷）	增幅（%）
全部开发区	561	3.32	34.7	0.59	31.2
2017~2020 年持续参评的开发区	482	2.52	27.6	0.48	26.5
新增参评开发区	79	1.23	—	0.17	—

从审批类别看，高新区工矿仓储用地和住宅用地规模增幅最大。2020 年，经开区、高新区和特色工业园工矿仓储用地面积分别为 6.20 万公顷、2.43 万公顷和 4.27 万公顷，较 2017 年分别增长 45.5%、增长 1.5 倍和下降 1.8%；住宅用地面积分别为 1.56 万公顷、0.42 万公顷和 0.50 万公顷，较 2017 年增长 23.2%、1.3 倍和 12.9%。从评价类型看，产城融合型与工业主导型开发区工矿仓储用地和住宅用地规模增幅相当。2020 年，产城融合型和工业主导型开发区工矿仓储用地面积分别为 0.83 万公顷和 12.07 万公顷，较 2017 年分

别增长 34.1% 和 34.7%；住宅用地面积分别为 1.07 万公顷和 1.41 万公顷，较 2017 年分别增长 30.9% 和 31.1%。

2017~2020 年，开发区实际管理范围内，工矿仓储用地和住宅用地的规模均有所增长。2020 年，工矿仓储用地面积为 20.89 万公顷，较 2017 年增长 44.9%；住宅用地面积为 4.45 万公顷，较 2017 年增长 66.0%。其中，持续参评且有发展方向区的开发区工矿仓储用地和住宅用地面积分别增长 39.4% 和 59.5%（见表 16）。

表 16　2017~2020 年中部地区省级开发区实际管理范围工矿仓储和住宅用地规模变化情况

范围	数量（个）	工矿仓储用地		住宅用地	
		增长（万公顷）	增幅（%）	增长（万公顷）	增幅（%）
全部开发区	561	6.47	44.9	1.77	66.0
持续参评且无发展方向区的开发区	41	0.16	29.2	0.07	44.0
持续参评且有发展方向区的开发区	441	5.14	39.4	1.45	59.5
新增参评开发区	79	1.97	—	0.35	—

从审批类别看，2020 年，经开区、高新区和特色工业园工矿仓储用地面积分别为 10.40 万公顷、3.62 万公顷和 6.88 万公顷，较 2017 年分别增长 59.3%、1.2 倍和 10.2%，住宅用地面积分别为 2.92 万公顷、0.79 万公顷和 0.74 万公顷，较 2017 年分别增长 64.2%、1.4 倍和 30.4%。从评价类型看，2020 年，产城融合型和工业主导型开发区工矿仓储用地面积分别为 2.19 万公顷和 18.70 万公顷，较 2017 年分别增长 32.1% 和 46.5%；住宅用地面积分别为 1.69 万公顷和 2.75 万公顷，较 2017 年分别增长 50.0% 和 78.2%。

3. 土地闲置状况

2017~2020 年，开发区依法审批范围内，闲置土地面积呈波动增长趋势。2020 年，开发区闲置土地面积为 887 公顷，较 2017 年增长 654 公顷。其中，2017~2020 年持续参评的开发区闲置土地面积增长 626 公顷。从审批类别看，

2020年，经开区、高新区和特色工业园闲置土地面积分别为229公顷、44公顷和614公顷。从评价类型看，2020年，产城融合型和工业主导型开发区闲置土地面积分别为114公顷和774公顷。

2017~2020年，开发区实际管理范围内，闲置土地面积大幅增长。2020年，开发区闲置土地面积为1955公顷，较2017年增长1572公顷。其中，持续参评且有发展方向区的开发区闲置土地面积增长1457公顷。从审批类别看，2020年，经开区、高新区和特色工业园闲置土地面积分别为823公顷、53公顷和1079公顷。从评价类型看，2020年，产城融合型和工业主导型开发区闲置土地面积分别为246公顷和1710公顷。

4. 建设量状况

2017~2020年，开发区依法审批范围内，建设量有所增长。2020年，开发区建筑面积为18.77亿平方米，较2017年增长35.9%；建筑基底面积为7.21亿平方米，较2017年增长35.0%；工矿仓储建筑面积为11.52亿平方米，较2017年增长40.7%；工矿仓储建筑基底面积为6.63亿平方米，较2017年增长35.6%（见图16）。其中，2017~2020年持续参评的开发区中，建筑面积、建筑基底面积、工矿仓储建筑面积和工矿仓储建筑基底面积分别增长29.8%、29.1%、33.5%和29.0%（见表17）。

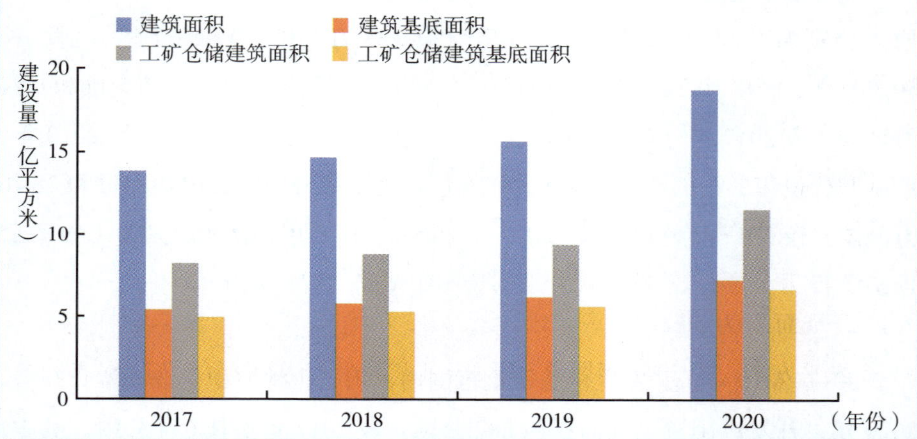

图16　2017~2020年中部地区省级开发区依法审批范围建设量状况变化

表 17　2017~2020 年中部地区省级开发区依法审批范围建设量状况变化情况

范围	数量（个）	建筑面积		建筑基底面积		工矿仓储建筑面积		工矿仓储建筑基底面积	
		增长（亿平方米）	增幅（%）	增长（亿平方米）	增幅（%）	增长（亿平方米）	增幅（%）	增长（亿平方米）	增幅（%）
全部开发区	561	4.96	35.9	1.87	35.0	3.33	40.7	1.74	35.6
2017~2020 年持续参评的开发区	482	3.95	29.8	1.48	29.1	2.63	33.5	1.36	29.0
新增参评开发区	79	1.58	—	0.62	—	1.05	—	0.60	—

从审批类别看，高新区建设量增幅最大。2020 年，经开区、高新区和特色工业园建筑面积分别为 10.35 亿平方米、3.43 亿平方米和 4.99 亿平方米，较 2017 年分别增长 38.2%、1.4 倍和 2.5%；建筑基底面积分别为 3.73 亿平方米、1.33 亿平方米和 2.16 亿平方米，较 2017 年分别增长 40.8%、1.3 倍和 1.2%；工矿仓储建筑面积分别为 5.73 亿平方米、2.26 亿平方米和 3.53 亿平方米，较 2017 年增长 51.6%、增长 1.7 倍和下降 1.4%；工矿仓储建筑基底面积分别为 3.26 亿平方米、1.25 亿平方米和 2.11 亿平方米，较 2017 年分别增长 48.7%、增长 1.5 倍和下降 3.6%。从评价类型看，2020 年，产城融合型和工业主导型开发区建筑面积分别为 3.75 亿平方米和 15.01 亿平方米，较 2017 年分别增长 28.2% 和 38.0%；建筑基底面积分别为 1.03 亿平方米和 6.18 亿平方米，较 2017 年分别增长 25.5% 和 36.6%；工矿仓储建筑面积分别为 0.82 亿平方米和 10.70 亿平方米，较 2017 年分别增长 45.3% 和 40.3%；工矿仓储建筑基底面积分别为 0.46 亿平方米和 6.16 亿平方米，较 2017 年分别增长 37.1% 和 35.6%。

2017~2020 年，开发区实际管理范围内，建设量大幅增长。2020 年，开发区建筑面积为 30.29 亿平方米，较 2017 年增长 54.0%；建筑基底面积为 12.05 亿平方米，较 2017 年增长 54.1%；工矿仓储建筑面积为 17.71 亿平方米，较 2017 年增长 48.6%；工矿仓储建筑基底面积为 10.62 亿平方米，较 2017 年增长 48.1%。其中，持续参评且有发展方向区的开发区建筑面积、建筑基底面积、工矿仓储建筑面积和工矿仓储建筑基底面积分别增长 49.0%、49.0%、43.4% 和 43.0%（见表 18）。

范围	数量（个）	建筑面积		建筑基底面积		工矿仓储建筑面积		工矿仓储建筑基底面积	
		增长（亿平方米）	增幅（%）	增长（亿平方米）	增幅（%）	增长（亿平方米）	增幅（%）	增长（亿平方米）	增幅（%）
全部开发区	561	10.62	54.0	4.23	54.1	5.79	48.6	3.45	48.1
持续参评且无发展方向区的开发区	41	0.35	39.9	0.10	28.9	0.17	36.1	0.08	27.8
持续参评且有发展方向区的开发区	441	8.75	49.0	3.47	49.0	4.69	43.4	2.80	43.0
新增参评开发区	79	2.46	—	1.08	—	1.57	—	0.94	—

表 18　2017~2020 年中部地区省级开发区实际管理范围建设量状况变化情况

从审批类别看，2020 年，经开区、高新区和特色工业园建筑面积分别为 17.06 亿平方米、5.50 亿平方米和 7.72 亿平方米，较 2017 年分别增长 61.7%、1.3 倍和 15.5%；建筑基底面积分别为 6.47 亿平方米、2.05 亿平方米和 3.54 亿平方米，较 2017 年分别增长 64.5%、1.2 倍和 19.0%；工矿仓储建筑面积分别为 9.09 亿平方米、3.19 亿平方米和 5.43 亿平方米，较 2017 年分别增长 62.4%、1.4 倍和 8.6%；工矿仓储建筑基底面积分别为 5.42 亿平方米、1.85 亿平方米和 3.35 亿平方米，较 2017 年分别增长 62.9%、1.3 倍和 10.5%。从评价类型看，2020 年，产城融合型和工业主导型开发区建筑面积分别为 6.36 亿平方米和 23.92 亿平方米，较 2017 年分别增长 38.8% 和 58.6%；建筑基底面积分别为 2.00 亿平方米和 10.06 亿平方米，较 2017 年分别增长 37.5% 和 57.7%；工矿仓储建筑面积分别为 1.87 亿平方米和 15.84 亿平方米，较 2017 年分别增长 36.2% 和 50.2%；工矿仓储建筑基底面积分别为 1.12 亿平方米和 9.50 亿平方米，较 2017 年分别增长 38.1% 和 49.3%。

三 2016~2020 年中部地区开发区土地集约利用情况分析

（一）国家级开发区

1. 土地利用程度

2016~2020 年，工业主导型开发区依法审批范围内土地开发率和土地供应率有所提升，土地建成率有所下降。2020 年，土地开发率和土地供应率分别为 88.9% 和 94.5%，较 2016 年分别提升 2.8 个和 0.3 个百分点；土地建成率为 91.8%，较 2016 年下降 1.8 个百分点（见图 17）。2016~2020 年持续参评的开发区土地开发率、土地供应率与土地建成率分别提升 4.4 个、1.0 个和 0.4 个百分点。新增参评开发区土地开发率、土地供应率与土地建成率分别为 77.1%、90.5% 和 78.1%（见表 19）。从审批类别上看，2020 年，经开区土地开发率最高，为 90.1%，分别较高新区和海关特殊监管区高 3.7 个和 0.6 个百分点；高新区土地供应率最高，为 96.3%，分别较经开区和海关特殊监管区高 0.8 个和 17.5 个百分点；经开区土地建成率最高，为 93.4%，分别较高新区和海关特殊监管区高 1.4 个和 17.6 个百分点。

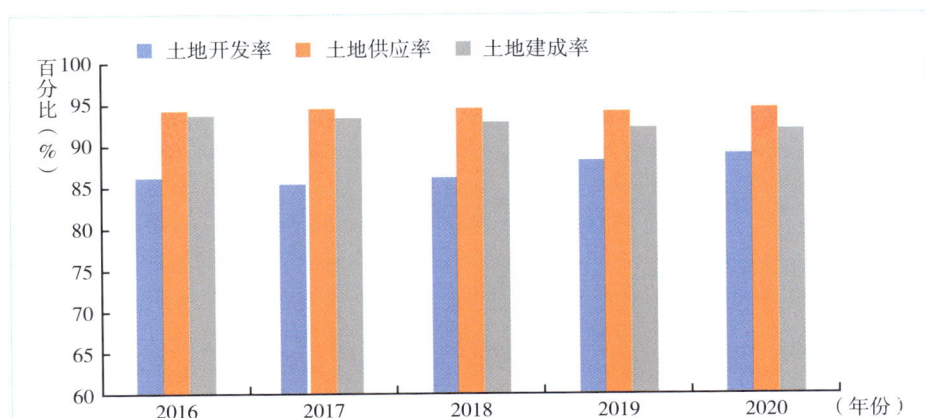

图 17 2016~2020 年中部地区国家级工业主导型开发区依法审批范围土地利用程度变化

表 19　2016 年和 2020 年中部地区国家级工业主导型开发区依法审批范围土地利用程度

范围	数量（个）	土地开发率（%）		土地供应率（%）		土地建成率（%）	
		2016 年	2020 年	2016 年	2020 年	2016 年	2020 年
全部开发区	86	86.1	88.9	94.2	94.5	93.6	91.8
2016~2020 年持续参评的开发区	72	86.2	90.6	94.0	95.0	93.0	93.4
新增参评开发区	14	—	77.1	—	90.5	—	78.1

2016~2020 年，工业主导型开发区实际管理范围内土地利用程度有所下降。2020 年，土地开发率、土地供应率和土地建成率分别为 49.4%、86.5% 和 87.4%，较 2016 年分别下降 23.8 个、2.6 个和 3.0 个百分点。持续参评且有发展方向区的开发区土地开发率、土地供应率与土地建成率分别下降 25.2 个、2.8 个和 2.2 个百分点。新增参评开发区土地开发率、土地供应率与土地建成率分别为 43.8%、85.9% 和 81.3%（见表 20）。从审批类别上看，2020 年，海关特殊监管区土地开发率最高，为 85.2%，分别较经开区和高新区高 35.5 个和 37.9 个百分点；高新区土地供应率最高，为 87.7%，分别较经开区和海关特殊监管区高 1.4 个和 8.8 个百分点；经开区土地建成率最高，为 87.9%，分别较高新区和海关特殊监管区高 1.0 个和 12.0 个百分点。

表 20　2016 年和 2020 年中部地区国家级工业主导型开发区实际管理范围土地利用程度

范围	数量（个）	土地开发率（%）		土地供应率（%）		土地建成率（%）	
		2016 年	2020 年	2016 年	2020 年	2016 年	2020 年
全部开发区	86	73.2	49.4	89.1	86.5	90.4	87.4
持续参评且无发展方向区的开发区	16	74.2	91.9	85.1	81.1	82.6	87.6
持续参评且有发展方向区的开发区	56	74.8	49.6	89.5	86.7	90.3	88.1
新增参评开发区	14	—	43.8	—	85.9	—	81.3

2016~2020 年，产城融合型开发区依法审批范围内土地开发率有所下降，土地供应率略有提升，土地建成率有所下降。2020 年，开发区土地开发率为

89.8%，较 2016 年下降 1.3 个百分点；土地供应率为 97.6%，较 2016 年提升 0.1 个百分点；土地建成率为 95.8%，较 2016 年下降 1.4 个百分点（见图 18）。2016~2020 年持续参评的开发区土地开发率、土地供应率与土地建成率分别提升 2.4 个、提升 1.0 个和下降 1.3 个百分点。新增参评开发区土地开发率、土地供应率与土地建成率分别为 76.1%、93.9% 和 94.7%（见表 21）。从审批类别上看，2020 年，经开区土地开发率、土地供应率和土地建成率均较高，分别为 90.9%、98.3% 和 95.9%，较高新区分别高 1.8 个、1.1 个和 0.1 个百分点。

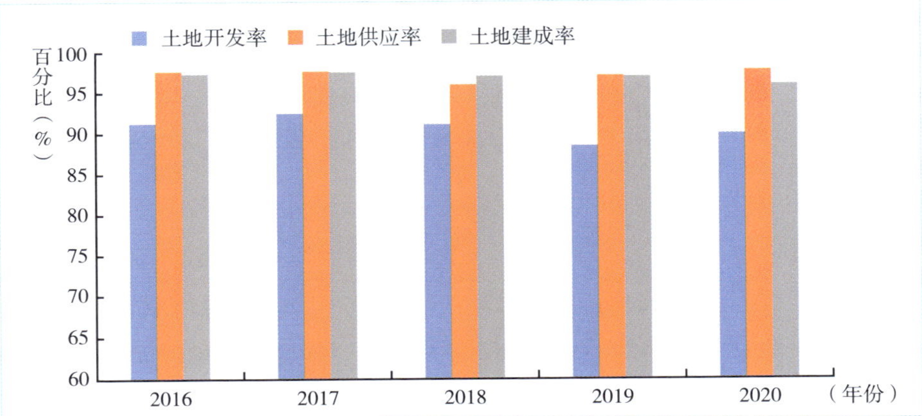

图 18　2016~2020 年中部地区国家级产城融合型开发区依法审批范围土地利用程度变化

表 21　2016 年和 2020 年中部地区国家级产城融合型开发区依法审批范围土地利用程度

范围	数量（个）	土地开发率（%）		土地供应率（%）		土地建成率（%）	
		2016 年	2020 年	2016 年	2020 年	2016 年	2020 年
全部开发区	31	91.1	89.8	97.5	97.6	97.2	95.8
2016~2020 年持续参评的开发区	27	89.2	91.6	97.0	98.0	97.3	96.0
新增参评开发区	4	—	76.1	—	93.9	—	94.7

2016~2020 年，产城融合型开发区实际管理范围内土地利用程度有所下降。2020 年，开发区土地开发率、土地供应率和土地建成率分别为 45.8%、

89.6% 和 88.7%，较 2016 年分别下降 29.3 个、1.6 个和 4.5 个百分点。持续参评且有发展方向区的开发区土地开发率与土地建成率分别下降 26.9 个和 4.4 个百分点。新增参评开发区土地开发率、土地供应率与土地建成率分别为 52.8%、80.3% 和 89.3%（见表 22）。从审批类别上看，2020 年，高新区土地开发率最高，为 50.1%，较经开区高 9.2 个百分点；经开区土地供应率最高，为 90.3%，较高新区高 1.2 个百分点；高新区土地建成率最高，为 90.3%，较经开区高 3.6 个百分点。

表 22　2016 年和 2020 年中部地区国家级产城融合型开发区实际管理范围土地利用程度

范围	数量（个）	土地开发率（%）		土地供应率（%）		土地建成率（%）	
		2016 年	2020 年	2016 年	2020 年	2016 年	2020 年
全部开发区	31	75.1	45.8	91.2	89.6	93.2	88.7
持续参评且无发展方向区的开发区	3	77.7	81.6	95.3	95.9	93.0	95.8
持续参评且有发展方向区的开发区	24	71.9	45.0	90.2	90.2	93.0	88.6
新增参评开发区	4	—	52.8	—	80.3	—	89.3

2. 工业用地结构

2016~2020 年，工业主导型开发区依法审批范围内工业用地率有所提升。2020 年，工业用地率为 58.2%，较 2016 年提升 0.5 个百分点。2016~2020 年持续参评的开发区工业用地率下降 2.5 个百分点。新增参评开发区工业用地率为 62.4%。从审批类别上看，2020 年，海关特殊监管区工业用地率最高，为 59.9%，分别高于经开区和高新区 0.5 个和 4.5 个百分点。

2016~2020 年，工业主导型开发区实际管理范围内工业用地率有所下降。2020 年，工业用地率为 50.3%，较 2016 年下降 3.6 个百分点。持续参评且有发展方向区的开发区工业用地率下降 4.0 个百分点。新增参评开发区工业用地率为 40.3%。从审批类别上看，2020 年，海关特殊监管区工业用地率最高，为 59.0%，分别高于经开区和高新区 8.7 个和 9.1 个百分点。

3. 土地利用强度

2016~2020 年，工业主导型开发区依法审批范围内综合容积率和工业用地综合容积率有所提升，建筑密度有所下降，工业用地建筑系数保持稳定。2020 年，综合容积率和工业用地综合容积率分别为 0.95 和 0.97，较 2016 年均提升 0.04；建筑密度为 35.5%，较 2016 年下降 0.6 个百分点；工业用地建筑系数为 51.9%（见图 19、图 20）。2016~2020 年持续参评的开发区综合容

图 19　2016~2020 年中部地区国家级工业主导型开发区依法审批范围土地利用强度变化

图 20　2016~2020 年中部地区国家级工业主导型开发区依法审批范围
工业用地利用强度变化

积率提升 0.07，工业用地综合容积率提升 0.04，建筑密度下降 0.5 个百分点，工业用地建筑系数提升 0.4 个百分点。新增参评开发区综合容积率为 0.90，建筑密度为 33.4%，工业用地综合容积率为 1.02，工业用地建筑系数为 50.6%（见表 23）。从审批类别上看，2020 年，高新区综合容积率最高，为 0.98，分别较经开区和海关特殊监管区高 0.03 和 0.13；海关特殊监管区工业用地综合容积率最高，为 1.25，分别较经开区和高新区高 0.30 和 0.29；高新区建筑密度和工业用地建筑系数最高，分别为 36.3% 和 52.1%，较经开区分别高 0.7 个和 0.2 个百分点，较海关特殊监管区分别高 7.1 个和 2.6 个百分点。

表 23　2016 年和 2020 年中部地区国家级工业主导型开发区依法审批范围土地利用强度变化情况

范围	数量（个）	综合容积率		建筑密度（%）		工业用地综合容积率		工业用地建筑系数（%）	
		2016年	2020年	2016年	2020年	2016年	2020年	2016年	2020年
全部开发区	86	0.91	0.95	36.1	35.5	0.93	0.97	51.9	51.9
2016~2020 年持续参评的开发区	72	0.89	0.96	36.2	35.7	0.93	0.97	51.6	52.0
新增参评开发区	14	—	0.90	—	33.4	—	1.02	—	50.6

2016~2020 年，工业主导型开发区实际管理范围内土地利用强度有所提升。2020 年，综合容积率为 0.89，较 2016 年提升 0.05；工业用地综合容积率为 0.87，较 2016 年保持稳定；建筑密度和工业用地建筑系数分别为 35.1% 和 49.1%，较 2016 年分别提升 0.9 个和 0.8 个百分点。持续参评且有发展方向区的开发区综合容积率提升 0.06，工业用地综合容积率下降 0.01，建筑密度提升 1.7 个百分点，工业用地建筑系数提升 1.0 个百分点。新增参评开发区综合容积率为 0.91，建筑密度为 27.8%，工业用地综合容积率为 0.88，工业用地建筑系数为 45.4%（见表 24）。从审批类别上看，2020 年，高新区综合容积率最高，为 0.92，分别较经开区和海关特殊监管区高 0.03 和 0.07；海关特殊监管区工业用地综合容积率最高，为 1.25，分别较经开区和高新区高 0.36 和

0.45；经开区建筑密度和工业用地建筑系数最高，分别为 36.3% 和 50.7%，较高新区分别高 3.3 个和 4.9 个百分点，较海关特殊监管区分别高 7.6 个和 1.3 个百分点。

表24　2016 年和 2020 年中部地区国家级工业主导型开发区实际管理范围土地利用强度变化情况

范围	数量（个）	综合容积率		建筑密度（%）		工业用地综合容积率		工业用地建筑系数（%）	
		2016年	2020年	2016年	2020年	2016年	2020年	2016年	2020年
全部开发区	86	0.84	0.89	34.2	35.1	0.87	0.87	48.3	49.1
持续参评且无发展方向区的开发区	16	0.88	0.92	32.1	33.0	1.06	1.21	47.3	50.7
持续参评且有发展方向区的开发区	56	0.83	0.89	34.2	35.9	0.87	0.86	48.4	49.4
新增参评开发区	14	—	0.91	—	27.8	—	0.88	—	45.4

2016~2020 年，产城融合型开发区依法审批范围内土地利用强度有所提升。2020 年，综合容积率为 1.28，较 2016 年提升 0.15；建筑密度为 35.3%，较 2016 年提升 3.4 个百分点（见图 21）。2016~2020 年持续参评的开发区综

图21　2016~2020 年中部地区国家级产城融合型开发区依法审批范围土地利用强度变化

合容积率提升 0.22，建筑密度提升 1.9 个百分点。新增参评开发区综合容积率为 1.01，建筑密度为 36.7%（见表 25）。从审批类别上看，2020 年，高新区综合容积率最高，为 1.31，较经开区高 0.07；经开区建筑密度最高，为 35.8%，较高新区高 0.8 个百分点。

表 25　2016 年和 2020 年中部地区国家级产城融合型开发区依法审批范围土地利用强度变化情况

范围	数量（个）	综合容积率		建筑密度（%）	
		2016 年	2020 年	2016 年	2020 年
全部开发区	31	1.13	1.28	31.9	35.3
2016~2020 年持续参评的开发区	27	1.09	1.31	33.2	35.1
新增参评开发区	4	—	1.01	—	36.7

2016~2020 年，产城融合型开发区实际管理范围内土地利用强度有所提升。2020 年，综合容积率为 1.03，较 2016 年提升 0.10；建筑密度为 33.4%，较 2016 年提升 3.7 个百分点。持续参评且有发展方向区的开发区综合容积率提升 0.11，建筑密度提升 0.8 个百分点。新增参评开发区综合容积率为 1.04，建筑密度为 54.7%（见表 26）。从审批类别上看，2020 年，高新区综合容积率最高，为 1.12，较经开区高 0.22；高新区建筑密度最高，为 33.8%，较经开区高 0.9 个百分点。

表 26　2016 年和 2020 年中部地区国家级产城融合型开发区实际管理范围土地利用强度变化情况

范围	数量（个）	综合容积率		建筑密度（%）	
		2016 年	2020 年	2016 年	2020 年
全部开发区	31	0.93	1.03	29.7	33.4
持续参评且无发展方向区的开发区	3	1.23	1.29	25.5	26.1
持续参评且有发展方向区的开发区	24	0.91	1.02	31.3	32.1
新增参评开发区	4	—	1.04	—	54.7

4. 综合用地效益

2016~2020 年，工业主导型开发区依法审批范围内综合用地效益有所提升。2020 年，工业用地固定资产投入强度为 7877 元 / 米^2，较 2016 年提升 36.3%；工业用地地均税收为 412 元 / 米^2，较 2016 年提升 2.2%（见图 22）。2016~2020 年持续参评的开发区综合用地效益提升明显，工业用地固定资产投入强度提升 37.3%，工业用地地均税收提升 3.8%。新增参评开发区工业用地固定资产投入强度为 6129 元 / 米^2，工业用地地均税收为 404 元 / 米^2（见表 27）。从审批类别上看，2020 年，海关特殊监管区工业用地固定资产投入强度最高，为 9614 元 / 米^2，分别较经开区和高新区高 20.2% 和 31.8%；经开区工业用地地均税收最高，为 431 元 / 米^2，分别较高新区和海关特殊监管区高 10.4% 和 47.7%。

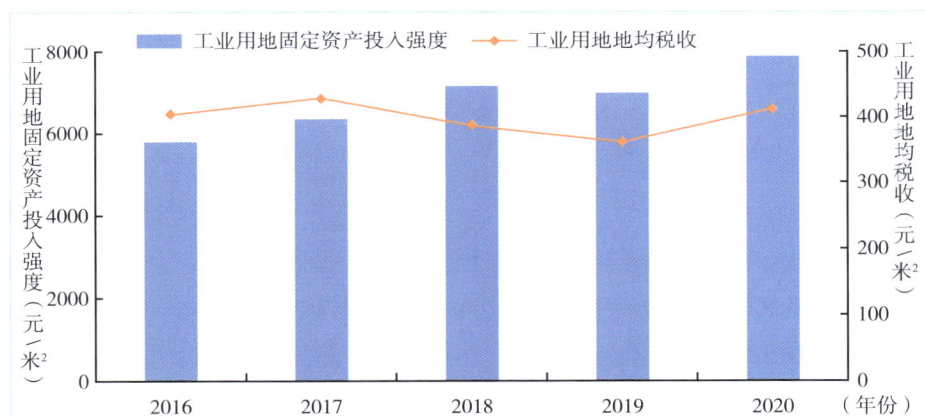

图 22　2016~2020 年中部地区国家级工业主导型开发区依法审批范围综合用地效益变化

表 27　2016 年和 2020 年中部地区国家级工业主导型开发区依法审批范围综合用地效益变化情况

范围	数量（个）	工业用地固定资产投入强度（元 / 米^2）		工业用地地均税收（元 / 米^2）	
		2016 年	2020 年	2016 年	2020 年
全部开发区	86	5781	7877	403	412
2016~2020 年持续参评的开发区	72	5869	8060	398	413
新增参评开发区	14	—	6129	—	404

2016~2020 年，工业主导型开发区实际管理范围内工业用地固定资产投入强度有所提升，工业用地地均税收有所下降。2020 年，工业用地固定资产投入强度为 6855 元 / 米 ^{2}，较 2016 年提升 30.1%；工业用地地均税收为 307 元 / 米 ^{2}，较 2016 年下降 13.0%。持续参评且有发展方向区的开发区工业用地固定资产投入强度提升 29.3%，工业用地地均税收下降 10.3%。新增参评开发区工业用地固定资产投入强度为 5386 元 / 米 ^{2}，工业用地地均税收为 226 元 / 米 ^{2}（见表 28）。从审批类别上看，2020 年，海关特殊监管区工业用地固定资产投入强度最高，为 9438 元 / 米 ^{2}，较经开区和高新区分别高 27.5% 和 71.9%；经开区工业用地地均税收最高，为 337 元 / 米 ^{2}，较高新区和海关特殊监管区分别高 39.5% 和 17.7%。

表 28　2016 年和 2020 年中部地区国家级工业主导型开发区实际管理范围综合用地效益变化情况

范围	数量（个）	工业用地固定资产投入强度（元 / 米 ^{2}）		工业用地地均税收（元 / 米 ^{2}）	
		2016 年	2020 年	2016 年	2020 年
全部开发区	86	5268	6855	353	307
持续参评且无发展方向区的开发区	16	8501	13093	405	354
持续参评且有发展方向区的开发区	56	5288	6835	349	313
新增参评开发区	14	—	5386	—	226

2016~2020 年，产城融合型开发区依法审批范围内综合地均税收有所下降，人口密度有所提升。2020 年，综合地均税收为 344 元 / 米 ^{2}，较 2016 年下降 2.8%；人口密度为 130 人 / 公顷，较 2016 年提升 27.5%（见图 23）。2016~2020 年持续参评的开发区综合用地效益提升明显，综合地均税收提升 8.2%，人口密度提升 10.8%。新增参评开发区综合地均税收为 229 元 / 米 ^{2}，人口密度为 197 人 / 公顷（见表 29）。从审批类别上看，2020 年，高新区综合用地效益较高，综合地均税收为 414 元 / 米 ^{2}，较经开区高 66.7%；人口密度为 142 人 / 公顷，较经开区高 25.9%。

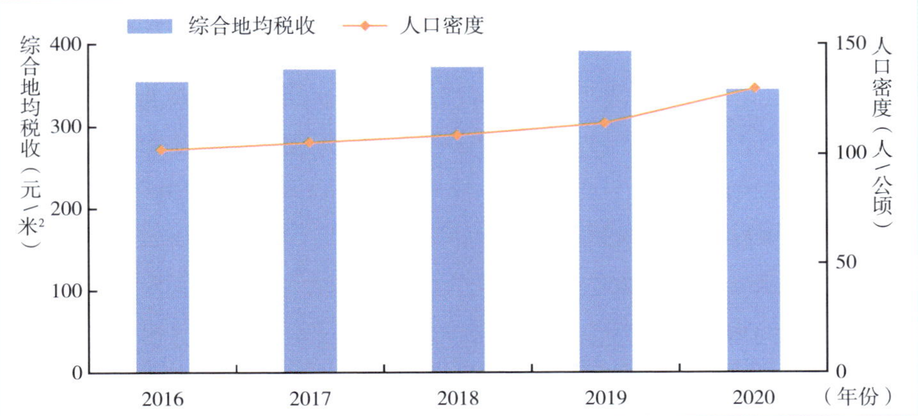

图 23   2016~2020 年中部地区国家级产城融合型开发区依法审批范围综合用地效益变化

表 29   2016 年和 2020 年中部地区国家级产城融合型开发区依法审批范围
综合用地效益变化情况

范围	数量 （个）	综合地均税收 （元 / 米²）		人口密度 （人 / 公顷）	
		2016 年	2020 年	2016 年	2020 年
全部开发区	31	354	344	102	130
2016~2020 年持续参评的开发区	27	329	356	111	123
新增参评开发区	4	—	229	—	197

2016~2020 年，产城融合型开发区实际管理范围内综合地均税收有所下降，人口密度有所提升。2020 年，综合地均税收为 230 元 / 米²，较 2016 年下降 33.3%；人口密度为 80 人 / 公顷，较 2016 年提升 3.9%。持续参评且有发展方向区的开发区综合地均税收下降 25.9%，人口密度下降 5.0%。新增参评开发区综合地均税收为 143 元 / 米²，人口密度为 132 人 / 公顷（见表30）。从审批类别上看，2020 年，高新区综合用地效益较高，综合地均税收为 272 元 / 米²，较经开区高 59.2%；人口密度为 83 人 / 公顷，较经开区高 8.3%。

表 30　2016 年和 2020 年中部地区国家级产城融合型开发区实际管理范围
综合用地效益变化情况

范围	数量（个）	综合地均税收（元/米²）		人口密度（人/公顷）	
		2016 年	2020 年	2016 年	2020 年
全部开发区	31	345	230	77	80
持续参评且无发展方向区的开发区	3	288	400	122	111
持续参评且有发展方向区的开发区	24	316	234	80	76
新增参评开发区	4	—	143	—	132

5. 土地管理绩效

2016~2020 年，工业主导型开发区依法审批范围内土地闲置率有所提升。2020 年，土地闲置率为 0.26%，较 2016 年提升 0.18 个百分点。2016~2020 年持续参评的开发区土地闲置率提升 0.19 个百分点。新增参评开发区土地闲置率为 0.04%。从审批类别上看，2020 年，经开区、高新区和海关特殊监管区土地闲置率分别为 0.15%、0.10% 和 2.13%。

2016~2020 年，工业主导型开发区实际管理范围内土地闲置率有所提升。2020 年，土地闲置率为 0.65%，较 2016 年提升 0.56 个百分点。持续参评且有发展方向区的开发区土地闲置率提升 0.51 个百分点。新增参评开发区土地闲置率为 0.63%。从审批类别上看，2020 年，经开区、高新区和海关特殊监管区土地闲置率分别为 0.39%、1.11% 和 2.07%。

2016~2020 年，产城融合型开发区依法审批范围内土地闲置率有所提升。2020 年，土地闲置率为 0.08%，较 2016 年提升 0.07 个百分点。2016~2020 年持续参评的开发区土地闲置率有所提升，增幅为 0.08 个百分点。新增参评开发区无闲置土地。从审批类别上看，2020 年，经开区和高新区土地闲置率分别为 0.03% 和 0.12%。

2016~2020 年，产城融合型开发区实际管理范围内土地闲置率有所提升。2020 年，土地闲置率为 0.67%，较 2016 年提升 0.55 个百分点。持续参评且有发展方向区的开发区土地闲置率提升 0.54 个百分点。新增参评开发区土地闲

置率为 1.40%。从审批类别上看，2020 年，经开区和高新区土地闲置率分别为 0.09% 和 1.10%。

（二）省级开发区

1. 土地利用程度

2017~2020 年，工业主导型开发区依法审批范围内土地开发率和土地供应率有所提升，土地建成率有所下降。2020 年，土地开发率和土地供应率分别为 70.2% 和 89.6%，较 2017 年分别提升 5.4 个和 1.7 个百分点；土地建成率为 88.5%，较 2017 年下降 1.1 个百分点（见图 24）。2017~2020 年持续参评的开发区土地开发率和土地供应率分别提升 5.3 个和 2.6 个百分点，土地建成率下降 1.4 个百分点。新增参评开发区土地开发率、土地供应率与土地建成率分别为 70.6%、86.3% 和 86.3%（见表 31）。从审批类别上看，2020 年，高新区土地开发率和土地供应率最高，分别为 71.9% 和 91.7%，较经开区分别高 1.0 个和 1.8 个百分点，较特色工业园分别高 3.5 个和 3.6 个百分点；特色工业园土地建成率最高，为 89.8%，分别较经开区和高新区高 1.5 个和 3.0 个百分点。

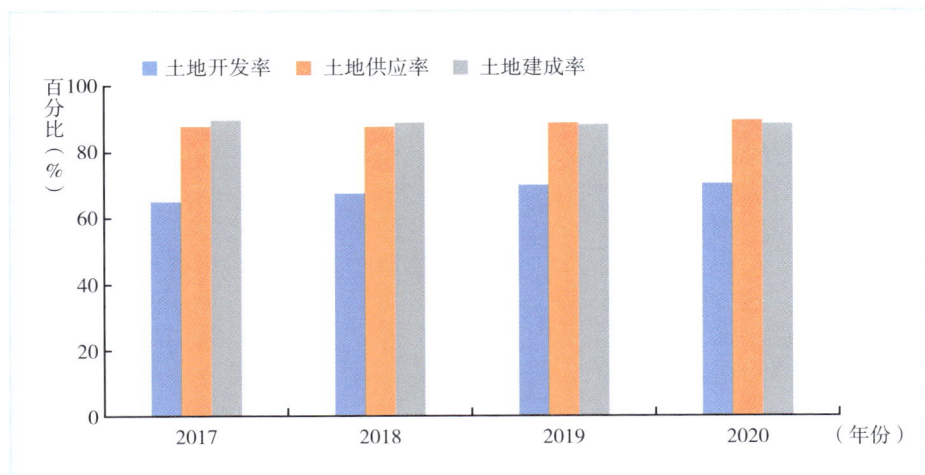

图 24　2017~2020 年中部地区省级工业主导型开发区依法审批范围土地利用程度变化

165

表31 2017年和2020年中部地区省级工业主导型开发区依法审批范围土地利用程度

范围	数量（个）	土地开发率（%）		土地供应率（%）		土地建成率（%）	
		2017年	2020年	2017年	2020年	2017年	2020年
全部开发区	480	64.8	70.2	87.9	89.6	89.6	88.5
2017~2020年持续参评的开发区	408	64.8	70.1	87.6	90.2	90.0	88.6
新增参评开发区	72	—	70.6	—	86.3	—	86.3

2017~2020年，工业主导型开发区实际管理范围内土地开发率有所下降，土地供应率有所提升，土地建成率有所下降。2020年，土地开发率、土地供应率和土地建成率分别为45.5%、86.7%和87.4%，较2017年分别下降16.8个、提升1.7个和下降0.5个百分点。持续参评且有发展方向区的开发区土地开发率下降16.6个百分点，土地供应率提升2.0个百分点，土地建成率下降0.9个百分点。新增参评开发区土地开发率、土地供应率与土地建成率分别为41.9%、86.6%和86.4%（见表32）。从审批类别上看，2020年，特色工业园土地开发率最高，为51.7%，分别较经开区和高新区高10.2个和3.6个百分点；高新区土地供应率最高，为88.7%，分别较经开区和特色工业园高2.0个和3.1个百分点；特色工业园土地建成率最高，为88.4%，分别较经开区和高新区高0.9个和3.4个百分点。

表32 2017年和2020年中部地区省级工业主导型开发区实际管理范围土地利用程度

范围	数量（个）	土地开发率（%）		土地供应率（%）		土地建成率（%）	
		2017年	2020年	2017年	2020年	2017年	2020年
全部开发区	480	62.3	45.5	85.0	86.7	87.9	87.4
持续参评且无发展方向区的开发区	32	55.9	59.6	88.4	90.1	87.4	88.0
持续参评且有发展方向区的开发区	376	62.2	45.6	84.6	86.6	88.3	87.4
新增参评开发区	72	—	41.9	—	86.6	—	86.4

2017~2020 年，产城融合型开发区依法审批范围内土地开发率和土地供
应率有所提升，土地建成率有所下降。2020 年，土地开发率和土地供应率分
别为 77.0% 和 91.4%，较 2017 年分别提升 3.7 个和 1.4 个百分点；土地建成率
为 90.8%，较 2017 年下降 2.7 个百分点（见图 25）。2017~2020 年持续参评的
开发区土地开发率、土地供应率与土地建成率分别提升 5.3 个、提升 1.1 个和
下降 1.8 个百分点。新增参评开发区土地开发率、土地供应率与土地建成率分
别为 55.9%、74.9% 和 82.1%（见表 33）。从审批类别上看，2020 年，经开区
土地开发率最高，为 82.1%，分别较高新区和特色工业园高 9.0 个和 21.5 个百
分点；经开区土地供应率最高，为 94.0%，分别较高新区和特色工业园高 12.3
个和 7.1 个百分点；高新区土地建成率最高，为 93.3%，分别较经开区和特色
工业园高 1.9 个和 7.7 个百分点。

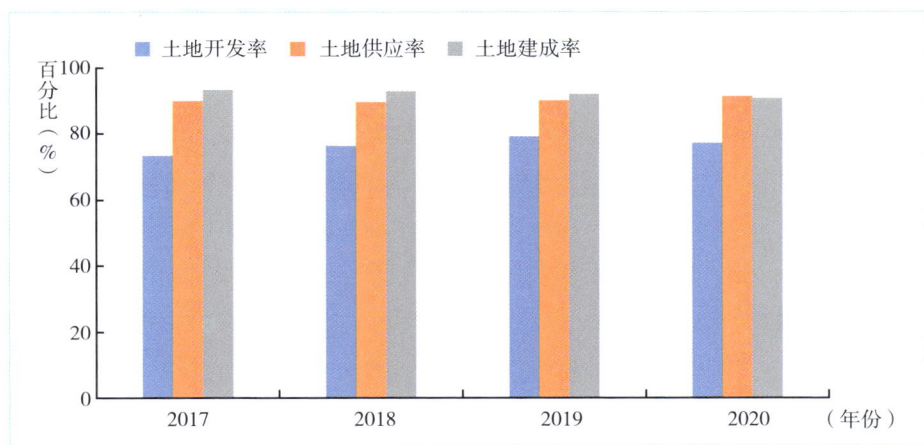

图 25 2017~2020 年中部地区省级产城融合型开发区依法审批范围土地利用程度变化

表 33 2017 年和 2020 年中部地区省级产城融合型开发区依法审批范围土地利用程度

范围	数量（个）	土地开发率（%）		土地供应率（%）		土地建成率（%）	
		2017 年	2020 年	2017 年	2020 年	2017 年	2020 年
全部开发区	81	73.3	77.0	90.0	91.4	93.5	90.8
2017~2020 年持续参评的开发区	74	74.7	80.0	90.7	91.8	93.6	91.8
新增参评开发区	7	—	55.9	—	74.9	—	82.1

2017~2020 年，产城融合型开发区实际管理范围内土地开发率、土地供应率和土地建成率均有所下降。2020 年，土地开发率、土地供应率和土地建成率分别为 47.4%、83.4% 和 88.6%，较 2017 年分别下降 18.5 个、1.1 个和 3.3 个百分点。持续参评且有发展方向区的开发区土地开发率、土地供应率和土地建成率分别下降 19.4 个、2.4 个和 2.4 个百分点。新增参评开发区土地开发率、土地供应率与土地建成率分别为 31.2%、82.4% 和 79.7%（见表 34）。从审批类别上看，2020 年，特色工业园土地开发率最高，为 55.1%，分别较经开区和高新区高 7.2 个和 14 个百分点；经开区土地供应率最高，为 87.4%，分别较高新区和特色工业园高 15.2 个和 11.7 个百分点；高新区土地建成率最高，为 95.1%，分别较经开区和特色工业园高 7.3 个和 9.1 个百分点。

表34　2017 年和 2020 年中部地区省级产城融合型开发区实际管理范围土地利用程度

范围	数量（个）	土地开发率（%）		土地供应率（%）		土地建成率（%）	
		2017 年	2020 年	2017 年	2020 年	2017 年	2020 年
全部开发区	81	65.9	47.4	84.5	83.4	91.9	88.6
持续参评且无发展方向区的开发区	9	68.0	81.3	85.7	82.5	88.7	89.8
持续参评且有发展方向区的开发区	65	67.0	47.6	85.9	83.5	91.4	89.0
新增参评开发区	7	—	31.2	—	82.4	—	79.7

2. 工业用地结构

2017~2020 年，工业主导型开发区依法审批范围内工业用地率有所提升。2020 年，工业用地率为 67.1%，较 2017 年提升 1.1 个百分点。2017~2020 年持续参评的开发区工业用地率提升 0.6 个百分点。新增参评开发区工业用地率为 64.1%。从审批类别上看，2020 年，特色工业园工业用地率最高，为 69.7%，分别高于经开区和高新区 4.3 个和 2.6 个百分点。

2017~2020 年，工业主导型开发区实际管理范围内工业用地率明显下降。2020 年，工业用地率为 63.3%，较 2017 年下降 2.5 个百分点。持续参评且有发展方向区的开发区工业用地率下降 2.4 个百分点。新增参评开发区工业用地率为 58.4%。从审批类别上看，2020 年，特色工业园工业用地率最高，为 67.8%，分别高于经开区和高新区 7.1 个和 5.6 个百分点。

3. 土地利用强度

2017~2020 年，工业主导型开发区依法审批范围内土地利用强度有所提升。2020 年，综合容积率和工业用地综合容积率分别为 0.84 和 0.89，较 2017 年均提升 0.04；建筑密度和工业用地建筑系数分别为 34.4% 和 51.1%，较 2017 年分别提升 1.1 个和 0.3 个百分点（见图 26、图 27）。2017~2020 年持续参评的开发区综合容积率提升 0.04，工业用地综合容积率提升 0.04，建筑密度提升 1.0 个百分点，工业用地建筑系数提升 0.2 个百分点。新增参评开发区综合容积率为 0.77，建筑密度为 31.5%，工业用地综合容积率为 0.85，工业用地建筑系数为 48.4%（见表 35）。从审批类别上看，2020 年，经开区综合容积率最高，为 0.87，分别较高新区和特色工业园高 0.02 和 0.10；经开区和高新区工业用地综合容积率较高，为 0.92，较特色工业园高 0.10；特色工业园建筑密度最高，为 34.5%，分别较经开区和高新区高 0.3 个和 0.1 个百分点；经开区工业用地建筑系数最高，为 52.2%，分别较高新区和特色工业园高 0.8 个和 2.8 个百分点。

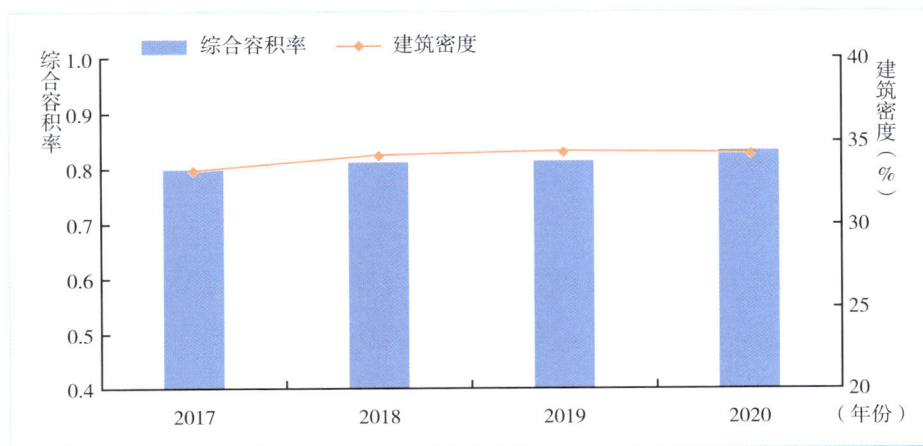

图 26　2017~2020 年中部地区省级工业主导型开发区依法审批范围土地利用强度变化

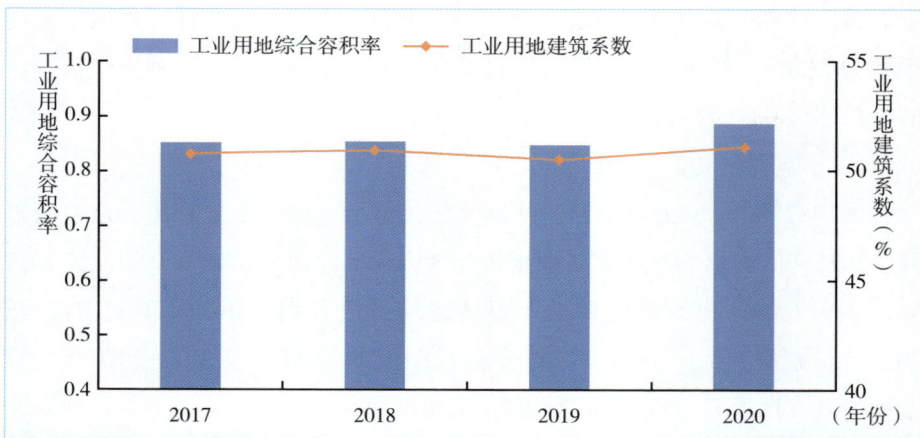

图27 2017~2020年中部地区省级工业主导型开发区依法审批范围工业用地利用强度变化

表35 2017年和2020年中部地区省级工业主导型开发区依法审批范围
土地利用强度变化情况

范围	数量（个）	综合容积率		建筑密度（%）		工业用地综合容积率		工业用地建筑系数（%）	
		2017年	2020年	2017年	2020年	2017年	2020年	2017年	2020年
全部开发区	480	0.80	0.84	33.3	34.4	0.85	0.89	50.8	51.1
2017~2020年持续参评的开发区	408	0.80	0.84	33.3	34.3	0.85	0.89	50.9	51.1
新增参评开发区	72	—	0.77	—	31.5	—	0.85	—	48.4

2017~2020年，工业主导型开发区实际管理范围内土地利用强度有所提升。2020年，综合容积率和工业用地综合容积率分别为0.81和0.85，较2017年分别增长0.03和0.02；建筑密度和工业用地建筑系数分别为34.0%和50.8%，较2017年分别增长1.1个和0.9个百分点。持续参评且有发展方向区的开发区综合容积率和工业用地综合容积率分别提升0.04和0.02，建筑密度和工业用地建筑系数分别提升1.2个和0.6个百分点。新增参评开发区综合容

积率为 0.71，建筑密度为 31.2%，工业用地综合容积率为 0.79，工业用地建筑系数为 47.6%（见表 36）。从审批类别上看，2020 年，经开区综合容积率最高，为 0.85，分别较高新区和特色工业园高 0.01 和 0.11；高新区工业用地综合容积率最高，为 0.89，分别较经开区和特色工业园高 0.01 和 0.10；特色工业园建筑密度最高，为 34.2%，分别较经开区和高新区高 0.3 个和 0.2 个百分点；经开区工业用地建筑系数最高，为 52.1%，分别较高新区和特色工业园高 0.6 个和 3.3 个百分点。

表 36　2017 年和 2020 年中部地区省级工业主导型开发区实际管理范围土地利用强度变化情况

范围	数量（个）	综合容积率		建筑密度（%）		工业用地综合容积率		工业用地建筑系数（%）	
		2017年	2020年	2017年	2020年	2017年	2020年	2017年	2020年
全部开发区	480	0.78	0.81	32.9	34.0	0.83	0.85	49.9	50.8
持续参评且无发展方向区的开发区	32	0.77	0.79	32.7	32.1	0.82	0.87	49.4	48.9
持续参评且有发展方向区的开发区	376	0.78	0.82	32.9	34.1	0.83	0.85	50.3	50.9
新增参评开发区	72	—	0.71	—	31.2	—	0.79	—	47.6

2017~2020 年，产城融合型开发区依法审批范围内土地利用强度有所提升。2020 年，综合容积率为 1.24，较 2017 年提升 0.05；建筑密度为 34.2%，较 2017 年提升 0.6 个百分点（见图 28）。2017~2020 年持续参评的开发区综合容积率提升 0.06，建筑密度提升 3.6 个百分点。新增参评开发区综合容积率为 0.95，建筑密度为 24.0%（见表 37）。从审批类别上看，2020 年，经开区综合容积率最高，为 1.28，分别较高新区和特色工业园高 0.10 和 0.28；经开区建筑密度最高，为 35.6%，分别较高新区和特色工业园高 2.6 个和 8.8 个百分点。

171

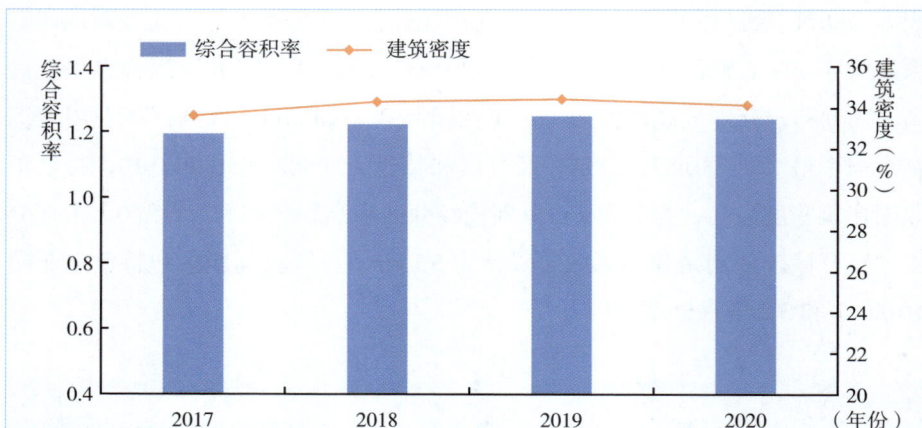

图 28　2017~2020 年中部地区省级产城融合型开发区依法审批范围土地利用强度变化

表 37　2017 年和 2020 年中部地区省级产城融合型开发区依法审批范围土地利用强度变化情况

范围	数量（个）	综合容积率		建筑密度（%）	
		2017 年	2020 年	2017 年	2020 年
全部开发区	81	1.19	1.24	33.6	34.2
2017~2020 年持续参评的开发区	74	1.20	1.26	33.4	37.0
新增参评开发区	7	—	0.95	—	24.0

2017~2020 年，产城融合型开发区实际管理范围内综合容积率和建筑密度有所提升。2020 年，综合容积率为 1.07，较 2017 年提升 0.05；建筑密度为 33.5%，较 2017 年提升 1.3 个百分点。持续参评且有发展方向区的开发区综合容积率提升 0.04，建筑密度提升 3.3 个百分点。新增参评开发区综合容积率为 0.84，建筑密度为 33.8%（见表 38）。从审批类别上看，2020 年，高新区综合容积率最高，为 1.14，分别较经开区和特色工业园高 0.05 和 0.28；经开区建筑密度最高，为 35.0%，分别较高新区和特色工业园高 8.5 个和 1.2 个百分点。

表 38　2017 年和 2020 年中部地区省级产城融合型开发区实际管理范围
土地利用强度变化情况

范围	数量（个）	综合容积率		建筑密度（%）	
		2017 年	2020 年	2017 年	2020 年
全部开发区	81	1.02	1.07	32.2	33.5
持续参评且无发展方向区的开发区	9	1.04	1.37	29.1	33.1
持续参评且有发展方向区的开发区	65	1.02	1.06	32.0	35.3
新增参评开发区	7	—	0.84	—	33.8

4. 综合用地效益

2017~2020 年，工业主导型开发区依法审批范围内综合用地效益有所提升。2020 年，工业用地固定资产投入强度为 4507 元 / 米 ^{2}，较 2017 年提升 14.0%；工业用地地均税收为 177 元 / 米 ^{2}，较 2017 年提升 10.6%（见图 29）。2017~2020 年持续参评的开发区综合用地效益提升明显，工业用地固定资产投入强度提升 16.6%，工业用地地均税收提升 11.8%。新增参评开发区工业用地固定资产投入强度为 3883 元 / 米 ^{2}，工业用地地均税收为 152 元 / 米 ^{2}（见表 39）。从审批类别上看，2020 年，特色工业园工业用地固定资产投入强度最高，为 4578 元 / 米 ^{2}，分别较经开区和高新区高 0.7% 和 6.6%；高新区工业

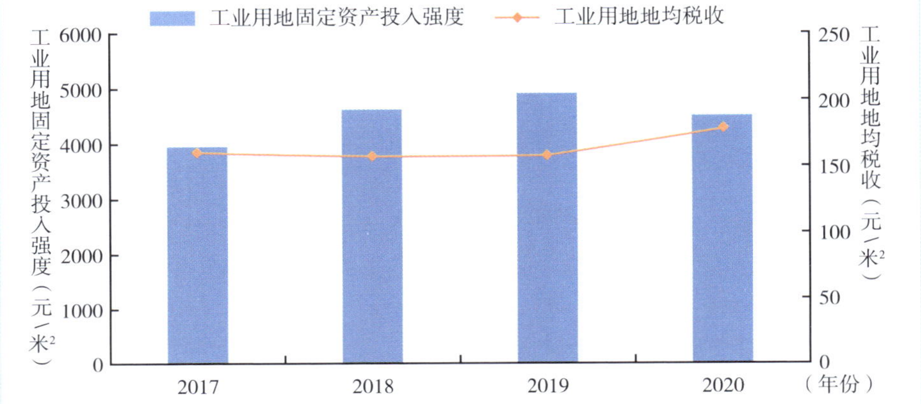

图 29　2017~2020 年中部地区省级工业主导型开发区依法审批范围综合用地效益变化

用地地均税收最高，为 238 元 / 米^2，分别较经开区和特色工业园高 33.6% 和 67.0%。

范围	数量（个）	工业用地固定资产投入强度（元 / 米^2）		工业用地地均税收（元 / 米^2）	
		2017 年	2020 年	2017 年	2020 年
全部开发区	480	3953	4507	160	177
2017~2020 年持续参评的开发区	408	3921	4573	161	180
新增参评开发区	72	—	3883		152

表 39　2017 年和 2020 年中部地区省级工业主导型开发区依法审批范围综合用地效益变化情况

2017~2020 年，工业主导型开发区实际管理范围内综合用地效益有所提升。2020 年，工业用地固定资产投入强度为 4391 元 / 米^2，较 2017 年提升 18.8%；工业用地地均税收为 163 元 / 米^2，较 2017 年提升 8.7%。持续参评且有发展方向区的开发区工业用地固定资产投入强度提升 20.7%，工业用地地均税收提升 8.5%。新增参评开发区工业用地固定资产投入强度为 3578 元 / 米^2，工业用地地均税收为 147 元 / 米^2（见表 40）。从审批类别上看，2020 年，经开区工业用地固定资产投入强度最高，为 4638 元 / 米^2，分别较高新区和特色工业园高 19.2% 和 7.5%；高新区工业用地地均税收最高，为 206 元 / 米^2，分别较经开区和特色工业园高 19.1% 和 58.5%。

范围	数量（个）	工业用地固定资产投入强度（元 / 米^2）		工业用地地均税收（元 / 米^2）	
		2017 年	2020 年	2017 年	2020 年
全部开发区	480	3696	4391	150	163
持续参评且无发展方向区的开发区	32	3202	3752	141	152
持续参评且有发展方向区的开发区	376	3737	4512	153	166
新增参评开发区	72	—	3578	—	147

表 40　2017 年和 2020 年中部地区省级工业主导型开发区实际管理范围综合用地效益变化情况

2017~2020 年，产城融合型开发区依法审批范围内综合地均税收和人口密度均有所上升。2020 年，综合地均税收为 136 元 / 米 ^{2}，较 2017 年提升 1.5%；人口密度为 117 人 / 公顷，较 2017 年提升 1.7%（见图 30）。2017~2020 年持续参评的开发区综合地均税收提升 25.7%，人口密度下降 3.3%。新增参评开发区综合地均税收为 100 元 / 米 ^{2}，人口密度为 74 人 / 公顷（见表 41）。从审批类别上看，2020 年，高新区综合地均税收最高，为 323 元 / 米 ^{2}，分别较经开区和特色工业园高 1.9 倍和 2.1 倍；高新区人口密度最高，为 154 人 / 公顷，分别较经开区和特色工业园高 34.6% 和 53.0%。

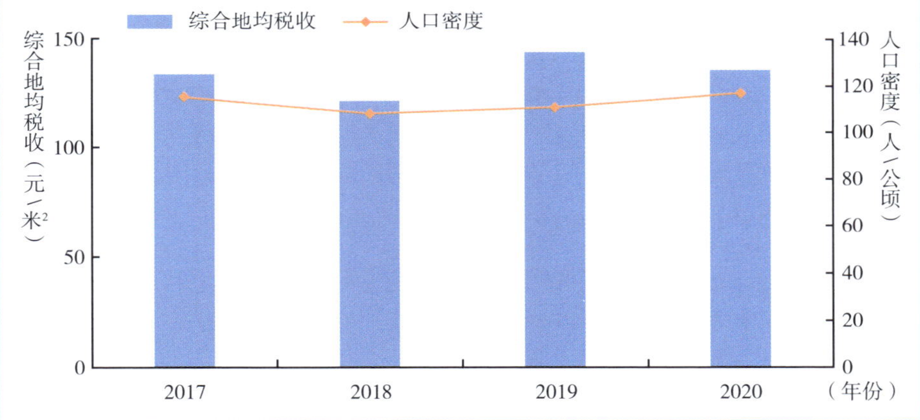

图 30　2017~2020 年中部地区省级产城融合型开发区依法审批范围综合用地效益变化

表 41　2017 年和 2020 年中部地区省级产城融合型开发区依法审批范围综合用地效益变化情况

范围	数量（个）	综合地均税收（元 / 米 ^{2}）		人口密度（人 / 公顷）	
		2017 年	2020 年	2017 年	2020 年
全部开发区	81	134	136	115	117
2017~2020 年持续参评的开发区	74	113	142	120	116
新增参评开发区	7	—	100	—	74

175

2017~2020 年，产城融合型开发区实际管理范围内综合地均税收有所下降，人口密度有所提升。2020 年，综合地均税收为 133 元 / 米 ²，较 2017 年下降 1.5%；人口密度为 105 人 / 公顷，较 2017 年提升 14.1%。持续参评且有发展方向区的开发区综合地均税收提升 12.6%，人口密度提升 5.4%。新增参评开发区综合地均税收为 93 元 / 米 ²，人口密度为 119 人 / 公顷（见表 42）。从审批类别上看，2020 年，高新区综合地均税收最高，为 249 元 / 米 ²，分别较经开区和特色工业园高 1.3 倍和 83.4%；高新区人口密度最高，为 126 人 / 公顷，分别较经开区和特色工业园高 27.7% 和 9.0%。

表 42 2017 年和 2020 年中部地区省级产城融合型开发区实际管理范围综合用地效益变化情况

范围	数量（个）	综合地均税收（元 / 米 ²）		人口密度（人 / 公顷）	
		2017 年	2020 年	2017 年	2020 年
全部开发区	81	135	133	92	105
持续参评且无发展方向区的开发区	9	115	199	143	154
持续参评且有发展方向区的开发区	65	119	134	93	98
新增参评开发区	7	—	93	—	119

5. 土地管理绩效

2017~2020 年，工业主导型开发区依法审批范围内土地闲置率有所提升。2020 年，土地闲置率为 0.38%，较 2017 年提升 0.25 个百分点。2017~2020 年持续参评的开发区土地闲置率增幅为 0.26 个百分点。新增参评开发区土地闲置率为 0.28%。从审批类别上看，2020 年，经开区、高新区和特色工业园土地闲置率分别为 0.22%、0.09% 和 0.79%。

2017~2020 年，工业主导型开发区实际管理范围内土地闲置率有所提升。2020 年，土地闲置率为 0.51%，较 2017 年提升 0.35 个百分点。持续参评且有发展方向区的开发区土地闲置率提升 0.37 个百分点。新增参评开发区土地闲置率为 0.30%。从审批类别上看，2020 年，经开区、高新区和特色工业园土地闲置率分别为 0.43%、0.06% 和 0.87%。

2017~2020 年，产城融合型开发区依法审批范围内土地闲置率有所提升。2020 年，土地闲置率为 0.34%，较 2017 年上升 0.23 个百分点。2017~2020 年持续参评的开发区土地闲置率提升 0.33 个百分点。新增参评开发区无闲置土地。从审批类别上看，2020 年，经开区、高新区和特色工业园土地闲置率分别为 0.06%、0.17% 和 2.06%。

2017~2020 年，产城融合型开发区实际管理范围内土地闲置率有所提升。2020 年，土地闲置率为 0.37%，较 2017 年提升 0.30 个百分点。持续参评且有发展方向区的开发区土地闲置率提升 0.36 个百分点。新增参评开发区土地闲置率为 1.76%。从审批类别上看，2020 年，经开区、高新区和特色工业园土地闲置率分别为 0.21%、0.15% 和 1.69%。

四　主要结论和政策建议

（一）开发区土地集约利用评价总体状况与主要特征

1. 国家级开发区

从数量上看，2020 年中部地区国家级开发区参评数量为 117 个，占全国比例为 20.9%，开发区参评持续性较强，参评率由 2016 年的 92.5% 提升至 2020 年的 100%。高新区发展动力较强，2020 年中部地区开发区中，高新区数量占比为 37.6%，高于全国水平 7.9 个百分点。部分持续参评开发区表现出产城融合的发展导向，9 个开发区由工业主导型向产城融合型转型，新增参评开发区以高新区为主。

从用地规模上看，中部地区国家级开发区依法审批范围平均用地规模较小，2020 年依法审批范围平均用地规模为 812 公顷，较全国水平低 12.6%，发展方向区平均用地规模较大，2020 年实际管理范围平均用地规模为 6441 公顷，高于全国水平 6.9%。2016~2020 年开发区依法审批范围平均用地规模有所下降，降幅为 4.1%，其中，持续参评开发区依法审批范围平均用地规模基本无变化，新增参评开发区依法审批范围平均用地规模明显较小。

从土地集约利用程度上看，中部地区工业主导型国家级开发区土地利用程度较高，土地利用强度较高，但综合用地效益和土地管理绩效较低，2020年依法审批范围内土地建成率高于全国水平0.5个百分点，综合容积率高于全国水平0.06，而工业用地地均税收低于全国水平39.9%，土地闲置率高于全国水平0.18个百分点。产城融合型国家级开发区土地利用程度和土地利用强度较高，但综合用地效益明显较低，2020年依法审批范围内土地建成率高于全国水平1.1个百分点，综合容积率高于全国水平0.03，而综合地均税收低于全国水平57.9%，人口密度低于全国水平8.5%。

2. 省级开发区

从数量上看，2020年中部地区省级开发区参评数量为561个，占全国比例为25.9%，开发区参评持续性较弱，参评率由2017年的97.3%下降至2020年的95.6%。县域工业集中区数量较多，2020年中部地区开发区中，特色工业园数量达到219个，占比39.0%，高于全国水平5.7个百分点。部分持续参评开发区表现出产城融合的发展导向，18个开发区由工业主导型向产城融合型转型，部分特色工业园向高新区和经开区转型，部分经开区向高新区转型，新增参评开发区以经开区和高新区为主。

从用地规模上看，2020年中部地区省级开发区平均用地规模较小，2020年依法审批范围和实际管理范围平均用地规模分别为668公顷和1918公顷，较全国水平分别低14.1%和19.4%。2017~2020年开发区依法审批范围平均用地规模大幅提升，增幅为8.8%，其中，持续参评开发区依法审批范围平均用地规模增长13.8%，新增参评开发区依法审批范围平均用地规模明显较小。

从土地集约利用程度上看，中部地区工业主导型省级开发区土地供应速度较快、建设速度较慢，土地利用强度较高，但综合用地效益和土地管理绩效有待提升，2020年依法审批范围内土地供应率高于全国水平7.0个百分点，土地建成率低于全国水平1.1个百分点，综合容积率高于全国水平0.08，而工业用地地均税收低于全国水平29.5%，土地闲置率高于全国水平0.17个百分点。产城融合型省级开发区土地利用程度和土地利用强度较高，但综合用地效益明显不足，2020年依法审批范围内土地供应率高于全国水平5.3个百分点，土地建成率与全国水平相当，综合容积率高于全国水平 0.07，而综合地均税收低于全国水平 61.5%，人口密度低于全国水平 11.4%。

（二）提升开发区土地集约利用水平的对策建议

转变开发区发展理念，由追求速度规模向追求质量效益转变，由要素驱动向创新驱动转变，由制造业为主向服务业融合发展转变，由同质化竞争向差异化发展转变，促进开发区经济高质量发展。[①] 加强中部地区开发区承接产业转移的能力建设，增强产业发展动力，创新开发区建设运营方式，支持中部省份与沿海省份共建产业转移和承接的合作开发区。充分发挥各省比较优势，形成区域协调、产业协作发展新格局，避免开发区产业发展同质化竞争。推进煤炭、有色金属、化工建材、钢铁有色等传统产业优化升级，培育新一代信息技术、生物医药、新能源新材料为主导的新兴战略性产业集群。[②] 优化开发区土地利用方式，推进产城融合型开发区规划建设，加大生活服务设施用地保障力度，提升人口承载能力。持续推进开发区土地集约利用评价工作，加强参评开发区的年度持续性，重点评价省级新增开发区土地集约利用水平，控制省级新增开发区用地规模，合理配置土地资源。提升开发区运营管理水平，加强开发区项目建设管理，确保建设项目按期建成投产，加强开发区土地利用管理，及时处理闲置土地。

[①] 陈昌根：《湖北省开发区土地集约节约利用对策研究》，《资源节约与环保》2020 年第 3 期。

[②] 刘松：《高新技术产业开发区"节地增效"研究》，南昌大学硕士学位论文，2022。

B.4

2016~2020年西部地区开发区
土地集约利用状况分析

摘　要： 本报告基于西部地区"一市""五区""六省"共138个国家级开发区
和687个省级开发的土地集约利用评价基础数据，分析2016~2020
年西部地区开发区基本情况、土地利用状况、土地集约利用状况及
变化情况，比较不同类型开发区土地集约利用状况差异。报告指出，
西部地区开发区数量约占全国的1/4，"十三五"期间参评率有所波
动，边境合作区等经济类开发区发展速度较快。开发区用地规模上，
西部地区国家级开发区平均用地规模较小，省级开发区较大。土地
集约利用总体情况上，西部地区开发区在土地利用程度、土地利用
强度、综合用地效益和土地管理绩效等方面均有待加强，仅国家级
开发区人口承载能力较好。推进西部地区开发区土地集约利用可从
打造边境特色产业、加大基础设施保障力度、提供有效的产业政策、
控制开发区用地规模、加强土地使用管理等方面着手。

关键词： 开发区　土地集约利用　西部地区

一　2016~2020年西部地区开发区基本情况分析

（一）国家级开发区

1. 参评数量

2016~2020年，西部地区国家级开发区参评数量逐年增长，《目录》中国

家级开发区参评率 ① 有所提升。2020 年，开发区参评数量为 134 个，较 2016 年净增加 27 个；参评率为 95.3%，较 2016 年提升 13.1 个百分点；不在《目录》中的开发区数量为 11 个（见表 1、图 1）。

表 1　2016~2020 年西部地区国家级开发区参评数量及参评率

年份	参评数量（个）			《目录》中未参评数量（个）	《目录》中开发区参评率（%）
	总计	在《目录》中	不在《目录》中		
2016	107	106	1	23	82.2
2017	121	121	0	8	93.8
2018	120	118	2	11	91.5
2019	126	120	6	9	93.0
2020	134	123	11	6	95.3

从审批类别看，经开区参评数量占比较大，海关特殊监管区增长较多。2020 年，经开区、高新区和海关特殊监管区参评数量分别为 66 个、38 个和 30 个，占比分别为 49.3%、28.4% 和 22.4%，较 2016 年分别净增加 3 个、6 个和 18 个（见图 2）。其中，新增参评开发区包括 5 个经开区、7 个高新区和 18 个海关特殊监管区。从评价类型看，工业主导型开发区参评数量占比较大且增长较多，部分开发区评价类型发生变化。2020 年，产城融合型和工业主导型开发区参评数量分别为 50 个和 84 个，占比分别为 37.3% 和 62.7%，较 2016 年分别净增加 7 个和 20 个（见图 3）。其中，新增产城融合型和工业主导型开发区参评数量分别为 6 个和 24 个，4 个开发区由产城融合型转变为工业主导型，5 个开发区由工业主导型转变为产城融合型。从审批类别与评价类型看，经开区与高新区中产城融合型开发区比例均较高。2020 年，经开区与高新区中产城融合型开发区比例分别为 47.0% 和 50.0%（见图 4）。

---

① 《目录》中西部地区应参加评价的开发区数量为 129 个。

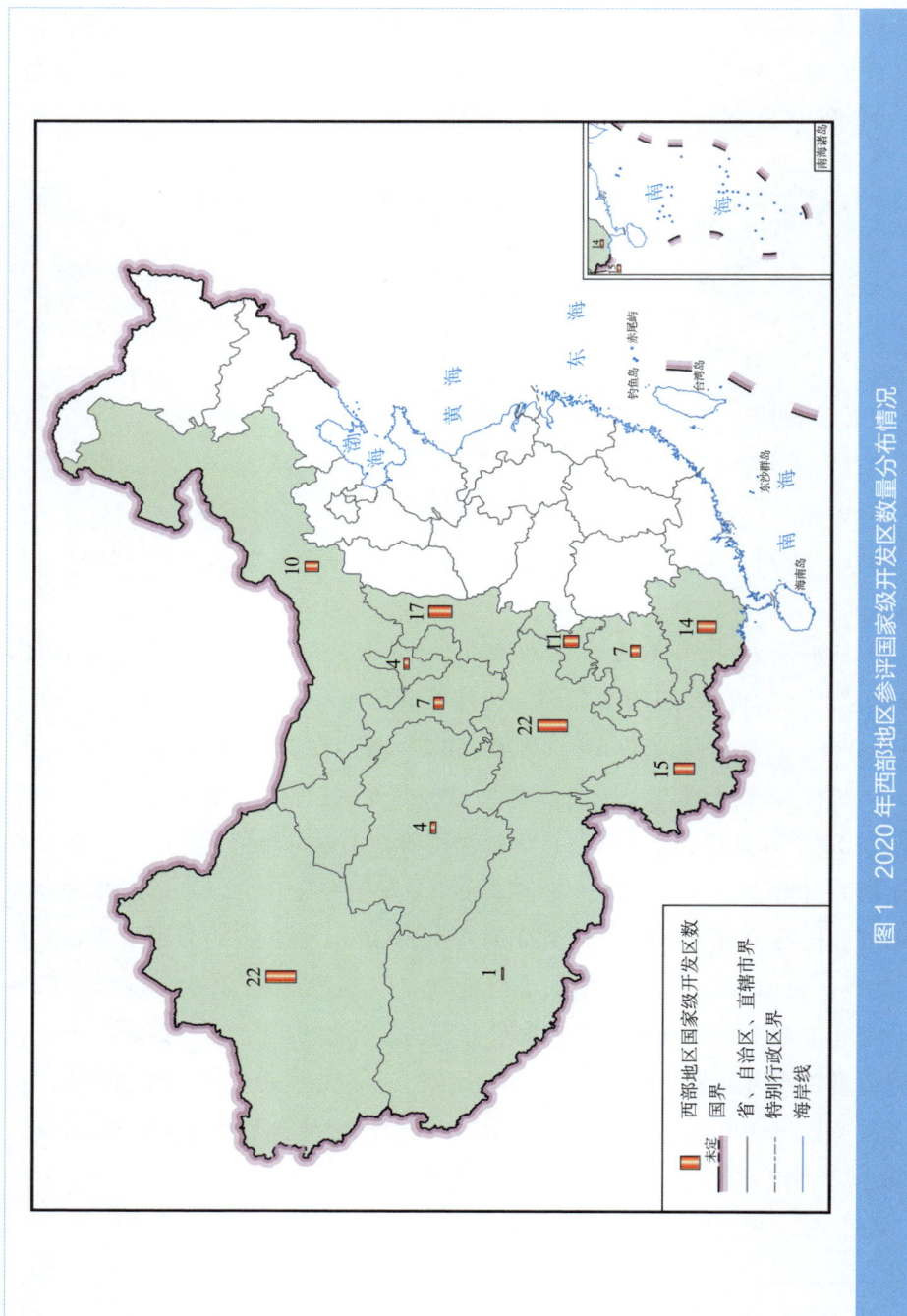

图1 2020年西部地区参评国家级开发区数量分布情况

图 2　2016~2020 年西部地区国家级开发区分审批类别参评数量变化

图 3　2016~2020 年西部地区国家级开发区分评价类型参评数量变化

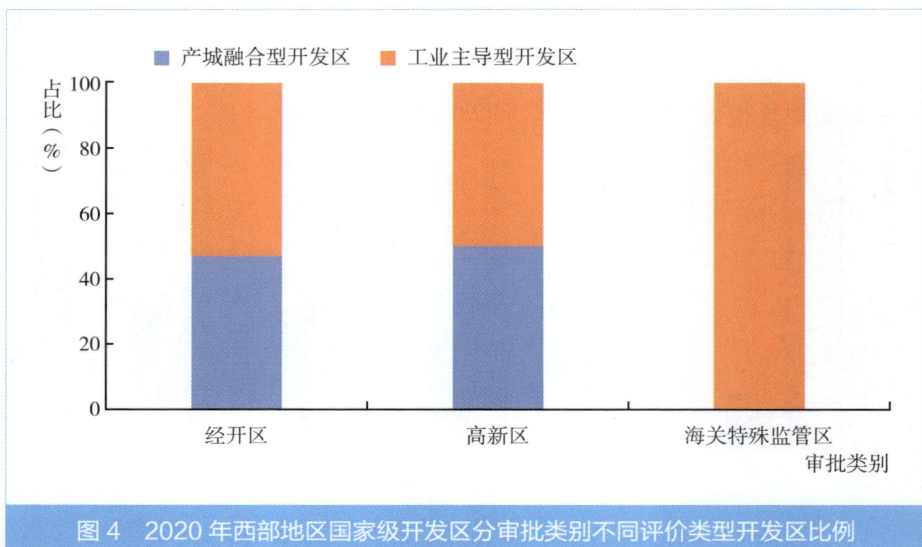

图4　2020年西部地区国家级开发区分审批类别不同评价类型开发区比例

2. 用地规模

2016~2020年，参评开发区依法审批范围用地规模有所增长，平均用地规模有所下降。2020年，开发区依法审批范围用地规模为10.63万公顷，较2016年增长12.2%；平均用地规模为794公顷，较2016年下降10.4%（见图5）。

图5　2016~2020年西部地区国家级开发区依法审批范围用地规模与平均用地规模变化

从审批类别看，经开区与高新区平均用地规模相当，海关特殊监管区平均用地规模较小且下降趋势明显。2020 年，经开区、高新区和海关特殊监管区平均用地规模分别为 967 公顷、896 公顷和 282 公顷，较 2016 年分别增长 2.4%、下降 0.7% 和下降 47.1%。从评价类型看，产城融合型开发区平均用地规模较大，各类型开发区平均用地规模均有所下降。2020 年，产城融合型和工业主导型开发区平均用地规模分别为 846 公顷和 762 公顷，较 2016 年分别下降 1.4% 和 15.8%。从审批类别与评价类型看，2016~2020 年持续参评开发区中，工业主导型经开区平均用地规模和海关特殊监管区平均用地规模有所下降，其余类型开发区用地规模无明显变化。新增参评开发区中，工业主导型经开区平均用地规模高于同类型持续参评开发区，其余类型开发区平均用地规模均低于同类型持续参评开发区（见表 2）。

表 2 2016 年和 2020 年西部地区国家级开发区分审批类别与评价类型依法审批范围平均用地规模变化情况

审批类别	评价类型	2016 年参评	2020 年参评	数量（个）	2016 年平均用地规模（公顷）	2020 年平均用地规模（公顷）
经开区	产城融合型	是	是	29	761	761
		否	是	2	—	413
	工业主导型	是	否	2	1031	—
		是	是	32	1106	1075
		否	是	3	—	2182
高新区	产城融合型	是	是	15	1066	1066
		否	是	4	—	850
	工业主导型	是	否	1	503	—
		是	是	16	774	774
		否	是	3	—	756
海关特殊监管区	工业主导型	是	是	12	532	401
		否	是	18	—	202

注：对 2020 年：经开区平均规模 $= \dfrac{761 \times 29 + 413 \times 2 + 1075 \times 32 + 2182 \times 3}{29 + 2 + 32 + 3} = 967$，其余同理。

对 2016 年：对持续参评的开发区，其类型会发生变动，此处对 2016 年开发区类型按其 2020 年情况处理，故此表不可推算 2016 年实际情况。其余同理。

2016~2020 年，参评开发区实际管理范围用地规模和平均用地规模大幅增长。2020 年，参评开发区的实际管理范围用地规模为 64.33 万公顷，较 2016 年增长 2.0 倍；平均用地规模为 4801 公顷，较 2016 年增长 1.4 倍（见图 6）。

图 6　2016~2020 年西部地区国家级开发区实际管理范围用地规模变化

从审批类别看，高新区平均用地规模较大且大幅增加，海关特殊监管区平均用地规模较小且有所下降。2020 年，经开区和高新区平均用地规模分别为 5604 公顷和 6831 公顷，较 2016 年分别增长 1.8 倍和 1.7 倍；海关特殊监管区平均用地规模为 461 公顷，较 2016 年下降 13.4%。从评价类型看，产城融合型开发区平均用地规模较大且增幅较大。2020 年，产城融合型和工业主导型开发区平均用地规模分别为 7134 公顷和 3412 公顷，较 2016 年分别增长 2.7 倍和 65.6%。从审批类别和评价类型看，2016~2020 年持续参评开发区中，除海关特殊监管区外，其余类型开发区实际管理范围平均用地规模均大幅上升。新增参评开发区中，工业主导型高新区和海关特殊监管区平均用地规模高于同类型持续参评开发区，其余类型开发区平均用地规模均低于同类型持续参评开发区（见表 3）。

表 3　2016 年和 2020 年西部地区国家级开发区分审批类别与评价类型实际管理范围平均用地规模变化情况

审批类别	评价类型	2016 年参评	2020 年参评	数量（个）	2016 年平均用地规模（公顷）	2020 年平均用地规模（公顷）
经开区	产城融合型	是	是	29	1665	5986
		否	是	2	—	2128
	工业主导型	是	否	2	3090	—
		是	是	32	2293	5793
		否	是	3	—	2211
高新区	产城融合型	是	是	15	2570	10660
		否	是	4	—	4737
	工业主导型	是	否	1	1700	—
		是	是	16	2524	4063
		否	是	3	—	5242
海关特殊监管区	工业主导型	是	是	12	532	446
		否	是	18		472

（二）省级开发区

1. 参评数量

2017~2020 年，西部地区省级开发区参评数量有所增长，《目录》中参评率①有所提升。2020 年，开发区参评数量为 573 个，较 2017 年净增加 106 个；参评率为 82.7%，较 2017 年提升 2.8 个百分点；不在《目录》中的开发区数量为 91 个，占参评开发区的 15.9%（见表 4、图 7）。

表 4　2017~2020 年西部地区省级开发区参评数量及参评率

年份	参评数量（个）			《目录》中未参评数量（个）	《目录》中开发区参评率（%）
	总计	在《目录》中	不在《目录》中		
2017	467	466	1	117	79.9
2018	522	490	32	93	84.0
2019	508	465	43	118	79.8
2020	573	482	91	101	82.7

① 《目录》中西部地区应参加评价的开发区数量为 583 个。

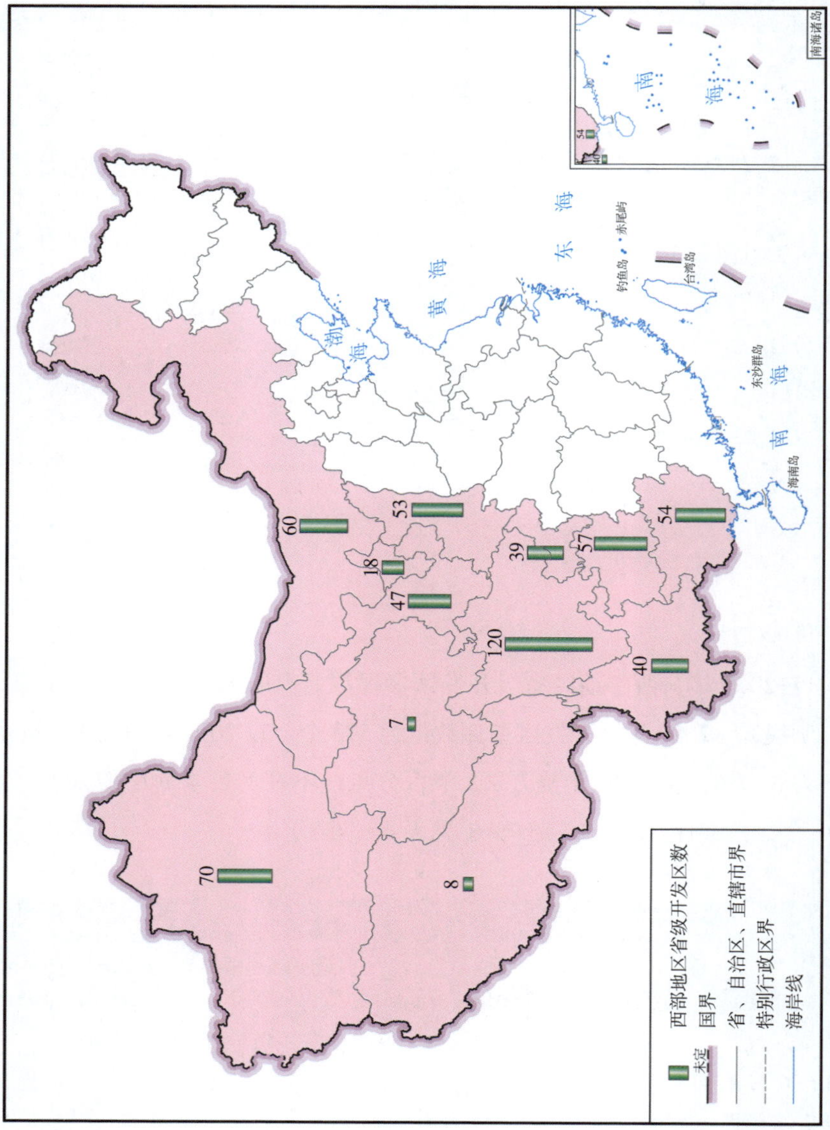

图7 2020年西部地区参评省级开发区数量分布情况

从审批类别看，特色工业园参评数量占比较大，经开区增长较多，部分特色工业园和经开区向高新区转型、部分特色工业园向经开区转型。2020 年，经开区、高新区和特色工业园参评数量分别为 229 个、64 个和 280 个，占比分别为 40.0%、11.2% 和 48.9%，较 2017 年分别净增加 44 个、36 个和 26 个（见图 8）。其中，新增参评开发区中包括 58 个经开区、19 个高新区和 89 个特色工业园，12 个经开区转型为高新区，7 个特色工业园转型为经开区，8 个特色工业园转型为高新区。从评价类型看，工业主导型开发区参评数量占比较大且增长较多，部分开发区评价类型发生变化。2020 年，产城融合型和工业主导型开发区参评数量分别为 77 个和 496 个，占比分别为 13.4% 和 86.6%，较 2017 年分别净增加 20 个和 86 个（见图 9）。其中，新增产城融合型和工业主导型开发区参评数量分别为 28 个和 138 个，8 个开发区由产城融合型转变为工业主导型，9 个开发区由工业主导型转变为产城融合型。从审批类别与评价类型看，2020 年，经开区与高新区中产城融合型开发区比例分别为 19.2% 和 18.8%，特色工业园中产城融合型开发区比例为 7.5%（见图 10）。

2. 用地规模

2017~2020 年，参评开发区依法审批范围用地规模和平均用地规模有所增长。2020 年，开发区依法审批范围用地规模为 54.90 万公顷，较 2017 年增

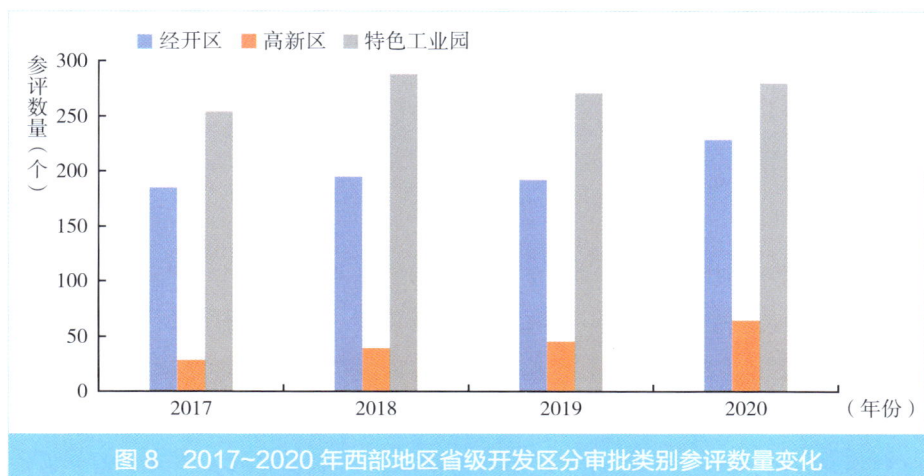

图 8　2017~2020 年西部地区省级开发区分审批类别参评数量变化

图9　2017~2020年西部地区省级开发区分评价类型参评数量变化

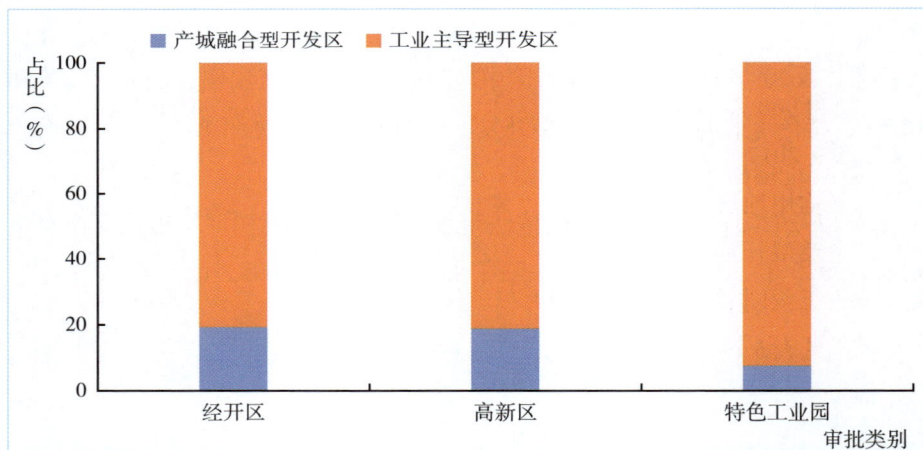

图10　2017~2020年西部地区省级开发区分审批类别不同评价类型开发区比例

长54.8%；平均用地规模为958公顷，较2017年增长26.1%（见图11）。

　　从审批类别看，高新区平均用地规模较大，各类型开发区平均用地规模均有所增长。2020年，经开区、高新区和特色工业园平均用地规模分别为836公顷、1296公顷和981公顷，较2017年分别增长43.7%、22.4%和14.5%。从评价类型看，工业主导型开发区平均用地规模略大，各类型开发区

图 11　2017~2020 年西部地区省级开发区依法审批范围用地规模与平均用地规模变化

均有所增长。2020 年，产城融合型和工业主导型开发区平均用地规模分别为
907 公顷和 966 公顷，较 2017 年分别增长 39.1% 和 24.7%。从审批类别与评
价类型看，2017~2020 年持续参评开发区中，产城融合型经开区和产城融合型
高新区平均用地规模略有下降，产城融合型特色工业园平均用地规模保持稳
定，其余类型开发区平均用地规模有所上升。新增参评开发区中，除产城融
合型特色工业园外，其他各类型开发区平均用地规模均高于同类型持续参评
开发区（见表 5）。

表 5　2017 年和 2020 年西部地区省级开发区分审批类别与评价类型依法审批范围
平均用地规模变化情况

审批类别	评价类型	2017 年参评	2020 年参评	数量（个）	2017 年平均用地规模（公顷）	2020 年平均用地规模（公顷）
经开区	产城融合型	是	否	4	349	—
		是	是	26	523	519
		否	是	18	—	1604
	工业主导型	是	否	5	1721	—
		是	是	145	556	577
		否	是	40	—	1639

191

续表

审批类别	评价类型	2016 年参评	2020 年参评	数量（个）	2016 年平均用地规模（公顷）	2020 年平均用地规模（公顷）
高新区	产城融合型	是	否	1	942	—
		是	是	9	1076	1052
		否	是	3	—	2308
	工业主导型	是	否	2	1693	—
		是	是	36	921	1031
		否	是	16	—	1840
特色工业园	产城融合型	是	否	4	1056	—
		是	是	14	603	603
		否	是	7	—	375
	工业主导型	是	否	44	872	—
		是	是	177	861	892
		否	是	82	—	1287

2017~2020 年，开发区实际管理范围用地规模和平均用地规模大幅增长。2020 年，参评开发区的实际管理范围用地规模为 136.36 万公顷，较 2017 年增长 2.0 倍；平均用地规模为 2380 公顷，较 2017 年增长 1.4 倍（见图 12）。

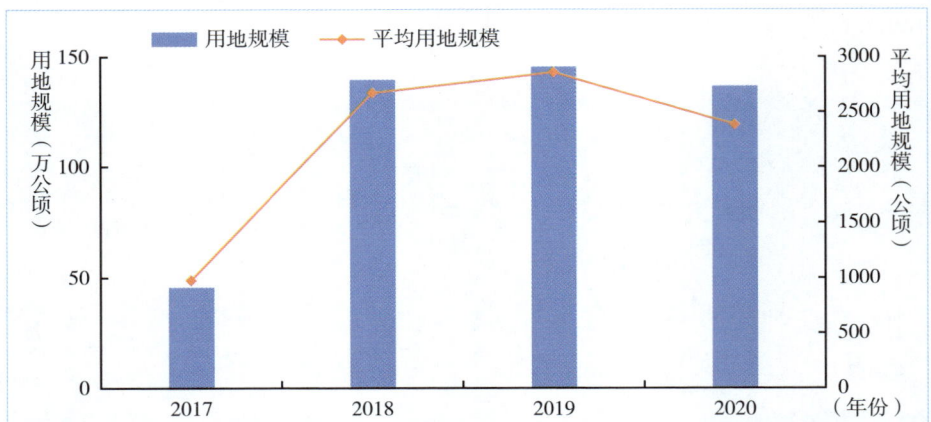

图 12　2017~2020 年西部地区省级开发区实际管理范围用地规模变化

从审批类别看，高新区平均用地规模较大，各类开发区平均用地规模均大幅增加。2020 年，经开区、高新区和特色工业园平均用地规模分别为 2545 公顷、3491 公顷和 1991 公顷，较 2017 年分别增长 2.0 倍、1.6 倍和 92.3%。从评价类型看，工业主导型开发区平均用地规模增幅较大。2020 年，产城融合型和工业主导型开发区平均用地规模分别为 2250 公顷和 2400 公顷，较 2017 年分别增长 77.2% 和 1.6 倍。从审批类别和评价类型看，2017~2020 年持续参评开发区中，各类开发区实际管理范围平均用地规模均大幅上升。新增参评开发区中，工业主导型经开区和高新区平均用地规模高于同类型持续参评开发区（见表 6）。

表 6　2017 年和 2020 年西部地区省级开发区分审批类别与评价类型实际管理范围平均用地规模变化情况

审批类别	评价类型	2017 年参评	2020 年参评	数量（个）	2017 年平均用地规模（公顷）	2020 年平均用地规模（公顷）
经开区	产城融合型	是	否	4	745	—
		是	是	26	839	2166
		否	是	18	—	2050
	工业主导型	是	否	5	1990	—
		是	是	145	787	2441
		否	是	40	—	3391
高新区	产城融合型	是	否	1	942	—
		是	是	9	1647	2558
		否	是	3	—	8483
	工业主导型	是	否	2	2342	—
		是	是	36	1165	2161
		否	是	16	—	6071
特色工业园	产城融合型	是	否	4	1590	—
		是	是	14	1498	1704
		否	是	7	—	1099
	工业主导型	是	否	44	979	—
		是	是	177	983	2032
		否	是	82	—	2025

二 2016~2020 年西部地区开发区土地利用情况分析

（一）国家级开发区

1. 土地供应建设状况

2016~2020 年，开发区依法审批范围内，达供面积、供应面积和建成面积均逐年增长。2020 年，开发区达供面积为 9.27 万公顷，较 2016 年增长 15.4%；供应面积为 8.06 万公顷，较 2016 年增长 16.5%；建成面积为 7.31 万公顷，较 2016 年增长 13.1%（见图 13）。其中，2016~2020 年持续参评的开发区达供面积、供应面积和建成面积增幅分别为 1.1%、4.0% 和 3.0%（见表 7）。

图 13 2016~2020 年西部地区国家级开发区依法审批范围土地供应建设状况变化

表 7 2016~2020 年西部地区国家级开发区依法审批范围土地供应建设状况变化情况

范围	数量（个）	已达到供地条件土地		已供应国有建设用地		已建成城镇建设用地	
		增长（万公顷）	增幅（%）	增长（万公顷）	增幅（%）	增长（万公顷）	增幅（%）
全部开发区	134	1.24	15.4	1.14	16.5	0.85	13.1
2016~2020 年持续参评的开发区	104	0.09	1.1	0.27	4.0	0.19	3.0
新增参评开发区	30	1.39	—	1.11	—	0.87	—

从审批类别看，海关特殊监管区土地供应与开发建设速度较快。2020 年，经开区、高新区和海关特殊监管区达供面积分别为 5.35 万公顷、3.12 万公顷和 0.80 万公顷，较 2016 年分别增长 9.0%、20.6% 和 51.0%；供应面积分别为 4.39 万公顷、3.03 万公顷和 0.64 万公顷，较 2016 年分别增长 9.7%、21.0% 和 54.7%；建成面积分别为 4.01 万公顷、2.87 万公顷和 0.43 万公顷，较 2016 年分别增长 7.6%、18.3% 和 38.8%。从评价类型看，产城融合型开发区土地供应与开发建设速度较快。2020 年，产城融合型和工业主导型开发区达供面积分别为 3.86 万公顷和 5.40 万公顷，较 2016 年分别增长 22.1% 和 11.2%；供应面积分别为 3.69 万公顷和 4.37 万公顷，较 2016 年分别增长 27.0% 和 8.9%；建成面积分别为 3.52 万公顷和 3.79 万公顷，较 2016 年分别增长 27.3% 和 2.5%。

2016~2020 年，开发区实际管理范围内，达供面积、供应面积和建成面积均大幅增长。2020 年，达供面积为 29.25 万公顷，较 2016 年增长 74.4%；供应面积为 23.19 万公顷，较 2016 年增长 72.7%；建成面积为 19.81 万公顷，较 2016 年增长 62.4%。其中，持续参评且有发展方向区的开发区达供面积、供应面积和建成面积分别增长 73.6%、72.0% 和 62.9%（见表 8）。

表 8　2016~2020 年西部地区国家级开发区实际管理范围土地供应建设状况变化情况

范围	数量（个）	已达到供地条件土地		已供应国有建设用地		已建成城镇建设用地	
		增长（万公顷）	增幅（%）	增长（万公顷）	增幅（%）	增长（万公顷）	增幅（%）
全部开发区	134	12.48	74.4	9.76	72.7	7.61	62.4
持续参评且无发展方向区的开发区	29	0.02	1.4	0.06	4.5	0.06	4.9
持续参评且有发展方向区的开发区	75	10.52	73.6	8.28	72.0	6.56	62.9
新增参评开发区	30	2.65	—	2.01	—	1.54	—

从审批类别看，2020 年，经开区、高新区和海关特殊监管区达供面积分别为 17.71 万公顷、10.41 万公顷和 1.14 万公顷，较 2016 年分别增长 75.0%、70.0% 和 1.1 倍；供应面积分别为 13.14 万公顷、9.17 万公顷和 0.88 万公顷，

较 2016 年分别增长 71.3%、71.4% 和 1.1 倍；建成面积分别为 11.28 万公顷、7.94 万公顷和 0.59 万公顷，较 2016 年分别增长 62.7%、60.2% 和 91.8%。从评价类型看，2020 年，产城融合型和工业主导型开发区达供面积分别为 14.50 万公顷和 14.75 万公顷，较 2016 年分别增长 1.2 倍和 43.8%；供应面积分别为 11.42 万公顷和 11.77 万公顷，较 2016 年分别增长 1.1 倍和 45.2%；建成面积分别为 10.17 万公顷和 9.64 万公顷，较 2016 年分别增长 1.1 倍和 31.5%。

2. 土地利用结构

2016~2020 年，开发区依法审批范围内，工矿仓储用地和住宅用地的规模均有所增长，住宅用地增幅较大。2020 年，工矿仓储用地面积为 2.66 万公顷，较 2016 年增长 3.1%；住宅用地面积为 1.55 万公顷，较 2016 年增长 25.0%。其中，2016~2020 年持续参评的开发区中，工矿仓储用地面积下降 3.7%，住宅用地面积增长 13.7%（见表 9）。

表 9　2016~2020 年西部地区国家级开发区依法审批范围工矿仓储和住宅用地规模变化情况

范围	数量（个）	工矿仓储用地		住宅用地	
		增长（万公顷）	增幅（%）	增长（万公顷）	增幅（%）
全部开发区	134	0.08	3.1	0.31	25.0
2016~2020 年持续参评的开发区	104	−0.09	−3.7	0.17	13.7
新增参评开发区	30	0.32	—	0.16	—

从审批类别看，经开区和高新区工矿仓储用地规模有所下降，住宅用地规模有所增长，海关特殊监管区工矿仓储用地规模迅速增长。2020 年，经开区、高新区和海关特殊监管区工矿仓储用地面积分别为 1.56 万公顷、0.82 万公顷和 0.28 万公顷，较 2016 年分别下降 0.2%、下降 1.6% 和增长 53.7%；经开区和高新区住宅用地面积分别为 0.81 万公顷和 0.74 万公顷，较 2016 年分别增长 16.9% 和 38.0%。从评价类型看，产城融合型开发区住宅用地规模增幅较大。2020 年，产城融合型和工业主导型开发区工矿仓储用地面积分别为

0.67 万公顷和 1.98 万公顷，较 2016 年分别增长 3.1% 和 3.2%；住宅用地面积分别为 1.18 万公顷和 0.38 万公顷，较 2016 年分别增长 39.4% 和下降 5.2%。

2016~2020 年，开发区实际管理范围内，工矿仓储用地和住宅用地的规模均大幅增长。2020 年，工矿仓储用地面积 8.39 万公顷，较 2016 年增长 50.9%；住宅用地面积为 3.31 万公顷，较 2016 年增长 65.5%。其中，持续参评且有发展方向区的开发区工矿仓储用地和住宅用地面积分别增长 56.9% 和 63.0%（见表 10）。

表 10 2016~2020 年西部地区国家级开发区实际管理范围工矿仓储和住宅用地规模变化情况

范围	数量（个）	工矿仓储用地		住宅用地	
		增长（万公顷）	增幅（%）	增长（万公顷）	增幅（%）
全部开发区	134	2.83	50.9	1.31	65.5
持续参评且无发展方向区的开发区	29	0.02	3.0	0.01	6.0
持续参评且有发展方向区的开发区	75	2.63	56.9	1.09	63.0
新增参评开发区	30	0.61	—	0.25	—

从审批类别看，2020 年，经开区、高新区和海关特殊监管区工矿仓储用地面积分别为 5.33 万公顷、2.73 万公顷和 0.33 万公顷，较 2016 年分别增长 55.3%、40.7% 和 78.9%；经开区和高新区住宅用地面积分别为 1.77 万公顷和 1.52 万公顷，较 2016 年分别增长 79.9% 和 51.8%。从评价类型看，2020 年，产城融合型和工业主导型开发区工矿仓储用地面积分别为 3.27 万公顷和 5.12 万公顷，较 2016 年分别增长 1.1 倍和 27.0%；住宅用地面积分别为 2.35 万公顷和 0.96 万公顷，较 2016 年分别增长 99.9% 和 17.1%。

3. 土地闲置状况

2016~2020 年，开发区依法审批范围内，闲置土地面积呈增长趋势。2020 年，开发区闲置土地面积为 93 公顷，较 2016 年增长 55 公顷。其中，2016~2020 年持续参评的开发区闲置土地面积增长 34 公顷。从审批类别看，

2020 年，经开区、高新区和海关特殊监管区闲置土地面积分别为 64 公顷、22 公顷和 7 公顷。从评价类型看，2020 年，产城融合型和工业主导型开发区闲置土地面积分别为 64 公顷和 29 公顷。

2016~2020 年，开发区实际管理范围内，闲置土地面积增长较快。2020 年，开发区闲置土地面积为 537 公顷，较 2016 年增长 411 公顷。其中，持续参评且有发展方向区的开发区闲置土地面积为 379 公顷。从审批类别看，2020 年，经开区、高新区和海关特殊监管区闲置土地面积分别为 133 公顷、397 公顷和 7 公顷。从评价类型看，2020 年，产城融合型和工业主导型开发区闲置土地面积分别为 185 公顷和 352 公顷。

4. 建设量状况

2016~2020 年，开发区依法审批范围内，建设量逐年增长。2020 年，开发区建筑面积为 7.66 亿平方米，较 2016 年增长 27.0%；建筑基底面积为 2.09 亿平方米，较 2016 年增长 13.0%；工矿仓储用地建筑面积为 2.01 亿平方米，较 2016 年增长 11.7%；工矿仓储建筑基底面积为 1.34 亿平方米，较 2016 年增长 7.2%（见图 14）。其中，2016~2020 年持续参评的开发区中，建筑面积增长 15.6%，建筑基底面积增长 4.5%，工矿仓储用地建筑面积增长 1.2%，工矿仓储建筑基底面积下降 0.4%（见表 11）。

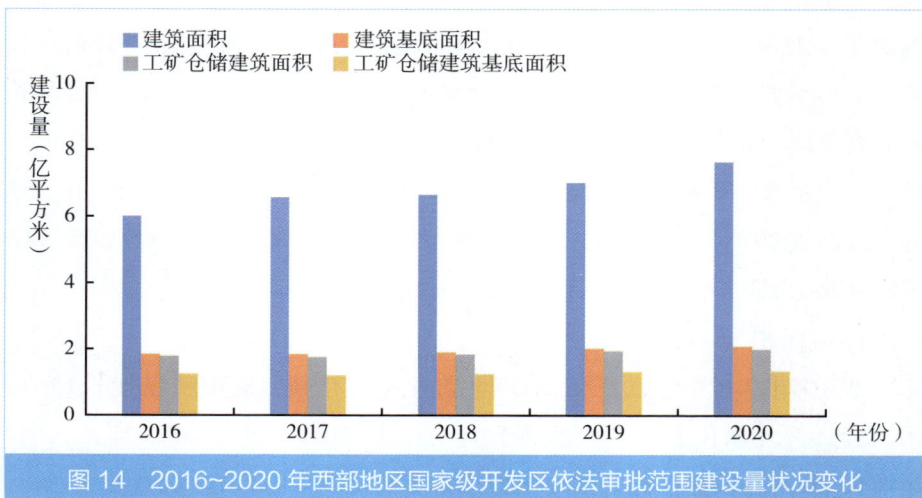

图 14　2016~2020 年西部地区国家级开发区依法审批范围建设量状况变化

范围	数量（个）	建筑面积		建筑基底面积		工矿仓储建筑面积		工矿仓储建筑基底面积	
		增长（亿平方米）	增幅（%）	增长（亿平方米）	增幅（%）	增长（亿平方米）	增幅（%）	增长（亿平方米）	增幅（%）
全部开发区	134	1.63	27.0	0.24	13.0	0.21	11.7	0.09	7.2
2016~2020 年持续参评的开发区	104	0.92	15.6	0.08	4.5	0.02	1.2	−0.01	−0.4
新增参评开发区	30	0.82	—	0.23	—	0.27	—	0.17	—

表 11　2016~2020 年西部地区国家级开发区依法审批范围建设量状况变化情况

　　从审批类别看，海关特殊监管区建设量增幅较大。2020 年，经开区、高新区和海关特殊监管区建筑面积分别为 3.72 亿平方米、3.64 亿平方米和 0.29 亿平方米，较 2016 年分别增长 24.1%、29.7% 和 33.7%；建筑基底面积分别为 1.11 亿平方米、0.85 亿平方米和 0.13 亿平方米，较 2016 年分别增长 10.9%、14.1% 和 28.4%；工矿仓储建筑面积分别为 0.98 亿平方米、0.77 亿平方米和 0.26 亿平方米，较 2016 年分别增长 7.9%、5.0% 和 65.1%；工矿仓储建筑基底面积分别为 0.77 亿平方米、0.42 亿平方米和 0.16 亿平方米，较 2016 年分别增长 2.8%、1.8% 和 65.9%。从评价类型看，产城融合型开发区建设量增幅较高。2020 年，产城融合型和工业主导型开发区建筑面积分别为 4.81 亿平方米和 2.84 亿平方米，较 2016 年分别增长 46.8% 和 3.6%；建筑基底面积分别为 1.04 亿平方米和 1.05 亿平方米，较 2016 年分别增长 33.4% 和下降 1.6%；工矿仓储建筑面积分别为 0.63 亿平方米和 1.39 亿平方米，较 2016 年分别增长 17.2% 和 9.3%；工矿仓储建筑基底面积分别为 0.34 亿平方米和 1.00 亿平方米，较 2016 年分别增长 17.2% 和 4.3%。

　　2016~2020 年，开发区实际管理范围内，建设量大幅增长。2020 年，开发区建筑面积为 18.53 亿平方米，较 2016 年增长 66.0%；建筑基底面积为 5.60 亿平方米，较 2016 年增长 55.6%；工矿仓储用地建筑面积为 6.21 亿平方米，较 2016 年增长 50.7%；工矿仓储建筑基底面积为 4.03 亿平方米，较 2016 年增长 55.0%。其中，持续参评且有发展方向区的开发区建筑面积、建筑基底面积、工矿仓储用地建筑面积和工矿仓储建筑基底面积分别增长 61.0%、53.2%、46.6% 和 55.0%（见表 12）。

表 12　2016~2020 年西部地区国家级开发区实际管理范围建设量状况变化情况

范围	数量（个）	建筑面积		建筑基底面积		工矿仓储建筑面积		工矿仓储建筑基底面积	
		增长（亿平方米）	增幅（%）	增长（亿平方米）	增幅（%）	增长（亿平方米）	增幅（%）	增长（亿平方米）	增幅（%）
全部开发区	134	7.37	66.0	2.00	55.6	2.09	50.7	1.43	55.0
持续参评且无发展方向区的开发区	29	0.13	11.5	0.05	13.8	0.02	6.5	0.05	20.2
持续参评且有发展方向区的开发区	75	5.96	61.0	1.66	53.2	1.67	46.6	1.22	55.0
新增参评开发区	30	1.55	—	0.43	—	0.58	—	0.32	—

从审批类别看，2020 年，经开区、高新区和海关特殊监管区建筑面积分别为 9.36 亿平方米、8.75 亿平方米和 0.43 亿平方米，较 2016 年分别增长 69.7%、61.3% 和 95.7%；建筑基底面积分别为 3.29 亿平方米、2.14 亿平方米和 0.17 亿平方米，较 2016 年分别增长 70.3%、36.7% 和 65.2%；工矿仓储建筑面积分别为 3.35 亿平方米、2.56 亿平方米和 0.30 亿平方米，较 2016 年分别增长 46.7%、52.3% 和 92.1%；工矿仓储建筑基底面积分别为 2.46 亿平方米、1.39 亿平方米和 0.18 亿平方米，较 2016 年分别增长 56.9%、48.3% 和 90.0%。从评价类型看，2020 年，产城融合型和工业主导型开发区建筑面积分别为 11.66 亿平方米和 6.87 亿平方米，较 2016 年分别增长 1.1 倍和 20.2%；建筑基底面积分别为 2.72 亿平方米和 2.88 亿平方米，较 2016 年分别增长 89.6% 和 33.0%；工矿仓储建筑面积分别为 2.78 亿平方米和 3.43 亿平方米，较 2016 年分别增长 1.0 倍和 24.5%；工矿仓储建筑基底面积分别为 1.60 亿平方米和 2.43 亿平方米，较 2016 年分别增长 1.4 倍和 26.3%。

（二）省级开发区

1. 土地供应建设状况

2017~2020 年，开发区依法审批范围内，达供面积、供应面积和建成面积均逐年增长。2020 年，开发区达供面积为 42.19 万公顷，较 2017 年增长 70.6%；供应面积为 30.48 万公顷，较 2017 年增长 60.4%；建成面积为 26.79 万公顷，较 2017 年增长 62.5%（见图 15）。其中，2017~2020 年持续参评的开发区中，达供面积、供应面积和建成面积分别增长 12.3%、13.7% 和 13.8%（见表 13）。

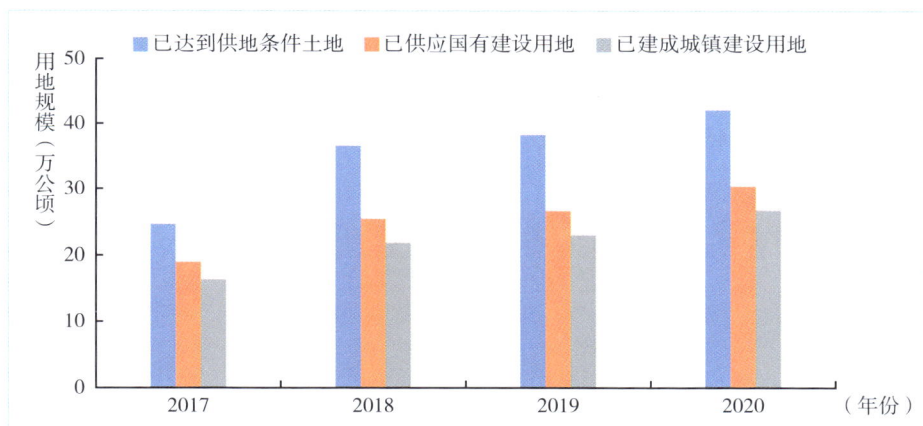

图 15　2017~2020 年西部地区省级开发区依法审批范围土地供应建设状况变化

表 13　2017~2020 年西部地区省级开发区依法审批范围土地供应建设状况变化情况

范围	数量（个）	已达到供地条件土地		已供应国有建设用地		已建成城镇建设用地	
		增长（万公顷）	增幅（%）	增长（万公顷）	增幅（%）	增长（万公顷）	增幅（%）
全部开发区	573	17.46	70.6	11.48	60.4	10.30	62.5
2017~2020 年持续参评的开发区	407	2.57	12.3	2.26	13.7	1.97	13.8
新增参评开发区	166	18.71	—	11.67	—	10.51	—

从审批类别看，高新区土地供应与开发建设速度最快。2020 年，经开区、高新区和特色工业园达供面积分别为 13.97 万公顷、6.08 万公顷和 22.14 万公顷，较 2017 年分别增长 82.6%、2.1 倍和 46.4%；供应面积分别为 10.82 万公顷、5.18 万公顷和 14.49 万公顷，较 2017 年分别增长 72.0%、2.0 倍和 32.2%；建成面积分别为 9.55 万公顷、4.55 万公顷和 12.69 万公顷，较 2017 年分别增长 68.9%、2.1 倍和 35.5%。从评价类型看，产城融合型开发区土地供应与开发建设速度较快。2020 年，产城融合型和工业主导型开发区达供面积分别为 4.99 万公顷和 37.20 万公顷，较 2017 年分别增长 92.8% 和 68.0%；供应面积分别为 4.03 万公顷和 26.46 万公顷，较 2017 年分别增长 84.2% 和 57.3%；建成面积分别为 3.44 万公顷和 23.35 万公顷，较 2017 年分别增长 75.5% 和 60.7%。

2017~2020 年，开发区实际管理范围内，达供面积、供应面积和建成面积均有所增长。2020 年，开发区达供面积为 67.90 万公顷，较 2017 年增长 1.2 倍；供应面积为 45.45 万公顷，较 2017 年增长 92.8%；建成面积为 39.62 万公顷，较 2017 年增长 93.8%。其中，持续参评且有发展方向区的开发区达供面积、供应面积和建成面积分别增长 71.8%、57.9% 和 58.0%（见表 14）。

表 14　2017~2020 年西部地区省级开发区实际管理范围土地供应建设状况变化情况

范围	数量（个）	已达到供地条件土地		已供应国有建设用地		已建成城镇建设用地	
		增长（万公顷）	增幅（%）	增长（万公顷）	增幅（%）	增长（万公顷）	增幅（%）
全部开发区	573	36.89	119.0	21.88	92.8	19.18	93.8
持续参评且无发展方向区的开发区	111	0.62	8.2	0.68	12.1	0.52	10.8
持续参评且有发展方向区的开发区	296	13.64	71.8	8.71	57.9	7.56	58.0
新增参评开发区	166	27.09	—	15.39	—	13.71	—

从审批类别看，2020 年，经开区、高新区和特色工业园达供面积分别为 26.00 万公顷、9.57 万公顷和 32.33 万公顷，较 2017 年分别增长 1.4 倍、3.1 倍和 80.8%；供应面积分别为 18.34 万公顷、7.54 万公顷和 19.57 万公顷，较

2017 年分别增长 1.2 倍、2.6 倍和 50.4%；建成面积分别为 16.17 万公顷、6.53 万公顷和 16.92 万公顷，较 2017 年分别增长 1.1 倍、2.7 倍和 52.6%。从评价类型看，2020 年，产城融合型和工业主导型开发区达供面积分别为 8.59 万公顷和 59.30 万公顷，较 2017 年分别增长 68.9% 和 1.3 倍；供应面积分别为 6.88 万公顷和 38.57 万公顷，较 2017 年分别增长 74.7% 和 96.4%；建成面积分别为 5.91 万公顷和 33.71 万公顷，较 2017 年分别增长 69.4% 和 98.8%。

2. 土地利用结构

2017~2020 年，开发区依法审批范围内，工矿仓储用地和住宅用地的规模均大幅增长。2020 年，工矿仓储用地面积为 17.03 万公顷，较 2017 年增长 62.2%；住宅用地面积为 2.10 万公顷，较 2017 年增长 50.0%。其中，2017~2020 年持续参评的开发区中，工矿仓储用地和住宅用地面积分别增长 16.0% 和 14.0%（见表 15）。

表 15　2017~2020 年西部地区省级开发区依法审批范围工矿仓储和住宅用地规模变化情况

范围	数量（个）	工矿仓储用地		住宅用地	
		增长（万公顷）	增幅（%）	增长（万公顷）	增幅（%）
全部开发区	573	6.53	62.2	0.70	50.0
2017~2020 年持续参评的开发区	407	1.44	16.0	0.18	14.0
新增参评开发区	166	6.56	—	0.66	—

从审批类别看，高新区工矿仓储用地和住宅用地规模增幅最大。2020 年，经开区、高新区和特色工业园工矿仓储用地面积分别为 5.65 万公顷、2.68 万公顷和 8.71 万公顷，较 2017 年分别增长 62.5%、2.4 倍和 39.7%；住宅用地面积分别为 0.96 万公顷、0.47 万公顷和 0.67 万公顷，较 2017 年分别增长 65.4%、1.7 倍和 4.1%。从评价类型看，产城融合型开发区住宅用地规模增幅较大，工业主导型开发区工矿仓储用地增幅较大。2020 年，产城融合型和工业主导型开发区工矿仓储用地面积分别为 0.69 万公顷和 16.34 万公顷，较

2017 年分别增长 51.1% 和 62.6%；住宅用地面积分别为 1.00 万公顷和 1.09 万公顷，较 2017 年分别增长 72.4% 和 34.3%。

2017~2020 年，开发区实际管理范围内，工矿仓储用地和住宅用地的规模均有所增长。2020 年，工矿仓储用地面积为 24.16 万公顷，较 2017 年增长 84.6%；住宅用地面积为 3.56 万公顷，较 2017 年增长 1.1 倍。其中，持续参评且有发展方向区的开发区工矿仓储用地和住宅用地面积分别增长 50.1% 和 81.7%（见表 16）。

表 16　2017~2020 年西部地区省级开发区实际管理范围工矿仓储和住宅用地规模变化情况

范围	数量（个）	工矿仓储用地		住宅用地	
		增长（万公顷）	增幅（%）	增长（万公顷）	增幅（%）
全部开发区	573	11.07	84.6	1.84	107.0
持续参评且无发展方向区的开发区	111	0.32	10.0	0.03	11.2
持续参评且有发展方向区的开发区	296	4.09	50.1	1.02	81.7
新增参评开发区	166	8.38	—	0.97	—

从审批类别看，2020 年，经开区、高新区和特色工业园工矿仓储用地面积分别为 8.94 万公顷、3.83 万公顷和 11.39 万公顷，较 2017 年分别增长 91.4%、3.0 倍和 52.7%；住宅用地面积分别为 1.90 万公顷、0.67 万公顷和 0.99 万公顷，较 2017 年分别增长 1.4 倍、2.7 倍和 31.0%。从评价类型看，2020 年，产城融合型和工业主导型开发区工矿仓储用地面积分别为 1.81 万公顷和 22.35 万公顷，较 2017 年分别增长 41.5% 和 89.2%，住宅用地面积为 1.40 万公顷和 2.16 万公顷，较 2017 年分别增长 82.7% 和 1.3 倍。

3. 土地闲置状况

2017~2020 年，开发区依法审批范围内，闲置土地面积有所波动。2020 年，开发区闲置土地面积为 1130 公顷，较 2017 年增长 2 公顷。其中，2017~2020 年持续参评的开发区闲置土地面积下降 355 公顷。从审批类别看，

2020 年，经开区、高新区和特色工业园闲置土地面积分别为 300 公顷、193 公顷和 637 公顷。从评价类型看，2020 年，产城融合型和工业主导型开发区闲置土地面积分别为 381 公顷和 749 公顷。

2017~2020 年，开发区实际管理范围内，闲置土地面积大幅增长。2020 年，开发区闲置土地面积为 1975 公顷，较 2017 年增长 646 公顷。其中，持续参评且有发展方向区的开发区闲置土地面积增长 211 公顷。从审批类别看，2020 年，经开区、高新区和特色工业园闲置土地面积分别为 1035 公顷、245 公顷和 695 公顷。从评价类型看，2020 年，产城融合型和工业主导型开发区闲置土地面积分别为 407 公顷和 1568 公顷。

4. 建设量状况

2017~2020 年，开发区依法审批范围内，建设量有所增长。2020 年，开发区建筑面积为 18.19 亿平方米，较 2017 年增长 52.1%；建筑基底面积为 7.85 亿平方米，较 2017 年增长 49.5%；工矿仓储用地建筑面积为 11.29 亿平方米，较 2017 年增长 45.9%；工矿仓储建筑基底面积为 8.84 亿平方米，较 2017 年增长 60.7%（见图 16）。其中，2017~2020 年持续参评的开发区中，建筑面积、建筑基底面积、工矿仓储用地建筑面积和工矿仓储建筑基底面积分别增长 23.9%、22.2%、24.0% 和 20.5%（见表 17）。

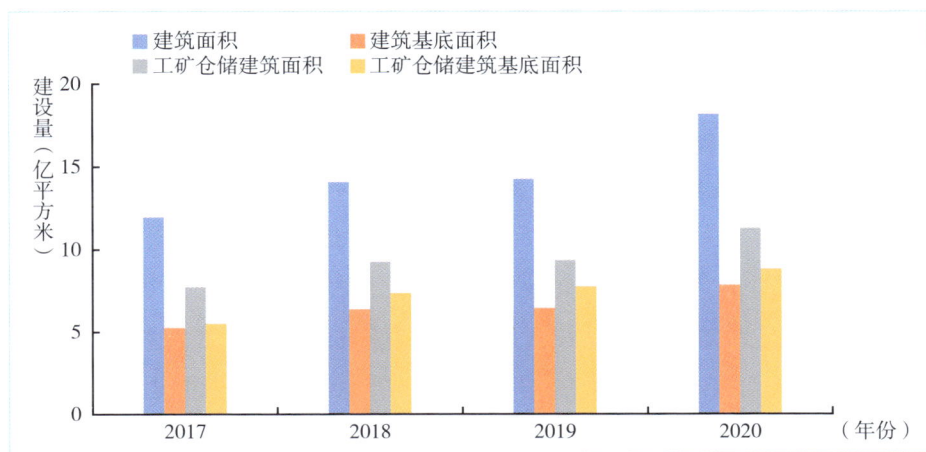

图 16　2017~2020 年西部地区省级开发区依法审批范围建设量状况变化

表 17　2017~2020 年西部地区省级开发区依法审批范围建设量状况变化情况

范围	数量（个）	建筑面积		建筑基底面积		工矿仓储建筑面积		工矿仓储建筑基底面积	
		增长（亿平方米）	增幅（%）	增长（亿平方米）	增幅（%）	增长（亿平方米）	增幅（%）	增长（亿平方米）	增幅（%）
全部开发区	573	6.23	52.1	2.60	49.5	3.55	45.9	3.34	60.7
2017~2020 年持续参评的开发区	407	2.56	23.9	1.02	22.2	1.65	24.0	0.97	20.5
新增参评开发区	166	4.88	—	2.21	—	2.75	—	3.14	—

从审批类别看，高新区建设量增幅最大。2020 年，经开区、高新区和特色工业园建筑面积分别为 6.99 亿平方米、3.49 亿平方米和 7.71 亿平方米，较 2017 年分别增长 59.4%、1.8 倍和 22.0%；建筑基底面积分别为 2.71 亿平方米、1.43 亿平方米和 3.71 亿平方米，较 2017 年分别增长 49.8%、1.9 倍和 26.2%；工矿仓储建筑面积分别为 3.83 亿平方米、2.04 亿平方米和 5.42 亿平方米，较 2017 年分别增长 42.0%、1.9 倍和 25.0%；工矿仓储建筑基底面积分别为 2.89 亿平方米、1.44 亿平方米和 4.52 亿平方米，较 2017 年分别增长 59.2%、2.3 倍和 38.6%。从评价类型看，2020 年，产城融合型和工业主导型开发区建筑面积分别为 3.73 亿平方米和 14.46 亿平方米，较 2017 年分别增长 99.8% 和 43.3%；建筑基底面积分别为 0.89 亿平方米和 6.97 亿平方米，较 2017 年分别增长 65.1% 和 47.8%；工矿仓储建筑面积分别为 0.63 亿平方米和 10.66 亿平方米，较 2017 年分别增长 55.8% 和 45.3%；工矿仓储建筑基底面积分别为 0.35 亿平方米和 8.50 亿平方米，较 2017 年分别增长 48.1% 和 61.1%。

2017~2020 年，开发区实际管理范围内，建设量大幅增长。2020 年，开发区建筑面积为 27.29 亿平方米，较 2017 年增长 85.5%；建筑基底面积为 11.48 亿平方米，较 2017 年增长 78.3%；工矿仓储用地建筑面积为 15.40 亿平方米，较 2017 年增长 59.9%；工矿仓储建筑基底面积为 12.20 亿平方米，较 2017 年增长 81.3%。其中，持续参评且有发展方向区的开发区建筑面积、建筑基底面积、工矿仓储用地建筑面积和工矿仓储建筑基底面积分别增长71.2%、63.7%、47.5% 和 49.8%（见表 18）。

表 18 2017~2020 年西部地区省级开发区实际管理范围建设量状况变化情况

范围	数量（个）	建筑面积		建筑基底面积		工矿仓储建筑面积		工矿仓储建筑基底面积	
		增长（亿平方米）	增幅（%）	增长（亿平方米）	增幅（%）	增长（亿平方米）	增幅（%）	增长（亿平方米）	增幅（%）
全部开发区	573	12.58	85.5	5.04	78.3	5.77	59.9	5.47	81.3
持续参评且无发展方向区的开发区	111	0.66	21.6	0.21	15.2	0.44	20.4	0.21	13.5
持续参评且有发展方向区的开发区	296	7.21	71.2	2.73	63.7	3.05	47.5	2.12	49.8
新增参评开发区	166	6.23	—	2.86	—	3.31	—	4.03	—

从审批类别看，2020 年，经开区、高新区和特色工业园建筑面积分别为11.72 亿平方米、4.95 亿平方米和 10.62 亿平方米，较 2017 年分别增长 1.1 倍、2.4倍和 40.8%；建筑基底面积分别为 4.51 亿平方米、1.96 亿平方米和 5.01 亿平方米，较 2017 年分别增长 90.1%、2.3 倍和 44.6%；工矿仓储建筑面积分别为5.83 亿平方米、2.67 亿平方米和 6.91 亿平方米，较 2017 年分别增长 66.1%、2.2 倍和 30.8%；工矿仓储建筑基底面积分别为 4.42 亿平方米、2.06 亿平方米和 5.72 亿平方米，较 2017 年分别增长 85.5%、2.9 倍和 49.8%。从评价类型看，2020 年，产城融合型和工业主导型开发区建筑面积分别为 5.83 亿平方米和 21.47 亿平方米，较 2017 年分别增长 92.2% 和 83.7%；建筑基底面积分别为 1.60 亿平方米和 9.88 亿平方米，较 2017 年分别增长 62.1% 和 81.2%；工矿仓储建筑面积分别为 1.58 亿平方米和 13.82 亿平方米，较 2017 年分别增长40.3% 和 62.4%；工矿仓储建筑基底面积分别为 0.90 亿平方米和 11.30 亿平方米，较 2017 年分别增长 41.1% 和 85.5%。

三 2016~2020 年西部地区开发区土地
集约利用情况分析

（一）国家级开发区

1. 土地利用程度

2016~2020 年，工业主导型开发区依法审批范围内土地开发率、土地供应率和土地建成率均有所下降。2020 年，土地开发率、土地供应率和土地建成率分别为 86.6%、80.9% 和 86.8%，较 2016 年分别下降 0.9 个、1.7 个和 5.4 个百分点（见图 17）。2016~2020 年持续参评的开发区土地开发率和土地供应率分别提升 4.2 个和 3.1 个百分点，土地建成率下降 0.8 个百分点。新增参评开发区土地开发率、土地供应率与土地建成率分别为 79.5%、72.7% 和 71.3%（见表 19）。从审批类别上看，2020 年，海关特殊监管区土地开发率最高，为 94.8%，分别较经开区和高新区高 11.4 个和 3.7 个百分点；高新区土地供应率最高，为 95.1%，分别较经开区和海关特殊监管区高 19.5 个和 15.0 个百分点；高新区土地建成率最高，为 92.0%，分别较经开区和海关特殊监管区高 2.6 个和 25.6 个百分点。

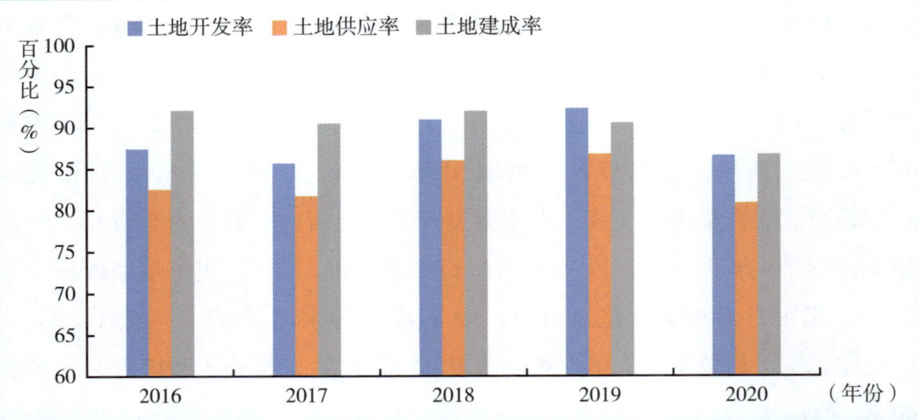

图 17 2016~2020 年西部地区国家级工业主导型开发区依法审批范围土地利用程度变化

表 19　2016 年和 2020 年西部地区国家级工业主导型开发区依法审批范围土地利用程度

范围	数量（个）	土地开发率（%）		土地供应率（%）		土地建成率（%）	
		2016 年	2020 年	2016 年	2020 年	2016 年	2020 年
全部开发区	84	87.5	86.6	82.6	80.9	92.2	86.8
2016~2020 年持续参评的开发区	60	84.2	88.4	79.6	82.7	90.6	89.8
新增参评开发区	24	—	79.5	—	72.7	—	71.3

2016~2020 年，工业主导型开发区实际管理范围内土地开发率大幅下降，土地供应率有所提升，土地建成率有所下降。2020 年，土地开发率为 52.5%，较 2016 年下降 27.5 个百分点；土地供应率为 79.8%，较 2016 年提升 0.8 个百分点；土地建成率为 81.9%，较 2016 年下降 8.6 个百分点。持续参评且有发展方向区的开发区土地开发率、土地供应率与土地建成率分别下降 27.3 个、提升 4.0 个和下降 6.8 个百分点。新增参评开发区土地开发率、土地供应率与土地建成率分别为 56.2%、74.6% 和 69.5%（见表 20）。从审批类别上看，2020 年，海关特殊监管区土地开发率最高，为 84.0%，分别较经开区和高新区高 37.5 个和 22.4 个百分点；高新区土地供应率最高，为 85.7%，分别较经开区和海关特殊监管区高 8.8 个和 8.2 个百分点；高新区土地建成率最高，为 83.6%，分别较经开区和海关特殊监管区高 0.7 个和 16.8 个百分点。

表 20　2016 年和 2020 年西部地区国家级工业主导型开发区实际管理范围土地利用程度

范围	数量（个）	土地开发率（%）		土地供应率（%）		土地建成率（%）	
		2016 年	2020 年	2016 年	2020 年	2016 年	2020 年
全部开发区	84	80.0	52.5	79.0	79.8	90.5	81.9
持续参评且无发展方向区的开发区	20	87.0	92.3	67.0	68.1	84.3	85.8
持续参评且有发展方向区的开发区	40	77.3	50.0	77.6	81.6	90.1	83.3
新增参评开发区	24	—	56.2	—	74.6	—	69.5

2016~2020 年，产城融合型开发区依法审批范围内土地利用程度有所提升。2020 年，开发区土地开发率、土地供应率和土地建成率分别为 93.0%、95.4% 和 95.4%，较 2016 年分别提升 5.1 个、3.7 个和 0.2 个百分点（见图18）。2016~2020 年持续参评的开发区土地开发率、土地供应率与土地建成率分别提升 0.8 个、提升 1.5 个和下降 1.0 个百分点。新增参评开发区土地开发率、土地供应率与土地建成率分别为 96.1%、95.8% 和 93.2%（见表21）。从审批类别上看，2020 年，高新区土地利用程度高，土地开发率、土地供应率和土地建成率分别为 96.4%、98.2% 和 97.0%，较经开区分别高 6.2 个、5.3 个和 3.2 个百分点。

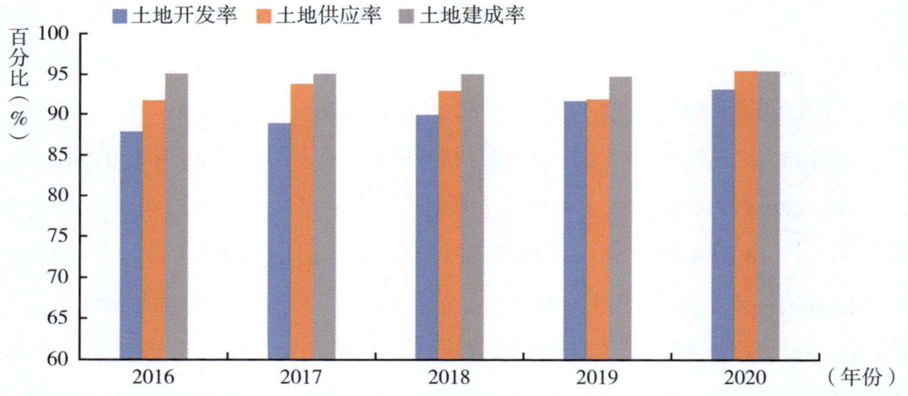

图 18　2016~2020 年西部地区国家级产城融合型开发区依法审批范围土地利用程度变化

表 21　2016 年和 2020 年西部地区国家级产城融合型开发区依法审批范围土地利用程度

范围	数量（个）	土地开发率（%）		土地供应率（%）		土地建成率（%）	
		2016 年	2020 年	2016 年	2020 年	2016 年	2020 年
全部开发区	50	87.9	93.0	91.7	95.4	95.2	95.4
2016~2020 年持续参评的开发区	44	91.9	92.7	93.8	95.3	96.6	95.6
新增参评开发区	6	—	96.1	—	95.8	—	93.2

2016~2020 年，产城融合型开发区实际管理范围内土地利用程度有所下降。2020 年，开发区土地开发率、土地供应率和土地建成率分别为 43.3%、78.8% 和 89.0%，较 2016 年分别下降 37.2 个、3.0 个和 2.2 个百分点。持续参评且有发展方向区的开发区土地开发率、土地供应率与土地建成率分别下降 38.3 个、6.2 个和 3.0 个百分点。新增参评开发区土地开发率、土地供应率与土地建成率分别为 40.4%、77.8% 和 90.0%（见表 22）。从审批类别上看，2020 年，经开区土地开发率最高，为 55.9%，较高新区高 24.2 个百分点；高新区土地供应率最高，为 90.3%，较经开区高 18.7 个百分点；高新区土地建成率最高，为 89.1%，较经开区高 0.1 个百分点。

表 22　2016 年和 2020 年西部地区国家级产城融合型开发区实际管理范围土地利用程度

范围	数量（个）	土地开发率（%）		土地供应率（%）		土地建成率（%）	
		2016 年	2020 年	2016 年	2020 年	2016 年	2020 年
全部开发区	50	80.5	43.3	81.8	78.8	91.2	89.0
持续参评且无发展方向区的开发区	9	93.6	94.4	92.3	96.6	96.7	95.6
持续参评且有发展方向区的开发区	35	80.6	42.3	84.1	77.9	91.5	88.5
新增参评开发区	6	—	40.4	—	77.8	—	90.0

2. 工业用地结构

2016~2020 年，工业主导型开发区依法审批范围内工业用地率有所提升。2020 年，工业用地率为 52.3%，较 2016 年提升 0.3 个百分点。2016~2020 年持续参评的开发区工业用地率提升 0.4 个百分点。新增参评开发区工业用地率为 56.2%。从审批类别上看，2020 年，海关特殊监管区工业用地率最高，为 65.9%，分别高于经开区和高新区 11.6 个和 22.8 个百分点。

2016~2020 年，工业主导型开发区实际管理范围内工业用地率明显下降。2020 年，工业用地率为 53.1%，较 2016 年下降 1.9 个百分点。持续参评且有发展方向区的开发区工业用地率提升 0.4 个百分点。新增参评开发区工业用地率为 54.7%。从审批类别上看，2020 年，经开区工业用地率最高，为 59.9%，分别高于高新区和海关特殊监管区 18.1 个和 4.4 个百分点。

3. 土地利用强度

2016~2020 年，工业主导型开发区依法审批范围内土地利用强度有所提升。2020 年，综合容积率和工业用地综合容积率分别为 0.75 和 0.70，较 2016 年分别提升 0.01 和 0.04；建筑密度和工业用地建筑系数分别为 27.7% 和 50.3%，较 2016 年分别下降 1.2 个和提升 0.5 个百分点（见图 19、图 20）。2016~2020 年持续参评的开发区综合容积率提升 0.08，工业用地综合容积率提升 0.03，建筑密度保持稳定，工业用地建筑系数提升 0.8 个百分点。新增参评开发区综合容积率为 0.72，建筑密度为 27.7%，工业用地综合容积率为 0.85，工业用地建筑系数为 53.1%（见表 23）。从审批类别上看，2020 年，高新区综合容积率最高，为 0.98，分别较经开区和海关特殊监管区高 0.33 和 0.30；海关特殊监管区建筑密度最高，为 30.7%，分别较经开区和高新区高 4.8 个和 0.3 个百分点；海关特殊监管区工业用地综合容积率最高，为 0.91，分别较经开区和高新区高 0.33 和 0.05；海关特殊监管区工业用地建筑系数最高，为 56.6%，分别较经开区和高新区高 7.2 个和 7.5 个百分点。

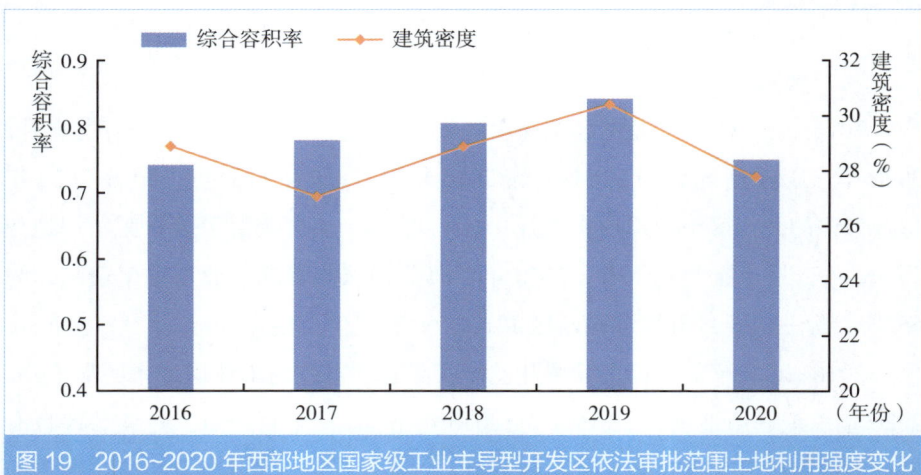

图 19　2016~2020 年西部地区国家级工业主导型开发区依法审批范围土地利用强度变化

图20　2016~2020 年西部地区国家级工业主导型开发区依法审批范围
工业用地利用强度变化

表23　2016 年和 2020 年西部地区国家级工业主导型开发区依法审批范围
土地利用强度变化情况

范围	数量（个）	综合容积率		建筑密度（%）		工业用地综合容积率		工业用地建筑系数（%）	
		2016年	2020年	2016年	2020年	2016年	2020年	2016年	2020年
全部开发区	84	0.74	0.75	28.9	27.7	0.66	0.70	49.8	50.3
2016~2020 年持续参评的开发区	60	0.68	0.76	27.8	27.8	0.64	0.67	49.1	49.9
新增参评开发区	24	—	0.72	—	27.7	—	0.85	—	53.1

　　2016~2020 年，工业主导型开发区实际管理范围内土地利用强度有所下降。2020 年，综合容积率和工业用地综合容积率分别为 0.71 和 0.67，较 2016 年分别下降 0.07 和 0.01；建筑密度和工业用地建筑系数分别为 29.9% 和 47.4%，较 2016 年分别提升 0.4 个和下降 0.2 个百分点。持续参评且有发展方向区的开发区综合容积率下降 0.06，工业用地综合容积率下降 0.07，建筑密度提升 1.0 个百分点；工业用地建筑系数下降 1.7 个百分点。新增参评开发区

综合容积率为 0.92，建筑密度为 33.2%，工业用地综合容积率为 0.92，工业用地建筑系数为 55.8%（见表 24）。从审批类别上看，2020 年，高新区综合容积率最高，为 0.88，分别较经开区和海关特殊监管区高 0.27 和 0.15；经开区建筑密度最高，为 31.9%，分别较高新区和海关特殊监管区高 5.0 个和 3.3 个百分点；海关特殊监管区工业用地综合容积率最高，为 0.91，分别较经开区和高新区高 0.33 和 0.10；海关特殊监管区工业用地建筑系数最高，为 55.6%，分别较经开区和高新区高 10.9 个和 4.1 个百分点。

表 24　2016 年和 2020 年西部地区国家级工业主导型开发区实际管理范围土地利用强度变化情况

范围	数量（个）	综合容积率		建筑密度（%）		工业用地综合容积率		工业用地建筑系数（%）	
		2016年	2020年	2016年	2020年	2016年	2020年	2016年	2020年
全部开发区	84	0.78	0.71	29.5	29.9	0.68	0.67	47.6	47.4
持续参评且无发展方向区的开发区	20	0.60	0.65	30.3	29.8	0.60	0.69	45.4	51.9
持续参评且有发展方向区的开发区	40	0.75	0.69	28.5	29.5	0.71	0.64	47.7	46.0
新增参评开发区	24	—	0.92	—	33.2	—	0.92	—	55.8

2016~2020 年，产城融合型开发区依法审批范围内土地利用强度有所提升。2020 年，综合容积率为 1.37，较 2016 年提升 0.18；建筑密度为 29.6%，较 2016 年提升 1.4 个百分点（见图 21）。2016~2020 年持续参评的开发区综合容积率提升 0.16，建筑密度提升 0.9 个百分点。新增参评开发区综合容积率为 1.25，建筑密度为 23.7%（见表 25）。从审批类别上看，2020 年，高新区综合容积率最高，为 1.45，较经开区高 0.16；经开区建筑密度最高，为 30.0%，较高新区高 0.8 个百分点。

图 21　2016~2020 年西部地区国家级产城融合型开发区依法审批范围土地利用强度变化

表 25　2016 年和 2020 年西部地区国家级产城融合型开发区依法审批范围土地利用强度变化情况

范围	数量（个）	综合容积率		建筑密度（%）	
		2016 年	2020 年	2016 年	2020 年
全部开发区	50	1.19	1.37	28.2	29.6
2016~2020 年持续参评的开发区	44	1.22	1.38	29.3	30.2
新增参评开发区	6	—	1.25	—	23.7

　　2016~2020 年，产城融合型开发区实际管理范围内综合容积率有所提升，建筑密度有所下降。2020 年，综合容积率为 1.15，较 2016 年提升 0.03；建筑密度为 26.7%，较 2016 年下降 2.8 个百分点。持续参评且有发展方向区的开发区综合容积率下降 0.02，建筑密度下降 4.6 个百分点。新增参评开发区综合容积率为 1.11，建筑密度为 21.1%（见表 26）。从审批类别上看，2020 年，高新区综合容积率最高，为 1.28，较经开区高 0.23；高新区建筑密度最高，为 26.9%，较经开区高 0.3 个百分点。

215

表26 2016年和2020年西部地区国家级产城融合型开发区实际管理范围
土地利用强度变化情况

范围	数量（个）	综合容积率		建筑密度（%）	
		2016年	2020年	2016年	2020年
全部开发区	50	1.12	1.15	29.5	26.7
持续参评且无发展方向区的开发区	9	1.23	1.30	25.7	30.9
持续参评且有发展方向区的开发区	35	1.16	1.14	31.5	26.9
新增参评开发区	6	—	1.11	—	21.1

4. 综合用地效益

2016~2020年，工业主导型开发区依法审批范围内工业用地固定资产投入强度有所提升，工业用地地均税收有所下降。2020年，工业用地固定资产投入强度为7167元/米^2，较2016年提升43.3%；工业用地地均税收为263元/米^2，较2016年下降49.7%（见图22）。2016~2020年持续参评的开发区工业用地固定资产投入强度提升51.2%，工业用地地均税收下降46.4%。新增参评开发区工业用地固定资产投入强度为7504元/米^2，工业用地地均税收为158元/米^2（见表27）。从审批类别上看，2020年，海关特殊监管区工业用地固定资产投入强度最高，为9501元/米^2，分别较经开区和高新区高61.8%

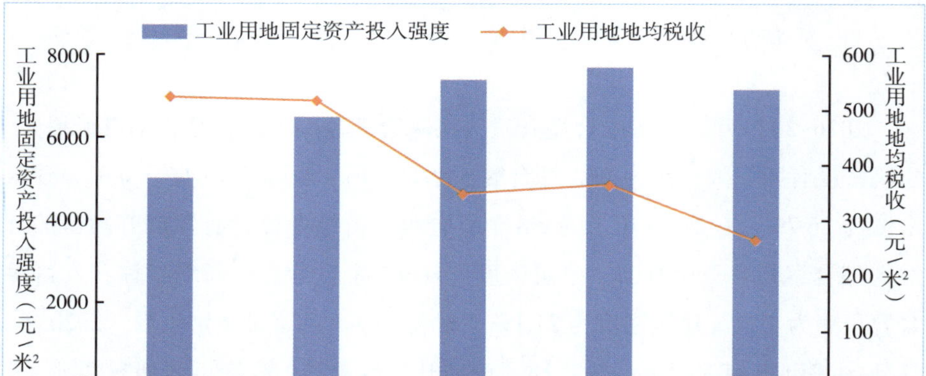

图22 2016~2020年西部地区国家级工业主导型开发区依法审批范围综合用地效益变化

和 4.4%；经开区工业用地地均税收最高，为 271 元 / 米 ^{2}，分别较高新区和海关特殊监管区高 10.0% 和 3.8%。

表 27　2016 年和 2020 年西部地区国家级工业主导型开发区依法审批范围综合用地效益变化情况

范围	数量（个）	工业用地固定资产投入强度（元 / 米 ^{2}）		工业用地地均税收（元 / 米 ^{2}）	
		2016 年	2020 年	2016 年	2020 年
全部开发区	84	5000	7167	523	263
2016~2020 年持续参评的开发区	60	4702	7108	524	281
新增参评开发区	24	—	7504	—	158

2016~2020 年，工业主导型开发区实际管理范围内工业用地固定资产投入强度有所提升，工业用地地均税收有所下降。2020 年，工业用地固定资产投入强度为 4992 元 / 米 ^{2}，较 2016 年提升 22.1%；工业用地地均税收为 201 元 / 米 ^{2}，较 2016 年下降 44.9%。持续参评且有发展方向区的开发区工业用地固定资产投入强度提升 16.8%，工业用地地均税收下降 50.1%。新增参评开发区工业用地固定资产投入强度为 6925 元 / 米 ^{2}，工业用地地均税收为 222 元 / 米 ^{2}（见表 28）。从审批类别上看，2020 年，海关特殊监管区工业用地固定资产投入强度最高，为 8816 元 / 米 ^{2}，较经开区和高新区分别高 1.2 倍和 39.7%；海关特殊监管区工业用地地均税收最高，为 238 元 / 米 ^{2}，较经开区和高新区分别高 21.8% 和 15.5%。

表 28　2016 年和 2020 年西部地区国家级工业主导型开发区实际管理范围综合用地效益变化情况

范围	数量（个）	工业用地固定资产投入强度（元 / 米 ^{2}）		工业用地地均税收（元 / 米 ^{2}）	
		2016 年	2020 年	2016 年	2020 年
全部开发区	84	4088	4992	365	201
持续参评且无发展方向区的开发区	20	5160	9555	223	303
持续参评且有发展方向区的开发区	40	3711	4334	379	189
新增参评开发区	24	—	6925	—	222

2016~2020 年，产城融合型开发区依法审批范围内综合用地效益有所提升。2020 年，综合地均税收为 347 元 / 米^2，较 2016 年提升 11.9%；人口密度为 157 人 / 公顷，较 2016 年提升 3.3%（见图 23）。2016~2020 年持续参评的开发区综合地均税收提升 8.7%，人口密度提升 13.6%。新增参评开发区综合地均税收为 93 元 / 米^2，人口密度为 61 人 / 公顷（见表 29）。从审批类别上看，2020 年，高新区综合地均税收较高，为 371 元 / 米^2，较经开区高 15.5%；经开区人口密度较高，为 160 人 / 公顷，较高新区高 3.8%。

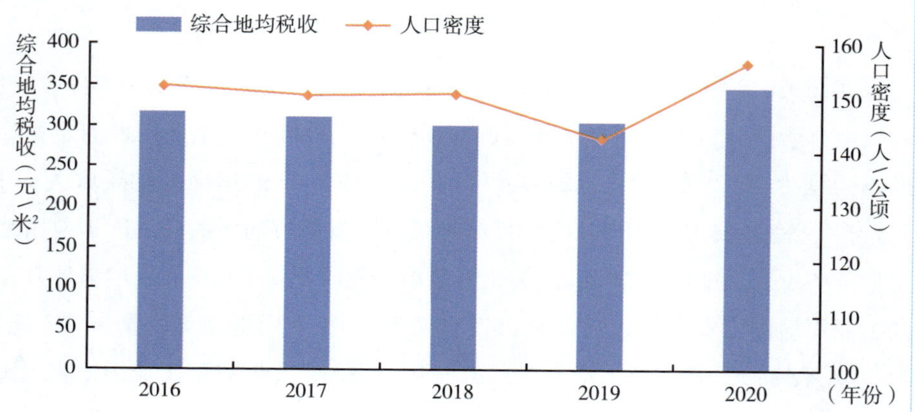

图 23　2016~2020 年西部地区国家级产城融合型开发区依法审批范围综合用地效益变化

表 29　2016 年和 2020 年西部地区国家级产城融合型开发区依法审批范围综合用地效益变化情况

范围	数量（个）	综合地均税收（元 / 米^2）		人口密度（人 / 公顷）	
		2016 年	2020 年	2016 年	2020 年
全部开发区	50	310	347	152	157
2016~2020 年持续参评的开发区	44	345	375	147	167
新增参评开发区	6	—	93	—	61

2016~2020 年，产城融合型开发区实际管理范围内综合用地效益有所下降。2020 年，综合地均税收为 193 元 / 米 ^{2}，较 2016 年下降 23.7%；人口密度为 97 人 / 公顷，较 2016 年下降 17.1%。持续参评且有发展方向区的开发区综合用地效益大幅下降，综合地均税收下降 31.9%，人口密度下降 14.0%。新增参评开发区综合地均税收为 65 元 / 米 ^{2}；人口密度为 64 人 / 公顷（见表 30）。从审批类别上看，2020 年，高新区综合用地效益较高，综合地均税收为 206 元 / 米 ^{2}，较经开区高 12.3%；人口密度为 101 人 / 公顷，较经开区高 7.5%。

表 30　2016 年和 2020 年西部地区国家级产城融合型开发区实际管理范围综合用地效益变化情况

范围	数量（个）	综合地均税收（元 / 米 ^{2}）		人口密度（人 / 公顷）	
		2016 年	2020 年	2016 年	2020 年
全部开发区	50	253	193	117	97
持续参评且无发展方向的开发区	9	566	570	117	113
持续参评且有发展方向区的开发区	35	257	175	114	98
新增参评开发区	6	—	65	—	64

5. 土地管理绩效

2016~2020 年，工业主导型开发区依法审批范围内土地闲置率有所下降。2020 年，土地闲置率为 0.07%，较 2016 年下降 0.01 个百分点。2016~2020 年持续参评的开发区土地闲置率下降 0.08 个百分点。新增参评开发区土地闲置率为 0.31%。从审批类别上看，2020 年，经开区、高新区和海关特殊监管区土地闲置率分别为 0.08%、0.02% 和 0.11%。

2016~2020 年，工业主导型开发区实际管理范围内土地闲置率有所提升。2020 年，土地闲置率为 0.30%，较 2016 年提升 0.19 个百分点。持续参评且有发展方向区的开发区土地闲置率提升 0.21 个百分点。新增参评开发区土地闲置率为 0.17%。从审批类别上看，2020 年，经开区、高新区和海关特殊监管区土地闲置率分别为 0.13%、0.62% 和 0.08%。

2016~2020 年，产城融合型开发区依法审批范围内土地闲置率有所提升。

2020 年，土地闲置率为 0.17%，较 2016 年提升 0.16 个百分点。2016~2020 年持续参评的开发区土地闲置率提升 0.19 个百分点。新增参评开发区无闲置土地。从审批类别上看，2020 年，经开区和高新区土地闲置率分别为 0.24% 和 0.11%。

2016~2020 年，产城融合型开发区实际管理范围内土地闲置率有所提升。2020 年，土地闲置率为 0.16%，较 2016 年提升 0.09 个百分点。持续参评且有发展方向区的开发区土地闲置率提升 0.10 个百分点。新增参评开发区土地闲置率为 0.05%。从审批类别上看，2020 年，经开区和高新区土地闲置率分别为 0.07% 和 0.28%。

（二）省级开发区

1. 土地利用程度

2017~2020 年，工业主导型开发区依法审批范围内土地开发率有所提升，土地供应率有所下降，土地建成率有所提升。2020 年，土地开发率为 78.4%，较 2017 年提升 8.1 个百分点；土地供应率为 71.1%，较 2017 年下降 4.9 个百分点；土地建成率为 88.3%，较 2017 年提升 1.9 个百分点（见图 24）。2017~2020 年持续参评的开发区土地开发率和土地供应率分别提升 5.4 个和

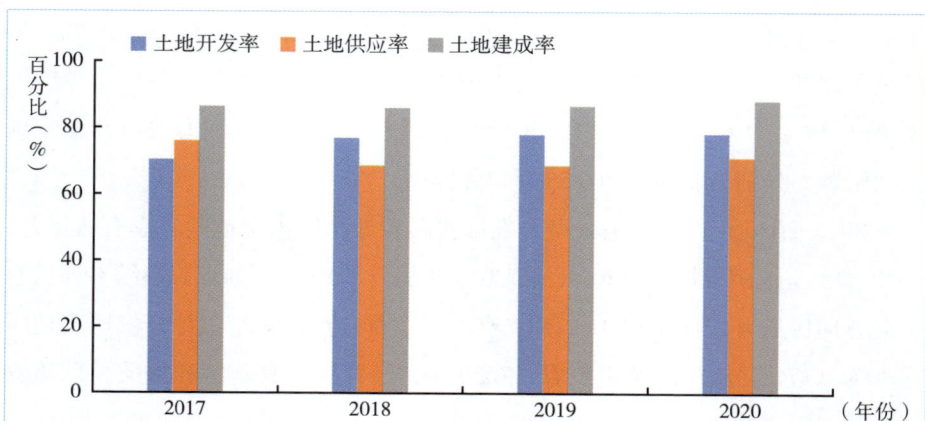

图 24　2017~2020 年西部地区省级工业主导型开发区依法审批范围土地利用程度变化

1.2 个百分点。新增参评开发区土地开发率、土地供应率与土地建成率分别为 81.7%、60.9% 和 90.9%（见表 31）。从审批类别上看，2020 年，特色工业园土地开发率最高，为 81.3%，分别较经开区和高新区高 6.6 个和 5.9 个百分点；高新区土地供应率最高，为 84.1%，分别较经开区和特色工业园高 6.3 个和 19.5 个百分点；经开区土地建成率最高，为 89.0%，分别较高新区和特色工业园高 1.1 个和 1.2 个百分点。

表 31   2017 年和 2020 年西部地区省级工业主导型开发区依法审批范围土地利用程度

范围	数量（个）	土地开发率（%）		土地供应率（%）		土地建成率（%）	
		2017 年	2020 年	2017 年	2020 年	2017 年	2020 年
全部开发区	496	70.3	78.4	76.0	71.1	86.4	88.3
2017~2020 年持续参评的开发区	358	70.6	76.0	77.9	79.1	86.7	86.7
新增参评开发区	138	—	81.7	—	60.9	—	90.9

2017~2020 年，工业主导型开发区实际管理范围内土地开发率和土地供应率有所下降，土地建成率有所提升。2020 年，土地开发率、土地供应率和土地建成率分别为 51.1%、65.0% 和 87.4%，较 2017 年分别下降 17.2 个、下降 10.8 个和提升 1.1 个百分点。持续参评且有发展方向区的开发区土地开发率下降 26.5 个百分点，土地供应率下降 7.2 个百分点，土地建成率下降 0.4 个百分点。新增参评开发区土地开发率、土地供应率与土地建成率分别为 60.2%、54.6% 和 89.8%（见表 32）。从审批类别上看，2020 年，特色工业园土地开发率最高，为 58.8%，分别较经开区和高新区高 13.3 个和 15.7 个百分点；高新区土地供应率最高，为 77.2%，分别较经开区和特色工业园高 7.6 个和 18.4 个百分点；经开区土地建成率最高，为 88.6%，分别较高新区和特色工业园高 2.6 个和 1.8 个百分点。

表 32　2017 年和 2020 年西部地区省级工业主导型开发区实际管理范围土地利用程度

范围	数量（个）	土地开发率（%）		土地供应率（%）		土地建成率（%）	
		2017 年	2020 年	2017 年	2020 年	2017 年	2020 年
全部开发区	496	68.3	51.1	75.8	65.0	86.3	87.4
持续参评且无发展方向区的开发区	104	70.1	72.7	73.7	76.5	86.0	84.9
持续参评且有发展方向区的开发区	254	68.5	42.0	78.0	70.8	86.9	86.5
新增参评开发区	138	—	60.2	—	54.6	—	89.8

2017~2020 年，产城融合型开发区依法审批范围内土地开发率有所提升，土地供应率和土地建成率有所下降。2020 年，土地开发率、土地供应率和土地建成率分别为 74.6%、80.6% 和 85.6%，较 2017 年分别提升 3.8 个、下降 3.8 个和下降 4.2 个百分点（见图 25）。2017~2020 年持续参评的开发区土地开发率、土地供应率与土地建成率分别提升 7.3 个、下降 0.3 个和提升 1.5 个百分点。

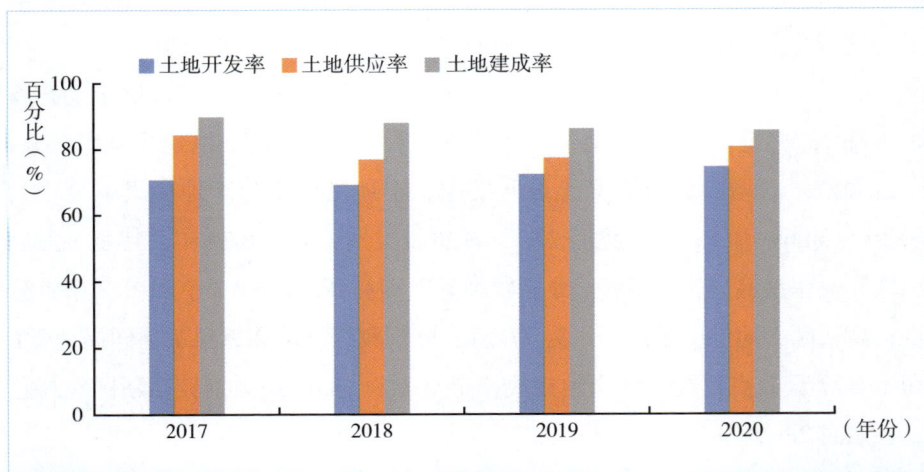

图 25　2017~2020 年西部地区省级产城融合型开发区依法审批范围土地利用程度变化

新增参评开发区土地开发率、土地供应率与土地建成率分别为 69.3%、72.3% 和 85.2%（见表 33）。从审批类别上看，2020 年，特色工业园土地开发率最高，为 84.5%，分别较经开区和高新区高 9.9 个和 16.6 个百分点；高新区土地供应率最高，为 89.7%，分别较经开区和特色工业园高 13.8 个和 5.0 个百分点；高新区土地建成率最高，为 87.9%，分别较经开区和特色工业园高 2.6 个和 4.5 个百分点。

表 33　2017 年和 2020 年西部地区省级产城融合型开发区依法审批范围土地利用程度

范围	数量（个）	土地开发率（%）		土地供应率（%）		土地建成率（%）	
		2017 年	2020 年	2017 年	2020 年	2017 年	2020 年
全部开发区	77	70.8	74.6	84.4	80.6	89.8	85.6
2017~2020 年持续参评的开发区	49	73.5	80.8	89.2	88.9	84.4	85.9
新增参评开发区	28	—	69.3	—	72.3	—	85.2

2017~2020 年，产城融合型开发区实际管理范围内土地开发率有所下降，土地供应率有所提升，土地建成率有所下降。2020 年，土地开发率、土地供应率和土地建成率分别为 52.1%、80.0% 和 86.0%，较 2017 年分别下降 19.0 个、提升 2.6 个和下降 2.7 个百分点。持续参评且有发展方向区的开发区土地开发率、土地供应率和土地建成率分别下降 17.6 个、下降 0.7 个和提升 1.8 个百分点。新增参评开发区土地开发率、土地供应率与土地建成率分别为 48.9%、73.2% 和 85.1%（见表 34）。从审批类别上看，2020 年，特色工业园土地开发率最高，为 63.8%，分别较经开区和高新区高 12.6 个和 17.8 个百分点；特色工业园土地供应率最高，为 86.7%，分别较经开区和高新区高 11.7 个和 2.3 个百分点；高新区土地建成率最高，为 88.8%，分别较经开区和特色工业园高 2.5 个和 6.5 个百分点。

表34 2017 年和 2020 年西部地区省级产城融合型开发区实际管理范围
土地利用程度

范围	数量（个）	土地开发率（%）		土地供应率（%）		土地建成率（%）	
		2017 年	2020 年	2017 年	2020 年	2017 年	2020 年
全部开发区	77	71.1	52.1	77.4	80.0	88.7	86.0
持续参评且无发展方向区的开发区	7	63.5	73.6	93.2	91.5	70.5	71.6
持续参评且有发展方向区的开发区	42	70.9	53.3	84.3	83.6	85.8	87.6
新增参评开发区	28	—	48.9	—	73.2	—	85.1

2. 工业用地结构

2017~2020 年，工业主导型开发区依法审批范围内工业用地率有所提升。2020 年，工业用地率为 70.0%，较 2017 年提升 0.8 个百分点。2017~2020 年持续参评的开发区工业用地率提升 1.2 个百分点。新增参评开发区工业用地率 70.9%。从审批类别上看，2020 年，特色工业园工业用地率最高，为 70.9%，分别高于经开区和高新区 0.7 个和 4.3 个百分点。

2017~2020 年，工业主导型开发区实际管理范围内工业用地率明显下降。2020 年，工业用地率 66.3%，较 2017 年下降 3.4 个百分点。持续参评且有发展方向区的开发区工业用地率下降 4.2 个百分点。新增参评开发区工业用地率为 68.4%。从审批类别上看，2020 年，特色工业园工业用地率最高，为 69.3%，分别高于经开区和高新区 7.0 个和 1.5 个百分点。

3. 土地利用强度

2017~2020 年，工业主导型开发区依法审批范围内土地利用强度有所下降。2020 年，综合容积率和工业用地综合容积率分别为 0.62 和 0.65，较 2017 年分别下降 0.07 和 0.08；建筑密度和工业用地建筑系数分别为 29.8% 和 52.0%，较 2017 年分别下降 2.6 个和 0.5 个百分点（见图 26、图 27）。2017~2020 年持续参评的开发区综合容积率提升 0.06，工业用地综合容积率提升 0.06，建筑密度提升 2.5 个百分点，工业用地建筑系数提升 2.2 个百分点。

新增参评开发区综合容积率为 0.38，建筑密度为 21.4%，工业用地综合容积率为 0.41，工业用地建筑系数为 47.9%（见表 35）。从审批类别上看，2020 年，高新区土地利用强度最高，综合容积率为 0.71，分别较经开区和特色工业园高 0.05 和 0.14；建筑密度为 31.9%，分别较经开区和特色工业园高 2.1 个和 2.7 个百分点；工业用地综合容积率为 0.75，分别较经开区和特色工业园高 0.08 和 0.13；工业用地建筑系数为 54.1%，分别较经开区和特色工业园高 2.8 个和 2.3 个百分点。

图 26　2017~2020 年西部地区省级工业主导型开发区依法审批范围土地利用强度变化

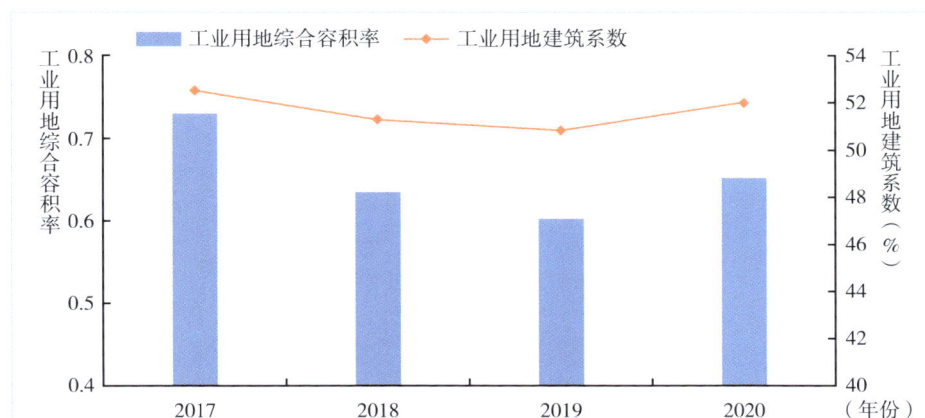

图 27　2017~2020 年西部地区省级工业主导型开发区依法审批范围工业用地利用强度变化

表35　2017年和2020年西部地区省级工业主导型开发区依法审批范围
土地利用强度变化情况

范围	数量（个）	综合容积率		建筑密度（%）		工业用地综合容积率		工业用地建筑系数（%）	
		2017年	2020年	2017年	2020年	2017年	2020年	2017年	2020年
全部开发区	496	0.69	0.62	32.4	29.8	0.73	0.65	52.5	52.0
2017~2020年持续参评的开发区	358	0.71	0.77	32.6	35.1	0.75	0.81	52.5	54.7
新增参评开发区	138	—	0.38	—	21.4	—	0.41	—	47.9

2017~2020年，工业主导型开发区实际管理范围内土地利用强度有所下降。2020年，综合容积率和工业用地综合容积率分别为0.64和0.62，较2017年分别下降0.05和0.10；建筑密度和工业用地建筑系数分别为29.3%和50.6%，较2017年分别下降2.9个和1.0个百分点。持续参评且有发展方向区的开发区综合容积率和工业用地综合容积率分别提升0.07和下降0.01，建筑密度和工业用地建筑系数分别提升1.3个和下降0.1个百分点。新增参评开发区综合容积率为0.38，建筑密度为20.8%，工业用地综合容积率为0.38，工业用地建筑系数为48.1%（见表36）。从审批类别上看，2020年，高新区土地利用强度最高，综合容积率为0.69，分别较经开区和特色工业园高0.01和0.10；建筑密度为30.5%，分别较经开区和特色工业园高1.8个和0.9个百分点；工业用地综合容积率为0.66，分别较经开区和特色工业园高0.02和0.08；工业用地建筑系数为54.2%，分别较经开区和特色工业园高4.8个和4.0个百分点。

表36　2017年和2020年西部地区省级工业主导型开发区实际管理范围
土地利用强度变化情况

范围	数量（个）	综合容积率		建筑密度（%）		工业用地综合容积率		工业用地建筑系数（%）	
		2017年	2020年	2017年	2020年	2017年	2020年	2017年	2020年
全部开发区	496	0.69	0.64	32.2	29.3	0.72	0.62	51.6	50.6
持续参评且无发展方向区的开发区	104	0.62	0.67	28.7	30.0	0.67	0.74	48.9	50.5

范围	数量（个）	综合容积率		建筑密度（％）		工业用地综合容积率		工业用地建筑系数（％）	
		2017 年	2020 年	2017 年	2020 年	2017 年	2020 年	2017 年	2020 年
持续参评且有发展方向区的开发区	254	0.73	0.80	33.6	34.9	0.77	0.76	52.6	52.5
新增参评开发区	138	—	0.38	—	20.8	—	0.38	—	48.1

2017~2020 年，产城融合型开发区依法审批范围内综合容积率有所提升，建筑密度有所下降。2020 年，综合容积率为 1.08，较 2017 年提升 0.13；建筑密度为 25.7%，较 2017 年下降 1.6 个百分点（见图 28）。2017~2020 年持续参评的开发区土地利用强度有所提升，综合容积率提升 0.12，建筑密度提升 1.4 个百分点。新增参评开发区综合容积率为 0.93，建筑密度为 18.8%（见表 37）。从审批类别上看，2020 年，特色工业园综合容积率最高，为 1.33，分别较经开区和高新区高 0.30 和 0.31；特色工业园建筑密度最高，为 30.3%，分别较经开区和高新区高 7.7 个和 1.2 个百分点。

图 28　2017~2020 年西部地区省级产城融合型开发区依法审批范围土地利用强度变化

表 37 2017 年和 2020 年西部地区省级产城融合型开发区依法审批范围
土地利用强度变化情况

范围	数量（个）	综合容积率		建筑密度（%）	
		2017 年	2020 年	2017 年	2020 年
全部开发区	77	0.95	1.08	27.3	25.7
2017~2020 年持续参评的开发区	49	1.08	1.20	29.8	31.2
新增参评开发区	28	—	0.93	—	18.8

2017~2020 年，产城融合型开发区实际管理范围内综合容积率有所提升，建筑密度有所提下降。2020 年，综合容积率为 0.99，较 2017 年提升 0.12；建筑密度为 27.1%，较 2017 年下降 1.2 个百分点。持续参评且有发展方向区的开发区综合容积率提升 0.06，建筑密度保持稳定。新增参评开发区土地利用强度较低，综合容积率为 0.88，建筑密度为 21.0%（见表 38）。从审批类别上看，2020 年，特色工业园综合容积率最高，为 1.08，分别较经开区和高新区高 0.13 和 0.11；特色工业园建筑密度最高，为 30.7%，分别较经开区和高新区高 6.1 个和 2.0 个百分点。

表 38 2017 年和 2020 年西部地区省级产城融合型开发区实际管理范围
土地利用强度变化情况

范围	数量（个）	综合容积率		建筑密度（%）	
		2017 年	2020 年	2017 年	2020 年
全部开发区	77	0.87	0.99	28.3	27.1
持续参评且无发展方向区的开发区	7	1.17	1.33	34.3	31.6
持续参评且有发展方向区的开发区	42	0.96	1.02	30.3	30.3
新增参评开发区	28	—	0.88	—	21.0

4. 综合用地效益

2017~2020 年，工业主导型开发区依法审批范围内工业用地固定资产投入强度有所提升，工业用地地均税收有所下降。2020 年，工业用地固定资产投入强度为 4339 元 / 米 ^{2}，较 2017 年提升 14.5%；工业用地地均税收为 177

元 / 米²，较 2017 年下降 16.9%（见图 29）。2017~2020 年持续参评的开发区工业用地固定资产投入强度提升 27.0%，工业用地地均税收提升 3.0%。新增参评开发区工业用地固定资产投入强度为 3420 元 / 米²，工业用地地均税收为 137 元 / 米²（见表 39）。从审批类别上看，2020 年，高新区工业用地固定资产投入强度最高，为 4952 元 / 米²，分别较经开区和特色工业园高 25.7% 和 12.2%；高新区工业用地地均税收最高，为 282 元 / 米²，分别较经开区和特色工业园高 39.4% 和 1.2 倍。

图 29 2017~2020 年西部地区省级工业主导型开发区依法审批范围综合用地效益变化

表 39 2017 年和 2020 年西部地区省级工业主导型开发区依法审批范围综合用地效益变化情况

范围	数量（个）	工业用地固定资产投入强度（元 / 米²）		工业用地地均税收（元 / 米²）	
		2017 年	2020 年	2017 年	2020 年
全部开发区	496	3788	4339	213	177
2017~2020 年持续参评的开发区	358	3878	4925	197	203
新增参评开发区	138	—	3420	—	137

2017~2020 年，工业主导型开发区实际管理范围内工业用地固定资产投入强度有所提升，工业用地地均税收有所下降。2020 年，工业用地固定资产

投入强度为 3887 元 / 米 ^{2}，较 2017 年提升 3.7%；工业用地地均税收为 160 元 /
米 ^{2}，较 2017 年下降 20.8%。持续参评且有发展方向区的开发区工业用地固
定资产投入强度提升 6.6%，工业用地地均税收下降 2.0%。新增参评开发区工
业用地固定资产投入强度为 3194 元 / 米 ^{2}，工业用地地均税收为 124 元 / 米 ^{2}（见
表 40）。从审批类别上看，2020 年，高新区工业用地固定资产投入强度最高，
为 4118 元 / 米 ^{2}，分别较经开区和特色工业园高 16.3% 和 0.9%；高新区工业
用地地均税收最高，为 231 元 / 米 ^{2}，分别较经开区和特色工业园高 36.4% 和
78.3%。

表 40　2017 年和 2020 年西部地区省级工业主导型开发区实际管理范围
综合用地效益变化情况

范围	数量（个）	工业用地固定资产投入强度（元 / 米 ^{2}）		工业用地地均税收（元 / 米 ^{2}）	
		2017 年	2020 年	2017 年	2020 年
全部开发区	496	3748	3887	202	160
持续参评且无发展方向区的开发区	104	3864	4814	155	124
持续参评且有发展方向区的开发区	254	3847	4102	202	198
新增参评开发区	138	—	3194	—	124

2017~2020 年，产城融合型开发区依法审批范围内综合地均税收有所
下降，人口密度有所提升。2020 年，综合地均税收为 106 元 / 米 ^{2}，较 2017
年下降 6.2%；人口密度为 110 人 / 公顷，较 2017 年提升 2.8%（见图 30）。
2017~2020 年持续参评的开发区综合地均税收提升 2.7%。人口密度提升
12.8%。新增参评开发区综合地均税收为 45 元 / 米 ^{2}，人口密度为 82 人 /
公顷（见表 41）。从审批类别上看，2020 年，高新区综合地均税收最高，
为 172 元 / 米 ^{2}，分别较经开区和特色工业园高 2.2 倍和 1.3%；特色工业园
人口密度最高，为 165 人 / 公顷，分别较经开区和特色工业园高 62.0% 和
89.0%。

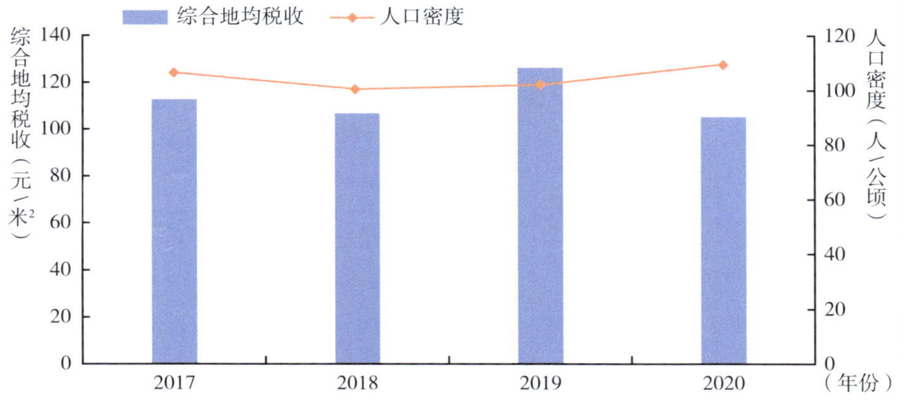

图 30   2017~2020 年西部地区省级产城融合型开发区依法审批范围综合用地效益变化

表 41   2017 年和 2020 年西部地区省级产城融合型开发区依法审批范围
综合用地效益变化情况

范围	数量（个）	综合地均税收（元 / 米²）		人口密度（人 / 公顷）	
		2017 年	2020 年	2017 年	2020 年
全部开发区	77	113	106	107	110
2017~2020 年持续参评的开发区	49	150	154	117	132
新增参评开发区	28	—	45	—	82

2017~2020 年，产城融合型开发区实际管理范围内综合用地效益有所下降。2020 年，综合地均税收为 94 元 / 米²，较 2017 年下降 13.0%；人口密度为 83 人 / 公顷，较 2017 年下降 7.8%。持续参评且有发展方向区的开发区综合地均税收下降 13.2%，人口密度下降 12.6%。新增参评开发区综合地均税收为 49 元 / 米²，人口密度为 75 人 / 公顷（见表 42）。从审批类别上看，2020 年，高新区综合地均税收最高，为 134 元 / 米²，分别较经开区和特色工业园高 1.4 倍和 38.8%；特色工业园人口密度最高，为 92 人 / 公顷，分别较经开区和高新区高 9.2% 和 26.5%。

表42 2017年和2020年西部地区省级产城融合型开发区实际管理范围
综合用地效益变化情况

范围	数量（个）	综合地均税收（元/米²）		人口密度（人/公顷）	
		2017年	2020年	2017年	2020年
全部开发区	77	108	94	90	83
持续参评且无发展方向区的开发区	7	159	92	143	160
持续参评且有发展方向区的开发区	42	136	118	95	83
新增参评开发区	28	—	49	—	75

5. 土地管理绩效

2017~2020年，工业主导型开发区依法审批范围内土地闲置率有所下降。2020年，土地闲置率为0.28%，较2017年下降0.37个百分点。2017~2020年持续参评的开发区土地闲置率降幅为0.44个百分点。新增参评开发区土地闲置率为0.29%。从审批类别上看，2020年，经开区、高新区和特色工业园土地闲置率分别为0.21%、0.26%和0.33%。

2017~2020年，工业主导型开发区实际管理范围内土地闲置率有所下降。2020年，土地闲置率为0.41%，较2017年提升0.22个百分点。持续参评且有发展方向区的开发区土地闲置率下降0.01个百分点。新增参评开发区土地闲置率为0.70%。从审批类别上看，2020年，经开区、高新区和特色工业园土地闲置率分别为0.60%、0.28%和0.28%。

2017~2020年，产城融合型开发区依法审批范围内土地闲置率有所提升。2020年，土地闲置率为0.95%，较2017年上升0.78个百分点。2017~2020年持续参评的开发区土地闲置率提升1.07个百分点。新增参评开发区土地闲置率为0.50%。从审批类别上看，2020年，经开区、高新区和特色工业园土地闲置率分别为0.53%、0.84%和2.29%。

2017~2020年，产城融合型开发区实际管理范围内土地闲置率有所提升。2020年，土地闲置率为0.59%，较2017年提升0.35个百分点。持续参评且有发展方向区的开发区土地闲置率提升0.04个百分点。新增参评开发区土地闲置率为 0.39%。从审批类别上看，2020 年，经开区、高新区和特色工业园土地闲置率分别为 0.40%、0.47% 和 1.10%。

四　主要结论和政策建议

（一）开发区土地集约利用评价总体状况与主要特征

1. 国家级开发区

从数量上看，2020 年西部地区国家级开发区参评数量为 134 个，占全国比例为 24.0%，开发区参评持续性较强，参评率由 2016 年的 82.2% 提升至 2020 年的 95.3%。2016~2020 年新增参评开发区数量较多，达到 27 个，占全国新增参评开发区的 36%。西部地区依托陆路边境线设立有较多的边境合作区，经开区是西部地区开发区主要类型，2020 年经开区数量占比 49.3%，高于全国水平 4.2 个百分点。部分持续参评开发区表现出产城融合的发展导向，5 个开发区由工业主导型向产城融合型转型，新增参评开发区以海关特殊监管区为主。

从用地规模上看，西部地区国家级开发区平均用地规模较小，2020 年依法审批范围和实际管理范围平均用地规模分别为 794 公顷和 4801 公顷，较全国水平分别低 14.5% 和 20.3%。2016~2020 年开发区依法审批范围平均用地规模有所下降，降幅为 10.4%，其中，持续参评开发区依法审批范围平均用地规模下降 2.8%，新增参评开发区依法审批范围平均用地规模明显较小。

从土地集约利用程度上看，西部地区工业主导型国家级开发区土地利用程度和土地利用强度较低，综合用地效益也较低，2020 年依法审批范围内土地建成率低于全国水平 4.5 个百分点，工业用地率低于全国水平 6.2 个百分点，综合容积率低于全国水平 0.14，工业用地地均税收低于全国水平 61.6%。产城融合型国家级开发区土地利用程度和土地利用强度较高，人口承载水平较高，但综合地均税收和土地管理绩效有待提升，2020 年依法审批范围内土地建成率高于全国水平 0.7 个百分点，综合容积率高于全国水平 0.12，人口密度高于全国水平 10.6%，而综合地均税收低于全国水平 42.5%，土地闲置率高于全国水平 0.09 个百分点。

2. 省级开发区

从数量上看，2020 年西部地区省级开发区参评数量为 573 个，占全国比例为 26.5%，开发区参评持续性较弱，参评率由 2017 年的 79.9% 波动提升至 2020 年的 82.7%。县域工业集中区数量较多，2020 年西部地区开发区中，特色工业园数量达到 280 个，占比 48.9%，高于全国水平 15.4 个百分点。部分持续参评开发区表现出产城融合的发展导向，9 个开发区由工业主导型向产城融合型转型，部分特色工业园向高新区和经开区转型，部分经开区向高新区转型，新增参评开发区以经开区和高新区为主。

从用地规模上看，2020 年西部地区省级开发区依法审批范围平均用地规模较大，2020 年依法审批范围平均用地规模为 958 公顷，较全国水平高 23.1%，实际管理范围平均用地规模与全国水平相当。2017~2020 年开发区依法审批范围平均用地规模大幅提升，增幅为 26.1%，其中，持续参评开发区依法审批范围平均用地规模增长 4.1%，新增参评开发区依法审批范围平均用地规模明显较大。

从土地集约利用程度上看，西部地区省级开发区土地集约利用水平明显较低。2020 年工业主导型省级开发区依法审批范围内土地建成率低于全国水平 1.3 个百分点，综合容积率低于全国水平 0.14，工业用地地均税收低于全国水平 29.5%，土地闲置率高于全国水平 0.07 个百分点。产城融合型省级开发区依法审批范围内土地建成率低于全国水平 5.1 个百分点，综合容积率低于全国水平 0.09，综合地均税收低于全国水平 70.0%，人口密度低于全国水平 16.7%，土地闲置率高于全国水平 0.60 个百分点。

（二）提升开发区土地集约利用水平的对策建议

加强西部地区开发区承接产业转移的能力建设，增强西部地区承接产业转移竞争力，支持西部省份与沿海省份共建产业转移和承接的合作开发区。优化区域产业链布局，促进汽车及零部件、纺织服装、产品制造等制造业产业优化升级，鼓励西部地区发挥特色优势，支持西部地区发展能源资源、边贸加工等具有当地特色的优势产业，加强科技创新能力，推进数字产业、资源循环利用产业等产业发展。[1][2] 优化开发区土地利用方式，推进多层标准厂房建设，提升土地利用强度，提升开发区基础设施水平，推进产城融合型开发区规划建设，提高生活服务设施用地保障力度，提升人口承载能力。[3] 持续推进开发区土地集约利用评价工作，要求列入《目录》的开发区必须参加开发区土地集约利用评价，加强参评开发区的年度持续性，全面了解西部地区开发区土地利用状况。提升开发区运营管理水平，有序开发土地，减少土地浪费，加强项目管理，确保建设项目按期建成投产，加强开发区土地利用管理，及时处理闲置土地。

---

[1] 甘良燕:《甘肃省国家级开发区土地集约利用评价》,《甘肃农业》2021 年第 9 期。

[2] 王垚、曹月娥、李万年:《基于层次分析的城市开发区土地集约利用研究——以乌鲁木齐高新技术产业开发区为例》,《湖北农业科学》2020 年第 13 期。

[3] 马国庆、赵金梅、冯丽媛:《宁夏开发区土地集约利用空间相关性及障碍度分析研究》,《宁夏大学学报》(自然科学版) 2021 年第 1 期。

B.5
2016~2020年东北地区开发区
土地集约利用状况分析

摘　要：本报告基于东北地区3个省共54个国家级开发区和230个省级开发区的土地集约利用评价基础数据，分析2016~2020年东北地区开发区基本情况、土地利用状况、土地集约利用状况及变化情况，比较不同类型开发区土地集约利用状况差异。报告指出，东北地区开发区数量约占全国的1/10，"十三五"期间新增较多省级开发区，经济类开发区发展较快，平均用地规模相对较小。土地集约利用总体情况上，东北地区开发区土地利用程度较高，土地管理绩效较好，但土地利用强度和综合用地效益明显不足。推进东北地区开发区土地集约利用可从促进产业升级、提升经济活力、创新招商引资方式等方面着手。

关键词：开发区　土地集约利用　东北地区

一　2016~2020年东北地区开发区基本情况分析

（一）国家级开发区

1. 参评数量

2016~2020年，东北地区国家级开发区参评数量有所增长，《目录》中国家级开发区参评率^①有所提升。2020年，开发区参评数量为54个，较2016

---

① 《目录》中东北地区应参加评价的开发区数量为55个。

年净增加 12 个；参评率为 98.2%，较 2016 年提升 21.8 个百分点；没有《目录》外的开发区参加评价（见表 1、图 1）。

表 1 2016~2020 年东北地区国家级开发区参评数量及参评率

年份	参评数量（个）			《目录》中未参评数量（个）	《目录》中开发区参评率（%）
	总计	在《目录》中	不在《目录》中		
2016	42	42	0	13	76.4
2017	54	54	0	1	98.2
2018	54	54	0	1	98.2
2019	54	54	0	1	98.2
2020	54	54	0	1	98.2

从审批类别看，经开区参评数量占比较大且增长较多。2020 年，经开区、高新区和海关特殊监管区参评数量分别为 29 个、16 个和 9 个，占比分别为 53.7%、29.6% 和 16.7%，较 2016 年分别净增加 6 个、3 个和 3 个（见图 2）。其中，2016 年参评开发区均在 2020 年参评。从评价类型看，工业主导型开发区参评数量占比较大且增长较多，没有开发区评价类型发生变化。2020 年，产城融合型和工业主导型开发区参评数量分别为 13 个和 41 个，占比分别为 24.1% 和 75.9%，较 2016 年分别净增加 2 个和 10 个（见图 3）。从审批类别与评价类型看，高新区中产城融合型开发区比例较高。2020 年，经开区中产城融合型开发区比例为 24.1%，高新区为 37.5%（见图 4）。

2. 用地规模

2016~2020 年，参评开发区依法审批范围用地规模和平均用地规模均有所增长。2020 年，开发区依法审批范围用地规模为 4.67 万公顷，较 2016 年增长 31.3%；平均用地规模为 864 公顷，较 2016 年增长 2.1%（见图 5）。

从审批类别看，高新区平均用地规模较大，经开区与高新区平均用地规模均有所增长，海关特殊监管区平均用地规模较小且呈下降趋势。2020 年，经开区和高新区平均用地规模分别为 884 公顷和 1160 公顷，较 2016 年分别增长 5.4% 和 5.9%；海关特殊监管区平均用地规模为 272 公顷，较 2016 年

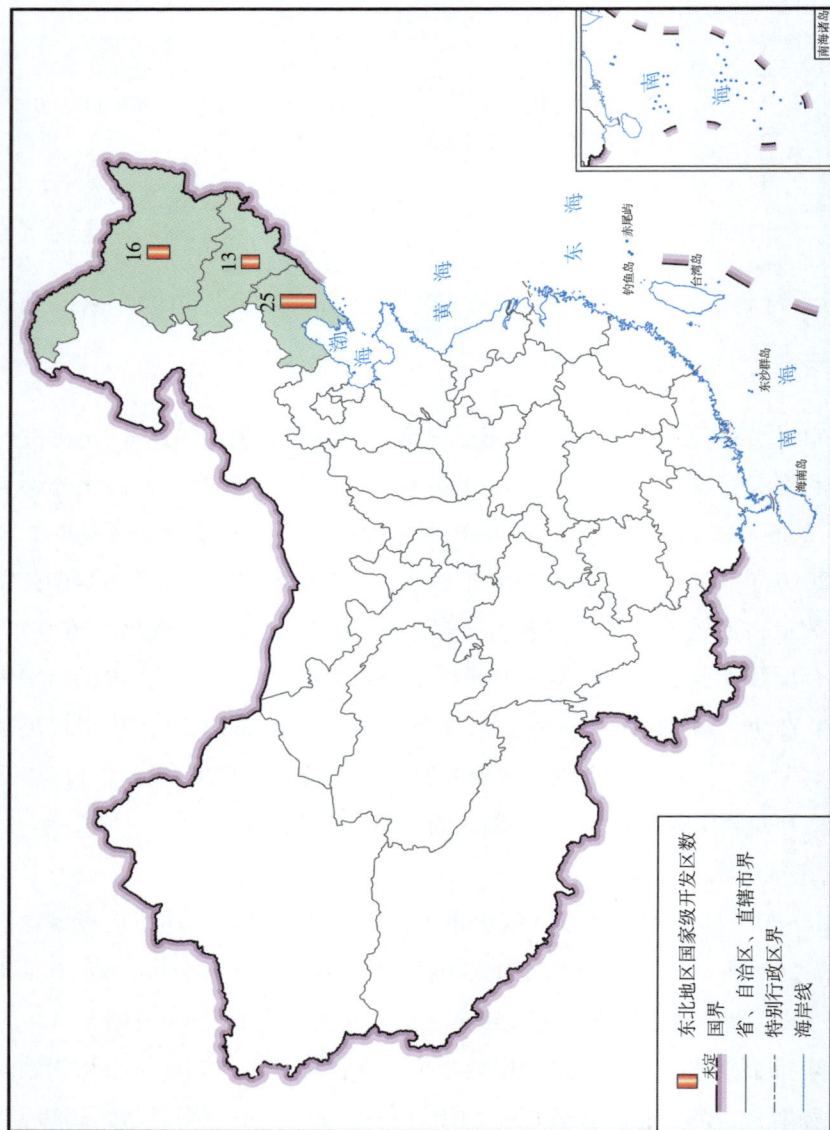

图1　2020年东北地区参评国家级开发区数量分布情况

图2　2016~2020 年东北地区国家级开发区分审批类别参评数量变化

图3　2016~2020 年东北地区国家级开发区分评价类型参评数量变化

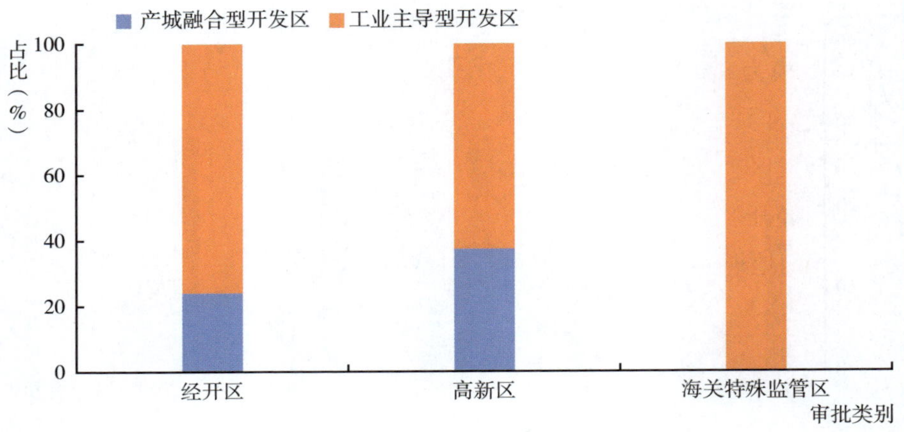

图 4　2020 年东北地区国家级开发区分审批类别不同评价类型开发区比例

图 5　2016~2020 年东北地区国家级开发区依法审批范围用地规模
与平均用地规模变化

下降 18.0%。从评价类型看，产城融合型开发区平均用地规模较大且有所下降，工业主导型开发区平均用地规模均有所提升。2020 年，产城融合型开发区平均用地规模为 1004 公顷，较 2016 年下降 8.6%；工业主导型开发区平均用地规模为 820 公顷，较 2016 年增长 8.3%。从审批类别与评价类型看，2016~2020 年持续参评开发区中，海关特殊监管区平均用地规模有所下降，其余类型开发区平均用地规模无明显变化。新增参评开发区中，产城融合型开发区均为经开区且平均用地规模低于同类型持续参评开发区，工业主导型开发区平均用地规模均高于同类型持续参评开发区（见表 2）。

表 2　2016 年和 2020 年东北地区国家级开发区分审批类别与评价类型依法审批范围平均用地规模变化情况

审批类别	评价类型	2016 年参评	2020 年参评	数量（个）	2016 年平均用地规模（公顷）	2020 年平均用地规模（公顷）
经开区	产城融合型	是	是	5	657	657
		否	是	2	—	487
	工业主导型	是	是	18	890	889
		否	是	4	—	1344
高新区	产城融合型	是	是	6	1466	1466
	工业主导型	是	是	7	778	778
		否	是	3	—	1439
海关特殊监管区	工业主导型	是	是	6	332	219
		否	是	3	—	378

2016~2020 年，参评开发区实际管理范围用地规模和平均用地规模大幅增长。2020 年，参评开发区的实际管理范围用地规模为 37.93 万公顷，较 2016 年增长 4.5 倍；平均用地规模为 7025 公顷，较 2016 年增长 3.3 倍（见图 6）。

从审批类别看，经开区与高新区平均用地规模较大且增幅较大，海关特殊监管区平均用地规模较小且有所下降。2020 年，经开区和高新区平均用地规模分别为 8396 公顷和 8337 公顷，较 2016 年分别增长 3.9 倍和 2.9 倍；海关特殊监管区平均用地规模为 272 公顷，较 2016 年下降 18.0%。从评价类型

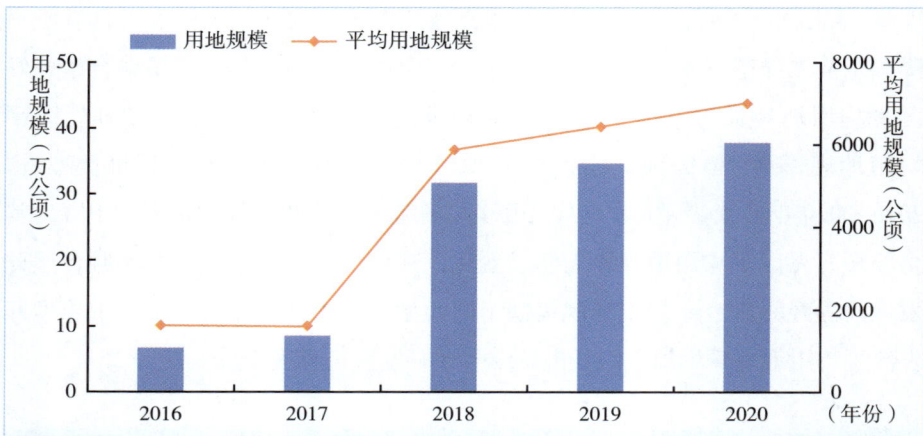

图6　2016~2020年东北地区国家级开发区实际管理范围用地规模变化

看，产城融合型开发区平均用地规模较大且增幅较大。2020年，产城融合型和工业主导型开发区平均用地规模分别为11831公顷和5501公顷，较2016年分别增长6.9倍和2.3倍。从审批类别和评价类型看，2016~2020年持续参评开发区中，海关特殊监管区平均用地规模有所下降，其余类型开发区平均用地规模均大幅增长。新增参评开发区中，除工业主导型经开区外，其余类型开发区平均用地规模均高于同类型持续参评开发区（见表3）。

表3　2016年和2020年东北地区国家级开发区分审批类别与评价类型实际管理范围平均用地规模变化情况

审批类别	评价类型	2016年参评	2020年参评	数量（个）	2016年平均用地规模（公顷）	2020年平均用地规模（公顷）
经开区	产城融合型	是	是	5	1032	7637
		否	是	2	—	8902
	工业主导型	是	是	18	1886	9839
		否	是	4	—	2597
高新区	产城融合型	是	是	6	1869	16301
	工业主导型	是	是	7	2332	2535
		否	是	3	—	5950
海关特殊监管区	工业主导型	是	是	6	332	219
		否	是	3	—	378

（二）省级开发区

1. 参评数量

2017~2020 年，东北地区省级开发区参评数量有所增长，《目录》中参评率 [①] 有所波动。2020 年，开发区参评数量为 215 个，较 2017 年净增加 43 个；参评率为 93.5%，与 2017 年相同；不在《目录》中的开发区数量为 43 个，占参评开发区的 20.0%（见表 4、图 7）。

表 4   2017~2020 年东北地区省级开发区参评数量及参评率

年份	参评数量（个）			《目录》中未参评数量（个）	《目录》中开发区参评率（%）
	总计	在《目录》中	不在《目录》中		
2017	172	172	0	12	93.5
2018	186	175	11	9	95.1
2019	189	176	13	8	95.7
2020	215	172	43	12	93.5

从审批类别看，经开区参评数量占比较大且增长较多，部分经开区向高新区转型，部分特色工业园向经开区转型。2020 年，经开区、高新区和特色工业园参评数量分别为 186 个、13 个和 16 个，占比分别为 86.5%、6.0% 和 7.4%，较 2017 年分别净增加 60 个、净增加 5 个和净减少 22 个（见图 8）。其中，新增参评开发区中包括 45 个经开区、4 个高新区和 3 个特色工业园，1 个经开区转型为高新区，23 个特色工业园转型为经开区。从评价类型看，工业主导型开发区参评数量占比较大且增长较多，部分开发区评价类型发生变化。2020 年，产城融合型和工业主导型开发区参评数量分别为 37 个和 178 个，占比分别为 17.2% 和 82.8%，较 2017 年分别净增加 5 个和 38 个（见图 9）。其中，新增产城融合型和工业主导型开发区参评数量分别为 7 个和 45 个，7 个

[①] 《目录》中东北地区应参加评价的开发区数量为 184 个。

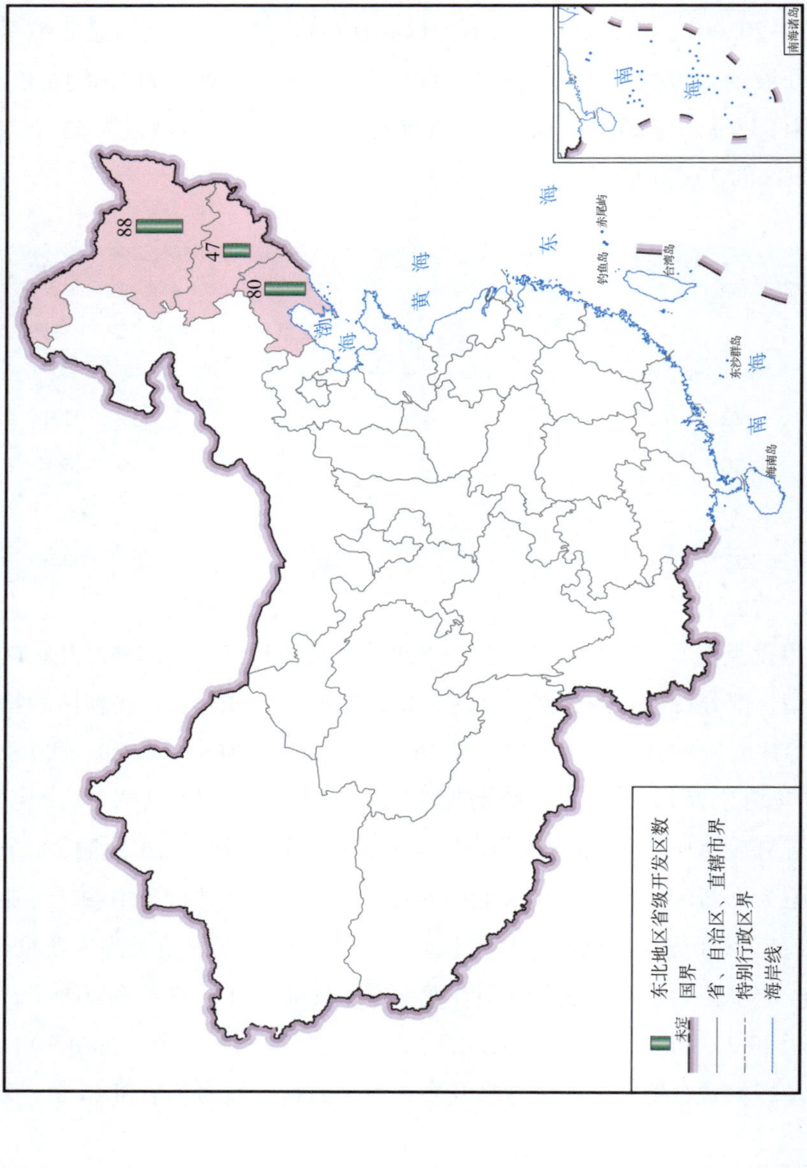

图7 2020年东北地区参评省级开发区数量分布情况

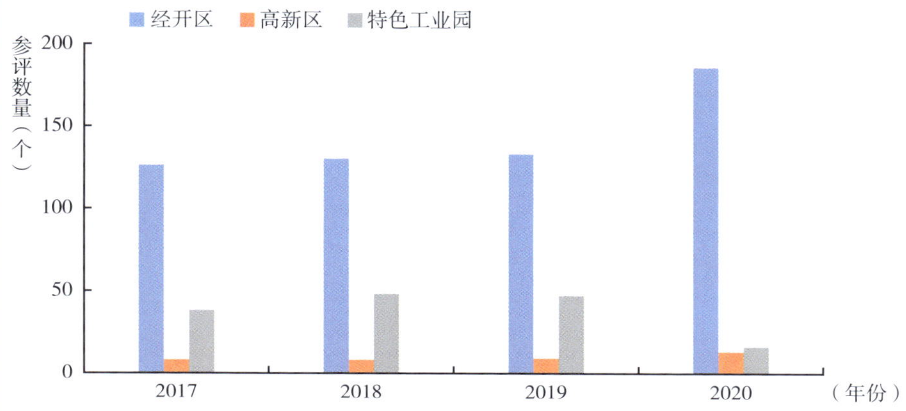

图 8　2017~2020 年东北地区省级开发区分审批类别参评数量变化

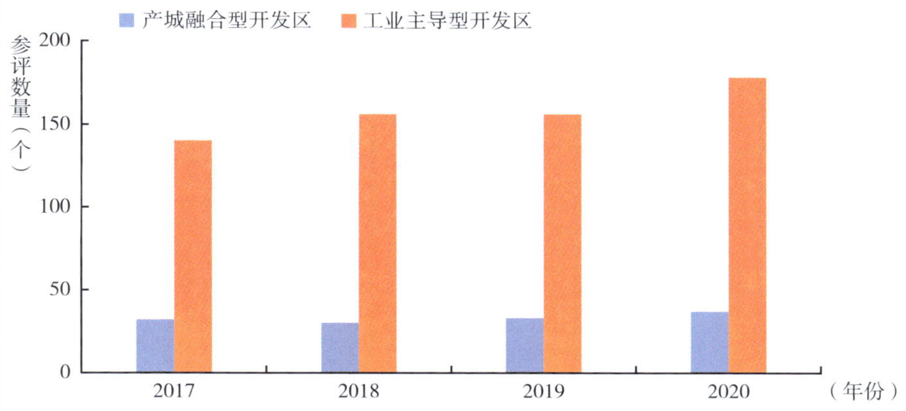

图 9　2017~2020 年东北地区省级开发区分评价类型参评数量变化

开发区由产城融合型转变为工业主导型，8 个开发区由工业主导型转变为产城融合型。从审批类别与评价类型看，2020 年，经开区中产城融合型开发区比例为 19.4%，高新区中产城融合型开发区比例分别为 7.7%，特色工业园全部为工业主导型（见图 10）。

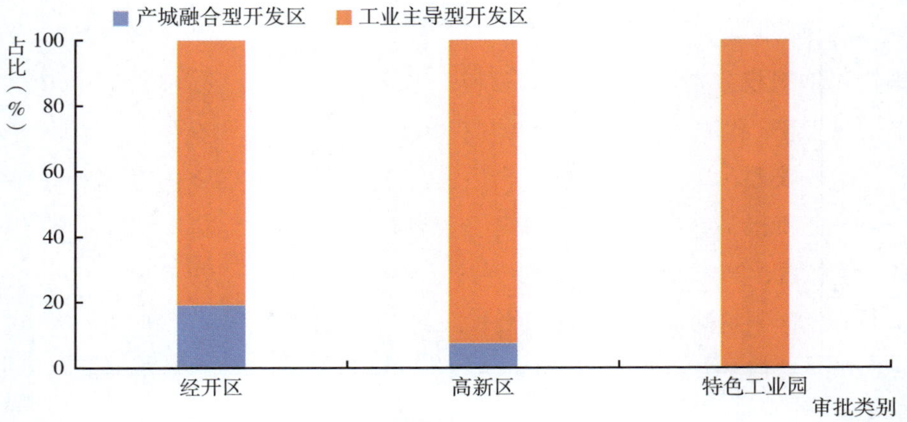

图10 2017~2020年东北地区省级开发区分审批
类别不同评价类型开发区比例

2. 用地规模

2017~2020年，参评开发区依法审批范围用地规模和平均用地规模有所增长。2020年，开发区依法审批范围用地规模为13.73万公顷，较2017年增长65.4%；平均用地规模为639公顷，较2017年增长32.3%（见图11）。

图11 2017~2020年东北地区省级开发区依法审批范围用地规模与平均用地规模变化

从审批类别看，高新区平均用地规模较大，各类型开发区平均用地规模均有所增长，特色工业园增幅最大。2020 年，经开区、高新区和特色工业园平均用地规模分别为 594 公顷、1150 公顷和 743 公顷，较 2017 年分别增长 28.1%、7.8% 和 75.5%。从评价类型看，产城融合型开发区平均用地规模较大且增幅较大。2020 年，产城融合型和工业主导型开发区平均用地规模分别为 868 公顷和 591 公顷，较 2017 年分别增长 63.1% 和 25.4%。从审批类别与评价类型看，2017~2020 年持续参评开发区中，除产城融合型高新区外，其余类型开发区平均用地规模均有所增长。新增参评开发区中，除工业主导型高新区外，其他各类型开发区平均用地规模均高于同类型持续参评开发区（见表 5）。

表 5　2017 年和 2020 年东北地区省级开发区分审批类别与评价类型依法审批范围平均用地规模变化情况

审批类别	评价类型	2017 年参评	2020 年参评	数量（个）	2017 年平均规模（公顷）	2020 年平均规模（公顷）
经开区	产城融合型	是	否	3	208	—
		是	是	29	453	585
		否	是	7	—	1972
	工业主导型	是	否	4	552	—
		是	是	113	441	493
		否	是	38	—	644
高新区	产城融合型	是	是	1	1346	1346
	工业主导型	是	是	8	930	1325
		否	是	4	—	753
特色工业园	工业主导型	是	否	2	706	—
		是	是	12	587	672
		否	是	3	—	1091

2017~2020 年，开发区实际管理范围用地规模和平均用地规模大幅增长。2020 年，参评开发区的实际管理范围用地规模为 38.64 万公顷，较 2017 年增长 2.0 倍；平均用地规模为 1797 公顷，较 2017 年增长 1.4 倍（见图 12）。

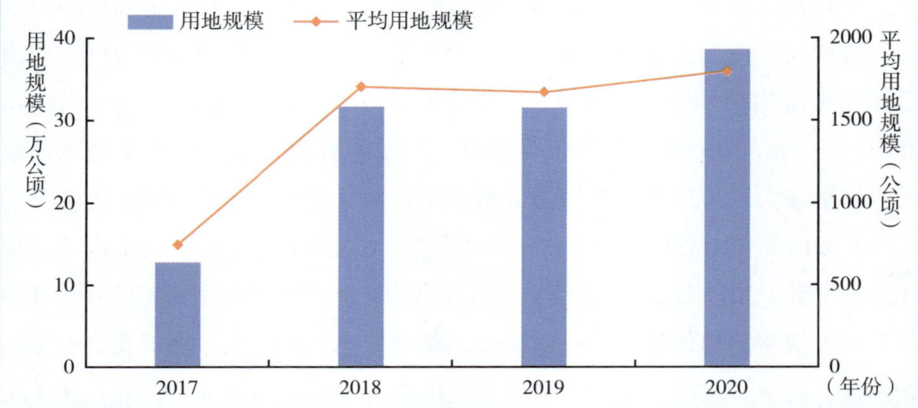

图 12　2017~2020 年东北地区省级开发区实际管理范围用地规模变化

　　从审批类别看，高新区平均用地规模较大，各类开发区平均用地规模均大幅增加。2020 年，经开区、高新区和特色工业园平均用地规模分别为 1740 公顷、3365 公顷和 1188 公顷，较 2017 年分别增长 1.1 倍、2.1 倍和 1.6 倍。从评价类型看，工业主导型开发区平均用地规模较大且增幅较大。2020 年，产城融合型和工业主导型开发区平均用地规模分别为 1538 公顷和 1851 公顷，较 2017 年分别增长 78.6% 和 1.6 倍。从审批类别和评价类型看，2017~2020 年持续参评开发区中，除产城融合型高新区外，其余类型开发区平均用地规模均大幅上升。新增参评开发区中，除工业主导型高新区外，其余类型开发区平均用地规模高于同类型持续参评开发区（见表 6）。

表 6　2017 年和 2020 年东北地区省级开发区分审批类别与评价类型实际管理范围平均用地规模变化情况

审批类别	评价类型	2017 年参评	2020 年参评	数量（个）	2017 年平均用地规模（公顷）	2020 年平均用地规模（公顷）
经开区	产城融合型	是	否	3	937	—
		是	是	20	740	977
		否	是	7	—	3893
	工业主导型	是	否	4	1171	—
		是	是	87	713	1468
		否	是	38	—	2703

审批类别	评价类型	2016 年参评	2020 年参评	数量（个）	2016 年平均用地规模（公顷）	2020 年平均用地规模（公顷）
高新区	产城融合型	是	是	1	1346	1346
	工业主导型	是	是	7	1078	4517
		否	是	4	—	1566
特色工业园	工业主导型	是	否	2	706	—
		是	是	11	616	1055
		否	是	3	—	1930

二 2016~2020 年东北地区开发区土地利用情况分析

（一）国家级开发区

1. 土地供应建设状况

2016~2020 年，开发区依法审批范围内，达供面积、供应面积和建成面积均逐年增长。2020 年，开发区达供面积为 4.05 万公顷，较 2016 年增长 32.8%；供应面积为 3.81 万公顷，较 2016 年增长 32.8%；建成面积为 3.66 万公顷，较 2016 年增长 34.6%（见图 13）。其中，2016~2020 年持续参评的开发区达供面积、供应面积和建成面积增幅分别为 1.5%、1.5% 和 3.4%（见表 7）。

图 13 2016~2020 年东北地区国家级开发区依法审批范围土地供应建设状况变化

表 7　2016~2020 年东北地区国家级开发区依法审批范围
土地供应建设状况变化情况

范围	数量（个）	已达到供地条件土地		已供应国有建设用地		已建成城镇建设用地	
		增长（万公顷）	增幅（%）	增长（万公顷）	增幅（%）	增长（万公顷）	增幅（%）
全部开发区	54	1.00	32.8	0.94	32.8	0.94	34.6
2016~2020 年持续参评的开发区	42	0.05	1.5	0.04	1.5	0.09	3.4
新增参评开发区	12	0.95	—	0.90	—	0.84	—

从审批类别看，高新区土地供应与开发建设速度较快，海关特殊监管区土地供应与开发建设面积有所下降。2020 年，经开区、高新区和海关特殊监管区达供面积分别为 2.14 万公顷、1.71 万公顷和 0.19 万公顷，较 2016 年分别增长 34.2%、增长 36.3% 和下降 2.0%；供应面积分别为 2.00 万公顷、1.66 万公顷和 0.15 万公顷，较 2016 年分别增长 34.4%、增长 35.4% 和下降 3.6%，建成面积分别为 1.92 万公顷、1.63 万公顷和 0.11 万公顷，较 2016 年分别增长 34.5%、增长 38.8% 和下降 10.6%。从评价类型看，工业主导型开发区土地供应与开发建设速度较快。2020 年，产城融合型和工业主导型开发区达供面积分别为 1.15 万公顷和 2.91 万公顷，较 2016 年分别增长 15.9% 和 40.8%；供应面积分别为 1.08 万公顷和 2.73 万公顷，较 2016 年分别增长 14.0% 和 42.2%；建成面积分别为 1.06 万公顷和 2.60 万公顷，较 2016 年分别增长 17.1% 和增长 42.9%。

2016~2020 年，开发区实际管理范围内，达供面积、供应面积和建成面积均大幅增长。2020 年，达供面积为 19.74 万公顷，较 2016 年增长 2.7 倍；供应面积为 15.47 万公顷，较 2016 年增长 2.4 倍；建成面积为 11.05 万公顷，较 2016 年增长 1.7 倍。其中，持续参评且有发展方向区的开发区达供面积、供应面积和建成面积分别增长 2.4 倍、2.1 倍和 1.4 倍（见表 8）。

表 8 　2016~2020 年东北地区国家级开发区实际管理范围
土地供应建设状况变化情况

范围	数量（个）	已达到供地条件土地		已供应国有建设用地		已建成城镇建设用地	
		增长（万公顷）	增幅（%）	增长（万公顷）	增幅（%）	增长（万公顷）	增幅（%）
全部开发区	54	14.36	266.9	10.85	234.8	6.93	168.2
持续参评且无发展方向区的开发区	10	−0.03	−5.9	−0.02	−4.7	0.00	−0.6
持续参评且有发展方向区的开发区	32	11.35	236.8	8.61	210.4	4.96	136.1
新增参评开发区	12	3.05	—	2.27	—	1.97	—

从审批类别看，2020 年，经开区、高新区和海关特殊监管区达供面积分别为 13.31 万公顷、6.23 万公顷和 0.19 万公顷，较 2016 年分别增长 3.6 倍、增长 1.7 倍和下降 2.0%；供应面积分别为 9.97 万公顷、5.36 万公顷和 0.15 万公顷，较 2016 年分别增长 3.0 倍、增长 1.7 倍和下降 3.6%；建成面积分别为 7.80 万公顷、3.14 万公顷和 0.11 万公顷，较 2016 年分别增长 2.4 倍、增长 82.3% 和下降 10.6%。从评价类型看，2020 年，产城融合型和工业主导型开发区达供面积分别为 6.42 万公顷和 13.32 万公顷，较 2016 年分别增长 4.4 倍和 2.2 倍；供应面积分别为 5.80 万公顷和 9.67 万公顷，较 2016 年分别增长 4.3 倍和 1.7 倍；建成面积分别为 3.47 万公顷和 7.58 万公顷，较 2016 年分别增长 2.4 倍和 1.4 倍。

2. 土地利用结构

2016~2020 年，开发区依法审批范围内，工矿仓储用地和住宅用地的规模均有所增长，住宅用地增幅较大。2020 年，工矿仓储用地面积为 1.56 万公顷，较 2016 年增长 31.1%；住宅用地面积为 0.69 万公顷，较 2016 年增长 43.8%。其中，2016~2020 年持续参评的开发区中，工矿仓储用地面积下降 3.0%，住宅用地面积增长 19.0%（见表 9）。

表 9　2016~2020 年东北地区国家级开发区依法审批范围工矿仓储和住宅用地规模变化情况

范围	数量（个）	工矿仓储用地		住宅用地	
		增长（万公顷）	增幅（%）	增长（万公顷）	增幅（%）
全部开发区	54	0.37	31.1	0.21	43.8
2016~2020 年持续参评的开发区	42	−0.04	−3.0	0.09	19.0
新增参评开发区	12	0.40	—	0.12	—

从审批类别看，高新区工矿仓储用地增幅较大，经开区住宅用地增幅较大。2020 年，经开区、高新区和海关特殊监管区工矿仓储用地面积分别为 0.98 万公顷、0.51 万公顷和 0.07 万公顷，较 2016 年分别增长 29.0%、36.7% 和 12.5%；经开区和高新区住宅用地面积分别为 0.29 万公顷和 0.40 万公顷，较 2016 年分别增长 49.5% 和 40.5%。从评价类型看，工业主导型开发区工矿仓储用地和住宅用地规模增幅均较大。2020 年，产城融合型和工业主导型开发区工矿仓储用地面积分别为 0.18 万公顷和 1.38 万公顷，较 2016 年分别增长 4.5% 和 34.9%；住宅用地面积分别为 0.36 万公顷和 0.33 万公顷，较 2016 年分别增长 27.3% 和 66.3%。

2016~2020 年，开发区实际管理范围内，工矿仓储用地和住宅用地的规模均大幅增长。2020 年，工矿仓储用地面积为 4.19 万公顷，较 2016 年增长 1.4 倍；住宅用地面积为 2.19 万公顷，较 2016 年增长 2.1 倍。其中，持续参评且有发展方向区的开发区工矿仓储用地和住宅用地面积分别增长 1.0 倍和 1.7 倍（见表 10）。

表 10　2016~2020 年东北地区国家级开发区实际管理范围工矿仓储和住宅用地规模变化情况

范围	数量（个）	工矿仓储用地		住宅用地	
		增长（万公顷）	增幅（%）	增长（万公顷）	增幅（%）
全部开发区	54	2.42	136.7	1.48	208.5
持续参评且无发展方向区的开发区	10	−0.01	−5.3	0.01	6.7

范围	数量（个）	工矿仓储用地		住宅用地	
		增长（万公顷）	增幅（%）	增长（万公顷）	增幅（%）
持续参评且有发展方向区的开发区	32	1.62	100.8	1.03	166.3
新增参评开发区	12	0.81	—	0.45	—

从审批类别看，2020 年，经开区、高新区和海关特殊监管区工矿仓储用地面积分别为 3.14 万公顷、0.97 万公顷和 0.07 万公顷，较 2016 年分别增长 1.8 倍、66.9% 和 12.5%；经开区和高新区住宅用地面积分别为 1.42 万公顷和 0.77 万公顷，较 2016 年分别增长 3.4 倍和 99.9%。从评价类型看，2020 年，产城融合型和工业主导型开发区工矿仓储用地面积分别为 0.70 万公顷和 3.49 万公顷，较 2016 年分别增长 2.1 倍和 1.3 倍；住宅用地面积分别为 1.18 万公顷和 1.01 万公顷，较 2016 年分别增长 2.8 倍和 1.5 倍。

3. 土地闲置状况

2016~2020 年，开发区依法审批范围内，闲置土地面积较小。2020 年，开发区闲置土地面积为 4 公顷，较 2016 年增长 4 公顷。其中，2016~2020 年持续参评的开发区无闲置土地。从审批类别看，2020 年，仅经开区内有闲置土地。从评价类型看，2020 年，仅工业主导型开发区有闲置土地。

2016~2020 年，开发区实际管理范围内，闲置土地面积有所增长。2020 年，开发区闲置土地面积为 65 公顷，较 2016 年增长 65 公顷。其中，持续参评且有发展方向区的开发区闲置土地增长 57 公顷。从审批类别看，2020 年，仅经开区和高新区有闲置土地，面积分别为 23 公顷和 42 公顷。从评价类型看，2020 年，产城融合型和工业主导型开发区闲置土地面积分别为 49 公顷和 16 公顷。

4. 建设量状况

2016~2020 年，开发区依法审批范围内，建设量逐年增长。2020 年，开发区建筑面积为 3.01 亿平方米，较 2016 年增长 38.1%；建筑基底面积为 1.02 亿平方米，较 2016 年增长 30.8%；工矿仓储用地建筑面积为 1.13 亿平方米，较 2016 年增长 29.9%；工矿仓储建筑基底面积为 0.76 亿平方米，较 2016 年增长 28.8%（见图 14）。其中，2016~2020 年持续参评的开发区中，建筑面积增长 10.1%，建筑基底面积增长 3.3%，工矿仓储用地建筑面积下降 0.1%，工矿仓储建筑基底面积下降 0.5%（见表 11）。

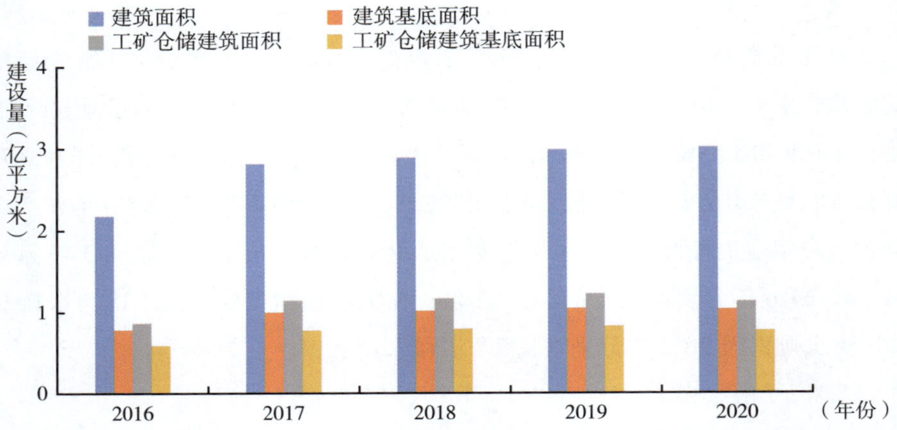

图 14　2016~2020 年东北地区国家级开发区依法审批范围建设量状况变化

表 11　2016~2020 年东北地区国家级开发区依法审批范围建设量状况变化情况

范围	数量（个）	建筑面积		建筑基底面积		工矿仓储建筑面积		工矿仓储建筑基底面积	
		增长（亿平方米）	增幅（%）	增长（亿平方米）	增幅（%）	增长（亿平方米）	增幅（%）	增长（亿平方米）	增幅（%）
全部开发区	54	0.83	38.1	0.24	30.8	0.26	29.9	0.17	28.8
2016~2020 年持续参评的开发区	42	0.22	10.1	0.03	3.3	0.00	−0.1	0.00	−0.5
新增参评开发区	12	0.61	—	0.22	—	0.26	—	0.18	—

从审批类别看，2020 年，经开区、高新区和海关特殊监管区建筑面积分别为 1.43 亿平方米、1.52 亿平方米和 0.07 亿平方米，较 2016 年分别增长 34.2%、增长 45.5% 和下降 14.4%；建筑基底面积分别为 0.54 亿平方米、0.45

亿平方米和 0.03 亿平方米，较 2016 年分别增长 31.6%、增长 36.8% 和下降 22.1%；工矿仓储建筑面积分别为 0.71 亿平方米、0.36 亿平方米和 0.05 亿平方米，较 2016 年分别增长 32.0%、27.2% 和 16.1%；工矿仓储建筑基底面积分别为 0.46 亿平方米、0.26 亿平方米和 0.04 亿平方米，较 2016 年分别增长 27.8%、35.9% 和 11.8%。从评价类型看，工业主导型开发区建设量增幅较高。2020 年，产城融合型和工业主导型开发区建筑面积分别为 0.98 亿平方米和 2.04 亿平方米，较 2016 年分别增长 21.0% 和 47.7%；建筑基底面积分别为 0.28 亿平方米和 0.75 亿平方米，较 2016 年分别增长 16.2% 和 37.4%；工矿仓储建筑面积分别为 0.14 亿平方米和 0.98 亿平方米，较 2016 年分别增长 9.0% 和 33.2%；工矿仓储建筑基底面积分别为 0.08 亿平方米和 0.68 亿平方米，较 2016 年分别增长 10.4% 和 32.2%。

2016~2020 年，开发区实际管理范围内，建设量大幅增长。2020 年，开发区建筑面积为 9.11 亿平方米，较 2016 年增长 1.9 倍；建筑基底面积为 3.39 亿平方米，较 2016 年增长 2.0 倍；工矿仓储用地建筑面积为 2.93 亿平方米，较 2016 年增长 1.3 倍；工矿仓储建筑基底面积为 1.82 亿平方米，较 2016 年增长 1.1 倍。其中，持续参评且有发展方向区的开发区建筑面积、建筑基底面积、工矿仓储用地建筑面积和工矿仓储建筑基底面积分别增长 1.5 倍、1.7 倍、1.1 倍和 89.4%（见表 12）。

表 12　2016~2020 年东北地区国家级开发区实际管理范围建设量状况变化情况

范围	数量（个）	建筑面积		建筑基底面积		工矿仓储建筑面积		工矿仓储建筑基底面积	
		增长（亿平方米）	增幅（%）	增长（亿平方米）	增幅（%）	增长（亿平方米）	增幅（%）	增长（亿平方米）	增幅（%）
全部开发区	54	5.95	188.3	2.26	200.0	1.67	132.5	0.95	109.2
持续参评且无发展方向区的开发区	10	0.03	6.3	−0.01	−8.9	0.00	−2.6	0.00	2.1
持续参评且有发展方向区的开发区	32	4.15	153.0	1.66	167.7	1.23	108.1	0.71	89.4
新增参评开发区	12	1.77	—	0.61	—	0.45	—	0.24	—

从审批类别看，2020 年，经开区、高新区和海关特殊监管区建筑面积分别为 6.30 亿平方米、2.75 亿平方米和 0.07 亿平方米，较 2016 年分别增长 2.8 倍、增长 93.2% 和下降 14.4%；建筑基底面积分别为 2.50 亿平方米、0.86 亿平方米和 0.03 亿平方米，较 2016 年分别增长 2.9 倍、增长 90.1% 和下降 22.1%；工矿仓储建筑面积分别为 2.24 亿平方米、0.64 亿平方米和 0.05 亿平方米，较 2016 年分别增长 1.8 倍、49.3% 和 16.1%；工矿仓储建筑基底面积分别为 1.37 亿平方米、0.41 亿平方米和 0.04 亿平方米，较 2016 年分别增长 1.5 倍、46.4% 和 11.8%。从评价类型看，2020 年，产城融合型和工业主导型开发区建筑面积分别为 4.33 亿平方米和 4.78 亿平方米，较 2016 年分别增长 3.9 倍和 1.1 倍；建筑基底面积分别为 1.57 亿平方米和 1.82 亿平方米，较 2016 年分别增长 5.0 倍和 1.1 倍；工矿仓储建筑面积分别为 0.92 亿平方米和 2.01 亿平方米，较 2016 年分别增长 4.8 倍和 81.7%；工矿仓储建筑基底面积分别为 0.43 亿平方米和 1.39 亿平方米，较 2016 年分别增长 4.1 倍和 77.3%。

（二）省级开发区

1. 土地供应建设状况

2017~2020 年，开发区依法审批范围内，达供面积、供应面积和建成面积均逐年增长。2020 年，开发区达供面积为 9.94 万公顷，较 2017 年增长 54.6%；供应面积为 7.83 万公顷，较 2017 年增长 51.2%；建成面积 7.48 万公顷，较 2017 年增长 50.2%（见图 15）。其中，2017~2020 年持续参评的开发区中，达供面积、供应面积和建成面积分别增长 16.1%、16.3% 和 15.6%（见表 13）。

表 13　2017~2020 年东北地区省级开发区依法审批范围土地供应建设状况变化情况

范围	数量（个）	已达到供地条件土地		已供应国有建设用地		已建成城镇建设用地	
		增长（万公顷）	增幅（%）	增长（万公顷）	增幅（%）	增长（万公顷）	增幅（%）
全部开发区	215	3.51	54.6	2.65	51.2	2.50	50.2
2017~2020 年持续参评的开发区	163	0.99	16.1	0.81	16.3	0.75	15.6
新增参评开发区	52	2.78	—	2.07	—	1.97	—

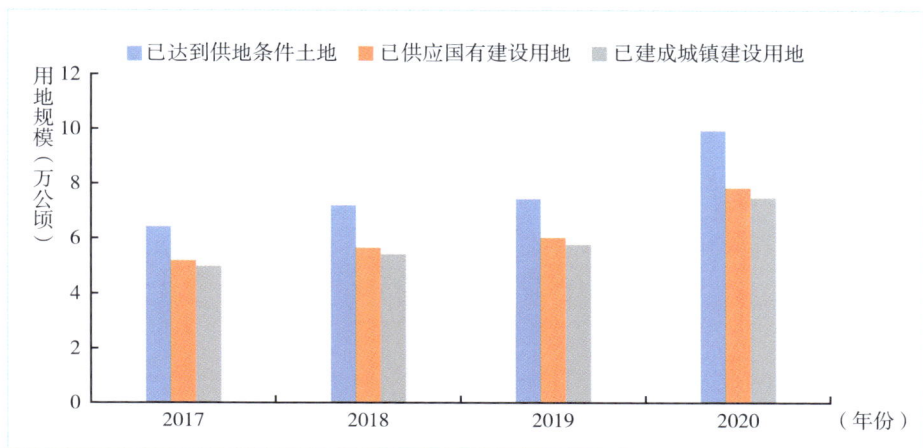

图 15 2017~2020 年东北地区省级开发区依法审批范围土地供应建设状况变化

从审批类别看，经开区土地供应与开发建设速度最快。2020 年，经开区、高新区和特色工业园达供面积分别为 7.80 万公顷、1.18 万公顷和 0.96 万公顷，较 2017 年分别增长 76.3%、增长 58.7% 和下降 23.8%；供应面积分别为 6.11 万公顷、0.91 万公顷和 0.81 万公顷，较 2017 年分别增长 70.3%、增长 55.3% 和下降 19.4%；建成面积分别为 5.83 万公顷、0.89 万公顷和 0.76 万公顷，较 2017 年分别增长 70.3%、增长 56.9% 和下降 23.3%。从评价类型看，2020 年，产城融合型和工业主导型开发区达供面积分别为 2.27 万公顷和 7.68 万公顷，较 2017 年分别增长 62.7% 和 52.4%；供应面积分别为 1.66 万公顷和 6.17 万公顷，较 2017 年分别增长 43.2% 和 53.4%；建成面积分别为 1.61 万公顷和 5.87 万公顷，较 2017 年分别增长 39.9% 和 53.2%。

2017~2020 年，开发区实际管理范围内，达供面积、供应面积和建成面积均有所增长。2020 年，开发区达供面积为 16.41 万公顷，较 2017 年增长 71.5%；供应面积为 12.48 万公顷，较 2017 年增长 73.3%；建成面积为 11.62 万公顷，较 2017 年增长 69.6%。其中，持续参评且有发展方向区的开发区达供面积、供应面积和建成面积分别增长 37.1%、43.9% 和 41.6%（见表 14）。

表 14 2017~2020 年东北地区省级开发区实际管理范围
土地供应建设状况变化情况

范围	数量（个）	已达到供地条件土地		已供应国有建设用地		已建成城镇建设用地	
		增长（万公顷）	增幅（%）	增长（万公顷）	增幅（%）	增长（万公顷）	增幅（%）
全部开发区	215	6.84	71.5	5.28	73.3	4.77	69.6
持续参评且无发展方向区的开发区	66	0.44	15.9	0.43	20.2	0.38	18.2
持续参评且有发展方向区的开发区	97	2.35	37.1	2.02	43.9	1.81	41.6
新增参评开发区	52	4.57	—	3.29	—	3.03	—

从审批类别看，2020 年，经开区、高新区和特色工业园达供面积分别为 13.50 万公顷、1.78 万公顷和 1.14 万公顷，较 2017 年分别增长 80.3%、增长 1.4 倍和下降 14.9%；供应面积分别为 10.05 万公顷、1.46 万公顷和 0.97 万公顷，较 2017 年分别增长 80.7%、增长 1.4 倍和下降 6.7%；建成面积分别为 9.30 万公顷、1.41 万公顷和 0.90 万公顷，较 2017 年分别增长 76.9%、增长 1.5 倍和下降 11.1%。从评价类型看，2020 年，产城融合型和工业主导型开发区达供面积分别为 3.09 万公顷和 13.33 万公顷，较 2017 年分别增长 45.4% 和 78.8%；供应面积分别为 2.08 万公顷和 10.40 万公顷，较 2017 年分别增长 31.5% 和 85.3%；建成面积分别为 2.01 万公顷和 9.61 万公顷，较 2017 年分别增长 29.9% 和 81.3%。

2. 土地利用结构

2017~2020 年，开发区依法审批范围内，工矿仓储用地和住宅用地的规模均大幅增长。2020 年，工矿仓储用地面积为 4.37 万公顷，较 2017 年增长 46.2%；住宅用地面积为 11.6 万公顷，较 2017 年增长 58.9%。其中，2017~2020 年持续参评的开发区中，工矿仓储用地和住宅用地面积分别增长 10.1% 和 28.9%（见表 15）。

表 15 2017~2020 年东北地区省级开发区依法审批范围工矿仓储和住宅用地规模变化情况

范围	数量（个）	工矿仓储用地		住宅用地	
		增长（万公顷）	增幅（%）	增长（万公顷）	增幅（%）
全部开发区	215	1.38	46.2	0.43	58.9
2017~2020 年持续参评的开发区	163	0.29	10.1	0.20	28.9
新增参评开发区	52	1.22	—	0.27	—

从审批类别看，经开区工矿仓储用地和住宅用地规模增幅较大。2020 年，经开区、高新区和特色工业园工矿仓储用地面积分别为 3.32 万公顷、0.53 万公顷和 0.52 万公顷，较 2017 年分别增长 71.4%、增长 54.7% 和下降 26.5%；住宅用地面积分别为 0.97 万公顷、0.11 万公顷和 0.09 万公顷，较 2017 年分别增长 72.0%、增长 81.6% 和下降 21.3%。从评价类型看，工业主导型开发区工矿仓储用地和住宅用地规模增幅较大。2020 年，产城融合型和工业主导型开发区工矿仓储用地面积分别为 0.48 万公顷和 3.89 万公顷，较 2017 年分别下降 3.0% 和增长 55.9%；住宅用地面积分别为 0.60 万公顷和 0.57 万公顷，较 2017 年分别增长 53.9% 和 64.7%。

2017~2020 年，开发区实际管理范围内，工矿仓储用地和住宅用地的规模均有所增长。2020 年，工矿仓储用地面积为 6.52 万公顷，较 2017 年增长 60.2%；住宅用地面积为 1.71 万公顷，较 2017 年增长 66.0%。其中，持续参评且有发展方向区的开发区工矿仓储用地和住宅用地面积分别增长 30.7% 和 55.3%（见表 16）。

表 16 2017~2020 年东北地区省级开发区实际管理范围工矿仓储和住宅用地规模变化情况

范围	数量（个）	工矿仓储用地		住宅用地	
		增长（万公顷）	增幅（%）	增长（万公顷）	增幅（%）
全部开发区	215	2.45	60.2	0.68	66.0
持续参评且无发展方向区的开发区	66	0.16	12.4	0.09	27.6

范围	数量（个）	工矿仓储用地		住宅用地	
		增长（万公顷）	增幅（%）	增长（万公顷）	增幅（%）
持续参评且有发展方向区的开发区	97	0.79	30.7	0.34	55.3
新增参评开发区	52	1.72	—	0.37	—

从审批类别看，2020年，经开区、高新区和特色工业园工矿仓储用地面积分别为5.13万公顷、0.80万公顷和0.59万公顷，较2017年分别增长71.5%、增长1.3倍和下降19.3%，住宅用地面积分别为1.43万公顷、0.19万公顷和0.10万公顷，较2017年分别增长64.9%、增长2.0倍和下降7.6%。从评价类型看，2020年，产城融合型和工业主导型开发区工矿仓储用地面积分别为0.63万公顷和5.89万公顷，较2017年分别下降13.0%和增长76.2%；住宅用地面积分别为0.69万公顷和1.02万公顷，较2017年分别增长46.3%和81.5%。

3. 土地闲置状况

2017~2020年，开发区依法审批范围内，闲置土地面积有所增长。2020年，开发区闲置土地面积为52公顷，较2017年增长52公顷。其中，2017~2020年持续参评的开发区闲置土地面积增长40公顷。从审批类别看，2020年，仅经开区和高新区有闲置土地，面积分别为42公顷和10公顷。从评价类型看，2020年，产城融合型和工业主导型开发区闲置土地面积分别为9公顷和43公顷。

2017~2020年，开发区实际管理范围内，闲置土地面积大幅增长。2020年，开发区闲置土地面积为402公顷，较2017年增长402公顷。其中，持续参评且有发展方向区的开发区闲置土地面积增长363公顷。从审批类别看，2020年，仅经开区和高新区有闲置土地，面积分别为329公顷和73公顷。从评价类型看，2020年，产城融合型和工业主导型开发区闲置土地面积分别为29公顷和373公顷。

4. 建设量状况

2017~2020年，开发区依法审批范围内，建设量有所增长。2020年，开发区建筑面积为 4.68 亿平方米，较 2017 年增长 51.5%；建筑基底面积为 2.28 亿平方米，较 2017 年增长 42.5%；工矿仓储用地建筑面积为 2.42 亿平方米，较 2017 年增长 39.3%；工矿仓储建筑基底面积为 2.02 亿平方米，较 2017 年增长 43.3%（见图 16）。其中，2017~2020 年持续参评的开发区中，建筑面积、建筑基底面积、工矿仓储用地建筑面积和工矿仓储建筑基底面积分别增长 20.2%、6.5%、6.3% 和 9.7%（见表 17）。

图 16　2017~2020 年东北地区省级开发区依法审批范围建设量状况变化

表 17　2017~2020 年东北地区省级开发区依法审批范围建设量状况变化情况

范围	数量（个）	建筑面积		建筑基底面积		工矿仓储建筑面积		工矿仓储建筑基底面积	
		增长（亿平方米）	增幅（%）	增长（亿平方米）	增幅（%）	增长（亿平方米）	增幅（%）	增长（亿平方米）	增幅（%）
全部开发区	215	1.59	51.5	0.68	42.5	0.68	39.3	0.61	43.3
2017~2020 年持续参评的开发区	163	0.60	20.2	0.10	6.5	0.11	6.3	0.13	9.7
新增参评开发区	52	1.12	—	0.64	—	0.65	—	0.54	—

从审批类别看，高新区建设量增幅最大。2020 年，经开区、高新区和特色工业园建筑面积分别为 3.64 亿平方米、0.60 亿平方米和 0.44 亿平方米，较

2017 年分别增长 71.0%、增长 58.1% 和下降 23.6%；建筑基底面积分别为 1.75
亿平方米、0.33 亿平方米和 0.20 亿平方米，较 2017 年分别增长 70.0%、增长
60.1% 和下降 45.3%；工矿仓储建筑面积分别为 1.82 亿平方米、0.34 亿平方
米和 0.26 亿平方米，较 2017 年增长 69.0%、增长 48.4% 和下降 39.9%；工矿
仓储建筑基底面积分别为 1.46 亿平方米、0.28 亿平方米和 0.28 亿平方米，较
2017 年分别增长 66.7%、增长 52.7% 和下降 19.4%。

从评价类型看，2020 年，产城融合型和工业主导型开发区建筑面积分别
为 1.22 亿平方米和 3.45 亿平方米，较 2017 年分别增长 42.2% 和 55.4%；建
筑基底面积分别为 0.53 亿平方米和 1.75 亿平方米，较 2017 年分别增长 36.1%
和 44.3%；工矿仓储建筑面积分别为 0.23 亿平方米和 2.18 亿平方米，较 2017
年分别下降 10.0% 和增长 48.1%；工矿仓储建筑基底面积分别为 0.19 亿平方
米和 1.83 亿平方米，较 2017 年分别增长 1.6% 和 50.1%。

2017~2020 年，开发区实际管理范围内，建设量大幅增长。2020 年，开
发区建筑面积为 7.23 亿平方米，较 2017 年增长 64.7%；建筑基底面积为 3.36
亿平方米，较 2017 年增长 50.7%；工矿仓储用地建筑面积为 3.50 亿平方米，
较 2017 年增长 50.9%；工矿仓储建筑基底面积为 2.95 亿平方米，较 2017 年
增长 54.5%。其中，持续参评且有发展方向区的开发区建筑面积、建筑基
底面积、工矿仓储用地建筑面积和工矿仓储建筑基底面积分别增长 41.5%、
22.2%、31.2% 和 24.4%（见表 18）。

表 18 2017~2020 年东北地区省级开发区实际管理范围建设量状况变化情况

范围	数量（个）	建筑面积		建筑基底面积		工矿仓储建筑面积		工矿仓储建筑基底面积	
		增长（亿平方米）	增幅（%）	增长（亿平方米）	增幅（%）	增长（亿平方米）	增幅（%）	增长（亿平方米）	增幅（%）
全部开发区	215	2.84	64.7	1.13	50.7	1.18	50.9	1.04	54.5
持续参评且无发展方向区的开发区	66	0.33	28.9	0.03	4.3	0.00	0.1	0.11	19.3
持续参评且有发展方向区的开发区	97	1.23	41.5	0.32	22.2	0.47	31.2	0.31	24.4
新增参评开发区	52	1.58	—	0.92	—	0.83	—	0.72	—

从审批类别看，2020 年，经开区、高新区和特色工业园建筑面积分别为 5.87 亿平方米、0.85 亿平方米和 0.51 亿平方米，较 2017 年分别增长 72.0%、增长 1.2 倍和下降 13.8%；建筑基底面积分别为 2.63 亿平方米、0.50 亿平方米和 0.23 亿平方米，较 2017 年分别增长 59.5%、增长 1.4 倍和下降 38.2%；工矿仓储建筑面积分别为 2.73 亿平方米、0.47 亿平方米和 0.30 亿平方米，较 2017 年分别增长 65.6%、增长 1.0 倍和下降 32.3%；工矿仓储建筑基底面积分别为 2.21 亿平方米、0.45 亿平方米和 0.30 亿平方米，较 2017 年分别增长 61.2%、增长 1.4 倍和下降 15.6%。从评价类型看，2020 年，产城融合型和工业主导型开发区建筑面积分别为 1.63 亿平方米和 5.60 亿平方米，较 2017 年分别增长 49.9% 和 69.5%；建筑基底面积分别为 0.67 亿平方米和 2.69 亿平方米，较 2017 年分别增长 26.6% 和 58.1%；工矿仓储建筑面积分别为 0.27 亿平方米和 3.23 亿平方米，较 2017 年分别下降 19.5% 和增长 62.9%；工矿仓储建筑基底面积分别为 0.25 亿平方米和 2.70 亿平方米，较 2017 年分别增长 4.1% 和 62.0%。

三 2016~2020 年东北地区开发区土地集约利用情况分析

（一）国家级开发区

1. 土地利用程度

2016~2020 年，工业主导型开发区依法审批范围内土地开发率有所下降，土地供应率和土地建成率有所提升。2020 年，土地开发率、土地供应率和土地建成率分别为 88.5%、93.9% 和 95.3%，较 2016 年分别下降 2.6 个、提升 0.9 个和提升 0.5 个百分点（见图 17）。2016~2020 年持续参评的开发区土地利用程度有所提升，土地开发率、土地供应率与土地建成率分别提升 1.7 个、0.3 个和 1.3 个百分点。新增参评开发区土地开发率、土地供应率与土地建成率分别为 79.7%、95.4% 和 93.6%（见表 19）。从审批类别上看，2020 年，高新区土地利用程度最高，土地开发率为 93.5%，分别较经开区和海关特殊监管区高 6.2 个和 13.8 个百分点；土地供应率为 98.3%，分别较经开区和海关特殊监管区高 4.5 个和 22.9 个百分点；土地建成率为 98.5%，分别较经开区和海关特殊监管区高 3.2 个和 22.2 个百分点。

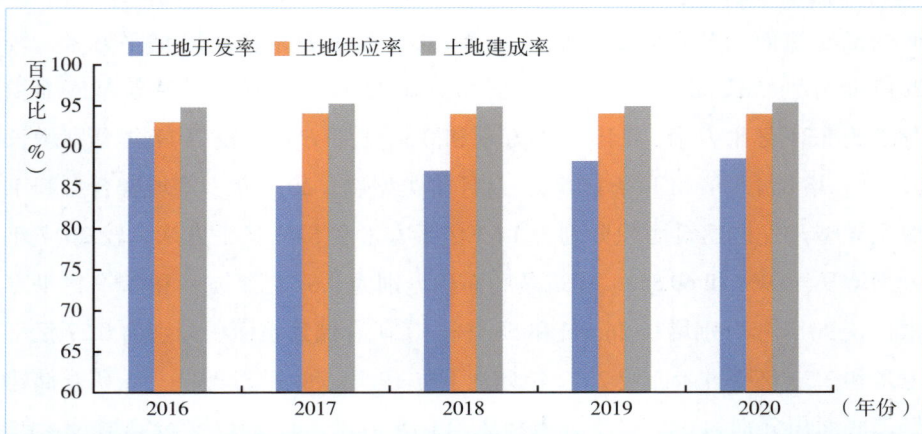

图 17　2016~2020 年东北地区国家级工业主导型开发区依法审批范围土地利用程度变化

表 19　2016 年和 2020 年东北地区国家级工业主导型开发区依法审批范围土地利用程度

范围	数量（个）	土地开发率（%）		土地供应率（%）		土地建成率（%）	
		2016 年	2020 年	2016 年	2020 年	2016 年	2020 年
全部开发区	41	91.1	88.5	93.0	93.9	94.8	95.3
2016~2020 年持续参评的开发区	31	91.1	92.8	93.0	93.3	94.8	96.1
新增参评开发区	10	—	79.7	—	95.4	—	93.6

　　2016~2020 年，工业主导型开发区实际管理范围内土地开发率、土地供应率和土地建成率均有所下降。2020 年，土地开发率、土地供应率和土地建成率分别为 67.4%、72.6% 和 78.4%，较 2016 年分别下降 14.6 个、11.5 个和 9.7 个百分点。持续参评且有发展方向区的开发区土地开发率、土地供应率与土

地建成率分别下降 14.7 个、11.7 个和 12.8 个百分点。新增参评开发区土地开发率、土地供应率与土地建成率分别为 69.8%、71.6% 和 93.2%（见表 20）。从审批类别上看，2020 年，海关特殊监管区土地开发率最高，为 79.7%，分别较经开区和高新区高 13.9 个和 6.0 个百分点；高新区土地供应率最高，为 79.0%，分别较经开区和海关特殊监管区高 8.0 个和 3.6 个百分点；高新区土地建成率最高，为 91.4%，分别较经开区和海关特殊监管区高 16.4 个和 15.0 个百分点。

表 20　2016 年和 2020 年东北地区国家级工业主导型开发区实际管理范围土地利用程度

范围	数量（个）	土地开发率（%）		土地供应率（%）		土地建成率（%）	
		2016 年	2020 年	2016 年	2020 年	2016 年	2020 年
全部开发区	41	82.0	67.4	84.1	72.6	88.1	78.4
持续参评且无发展方向区的开发区	8	93.3	93.3	83.1	83.2	87.5	92.1
持续参评且有发展方向区的开发区	23	81.2	66.5	84.2	72.5	88.1	75.3
新增参评开发区	10	—	69.8	—	71.6	—	93.2

2016~2020 年，产城融合型开发区依法审批范围内土地开发率有所提升，土地供应率有所下降，土地建成率有所提升。2020 年，开发区土地开发率、土地供应率和土地建成率分别为 89.4%、94.6% 和 97.8%，较 2016 年分别提升 4.1 个、下降 1.6 个和提升 2.6 个百分点（见图 18）。2016~2020 年持续参评的开发区土地开发率、土地供应率与土地建成率分别提升 3.6 个、下降 0.8 个和提升 2.9 个百分点。新增参评开发区土地开发率、土地供应率与土地建成率分别为 96.4%、85.8% 和 93.8%（见表 21）。从审批类别上看，2020 年，高新区土地开发率最高，为 97.2%，较经开区高 23.6 个百分点；高新区土地供应率最高，为 95.8%，较经开区高 4.3 个百分点；经开区土地建成率最高，为 97.9%，较高新区高 0.2 个百分点。

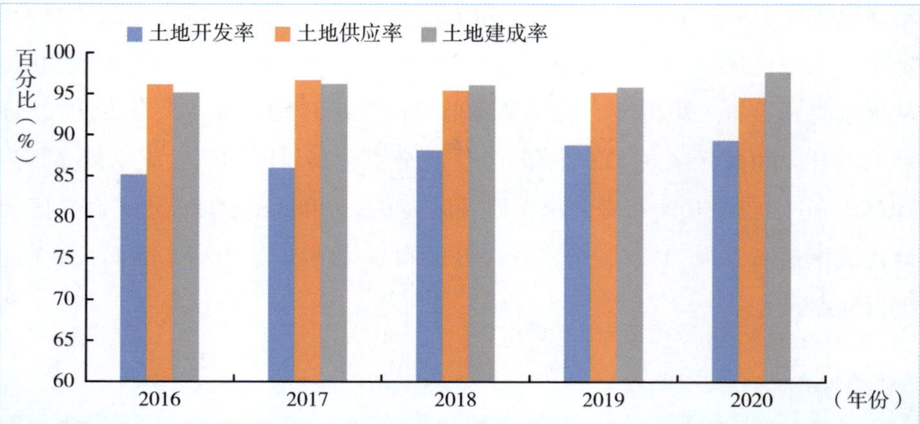

图 18　2016~2020 年东北地区国家级产城融合型开发区依法审批范围土地利用程度变化

表 21　2016 年和 2020 年东北地区国家级产城融合型开发区依法审批范围
土地利用程度

范围	数量（个）	土地开发率（%）		土地供应率（%）		土地建成率（%）	
		2016 年	2020 年	2016 年	2020 年	2016 年	2020 年
全部开发区	13	85.3	89.4	96.2	94.6	95.2	97.8
2016~2020 年持续参评的开发区	11	85.3	88.9	96.2	95.4	95.2	98.1
新增参评开发区	2	—	96.4	—	85.8	—	93.8

2016~2020 年，产城融合型开发区实际管理范围内土地利用程度明显下降。2020 年，开发区土地开发率、土地供应率和土地建成率分别为 46.1%、90.4% 和 59.8%，较 2016 年分别下降 29.2 个、1.7 个和 33.7 个百分点。持续参评且有发展方向区的开发区土地开发率、土地供应率与土地建成率分别下降 30.8 个、提升 1.9 个和下降 37.7 个百分点。新增参评开发区土地开发率、土地供应率与土地建成率分别为 59.1%、80.3% 和 75.4%（见表 22）。从审批类别上看，2020 年，经开区土地开发率最高，为 50.1%，较高新区高 6.6 个百分点；高新区土地供应率最高，为 90.9%，较经开区高 1.2 个百分点；经开区土地建成率最高，为 88.3%，较高新区高 49.5 个百分点。

范围	数量（个）	土地开发率（%）		土地供应率（%）		土地建成率（%）	
		2016 年	2020 年	2016 年	2020 年	2016 年	2020 年
全部开发区	13	75.3	46.1	92.1	90.4	93.5	59.8
持续参评且无发展方向区的开发区	2	80.5	82.6	100.0	99.6	96.4	98.5
持续参评且有发展方向区的开发区	9	74.0	43.2	90.0	91.9	92.6	54.9
新增参评开发区	2	—	59.1	—	80.3	—	75.4

表 22　2016 年和 2020 年东北地区国家级产城融合型开发区实际管理范围土地利用程度

2. 工业用地结构

2016~2020 年，工业主导型开发区依法审批范围内工业用地率有所下降。2020 年，工业用地率为 53.0%，较 2016 年下降 3.1 个百分点。2016~2020 年持续参评的开发区工业用地率下降 1.9 个百分点。新增参评开发区工业用地率为 50.0%。从审批类别上看，2020 年，海关特殊监管区工业用地率最高，为 65.4%，分别高于经开区和高新区 9.8 个和 19.1 个百分点。

2016~2020 年，工业主导型开发区实际管理范围内工业用地率明显下降。2020 年，工业用地率为 46.1%，较 2016 年下降 3.6 个百分点。持续参评且有发展方向区的开发区工业用地率下降 4.9 个百分点。新增参评开发区工业用地率为 50.9%。从审批类别上看，2020 年，海关特殊监管区工业用地率最高，为 65.4%，分别高于经开区和高新区 18.9 个和 22.0 个百分点。

3. 土地利用强度

2016~2020 年，工业主导型开发区依法审批范围内土地利用强度有所下降。2020 年，综合容积率和工业用地综合容积率分别为 0.78 和 0.71，较 2016 年分别提升 0.02 和下降 0.01；建筑密度和工业用地建筑系数分别为 28.7% 和 49.0%，较 2016 年分别下降 1.1 个和 1.1 个百分点（见图 19、图 20）。2016~2020 年持续参评的开发区综合容积率提升 0.05，工业用地综合容积率提升 0.02，建筑密度下降 0.2 个百分点，工业用地建筑系数提升 0.9 个百分点。

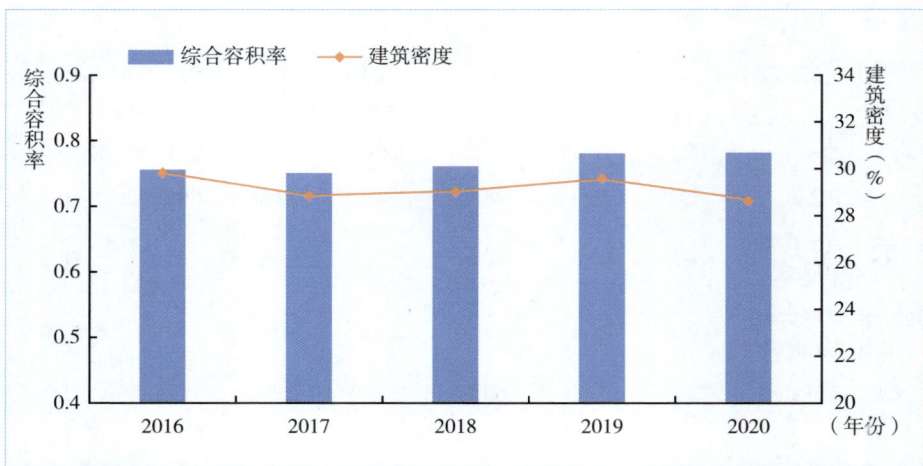

图19　2016~2020年东北地区国家级工业主导型开发区依法审批范围
土地利用强度变化

图20　2016~2020年东北地区国家级工业主导型开发区依法审批范围
工业用地利用强度变化

新增参评开发区综合容积率为0.73，建筑密度为26.5%，工业用地综合容积率为0.64，工业用地建筑系数为44.1%（见表23）。从审批类别上看，2020年，高新区综合容积率最高，为0.86，分别较经开区和海关特殊监管区高0.10和

0.26；高新区建筑密度最高，为29.6%，分别较经开区和海关特殊监管区高1.4个和1.0个百分点；海关特殊监管区和经开区工业用地综合容积率较高，为0.73，较高新区高0.08；高新区工业用地建筑系数最高，为52.0%，分别较经开区和海关特殊监管区高4.2个和2.6个百分点。

表 23　2016 年和 2020 年东北地区国家级工业主导型开发区依法审批范围土地利用强度变化情况

范围	数量（个）	综合容积率		建筑密度（%）		工业用地综合容积率		工业用地建筑系数（%）	
		2016 年	2020 年	2016 年	2020 年	2016 年	2020 年	2016 年	2020 年
全部开发区	41	0.76	0.78	29.8	28.7	0.72	0.71	50.1	49.0
2016~2020 年持续参评的开发区	31	0.76	0.81	29.8	29.6	0.72	0.74	50.1	51.0
新增参评开发区	10	—	0.73	—	26.5	—	0.64	—	44.1

2016~2020 年，工业主导型开发区实际管理范围内土地利用强度有所下降。2020 年，综合容积率和工业用地综合容积率分别为 0.63 和 0.58，较 2016 年分别下降 0.10 和 0.14；建筑密度和工业用地建筑系数分别为 24.1% 和 39.8%，较 2016 年分别下降 4.0 个和 11.0 个百分点。持续参评且有发展方向区的开发区综合容积率和工业用地综合容积率分别下降 0.16 和 0.14；建筑密度和工业用地建筑系数分别下降 5.5 个和 9.2 个百分点。新增参评开发区综合容积率为 0.83，建筑密度为 30.6%，工业用地综合容积率为 0.52，工业用地建筑系数为 28.6%（见表 24）。从审批类别上看，2020 年，高新区综合容积率最高，为 0.81，分别较经开区和海关特殊监管区高 0.24 和 0.21；高新区建筑密度最高，为 29.3%，分别较经开区和海关特殊监管区高 7.1 个和 0.6 个百分点；海关特殊监管区工业用地综合容积率最高，为 0.73，分别较经开区和高新区高 0.17 和 0.12；海关特殊监管区工业用地建筑系数最高，为 49.4%，分别较经开区和高新区高 10.3 个和 8.2 个百分点。

表 24 2016 年和 2020 年东北地区国家级工业主导型开发区实际管理范围
土地利用强度变化情况

范围	数量（个）	综合容积率		建筑密度（%）		工业用地综合容积率		工业用地建筑系数（%）	
		2016 年	2020 年	2016 年	2020 年	2016 年	2020 年	2016 年	2020 年
全部开发区	41	0.73	0.63	28.1	24.1	0.72	0.58	50.8	39.8
持续参评且无发展方向区的开发区	8	0.68	0.71	29.3	28.0	0.70	0.74	42.6	47.5
持续参评且有发展方向区的开发区	23	0.74	0.58	28.0	22.5	0.72	0.58	51.6	42.4
新增参评开发区	10	—	0.83	—	30.6	—	0.52	—	28.6

2016~2020 年，产城融合型开发区依法审批范围内综合容积率有所提升，建筑密度有所下降。2020 年，综合容积率为 0.92，较 2016 年提升 0.03；建筑密度为 26.0%，较 2016 年下降 0.2 个百分点（见图 21）。2016~2020 年持续参评的开发区综合容积率提升 0.05，建筑密度提升 0.4 个百分点。新增参评开发区综合容积率为 0.65，建筑密度为 17.4%（见表 25）。从审批类别上看，2020 年，高新区综合容积率最高，为 1.00，较经开区高 0.32；经开区建筑密度最高，为 27.7%，较高新区高 2.3 个百分点。

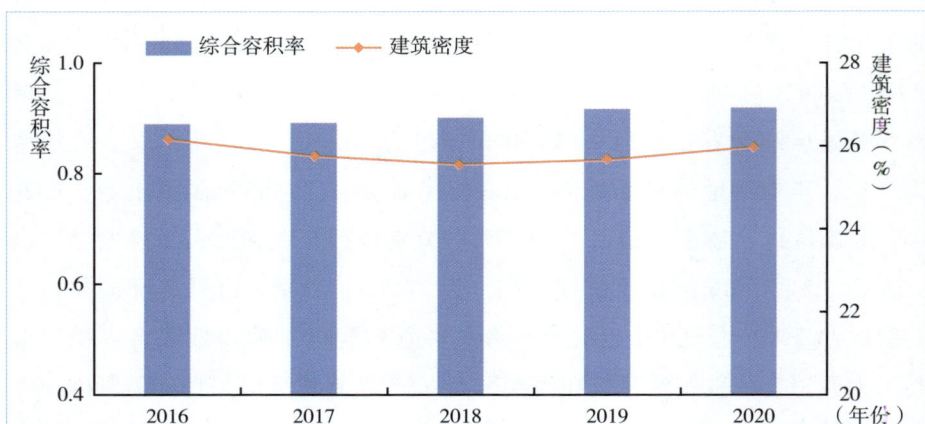

图 21 2016~2020 年东北地区国家级产城融合型开发区依法审批范围土地利用强度变化

表 25 2016~2020 年东北地区国家级产城融合型开发区依法审批范围土地利用强度变化情况

范围	数量（个）	综合容积率		建筑密度（%）	
		2016 年	2020 年	2016 年	2020 年
全部开发区	13	0.89	0.92	26.2	26.0
2016~2020 年持续参评的开发区	11	0.89	0.94	26.2	26.6
新增参评开发区	2	—	0.65	—	17.4

2016~2020 年，产城融合型开发区实际管理范围内综合容积率和建筑密度有所提升。2020 年，综合容积率为 1.25，较 2016 年提升 0.38；建筑密度为 45.2%，较 2016 年提升 19.6 个百分点。持续参评且有发展方向区的开发区综合容积率提升 0.52，建筑密度提升 26.0 个百分点。新增参评开发区综合容积率为 1.06，建筑密度为 31.9%（见表 26）。从审批类别上看，2020 年，经开区综合容积率最高，为 1.41，较高新区高 0.45；经开区建筑密度最高，为 57.2%，较高新区高 32.4 个百分点。

表 26 2016 年和 2020 年东北地区国家级产城融合型开发区实际管理范围土地利用强度变化情况

范围	数量（个）	综合容积率		建筑密度（%）	
		2016 年	2020 年	2016 年	2020 年
全部开发区	13	0.87	1.25	25.6	45.2
持续参评且无发展方向区的开发区	2	1.19	1.22	29.8	26.4
持续参评且有发展方向区的开发区	9	0.77	1.29	24.3	50.3
新增参评开发区	2	—	1.06	—	31.9

4. 综合用地效益

2016~2020 年，工业主导型开发区依法审批范围内工业用地固定资产投入强度有所提升，工业用地地均税收有所下降。2020 年，工业用地固定资产投入强度为 6696 元 / 米^2，较 2016 年提升 39.1%；工业用地地均税收为 330 元 / 米^2，较 2016 年下降 32.1%（见图 22）。2016~2020 年持续参评的开发区工业用地固定资产投入强度提升 24.2%，工业用地地均税收下降 42.0%。新增参评开发区工业用地固定资产投入强度为 8555 元 / 米^2，工业用地地均税收为 454 元 / 米^2（见表 27）。从审批类别上看，2020 年，高新区工业用地固定资产投入强度最高，为 9260 元 / 米^2，分别较经开区和海关特殊监管区高 60.8% 和 1.1 倍；海关特殊监管区工业用地地均税收最高，为 808 元 / 米^2，分别较经开区和高新区高 1.7 倍和 1.7 倍。

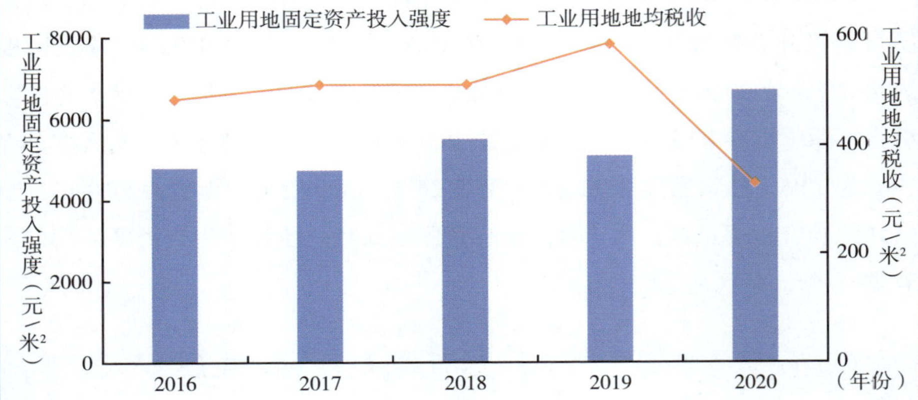

图 22　2016~2020 年东北地区国家级工业主导型开发区依法审批范围综合用地效益变化

表 27　2016 年和 2020 年东北地区国家级工业主导型开发区依法审批范围综合用地效益变化情况

范围	数量（个）	工业用地固定资产投入强度（元 / 米^2）		工业用地地均税收（元 / 米^2）	
		2016 年	2020 年	2016 年	2020 年
全部开发区	41	4815	6696	486	330
2016~2020 年持续参评的开发区	31	4815	5979	486	282
新增参评开发区	10	—	8555	—	454

2016~2020 年，工业主导型开发区实际管理范围内综合用地效益有所下降。2020 年，工业用地固定资产投入强度为 4431 元 / 米 ^{2}，较 2016 年下降 14.2%；工业用地地均税收为 234 元 / 米 ^{2}，较 2016 年下降 34.8%。持续参评且有发展方向区的开发区工业用地固定资产投入强度下降 18.9%，工业用地地均税收下降 43.3%。新增参评开发区工业用地固定资产投入强度为 5117 元 / 米 ^{2}，工业用地地均税收为 286 元 / 米 ^{2}（见表 28）。从审批类别上看，2020 年，高新区工业用地固定资产投入强度最高，为 5456 元 / 米 ^{2}，较经开区和海关特殊监管区分别高 32.6% 和 21.7%；海关特殊监管区工业用地地均税收最高，为 808 元 / 米 ^{2}，较经开区和高新区分别高 3.1 倍和 1.6 倍。

表 28　2016 年和 2020 年东北地区国家级工业主导型开发区实际管理范围综合用地效益变化情况

范围	数量（个）	工业用地固定资产投入强度（元 / 米 ^{2}）		工业用地地均税收（元 / 米 ^{2}）	
		2016 年	2020 年	2016 年	2020 年
全部开发区	41	5165	4431	359	234
持续参评且无发展方向区的开发区	8	5222	5929	272	503
持续参评且有发展方向区的开发区	23	5160	4187	367	208
新增参评开发区	10	—	5117	—	286

2016~2020 年，产城融合型开发区依法审批范围内综合地均税收有所下降，人口密度有所提升。2020 年，综合地均税收为 156 元 / 米 ^{2}，较 2016 年下降 4.3%；人口密度为 127 人 / 公顷，较 2016 年提升 8.5%（见图 23）。2016~2020 年持续参评的开发区综合地均税收下降 0.6%，人口密度提升 12.0%。新增参评开发区综合地均税收为 68 元 / 米 ^{2}，人口密度为 86 人 / 公顷（见表 29）。从审批类别上看，2020 年，高新区综合地均税收较高，为 177 元 / 米 ^{2}，较经开区高 83.9%；高新区人口密度较高，为 141 人 / 公顷，较经开区高 57.5%。

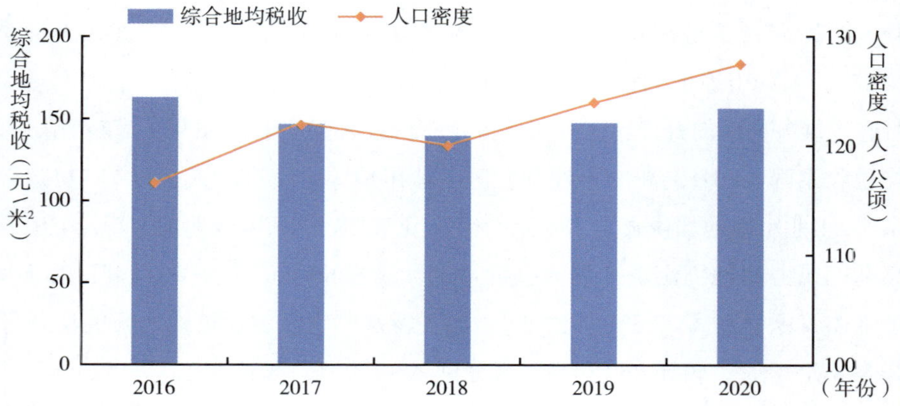

图 23　2016~2020 年东北地区国家级产城融合型开发区依法审批范围
综合用地效益变化

表 29　2016 年和 2020 年东北地区国家级产城融合型开发区依法审批范围
综合用地效益变化情况

范围	数量（个）	综合地均税收（元 / 米²）		人口密度（人 / 公顷）	
		2016 年	2020 年	2016 年	2020 年
全部开发区	13	163	156	117	127
2016~2020 年持续参评的开发区	11	163	162	117	131
新增参评开发区	2	—	68	—	86

　　2016~2020 年，产城融合型开发区实际管理范围内综合用地效益有所下降。2020 年，综合地均税收为 114 元 / 米²，较 2016 年下降 31.3%；人口密度为 73 人 / 公顷，较 2016 年下降 33.6%。持续参评且有发展方向区的开发区综合地均税收下降 57.4%，人口密度下降 38.8%。新增参评开发区综合地均税收较高，为 242 元 / 米²；人口密度较高，为 82 人 / 公顷（见表 30）。从审批类别上看，2020 年，高新区综合用地效益较高，综合地均税收为 119 元 / 米²，较经开区高 6.9%；人口密度为 102 人 / 公顷，较经开区高 83.7%。

表 30　2016 年和 2020 年东北地区国家级产城融合型开发区实际管理范围综合用地效益变化情况

范围	数量（个）	综合地均税收（元／米²）		人口密度（人／公顷）	
		2016 年	2020 年	2016 年	2020 年
全部开发区	13	166	114	110	73
持续参评且无发展方向区的开发区	2	42	77	131	143
持续参评且有发展方向区的开发区	9	204	87	103	63
新增参评开发区	2	—	242	—	82

5. 土地管理绩效

2016~2020 年，工业主导型开发区依法审批范围内土地闲置率有所提升。2020 年，土地闲置率为 0.01%，较 2016 年提升 0.01 个百分点。2016~2020 年持续参评的开发区无闲置土地。新增参评开发区土地闲置率为 0.05%。从审批类别上看，2020 年，仅经开区有闲置土地。

2016~2020 年，工业主导型开发区实际管理范围内土地闲置率有所提升。2020 年，土地闲置率为 0.02%，较 2016 年提升 0.02 个百分点。持续参评且有发展方向区的开发区土地闲置率提升 0.01 个百分点。新增参评开发区土地闲置率为 0.03%。从审批类别上看，2020 年，海关特殊监管区无闲置土地，经开区和高新区土地闲置率分别为 0.01% 和 0.05%。

2016~2020 年，产城融合型开发区依法审批范围内无闲置土地，实际管理范围内土地闲置率有所提升。2020 年，实际管理范围内，土地闲置率为 0.08%，较 2016 年提升 0.08 个百分点。持续参评且有发展方向区的开发区土地闲置率提升 0.10 个百分点。新增参评开发区土地闲置率为 0.04%。从审批类别上看，2020 年，经开区与高新区土地闲置率分别为 0.07% 和 0.10%。

（二）省级开发区

1. 土地利用程度

2017~2020 年，工业主导型开发区依法审批范围内土地开发率有所下降，土地供应率有所提升，土地建成率有所下降。2020 年，土地开发率、土地供应率和土地建成率分别为 74.2%、80.4% 和 95.2%，较 2017 年分别下降 3.3 个、提升 0.5 个和下降 0.1 个百分点（见图 24）。2017~2020 年持续参评的开发区土地开发率下降 1.9 个百分点，土地供应率提升 0.2 个百分点，土地建成率下降 0.6 个百分点。新增参评开发区土地开发率、土地供应率与土地建成率分别为 62.9%、79.3% 和 95.5%（见表 31）。从审批类别上看，2020 年，特色工业园土地开发率最高，为 81.9%，分别较经开区和高新区高 9.6 个和 3.8 个百分点；特色工业园土地供应率最高，为 84.6%，分别较经开区和高新区高 4.6 个和 5.5 个百分点；高新区土地建成率最高，为 97.6%，分别较经开区和特色工业园高 2.5 个和 4.2 个百分点。

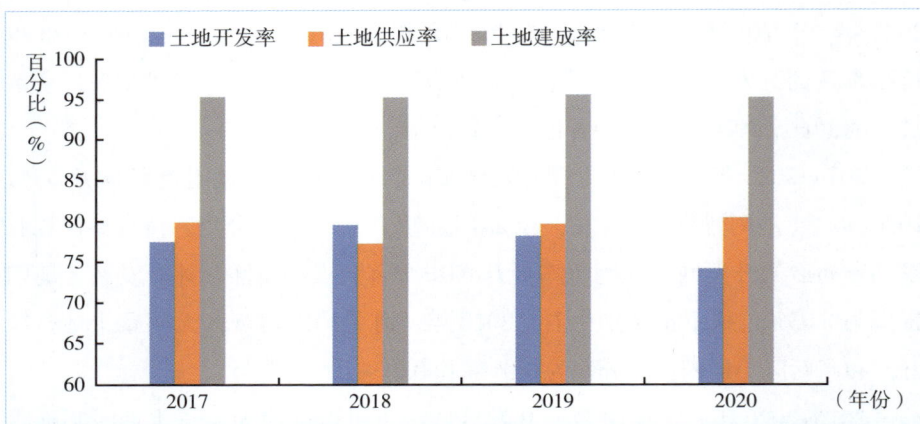

图 24　2017~2020 年东北地区省级工业主导型开发区依法审批范围土地利用程度变化

表 31　2017 年和 2020 年东北地区省级工业主导型开发区依法审批范围土地利用程度

范围	数量（个）	土地开发率（%）		土地供应率（%）		土地建成率（%）	
		2017 年	2020 年	2017 年	2020 年	2017 年	2020 年
全部开发区	178	77.5	74.2	79.9	80.4	95.3	95.2
2017~2020 年持续参评的开发区	133	80.7	78.8	80.6	80.8	95.7	95.1
新增参评开发区	45	—	62.9	—	79.3	—	95.5

276

2017~2020 年，工业主导型开发区实际管理范围内土地开发率有所下降，土地供应率有所提升，土地建成率有所下降。2020 年，土地开发率、土地供应率和土地建成率分别为 42.8%、78.0% 和 92.4%，较 2017 年分别下降 32.2 个、提升 2.7 个和下降 2.1 个百分点。持续参评且有发展方向区的开发区土地开发率、土地供应率和土地建成率分别下降 32.7 个、提升 2.7 个和下降 1.7 个百分点。新增参评开发区土地开发率、土地供应率与土地建成率分别为 29.0%、78.6% 和 91.0%（见表 32）。从审批类别上看，2020 年，特色工业园土地开发率最高，为 61.1%，分别较经开区和高新区高 20.4 个和 12.3 个百分点；特色工业园土地供应率最高，为 85.2%，分别较经开区和高新区高 8.8 个和 1.8 个百分点；高新区土地建成率最高，为 96.8%，分别较经开区和特色工业园高 5.3 个和 3.5 个百分点。

表 32　2017 年和 2020 年东北地区省级工业主导型开发区实际管理范围土地利用程度

范围	数量（个）	土地开发率（%）		土地供应率（%）		土地建成率（%）	
		2017 年	2020 年	2017 年	2020 年	2017 年	2020 年
全部开发区	178	75.0	42.8	75.3	78.0	94.5	92.4
持续参评且无发展方向区的开发区	52	79.0	75.6	77.9	81.1	97.1	95.2
持续参评且有发展方向区的开发区	81	78.0	45.3	74.0	76.7	93.7	92.0
新增参评开发区	45	—	29.0	—	78.6	—	91.0

2017~2020 年，产城融合型开发区依法审批范围内土地利用程度有所下降。2020 年，土地开发率、土地供应率和土地建成率分别为 72.6%、73.2% 和 96.8%，较 2017 年分别下降 10.1 个、9.9 个和 2.3 个百分点（见图 25）。2017~2020 年持续参评的开发区土地开发率、土地供应率与土地建成率分别提升 2.0 个、下降 0.2 个和下降 0.5 个百分点。新增参评开发区土地开发率、土地供应率与土地建成率分别为 66.9%、63.8% 和 94.5%（见表 33）。从审批类别上看，2020 年，高新区土地开发率最高，为 93.6%，较经开区高 22.0 个百

分点；经开区土地供应率最高，为73.9%，较高新区高12.8个百分点；高新区土地建成率为100%，较经开区高3.3个百分点。

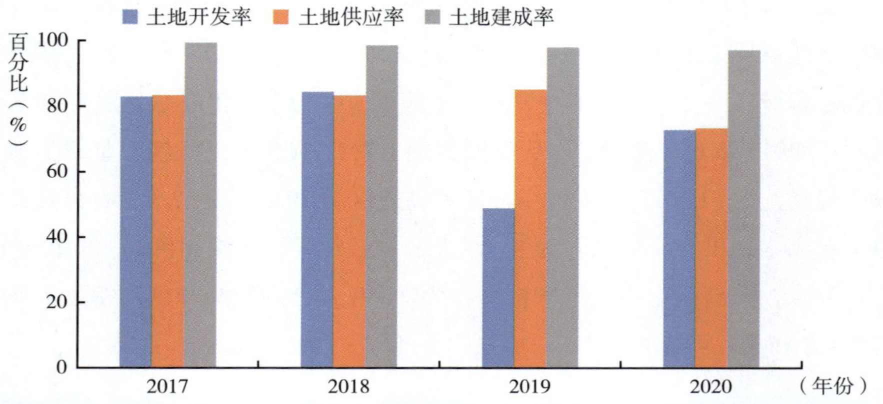

图25　2017~2020年东北地区省级产城融合型开发区依法审批范围土地利用程度变化

表33　2017年和2020年东北地区省级产城融合型开发区依法审批范围
土地利用程度

范围	数量（个）	土地开发率（%）		土地供应率（%）		土地建成率（%）	
		2017年	2020年	2017年	2020年	2017年	2020年
全部开发区	37	82.7	72.6	83.1	73.2	99.1	96.8
2017~2020年持续参评的开发区	30	74.7	76.7	79.2	79.0	98.5	98.0
新增参评开发区	7	—	66.9	—	63.8	—	94.5

2017~2020年，产城融合型开发区实际管理范围内土地利用程度有所下降。2020年，土地开发率、土地供应率和土地建成率分别为56.2%、67.5%和96.6%，较2017年分别下降21.8个、7.1个和1.2个百分点。持续参评且有发展方向区的开发区土地开发率、土地供应率和土地建成率分别下降18.3个、提升7.8个和下降0.1个百分点。新增参评开发区土地开发率、土地供应率与土地建成率分别为52.4%、56.2%和95.6%（见表34）。从审批类别上看，

2020 年，高新区土地开发率最高，为 93.6%，较经开区高 38.3 个百分点；经开区土地供应率最高，为 67.7%，较高新区高 6.6 个百分点；高新区土地建成率为 100%，较经开区高 3.5 个百分点。

表34　2017 年和 2020 年东北地区省级产城融合型开发区实际管理范围土地利用程度

范围	数量（个）	土地开发率（%）		土地供应率（%）		土地建成率（%）	
		2017 年	2020 年	2017 年	2020 年	2017 年	2020 年
全部开发区	37	78.0	56.2	74.6	67.5	97.8	96.6
持续参评且无发展方向区的开发区	14	72.6	82.1	77.1	78.6	98.3	97.8
持续参评且有发展方向区的开发区	16	70.4	52.1	67.0	74.8	97.0	96.9
新增参评开发区	7	—	52.4	—	56.2	—	95.6

2. 工业用地结构

2017~2020 年，工业主导型开发区依法审批范围内工业用地率有所提升。2020 年，工业用地率为 66.2%，较 2017 年提升 1.2 个百分点。2017~2020 年持续参评的开发区工业用地率下降 0.9 个百分点。新增参评开发区工业用地率为 73.8%。从审批类别上看，2020 年，特色工业园工业用地率最高，为 68.9%，分别高于经开区和高新区 2.4 个和 7.1 个百分点。

2017~2020 年，工业主导型开发区实际管理范围内工业用地率明显下降。2020 年，工业用地率 61.3%，较 2017 年下降 1.8 个百分点。持续参评且有发展方向区的开发区工业用地率下降 4.5 个百分点。新增参评开发区工业用地率为 64.7%。从审批类别上看，2020 年，特色工业园工业用地率最高，为 65.5%，分别高于经开区和高新区 4.2 个和 7.1 个百分点。

3. 土地利用强度

2017~2020 年，工业主导型开发区依法审批范围内土地利用强度有所下降。2020 年，综合容积率和工业用地综合容积率分别为 0.59 和 0.56，较 2017 年分别提升 0.01 和下降 0.03；建筑密度和工业用地建筑系数分别为 29.8%

和 47.1%，较 2017 年分别下降 1.9 个和 1.8 个百分点（见图 26、图 27）。2017~2020 年持续参评的开发区综合容积率提升 0.02，工业用地综合容积率下降 0.03，建筑密度下降 2.3 个百分点，工业用地建筑系数下降 0.2 个百分点。新增参评开发区综合容积率为 0.52，建筑密度为 28.7%，工业用地综合容积率

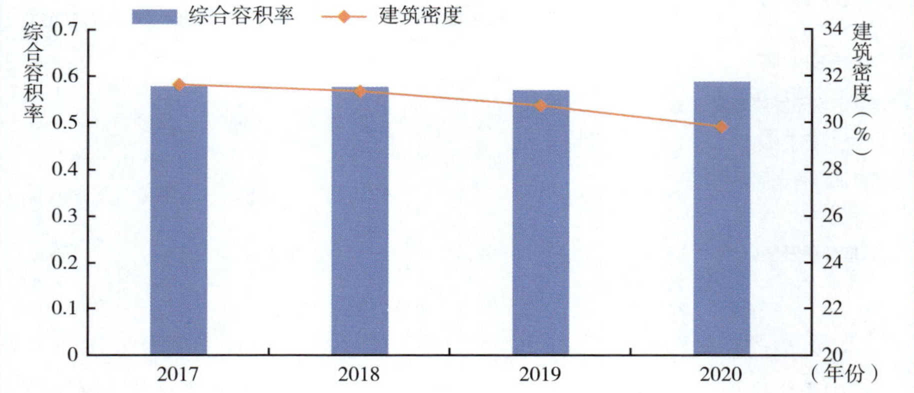

图 26　2017~2020 年东北地区省级工业主导型开发区依法审批范围土地利用强度变化

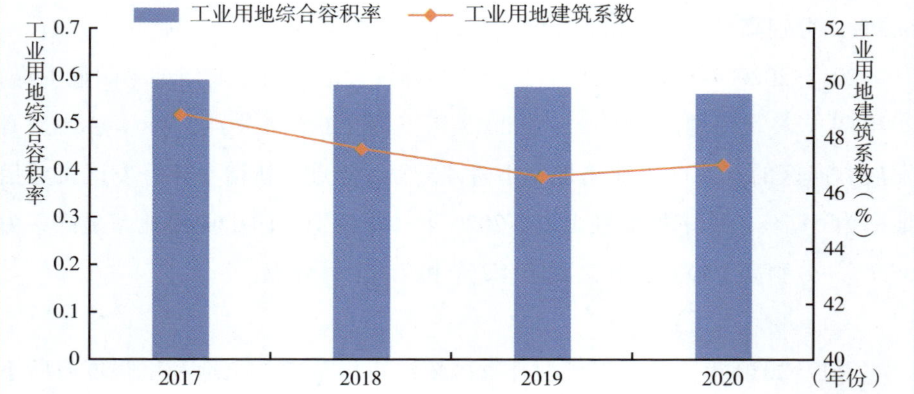

图 27　2017~2020 年东北地区省级工业主导型开发区依法审批范围
工业用地利用强度变化

为 0.54，工业用地建筑系数为 45.5%（见表 35）。从审批类别上看，2020 年，高新区土地利用强度最高，综合容积率为 0.67，分别较经开区和特色工业园高 0.10 和 0.09；建筑密度最高 38.0%，分别较经开区和特色工业园高 9.1 个和 11.7 个百分点；工业用地综合容积率为 0.66，分别较经开区和特色工业园高 0.10 和 0.17；工业用地建筑系数为 54.7%，分别较经开区和特色工业园高 10.1 个和 1.8 个百分点。

表 35　2017 年和 2020 年东北地区省级工业主导型开发区依法审批范围
土地利用强度变化情况

范围	数量（个）	综合容积率		建筑密度（%）		工业用地综合容积率		工业用地建筑系数（%）	
		2017 年	2020 年	2017 年	2020 年	2017 年	2020 年	2017 年	2020 年
全部开发区	178	0.58	0.59	31.7	29.8	0.59	0.56	48.9	47.1
2017~2020 年持续参评的开发区	133	0.59	0.61	32.5	30.2	0.60	0.57	47.8	47.6
新增参评开发区	45	—	0.52	—	28.7	—	0.54	—	45.5

2017~2020 年，工业主导型开发区实际管理范围内土地利用强度有所下降。2020 年，综合容积率和工业用地综合容积率分别为 0.58 和 0.55，较 2017 年均下降 0.04；建筑密度和工业用地建筑系数分别为 28.0% 和 45.9%，较 2017 年分别下降 4.2 个和 4.0 个百分点。持续参评且有发展方向区的开发区综合容积率和工业用地综合容积率分别下降 0.04 和 0.02，建筑密度和工业用地建筑系数分别下降 4.4 个和 4.3 个百分点。新增参评开发区综合容积率为 0.47，建筑密度为 26.7%，工业用地综合容积率为 0.50，工业用地建筑系数为 42.5%（见表 36）。从审批类别上看，2020 年，高新区土地利用强度最高，综合容积率为 0.59，分别较经开区和特色工业园高 0.01 和 0.03；建筑密度最高 35.9%，分别较经开区和特色工业园高 9.0 个和 10.2 个百分点；工业用地综合容积率为 0.59，分别较经开区和特色工业园高 0.05 和 0.09；工业用地建筑系数为 56.7%，分别较经开区和特色工业园高 13.3 个和 6.5 个百分点。

表 36　2017 年和 2020 年东北地区省级工业主导型开发区实际管理范围
土地利用强度变化情况

范围	数量（个）	综合容积率		建筑密度（%）		工业用地综合容积率		工业用地建筑系数（%）	
		2017 年	2020 年	2017 年	2020 年	2017 年	2020 年	2017 年	2020 年
全部开发区	178	0.62	0.58	32.2	28.0	0.59	0.55	49.9	45.9
持续参评且无发展方向区的开发区	52	0.53	0.58	31.3	27.3	0.56	0.48	42.6	46.4
持续参评且有发展方向区的开发区	81	0.67	0.63	33.3	28.9	0.62	0.60	51.6	47.3
新增参评开发区	45	—	0.47	—	26.7	—	0.50	—	42.5

2017~2020 年，产城融合型开发区依法审批范围内综合容积率有所提升，建筑密度有所下降。2020 年，综合容积率为 0.76，较 2017 年提升 0.01；建筑密度为 32.9%，较 2017 年下降 0.9 个百分点（见图 28）。2017~2020 年持续参评的开发区综合容积率提升 0.05，建筑密度下降 3.6 个百分点。新增参评开发区综合容积率为 0.71，建筑密度为 42.3%（见表 37）。从审批类别上看，2020 年，经开区土地利用强度最高，综合容积率为 0.76，较高新区高 0.05；建筑密度为 33.3%，较高新区高 8.3 个百分点。

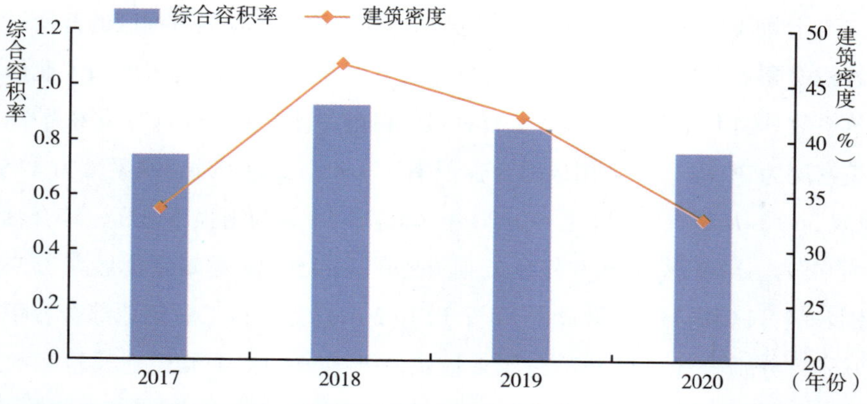

图 28　2017~2020 年东北地区省级产城融合型开发区依法审批范围土地利用强度变化

表 37　2017 年和 2020 年东北地区省级产城融合型开发区依法审批范围土地利用强度变化情况

范围	数量（个）	综合容积率		建筑密度（%）	
		2017 年	2020 年	2017 年	2020 年
全部开发区	37	0.75	0.76	33.8	32.9
2017~2020 年持续参评的开发区	30	0.74	0.79	31.9	28.3
新增参评开发区	7	—	0.71	—	42.3

2017~2020 年，产城融合型开发区实际管理范围内综合容积率有所提升，建筑密度有所下降。2020 年，综合容积率为 0.81，较 2017 年提升 0.11；建筑密度为 33.3%，较 2017 年下降 0.8 个百分点。持续参评且有发展方向区的开发区综合容积率提升 0.28，建筑密度下降 5.4 个百分点。新增参评开发区综合容积率为 0.68，建筑密度为 42.2%（见表 38）。从审批类别上看，2020 年，经开区和高新区综合容积率分别为 0.81 和 0.71，建筑密度分别为 33.6% 和 25.0%。

表 38　2017 年和 2020 年东北地区省级产城融合型开发区实际管理范围土地利用强度变化情况

范围	数量（个）	综合容积率		建筑密度（%）	
		2017 年	2020 年	2017 年	2020 年
全部开发区	37	0.70	0.81	34.1	33.3
持续参评且无发展方向区的开发区	14	0.66	0.68	26.7	24.9
持续参评且有发展方向区的开发区	16	0.72	1.00	35.6	30.2
新增参评开发区	7	—	0.68	—	42.2

4. 综合用地效益

2017~2020 年，工业主导型开发区依法审批范围内工业用地固定资产投入强度有所提升，工业用地地均税收有所下降。2020 年，工业用地固定资产投入强度为 3255 元 / 米 ^{2}，较 2017 年提升 11.1%；工业用地地均税收为 124 元 / 米 ^{2}，较 2017 年下降 38.6%（见图 29）。2017~2020 年持续参评的开发区工业用地固定资产投入强度提升 26.2%，工业用地地均税收下降 41.5%。新增参评开发区工业用地固定资产投入强度为 2638 元 / 米^2，工业用地地均税收为 142 元 / 米^2（见表 39）。从审批类别上看，2020 年，特色工业园工业用地固定资产投入强度最高，为 3621 元 / 米^2，分别较高新区和特色工业园高 11.6% 和 23.8%；高新区工业用地地均税收最高，为 340 元 / 米^2，分别较经开区和特色工业园高 3.0 倍和 1.6 倍。

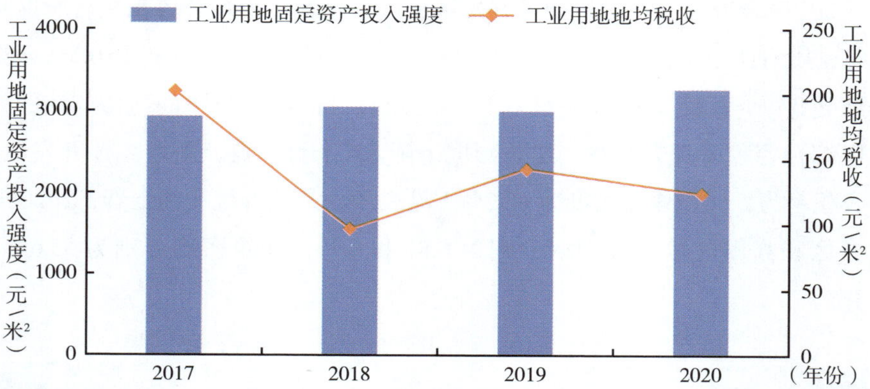

图 29　2017~2020 年东北地区省级工业主导型开发区依法审批范围
综合用地效益变化

表 39　2017 年和 2020 年东北地区省级工业主导型开发区依法审批范围
综合用地效益变化情况

范围	数量（个）	工业用地固定资产投入强度（元 / 米^2）		工业用地地均税收（元 / 米^2）	
		2017 年	2020 年	2017 年	2020 年
全部开发区	178	2930	3255	202	124
2017~2020 年持续参评的开发区	133	2763	3487	200	117
新增参评开发区	45	—	2638	—	142

2017~2020 年，工业主导型开发区实际管理范围内工业用地固定资产投入强度和工业用地地均税收均有所下降。2020 年，工业用地固定资产投入强度为 2925 元 / 米 ^{2}，较 2017 年下降 2.3%；工业用地地均税收为 99 元 / 米 ^{2}，较 2017 年下降 48.4%。持续参评且有发展方向区的开发区工业用地固定资产投入强度提升 4.6%，工业用地地均税收下降 55.3%。新增参评开发区工业用地固定资产投入强度为 2208 元 / 米 ^{2}，工业用地地均税收为 113 元 / 米 ^{2}（见表 40）。从审批类别上看，2020 年，特色工业园工业用地固定资产投入强度最高，为 3306 元 / 米 ^{2}，分别较经开区和高新区高 11.9% 和 33.9%；高新区工业用地地均税收最高，为 237 元 / 米 ^{2}，分别较经开区和特色工业园高 2.3 倍和 1.0 倍。

表 40　2017 年和 2020 年东北地区省级工业主导型开发区实际管理范围综合用地效益变化情况

范围	数量（个）	工业用地固定资产投入强度（元 / 米 ^{2}）		工业用地地均税收（元 / 米 ^{2}）	
		2017 年	2020 年	2017 年	2020 年
全部开发区	178	2995	2925	192	99
持续参评且无发展方向区的开发区	52	1996	2500	139	88
持续参评且有发展方向区的开发区	81	3292	3443	215	96
新增参评开发区	45	—	2208	—	113

2017~2020 年，产城融合型开发区依法审批范围内综合地均税收有所下降，人口密度有所提升。2020 年，综合地均税收为 116 元 / 米 ^{2}，较 2017 年下降 45.5%；人口密度为 119 人 / 公顷，较 2017 年提升 32.2%（见图 30）。2017~2020 年持续参评的开发区综合地均税收下降 38.0%，人口密度下降 13.7%。新增参评开发区综合地均税收为 27 元 / 米 ^{2}，人口密度为 143 人 / 公顷（见表 41）。从审批类别上看，2020 年，高新区综合地均税收最高，为 191 元 / 米 ^{2}，较经开区高 69.4%；经开区人口密度最高，为 121 人 / 公顷，较高新区高 54.9%。

285

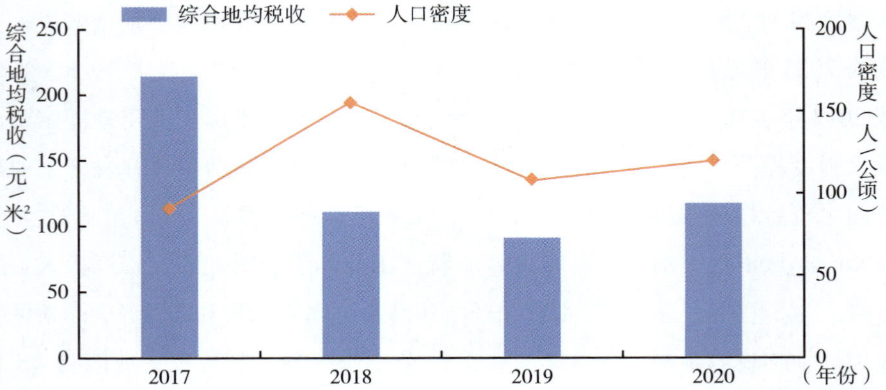

图 30　2017~2020 年东北地区省级产城融合型开发区依法审批范围
综合用地效益变化

表 41　2017 年和 2020 年东北地区省级产城融合型开发区依法审批范围
综合用地效益变化情况

范围	数量（个）	综合地均税收（元 / 米²）		人口密度（人 / 公顷）	
		2017 年	2020 年	2017 年	2020 年
全部开发区	37	213	116	90	119
2017~2020 年持续参评的开发区	30	258	160	124	107
新增参评开发区	7	—	27	—	143

　　2017~2020 年，产城融合型开发区实际管理范围内综合地均税收有所下降，人口密度有所提升。2020 年，综合地均税收为 119 元 / 米²，较 2017 年下降 39.0%；人口密度为 113 人 / 公顷，较 2017 年提升 43.0%。持续参评且有发展方向区的开发区综合地均税收提升 13.2%，人口密度提升 4.1%。新增参评开发区综合地均税收为 28 元 / 米²，人口密度为 117 人 / 公顷（见表 42）。从审批类别上看，2020 年，高新区综合地均税收最高，为 191 元 / 米²，较经开区高 63.7%；经开区人口密度最高，为 115 人 / 公顷，较高新区高 46.7%。

表42　2017 年和 2020 年东北地区省级产城融合型开发区实际管理范围综合用地效益变化情况

范围	数量（个）	综合地均税收（元/米²）		人口密度（人/公顷）	
		2017 年	2020 年	2017 年	2020 年
全部开发区	37	195	119	79	113
持续参评且无发展方向区的开发区	14	301	59	96	83
持续参评且有发展方向区的开发区	16	205	232	122	127
新增参评开发区	7	—	28	—	117

5. 土地管理绩效

2017~2020 年，工业主导型开发区依法审批范围内土地闲置率有所提升。2020 年，土地闲置率为 0.07%，较 2017 年提升 0.07 个百分点。2017~2020 年持续参评的开发区土地闲置率增幅为 0.09 个百分点。新增参评开发区土地闲置率为 0.02%。从审批类别上看，2020 年，特色工业园无闲置土地，经开区和高新区土地闲置率分别为 0.07% 和 0.12%。

2017~2020 年，工业主导型开发区实际管理范围内土地闲置率有所提升。2020 年，土地闲置率为 0.36%，较 2017 年提升 0.36 个百分点。持续参评且有发展方向区的开发区土地闲置率提升 0.63 个百分点。新增参评开发区土地闲置率为 0.02%。从审批类别上看，2020 年，特色工业园无闲置土地，经开区和高新区土地闲置率分别为 0.37% 和 0.53%。

2017~2020 年，产城融合型开发区依法审批范围内土地闲置率有所提升。2020 年，土地闲置率为 0.05%，较 2017 年上升 0.05 个百分点。2017~2020 年持续参评的开发区无闲置土地。新增参评开发区土地闲置率为 0.16%。从审批类别上看，2020 年，仅经开区有闲置土地。

2017~2020 年，产城融合型开发区实际管理范围内土地闲置率有所提升。2020 年，土地闲置率为 0.14%，较 2017 年提升 0.14 个百分点。持续参评且有发展方向区的开发区无闲置土地。新增参评开发区土地闲置率为 0.39%。从审批类别上看，2020 年，仅经开区有闲置土地。

四 主要结论和政策建议

（一）开发区土地集约利用评价总体状况与主要特征

1. 国家级开发区

从数量上看，2020年东北地区国家级开发区参评数量为54个，占全国比例为9.7%，开发区参评持续性较强，参评率由2016年的76.4%提升至2020年的98.2%。经开区是东北地区开发区主要类型，2020年经开区数量占比53.7%，高于全国水平8.6个百分点。新增参评开发区数量较少，以经开区为主。

从用地规模上看，东北地区国家级开发区依法审批范围平均用地规模较小，2020年为864公顷，较全国水平低7.0%，实际管理范围平均用地规模较大，2020年为7025公顷，较全国水平高16.6%。2016~2020年开发区依法审批范围平均用地规模有所提升，增幅为2.1%，其中，持续参评开发区依法审批范围平均用地规模下降1.9%，新增参评开发区依法审批范围平均用地规模明显较大。

从土地集约利用程度上看，东北地区国家级开发区土地利用程度和土地管理绩效较高，但土地利用强度和综合用地效益也较低。2020年工业主导型开发区依法审批范围内土地建成率高于全国水平4.0个百分点，土地闲置率较全国水平低0.07个百分点，而综合容积率低于全国水平0.11，工业用地地均税收低于全国水平51.8%。产城融合型开发区土地建成率高于全国水平3.1个百分点，土地闲置率较全国水平低0.08个百分点，而综合容积率低于全国水平0.33，综合地均税收低于全国水平80.9%，人口密度低于全国水平8.9%。

2. 省级开发区

从数量上看，2020年东北地区省级开发区参评数量为215个，占全国比例为10.0%，开发区参评持续性较弱，2017~2020年参评率有所波动，维持在93.5%左右。经开区数量较多，部分特色工业园向经开区转型，特色工业园数量大幅下降，2020年东北地区开发区中，经开区数量达到186个，占比86.5%。部分持续参评开发区表现出产城融合的发展导向，8个开发区由工业主导型向产城融合型转型，新增参评开发区以经开区为主。

从用地规模上看，2020 年东北地区省级开发区平均用地规模较小，2020年依法审批范围和实际管理范围平均用地规模分别为 639 公顷和 1797 公顷，较全国水平分别高 17.9% 和 24.5%。2017~2020 年开发区依法审批范围平均用地规模大幅提升，增幅为 32.3%，其中，持续参评开发区依法审批范围平均用地规模增长 17.7%，新增参评开发区依法审批范围平均用地规模明显较大。

从土地集约利用程度上看，东北地区省级开发区土地集约利用水平与国家级开发区特征一致，土地利用程度和土地管理绩效较高，但土地利用强度和综合用地效益也较低。2020 年工业主导型开发区依法审批范围内土地建成率高于全国水平 4.4 个百分点，土地闲置率较全国水平低 0.14 个百分点，而综合容积率低于全国水平 0.17，工业用地地均税收低于全国水平 50.6%。产城融合型开发区土地建成率高于全国水平 6.1 个百分点，土地闲置率较全国水平低 0.30 个百分点，而综合容积率低于全国水平 0.41，综合地均税收低于全国水平 67.1%，人口密度低于全国水平 9.8%。

（二）提升开发区土地集约利用水平的对策建议

推进东北地区开发区产业升级，落实重点产业调整振兴规划，加大结构调整力度，加快淘汰落后产能。建立健全鼓励自主创新的体制机制，鼓励东北地区利用已有工业基础发展风电机组、盾构机械、先进船舶和海洋工程装备等装备制造业，培育航空航天、电子信息、新能源、新材料等新兴产业集群。持续优化营商环境，加快推进国有企业改革，进一步增强老工业基地经济活力。优化开发区土地利用方式，严格控制用地标准，推进多层标准厂房建设，提升土地利用强度，通过开发区总体规划的编制与实施优化开发区空间布局，增大开发区空间利用率。[1][2] 推进产城融合型开发区规划建设，提高

---

[1] 程铭、畅琪、王欣蕊：《辽宁省国家级开发区土地集约利用趋势分析》，《国土资源》2019年第 3 期。
[2] 邢丽娟：《长春高新技术产业开发区土地集约利用时空变化研究》，吉林大学硕士学位论文，2019。

生活服务设施用地保障力度，提升人口吸引力。持续推进开发区土地集约利用评价工作，全面了解东北地区开发区土地利用状况。提升开发区运营管理水平，加强开发区招商引资能力，鼓励已有项目在现有用地的基础上进行再开发，加快推进东北地区符合条件的国家经济技术开发区扩区和重点省级开发区升级工作。

重点城市群篇

Major Urban Agglomerations

B.6
2016~2020 年京津冀城市群开发区土地集约利用状况分析

摘　要：本报告基于京津冀城市群"两市一省"共30个国家级开发区和213个省级开发区的土地集约利用评价基础数据，分析2016~2020年京津冀城市群开发区基本情况、土地利用状况、土地集约利用状况及变化情况，比较不同类型开发区土地集约利用状况差异。报告指出，京津冀城市群开发区参评持续性较强，平均用地规模较大，高新区和海关特殊监管区发展迅速，土地集约利用总体水平相对较高。省际开发区土地集约利用水平差异明显，河北省省级开发区数量较多，土地利用强度和综合用地效益明显较低，是制约京津冀城市群开发区土地集约利用水平提升的关键。推进京津冀城市群开发区土地集约利用可从加强区域产业协同发展、推进省际园区合作共建、加强河北省开发区土地使用管理等方面着手。

关键词: 开发区 土地集约利用 京津冀城市群

一 2016~2020 年京津冀城市群开发区基本情况分析

（一）国家级开发区

1. 参评数量

2016~2020 年，京津冀城市群国家级开发区参评数量略有增长，《目录》中国家级开发区参评率 [①] 达到 100%。2020 年，开发区参评数量为 30 个，较 2016 年净增加 2 个，不在《目录》中的开发区数量为 2 个（见表 1、图 1）。

表 1 2016~2020 年京津冀城市群国家级开发区参评数量及参评率

年份	参评数量（个）			《目录》中未参评数量（个）	《目录》中开发区参评率（%）
	总计	在《目录》中	不在《目录》中		
2016	28	28	0	0	100
2017	28	27	1	1	96.4
2018	30	28	2	0	100
2019	30	28	2	0	100
2020	30	28	2	0	100

从审批类别看，2020 年，经开区、高新区和海关特殊监管区参评数量分别为 13 个、7 个和 10 个，占比分别为 43.3%、23.3% 和 33.3%，高新区和海关特殊监管区较 2016 年均净增加 1 个，经开区参评数量保持稳定（见图 2）。其中，2016 年参评的开发区 2020 年均参评。从评价类型看，工业主导型开发区参评数量占比较大，部分开发区评价类型发生变化。2020 年，产城融合型

---

① 《目录》中京津冀城市群应参加评价的开发区数量为 30 个。

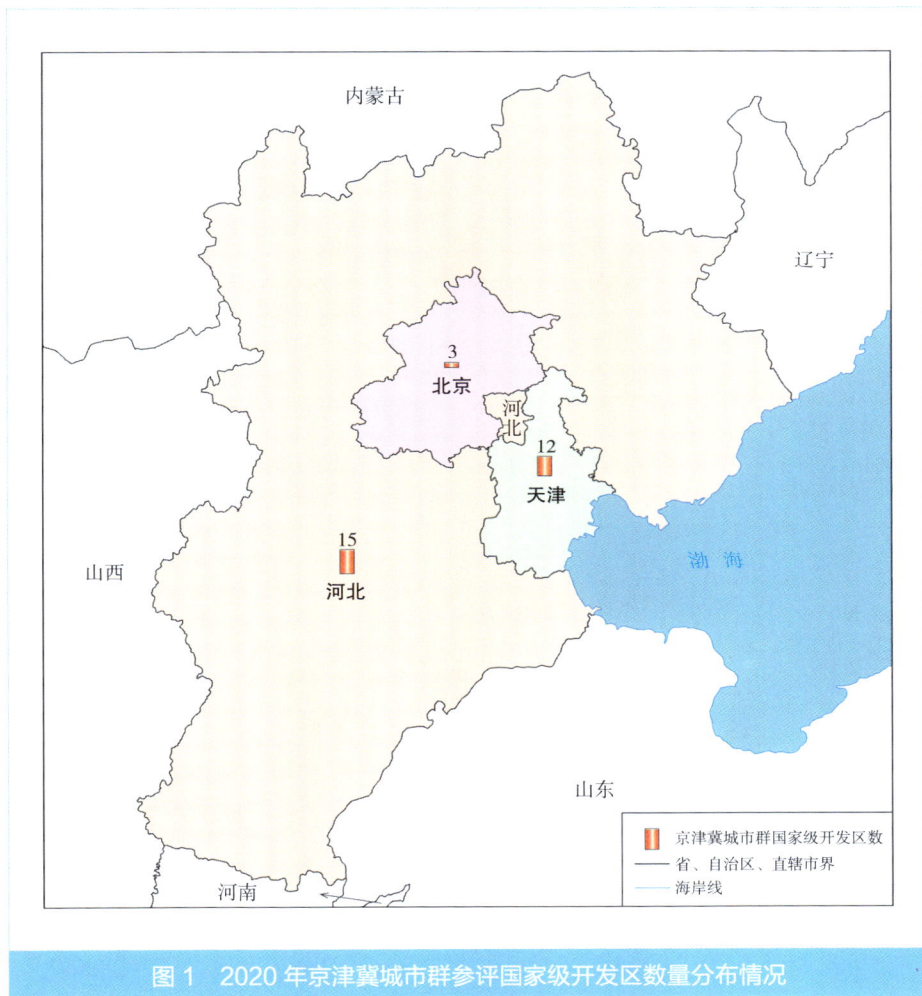

图 1 2020 年京津冀城市群参评国家级开发区数量分布情况

和工业主导型开发区参评数量分别为 6 个和 24 个,占比分别为 20% 和 80%,产城融合型开发区较 2016 年增加 2 个,工业主导型开发区参评数量保持稳定(见图 3)。其中,新增产城融合型和工业主导型开发区参评数量均为 1 个,1 个开发区由工业主导型转变为产城融合型。从审批类别与评价类型看,经开区和海关特殊监管区全部为工业主导型,高新区中产城融合型开发区比例为 85.7%(见图 4)。

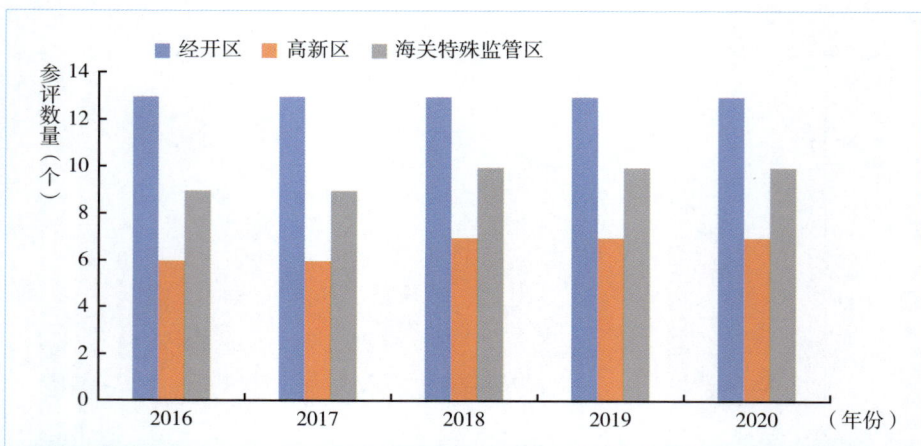

图 2　2016~2020 年京津冀城市群国家级开发区分审批类别参评数量变化

图 3　2016~2020 年京津冀城市群国家级开发区分评价类型参评数量变化

2. 用地规模

2016~2020 年，参评开发区依法审批范围用地规模有所增长，平均用地规模有所下降。2020 年，开发区依法审批范围用地规模为 5.51 万公顷，较 2016 年增长 1.0%；平均用地规模为 1835 公顷，较 2016 年下降 5.7%（见图 5）。

从审批类别看，高新区平均用地规模较大，海关特殊监管区平均用地规

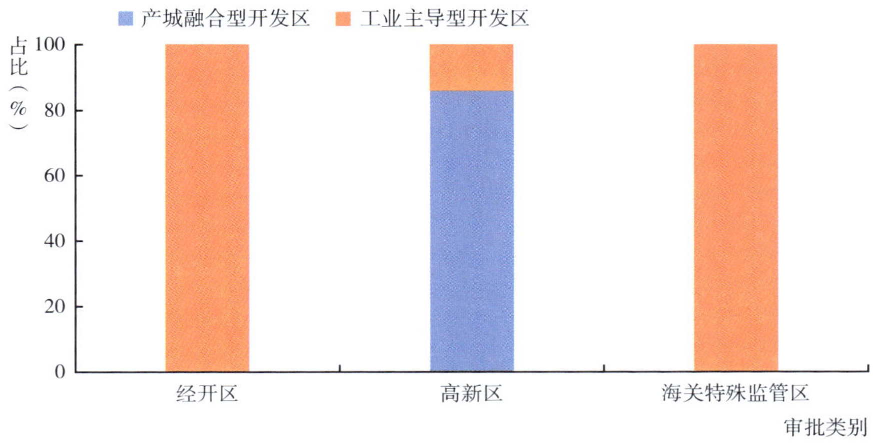

图4　2020 年京津冀城市群国家级开发区分审批类别不同评价类型开发区比例

图5　2016~2020 年京津冀城市群国家级开发区依法审批范围用地规模与平均用地规模变化

模较小。2020 年，经开区、高新区和海关特殊监管区平均用地规模分别为 1403 公顷、4779 公顷和 337 公顷；与 2016 年相比，经开区平均用地规模保持不变，高新区和海关特殊监管区有所下降，降幅分别为 12.7% 和 10.8%。从评价类型看，产城融合型开发区平均用地规模较大且降幅较大。2020 年，产城融合型和工业主导型开发区平均用地规模分别为4723公顷和1114公顷，较2016年分别下降29.2%和3.9%。从审批类别与评价类型看，2016~2020年持续参评开发区中，海关特殊监管区用地范围经过调整，平均用地规模下降31公顷；其余类型开发区平均用地规模无明显变化。新增参评开发区平均用地规模均低于同类型持续参评开发区（见表2）。

表2 2016年和2020年京津冀城市群国家级开发区分审批类别与评价类型依法审批范围平均用地规模变化情况

审批类别	评价类型	2016年参评	2020年参评	数量（个）	2016年平均用地规模（公顷）	2020年平均用地规模（公顷）
经开区	工业主导型	是	是	13	1403	1403
高新区	产城融合型	是	是	5	5549	5549
		否	是	1	—	593
	工业主导型	是	是	1	5113	5113
海关特殊监管区	工业主导型	是	是	9	377	346
		否	是	1	—	249

2016~2020年，参评开发区实际管理范围用地规模和平均用地规模大幅增长。2020年，参评开发区的实际管理范围用地规模为18.09万公顷，较2016年增长65.7%；平均用地规模为6031公顷，较2016年增长54.7%（见图6）。

从审批类别看，高新区平均用地规模较大，海关特殊监管区平均用地规模较小，各类开发区平均用地规模均大幅增加。2020年，经开区、高新区和海关特殊监管区平均用地规模分别为6077公顷、13773公顷和550公顷，较2016年分别增长1.1倍、20.8%和45.8%。从评价类型看，产城融合型开发区平均用地规模较大，工业主导型开发区平均用地规模增幅较大。2020年，产城融合型和工业主导型开发区平均用地规模分别为14490公顷和3916公顷，较2016年分别增长4.6%和74.8%。从审批类别和评价类型看，2016~2020年持续参评开发区中，工业主导型高新区平均用地规模有所下降，其余类型开发区平均用地规模均大幅上升。新增参评开发区平均用地规模均低于同类型持续参评开发区（见表3）。

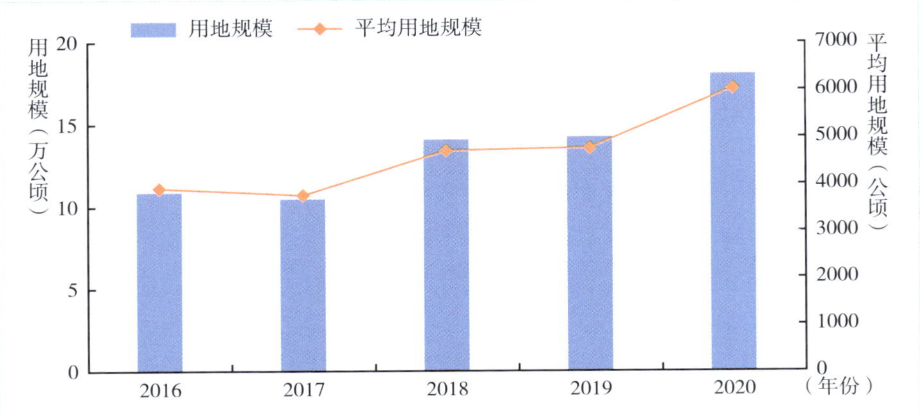

图 6　2016~2020 年京津冀城市群国家级开发区实际管理范围用地规模变化

表 3　2016 年和 2020 年京津冀城市群国家级开发区分审批类别与评价类型实际管理范围平均用地规模变化情况

审批类别	评价类型	2016 年参评	2020 年参评	数量（个）	2016 年平均用地规模（公顷）	2020 年平均用地规模（公顷）
经开区	工业主导型	是	是	13	2873	6077
高新区	产城融合型	是	是	5	11439	16397
		否	是	1	—	4951
	工业主导型	是	是	1	11229	9477
海关特殊监管区	工业主导型	是	是	9	377	583
		否	是	1	—	249

（二）省级开发区

1. 参评数量

2017~2020 年，京津冀城市群省级开发区参评数量大幅增长，《目录》中参评率① 波动提升。2020 年，开发区参评数量为 207 个，较 2017 年净增加 79 个；参评率为 97.7%，较 2017 年提升 24.6 个百分点；不在《目录》中的开发区数量为 36 个，占参评开发区的 17.4%（见表 4、图 7）。

---

① 《目录》中京津冀城市群应参加评价的开发区数量为 175 个。

表4   2017~2020年京津冀城市群省级开发区参评数量及参评率

年份	参评数量（个）			《目录》中未参评数量（个）	《目录》中开发区参评率（%）
	总计	在《目录》中	不在《目录》中		
2017	128	128	0	47	73.1
2018	209	172	37	3	98.3
2019	211	174	37	1	99.4
2020	207	171	36	4	97.7

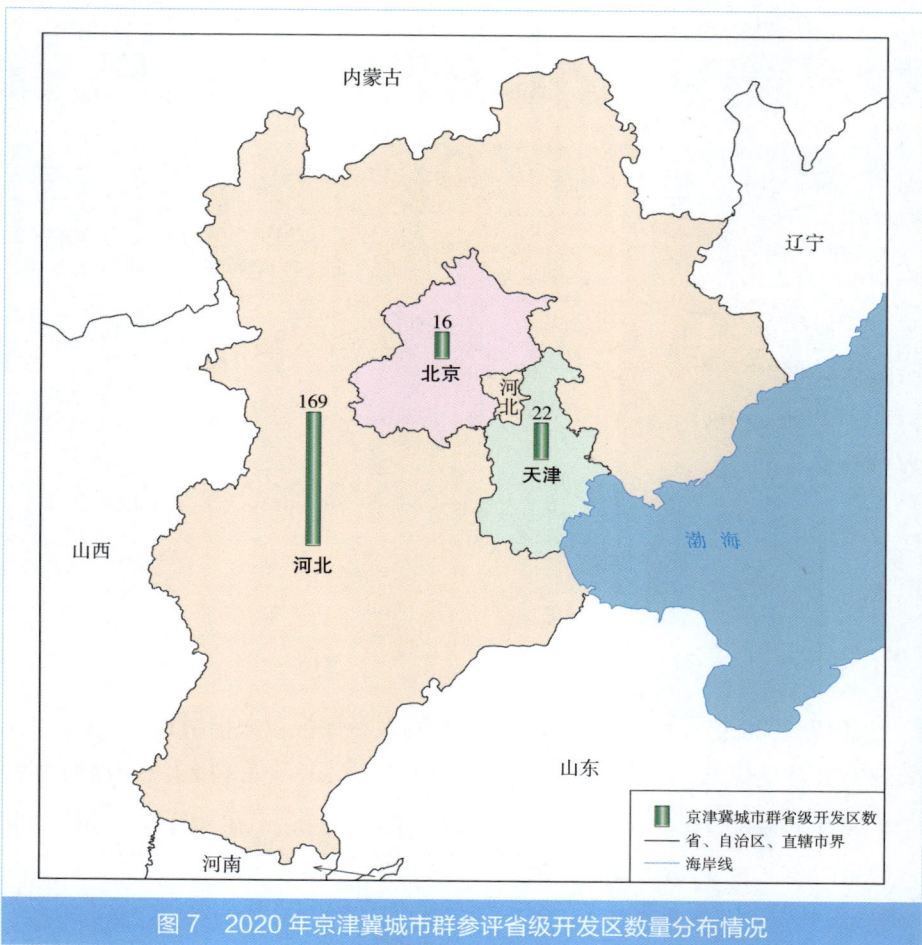

图7   2020年京津冀城市群参评省级开发区数量分布情况

从审批类别看，经开区参评数量占比较大且增长较多，部分经开区向高新区转型。2020 年，经开区、高新区和特色工业园参评数量分别为 157 个、27 个和 23 个，占比分别为 75.8%、13.0% 和 11.1%，较 2017 年分别净增加 63 个、14 个和 2 个（见图 8）。其中，新增参评开发区中包括 66 个经开区、12 个高新区和 3 个特色工业园，2 个经开区转型为高新区。从评价类型看，工业主导型开发区参评数量占比较大且增长较多，部分开发区评价类型发生变化。2020 年，产城融合型和工业主导型开发区参评数量分别为 22 个和 185 个，占比分别为 10.6% 和 89.4%，较 2017 年分别净增加 10 个和 69 个（见图 9）。其中，新增产城融合型和工业主导型开发区参评数量分别为 9 个和 72 个，1 个开发区由工业主导型转变为产城融合型。从审批类别与评价类型看，高新区中产城融合型开发区比例较高。2020 年，高新区中产城融合型开发区比例为 22.2%，经开区和特色工业园中产城融合型开发区比例分别为 8.9% 和 8.7%（见图 10）。

2. 用地规模

2017~2020 年，参评开发区依法审批范围用地规模和平均用地规模均有所增长。2020 年，开发区依法审批范围用地规模为 21.15 万公顷，较 2017 年增长 87.7%；平均用地规模为 1022 公顷，较 2017 年增长 16.1%（见图 11）。

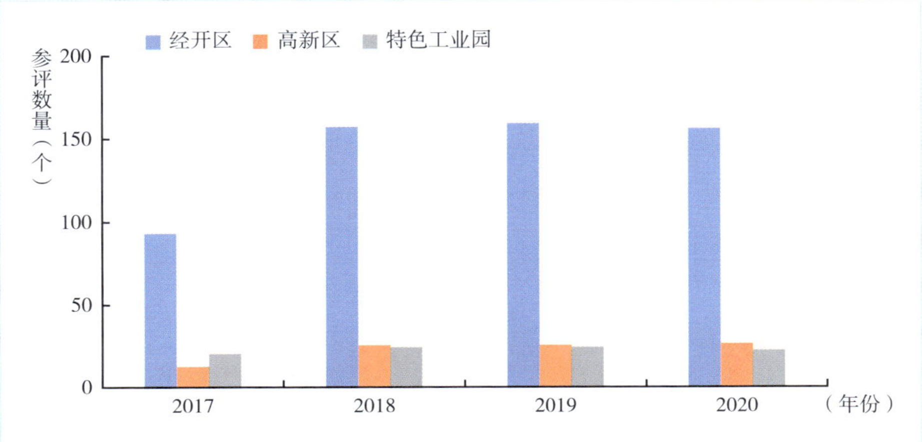

图 8　2017~2020 年京津冀城市群省级开发区分审批类别参评数量变化

图 9　2017~2020 年京津冀城市群省级开发区分评价类型参评数量变化

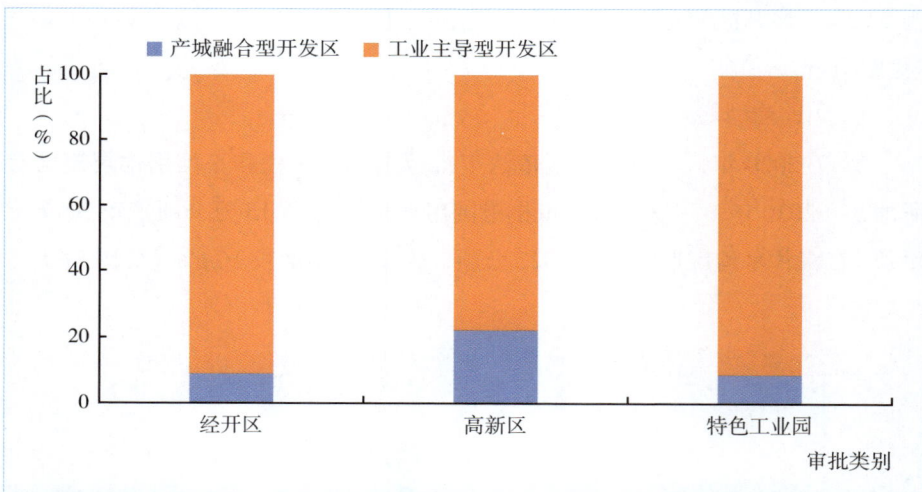

图 10　2017~2020 年京津冀城市群省级开发区分审批
类别不同评价类型开发区比例

　　从审批类别看，高新区平均用地规模较大，各类型开发区平均用地规模均有所增长。2020 年，经开区、高新区和特色工业园平均用地规模分别为 992 公顷、1570 公顷和 578 公顷，较 2017 年分别增长 10.1%、16.4% 和 17.0%。从评价类型看，产城融合型开发区平均用地规模较大且增幅较大。

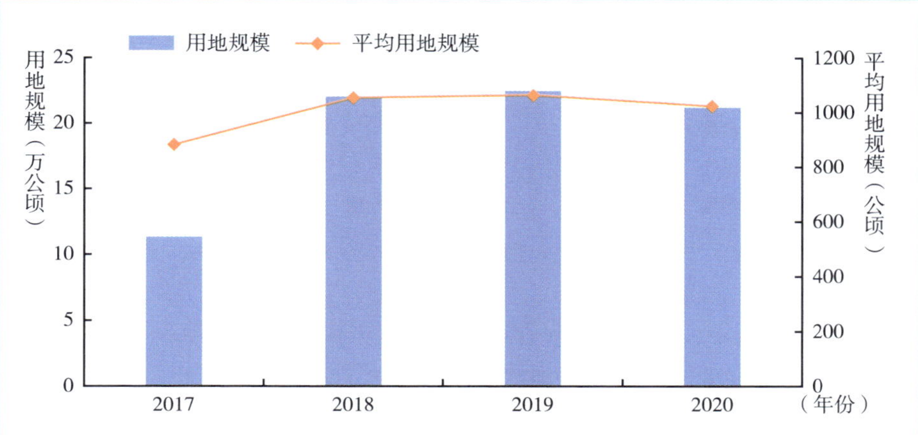

图 11　2017~2020 年京津冀城市群省级开发区依法审批范围用地规模与平均用地规模变化

2020 年，产城融合型和工业主导型开发区平均用地规模分别为 1443 公顷和 972 公顷，较 2017 年分别增长 1.1 倍和 8.0%。从审批类别与评价类型看，2017~2020 年持续参评开发区中，工业主导型高新区平均用地规模增长 71 公顷，其余类型开发区无明显变化。新增参评开发区平均用地规模均高于同类型持续参评开发区（见表 5）。

表 5　2017 年和 2020 年京津冀城市群省级开发区分审批类别与评价类型依法审批范围平均用地规模变化情况

审批类别	评价类型	2017 年参评	2020 年参评	数量（个）	2017 年平均用地规模（公顷）	2020 年平均用地规模（公顷）
经开区	产城融合型	是	是	8	626	626
		否	是	6	—	2435
	工业主导型	是	否	1	996	—
		是	是	83	912	912
		否	是	60	—	1008
高新区	产城融合型	是	是	3	1352	1352
		否	是	3	—	2392
	工业主导型	是	是	12	1377	1448
		否	是	9		1532

301

续表

审批类别	评价类型	2017 年参评	2020 年参评	数量（个）	2017 年平均用地规模（公顷）	2020 年平均用地规模（公顷）
特色工业园	产城融合型	是	是	2	445	445
	工业主导型	是	否	1	648	—
		是	是	18	491	491
		否	是	3	—	1190

2017~2020 年，开发区实际管理范围用地规模和平均用地规模大幅增长。2020 年，参评开发区的实际管理范围用地规模为 57.10 万公顷，较 2017 年增长 3.1 倍；平均用地规模为 2759 公顷，较 2017 年增长 1.5 倍（见图 12）。

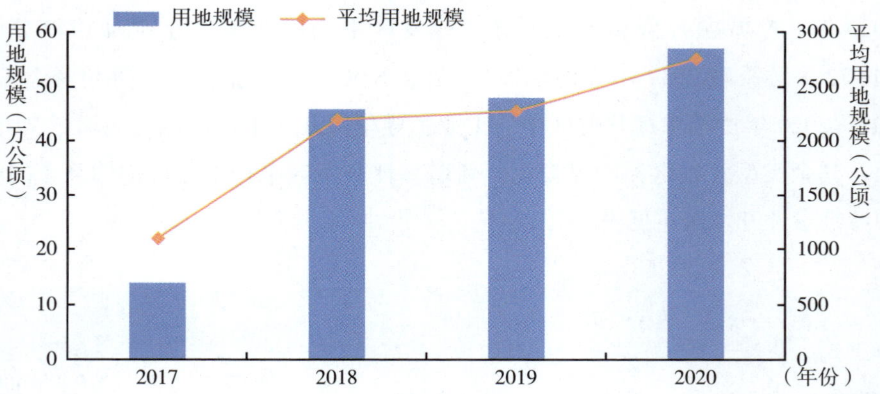

图 12　2017~2020 年京津冀城市群省级开发区实际管理范围用地规模变化

从审批类别看，经开区与高新区平均用地规模相当，特色工业园平均用地规模相对较小，各类开发区平均用地规模均大幅增加。2020 年，经开区、高新区和特色工业园平均用地规模分别为 2902 公顷、3233 公顷和 1221 公顷，较 2017 年分别增长 1.6 倍、1.0 倍和 93.8%。从评价类型看，产城融合型开发区平均用地规模较大，各类开发区平均用地规模均大幅增长。2020 年，产城融合型和工业主导型开发区平均用地规模分别为 4266 公顷和 2579 公顷，较 2017 年分别增长 3.1 倍和 1.3 倍。从审批类别和评价类型看，2017~2020 年持续参评开发区中，各类开发区平均用地规模均大幅上升。新增参评开发区中，除工业主导型高新区和特色工业园外，其余类型开发区平均用地规模均低于同类型持续参评开发区（见表 6）。

表 6　2017 年和 2020 年京津冀城市群省级开发区分审批类别与评价类型实际管理范围平均用地规模变化情况

审批类别	评价类型	2017 年参评	2020 年参评	数量（个）	2017 年平均用地规模（公顷）	2020 年平均用地规模（公顷）
经开区	产城融合型	是	是	8	923	7044
		否	是	6	—	1368
	工业主导型	是	否	1	1400	—
		是	是	83	1127	3087
		否	是	60	—	2248
高新区	产城融合型	是	是	3	1829	6082
		否	是	3	—	2392
	工业主导型	是	是	12	1659	2683
		否	是	9	—	3296
特色工业园	产城融合型	是	是	2	656	1937
		是	否	1	954	—
	工业主导型	是	是	18	609	862
		否	是	3	—	2896

二　2016~2020 年京津冀城市群开发区土地利用情况分析

（一）国家级开发区

1. 土地供应建设状况

2016~2020 年，开发区依法审批范围内，达供面积、供应面积和建成面积均逐年增长。2020 年，开发区达供面积为 5.04 万公顷，较 2016 年增长 1.6%；供应面积为 4.69 万公顷，较 2016 年增长 3.1%；建成面积为 4.41 万公顷，较 2016 年增长 3.5%（见图 13）。其中，2016~2020 年持续参评的开发区达供面积、供应面积和建成面积增幅分别为 0.1%、1.5% 和 2.1%（见表 7）。

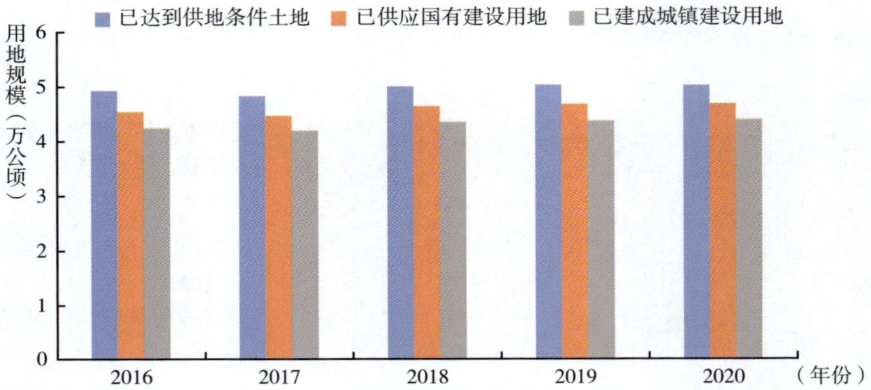

图 13　2016~2020 年京津冀城市群国家级开发区依法审批范围土地供应建设状况变化

表 7　2016~2020 年京津冀城市群国家级开发区依法审批范围土地供应建设状况变化情况

范围	数量（个）	已达到供地条件土地		已供应国有建设用地		已建成城镇建设用地	
		增长（万公顷）	增幅（%）	增长（万公顷）	增幅（%）	增长（万公顷）	增幅（%）
全部开发区	30	0.08	1.6	0.14	3.1	0.15	3.5
2016~2020 年持续参评的开发区	28	0.00	0.1	0.07	1.5	0.09	2.1
新增参评开发区	2	0.08	—	0.07	—	0.06	—

　　从审批类别看，高新区土地供应与开发建设速度较快，海关特殊监管区土地开发和供应面积有所下降。2020 年，经开区、高新区和海关特殊监管区达供面积分别为 1.76 万公顷、2.97 万公顷和 0.32 万公顷，较 2016 年分别增长 1.3%、增长 2.6% 和降低 3.7%；供应面积分别为 1.64 万公顷、2.81 万公顷

和 0.24 万公顷，较 2016 年分别增长 3.4%、增长 3.5% 和降低 3.3%；建成面积分别为 1.54 万公顷、2.67 万公顷和 0.21 万公顷，较 2016 年分别增长 3.0%、增长 4.2% 和降低 2.2%。从评价类型看，产城融合型开发区土地供应与开发建设速度较快，工业主导型开发区土地开发和供应面积有所下降。2020 年，产城融合型和工业主导型开发区达供面积分别为 2.49 万公顷和 2.55 万公顷，较 2016 年分别增长 7.0% 和下降 3.0%；供应面积分别为 2.38 万公顷和 2.32 万公顷，较 2016 年分别增长 8.0% 和下降 1.4%；建成面积分别为 2.27 万公顷和 2.14 万公顷，较 2016 年分别增长 9.0% 和下降 1.9%。

2016~2020 年，开发区实际管理范围内，达供面积、供应面积和建成面积均大幅增长。2020 年，达供面积为 12.02 万公顷，较 2016 年增长 39.1%；供应面积为 10.02 万公顷，较 2016 年增长 34.5%；建成面积为 8.67 万公顷，较 2016 年增长 31.8%。其中，持续参评且有发展方向区的开发区达供面积、供应面积和建成面积分别增长 39.6%、34.8% 和 31.9%（见表 8）。

表 8　2016~2020 年京津冀城市群国家级开发区实际管理范围土地供应建设状况变化情况

范围	数量（个）	已达到供地条件土地		已供应国有建设用地		已建成城镇建设用地	
		增长（万公顷）	增幅（%）	增长（万公顷）	增幅（%）	增长（万公顷）	增幅（%）
全部开发区	30	3.38	39.1	2.57	34.5	2.09	31.8
持续参评且无发展方向区的开发区	9	−0.04	−12.7	−0.02	−9.2	−0.01	−5.8
持续参评且有发展方向区的开发区	19	3.31	39.6	2.51	34.8	2.04	31.9
新增参评开发区	2	0.11	—	0.09	—	0.06	—

从审批类别看，2020 年，经开区、高新区和海关特殊监管区达供面积分别为 5.81 万公顷、5.69 万公顷和 0.53 万公顷，较 2016 年分别增长 82.3%、10.9% 和 61.2%；供应面积分别为 4.62 万公顷、5.07 万公顷和 0.34 万公顷，较 2016 年分别增长 69.9%、13.1% 和 33.8%；建成面积分别为 3.77 万公顷、4.61

万公顷和 0.29 万公顷，较 2016 年分别增长 60.6%、14.6% 和 36.1%。从评价类型看，2020 年，产城融合型和工业主导型开发区达供面积分别为 4.87 万公顷和 7.15 万公顷，较 2016 年分别增长 19.7% 和 56.4%；供应面积分别为 4.38 万公顷和 5.64 万公顷，较 2016 年分别增长 21.6% 和 46.6%；建成面积分别为 4.04 万公顷和 4.63 万公顷，较 2016 年分别增长 22.3% 和 41.2%。

2. 土地利用结构

2016~2020 年，开发区依法审批范围内，工矿仓储用地和住宅用地的规模均有所增长，住宅用地增幅较大。2020 年，工矿仓储用地面积为 1.65 万公顷，较 2016 年增长 1.9%；住宅用地面积为 0.68 万公顷，较 2016 年增长 9.7%。其中，2016~2020 年持续参评的开发区中，工矿仓储用地面积增长 1.5%，住宅用地面积增长 6.7%（见表 9）。

表 9　2016~2020 年京津冀城市群国家级开发区依法审批范围工矿仓储和住宅用地规模变化情况

范围	数量（个）	工矿仓储用地		住宅用地	
		增长（万公顷）	增幅（%）	增长（万公顷）	增幅（%）
全部开发区	30	0.03	1.9	0.06	9.7
2016~2020 年持续参评的开发区	28	0.02	1.5	0.04	6.7
新增参评开发区	2	0.01	—	0.02	—

从审批类别看，经开区工矿仓储用地和住宅用地规模增幅均较大。2020 年，经开区、高新区和海关特殊监管区工矿仓储用地面积分别为 0.84 万公顷、0.66 万公顷和 0.16 万公顷，较 2016 年分别增长 3.0%、0.7% 和 2.3%；经开区和高新区住宅用地面积分别为 0.15 万公顷和 0.53 万公顷，较 2016 年分别增长 12.3% 和 8.7%。从评价类型看，产城融合型开发区工矿仓储用地和住宅用地规模有所提升，工业主导型开发区有所下降。2020 年，产城融合型和工业主导型开发区工矿仓储用地面积分别为 0.46 万公顷和 1.19 万公顷，较 2016 年分别增长 12.1% 和下降 1.4%；住宅用地面积分别为 0.49 万公顷和 0.19 万公顷，较 2016 年分别增长 13.8% 和下降 0.8%。

2016~2020 年，开发区实际管理范围内，工矿仓储用地和住宅用地规模均大幅增长。2020 年，工矿仓储用地面积为 3.42 万公顷，较 2016 年增长 28.6%；住宅用地面积为 1.28 万公顷，较 2016 年增长 37.6%。其中，持续参评且有发展方向区的开发区工矿仓储用地和住宅用地面积分别增长 30.1% 和 35.2%（见表 10）。

表 10 2016~2020 年京津冀城市群国家级开发区实际管理范围工矿仓储和住宅用地规模变化情况

范围	数量（个）	工矿仓储用地		住宅用地	
		增长（万公顷）	增幅（%）	增长（万公顷）	增幅（%）
全部开发区	30	0.76	28.6	0.35	37.6
持续参评且无发展方向区的开发区	9	0.00	−1.3	0.00	−18.4
持续参评且有发展方向区的开发区	19	0.76	30.1	0.33	35.2
新增参评开发区	2	0.01	—	0.02	—

从审批类别看，2020 年，经开区、高新区和海关特殊监管区工矿仓储用地面积分别为 1.97 万公顷、1.28 万公顷和 0.16 万公顷，较 2016 年分别增长 51.2%、7.1% 和 7.4%；经开区和高新区住宅用地面积分别为 0.34 万公顷和 0.94 万公顷，较 2016 年分别增长 73.8% 和 27.1%。从评价类型看，2020 年，产城融合型和工业主导型开发区工矿仓储用地面积分别为 1.01 万公顷和 2.41 万公顷，较 2016 年分别增长 19.9% 和 33.0%；住宅用地面积分别为 0.88 万公顷和 0.41 万公顷，较 2016 年分别增长 34.4% 和 43.6%。

3. 土地闲置状况

2016~2020 年，开发区依法审批范围内，闲置土地面积呈波动趋势。2020 年，开发区闲置土地面积为 16 公顷，较 2016 年增长 10 公顷。其中，2016~2020 年持续参评的开发区闲置土地面积增长 8 公顷。从审批类别看，2020 年，经开区、高新区闲置土地面积分别为 1 公顷和 15 公顷，较 2016 年分别减少 2 公顷和增长 12 公顷；海关特殊监管区无闲置土地。从评价类型看，

2020 年，产城融合型和工业主导型开发区闲置土地面积分别为 15 公顷和 1 公顷，较 2016 年分别增长 12 公顷和减少 2 公顷。

2016~2020 年，开发区实际管理范围内，闲置土地面积有所增长。2020年，开发区闲置土地面积为 144 公顷，较 2016 年增长 6 公顷。其中，持续参评且有发展方向区的开发区闲置土地增长 5 公顷。从审批类别看，2020 年，经开区、高新区闲置土地面积分别为 1 公顷和 143 公顷，较 2016 年分别减少43 公顷和增长 49 公顷；海关特殊监管区无闲置土地。从评价类型看，2020 年，产城融合型和工业主导型开发区闲置土地面积分别为 143 公顷和 1 公顷，较2016 年分别增长 49 公顷和减少 43 公顷。

4. 建设量状况

2016~2020 年，开发区依法审批范围内，建设量有所增长。2020 年，开发区建筑面积为 4.64 亿平方米，较 2016 年增长 5.2%；建筑基底面积为 1.25亿平方米，较 2016 年增长 7.8%；工矿仓储用地建筑面积为 1.68 亿平方米，较 2016 年增长 8.4%；工矿仓储建筑基底面积为 0.87 亿平方米，较 2016 年增长 2.4%（见图 14）。其中，2016~2020 年持续参评的开发区中，建筑面积增长 2.6%，建筑基底面积增长 6.1%，工矿仓储用地建筑面积增长 8.1%，工矿仓储建筑基底面积增长 2.3%（见表 11）。

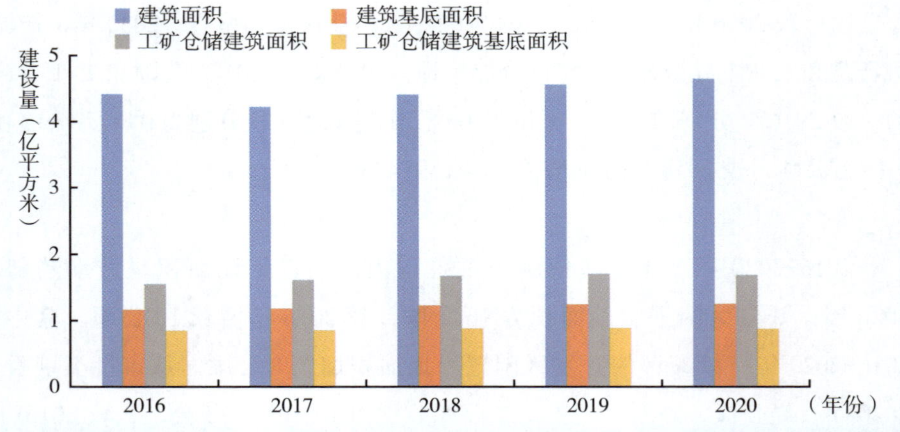

图 14　2016~2020 年京津冀城市群国家级开发区依法审批范围建设量状况变化

顷和 17.29 万公顷，较 2017 年分别增长 2.3 倍和 1.1 倍；供应面积分别为 2.15 万公顷和 14.59 万公顷，较 2017 年分别增长 1.9 倍和 1.1 倍；建成面积分别为 1.90 万公顷和 13.09 万公顷，较 2017 年分别增长 1.8 倍和 1.0 倍。

2. 土地利用结构

2017~2020 年，开发区依法审批范围内，工矿仓储用地和住宅用地的规模均大幅增长。2020 年，工矿仓储用地面积为 6.21 万公顷，较 2017 年增长 61.7%；住宅用地面积为 0.91 万公顷，较 2017 年增长 71.7%。其中，2017~2020 年持续参评的开发区中，工矿仓储用地和住宅用地面积分别增长 11.3% 和 20.2%（见表 15）。

表 15　2017~2020 年京津冀城市群省级开发区依法审批范围工矿仓储和住宅用地规模变化情况

范围	数量（个）	工矿仓储用地		住宅用地	
		增长（万公顷）	增幅（%）	增长（万公顷）	增幅（%）
全部开发区	207	2.37	61.7	0.38	71.7
2017~2020 年持续参评的开发区	126	0.42	11.3	0.11	20.2
新增参评开发区	81	2.03	—	0.28	—

从审批类别看，高新区工矿仓储用地和住宅用地规模增幅较大。2020 年，经开区、高新区和特色工业园工矿仓储用地面积分别为 4.68 万公顷、0.97 万公顷和 0.57 万公顷，较 2017 年分别增长 59.2%、1.1 倍和 31.2%；住宅用地面积分别为 0.57 万公顷、0.29 万公顷和 0.05 万公顷，较 2017 年分别增长 57.5%、1.1 倍和 46.6%。从评价类型看，产城融合型开发区工矿仓储用地和住宅用地规模增幅较大。2020 年，产城融合型和工业主导型开发区工矿仓储用地面积分别为 0.26 万公顷和 5.95 万公顷，较 2017 年分别增长 90.4% 和 60.8%；住宅用地面积分别为 0.31 万公顷和 0.60 万公顷，较 2017 年分别增长 1.1 倍和 56.0%。

2017~2020 年，开发区实际管理范围内，工矿仓储用地和住宅用地的规模均大幅增长。2020 年，工矿仓储用地面积为 9.11 万公顷，较 2017 年增长 1.0 倍；住宅用地面积为 1.46 万公顷，较 2017 年增长 1.1 倍。其中，持续参评且有发展方向区的开发区工矿仓储用地和住宅用地面积分别增长 50.5% 和 54.7%（见表 16）。

表 16　2017~2020 年京津冀城市群省级开发区实际管理范围工矿仓储和住宅用地规模变化情况

范围	数量（个）	工矿仓储用地		住宅用地	
		增长（万公顷）	增幅（%）	增长（万公顷）	增幅（%）
全部开发区	207	4.59	101.5	0.76	108.6
持续参评且无发展方向区的开发区	20	−0.01	−3.1	0.01	31.3
持续参评且有发展方向区的开发区	106	2.00	50.5	0.36	54.7
新增参评开发区	81	2.74	—	0.40	—

从审批类别看，2020 年，经开区、高新区和特色工业园工矿仓储用地面积分别为 7.04 万公顷、1.29 万公顷和 0.78 万公顷，较 2017 年分别增长 1.0 倍、1.3 倍和 50.9%；住宅用地面积分别为 1.04 万公顷、0.39 万公顷和 0.03 万公顷，较 2017 年分别增长 1.1 倍、增长 1.3 倍和下降 11.8%。从评价类型看，2020 年，产城融合型和工业主导型开发区工矿仓储用地面积分别为 0.65 万公顷和 8.46 万公顷，较 2017 年分别增长 2.2 倍和 96.1%；住宅用地面积分别为 0.49 万公顷和 0.97 万公顷，较 2017 年分别增长 1.2 倍和 1.1 倍。

3. 土地闲置状况

2017~2020 年，开发区依法审批范围内，闲置土地面积呈波动增长趋势。2020 年，开发区闲置土地面积为 61 公顷，较 2017 年增长 34 公顷。其中，2017~2020 年持续参评的开发区闲置土地面积增长 12 公顷。从审批类别看，2020 年，经开区和高新区闲置土地面积分别为 60 公顷和 1 公顷，较 2017 年分别增长 33 公顷和 1 公顷，特色工业园无闲置土地。从评价类型看，2020 年，产城融合型开发区无闲置土地，工业主导型开发区闲置土地面积为 34 公顷。

2017~2020 年，开发区实际管理范围内，闲置土地面积有所增长。2020年，开发区闲置土地面积为 69 公顷，较 2017 年增长 42 公顷。其中，持续参评且有发展方向区的开发区闲置土地面积增长 41 公顷。从审批类别看，2020 年，经开区和高新区闲置土地面积分别为 68 公顷和 1 公顷，较 2017 年分别增长 41 公顷和 1 公顷，特色工业园无闲置土地。从评价类型看，2020 年，产城融合型开发区无闲置土地，工业主导型开发区闲置土地面积为 69 公顷。

4. 建设量状况

2017~2020 年，开发区依法审批范围内，建设量迅速增长。2020 年，开发区建筑面积为 8.40 亿平方米，较 2017 年增长 77.2%；建筑基底面积为 3.87亿平方米，较 2017 年增长 73.5%；工矿仓储用地建筑面积为 5.45 亿平方米，较 2017 年增长 82.9%；工矿仓储建筑基底面积为 3.48 亿平方米，较 2017 年增长 67.3%（见图 16）。其中，2017~2020 年持续参评的开发区中，建筑面积、建筑基底面积、工矿仓储用地建筑面积和工矿仓储建筑基底面积分别增长 22.5%、22.6%、26.9% 和 18.5%（见表 17）。

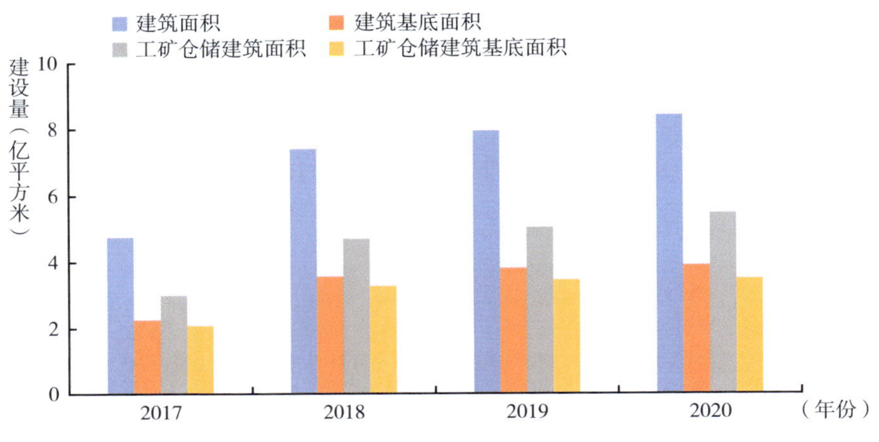

图 16　2017~2020 年京津冀城市群省级开发区依法审批范围建设量状况变化

表 17　2017~2020 年京津冀城市群省级开发区依法审批范围建设量状况变化情况

范围	数量（个）	建筑面积		建筑基底面积		工矿仓储建筑面积		工矿仓储建筑基底面积	
		增长（亿平方米）	增幅（%）	增长（亿平方米）	增幅（%）	增长（亿平方米）	增幅（%）	增长（亿平方米）	增幅（%）
全部开发区	30	3.66	77.2	1.64	73.5	2.47	82.9	1.40	67.3
2017~2020 年持续参评的开发区	126	1.05	22.5	0.49	22.6	0.78	26.9	0.37	18.5
新增参评开发区	81	2.72	—	1.21	—	1.75	—	1.09	—

从审批类别看，2020 年，经开区、高新区和特色工业园建筑面积分别为 6.10 亿平方米、1.72 亿平方米和 0.58 亿平方米，较 2017 年分别增长 75.1%、1.1 倍和 30.4%；建筑基底面积分别为 2.88 亿平方米、0.71 亿平方米和 0.29 亿平方米，较 2017 年分别增长 76.8%、77.8% 和 35.4%；工矿仓储建筑面积分别为 4.08 亿平方米、0.94 亿平方米和 0.43 亿平方米，较 2017 年分别增长 83.1%、1.2 倍和 30.0%；工矿仓储建筑基底面积分别为 2.63 亿平方米、0.57 亿平方米和 0.28 亿平方米，较 2017 年分别增长 66.8%、92.3% 和 38.2%。从评价类型看，2020 年，产城融合型和工业主导型开发区建筑面积分别为 1.12 亿平方米和 7.28 亿平方米，较 2017 年分别增长 89.0% 和 75.5%；建筑基底面积分别为 0.35 亿平方米和 3.52 亿平方米，较 2017 年分别增长 1.2 倍和 69.8%；工矿仓储建筑面积分别为 0.25 亿平方米和 5.20 亿平方米，较 2017 年分别增长 97.3% 和 82.0%；工矿仓储建筑基底面积分别为 0.14 亿平方米和 3.34 亿平方米，较 2017 年分别增长 92.9% 和 66.6%。

2017~2020 年，开发区实际管理范围内，建设量大幅增长。2020 年，开发区建筑面积为 12.00 亿平方米，较 2017 年增长 1.1 倍；建筑基底面积为 5.66 亿平方米，较 2017 年增长 1.2 倍；工矿仓储用地建筑面积为 7.65 亿平方米，较 2017 年增长 1.2 倍；工矿仓储建筑基底面积为 4.88 亿平方米，较 2017 年增长 1.0 倍。其中，持续参评且有发展方向区的开发区建筑面积、建筑基底面积、工矿仓储用地建筑面积和工矿仓储建筑基底面积分别增长 54.2%、67.5%、63.2% 和 52.3%（见表 18）。

表 18　2017~2020 年京津冀城市群省级开发区实际管理范围建设量状况变化情况

范围	数量（个）	建筑面积		建筑基底面积		工矿仓储建筑面积		工矿仓储建筑基底面积	
		增长（亿平方米）	增幅（%）	增长（亿平方米）	增幅（%）	增长（亿平方米）	增幅（%）	增长（亿平方米）	增幅（%）
全部开发区	207	6.26	109.1	3.04	116.0	4.16	119.2	2.46	101.7
持续参评且无发展方向区的开发区	20	0.04	8.6	−0.02	−10.1	0.02	6.0	−0.01	−5.2
持续参评且有发展方向区的开发区	106	2.82	54.2	1.56	67.5	1.96	63.2	1.13	52.3
新增参评开发区	81	3.54	—	1.59	—	2.28	—	1.42	—

从审批类别看，2020 年，经开区、高新区和特色工业园建筑面积分别为 9.06 亿平方米、2.23 亿平方米和 0.71 亿平方米，较 2017 年分别增长 1.1 倍、1.3 倍和 37.8%；建筑基底面积分别为 4.29 亿平方米、0.97 亿平方米和 0.39 亿平方米，较 2017 年分别增长 1.2 倍、1.1 倍和 58.6%；工矿仓储建筑面积分别为 5.90 亿平方米、1.20 亿平方米和 0.56 亿平方米，较 2017 年分别增长 1.3 倍、1.4 倍和 43.0%；工矿仓储建筑基底面积分别为 3.78 亿平方米、0.71 亿平方米和 0.39 亿平方米，较 2017 年分别增长 1.1 倍、1.1 倍和 58.7%。从评价类型看，2020 年，产城融合型和工业主导型开发区建筑面积分别为 1.91 亿平方米和 10.10 亿平方米，较 2017 年分别增长 1.1 倍和 1.1 倍；建筑基底面积分别为 0.62 亿平方米和 5.04 亿平方米，较 2017 年分别增长 1.6 倍和 1.1 倍；工矿仓储建筑面积分别为 0.59 亿平方米和 7.06 亿平方米，较 2017 年分别增长 2.2 倍和 1.1 倍；工矿仓储建筑基底面积分别为 0.31 亿平方米和 4.57 亿平方米，较 2017 年分别增长 1.8 倍和 97.4%。

三 2016~2020 年京津冀城市群开发区
土地集约利用情况分析

（一）国家级开发区

1. 土地利用程度

2016~2020 年，工业主导型开发区依法审批范围内土地开发率和土地供应率有所提升，土地建成率有所下降。2020 年，土地开发率和土地供应率分别为 97.5% 和 90.8%，较 2016 年分别提升 0.9 个和 1.4 个百分点；土地建成率为 92.2%，较 2016 年下降 0.5 个百分点（见图 17）。2016~2020 年持续参评的开发区土地开发率、土地供应率与土地建成率分别提升 0.5 个、2.0 个和 0.2 个百分点。新增参评开发区土地开发率、土地供应率与土地建成率分别为 100%、63.0% 和 32.2%（见表 19）。从审批类别上看，经开区土地利用程度最高，2020 年，经开区土地开发率、土地供应率与土地建成率分别为 98.3%、93.2% 和 93.8%，较高新区分别高 1.1 个、2.0 个和 3.2 个百分点，较海关特殊监管区分别高 4.1 个、16.0 个和 9.4 个百分点。

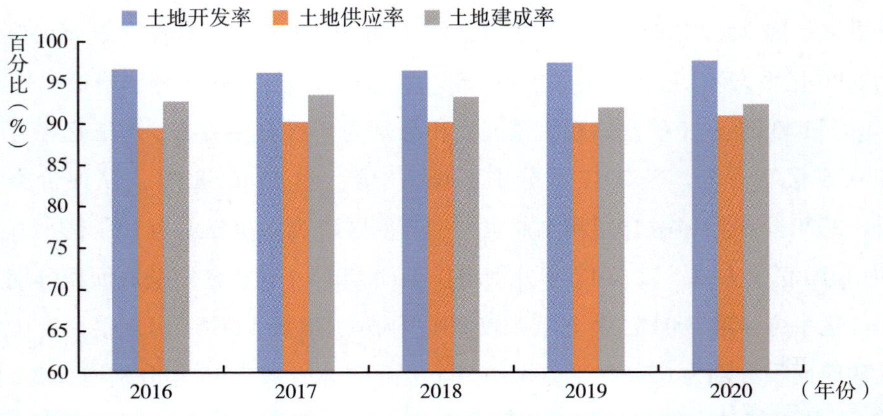

图 17　2016~2020 年京津冀城市群国家级工业主导型开发区依法审批范围土地利用程度变化

表 19　2016 年和 2020 年京津冀城市群国家级工业主导型开发区依法审批范围土地利用程度

范围	数量（个）	土地开发率（%）		土地供应率（%）		土地建成率（%）	
		2016 年	2020 年	2016 年	2020 年	2016 年	2020 年
全部开发区	24	96.6	97.5	89.4	90.8	92.7	92.2
2016~2020 年持续参评的开发区	23	97.0	97.5	89.1	91.1	92.4	92.6
新增参评开发区	1	—	100.0	—	63.0	—	32.2

2016~2020 年，工业主导型开发区实际管理范围内土地利用程度有所下降。2020 年，土地开发率、土地供应率和土地建成率分别为 79.6%、78.8% 和 82.1%，较 2016 年分别下降 7.2 个、5.3 个和 3.2 个百分点。持续参评且有发展方向区的开发区土地开发率、土地供应率与土地建成率分别下降 7.4 个、5.3 个和 2.8 个百分点。新增参评开发区土地开发率、土地供应率与土地建成率分别为 100%、63.0% 和 32.2%（见表 20）。从审批类别上看，2020 年，海关特殊监管区土地开发率最高，为 96.4%，分别较经开区和高新区高 19.2 个和 6.8 个百分点；高新区土地供应率最高，为 83.6%，分别较经开区和海关特殊监管区高 4.1 个和 19.8 个百分点；海关特殊监管区土地建成率最高，为 84.9%，分别较经开区和高新区高 3.2 个和 1.6 个百分点。

表 20　2016 年和 2020 年京津冀城市群国家级工业主导型开发区实际管理范围土地利用程度

范围	数量（个）	土地开发率（%）		土地供应率（%）		土地建成率（%）	
		2016 年	2020 年	2016 年	2020 年	2016 年	2020 年
全部开发区	24	86.8	79.6	84.1	78.8	85.3	82.1
持续参评且无发展方向区的开发区	9	95.3	91.7	81.7	85.0	82.9	86.1
持续参评且有发展方向区的开发区	14	86.6	79.2	83.9	78.6	84.9	82.1
新增参评开发区	1	—	100.0	—	63.0	—	32.2

2016~2020 年，产城融合型开发区依法审批范围内土地利用程度有所提升。2020 年，土地开发率、土地供应率和土地建成率分别为 91.2%、95.5% 和 95.6%，较 2016 年分别提升 2.0 个、0.8 个和 1.0 个百分点（见图 18）。2016~2020 年持续参评的开发区土地开发率、土地供应率与土地建成率分别提升 2.1 个、0.6 个和 0.9 个百分点。新增参评开发区土地开发率、土地供应率与土地建成率分别为 98.3%、99.2% 和 91.1%（见表 21）。

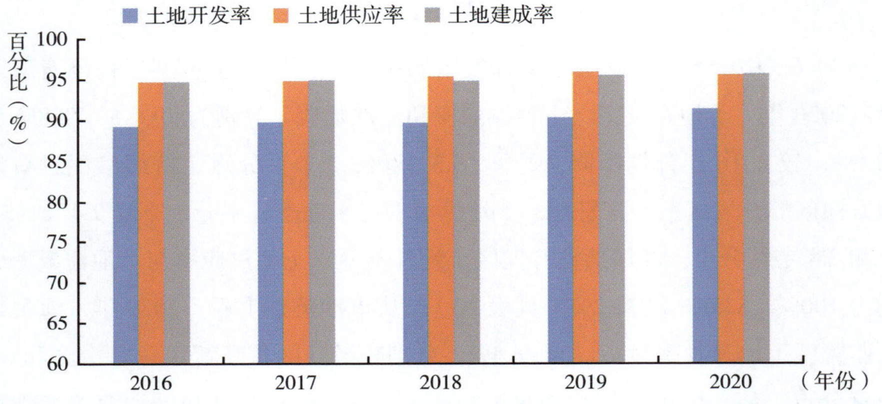

图 18　2016~2020 年京津冀城市群国家级产城融合型开发区依法审批
范围土地利用程度变化

表 21　2016 年和 2020 年京津冀城市群国家级产城融合型开发区依法审批
范围土地利用程度

范围	数量（个）	土地开发率（%）		土地供应率（%）		土地建成率（%）	
		2016 年	2020 年	2016 年	2020 年	2016 年	2020 年
全部开发区	6	89.2	91.2	94.7	95.5	94.6	95.6
2016~2020 年持续参评的开发区	5	89.0	91.1	94.8	95.4	94.8	95.7
新增参评开发区	1	—	98.3	—	99.2	—	91.1

2016~2020 年，产城融合型开发区实际管理范围内土地开发率明显下降，土地供应率和土地建成率有所提升。2020 年，开发区土地开发率为 57.5%，

较 2016 年下降 17.5 个百分点；土地供应率和土地建成率分别为 90.0% 和 92.2%，较 2016 年分别提升 1.4 个和 0.5 个百分点。持续参评且有发展方向区的开发区土地开发率、土地供应率与土地建成率分别下降 15.1 个、提升 1.4 个和提升 0.5 个百分点。新增参评开发区土地开发率、土地供应率与土地建成率分别为 17.0%、86.2% 和 77.6%（见表 22）。

表 22　2016 年和 2020 年京津冀城市群国家级产城融合型开发区实际管理范围土地利用程度

范围	数量（个）	土地开发率（%）		土地供应率（%）		土地建成率（%）	
		2016 年	2020 年	2016 年	2020 年	2016 年	2020 年
全部开发区	6	75.0	57.5	88.6	90.0	91.7	92.2
持续参评且有发展方向区的开发区	5	75.1	60.0	88.7	90.1	92.0	92.5
新增参评开发区	1	—	17.0	—	86.2	—	77.6

2. 工业用地结构

2016~2020 年，工业主导型开发区依法审批范围内工业用地率有所提升。2020 年，工业用地率为 55.8%，较 2016 年提升 0.2 个百分点。2016~2020 年持续参评的开发区工业用地率提升 0.2 个百分点。新增参评开发区工业用地率为 33.5%。从审批类别上看，2020 年，海关特殊监管区工业用地率最高，为 75.5%，分别高于经开区和高新区 21.0 个和 24.9 个百分点。

2016~2020 年，工业主导型开发区实际管理范围内工业用地率有所下降。2020 年，工业用地率为 52.0%，较 2016 年下降 3.2 个百分点。持续参评且有发展方向区的开发区工业用地率下降 3.2 个百分点。新增参评开发区工业用地率为 33.5%。从审批类别上看，2020 年，海关特殊监管区工业用地率最高，为 57.0%，分别高于经开区和高新区 4.6 个和 9.6 个百分点。

3. 土地利用强度

2016~2020 年，工业主导型开发区依法审批范围内土地利用强度有所提升。2020 年，综合容积率和工业用地综合容积率分别为 0.87 和 1.00，较 2016

年均提升 0.05；建筑密度和工业用地建筑系数分别为 31.8% 和 57.2%，较 2016 年分别提升 1.1 个和 0.8 个百分点（见图 19、图 20）。2016~2020 年持续参评的开发区综合容积率提升 0.05，工业用地综合容积率提升 0.04，建筑密度提升 1.0 个百分点，工业用地建筑系数保持稳定。新增参评开发区综合容积

图 19　2016~2020 年京津冀城市群国家级工业主导型开发区依法审批范围土地利用强度变化

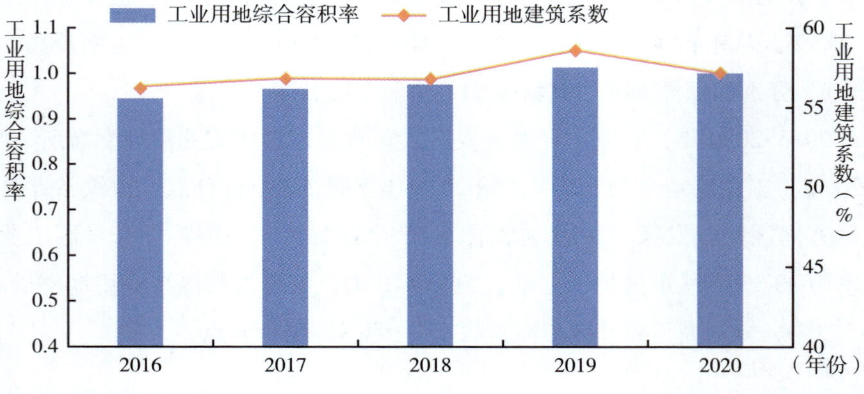

图 20　2016~2020 年京津冀城市群国家级工业主导型开发区依法审批范围工业用地利用强度变化

率为 0.60，建筑密度为 26.8%，工业用地综合容积率为 1.20，工业用地建筑系数为 90.7%（见表 23）。从审批类别上看，2020 年，经开区综合容积率最高，为 0.92，分别较高新区和海关特殊监管区高 0.08 和 0.35；经开区工业用地综合容积率最高，为 1.05，分别较高新区和海关特殊监管区高 0.02 和 0.36；经开区建筑密度最高，为 33.4%，分别较高新区和海关特殊监管区高 4.1 个和 8.1 个百分点；海关特殊监管区工业用地建筑系数最高，为 60.1%，分别较经开区和高新区高 3.2 个和 3.8 个百分点。

表 23　2016 年和 2020 年京津冀城市群国家级工业主导型开发区依法审批范围土地利用强度变化情况

范围	数量（个）	综合容积率		建筑密度（%）		工业用地综合容积率		工业用地建筑系数（%）	
		2016 年	2020 年	2016 年	2020 年	2016 年	2020 年	2016 年	2020 年
全部开发区	24	0.82	0.87	30.7	31.8	0.95	1.00	56.4	57.2
2016~2020 年持续参评的开发区	23	0.82	0.87	30.8	31.8	0.96	1.00	57.2	57.2
新增参评开发区	1	—	0.60	—	26.8	—	1.20	—	90.7

2016~2020 年，工业主导型开发区实际管理范围内土地利用强度有所提升。2020 年，综合容积率和工业用地综合容积率分别为 0.87 和 0.99，较 2016 年分别提升 0.09 和 0.07；建筑密度和工业用地建筑系数分别为 33.6% 和 53.7%，较 2016 年分别提升 4.2 个和 0.8 个百分点。持续参评且有发展方向区的开发区综合容积率和工业用地综合容积率分别提升 0.08 和 0.07；建筑密度和工业用地建筑系数分别提升 4.1 个和下降 0.2 个百分点。新增参评开发区综合容积率为 0.60，建筑密度为 26.8%，工业用地综合容积率为 1.20，工业用地建筑系数为 90.7%（见表 24）。从审批类别上看，2020 年，经开区综合容积率最高，为 0.91，分别较高新区和海关特殊监管区高 0.10 和 0.47；经开区工业用地综合容积率最高，为 1.02，分别较高新区和海关特殊监管区高 0.06 和 0.36；经开区建筑密度最高，为 35.8%，分别较高新区和海关特殊监管区高

10.1 个和 16.4 个百分点；海关特殊监管区工业用地建筑系数最高，为 57.6%，分别较经开区和高新区高 4.0 个和 6.4 个百分点。

表 24　2016 年和 2020 年京津冀城市群国家级工业主导型开发区实际管理
范围土地利用强度变化情况

范围	数量（个）	综合容积率		建筑密度（%）		工业用地综合容积率		工业用地建筑系数（%）	
		2016 年	2020 年	2016 年	2020 年	2016 年	2020 年	2016 年	2020 年
全部开发区	24	0.78	0.87	29.4	33.6	0.92	0.99	52.9	53.7
持续参评且无发展方向区的开发区	9	0.70	0.74	31.9	33.9	0.86	0.88	50.9	51.9
持续参评且有发展方向区的开发区	14	0.79	0.87	29.4	33.5	0.93	1.00	53.9	53.7
新增参评开发区	1	—	0.60	—	26.8	—	1.20	—	90.7

2016~2020 年，产城融合型开发区依法审批范围内综合容积率有所下降，建筑密度有所提升。2020 年，综合容积率为 1.22，较 2016 年下降 0.04；建筑密度为 25.1%，较 2016 年提升 1.3 个百分点（见图 21）。2016~2020 年持续参评的开发区综合容积率下降 0.05，建筑密度提升 1.2 个百分点。新增参评开发区综合容积率为 2.12，建筑密度为 26.1%（见表 25）。

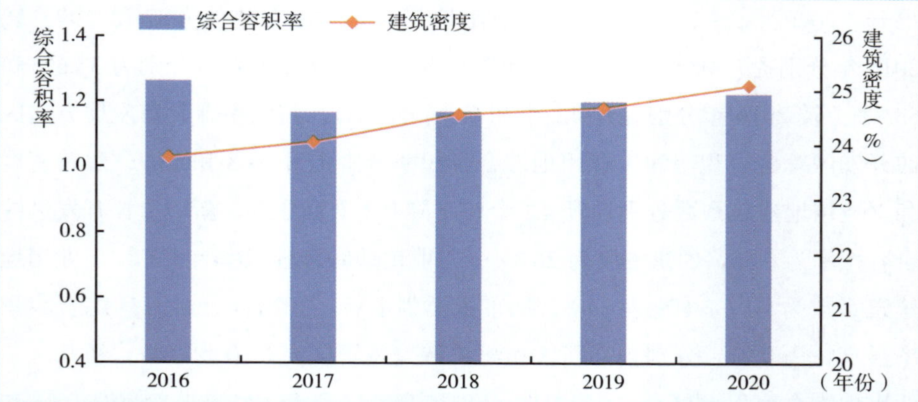

图 21　2016~2020 年京津冀城市群国家级产城融合型开发区依法审批
范围土地利用强度变化

表 25　2016 年和 2020 年京津冀城市群国家级产城融合型开发区依法审批范围土地利用强度变化情况

范围	数量（个）	综合容积率		建筑密度（%）	
		2016 年	2020 年	2016 年	2020 年
全部开发区	6	1.26	1.22	23.8	25.1
2016~2020 年持续参评的开发区	5	1.25	1.20	23.9	25.1
新增参评开发区	1	—	2.12	—	26.1

2016~2020 年，产城融合型开发区实际管理范围内综合容积率有所下降，建筑密度有所提升。2020 年，综合容积率为 1.13，较 2016 年下降 0.01；建筑密度为 25.6%，较 2016 年提升 0.8 个百分点。持续参评且有发展方向区的开发区综合容积率下降 0.03，建筑密度提升 0.8 个百分点。新增参评开发区综合容积率为 2.80，建筑密度为 25.0%（见表 26）。

表 26　2016 年和 2020 年京津冀城市群国家级产城融合型开发区实际管理范围土地利用强度变化情况

范围	数量（个）	综合容积率		建筑密度（%）	
		2016 年	2020 年	2016 年	2020 年
全部开发区	6	1.14	1.13	24.8	25.6
持续参评且有发展方向区的开发区	5	1.13	1.10	24.8	25.6
新增参评开发区	1	—	2.80	—	25.0

4. 综合用地效益

2016~2020 年，工业主导型开发区依法审批范围内工业用地固定资产投入强度有所提升，工业用地地均税收有所下降。2020 年，工业用地固定资产投入强度为 9539 元 / 米 ^{2}，较 2016 年提升 41.1%；工业用地地均税收为 732 元 / 米 ^{2}，较 2016 年下降 17.1%（见图 22）。2016~2020 年持续参评的开发区工业用地固定资产投入强度提升 44.9%，工业用地地均税收下降 16.1%。新增参评开发区工业用地固定资产投入强度为 8962 元 / 米 ^{2}，工业用地地均税收为 19 元 / 米 ^{2}（见表 27）。从审批类别上看，2020 年，经开区工业用地固定资产投入强度最高，为 10843 元 / 米 ^{2}，分别较高新区和海关特殊监管区高 54.8%

和 87.4%；经开区工业用地地均税收最高，为 956 元 / 米 ^{2}，分别较高新区和海关特殊监管区高 3.8 倍和 3.5 倍。

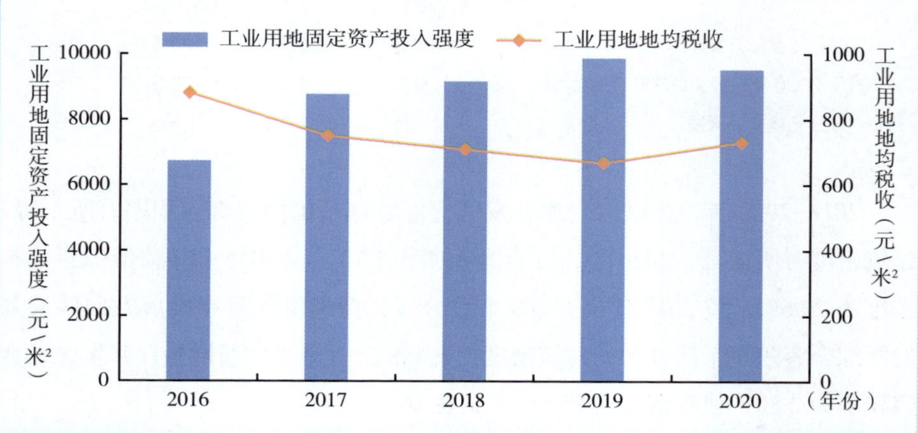

图 22　2016~2020 年京津冀城市群国家级工业主导型开发区依法审批范围综合用地效益变化

表 27　2016 年和 2020 年京津冀城市群国家级工业主导型开发区依法审批范围综合用地效益变化情况

范围	数量（个）	工业用地固定资产投入强度（元 / 米 ^{2}）		工业用地地均税收（元 / 米 ^{2}）	
		2016 年	2020 年	2016 年	2020 年
全部开发区	24	6760	9539	883	732
2016~2020 年持续参评的开发区	23	6585	9542	875	734
新增参评开发区	1	—	8962	—	19

2016~2020 年，工业主导型开发区实际管理范围内工业用地固定资产投入强度有所提升，工业用地地均税收有所下降。2020 年，工业用地固定资产投入强度为 8590 元 / 米 ^{2}，较 2016 年提升 25.4%；工业用地地均税收为 461 元 / 米 ^{2}，较 2016 年下降 39.4%。持续参评且有发展方向区的开发区工业用地固定资产投入强度提升 29.3%，工业用地地均税收下降 38.7%。新增参评开发区工业用地固定资产投入强度为 8962 元 / 米 ^{2}，工业用地地均税收为 19

元 / 米^2（见表 28）。从审批类别上看，2020 年，经开区工业用地固定资产投入强度最高，为 9194 元 / 米^2，较高新区和海关特殊监管区分别高 53.1% 和 65.5%；经开区工业用地地均税收最高，为 520 元 / 米^2，较高新区和海关特殊监管区分别高 2.3 倍和 1.1 倍。

表 28　2016 年和 2020 年京津冀城市群国家级工业主导型开发区实际管理
范围综合用地效益变化情况

范围	数量（个）	工业用地固定资产投入强度（元 / 米^2）		工业用地地均税收（元 / 米^2）	
		2016 年	2020 年	2016 年	2020 年
全部开发区	24	6851	8590	761	461
持续参评且无发展方向区的开发区	9	6190	7026	408	225
持续参评且有发展方向区的开发区	14	6717	8686	777	476
新增参评开发区	1	—	8962	—	19

2016~2020 年，产城融合型开发区依法审批范围内综合用地效益有所提升。2020 年，综合地均税收为 2326 元 / 米^2，较 2016 年提升 1.2 倍；人口密度为 124 人 / 公顷，较 2016 年提升 12.7%（见图 23）。2016~2020 年持续参评

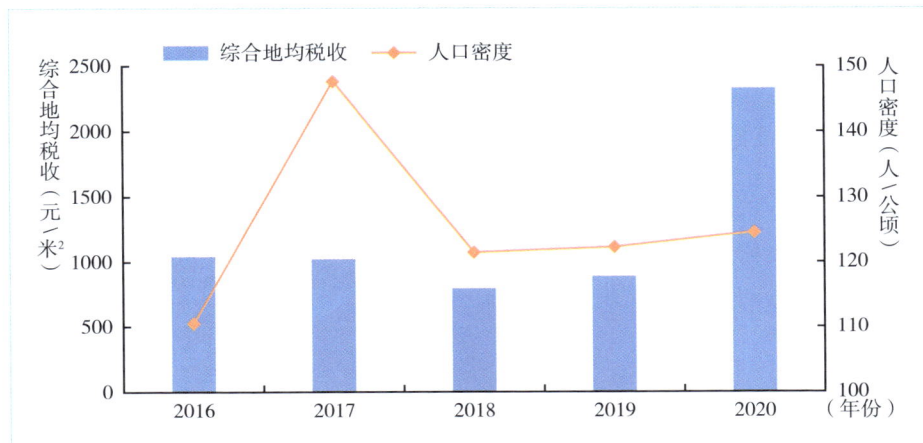

图 23　2016~2020 年京津冀城市群国家级产城融合型开发区依法审批
范围综合用地效益变化

的开发区综合地均税收提升 1.3 倍，人口密度提升 15.7%。新增参评开发区综合地均税收为 403 元 / 米 ^{2}，人口密度为 102 人 / 公顷（见表 29）。

表 29　2016 年和 2020 年京津冀城市群国家级产城融合型开发区依法审批范围综合用地效益变化情况

范围	数量（个）	综合地均税收（元 / 米 ^{2}）		人口密度（人 / 公顷）	
		2016 年	2020 年	2016 年	2020 年
全部开发区	6	1039	2326	110	124
2016~2020 年持续参评的开发区	5	1021	2370	108	125
新增参评开发区	1	—	403	—	102

2016~2020 年，产城融合型开发区实际管理范围内综合用地效益有所提升。2020 年，综合地均税收为 1452 元 / 米 ^{2}，较 2016 年提升 51.9%；人口密度为 109 人 / 公顷，较 2016 年提升 23.9%。持续参评且有发展方向区的开发区综合地均税收提升 55.8%，人口密度提升 25.3%。新增参评开发区综合地均税收为 444 元 / 米 ^{2}；人口密度为 122 人 / 公顷（见表 30）。

表 30　2016 年和 2020 年京津冀城市群国家级产城融合型开发区实际管理范围综合用地效益变化情况

范围	数量（个）	综合地均税收（元 / 米 ^{2}）		人口密度（人 / 公顷）	
		2016 年	2020 年	2016 年	2020 年
全部开发区	6	956	1452	88	109
持续参评且有发展方向区的开发区	5	941	1466	87	109
新增参评开发区	1	—	444	—	122

5. 土地管理绩效

2016~2020 年，工业主导型开发区依法审批范围内土地闲置率有所下降。2020 年，土地闲置率为 0，较 2016 年下降 0.01 个百分点。2016~2020

年持续参评的开发区土地闲置率下降 0.02 个百分点。新增参评开发区无闲置土地。

2016~2020 年，工业主导型开发区实际管理范围内土地闲置率有所下降。2020 年，土地闲置率为 0，较 2016 年下降 0.11 个百分点。持续参评且有发展方向区的开发区土地闲置率下降 0.13 个百分点。新增参评开发区无闲置土地。

2016~2020 年，产城融合型开发区依法审批范围内土地闲置率有所提升。2020 年，土地闲置率为 0.06%，较 2016 年提升 0.05 个百分点。2016~2020 年持续参评的开发区土地闲置率提升 0.04 个百分点。新增参评开发区无闲置土地。

2016~2020 年，产城融合型开发区实际管理范围内土地闲置率有所提升。2020 年，土地闲置率为 0.33%，较 2016 年提升 0.07 个百分点。持续参评且有发展方向区的开发区土地闲置率提升 0.08 个百分点。新增参评开发区无闲置土地。

（二）省级开发区

1. 土地利用程度

2017~2020 年，工业主导型开发区依法审批范围内土地开发率有所下降，土地供应率保持稳定，土地建成率有所下降。2020 年，土地开发率为 63.9%，较 2017 年下降 2.6 个百分点；土地供应率为 87.2%，较 2017 年保持稳定；土地建成率为 89.8%，较 2017 年下降 2.6 个百分点（见图 24）。2017~2020 年持续参评的开发区土地开发率、土地供应率与土地建成率分别提升 4.6 个、提升 2.0 个和下降 0.4 个百分点。新增参评开发区土地开发率、土地供应率与土地建成率分别为 54.6%、84.1% 和 85.3%（见表 31）。从审批类别上看，2020 年，特色工业园土地开发率、土地供应率和土地建成率均最高，分别为 77.0%、90.0% 和 91.1%，较经开区分别高 12.2 个、3.2 个和 1.6 个百分点，较高新区分别高 22.3 个、1.8 个和 0.7 个百分点。

图 24　2017~2020 年京津冀城市群省级工业主导型开发区依法审批
范围土地利用程度变化

表 31　2017 年和 2020 年京津冀城市群省级工业主导型开发区依法审批范围
土地利用程度

范围	数量（个）	土地开发率（%）		土地供应率（%）		土地建成率（%）	
		2017 年	2020 年	2017 年	2020 年	2017 年	2020 年
全部开发区	185	66.5	63.9	87.2	87.2	92.4	89.8
2017~2020 年持续参评的开发区	113	66.1	70.7	87.0	89.0	92.5	92.1
新增参评开发区	72	—	54.6	—	84.1	—	85.3

　　2017~2020 年，工业主导型开发区实际管理范围内土地开发率有所下降，土地供应率保持稳定，土地建成率有所下降。2020 年，土地开发率为 37.2%，较 2017 年下降 28.7 个百分点；土地供应率为 84.4%，较 2017 年保持稳定；土地建成率为 89.7%，较 2017 年下降 1.8 个百分点。持续参评且有发展方向区的开发区土地开发率、土地供应率和土地建成率分别下降 27.8 个、提升 1.9

个和下降 1.0 个百分点。新增参评开发区土地开发率、土地供应率与土地建成率分别为 34.1%、81.4% 和 87.4%（见表 32）。从审批类别上看，2020 年，特色工业园土地开发率、土地供应率和土地建成率均最高，分别为 56.0%、89.5% 和 89.7%，较经开区分别高 20.3 个、5.2 个和 0.1 个百分点，较高新区分别高 16.8 个、7.4 个和 0.1 个百分点。

表 32　2017 年和 2020 年京津冀城市群省级工业主导型开发区实际管理范围土地利用程度

范围	数量（个）	土地开发率（%）		土地供应率（%）		土地建成率（%）	
		2017 年	2020 年	2017 年	2020 年	2017 年	2020 年
全部开发区	185	65.9	37.2	84.4	84.4	91.5	89.7
持续参评且无发展方向区的开发区	18	65.1	62.0	86.9	88.9	92.0	93.7
持续参评且有发展方向区的开发区	95	65.7	37.9	83.8	85.7	91.5	90.5
新增参评开发区	72	—	34.1	—	81.4	—	87.4

2017~2020 年，产城融合型开发区依法审批范围内土地开发率和土地供应率有所下降，土地建成率有所提升。2020 年，土地开发率和土地供应率分别为 42.0% 和 83.2%，较 2017 年分别下降 24.6 和 9.0 个百分点；土地建成率为 91.1%，较 2017 年提升 1.1 个百分点（见图 25）。2017~2020 年持续参评的开发区土地开发率、土地供应率与土地建成率分别提升 11.5 个、下降 2.6 个和提升 5.4 个百分点。新增参评开发区土地开发率、土地供应率与土地建成率分别为 25.5%、74.0% 和 85.5%（见表 33）。从审批类别上看，2020 年，海关特殊监管区土地开发率、土地供应率和土地建成率均最高，分别为 77.7%、98.7% 和 100%，较经开区分别高 42.4 个、16.8 个和 10.1 个百分点，较高新区分别高 26.9 个、15.8 个和 8.8 个百分点。

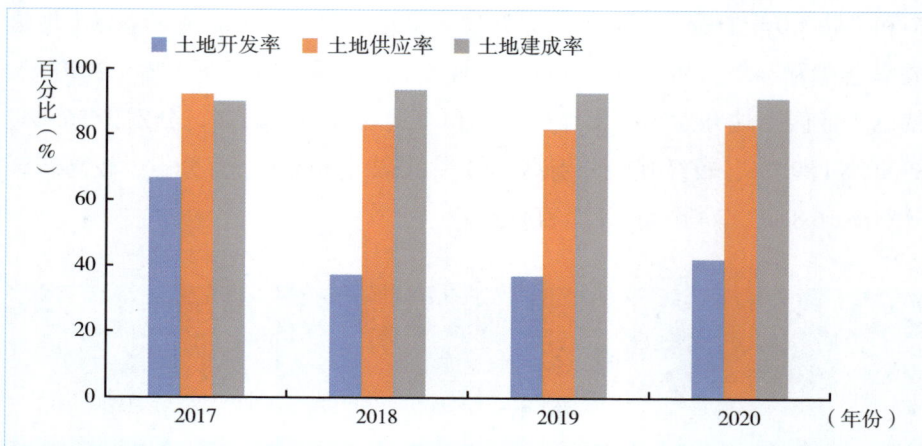

图25　2017~2020年京津冀城市群省级产城融合型开发区依法审批
范围土地利用程度变化

表33　2017年和2020年京津冀城市群省级产城融合型开发区依法审批
范围土地利用程度

范围	数量（个）	土地开发率（%）		土地供应率（%）		土地建成率（%）	
		2017年	2020年	2017年	2020年	2017年	2020年
全部开发区	22	66.6	42.0	92.2	83.2	90.0	91.1
2017~2020年持续参评的开发区	13	66.3	77.8	92.3	89.7	88.9	94.3
新增参评开发区	9	—	25.5	—	74.0	—	85.5

　　2017~2020年，产城融合型开发区实际管理范围内土地利用程度有所下降。2020年，土地开发率、土地供应率和土地建成率分别为28.4%、82.0%和88.2%，较2017年分别下降35.5个、11.1个和3.1个百分点。持续参评且有发展方向区的开发区土地开发率、土地供应率和土地建成率分别下降38.1个、8.9个和1.9个百分点。新增参评开发区土地开发率、土地供应率与土地建成率分别为42.0%、74.0%和87.5%（见表34）。从审批类别上看，2020年，高新区土地开发率最高，为35.8%，分别较经开区和特色工业园高10.4个和6.8个百分点；特色工业园土地供应率最高，为99.8%，分别较经开区和高新

区高 18.4 个和 18.9 个百分点；特色工业园土地建成率最高，为 100%，分别较经开区和高新区高 14.0 个和 9.7 个百分点。

表 34　2017 年和 2020 年京津冀城市群省级产城融合型开发区实际管理范围土地利用程度

范围	数量（个）	土地开发率（%）		土地供应率（%）		土地建成率（%）	
		2017 年	2020 年	2017 年	2020 年	2017 年	2020 年
全部开发区	22	63.9	28.4	93.1	82.0	91.3	88.2
持续参评且无发展方向区的开发区	2	77.6	77.6	90.2	90.4	96.0	98.5
持续参评且有发展方向区的开发区	11	63.2	25.1	93.3	84.4	90.0	88.1
新增参评开发区	9	—	42.0	—	74.0	—	87.5

2. 工业用地结构

2017~2020 年，工业主导型开发区依法审批范围内工业用地率有所提升。2020 年，工业用地率为 68.1%，较 2017 年提升 1.4 个百分点。2017~2020 年持续参评的开发区工业用地率提升 0.8 个百分点。新增参评开发区工业用地率为 68.4%。从审批类别上看，2020 年，特色工业园工业用地率最高，为 71.9%，分别高于经开区和高新区 2.9 个和 10.1 个百分点。

2017~2020 年，工业主导型开发区实际管理范围内工业用地率有所下降。2020 年，工业用地率 64.6%，较 2017 年下降 1.8 个百分点。持续参评且有发展方向区的开发区工业用地率下降 2.1 个百分点。新增参评开发区工业用地率为 64.4%。从审批类别上看，2020 年，特色工业园工业用地率最高，为 70.3%，分别高于经开区和高新区 5.6 个和 9.1 个百分点。

3. 土地利用强度

2017~2020 年，工业主导型开发区依法审批范围内土地利用强度有所提升。2020 年，综合容积率和工业用地综合容积率分别为 0.83 和 0.87，较 2017 年分别提升 0.08 和 0.10；建筑密度和工业用地建筑系数分别为 40.4%

和 56.1%，较 2017 年分别提升 3.0 个和 1.9 个百分点（见图 26、图 27）。
2017~2020 年持续参评的开发区综合容积率提升 0.08，工业用地综合容积率提升 0.11，建筑密度提升 3.9 个百分点，工业用地建筑系数提升 3.5 个百分点。新增参评开发区综合容积率为 0.86，建筑密度为 39.3%，工业用地综合容积率

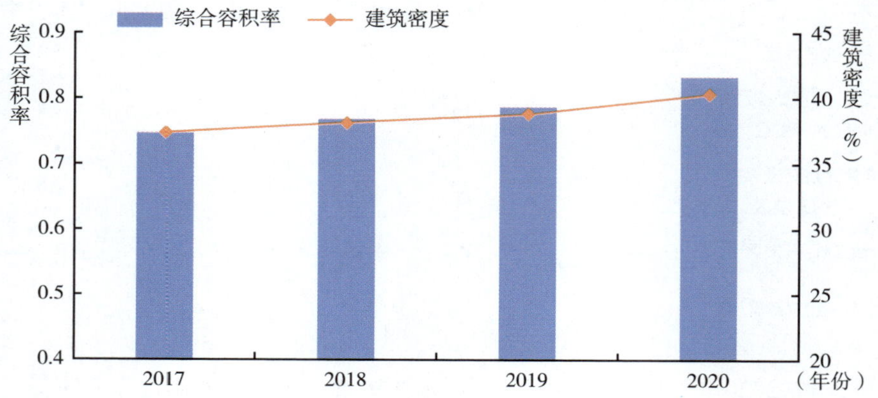

图 26　2017~2020 年京津冀城市群省级工业主导型开发区依法审批范围土地利用强度变化

图 27　2017~2020 年京津冀城市群省级工业主导型开发区依法审批范围工业用地利用强度变化

为 0.87，工业用地建筑系数为 53.7%（见表 35）。从审批类别上看，2020 年，高新区综合容积率和工业用地综合容积率最高，分别为 0.90 和 0.98，较经开区分别高 0.06 和 0.11，较特色工业园分别高 0.24 和 0.22；高新区建筑密度和工业用地建筑系数最高，分别为 42.3% 和 59.0%，较经开区分别高 1.5 个和 2.6 个百分点，较特色工业园分别高 8.5 个和 9.0 个百分点。

表 35　2017 年和 2020 年京津冀城市群省级工业主导型开发区依法审批范围土地利用强度变化情况

范围	数量（个）	综合容积率		建筑密度（%）		工业用地综合容积率		工业用地建筑系数（%）	
		2017 年	2020 年	2017 年	2020 年	2017 年	2020 年	2017 年	2020 年
全部开发区	185	0.75	0.83	37.4	40.4	0.77	0.87	54.2	56.1
2017~2020 年持续参评的开发区	113	0.74	0.82	37.0	40.9	0.77	0.88	53.8	57.3
新增参评开发区	72	—	0.86	—	39.3	—	0.87	—	53.7

2017~2020 年，工业主导型开发区实际管理范围内土地利用强度有所提升。2020 年，综合容积率和工业用地综合容积率分别为 0.77 和 0.83，较 2017 年分别增长 0.03 和 0.06；建筑密度和工业用地建筑系数分别为 38.5% 和 54.0%，较 2017 年分别增长 1.8 个和 0.3 个百分点。持续参评且有发展方向区的开发区综合容积率和工业用地综合容积率分别提升 0.02 和 0.06，建筑密度和工业用地建筑系数分别提升 3.5 个和 1.4 个百分点。新增参评开发区综合容积率为 0.80，建筑密度为 36.4%，工业用地综合容积率为 0.83，工业用地建筑系数为 52.0%（见表 36）。从审批类别上看，2020 年，高新区综合容积率和工业用地综合容积率最高，分别为 0.86 和 0.95，较经开区分别高 0.09 和 0.12，较特色工业园分别高 0.24 和 0.23；高新区建筑密度和工业用地建筑系数最高，分别为 43.3% 和 56.9%，较经开区分别高 5.1 个和 2.9 个百分点，较特色工业园分别高 9.5 个和 7.3 个百分点。

表 36   2017 年和 2020 年京津冀城市群省级工业主导型开发区实际管理范围土地利用强度变化情况

范围	数量（个）	综合容积率		建筑密度（%）		工业用地综合容积率		工业用地建筑系数（%）	
		2017 年	2020 年	2017 年	2020 年	2017 年	2020 年	2017 年	2020 年
全部开发区	185	0.74	0.77	36.7	38.5	0.77	0.83	53.7	54.0
持续参评且无发展方向区的开发区	18	0.57	0.63	32.3	29.3	0.65	0.72	42.8	41.9
持续参评且有发展方向区的开发区	95	0.75	0.77	36.7	40.2	0.78	0.84	54.5	55.9
新增参评开发区	72	—	0.80	—	36.4	—	0.83	—	52.0

2017~2020 年，产城融合型开发区依法审批范围内土地利用强度有所下降。2020 年，综合容积率为 1.12，较 2017 年下降 0.17；建筑密度为 34.8%，较 2017 年下降 0.6 个百分点（见图 28）。2017~2020 年持续参评的开发区综合容积率提升 0.09，建筑密度提升 4.5 个百分点。新增参评开发区综合容积率为 0.72，建筑密度为 24.3%（见表 37）。从审批类别上看，2020 年，高新区综合容积率最高，为 1.16，分别较经开区和特色工业园高 0.06 和 0.17；特色工业园建筑密度最高，为 36.8%，分别较经开区和高新区高 0.1 个和 4.4 个百分点。

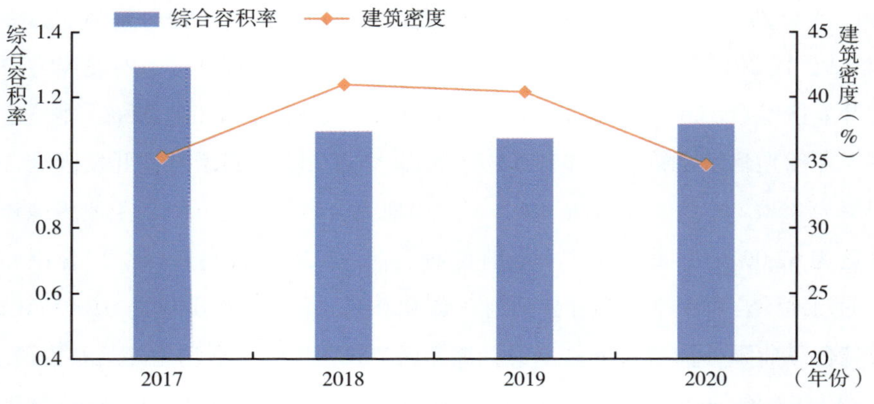

图 28   2017~2020 年京津冀城市群省级产城融合型开发区依法审批范围土地利用强度变化

表 37 2017 年和 2020 年京津冀城市群省级产城融合型开发区依法审批
范围土地利用强度变化情况

范围	数量（个）	综合容积率		建筑密度（%）	
		2017 年	2020 年	2017 年	2020 年
全部开发区	22	1.29	1.12	35.4	34.8
2017~2020 年持续参评的开发区	13	1.24	1.33	35.9	40.4
新增参评开发区	9	—	0.72	—	24.3

2017~2020 年，产城融合型开发区实际管理范围内土地利用强度有所下降。2020 年，综合容积率为 1.01，较 2017 年下降 0.35；建筑密度为 32.7%，较 2017 年下降 2.1 个百分点。持续参评且有发展方向区的开发区综合容积率下降 0.30，建筑密度下降 1.4 个百分点。新增参评开发区综合容积率为 0.70，建筑密度为 26.8%（见表 38）。从审批类别上看，2020 年，高新区综合容积率最高，为 1.10，分别较经开区和特色工业园高 0.11 和 0.48；特色工业园建筑密度最高，为 42.0%，分别较经开区和高新区高 9.7 个和 10.4 个百分点。

表 38 2017 年和 2020 年京津冀城市群省级产城融合型开发区实际管理
范围土地利用强度变化情况

范围	数量（个）	综合容积率		建筑密度（%）	
		2017 年	2020 年	2017 年	2020 年
全部开发区	22	1.36	1.01	34.8	32.7
持续参评且无发展方向区的开发区	2	0.83	0.86	23.2	23.1
持续参评且有发展方向区的开发区	11	1.40	1.10	36.2	34.8
新增参评开发区	9	—	0.70	—	26.8

4. 综合用地效益

2017~2020 年，工业主导型开发区依法审批范围内工业用地固定资产投入强度有所提升，工业用地地均税收有所下降。2020 年，工业用地固定资产投入强度为 6313 元 / 米^2，较 2017 年提升 27.8%；工业用地地均税收为 240

元／米^2，较 2017 年下降 4.0%（见图 29）。2017~2020 年持续参评的开发区工业用地固定资产投入强度提升 27.2%，工业用地地均税收下降 3.6%。新增参评开发区工业用地固定资产投入强度为 6307 元／米^2，工业用地地均税收为 236 元／米^2（见表 39）。从审批类别上看，2020 年，高新区工业用地固定资产投入强度最高，为 7273 元／米^2，分别较经开区和特色工业园高 17.4% 和 24.8%；特色工业园工业用地地均税收最高，为 294 元／米^2，分别较经开区和高新区高 30.6% 和 2.1%。

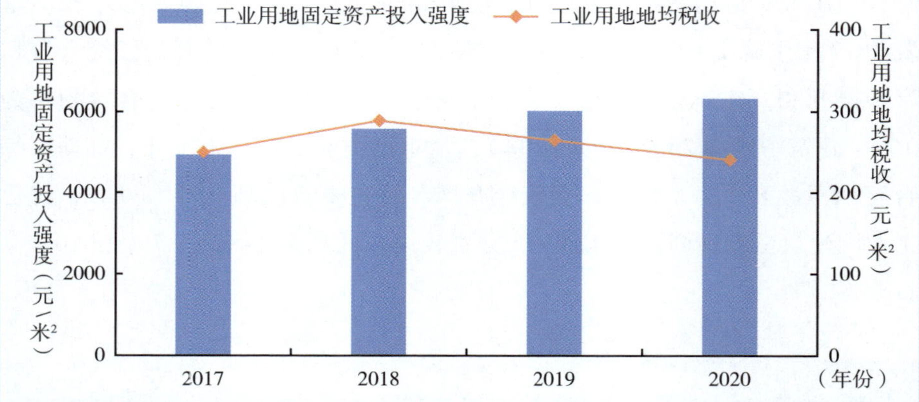

图 29　2017~2020 年京津冀城市群省级工业主导型开发区依法审批范围综合用地效益变化

表 39　2017 年和 2020 年京津冀城市群省级工业主导型开发区依法审批范围综合用地效益变化情况

范围	数量（个）	工业用地固定资产投入强度（元／米^2）		工业用地地均税收（元／米^2）	
		2017 年	2020 年	2017 年	2020 年
全部开发区	185	4941	6313	250	240
2017~2020 年持续参评的开发区	113	4964	6316	251	242
新增参评开发区	72	—	6307	—	236

2017~2020 年，工业主导型开发区实际管理范围内工业用地固定资产投入强度有所提升，工业用地地均税收有所下降。2020 年，工业用地固定资产投入强度为 5647 元 / 米 ^{2}，较 2017 年提升 17.4%；工业用地地均税收为 206 元 / 米 ^{2}，较 2017 年下降 13.8%。持续参评且有发展方向区的开发区工业用地固定资产投入强度提升 13.8%，工业用地地均税收下降 17.5%。新增参评开发区工业用地固定资产投入强度为 5647 元 / 米 ^{2}，工业用地地均税收为 203 元 / 米 ^{2}（见表 40）。从审批类别上看，2020 年，高新区工业用地固定资产投入强度最高，为 6507 元 / 米 ^{2}，分别较经开区和特色工业园高 18.6% 和 11.1%；特色工业园工业用地地均税收最高，为 248 元 / 米 ^{2}，分别较经开区和高新区高 26.1% 和 3.3%。

表 40　2017 年和 2020 年京津冀城市群省级工业主导型开发区实际管理范围综合用地效益变化情况

范围	数量（个）	工业用地固定资产投入强度（元 / 米 ^{2}）		工业用地地均税收（元 / 米 ^{2}）	
		2017 年	2020 年	2017 年	2020 年
全部开发区	185	4812	5647	239	206
持续参评且无发展方向区的开发区	18	2386	3207	152	224
持续参评且有发展方向区的开发区	95	5126	5832	251	207
新增参评开发区	72	—	5647	—	203

2017~2020 年，产城融合型开发区依法审批范围内综合地均税收有所上升，人口密度有所下降。2020 年，综合地均税收为 243 元 / 米 ^{2}，较 2017 年提升 20.9%；人口密度为 143 人 / 公顷，较 2017 年下降 25.9%（见图 30）。2017~2020 年持续参评的开发区综合地均税收提升 29.0%，人口密度提升 4.1%。新增参评开发区综合地均税收为 140 元 / 米 ^{2}，人口密度为 78 人 / 公顷（见表 41）。从审批类别上看，2020 年，高新区综合地均税收最高，为 296 元 / 米 ^{2}，分别较经开区和特色工业园高 47.1% 和 33.2%；特色工业园人口密度最高，为 187 人 / 公顷，分别较经开区和高新区高 25.3% 和 45.2%。

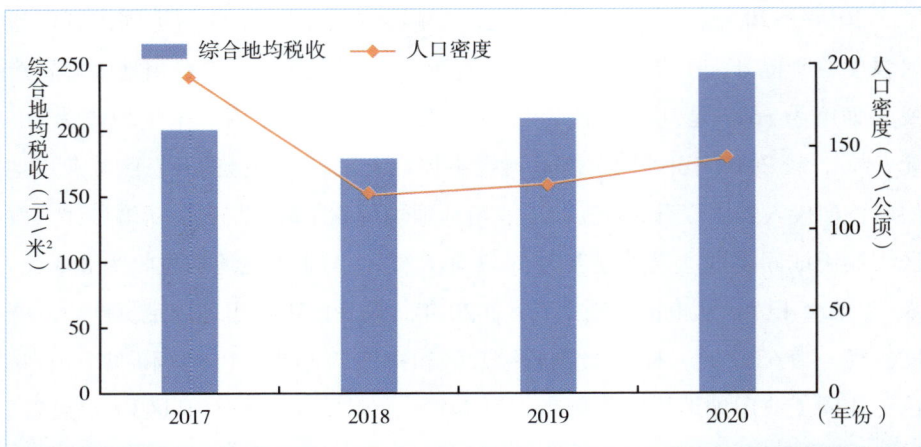

图 30　2017~2020 年京津冀城市群省级产城融合型开发区依法审批范围综合用地效益变化

表 41　2017 年和 2020 年京津冀城市群省级产城融合型开发区依法审批范围综合用地效益变化情况

范围	数量（个）	综合地均税收（元/米²）		人口密度（人/公顷）	
		2017 年	2020 年	2017 年	2020 年
全部开发区	22	201	243	193	143
2017~2020 年持续参评的开发区	13	231	298	171	178
新增参评开发区	9	—	140	—	78

　　2017~2020 年，产城融合型开发区实际管理范围内综合用地效益有所下降。2020 年，综合地均税收为 194 元/米²，较 2017 年下降 5.8%；人口密度为 103 人/公顷，较 2017 年下降 36.0%。持续参评且有发展方向区的开发区综合地均税收下降 10.3%，人口密度下降 27.6%。新增参评开发区综合地均税收为 131 元/米²，人口密度为 76 人/公顷（见表 42）。从审批类别上看，2020 年，特色工业园综合地均税收最高，为 517 元/米²，分别较经开区和高新区高 2.8 倍和 1.2 倍；特色工业园人口密度最高，为 124 人/公顷，分别较经开区和高新区高 20.1% 和 22.5%。

表 42　2017 年和 2020 年京津冀城市群省级产城融合型开发区实际管理范围综合用地效益变化情况

范围	数量（个）	综合地均税收（元／米²）		人口密度（人／公顷）	
		2017 年	2020 年	2017 年	2020 年
全部开发区	22	206	194	161	103
持续参评且无发展方向区的开发区	2	143	289	56	69
持续参评且有发展方向区的开发区	11	233	209	156	113
新增参评开发区	9	—	131	—	76

5. 土地管理绩效

2017~2020 年，工业主导型开发区依法审批范围内土地闲置率有所提升。2020 年，土地闲置率为 0.06%，较 2017 年提升 0.02 个百分点。2017~2020 年持续参评的开发区土地闲置率增幅为 0.01 个百分点。新增参评开发区土地闲置率为 0.06%。从审批类别上看，2020 年，特色工业园无闲置土地，经开区和高新区土地闲置率分别为 0.08% 和 0.01%。

2017~2020 年，工业主导型开发区实际管理范围内土地闲置率有所提升。2020 年，土地闲置率为 0.05%，较 2017 年提升 0.01 个百分点。持续参评且有发展方向区的开发区土地闲置率提升 0.05 个百分点。新增参评开发区土地闲置率为 0.05%。从审批类别上看，2020 年，特色工业园无闲置土地，经开区和高新区土地闲置率分别为 0.06% 和 0.01%。

2017~2020 年，产城融合型开发区依法审批范围内和实际管理范围内均无闲置土地。

四　主要结论和政策建议

（一）开发区土地集约利用评价总体状况与主要特征

1. 国家级开发区

从数量上看，2020 年北京市、天津市和河北省参评数量分别为 3 个、12 个和 15 个，占全国比例总计 5.4%。开发区参评持续性较强，2016~2020 年参评率基本保持 100%。高新区和海关特殊监管区占比高于全国水平，产城融合型开发区均为高新区。新增参评开发区仅有 2 个，持续参评开发区中，1 个开发区由工业主导型转变为产城融合型。

从用地规模上看，京津冀城市群国家级开发区依法审批范围平均用地规模较大，2020 年为 1835 公顷，是全国水平的 2.0 倍，实际管理范围平均用地规模与全国水平相当。2016~2020 年开发区依法审批范围平均用地规模有所下降，降幅为 5.7%，其中，持续参评开发区依法审批范围平均用地规模略有下降，新增参评开发区依法审批范围平均用地规模明显较小。

从土地集约利用程度上看，京津冀城市群工业主导型国家级开发区土地开发程度较高，但有较多未供应的土地；项目建设速度较快，土地建成率高于全国水平 0.9 个百分点；工业用地率低于全国水平 2.7 个百分点，主要表现为高新区和经开区工业用地率较低；工业用地强度较高，工业用地综合容积率高于全国水平 0.06；工业用地投入产出效益明显，工业用地固定资产投入强度和工业用地地均税收分别高于全国水平 1.3% 和 6.9%；土地闲置率为 0，土地管理水平较高。产城融合型开发区土地开发程度和土地供应速度略低于全国水平，项目建设速度较快，土地建成率高于全国水平 0.9 个百分点；土地利用强度偏低，综合容积率低于全国水平 0.03，建筑密度低于全国水平 5.5 个百分点；土地利用经济效益显著，综合地均税收高于全国水平 1.8 倍，但人口承载水平有限，人口密度低于全国水平 12.7%；土地管理水平较高，土地闲置率低于全国水平。

2. 省级开发区

从数量上看，2020 年北京市、天津市和河北省参评数量分别为 16 个、22 个和 169 个，占全国比例总计 9.6%。开发区参评持续性较强，2017~2020 年参评率提升 24.6 个百分点，未参评开发区数量较少。经开区占比显著高于全国水平，特色工业园占比较小，产城融合型开发区占比低于全国水平。新增参评开发区共 81 个，全部为河北省开发区，持续参评开发区中，2 个开发区由经开区转变为高新区，1 个开发区由工业主导型转变为产城融合型。

从用地规模上看，京津冀城市群省级开发区平均用地规模较大，2020 年依法审批范围和实际管理范围平均用地规模分别为 1022 公顷和 2759 公顷，较全国水平分别高 31.4% 和 16.0%。2017~2020 年开发区依法审批范围平均用地规模有所提升，增幅为 16.1%，其中，持续参评开发区依法审批范围平均用地规模略有增长，新增参评开发区依法审批范围平均用地规模明显较大。

从土地集约利用程度上看，京津冀城市群工业主导型省级开发区土地开发程度不高，土地供应速度和项目建设速度较快，土地建成率高于全国水平 0.2 个百分点；工业用地率较高，高于全国水平 0.4 个百分点；工业用地强度较高，工业用地综合容积率高于全国水平 0.06；工业用地固定资产投入强度高于全国水平 21.2%，工业用地地均税收较低，主要源于河北省；土地管理水平较高，土地闲置率低于全国水平。产城融合型开发区新增参评开发区占比较多，土地利用程度相对较低；土地利用强度上，综合容积率低于全国水平 0.05，建筑密度高于全国水平 2.7 个百分点；综合地均税收低于全国水平 31.2%，主要源于河北省，人口承载水平较高，人口密度高于全国水平 8.3%；土地闲置率为 0，土地管理水平较高。

（二）提升开发区土地集约利用水平的对策建议

推进京津冀开发区协同发展。加快北京开发区退出低质、低效产业，为引入高端要素提供空间保障，推进北京园区产业高端化发展；稳步推进天津开发区先进制造业基地建设，积极承接北京产业转移及跨区投资，促进新一代信息技术产业、新能源汽车、高端装备制造和生物医药等产业集群发展；加快推进河北开发区高技术制造业发展，积极推进京津产业、科技成果向其产业园区转移。[1][2] 积极推进产业园区合作，加强开发区、高新区及产业园之间的合作，推动京津冀共建产业园。鼓励产业园区与科研院所、高等院校等研究机构和团队合作，提升自主创新能力，加快创新成果转化。积极推动区域创新政策交叉覆盖，开展跨区域联合监管，加强跨园区企业一体化服务。

---

[1] 崔志新：《京津冀产业园区发展现状及高质量发展对策》，《城市》2020 年第 9 期。
[2] 郑来柱：《北京市开发区土地集约利用状况及精细化管理研究》，中国地质大学硕士学位论文，2016。

重点加强河北省开发区土地利用管理，促进土地集约高效利用，控制开发区规模扩张。加快京津冀开发区产城融合发展，加强基础公共服务和居住配套建设，缓解医疗和教育等方面的资源紧张，促进人才引进，全方位支撑产业园区发展。

B.7
2016~2020 年长三角城市群开发区
土地集约利用状况分析

摘　要：本报告基于长三角城市群"三省一市"145个国家级开发区和376个省级开发区的土地集约利用评价基础数据，分析2016~2020年长三角城市群开发区基本情况、土地利用状况、土地集约利用状况及变化情况，比较不同类型开发区土地集约利用状况差异。报告指出，长三角城市群开发区数量约占全国的1/5，高新区和海关特殊监管区发展动力充足，开发区产城融合发展导向明显，国家级开发区平均规模较小，省级开发区较大，土地集约利用水平很高。推进长三角城市群开发区土地集约利用可从推进存量挖潜与二次开发、加强创新能力建设、强化省际分工合作、建立开发区联动机制等方面着手。

关键词：开发区　土地集约利用　长三角城市群

一　2016~2020 年长三角城市群开发区基本情况分析

（一）国家级开发区

1. 参评数量

2016~2020年，长三角城市群国家级开发区参评数量略有增长，《目录》中国家级开发区参评率[①]达到100%。2020年，开发区参评数量为144

[①] 《目录》中长三角城市群应参加评价的开发区数量为142个。

个，较 2016 年净增加 9 个，不在《目录》中的开发区数量为 2 个（见表 1、图 1）。

表 1　2016~2020 年长三角城市群国家级开发区参评数量及参评率

年份	参评数量（个）			《目录》中未参评数量（个）	《目录》中开发区参评率（%）
	总计	在《目录》中	不在《目录》中		
2016	135	134	1	8	94.4
2017	141	141	0	1	99.3
2018	143	142	1	0	100
2019	143	142	1	0	100
2020	144	142	2	0	100

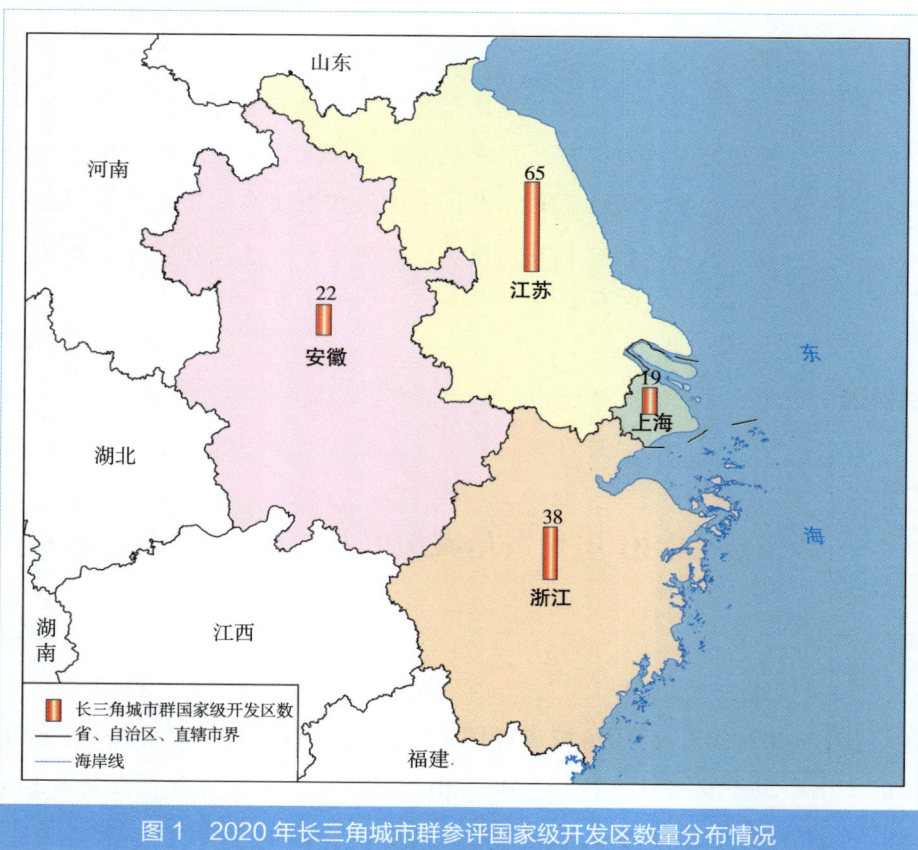

图 1　2020 年长三角城市群参评国家级开发区数量分布情况

　　从审批类别看，经开区参评数量占比较大。2020 年，经开区、高新区和海关特殊监管区参评数量分别为 67 个、33 个和 44 个，占比分别为 46.5%、22.9% 和 30.6%，较 2016 年分别净增加 1 个、4 个和 4 个（见图 2）。其中，新增参评开发区包括 1 个经开区、4 个高新区和 5 个海关特殊监管区。从评价类型看，工业主导型开发区参评数量占比较大，部分开发区评价类型发生变化。2020 年，产城融合型和工业主导型开发区参评数量分别为 21 个和 123 个，占比分别为 14.6% 和 85.4%，较 2016 年分别净增加 4 个和 5 个（见图 3）。

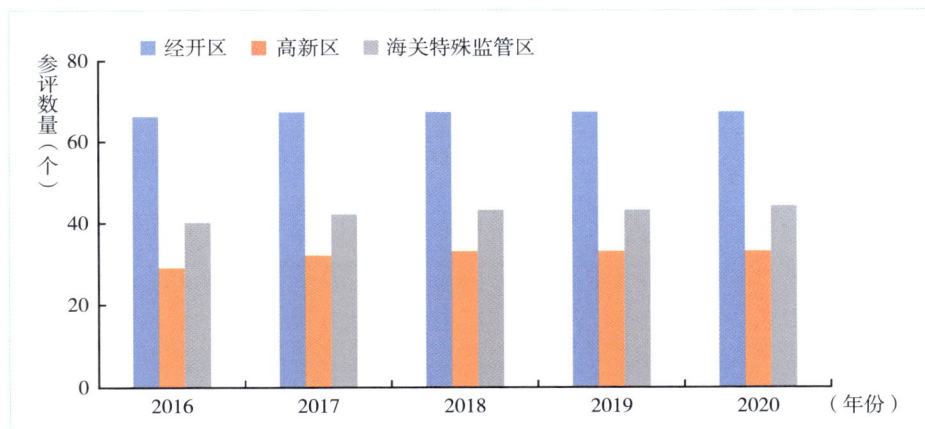

图 2　2016~2020 年长三角城市群国家级开发区分审批类别参评数量变化

图 3　2016~2020 年长三角城市群国家级开发区分评价类型参评数量变化

其中，10 个新增开发区均为工业主导型，1 个开发区由产城融合型转变为工业主导型，5 个开发区由工业主导型转变为产城融合型。从审批类别与评价类型看，海关特殊监管区全部为工业主导型，经开区与高新区中产城融合型开发区比例分别为 20.9% 和 21.2%（见图 4）。

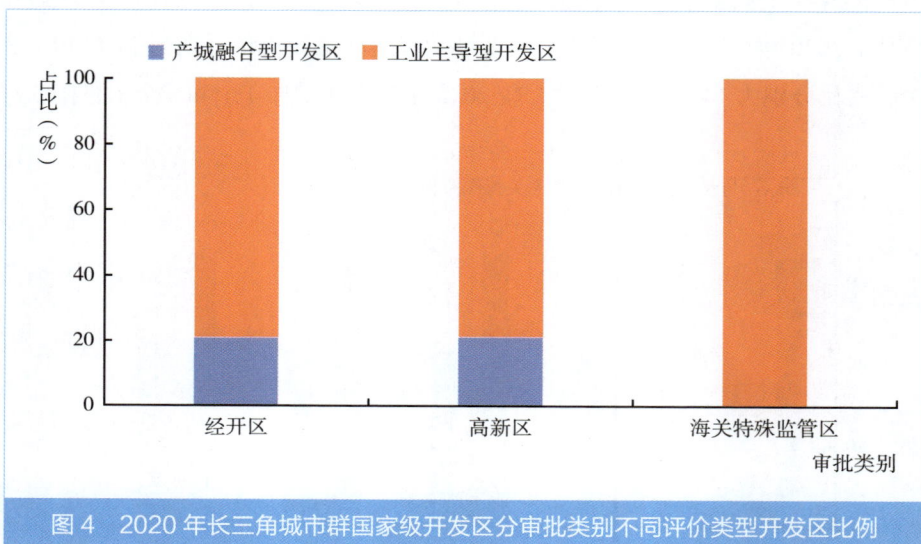

图 4　2020 年长三角城市群国家级开发区分审批类别不同评价类型开发区比例

2. 用地规模

2016~2020 年，参评开发区依法审批范围用地规模有所增长，平均用地规模有所下降。2020 年，开发区依法审批范围用地规模为 13.05 万公顷，较 2016 年增长 1.3%；平均用地规模为 906 公顷，较 2016 年下降 5.0%（见图 5）。

从审批类别看，经开区平均用地规模较大，海关特殊监管区平均用地规模较小。2020 年，经开区、高新区和海关特殊监管区平均用地规模分别为 1338 公顷、788 公顷和 337 公顷；与 2016 年相比，经开区平均用地规模有所提升，增幅为 1.6%，高新区和海关特殊监管区有所下降，降幅分别为 6.8% 和 22.2%。从评价类型看，产城融合型开发区平均用地规模较大且降幅较大。2020 年，产城融合型和工业主导型开发区平均用地规模分别为 1254 公顷和 847 公顷，较 2016 年分别下降 11.3% 和 4.6%。从审批类别与评价类型看，

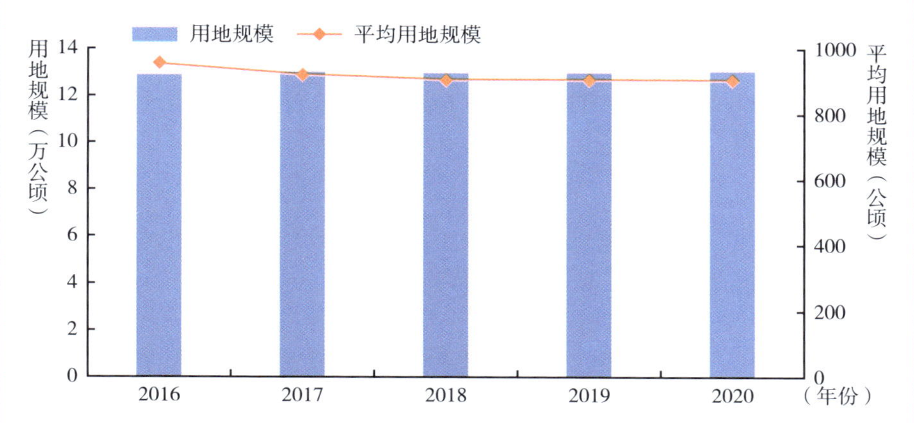

图 5　2016~2020 年长三角城市群国家级开发区依法审批范围用地规模
与平均用地规模变化

2016~2020 年持续参评开发区中，海关特殊监管区用地范围经过调整，平均用地规模下降 15 公顷；工业主导型高新区平均用地规模略有下降，其余类型开发区无明显变化。新增参评开发区中，除工业主导型经开区外，其余类型开发区平均用地规模均低于同类型持续参评开发区（见表 2）。

表 2　2016 年和 2020 年长三角城市群国家级开发区分审批类别与评价类型依法审批范围平均用地规模变化情况

审批类别	评价类型	2016 年参评	2020 年参评	数量（个）	2016 年平均用地规模（公顷）	2020 年平均用地规模（公顷）
经开区	产城融合型	是	是	14	1476	1476
	工业主导型	是	是	52	1274	1274
		否	是	1	—	2739
高新区	产城融合型	是	是	7	808	808
	工业主导型	是	是	22	857	854
		否	是	4	—	388
海关特殊监管区	工业主导型	是	否	1	2739	—
		是	是	39	374	359
		否	是	5	—	163

349

2016~2020 年，参评开发区实际管理范围用地规模和平均用地规模大幅增长。2020 年，参评开发区的实际管理范围用地规模为 97.24 万公顷，较 2016 年增长 2.6 倍；平均用地规模为 6753 公顷，较 2016 年增长 2.4 倍（见图 6）。

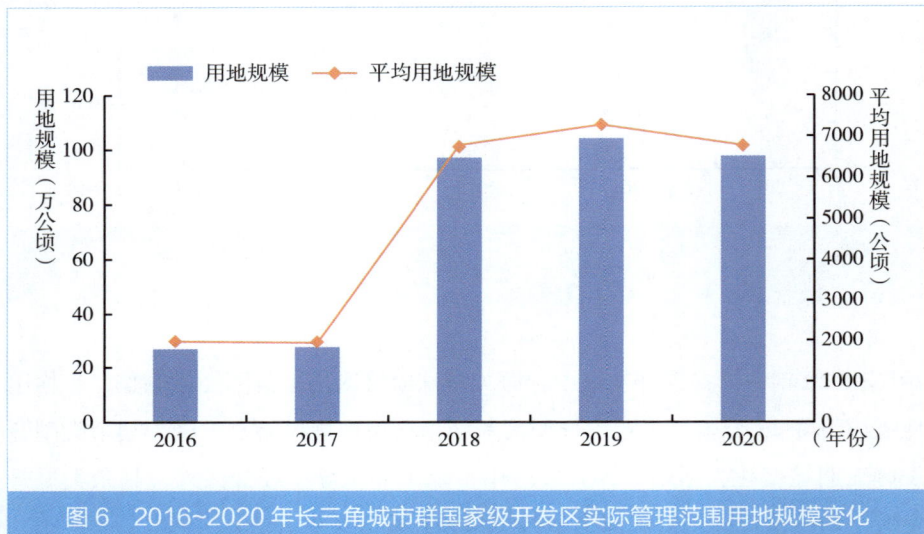

图 6　2016~2020 年长三角城市群国家级开发区实际管理范围用地规模变化

从审批类别看，经开区平均用地规模较大，海关特殊监管区平均用地规模较小，各类开发区平均用地规模均大幅增加。2020 年，经开区、高新区和海关特殊监管区平均用地规模分别为 9731 公顷、8833 公顷和 657 公顷，较 2016 年分别增长 2.5 倍、2.9 倍和 51.8%。从评价类型看，产城融合型开发区平均用地规模较大，工业主导型开发区平均用地规模增幅较大。2020 年，产城融合型和工业主导型开发区平均用地规模分别为 8855 公顷和 6394 公顷，较 2016 年分别增长 1.4 倍和 2.7 倍。从审批类别和评价类型看，2016~2020 年持续参评开发区中，各类型开发区平均用地规模均大幅上升。新增参评开发区平均用地规模均低于同类型持续参评开发区（见表 3）。

<table>
<tr><td colspan="7">表3　2016 年和 2020 年长三角城市群国家级开发区分审批类别与评价类型
实际管理范围平均用地规模变化情况</td></tr>
<tr><td>审批类别</td><td>评价类型</td><td>2016 年参评</td><td>2020 年参评</td><td>数量
（个）</td><td>2016 年平均用
地规模（公顷）</td><td>2020 年平均用
地规模（公顷）</td></tr>
<tr><td rowspan="3">经开区</td><td>产城融合型</td><td>是</td><td>是</td><td>14</td><td>3810</td><td>9536</td></tr>
<tr><td rowspan="2">工业主导型</td><td>是</td><td>是</td><td>52</td><td>2501</td><td>9918</td></tr>
<tr><td>否</td><td>是</td><td>1</td><td>—</td><td>2739</td></tr>
<tr><td rowspan="3">高新区</td><td>产城融合型</td><td>是</td><td>是</td><td>7</td><td>2324</td><td>7492</td></tr>
<tr><td rowspan="2">工业主导型</td><td>是</td><td>是</td><td>22</td><td>2256</td><td>10120</td></tr>
<tr><td>否</td><td>是</td><td>4</td><td>—</td><td>4100</td></tr>
<tr><td rowspan="3">海关特殊
监管区</td><td rowspan="3">工业主导型</td><td>是</td><td>否</td><td>1</td><td>2739</td><td>—</td></tr>
<tr><td>是</td><td>是</td><td>39</td><td>374</td><td>719</td></tr>
<tr><td>否</td><td>是</td><td>5</td><td>—</td><td>175</td></tr>
</table>

（二）省级开发区

1. 参评数量

2017~2020 年，长三角城市群省级开发区参评数量有所增长，《目录》中参评率[①] 有所下降。2020 年，开发区参评数量为 367 个，较 2017 年净增加 49 个；参评率为 97.2%，较 2017 年下降 2.2 个百分点；不在《目录》中的开发区数量为 56 个，占参评开发区的 15.3%（见表 4、图 7）。

<table>
<tr><td colspan="6">表4　2017~2020 年长三角城市群省级开发区参评数量及参评率</td></tr>
<tr><td rowspan="2">年份</td><td colspan="3">参评数量（个）</td><td rowspan="2">《目录》中未参评
数量（个）</td><td rowspan="2">《目录》中开发区
参评率（%）</td></tr>
<tr><td>总计</td><td>在《目录》中</td><td>不在《目录》中</td></tr>
<tr><td>2017</td><td>318</td><td>318</td><td>0</td><td>2</td><td>99.4</td></tr>
<tr><td>2018</td><td>319</td><td>317</td><td>2</td><td>3</td><td>99.1</td></tr>
<tr><td>2019</td><td>318</td><td>316</td><td>2</td><td>4</td><td>98.8</td></tr>
<tr><td>2020</td><td>367</td><td>311</td><td>56</td><td>9</td><td>97.2</td></tr>
</table>

①　《目录》中长三角城市群应参加评价的开发区数量为 320 个。

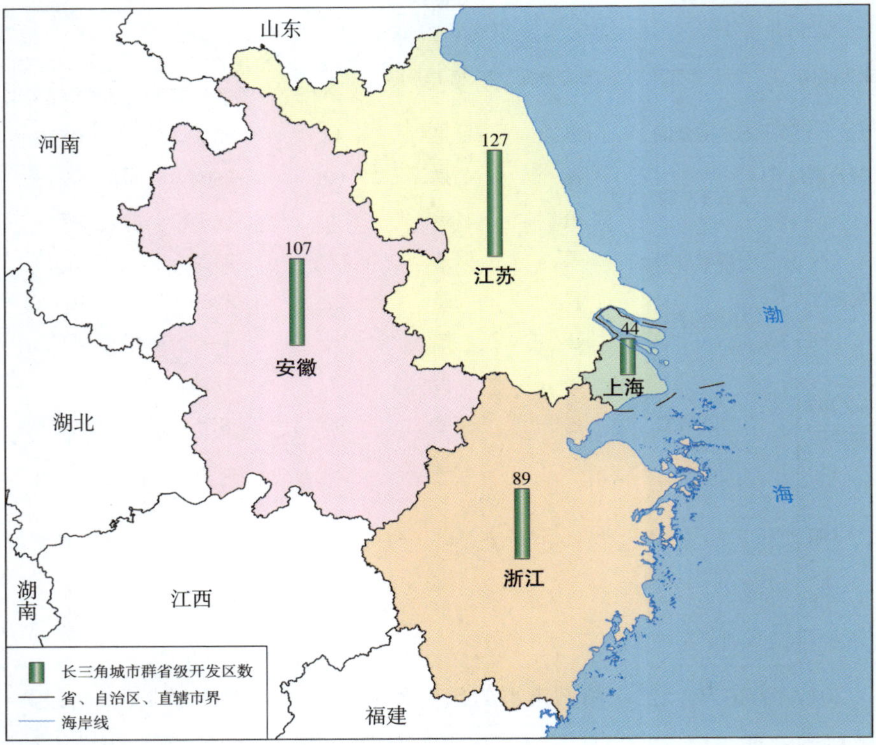

图 7 2020 年长三角城市群参评省级开发区数量分布情况

从审批类别看，经开区参评数量占比较大，高新区增长较多，部分特色工业园和经开区向高新区转型，部分特色工业园向经开区转型。2020 年，经开区、高新区和特色工业园参评数量分别为 232 个、80 个和 55 个，占比分别为 63.2%、21.8% 和 15.0%，较 2017 年分别净增加 33 个、净增加 35 个和净减少 19 个（见图 8）。其中，新增参评开发区中包括 27 个经开区、25 个高新区和 5 个特色工业园，10 个经开区转型为高新区，20 个特色工业园转型为经开区，2 个特色工业园转型为高新区。从评价类型看，工业主导型开发区参评数量占比较大且增长较多，部分开发区评价类型发生变化。2020 年，产城融合型和工业主导型开发区参评数量分别为 65 个和 302 个，占比分别为 17.7%

和 82.3%，较 2017 年分别净增加 17 个和 32 个（见图 9）。其中，新增产城融合型和工业主导型开发区参评数量分别为 15 个和 42 个，4 个开发区由产城融合型转变为工业主导型，7 个开发区由工业主导型转变为产城融合型。从审批类别与评价类型看，高新区中产城融合型开发区比例较高。2020 年，高新区中产城融合型开发区比例为 31.3%，经开区和特色工业园中产城融合型开发区比例分别为 13.8% 和 14.5%（见图 10）。

图 8　2017~2020 年长三角城市群省级开发区分审批类别参评数量变化

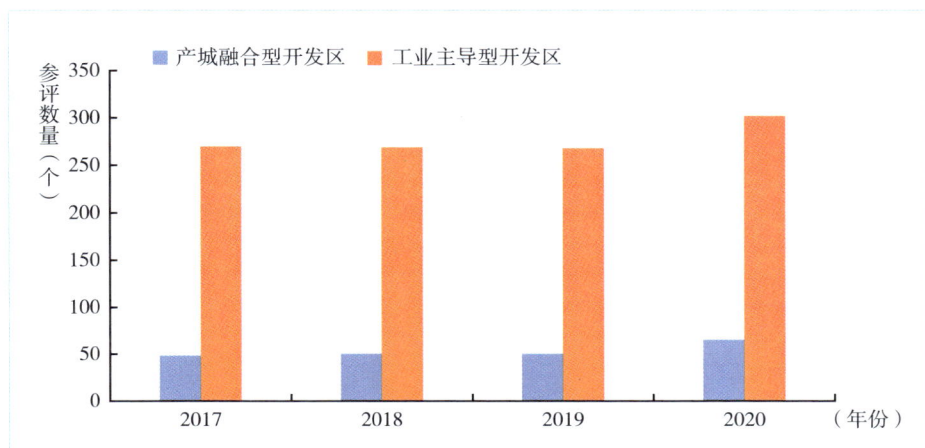

图 9　2017~2020 年长三角城市群省级开发区分评价类型参评数量变化

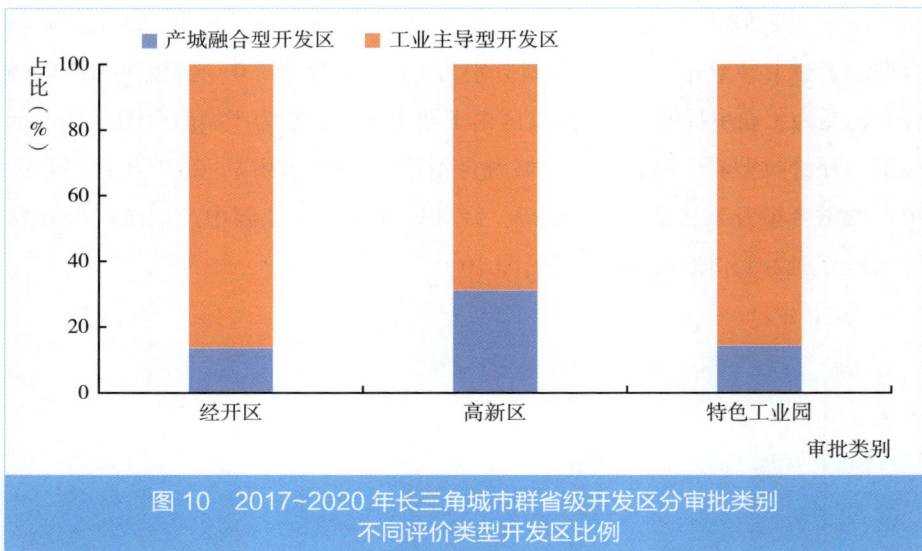

图10　2017~2020年长三角城市群省级开发区分审批类别
不同评价类型开发区比例

2. 用地规模

2017~2020年，参评开发区依法审批范围用地规模和平均用地规模均有所增长。2020年，开发区依法审批范围用地规模为32.77万公顷，较2017年增长41.5%；平均用地规模为893公顷，较2017年增长22.6%（见图11）。

图11　2017~2020年长三角城市群省级开发区依法审批范围用地规模
与平均用地规模变化

　　从审批类别看，高新区平均用地规模较大，各类型开发区平均用地规模均有所增长。2020 年，经开区、高新区和特色工业园平均用地规模分别为 822 公顷、1135 公顷和 841 公顷，较 2017 年分别增长 15.8%、44.9% 和 13.0%。从评价类型看，工业主导型开发区平均用地规模较大且增幅较大。2020 年，产城融合型和工业主导型开发区平均用地规模分别为 858 公顷和 901 公顷，较 2017 年分别增长 1.2% 和 27.4%。从审批类别与评价类型看，2017~2020 年持续参评开发区中，除产城融合型特色工业园外，其余类型开发区平均用地规模均有所增长。新增参评开发区中，工业主导型经开区和特色工业园平均用地规模高于同类型持续参评开发区（见表 5）。

表 5　2017 年和 2020 年长三角城市群省级开发区分审批类别与评价类型依法审批范围平均用地规模变化情况

审批类别	评价类型	2017 年参评	2020 年参评	数量（个）	2017 年平均用地规模（公顷）	2020 年平均用地规模（公顷）
经开区	产城融合型	是	是	28	942	1030
		否	是	4	—	653
	工业主导型	是	否	4	598	—
		是	是	177	640	772
		否	是	23	—	983
高新区	产城融合型	是	否	1	1374	—
		是	是	16	656	765
		否	是	9		541
	工业主导型	是	否	1	564	—
		是	是	39	932	1379
		否	是	16	—	1243
特色工业园	产城融合型	是	是	6	739	739
		否	是	2		1373
	工业主导型	是	否	2	599	—
		是	是	44	798	805
		否	是	3		1219

2017~2020 年，开发区实际管理范围用地规模和平均用地规模大幅增长。2020 年，参评开发区的实际管理范围用地规模为 137.45 万公顷，较 2017 年增长 2.7 倍；平均用地规模为 3745 公顷，较 2017 年增长 2.2 倍（见图 12）。

图 12　2017~2020 年长三角城市群省级开发区实际管理范围用地规模变化

从审批类别看，经开区与高新区平均用地规模相当，特色工业园平均用地规模相对较小，各类开发区平均用地规模均大幅增加。2020 年，经开区、高新区和特色工业园平均用地规模分别为 4023 公顷、3709 公顷和 2626 公顷，较 2017 年分别增长 2.2 倍、2.5 倍和 1.4 倍。从评价类型看，产城融合型开发区平均用地规模较大，各类开发区平均用地规模均大幅增长。2020 年，产城融合型和工业主导型开发区平均用地规模分别为 4412 公顷和 3602 公顷，较 2017 年分别增长 2.0 倍和 2.2 倍。从审批类别和评价类型看，2017~2020 年持续参评开发区中，各类开发区平均用地规模均大幅上升。新增参评开发区中，除工业主导型高新区和工业主导型特色工业园外，其余类型开发区平均用地规模均低于同类型持续参评开发区（见表 6）。

表6 2017 年和 2020 年长三角城市群省级开发区分审批类别与评价类型
实际管理范围平均用地规模变化情况

审批类别	评价类型	2017 年参评	2020 年参评	数量（个）	2017 年平均用地规模（公顷）	2020 年平均用地规模（公顷）
经开区	产城融合型	是	是	28	1427	6288
		否	是	4	—	5412
	工业主导型	是	否	4	1647	—
		是	是	177	1140	3497
		否	是	23	—	5077
高新区	产城融合型	是	否	1	1374	
		是	是	16	1336	3376
		否	是	9	—	1677
	工业主导型	是	否	1	564	—
		是	是	39	1176	4239
		否	是	16	—	3891
特色工业园	产城融合型	是	是	6	1484	2871
		否	是	2	—	1373
	工业主导型	是	否	2	863	—
		是	是	44	1102	2524
		否	是	3	—	4464

二 2016~2020 年长三角城市群开发区土地利用情况分析

（一）国家级开发区

1. 土地供应建设状况

2016~2020 年，开发区依法审批范围内，达供面积、供应面积和建成面积均逐年增长。2020 年，开发区达供面积为 11.50 万公顷，较 2016 年增长 4.4%；供应面积为 10.92 万公顷，较 2016 年增长 5.2%；建成面积为 10.14 万公顷，较 2016 年增长 5.2%（见图 13）。其中，2016~2020 年持续参评的开发区达供面积、供应面积和建成面积增幅分别为2.5%、3.4%和3.7%（见表7）。

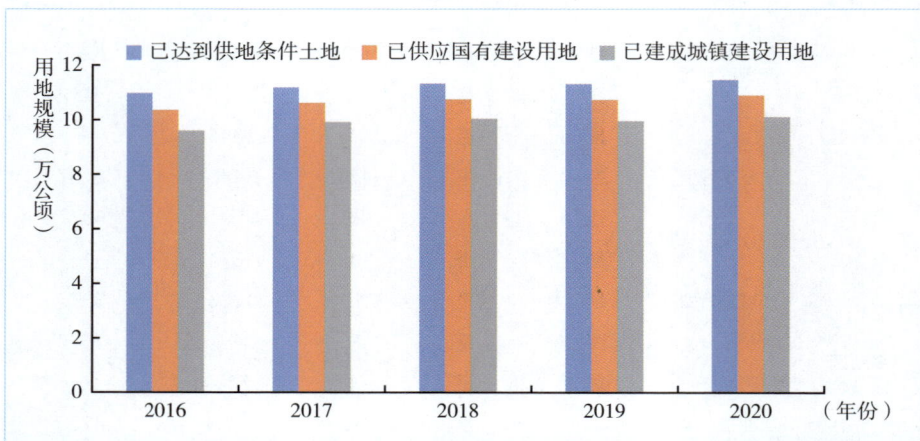

图13　2016~2020年长三角城市群国家级开发区依法审批范围土地供应建设状况变化

表7　2016~2020年长三角城市群国家级开发区依法审批范围土地供应建设状况变化情况

范围	数量（个）	已达到供地条件土地		已供应国有建设用地		已建成城镇建设用地	
		增长（万公顷）	增幅（%）	增长（万公顷）	增幅（%）	增长（万公顷）	增幅（%）
全部开发区	144	0.48	4.4	0.54	5.2	0.50	5.2
2016~2020年持续参评的开发区	134	0.27	2.5	0.35	3.4	0.35	3.7
新增参评开发区	10	0.44	—	0.42	—	0.35	—

从审批类别看，经开区与高新区土地供应与开发建设速度相当，海关特殊监管区土地开发和供应面积有所下降。2020年，经开区、高新区和海关特殊监管区达供面积分别为7.84万公顷、2.36万公顷和1.29万公顷，较2016年分别增长5.7%、增长6.2%和降低5.7%；供应面积分别为7.56万公顷、2.29万公顷和1.08万公顷，较2016年分别增长6.7%、增长6.4%和降

低 6.2%；建成面积分别为 7.04 万公顷、2.16 万公顷和 0.93 万公顷，较 2016 年分别增长 6.4%、增长 5.8% 和降低 4.2%。从评价类型看，产城融合型开发区土地供应与开发建设速度较快。2020 年，产城融合型和工业主导型开发区达供面积分别为 2.39 万公顷和 9.10 万公顷，较 2016 年分别增长 10.7% 和 2.9%；供应面积分别为 2.32 万公顷和 8.60 万公顷，较 2016 年分别增长 12.5% 和 3.4%；建成面积分别为 2.18 万公顷和 7.96 万公顷，较 2016 年分别增长 11.5% 和 3.6%。

2016~2020 年，开发区实际管理范围内，达供面积、供应面积和建成面积均大幅增长。2020 年，达供面积为 48.43 万公顷，较 2016 年增长 1.2 倍；供应面积为 44.42 万公顷，较 2016 年增长 1.2 倍；建成面积为 41.13 万公顷，较 2016 年增长 1.2 倍。其中，持续参评且有发展方向区的开发区达供面积、供应面积和建成面积分别增长 1.3 倍、1.3 倍和 1.3 倍（见表 8）。

表 8　2016~2020 年长三角城市群国家级开发区实际管理范围土地供应建设状况变化情况

范围	数量（个）	已达到供地条件土地		已供应国有建设用地		已建成城镇建设用地	
		增长（万公顷）	增幅（%）	增长（万公顷）	增幅（%）	增长（万公顷）	增幅（%）
全部开发区	144	26.34	117.1	24.10	118.6	22.31	118.5
持续参评且无发展方向区的开发区	45	0.13	6.1	0.13	6.7	0.19	11.2
持续参评且有发展方向区的开发区	89	25.41	126.8	23.22	127.9	21.59	127.3
新增参评开发区	10	1.03	—	0.97	—	0.74	—

从审批类别看，2020 年，经开区、高新区和海关特殊监管区达供面积分别为 32.58 万公顷、14.38 万公顷和 1.86 万公顷，较 2016 年分别增长 1.1 倍、1.5 倍和 35.7%；供应面积分别为 29.55 万公顷、13.23 万公顷和 1.64 万公顷，较 2016 年分别增长 1.1 倍、1.5 倍和 43.4%；建成面积分别为 27.27

万公顷、12.37 万公顷和 1.50 万公顷，较 2016 年分别增长 1.1 倍、1.5 倍和 54.0%。从评价类型看，2020 年，产城融合型和工业主导型开发区达供面积分别为 9.87 万公顷和 38.96 万公顷，较 2016 年分别增长 82.5% 和 1.3 倍；供应面积分别为 9.50 万公顷和 34.92 万公顷，较 2016 年分别增长 90.3% 和 1.3 倍；建成面积分别为 8.96 万公顷和 32.17 万公顷，较 2016 年分别增长 87.8% 和 1.3 倍。

2. 土地利用结构

2016~2020 年，开发区依法审批范围内，工矿仓储用地和住宅用地的规模均有所增长，住宅用地增幅较大。2020 年，工矿仓储用地面积为 5.65 万公顷，较 2016 年增长 3.1%；住宅用地面积为 1.48 万公顷，较 2016 年增长 10.4%。其中，2016~2020 年持续参评的开发区中，工矿仓储用地面积增长 1.3%，住宅用地面积增长 9.9%（见表 9）。

表 9 2016~2020 年长三角城市群国家级开发区依法审批范围工矿仓储和住宅用地规模变化情况

范围	数量（个）	工矿仓储用地		住宅用地	
		增长（万公顷）	增幅（%）	增长（万公顷）	增幅（%）
全部开发区	144	0.17	3.1	0.14	10.4
2016~2020 年持续参评的开发区	134	0.07	1.3	0.13	9.9
新增参评开发区	10	0.21	—	0.03	—

从审批类别看，经开区工矿仓储用地和住宅用地规模增幅均较大。2020 年，经开区、高新区和海关特殊监管区工矿仓储用地面积分别为 3.92 万公顷、1.07 万公顷和 0.66 万公顷，较 2016 年分别增长 3.0%、5.0% 和 0.5%；经开区和高新区住宅用地面积分别为 1.10 万公顷和 0.38 万公顷，较 2016 年分别增长 15.7% 和 4.9%。从评价类型看，产城融合型开发区工矿仓储用地规模有所下降，各类开发区住宅用地规模均有所提升。2020 年，产城融合型和工业主导型开发区工矿仓储用地面积分别为 0.62 万公顷和 5.03 万公顷，较 2016 年

分别下降 8.1% 和增长 4.6%；住宅用地面积分别为 0.70 万公顷和 0.78 万公顷，较 2016 年分别增长 17.0% 和 6.0%。

2016~2020 年，开发区实际管理范围内，工矿仓储用地和住宅用地规模均大幅增长。2020 年，工矿仓储用地面积为 20.41 万公顷，较 2016 年增长 95.7%；住宅用地面积为 7.48 万公顷，较 2016 年增长 1.7 倍。其中，持续参评且有发展方向区的开发区工矿仓储用地和住宅用地面积分别增长 1.0 倍和 1.8 倍（见表 10）。

表 10 2016~2020 年长三角城市群国家级开发区实际管理范围工矿仓储和住宅用地规模变化情况

范围	数量（个）	工矿仓储用地		住宅用地	
		增长（万公顷）	增幅（%）	增长（万公顷）	增幅（%）
全部开发区	144	9.98	95.7	4.75	174.0
持续参评且无发展方向区的开发区	45	0.08	10.2	0.03	16.3
持续参评且有发展方向区的开发区	89	9.62	101.5	4.61	181.9
新增参评开发区	10	0.39	—	0.13	—

从审批类别看，2020 年，经开区、高新区和海关特殊监管区工矿仓储用地面积分别为 13.45 万公顷、5.94 万公顷和 1.02 万公顷，较 2016 年分别增长 82.2%、1.5 倍和 54.1%；经开区和高新区住宅用地面积分别为 5.02 万公顷和 2.36 万公顷，较 2016 年分别增长 1.8 倍和 1.5 倍。从评价类型看，2020 年，产城融合型和工业主导型开发区工矿仓储用地面积分别为 3.60 万公顷和 16.80 万公顷，较 2016 年分别增长 74.5% 和 1.0 倍；住宅用地面积分别为 1.95 万公顷和 5.53 万公顷，较 2016 年分别增长 60.5% 和 2.7 倍。

3. 土地闲置状况

2016~2020 年，开发区依法审批范围内，闲置土地面积呈波动趋势。2020 年，开发区闲置土地面积为 14 公顷，较 2016 年下降 20 公顷。其中，2016~2020 年持续参评的开发区闲置土地面积下降 21 公顷。从审批类别看，仅经开区有闲置土地。从评价类型看，仅工业主导型开发区有闲置土地。

2016~2020 年，开发区实际管理范围内，闲置土地面积有所增长。2020年，开发区闲置土地面积为 311 公顷，较 2016 年增长 277 公顷。其中，持续参评且有发展方向区的开发区闲置土地增长 257 公顷。从审批类别看，2020年，经开区、高新区闲置土地面积分别为 206 公顷和 105 公顷，较 2016 年分别增长 172 公顷和 105 公顷；海关特殊监管区无闲置土地。从评价类型看，2020 年，产城融合型和工业主导型开发区闲置土地面积分别为 38 公顷和 273公顷，较 2016 年分别增长 36 公顷和 241 公顷。

4. 建设量状况

2016~2020 年，开发区依法审批范围内，建设量有所增长。2020 年，开发区建筑面积为 10.17 亿平方米，较 2016 年增长 15.7%；建筑基底面积为 3.82亿平方米，较 2016 年增长 9.5%；工矿仓储用地建筑面积为 5.80 亿平方米，较 2016 年增长 12.0%；工矿仓储建筑基底面积为 3.19 亿平方米，较 2016 年增长 11.5%（见图 14）。其中，2016~2020 年持续参评的开发区中，建筑面积增长 16.0%，建筑基底面积增长 7.9%，工矿仓储用地建筑面积增长 10.2%，工矿仓储建筑基底面积增长 9.8%（见表 11）。

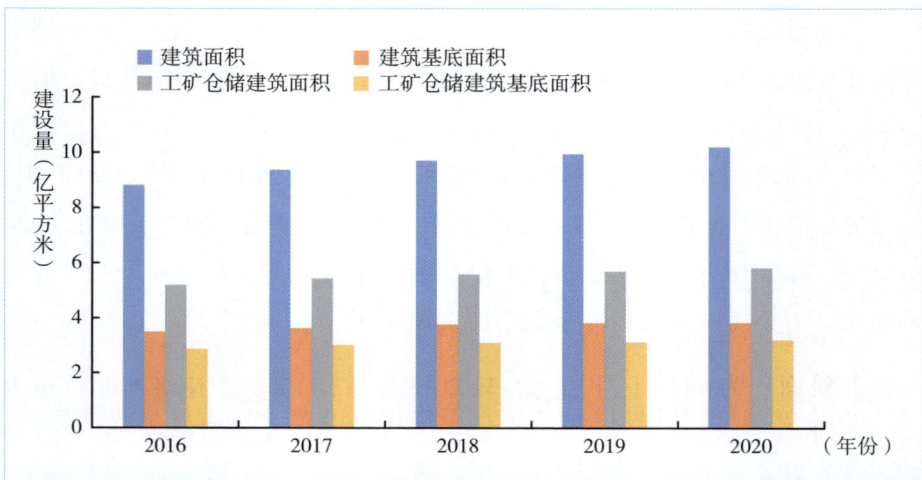

图 14 2016~2020 年长三角城市群国家级开发区依法审批范围建设量状况变化

表 11　2016~2020 年长三角城市群国家级开发区依法审批范围建设量状况变化情况

范围	数量（个）	建筑面积		建筑基底面积		工矿仓储建筑面积		工矿仓储建筑基底面积	
		增长（亿平方米）	增幅（%）	增长（亿平方米）	增幅（%）	增长（亿平方米）	增幅（%）	增长（亿平方米）	增幅（%）
全部开发区	144	1.38	15.7	0.33	9.5	0.62	12.0	0.33	11.5
2016~2020 年持续参评的开发区	134	1.36	16.0	0.27	7.9	0.52	10.2	0.27	9.8
新增参评开发区	10	0.28	—	0.12	—	0.20	—	0.11	—

从审批类别看，2020 年，经开区、高新区和海关特殊监管区建筑面积分别为 7.15 亿平方米、2.35 亿平方米和 0.67 亿平方米，较 2016 年分别增长 20.5%、增长 14.2% 和下降 16.1%；建筑基底面积分别为 2.69 亿平方米、0.82 亿平方米和 0.31 亿平方米，较 2016 年分别增长 12.0%、4.2% 和 2.3%；工矿仓储建筑面积分别为 3.96 亿平方米、1.21 亿平方米和 0.63 亿平方米，较 2016 年分别增长 12.4%、11.8% 和 9.6%；工矿仓储建筑基底面积分别为 2.17 亿平方米、0.61 亿平方米和 0.40 亿平方米，较 2016 年分别增长 12.4%、11.4% 和 7.8%。从评价类型看，2020 年，产城融合型和工业主导型开发区建筑面积分别为 2.75 亿平方米和 7.42 亿平方米，较 2016 年分别增长 28.5% 和 11.5%；建筑基底面积分别为 0.81 亿平方米和 3.01 亿平方米，较 2016 年分别增长 22.2% 和 6.4%；工矿仓储建筑面积分别为 0.57 亿平方米和 5.23 亿平方米，较 2016 年分别增长 5.6% 和 12.7%；工矿仓储建筑基底面积分别为 0.37 亿平方米和 2.82 亿平方米，较 2016 年分别增长 7.5% 和 12.2%。

2016~2020 年，开发区实际管理范围内，建设量大幅增长。2020 年，开发区建筑面积为 49.77 亿平方米，较 2016 年增长 1.9 倍；建筑基底面积为 14.56 亿平方米，较 2016 年增长 1.1 倍；工矿仓储用地建筑面积为 20.85 亿平方米，较 2016 年增长 1.2 倍；工矿仓储建筑基底面积为 11.52 亿平方米，较

2016 年增长 1.1 倍。其中，持续参评且有发展方向区的开发区建筑面积、建筑基底面积、工矿仓储用地建筑面积和工矿仓储建筑基底面积分别增长 2.1 倍、1.2 倍、1.2 倍和 1.2 倍（见表 12）。

表 12　2016~2020 年长三角城市群国家级开发区实际管理范围建设量状况变化情况

范围	数量（个）	建筑面积		建筑基底面积		工矿仓储建筑面积		工矿仓储建筑基底面积	
		增长（亿平方米）	增幅（%）	增长（亿平方米）	增幅（%）	增长（亿平方米）	增幅（%）	增长（亿平方米）	增幅（%）
全部开发区	144	32.87	194.5	7.66	111.0	11.18	115.6	6.03	109.8
持续参评且无发展方向区的开发区	45	0.18	11.9	0.06	13.4	0.13	17.8	0.06	14.6
持续参评且有发展方向区的开发区	89	32.28	213.0	7.39	115.9	10.81	122.5	5.81	116.1
新增参评开发区	10	0.68	—	0.27	—	0.35	—	0.22	—

从审批类别看，2020 年，经开区、高新区和海关特殊监管区建筑面积分别为 24.46 亿平方米、24.07 亿平方米和 1.24 亿平方米，较 2016 年分别增长 1.2 倍、3.9 倍和 53.2%；建筑基底面积分别为 9.72 亿平方米、4.25 亿平方米和 0.58 亿平方米，较 2016 年分别增长 1.1 倍、1.2 倍和 89.2%；工矿仓储建筑面积分别为 11.63 亿平方米、8.22 亿平方米和 1.00 亿平方米，较 2016 年分别增长 74.4%、2.4 倍和 72.3%；工矿仓储建筑基底面积分别为 7.41 亿平方米、3.43 亿平方米和 0.67 亿平方米，较 2016 年分别增长 93.5%、1.7 倍和 80.4%。从评价类型看，2020 年，产城融合型和工业主导型开发区建筑面积分别为 9.66 亿平方米和 40.11 亿平方米，较 2016 年分别增长 1.0 倍和 2.3 倍；建筑基底面积分别为 3.40 亿平方米和 11.15 亿平方米，较 2016 年分别增长 1.1 倍和 1.1 倍；工矿仓储建筑面积分别为 3.41 亿平方米和 17.44 亿平方米，较 2016 年分别增长 99.1% 和 1.2 倍；工矿仓储建筑基底面积分别为 2.05 亿平方米和 9.46 亿平方米，较 2016 年分别增长 95.1% 和 1.1 倍。

（二）省级开发区

1. 土地供应建设状况

2017~2020 年，开发区依法审批范围内，土地供应与开发建设速度较快。2020 年，开发区达供面积为 24.63 万公顷，较 2017 年增长 47.7%；供应面积为 22.93 万公顷，较 2017 年增长 47.4%；建成面积 20.82 万公顷，较 2017 年增长 47.0%（见图 15）。其中，2017~2020 年持续参评的开发区中，达供面积、供应面积和建成面积分别增长 26.5%、27.3% 和 28.1%（见表 13）。

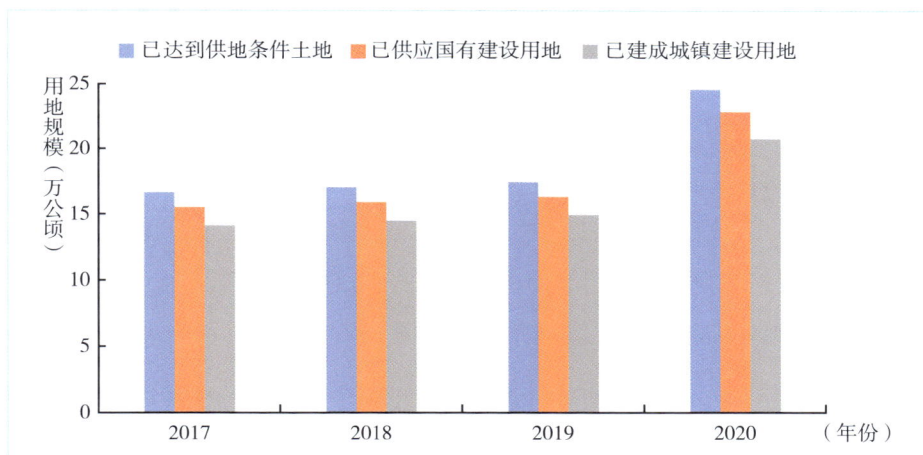

图 15　2017~2020 年长三角城市群省级开发区依法审批范围土地供应建设状况变化

表 13　2017~2020 年长三角城市群省级开发区依法审批范围土地供应建设状况变化情况

范围	数量（个）	已达到供地条件土地		已供应国有建设用地		已建成城镇建设用地	
		增长（万公顷）	增幅（%）	增长（万公顷）	增幅（%）	增长（万公顷）	增幅（%）
全部开发区	367	7.95	47.7	7.37	47.4	6.66	47.0
2017~2020 年持续参评的开发区	310	4.33	26.5	4.15	27.3	3.89	28.1
新增参评开发区	57	4.00	—	3.56	—	3.07	—

从审批类别看，高新区土地供应与开发建设速度最快。2020 年，经开区、高新区和特色工业园达供面积分别为 13.97 万公顷、7.17 万公顷和 3.49 万公顷，较 2017 年分别增长 36.6%、增长 1.8 倍和下降 9.4%；供应面积分别为 12.90 万公顷、6.74 万公顷和 3.29 万公顷，较 2017 年分别增长 35.4%、增长 1.8 倍和下降 8.5%；建成面积分别为 11.65 万公顷、6.15 万公顷和 3.02 万公顷，较 2017 年分别增长 34.7%、增长 1.7 倍和下降 7.6%。从评价类型看，产城融合型与工业主导型开发区土地供应与开发建设速度相当。2020 年，产城融合型和工业主导型开发区达供面积分别为 4.12 万公顷和 20.51 万公顷，较 2017 年分别增长 44.1% 和 48.4%；供应面积分别为 3.94 万公顷和 18.99 万公顷，较 2017 年分别增长 45.2% 和 47.8%；建成面积分别为 3.64 万公顷和 17.18 万公顷，较 2017 年分别增长 44.3% 和 47.6%。

2017~2020 年，开发区实际管理范围内，达供面积、供应面积和建成面积均大幅增长。2020 年，开发区达供面积为 60.82 万公顷，较 2017 年增长 1.2 倍；供应面积为 52.11 万公顷，较 2017 年增长 1.1 倍；建成面积为 47.32 万公顷，较 2017 年增长 1.1 倍。其中，持续参评且有发展方向区的开发区达供面积、供应面积和建成面积分别增长 92.7%、86.3% 和 88.4%（见表 14）。

表 14　2017~2020 年长三角城市群省级开发区实际管理范围土地供应建设状况变化情况

范围	数量（个）	已达到供地条件土地		已供应国有建设用地		已建成城镇建设用地	
		增长（万公顷）	增幅（%）	增长（万公顷）	增幅（%）	增长（万公顷）	增幅（%）
全部开发区	367	32.65	115.9	27.07	108.1	24.69	109.1
持续参评且无发展方向区的开发区	52	2.03	60.7	1.99	64.0	1.88	66.7
持续参评且有发展方向区的开发区	258	22.37	92.7	18.39	86.3	17.01	88.4
新增参评开发区	57	8.95	—	7.30	—	6.35	—

从审批类别看，2020 年，经开区、高新区和特色工业园达供面积分别为 39.69 万公顷、14.73 万公顷和 6.41 万公顷，较 2017 年分别增长 1.1 倍、2.9 倍和 13.8%；供应面积分别为 32.99 万公顷、13.37 万公顷和 5.75 万公顷，较 2017 年分别增长 1.0 倍、2.9 倍和 11.4%；建成面积分别为 29.92 万公顷、12.21 万公顷和 5.19 万公顷，较 2017 年分别增长 1.0 倍、2.8 倍和 13.0%。从评价类型看，2020 年，产城融合型和工业主导型开发区达供面积分别为 13.25 万公顷和 47.57 万公顷，较 2017 年分别增长 1.5 倍和 1.1 倍；供应面积分别为 11.59 万公顷和 40.52 万公顷，较 2017 年分别增长 1.4 倍和 1.0 倍；建成面积分别为 10.92 万公顷和 36.40 万公顷，较 2017 年分别增长 1.5 倍和 1.0 倍。

2. 土地利用结构

2017~2020 年，开发区依法审批范围内，工矿仓储用地和住宅用地的规模均大幅增长。2020 年，工矿仓储用地面积为 11.67 万公顷，较 2017 年增长 47.3%；住宅用地面积为 2.58 万公顷，较 2017 年增长 41.0%。其中，2017~2020 年持续参评的开发区中，工矿仓储用地和住宅用地面积分别增长 29.6% 和 28.0%（见表 15 ）。

表 15　2017~2020 年长三角城市群省级开发区依法审批范围工矿仓储和住宅用地规模变化情况

范围	数量（个）	工矿仓储用地		住宅用地	
		增长（万公顷）	增幅（%）	增长（万公顷）	增幅（%）
全部开发区	367	3.75	47.3	0.75	41.0
2017~2020 年持续参评的开发区	310	2.30	29.6	0.50	28.0
新增参评开发区	57	1.59	—	0.30	—

从审批类别看，高新区工矿仓储用地和住宅用地规模增幅较大。2020 年，经开区、高新区和特色工业园工矿仓储用地面积分别为 6.80 万公顷、3.09 万

公顷和 1.79 万公顷，较 2017 年分别增长 38.8%、增长 2.2 倍和下降 13.1%；住宅用地面积分别为 1.58 万公顷、0.71 万公顷和 0.29 万公顷，较 2017 年分别增长 30.4%、1.1 倍和 6.4%。从评价类型看，产城融合型和工业主导型开发区工矿仓储用地和住宅用地规模增幅相当。2020 年，产城融合型和工业主导型开发区工矿仓储用地面积分别为 0.90 万公顷和 10.77 万公顷，较 2017 年分别增长 49.2% 和 47.2%；住宅用地面积分别为 1.13 万公顷和 1.45 万公顷，较 2017 年分别增长 40.0% 和 41.9%。

2017~2020 年，开发区实际管理范围内，工矿仓储用地和住宅用地的规模均大幅增长。2020 年，工矿仓储用地面积为 25.22 万公顷，较 2017 年增长 88.3%；住宅用地面积为 7.00 万公顷，较 2017 年增长 1.6 倍。其中，持续参评且有发展方向区的开发区工矿仓储用地和住宅用地面积分别增长 67.6% 和 1.5 倍（见表 16）。

表 16　2017~2020 年长三角城市群省级开发区实际管理范围工矿仓储和住宅用地规模变化情况

范围	数量（个）	工矿仓储用地		住宅用地	
		增长（万公顷）	增幅（%）	增长（万公顷）	增幅（%）
全部开发区	367	11.83	88.3	4.33	162.2
持续参评且无发展方向区的开发区	52	1.00	67.9	0.20	64.3
持续参评且有发展方向区的开发区	258	7.89	67.6	3.44	152.5
新增参评开发区	57	3.21	—	0.78	—

从审批类别看，2020 年，经开区、高新区和特色工业园工矿仓储用地面积分别为 16.54 万公顷、5.68 万公顷和 3.00 万公顷，较 2017 年分别增长 84.5%、3.0 倍和 0.1%；住宅用地面积分别为 4.56 万公顷、1.88 万公顷和 0.56 万公顷，较 2017 年分别增长 1.5 倍、2.4 倍和 67.6%。从评价类型看，2020 年，产城融合型和工业主导型开发区工矿仓储用地面积分别为 4.21 万公顷和 21.01

万公顷，较 2017 年分别增长 1.5 倍和 79.3%；住宅用地面积分别为 2.76 万公顷和 4.24 万公顷，较 2017 年分别增长 1.6 倍和 1.7 倍。

3. 土地闲置状况

2017~2020 年，开发区依法审批范围内，闲置土地面积呈波动增长趋势。2020 年，开发区闲置土地面积为 136 公顷，较 2017 年增长 36 公顷。其中，2017~2020 年持续参评的开发区闲置土地面积下降 6 公顷。从审批类别看，2020 年，经开区、高新区和特色工业园闲置土地面积分别为 18 公顷、76 公顷和 42 公顷，较 2017 年分别下降 52 公顷、增长 69 公顷和增长 19 公顷。从评价类型看，2020 年，产城融合型和工业主导型开发区闲置土地面积分别为 11 公顷和 125 公顷，较 2017 年分别增长 10 公顷和 26 公顷。

2017~2020 年，开发区实际管理范围内，闲置土地面积有所增长。2020 年，开发区闲置土地面积为 673 公顷，较 2017 年增长 499 公顷。其中，持续参评且有发展方向区的开发区闲置土地面积增长 391 公顷。从审批类别看，2020 年，经开区、高新区和特色工业园闲置土地面积分别为 338 公顷、288 公顷和 47 公顷，较 2017 年分别增长 240 公顷、增长 281 公顷和下降 22 公顷。从评价类型看，2020 年，产城融合型和工业主导型开发区闲置土地面积分别为 169 公顷和 504 公顷，较 2017 年分别增长 168 公顷和 331 公顷。

4. 建设量状况

2017~2020 年，开发区依法审批范围内，建设量迅速增长。2020 年，开发区建筑面积为 19.95 亿平方米，较 2017 年增长 60.8%；建筑基底面积为 7.18 亿平方米，较 2017 年增长 52.8%；工矿仓储用地建筑面积为 11.61 亿平方米，较 2017 年增长 61.9%；工矿仓储建筑基底面积为 6.23 亿平方米，较 2017 年增长 54.6%（见图 16）。其中，2017~2020 年持续参评的开发区中，建筑面积、建筑基底面积、工矿仓储用地建筑面积和工矿仓储建筑基底面积分别增长 40.0%、33.9%、41.0% 和 35.8%（见表 17）。

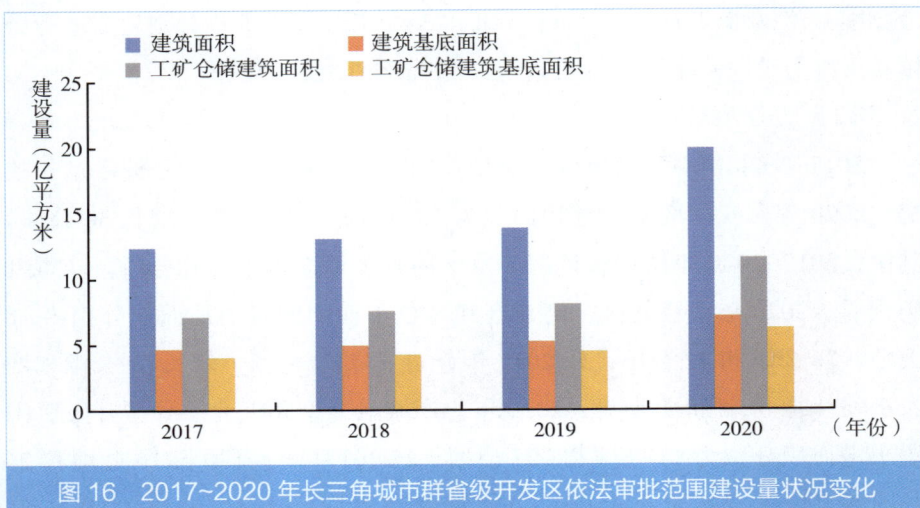

图 16　2017~2020 年长三角城市群省级开发区依法审批范围建设量状况变化

表 17　2017~2020 年长三角城市群省级开发区依法审批范围建设量状况变化情况

范围	数量（个）	建筑面积		建筑基底面积		工矿仓储建筑面积		工矿仓储建筑基底面积	
		增长（亿平方米）	增幅（%）	增长（亿平方米）	增幅（%）	增长（亿平方米）	增幅（%）	增长（亿平方米）	增幅（%）
全部开发区	144	7.54	60.8	2.48	52.8	4.44	61.9	2.20	54.6
2017~2020 年持续参评的开发区	310	4.83	40.0	1.56	33.9	2.88	41.0	1.42	35.8
新增参评开发区	57	3.02	—	1.01	—	1.69	—	0.85	—

　　从审批类别看，2020 年，经开区、高新区和特色工业园建筑面积分别为 11.55 亿平方米、6.10 亿平方米和 2.30 亿平方米，较 2017 年分别增长 48.8%、增长 1.7 倍和下降 5.1%；建筑基底面积分别为 4.27 亿平方米、1.93 亿平方米和 0.97 亿平方米，较 2017 年分别增长 42.9%、增长 1.9 倍和下降 5.8%；工矿仓储建筑面积分别为 7.00 亿平方米、3.05 亿平方米和 1.56 亿平方米，较 2017 年分别增长 52.5%、增长 2.8 倍和下降 11.6%；工矿仓储建筑基底面积分别为 3.78 亿平方米、1.54 亿平方米和 0.91 亿平方米，较 2017 年

分别增长 45.1%、增长 2.3 倍和下降 5.2%。从评价类型看，2020 年，产城融合型和工业主导型开发区建筑面积分别为 5.03 亿平方米和 14.92 亿平方米，较 2017 年分别增长 64.3% 和 59.6%；建筑基底面积分别为 1.24 亿平方米和 5.94 亿平方米，较 2017 年分别增长 62.2% 和 51.0%；工矿仓储建筑面积分别为 1.00 亿平方米和 10.61 亿平方米，较 2017 年分别增长 78.6% 和 60.6%；工矿仓储建筑基底面积分别为 0.53 亿平方米和 5.71 亿平方米，较 2017 年分别增长 60.5% 和 53.9%。

2017~2020 年，开发区实际管理范围内，建设量大幅增长。2020 年，开发区建筑面积为 42.87 亿平方米，较 2017 年增长 1.2 倍；建筑基底面积为 16.94 亿平方米，较 2017 年增长 1.1 倍；工矿仓储用地建筑面积为 23.82 亿平方米，较 2017 年增长 94.3%；工矿仓储建筑基底面积为 13.76 亿平方米，较 2017 年增长 96.0%。其中，持续参评且有发展方向区的开发区建筑面积、建筑基底面积、工矿仓储用地建筑面积和工矿仓储建筑基底面积分别增长 96.5%、93.6%、70.7% 和 74.7%（见表 18）。

表 18 2017~2020 年长三角城市群省级开发区实际管理范围建设量状况变化情况

范围	数量（个）	建筑面积		建筑基底面积		工矿仓储建筑面积		工矿仓储建筑基底面积	
		增长（亿平方米）	增幅（%）	增长（亿平方米）	增幅（%）	增长（亿平方米）	增幅（%）	增长（亿平方米）	增幅（%）
全部开发区	367	23.01	115.9	9.00	113.4	11.56	94.3	6.74	96.0
持续参评且无发展方向区的开发区	52	1.82	75.7	0.59	71.1	1.06	88.0	0.45	65.0
持续参评且有发展方向区的开发区	258	16.27	96.5	6.47	93.6	7.66	70.7	4.62	74.7
新增参评开发区	57	5.51	—	2.14	—	3.07	—	1.81	—

从审批类别看，2020 年，经开区、高新区和特色工业园建筑面积分别为 27.20 亿平方米、11.61 亿平方米和 4.06 亿平方米，较 2017 年分别增长 1.1 倍、2.5

倍和 16.3%；建筑基底面积分别为 11.24 亿平方米、4.01 亿平方米和 1.69 亿平方米，较 2017 年分别增长 1.1 倍、2.9 倍和 10.6%；工矿仓储建筑面积分别为 15.76 亿平方米、5.42 亿平方米和 2.65 亿平方米，较 2017 年分别增长 87.8%、3.3 倍和 0.8%；工矿仓储建筑基底面积分别为 9.22 亿平方米、3.05 亿平方米和 1.48 亿平方米，较 2017 年分别增长 90.9%、增长 3.4 倍和下降 0.7%。从评价类型看，2020 年，产城融合型和工业主导型开发区建筑面积分别为 11.18 亿平方米和 31.69 亿平方米，较 2017 年分别增长 1.2 倍和 1.1 倍；建筑基底面积分别为 3.56 亿平方米和 13.38 亿平方米，较 2017 年分别增长 1.4 倍和 1.1 倍；工矿仓储建筑面积分别为 3.90 亿平方米和 19.92 亿平方米，较 2017 年分别增长 1.5 倍和 86.5%；工矿仓储建筑基底面积分别为 2.37 亿平方米和 11.39 亿平方米，较 2017 年分别增长 1.6 倍和 86.2%。

三 2016~2020 年长三角城市群开发区土地集约利用情况分析

（一）国家级开发区

1. 土地利用程度

2016~2020 年，工业主导型开发区依法审批范围内土地利用程度有所提升。2020 年，土地开发率、土地供应率和土地建成率分别为 90.8%、94.5% 和 92.6%，较 2016 年分别提升 2.8 个、0.6 个和 0.2 个百分点（见图 17）。2016~2020 年持续参评的开发区土地开发率、土地供应率与土地建成率分别提升 3.1 个、0.6 个和 0.6 个百分点。新增参评开发区土地开发率、土地供应率与土地建成率分别为 88.0%、95.4% 和 83.5%（见表 19）。从审批类别上看，高新区土地利用程度最高，2020 年，高新区土地开发率、土地供应率与土地建成率分别为 94.8%、96.8% 和 94.7%，较经开区分别高 5.0 个、0.6 个和 1.6 个百分点，较海关特殊监管区分别高 5.1 个、13.6 个和 8.1 个百分点。

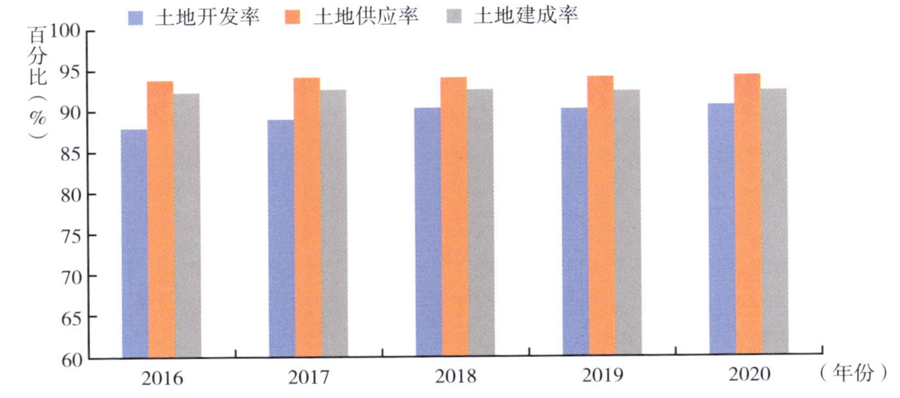

图 17　2016~2020 年长三角城市群国家级工业主导型开发区依法审批范围
土地利用程度变化

表 19　2016 年和 2020 年长三角城市群国家级工业主导型开发区依法审批
范围土地利用程度

范围	数量（个）	土地开发率（%）		土地供应率（%）		土地建成率（%）	
		2016 年	2020 年	2016 年	2020 年	2016 年	2020 年
全部开发区	123	88.0	90.8	93.9	94.5	92.4	92.6
2016~2020 年持续参评的开发区	113	87.9	91.0	93.8	94.4	92.4	93.0
新增参评开发区	10	—	88.0	—	95.4	—	83.5

　　2016~2020 年，工业主导型开发区实际管理范围内土地开发率和土地供应率有所下降，土地建成率有所提升。2020 年，土地开发率和土地供应率分别为 60.2% 和 89.6%，较 2016 年分别下降 26.8 个和 0.2 个百分点；土地建成率为 92.1%，较 2016 年提升 0.5 个百分点。持续参评且有发展方向区的开发区土地开发率、土地供应率与土地建成率分别下降 28.8 个、下降 0.9 个和增长 0.2 个百分点。新增参评开发区土地开发率、土地供应率与土地建成率分别为 62.0%、94.4% 和 75.8%（见表 20）。从审批类别上看，2020 年，海关特殊监管区土地开发率最高，为 79.3%，分别较经开区和高新区高 20.0 个和 19.5 个百分点；高新区土地供应率最高，为 90.6%，分别较经开区和海关特殊监

管区高 1.3 个和 2.3 个百分点；高新区土地建成率最高，为 93.8%，分别较经开区和海关特殊监管区高 2.4 个和 2.7 个百分点。

表 20　2016 年和 2020 年长三角城市群国家级工业主导型开发区实际
管理范围土地利用程度

范围	数量（个）	土地开发率（%）		土地供应率（%）		土地建成率（%）	
		2016 年	2020 年	2016 年	2020 年	2016 年	2020 年
全部开发区	123	87.0	60.2	89.8	89.6	91.6	92.1
持续参评且无发展方向区的开发区	41	82.8	90.7	85.1	85.8	85.8	89.2
持续参评且有发展方向区的开发区	72	87.9	59.1	90.6	89.7	92.5	92.7
新增参评开发区	10	—	62.0	—	94.4	—	75.8

2016~2020 年，产城融合型开发区依法审批范围内土地开发率和土地供应率有所提升，土地建成率有所下降。2020 年，土地开发率和土地供应率分别为 97.4% 和 97.0%，较 2016 年分别提升 1.2 个和 1.6 个百分点；土地建成率为 93.7%，较 2016 年下降 0.8 个百分点（见图 18）。产城融合型开发区无新

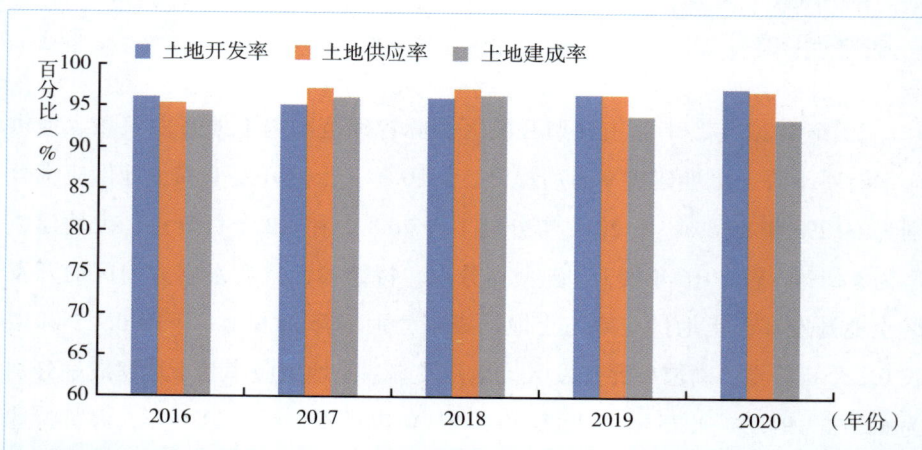

图 18　2016~2020 年长三角城市群国家级产城融合型开发区依法审批
范围土地利用程度变化

增参评开发区（见表21）。从审批类别上看，2020 年，经开区土地开发率最高，为 97.6%，较高新区高 1.0 个百分点；高新区土地供应率最高，为 97.5%，较经开区高 0.6 个百分点；高新区土地建成率最高，为 93.8%，较经开区高 0.1 个百分点。

表 21　2016 年和 2020 年长三角城市群国家级产城融合型开发区依法审批范围土地利用程度

范围	数量（个）	土地开发率（%）		土地供应率（%）		土地建成率（%）	
		2016 年	2020 年	2016 年	2020 年	2016 年	2020 年
全部开发区	21	96.2	97.4	95.4	97.0	94.5	93.7
2016~2020 年持续参评的开发区	21	96.3	97.4	95.4	97.0	94.7	93.7

2016~2020 年，产城融合型开发区实际管理范围内土地开发率明显下降，土地供应率有所提升，土地建成率有所下降。2020 年，土地开发率为 68.3%，较 2016 年下降 22.3 个百分点；土地供应率为 96.3%，较 2016 年提升 4.0 个百分点；土地建成率为 94.4%，较 2016 年下降 1.2 个百分点。持续参评且有发展方向区的开发区土地开发率、土地供应率和土地建成率分别下降 21.6 个、增长 5.7 个和下降 1.1 个百分点（见表22）。从审批类别上看，2020 年，高新区土地开发率最高，为 70.7%，较经开区高 3.4 个百分点；高新区土地供应率最高，为 97.3%，较经开区高 1.4 个百分点；经开区土地建成率最高，为 95.3%，较高新区高 3.0 个百分点。

表 22　2016 年和 2020 年长三角城市群国家级产城融合型开发区实际管理范围土地利用程度

范围	数量（个）	土地开发率（%）		土地供应率（%）		土地建成率（%）	
		2016 年	2020 年	2016 年	2020 年	2016 年	2020 年
全部开发区	21	90.6	68.3	92.3	96.3	95.6	94.4
持续参评且无发展方向区的开发区	4	93.4	97.5	98.0	97.9	85.9	90.2
持续参评且有发展方向区的开发区	17	88.9	67.3	90.5	96.2	95.7	94.6

2. 工业用地结构

2016~2020 年，工业主导型开发区依法审批范围内工业用地率有所提升。2020 年，工业用地率为 63.2%，较 2016 年提升 0.6 个百分点。2016~2020 年持续参评的开发区工业用地率下降 0.1 个百分点。新增参评开发区工业用地率为 58.8%。从审批类别上看，2020 年，海关特殊监管区工业用地率最高，为71.3%，分别高于经开区和高新区 7.4 和 14.7 个百分点。

2016~2020 年，工业主导型开发区实际管理范围内工业用地率有所下降。2020 年，工业用地率为 52.2%，较 2016 年下降 7.3 个百分点。持续参评且有发展方向区的开发区工业用地率下降 7.1 个百分点。新增参评开发区工业用地率为 53.0%。从审批类别上看，2020 年，海关特殊监管区工业用地率最高，为 67.9%，分别高于经开区和高新区 16.0 个和 17.5 个百分点。

3. 土地利用强度

2016~2020 年，工业主导型开发区依法审批范围内土地利用强度有所提升。2020 年，综合容积率和工业用地综合容积率分别为 0.93 和 1.04，较2016 年分别提升 0.06 和 0.08；建筑密度和工业用地建筑系数分别为 37.8%和 56.0%，较 2016 年分别提升 1.0 个和 3.8 个百分点（见图 19、图 20）。2016~2020 年持续参评的开发区综合容积率提升 0.09，工业用地综合容积率提

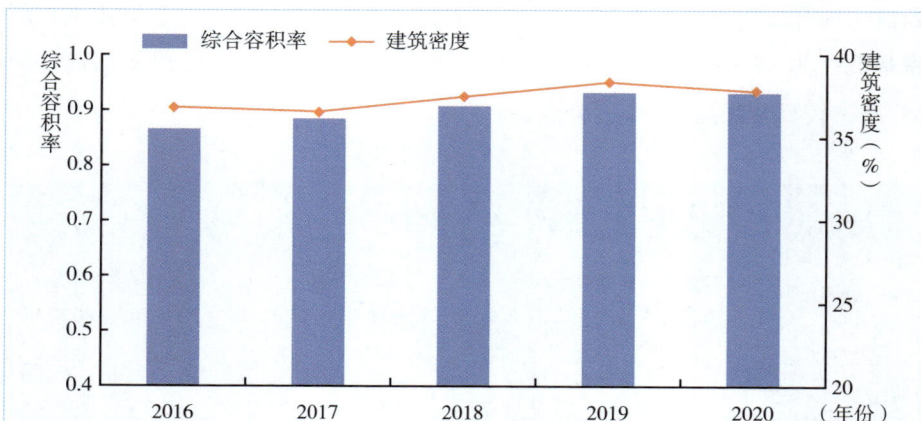

图 19　2016~2020 年长三角城市群国家级工业主导型开发区依法审批
范围土地利用强度变化

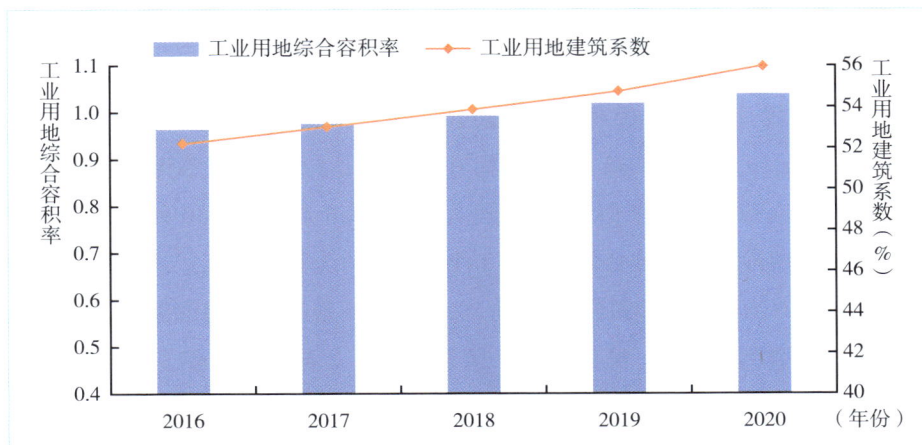

图 20　2016~2020 年长三角城市群国家级工业主导型开发区依法审批
范围工业用地利用强度变化

升 0.08，建筑密度提升 1.1 个百分点，工业用地建筑系数提升 3.8 个百分点。
新增参评开发区综合容积率为 0.80，建筑密度为 33.0%，工业用地综合容积率
为 0.99，工业用地建筑系数为 54.6%（见表 23）。从审批类别上看，2020 年，
高新区综合容积率最高，为 1.04，分别较经开区和海关特殊监管区高 0.10 和
0.31；高新区工业用地综合容积率最高，为 1.13，分别较经开区和海关特殊监
管区高 0.09 和 0.17；经开区建筑密度最高，为 38.5%，分别较高新区和海关
特殊监管区高 0.6 个和 4.7 个百分点；海关特殊监管区工业用地建筑系数最高，
为 60.3%，分别较经开区和高新区高 5.5 个和 3.3 个百分点。

表 23　2016 年和 2020 年长三角城市群国家级工业主导型开发区依法审批
范围土地利用强度变化情况

范围	数量（个）	综合容积率		建筑密度（%）		工业用地综合容积率		工业用地建筑系数（%）	
		2016 年	2020 年	2016 年	2020 年	2016 年	2020 年	2016 年	2020 年
全部开发区	123	0.87	0.93	36.8	37.8	0.96	1.04	52.2	56.0
2016~2020 年持续参评的开发区	113	0.85	0.94	36.9	38.0	0.96	1.04	52.2	56.0
新增参评开发区	10	—	0.80	—	33.0	—	0.99	—	54.6

2016~2020 年，工业主导型开发区实际管理范围内土地利用强度有所提升。2020 年，综合容积率和工业用地综合容积率分别为 1.25 和 1.04，较 2016 年分别提升 0.38 和 0.09；建筑密度和工业用地建筑系数分别为 34.7% 和 56.3%，较 2016 年分别下降 2.6 个和提升 3.3 个百分点。持续参评且有发展方向区的开发区综合容积率和工业用地综合容积率分别提升 0.40 和 0.09；建筑密度和工业用地建筑系数分别下降 3.1 个和提升 3.3 个百分点。新增参评开发区综合容积率为 0.92，建筑密度为 36.8%，工业用地综合容积率为 0.90，工业用地建筑系数为 55.2%（见表 24）。从审批类别上看，2020 年，高新区综合容积率最高，为 2.16，分别较经开区和海关特殊监管区高 1.31 和 1.33；高新区工业用地综合容积率最高，为 1.46，分别较经开区和海关特殊监管区高 0.60 和 0.48；海关特殊监管区建筑密度最高，为 38.9%，分别较经开区和高新区高 3.6 个和 6.1 个百分点；海关特殊监管区工业用地建筑系数最高，为 65.9%，分别较经开区和高新区高 10.9 个和 8.6 个百分点。

表 24　2016 年和 2020 年长三角城市群国家级工业主导型开发区实际管理范围土地利用强度变化情况

范围	数量（个）	综合容积率		建筑密度（%）		工业用地综合容积率		工业用地建筑系数（%）	
		2016 年	2020 年	2016 年	2020 年	2016 年	2020 年	2016 年	2020 年
全部开发区	123	0.87	1.25	37.3	34.7	0.95	1.04	53.0	56.3
持续参评且无发展方向区的开发区	41	0.72	0.73	29.5	30.4	0.87	0.94	51.7	54.0
持续参评且有发展方向区的开发区	72	0.88	1.28	37.9	34.8	0.96	1.05	53.2	56.5
新增参评开发区	10	—	0.92	—	36.8	—	0.90	—	55.2

2016~2020 年，产城融合型开发区依法审批范围内土地利用强度有所提升。2020 年，综合容积率为 1.26，较 2016 年提升 0.16；建筑密度为 37.2%，较 2016 年提升 3.2 个百分点（见图 21、表 25）。从审批类别上看，2020 年，

经开区和高新区综合容积率均为 1.27；高新区建筑密度最高，为 37.3%，较经开区高 0.1 个百分点。

图 21　2016~2020 年长三角城市群国家级产城融合型开发区依法审批范围土地利用强度变化

表 25　2016 年和 2020 年长三角城市群国家级产城融合型开发区依法审批范围土地利用强度变化情况

范围	数量（个）	综合容积率		建筑密度（%）	
		2016 年	2020 年	2016 年	2020 年
全部开发区	21	1.10	1.26	34.0	37.2
2016~2020 年持续参评的开发区	21	1.09	1.26	34.8	37.2

2016~2020 年，产城融合型开发区实际管理范围内土地利用强度有所提升。2020 年，综合容积率为 1.08，较 2016 年提升 0.09；建筑密度为 38.0%，较 2016 年提升 3.2 个百分点。持续参评且有发展方向区的开发区综合容积率提升 0.12，建筑密度提升 1.9 个百分点（见表 26）。从审批类别看，2020 年，高新区综合容积率最高，为 1.15，较经开区高 0.10；高新区建筑密度最高，为 40.3%，较经开区高 3.3 个百分点。

表 26　2016 年和 2020 年长三角城市群国家级产城融合型开发区实际管理范围土地利用强度变化情况

范围	数量（个）	综合容积率		建筑密度（%）	
		2016 年	2020 年	2016 年	2020 年
全部开发区	21	0.99	1.08	34.8	38.0
持续参评且无发展方向区的开发区	4	1.44	1.44	22.3	21.6
持续参评且有发展方向区的开发区	17	0.94	1.06	36.9	38.8

4. 综合用地效益

2016~2020 年，工业主导型开发区依法审批范围内综合用地效益有所提升。2020 年，工业用地固定资产投入强度为 11288 元 / 米^2，较 2016 年提升 48.6%；工业用地地均税收为 882 元 / 米^2，较 2016 年提升 36.3%（见图 22）。2016~2020 年持续参评的开发区工业用地固定资产投入强度提升 50.3%，工业用地地均税收提升 38.0%。新增参评开发区工业用地固定资产投入强度为 9547 元 / 米^2，工业用地地均税收为 693 元 / 米^2（见表 27）。从审批类别上看，2020 年，高新区工业用地固定资产投入强度最高，为 14008 元 / 米^2，分别较经开区和海关特殊监管区高 34.9% 和 16.9%；海关特殊监管区工业用地地均税收最高，为 1506 元 / 米^2，分别较经开区和高新区高 1.1 倍和 46.4%。

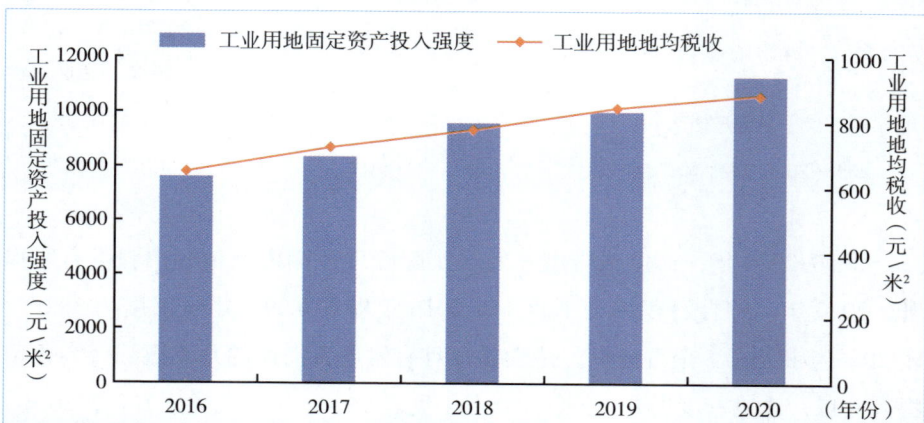

图 22　2016~2020 年长三角城市群国家级工业主导型开发区依法审批范围综合用地效益变化

表 27 2016 年和 2020 年长三角城市群国家级工业主导型开发区依法审批范围综合用地效益变化情况

范围	数量（个）	工业用地固定资产投入强度（元 / 米²）		工业用地地均税收（元 / 米²）	
		2016 年	2020 年	2016 年	2020 年
全部开发区	123	7595	11288	647	882
2016~2020 年持续参评的开发区	113	7558	11362	645	890
新增参评开发区	10	—	9547	—	693

2016~2020 年，工业主导型开发区实际管理范围内工业用地固定资产投入强度有所提升，工业用地地均税收有所下降。2020 年，工业用地固定资产投入强度为 8286 元 / 米²，较 2016 年提升 14.8%；工业用地地均税收为 487 元 / 米²，较 2016 年下降 11.1%。持续参评且有发展方向区的开发区工业用地固定资产投入强度提升 17.6%，工业用地地均税收下降 8.4%。新增参评开发区工业用地固定资产投入强度为 10391 元 / 米²，工业用地地均税收为 430 元 / 米²（见表 28）。从审批类别上看，2020 年，海关特殊监管区工业用地固定资产投入强度最高，为 9575 元 / 米²，较经开区和高新区分别高 22.7% 和 5.4%；海关特殊监管区工业用地地均税收最高，为 1080 元 / 米²，较经开区和高新区分别高 1.6 倍和 1.1 倍。

表 28 2016 年和 2020 年长三角城市群国家级工业主导型开发区实际管理范围综合用地效益变化情况

范围	数量（个）	工业用地固定资产投入强度（元 / 米²）		工业用地地均税收（元 / 米²）	
		2016 年	2020 年	2016 年	2020 年
全部开发区	123	7217	8286	548	487
持续参评且无发展方向区的开发区	41	10623	13859	1244	1543
持续参评且有发展方向区的开发区	72	6730	7916	467	428
新增参评开发区	10	—	10391	—	430

2016~2020 年，产城融合型开发区依法审批范围内综合用地效益有所提升。2020 年，综合地均税收为 1053 元 / 米², 较 2016 年提升 21.3%；人口密度为 161 人 / 公顷，较 2016 年提升 34.2%（见图 23、表 29）。从审批类别看，2020 年，高新区综合地均税收最高，为 1075 元 / 米²，较经开区高 2.7%；高新区人口密度最高，为 191 人 / 公顷，较经开区高 24.7%。

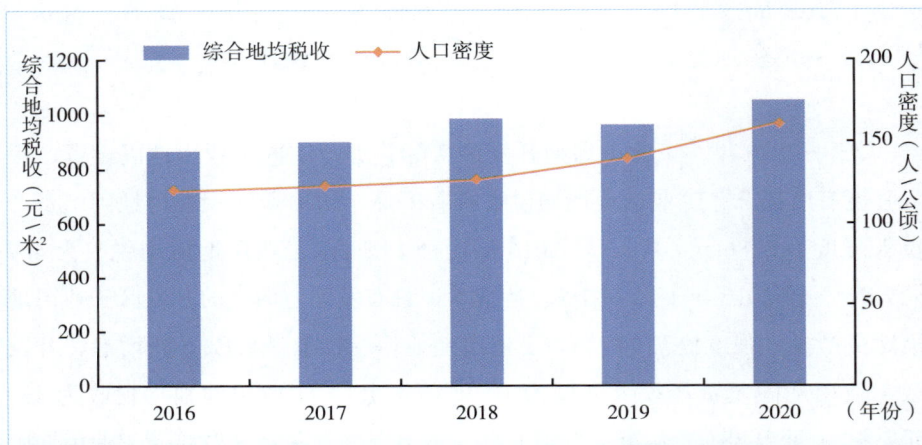

图 23 2016~2020 年长三角城市群国家级产城融合型开发区依法审批
范围综合用地效益变化

表 29 2016 年和 2020 年长三角城市群国家级产城融合型开发区依法审批
范围综合用地效益变化情况

范围	数量（个）	综合地均税收（元 / 米²）		人口密度（人 / 公顷）	
		2016 年	2020 年	2016 年	2020 年
全部开发区	21	868	1053	120	161
2016~2020 年持续参评的开发区	21	804	1053	129	161

2016~2020 年，产城融合型开发区实际管理范围内综合用地效益有所下降。2020 年，综合地均税收为 368 元 / 米²，较 2016 年下降 25.5%；人口密度

为 68 人 / 公顷，较 2016 年下降 17.1%。持续参评且有发展方向区的开发区综合地均税收下降 22.2%，人口密度下降 26.5%（见表 30）。

表30　2016 年和 2020 年长三角城市群国家级产城融合型开发区实际管理范围综合用地效益变化情况

范围	数量（个）	综合地均税收（元 / 米²）		人口密度（人 / 公顷）	
		2016 年	2020 年	2016 年	2020 年
全部开发区	21	494	368	82	68
持续参评且无发展方向区的开发区	4	2638	2573	214	213
持续参评且有发展方向区的开发区	17	334	260	83	61

5. 土地管理绩效

2016~2020 年，工业主导型开发区依法审批范围内土地闲置率有所下降。2020 年，土地闲置率为 0.02%，较 2016 年下降 0.02 个百分点。2016~2020 年持续参评的开发区土地闲置率下降 0.03 个百分点。新增参评开发区土地闲置率为 0.04%。从评价类型上看，仅经开区有闲置土地。

2016~2020 年，工业主导型开发区实际管理范围内土地闲置率有所提升。2020 年，土地闲置率为 0.08%，较 2016 年提升 0.06 个百分点。持续参评且有发展方向区的开发区土地闲置率提升 0.06 个百分点。新增参评开发区土地闲置率为 0.19%。从评价类型上看，经开区和高新区土地闲置率为 0.07% 和 0.10%，海关特殊监管区无闲置土地。

2016~2020 年，产城融合型开发区依法审批范围内无闲置土地，实际管理范围内土地闲置率有所提升。2020 年，实际管理范围内土地闲置率为 0.04%，较 2016 年提升 0.04 个百分点。持续参评且有发展方向区的开发区土地闲置率提升 0.04 个百分点。从评价类型上看，仅经开区有闲置土地。

（二）省级开发区

1. 土地利用程度

2017~2020 年，工业主导型开发区依法审批范围内土地开发率有所提升，土地供应率和土地建成率有所下降。2020 年，土地开发率为 78.1%，较 2017 年提升 3.2 个百分点；土地供应率和土地建成率分别为 92.6% 和 90.4%，较 2017 年分别下降 0.4 个和 0.2 个百分点（见图 24）。2017~2020 年持续参评的开发区土地开发率、土地供应率与土地建成率分别提升 3.9 个、0.3 个和 0.7 个百分点。新增参评开发区土地开发率、土地供应率与土地建成率分别为 74.6%、88.1% 和 84.9%（见表 31）。从审批类别上看，2020 年，特色工业园土地开发率、土地供应率和土地建成率均最高，分别为 81.1%、94.2% 和 92.1%，较经开区分别高 4.5 个、2.4 个和 2.3 个百分点，较高新区分别高 1.1 个、0.8 个和 1.4 个百分点。

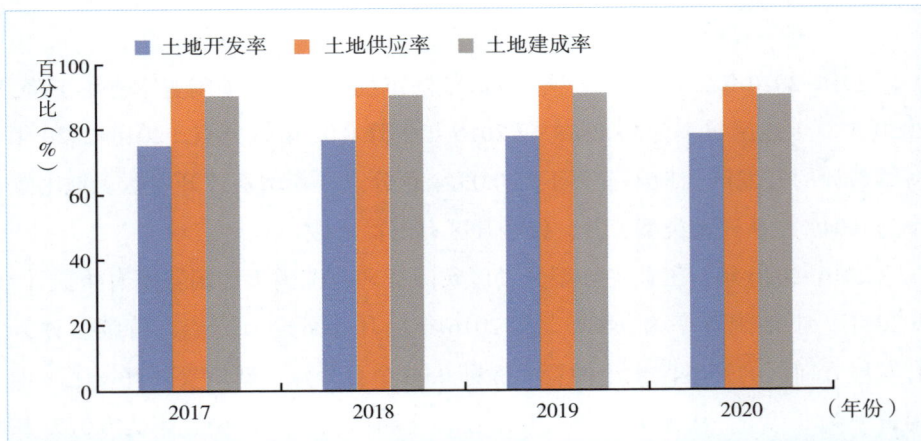

图 24　2017~2020 年长三角城市群省级工业主导型开发区依法审批范围土地利用程度变化

表 31　2017 年和 2020 年长三角城市群省级工业主导型开发区依法审批范围土地利用程度

范围	数量（个）	土地开发率（%）		土地供应率（%）		土地建成率（%）	
		2017 年	2020 年	2017 年	2020 年	2017 年	2020 年
全部开发区	302	74.9	78.1	93.0	92.6	90.6	90.4
2017~2020 年持续参评的开发区	260	75.0	78.9	93.1	93.4	90.7	91.4
新增参评开发区	42	—	74.6	—	88.1	—	84.9

2017~2020 年，工业主导型开发区实际管理范围内土地开发率和土地供应率有所下降，土地建成率保持稳定。2020 年，土地开发率和土地供应率分别为 52.3% 和 85.2%，较 2017 年分别下降 24.6 个和 3.3 个百分点；土地建成率为 89.8%。持续参评且有发展方向区的开发区土地开发率、土地供应率和土地建成率分别下降 27.1 个、下降 2.6 个和提升 0.8 个百分点。新增参评开发区土地开发率、土地供应率与土地建成率分别为 50.1%、79.1% 和 84.7%（见表 32）。从审批类别上看，2020 年，高新区土地开发率、土地供应率和土地建成率均最高，分别为 57.3%、88.6% 和 90.0%，较经开区分别高 5.3 个、5.2 个和 0.2 个百分点，较海关特殊监管区分别高 11.4 个、0.1 个和 0.1 个百分点。

表32　2017 年和 2020 年长三角城市群省级工业主导型开发区实际管理范围土地利用程度

范围	数量（个）	土地开发率（%）		土地供应率（%）		土地建成率（%）	
		2017 年	2020 年	2017 年	2020 年	2017 年	2020 年
全部开发区	302	76.9	52.3	88.5	85.2	89.8	89.8
持续参评且无发展方向区的开发区	41	72.2	80.0	92.6	94.6	90.5	92.4
持续参评且有发展方向区的开发区	219	77.7	50.6	87.9	85.3	89.6	90.4
新增参评开发区	42	—	50.1	—	79.1	—	84.7

2017~2020 年，产城融合型开发区依法审批范围内土地开发率和土地供应率有所提升，土地建成率有所下降。2020 年，土地开发率和土地供应率分别为 78.7% 和 95.5%，较 2017 年分别提升 3.5 个和 0.7 个百分点；土地建成率为 92.5%，较 2017 年下降 0.6 个百分点（见图 25）。2017~2020 年持续参评的开发区土地开发率、土地供应率与土地建成率分别提升 4.3 个、提升 1.9 个和下降 0.2 个百分点。新增参评开发区土地开发率、土地供应率与土地建成率分别为 73.6%、93.0% 和 91.5%（见表 33）。从审批类别上看，2020 年，高新区土地开发率、土地供应率和土地建成率均最高，分别为 90.7%、96.2% 和

93.2%，较经开区分别高 17.3 个、0.7 个和 0.5 个百分点，较海关特殊监管区分别高 19.1 个、2.1 个和 3.6 个百分点。

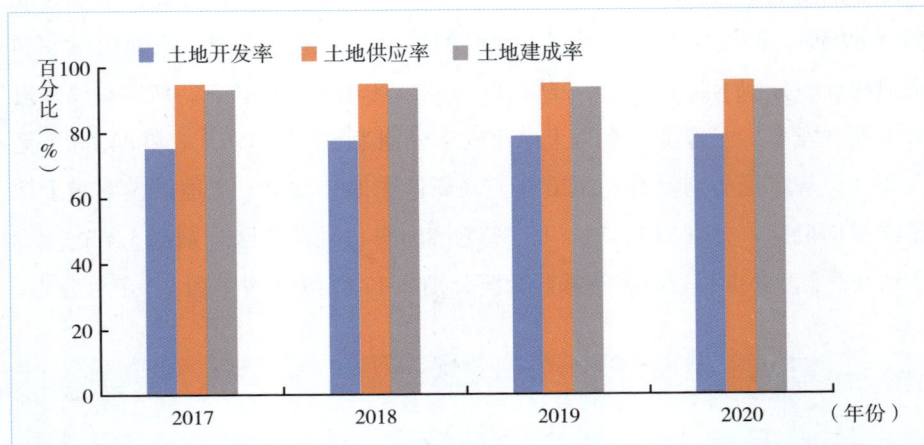

图 25　2017~2020 年长三角城市群省级产城融合型开发区依法审批范围土地利用程度变化

表 33　2017 年和 2020 年长三角城市群省级产城融合型开发区依法审批范围土地利用程度

范围	数量（个）	土地开发率（%）		土地供应率（%）		土地建成率（%）	
		2017 年	2020 年	2017 年	2020 年	2017 年	2020 年
全部开发区	65	75.2	78.7	94.8	95.5	93.1	92.5
2017~2020 年持续参评的开发区	50	75.6	79.9	94.2	96.1	93.0	92.8
新增参评开发区	15	—	73.6		93.0		91.5

2017~2020 年，产城融合型开发区实际管理范围内土地开发率和土地供应率有所下降，土地建成率有所提升。2020 年，土地开发率和土地供应率分别为 56.2% 和 87.4%，较 2017 年分别下降 23.3 个和 3.1 个百分点；土地建成率为 94.3%，较 2017 年提升 1.5 个百分点。持续参评且有发展方向区的开发区土地开发率、土地供应率和土地建成率分别下降 24.6 个、下降 4.2 个和提

升 0.8 个百分点。新增参评开发区土地开发率、土地供应率与土地建成率分别为 51.9%、92.9% 和 95.3%（见表 34）。从审批类别上看，2020 年，高新区土地开发率、土地供应率和土地建成率均最高，分别为 67.7%、96.5% 和 94.5%，较经开区分别高 16.8 个、14.7 个和 0.1 个百分点，较海关特殊监管区分别高 3.2 个、1.5 个和 2.5 个百分点。

表 34　2017 年和 2020 年长三角城市群省级产城融合型开发区实际管理范围土地利用程度

范围	数量（个）	土地开发率（%）		土地供应率（%）		土地建成率（%）	
		2017 年	2020 年	2017 年	2020 年	2017 年	2020 年
全部开发区	65	79.5	56.2	90.5	87.4	92.8	94.3
持续参评且无发展方向区的开发区	11	87.6	93.9	93.7	95.4	92.1	92.2
持续参评且有发展方向区的开发区	39	79.3	54.7	90.0	85.8	93.5	94.3
新增参评开发区	15	—	51.9	—	92.9	—	95.3

2. 工业用地结构

2017~2020 年，工业主导型开发区依法审批范围内工业用地率有所下降。2020 年，工业用地率为 62.7%，较 2017 年下降 0.2 个百分点。2017~2020 年持续参评的开发区工业用地率提升 0.4 个百分点。新增参评开发区工业用地率为 59.6%。从审批类别上看，2020 年，经开区工业用地率最高，为 63.9%，分别高于高新区和海关特殊监管区 3.9 个和 0.7 个百分点。

2017~2020 年，工业主导型开发区实际管理范围内工业用地率有所下降。2020 年，工业用地率 57.7%，较 2017 年下降 6.7 个百分点。持续参评且有发展方向区的开发区工业用地率下降 6.5 个百分点。新增参评开发区工业用地率为 53.6%。从审批类别上看，2020 年，特色工业园工业用地率最高，为 58.9%，分别高于经开区和高新区 0.1 个和 4.8 个百分点。

3. 土地利用强度

2017~2020 年，工业主导型开发区依法审批范围内土地利用强度有所提升。2020 年，综合容积率和工业用地综合容积率分别为 0.87 和 0.98，较 2017 年分别提升 0.07 和 0.08；建筑密度和工业用地建筑系数分别为 34.6% 和 53.0%，较 2017 年分别提升 0.8 个和 2.4 个百分点（见图 26、图 27）。2017~2020 年持续参评的开发区综合容积率提升 0.07，工业用地综合容积率提

图 26　2017~2020 年长三角城市群省级工业主导型开发区依法审批范围土地利用强度变化

图 27　2017~2020 年长三角城市群省级工业主导型开发区依法审批范围工业用地利用强度变化

升 0.08，建筑密度提升 1.4 个百分点，工业用地建筑系数提升 2.6 个百分点。新增参评开发区综合容积率为 0.83，建筑密度为 31.5%，工业用地综合容积率为 1.04，工业用地建筑系数为 52.9%（见表 35）。从审批类别上看，2020 年，经开区综合容积率和工业用地综合容积率最高，分别为 0.95 和 1.03，较高新区分别高 0.16 和 0.08，较特色工业园分别高 0.23 和 0.16；经开区建筑密度和工业用地建筑系数最高，分别为 37.0% 和 55.0%，较高新区分别高 6.0 个和 5.3 个百分点，较特色工业园分别高 5.1 个和 4.2 个百分点。

表 35　2017 年和 2020 年长三角城市群省级工业主导型开发区依法审批范围土地利用强度变化情况

范围	数量（个）	综合容积率		建筑密度（%）		工业用地综合容积率		工业用地建筑系数（%）	
		2017 年	2020 年	2017 年	2020 年	2017 年	2020 年	2017 年	2020 年
全部开发区	302	0.80	0.87	33.8	34.6	0.90	0.98	50.6	53.0
2017~2020 年持续参评的开发区	260	0.80	0.87	33.7	35.1	0.90	0.98	50.4	53.0
新增参评开发区	42	—	0.83	—	31.5	—	1.04	—	52.9

2017~2020 年，工业主导型开发区实际管理范围内土地利用强度有所提升。2020 年，综合容积率和工业用地综合容积率分别为 0.87 和 0.95，较 2017 年分别增长 0.05 和 0.04；建筑密度和工业用地建筑系数分别为 36.8% 和 54.2%，较 2017 年分别增长 1.3 个和 2.0 个百分点。持续参评且有发展方向区的开发区综合容积率和工业用地综合容积率分别提升 0.09 和 0.04，建筑密度和工业用地建筑系数分别提升 2.8 个和 2.7 个百分点。新增参评开发区综合容积率为 0.75，建筑密度为 31.2%，工业用地综合容积率为 0.92，工业用地建筑系数为 55.6%（见表 36）。从审批类别上看，2020 年，经开区综合容积率和工业用地综合容积率最高，分别为 0.91 和 0.96，较高新区分别高 0.08 和 0.01，较特色工业园分别高 0.14 和 0.08；经开区建筑密度和工业用地建筑系数最高，分别为 38.7% 和 55.6%，较高新区分别高 4.8 个和 2.6 个百分点，较特色工业园分别高 6.5 个和 7.2 个百分点。

表 36　2017 年和 2020 年长三角城市群省级工业主导型开发区实际管理范围土地利用强度变化情况

范围	数量（个）	综合容积率		建筑密度（%）		工业用地综合容积率		工业用地建筑系数（%）	
		2017 年	2020 年	2017 年	2020 年	2017 年	2020 年	2017 年	2020 年
全部开发区	302	0.82	0.87	35.5	36.8	0.91	0.95	52.2	54.2
持续参评且无发展方向区的开发区	41	0.69	0.75	30.3	30.7	0.80	0.90	47.1	45.9
持续参评且有发展方向区的开发区	219	0.82	0.91	35.8	38.6	0.92	0.96	52.4	55.1
新增参评开发区	42	—	0.75	—	31.2	—	0.92	—	55.6

2017~2020 年，产城融合型开发区依法审批范围内土地利用强度有所提升。2020 年，综合容积率为 1.38，较 2017 年提升 0.17；建筑密度为 34.0%，较 2017 年提升 3.7 个百分点（见图 28）。2017~2020 年持续参评的开发区综合容积率提升 0.13，建筑密度提升 1.8 个百分点。新增参评开发区综合容积率为 1.58，建筑密度为 38.2%（见表 37）。从审批类别上看，2020 年，高新区综合容积率最高，为 1.70，分别较经开区和特色工业园高 0.48 和 0.65；

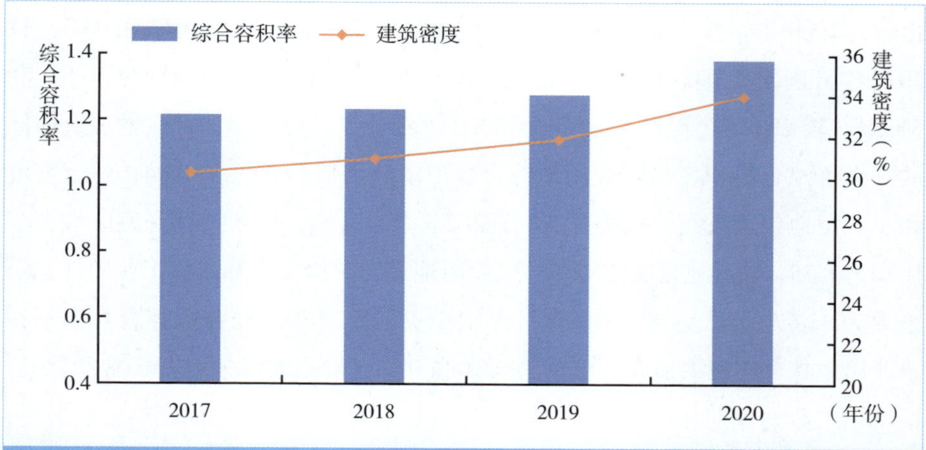

图 28　2017~2020 年长三角城市群省级产城融合型开发区依法审批范围土地利用强度变化

经开区建筑密度最高，为 34.7%，分别较高新区和特色工业园高 1.9 个和 0.2个百分点。

表 37　2017 年和 2020 年长三角城市群省级产城融合型开发区依法审批范围土地利用强度变化情况

范围	数量（个）	综合容积率		建筑密度（%）	
		2017 年	2020 年	2017 年	2020 年
全部开发区	65	1.21	1.38	30.3	34.0
2017~2020 年持续参评的开发区	50	1.21	1.34	31.3	33.1
新增参评开发区	15	—	1.58	—	38.2

2017~2020 年，产城融合型开发区实际管理范围内土地利用强度有所下降。2020 年，综合容积率为 1.02，较 2017 年下降 0.11；建筑密度为 32.6%，较 2017 年下降 0.9 个百分点。持续参评且有发展方向区的开发区综合容积率下降 0.16，建筑密度下降 4.8 个百分点。新增参评开发区综合容积率为 1.28，建筑密度为 41.9%（见表 38）。从审批类别上看，2020 年，高新区综合容积率最高，为 1.24，分别较经开区和特色工业园高 0.32 和 0.36；特色工业园建筑密度最高，为 34.5%，分别较经开区和高新区高 1.0 个和 3.9 个百分点。

表 38　2017 年和 2020 年长三角城市群省级产城融合型开发区实际管理范围土地利用强度变化情况

范围	数量（个）	综合容积率		建筑密度（%）	
		2017 年	2020 年	2017 年	2020 年
全部开发区	65	1.13	1.02	33.5	32.6
持续参评且无发展方向区的开发区	11	1.35	1.49	26.1	27.7
持续参评且有发展方向区的开发区	39	1.09	0.93	36.3	31.5
新增参评开发区	15	—	1.28	—	41.9

4. 综合用地效益

2017~2020 年，工业主导型开发区依法审批范围内综合用地效益有所提升。2020 年，工业用地固定资产投入强度为 6580 元 / 米², 较 2017 年提升 26.2%；工业用地地均税收为 448 元 / 米², 较 2017 年提升 45.5%（见图 29）。 2017~2020 年持续参评的开发区工业用地固定资产投入强度提升 26.4%，工业用地地均税收提升 21.9%。新增参评开发区工业用地固定资产投入强度为 6678 元 / 米², 工业用地地均税收为 895 元 / 米²（见表 39）。从审批类别上看， 2020 年，经开区工业用地固定资产投入强度最高，为 6929 元 / 米², 分别较高新区和特色工业园高 11.1% 和 18.4%；高新区工业用地地均税收最高，为 698 元 / 米², 分别较经开区和特色工业园高 98.3% 和 86.3%。

图 29　2017~2020 年长三角城市群省级工业主导型开发区依法审批范围综合用地效益变化

表 39　2017 年和 2020 年长三角城市群省级工业主导型开发区依法审批范围综合用地效益变化情况

范围	数量（个）	工业用地固定资产投入强度（元 / 米²）		工业用地地均税收（元 / 米²）	
		2017 年	2020 年	2017 年	2020 年
全部开发区	302	5212	6580	308	448
2017~2020 年持续参评的开发区	260	5194	6565	310	378
新增参评开发区	42	—	6678	—	895

2017~2020 年，工业主导型开发区实际管理范围内综合用地效益有所提升。2020 年，工业用地固定资产投入强度为 7145 元 / 米²，较 2017 年提升 33.5%；工业用地地均税收为 318 元 / 米²，较 2017 年提升 5.6%。持续参评且有发展方向区的开发区工业用地固定资产投入强度提升 38.6%，工业用地地均税收下降 6.5%。新增参评开发区工业用地固定资产投入强度为 6408 元 / 米²，工业用地地均税收为 548 元 / 米²（见表 40）。从审批类别上看，2020 年，经开区工业用地固定资产投入强度最高，为 7715 元 / 米²，分别较高新区和特色工业园高 22.1% 和 40.3%；高新区工业用地地均税收最高，为 506 元 / 米²，分别较经开区和特色工业园高 95.6% 和 63.7%。

表 40　2017 年和 2020 年长三角城市群省级工业主导型开发区实际管理范围综合用地效益变化情况

范围	数量（个）	工业用地固定资产投入强度（元 / 米²）		工业用地地均税收（元 / 米²）	
		2017 年	2020 年	2017 年	2020 年
全部开发区	302	5353	7145	301	318
持续参评且无发展方向区的开发区	41	4704	5205	385	372
持续参评且有发展方向区的开发区	219	5444	7544	292	273
新增参评开发区	42	—	6408	—	548

2017~2020 年，产城融合型开发区依法审批范围内综合用地效益有所上升。2020 年，综合地均税收为 929 元 / 米²，较 2017 年提升 8.9%；人口密度为 165 人 / 公顷，较 2017 年提升 1.9%（见图 30）。2017~2020 年持续参评的开发区综合地均税收提升 7.4%，人口密度提升 17.6%。新增参评开发区综合地均税收为 1287 元 / 米²，人口密度为 124 人 / 公顷（见表 41）。从审批类别上看，2020 年，高新区综合地均税收最高，为 1977 元 / 米²，分别较经开区和特色工业园高 5.3 倍和 7.2 倍；高新区人口密度最高，为 214 人 / 公顷，分别较经开区和特色工业园高 45.9% 和 1.3 倍。

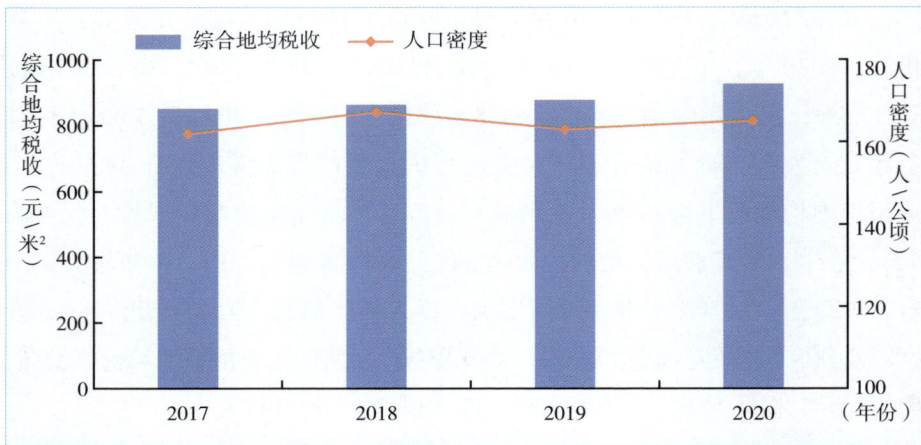

图30 2017~2020年长三角城市群省级产城融合型开发区依法审批
范围综合用地效益变化

表41 2017年和2020年长三角城市群省级产城融合型开发区依法审批
范围综合用地效益变化情况

范围	数量（个）	综合地均税收（元/米²）		人口密度（人/公顷）	
		2017年	2020年	2017年	2020年
全部开发区	65	853	929	162	165
2017~2020年持续参评的开发区	50	795	854	148	174
新增参评开发区	15	—	1287	—	124

　　2017~2020年，产城融合型开发区实际管理范围内综合用地效益有所下降。2020年，综合地均税收为398元/米²，较2017年下降35.0%；人口密度为96人/公顷，较2017年下降22.0%。持续参评且有发展方向区的开发区综合地均税收下降34.4%，人口密度下降9.7%。新增参评开发区综合地均税收为627元/米²，人口密度为90人/公顷（见表42）。从审批类别上看，2020年，高新区综合地均税收最高，为834元/米²，分别较经开区和特色工业园高3.8倍和4.4倍；高新区人口密度最高，为120人/公顷，分别较经开区和特色工业园高41.5%和57.3%。

表 42　2017 年和 2020 年长三角城市群省级产城融合型开发区实际管理范围综合用地效益变化情况

范围	数量（个）	综合地均税收（元/米²）		人口密度（人/公顷）	
		2017 年	2020 年	2017 年	2020 年
全部开发区	65	612	398	123	96
持续参评且无发展方向区的开发区	11	2166	1962	221	222
持续参评且有发展方向区的开发区	39	294	193	93	84
新增参评开发区	15	—	627	—	90

5. 土地管理绩效

2017~2020 年，工业主导型开发区依法审批范围内土地闲置率有所下降。2020 年，土地闲置率为 0.07%，较 2017 年下降 0.01 个百分点。2017~2020 年持续参评的开发区土地闲置率降幅为 0.03 个百分点。新增参评开发区土地闲置率为 0.13%。从审批类别上看，2020 年，经开区、高新区和特色工业园土地闲置率分别为 0.01%、0.13% 和 0.15%。

2017~2020 年，工业主导型开发区实际管理范围内土地闲置率有所提升。2020 年，土地闲置率为 0.12%，较 2017 年提升 0.03 个百分点。持续参评且有发展方向区的开发区土地闲置率提升 0.04 个百分点。新增参评开发区土地闲置率为 0.12%。从审批类别上看，2020 年，经开区、高新区和特色工业园土地闲置率分别为 0.08%、0.27% 和 0.10%。

2017~2020 年，产城融合型开发区依法审批范围内土地闲置率有所提升。2020 年，土地闲置率为 0.03%，较 2017 年提升 0.03 个百分点。2017~2020 年持续参评的开发区土地闲置率增幅为 0.03 个百分点。新增参评开发区土地闲置率为 0.04%。从审批类别上看，2020 年，经开区和高新区土地闲置率分别为 0.02% 和 0.05%；特色工业园无闲置土地。

2017~2020 年，产城融合型开发区实际管理范围内土地闲置率有所提升。2020 年，土地闲置率为 0.15%，较 2017 年提升 0.14 个百分点。持续参评且有发展方向区的开发区土地闲置率提升 0.18 个百分点。新增参评开发区土地闲

置率为 0.02%。从审批类别上看，2020 年，经开区和高新区土地闲置率分别为 0.20% 和 0.10%；特色工业园无闲置土地。

四 主要结论和政策建议

（一）开发区土地集约利用评价总体状况与主要特征

1. 国家级开发区

从数量上看，长三角城市群国家级开发区参评数量较多，2020 年上海市、江苏省、浙江省、安徽省参评数量分别为 19 个、65 个、38 个和 22 个，占全国比例总计 25.8%。开发区参评持续性较强，2016~2020 年参评率提升至 100%。海关特殊监管区占比高于全国水平，产城融合型开发区占比高于全国水平。新增参评开发区有 10 个，持续参评开发区中，5 个开发区由工业主导型转变为产城融合型。

从用地规模上看，长三角城市群国家级开发区依法审批范围平均用地规模较小，2020 年为 906 公顷，低于全国水平 2.5%，实际管理范围平均用地规模较大，2020 年为 6753 公顷，高于全国水平 12.1%。2016~2020 年开发区依法审批范围平均用地规模有所下降，降幅为 5.0%，其中，持续参评开发区依法审批范围平均用地规模略有下降，新增参评开发区依法审批范围平均用地规模明显较小。

从土地集约利用程度上看，长三角城市群国家级开发区土地集约利用程度很高。工业主导型开发区土地建成率高于全国水平 1.3 个百分点，工业用地率高于全国水平 4.7 个百分点，工业用地综合容积率高于全国水平 0.10，工业用地固定资产投入强度和工业用地地均税收分别高于全国水平 19.8% 和 28.8%，土地闲置率低于全国水平 0.06 个百分点。产城融合型开发区土地开发程度和土地供应速度较快，但有较多土地还未建成，土地建成率低于全国水平 1.0 个百分点；土地利用强度较高，综合容积率高于全国水平 0.01，建筑密度高于全国水平 6.6 个百分点；土地利用经济效益显著，综合地均税收高于全国水平 28.9%，人口承载水平较高，人口密度高于全国水平 13.4%；土地管理水平较高，土地闲置率为 0。

2. 省级开发区

从数量上看，长三角城市群省级开发区参评数量较多，2020 年上海市、江苏省、浙江省、安徽省参评数量分别为 44 个、127 个、89 个和 107 个，占全国比例总计 17.0%。开发区参评持续性较弱，2017~2020 年参评率下降 2.2 个百分点，未参评开发区数量有所提升。经开区和高新区占比显著高于全国水平，特色工业园占比较小，产城融合型开发区占比高于全国水平。新增参评开发区共 57 个，持续参评开发区中，10 个经开区转型为高新区，20 个特色工业园转型为经开区，2 个特色工业园转型为高新区，7 个开发区由工业主导型转变为产城融合型。

从用地规模上看，长三角城市群省级开发区平均用地规模较大，2020 年依法审批范围和实际管理范围平均用地规模分别为 893 公顷和 3745 公顷，较全国水平分别高 14.8% 和 57.4%。2017~2020 年开发区依法审批范围平均用地规模有所提升，增幅为 22.6%，其中，持续参评开发区依法审批范围平均用地规模增长 20.0%，新增参评开发区依法审批范围平均用地规模明显较大。

从土地集约利用程度上看，长三角城市群省级开发区土地集约利用程度很高。工业主导型开发区土地建成率高于全国水平 0.8 个百分点，工业用地综合容积率高于全国水平 0.18，工业用地固定资产投入强度和工业用地地均税收分别高于全国水平 26.4% 和 78.5%，土地闲置率低于全国水平 0.14 个百分点。产城融合型开发区土地建成率高于全国水平 1.8 个百分点，综合容积率高于全国水平 0.21，建筑密度高于全国水平 1.9 个百分点，综合地均税收高于全国水平 1.6 倍，人口密度高于全国水平 25.0%，土地闲置率低于全国水平 0.32 个百分点。

（二）提升开发区土地集约利用水平的对策建议

推进长三角城市群开发区由"外延式扩张"向"内涵式提升"转变、由"要素驱动"向"科技创新驱动"转变、由"产业发展型"向"产城融合型"转变。促进开发区土地利用再开发，通过存量挖潜提升开发区集约利用水平，避免土地利用的低效扩张。加强开发区自主创新能力建设，打造具有全球影响力的科技产业创新中心和具有国际竞争力的先进制造业基地。完善开发区城市功能，从产业性平台建设提升转型到综合性城市功能的建设，加速资本、技术、信息、人才等要素的集聚。发挥各省份比较优势，强化分工合作、错位发展，提升区域发展整体水平和效率，创新园区共建方式，加强长三角中心区与苏北、浙西南、皖北等地区的深层合作，改善产业协同创新生态，提升产业协同创新效果。[1] 探索建立开发区多级协商、利益共享机制，鼓励发达城市开发区"一区多园"式扩张，实现"一个品牌、统一招商、联合开发、利益共享"。[2] 强化金融支持，为企业提供全生命周期的科技信贷、保险、担保、股权质押等服务。进一步提升开发区管理水平，提高终端政务服务效率。

---

[1] 储节旺、丁辉:《长三角高质量发展的产业政策一体化实现路径》,《安徽行政学院学报》2021 年第 3 期。

[2] 孙月阳、马超峰:《改革试点授权下开发区管理创新比较——以长三角四省（市）为例》,《安徽行政学院学报》2021 年第 6 期。

B.8

2016~2020 年珠三角城市群开发区
土地集约利用状况分析

摘　要： 本报告基于珠三角城市群 9 个地级市 25 个国家级开发区和 48 个省级开发区的土地集约利用评价基础数据，分析 2016~2020 年珠三角城市群开发区基本情况、土地利用状况、土地集约利用状况及变化情况，比较不同类型开发区土地集约利用状况差异。报告指出，"十三五"期间珠三角城市群开发区数量保持稳定，国家级高新区和海关特殊监管区发展迅速，用地规模较大，省级特色工业园数量较多，平均用地规模较小。土地集约利用总体情况上，珠三角城市群开发区土地利用强度较高，国家级开发区综合用地效益显著，省级开发区较低，仍存在一定比例的闲置土地。推进珠三角城市群开发区土地集约利用可从实施珠三角城市群开发区总体规划、强化开发区创新引领、重点提升省级特色工业园土地管理水平等方面着手。

关键词： 开发区　土地集约利用　珠三角城市群

一　2016~2020 年珠三角城市群开发区基本情况分析

（一）国家级开发区

1. 参评数量

2016~2020 年，珠三角城市群国家级开发区参评数量略有增长，《目录》

399

中国家级开发区参评率^① 达到 100%。2020 年，开发区参评数量为 25 个，较 2016 年净增加 1 个，不在《目录》中的开发区数量为 1 个（见表 1、图 1）。从审批类别看，海关特殊监管区参评数量占比较大。2020 年，经开区、高新区和海关特殊监管区参评数量分别为 5 个、9 个和 11 个，占比分别为 20.0%、36.0% 和 44.0%，海关特殊监管区较 2016 年净增加 1 个（见图 2）。其中，2016 年参评的开发区 2020 年均参评。从评价类型看，参评开发区均为工业主导型。

表 1　2016~2020 年珠三角城市群国家级开发区参评数量及参评率

年份	参评数量（个）			《目录》中未参评数量（个）	《目录》中开发区参评率（%）
	总计	在《目录》中	不在《目录》中		
2016	24	24	0	0	100
2017	24	24	0	0	100
2018	24	24	0	0	100
2019	24	24	0	0	100
2020	25	24	1	0	100

2. 用地规模

2016~2020 年，参评开发区依法审批范围用地规模和平均用地规模有所下降。2020 年，开发区依法审批范围用地规模为 2.68 万公顷，较 2016 年下降 1.3%；平均用地规模为 1072 公顷，较 2016 年下降 5.2%（见图 3）。从审批类别看，高新区平均用地规模较大，海关特殊监管区平均用地规模较小。2020 年，经开区、高新区和海关特殊监管区平均用地规模分别为 2173 公顷、1530 公顷和 198 公顷；与 2016 年相比，经开区和高新区平均用地规模保持不变，海关特殊监管区有所下降，降幅为 21.4%（见表 2）。

---

① 《目录》中珠三角城市群应参加评价的开发区数量为 24 个。

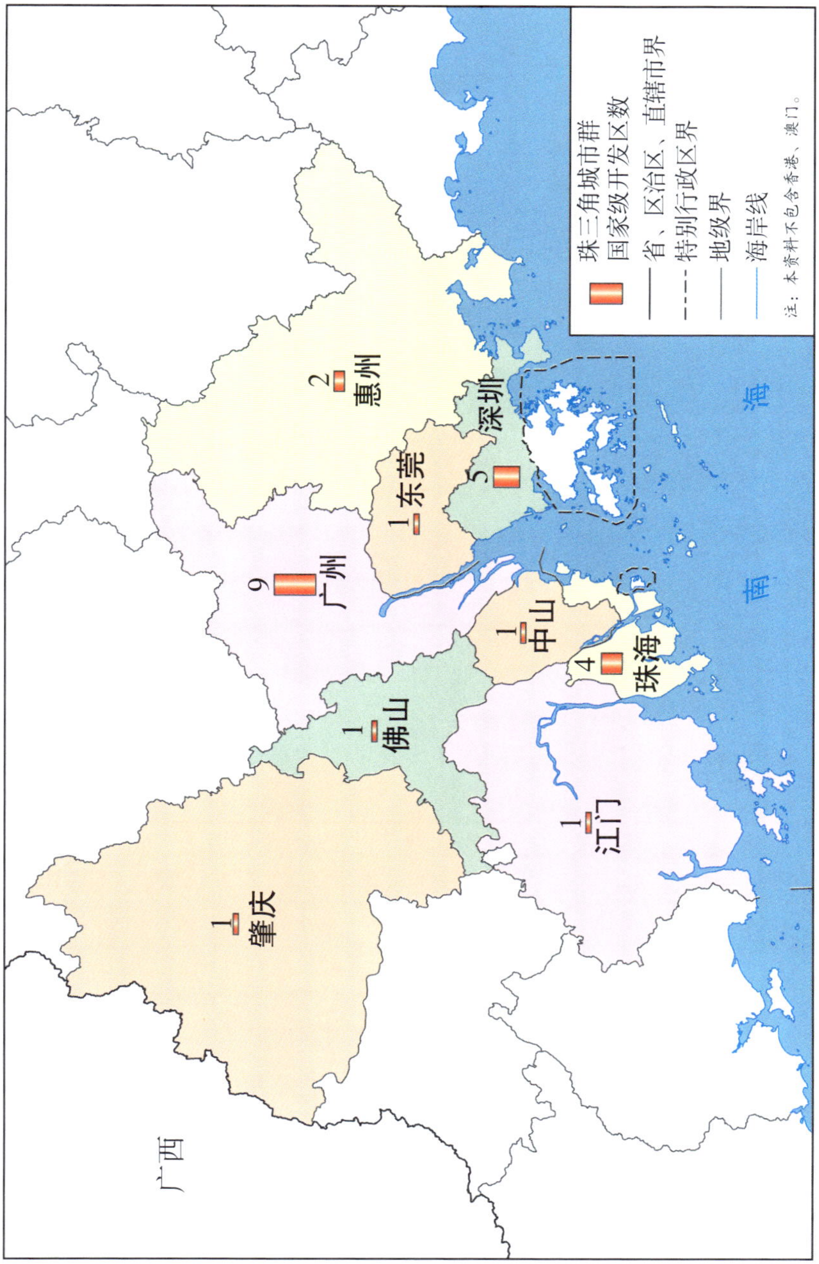

图 1 2020 年珠三角城市群参评国家级开发区数量分布情况

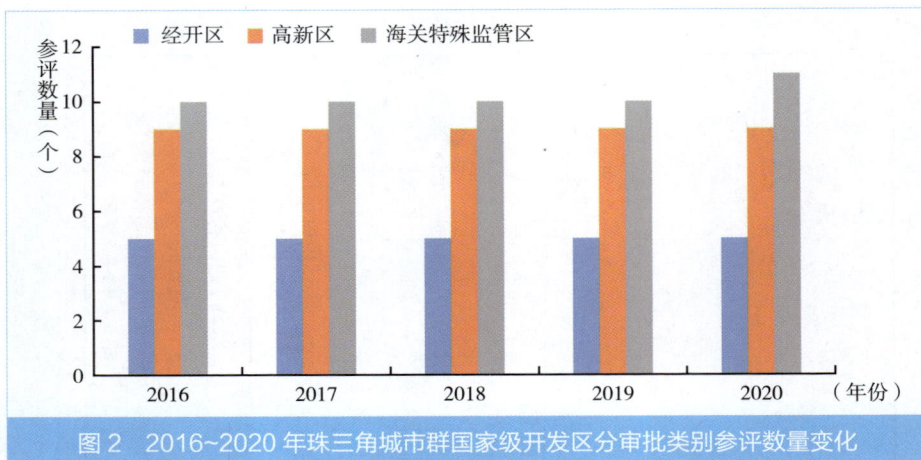

图 2 2016~2020 年珠三角城市群国家级开发区分审批类别参评数量变化

图 3 2016~2020 年珠三角城市群国家级开发区依法审批范围用地规模
与平均用地规模变化

表 2 2016~2020 年珠三角城市群国家级开发区分审批类别与评价类型依法
审批范围平均用地规模变化情况

审批类别	评价类型	2016 年参评	2020 年参评	数量（个）	2016 年平均用地规模（公顷）	2020 年平均用地规模（公顷）
经开区	工业主导型	是	是	5	2173	2173
高新区	工业主导型	是	是	9	1530	1530
海关特殊监管区	工业主导型	是	是	10	252	189
		否	是	1	—	294

402

2016~2020 年，参评开发区实际管理范围用地规模和平均用地规模有所下降。2020 年，参评开发区的实际管理范围用地规模为 3.47 万公顷，较 2016 年下降 7.6%；平均用地规模为 1386 公顷，较 2016 年下降 11.3%（见图 4）。从审批类别看，经开区平均用地规模较大，海关特殊监管区平均用地规模较小。2020 年，经开区、高新区和海关特殊监管区平均用地规模分别为 2604 公顷、2162 公顷和 198 公顷，较 2016 年分别下降 19.1%、增长 3.1% 和下降 21.4%（见表 3）。

图 4　2016~2020 年珠三角城市群国家级开发区实际管理范围用地规模变化

表 3　2016~2020 年珠三角城市群国家级开发区分审批类别与评价类型
实际管理范围平均用地规模变化情况

审批类别	评价类型	2016 年参评	2020 年参评	数量（个）	2016 年平均用地规模（公顷）	2020 年平均用地规模（公顷）
经开区	工业主导型	是	是	5	3220	2604
高新区	工业主导型	是	是	9	2098	2162
海关特殊监管区	工业主导型	是	是	10	252	189
		否	是	1	—	294

403

（二）省级开发区

1. 参评数量

2017~2020 年，珠三角城市群省级开发区参评数量有所增长，《目录》中参评率^①有所提升。2020 年，开发区参评数量为 48 个，较 2017 年净增加 19 个；参评率为 97.0%，较 2017 年提升 9.1 个百分点；不在《目录》中的开发区数量为 16 个，占参评开发区的 33.3%（见表 4、图 5）。从审批类别看，特色工业园参评数量占比较大且增长较多。2020 年，经开区、高新区和特色工业园参评数量分别为 10 个、9 个和 29 个，占比分别为 20.8%、18.8% 和 60.4%，较 2017 年分别净增加 1 个、7 个和 11 个（见图 6）。其中，2017 年参评的开发区 2020 年均参评。从评价类型看，工业主导型开发区参评数量占比较大且增长较多。2020 年，产城融合型和工业主导型开发区参评数量分别为 5 个和 43 个，占比分别为 10.4% 和 89.6%，较 2017 年分别净增加 2 个和 17 个（见图 7）。从审批类别与评价类型看，高新区中产城融合型开发区比例较高。2020 年，特色工业园全部为工业主导型，经开区和高新区中产城融合型开发区比例分别为 30.0% 和 22.2%（见图 8）。

表 4   2017~2020 年珠三角城市群省级开发区参评数量及参评率

年份	参评数量（个）			《目录》中未参评数量（个）	《目录》中开发区参评率（%）
	总计	在《目录》中	不在《目录》中		
2017	29	29	0	4	87.9
2018	31	30	1	3	90.9
2019	33	32	1	1	97.0
2020	48	32	16	1	97.0

----

① 《目录》中珠三角城市群应参加评价的开发区数量为 33 个。

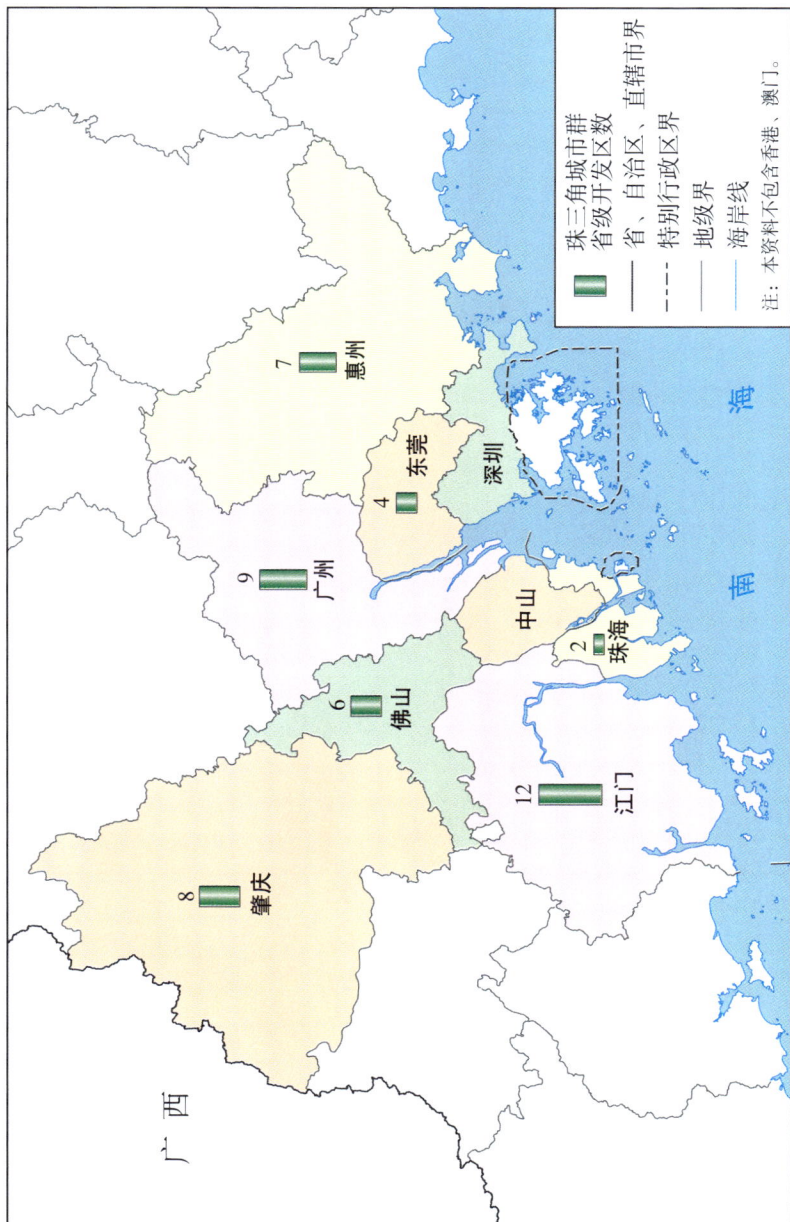

图5 2020 年珠三角城市群参评省级开发区数量分布情况

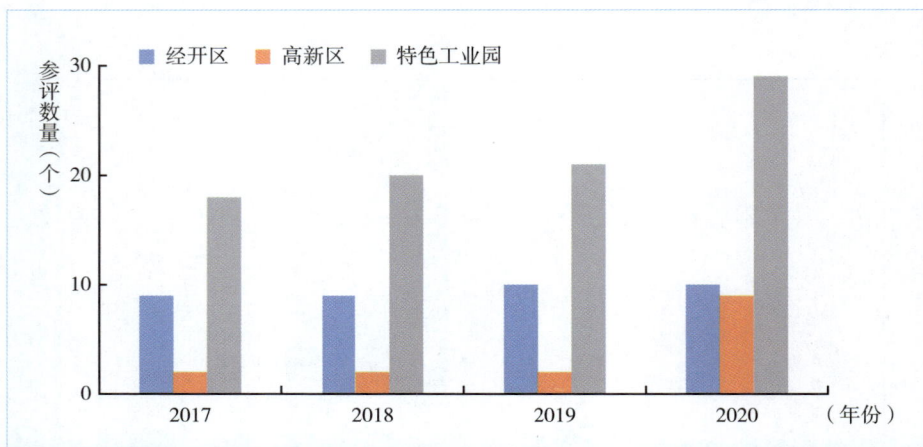

图6 2017~2020 年珠三角城市群省级开发区分审批类别参评数量变化

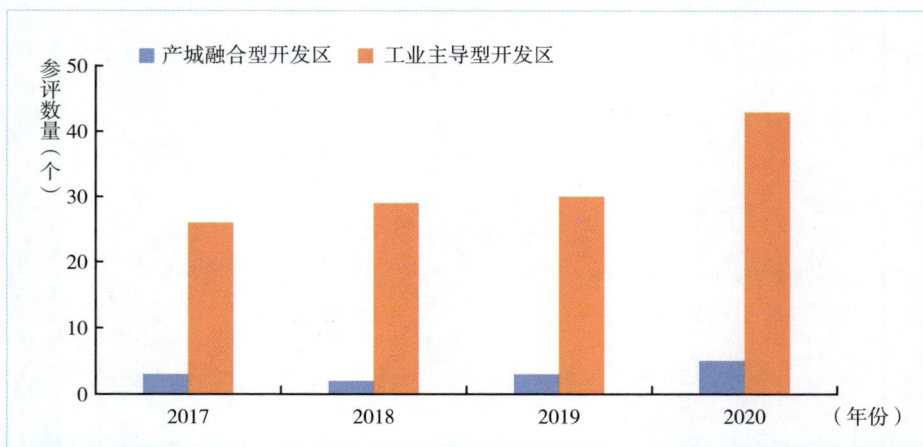

图7 2017~2020 年珠三角城市群省级开发区分评价类型参评数量变化

2. 用地规模

2017~2020 年，参评开发区依法审批范围用地规模和平均用地规模均有所增长。2020 年，开发区依法审批范围用地规模为 3.56 万公顷，较 2017 年增长 83.4%；平均用地规模为 742 公顷，较 2017 年增长 10.8%（见图 9）。从审批类别看，高新区平均用地规模较大。2020 年，经开区、高新区和特色工

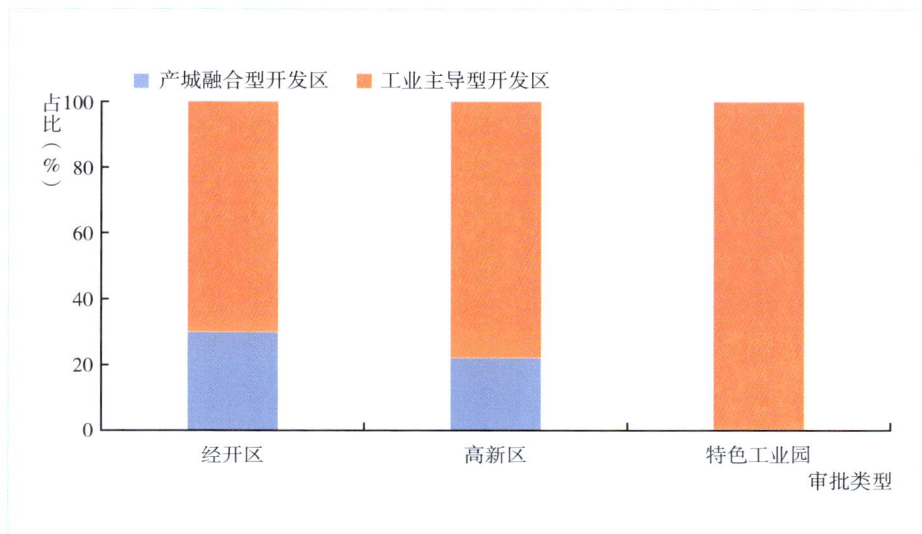

图 8 2017~2020 年珠三角城市群省级开发区分审批类别分审批
类别不同评价类型开发区比例

图 9 2017~2020 年珠三角城市群省级开发区依法审批范围
用地规模与平均用地规模变化

407

业园平均用地规模分别为 683 公顷、988 公顷和 686 公顷，较 2017 年分别增长 3.9%、增长 72.3% 和下降 0.1%。从评价类型看，产城融合型开发区平均用地规模较大且增幅较大。2020 年，产城融合型和工业主导型开发区平均用地规模分别为 909 公顷和 723 公顷，较 2017 年分别增长 66.3% 和 5.6%。从审批类别与评价类型看，2017~2020 年持续参评开发区平均用地规模无明显变化。新增参评开发区平均用地规模均高于同类型持续参评开发区（见表 5）。

表 5　2017~2020 年珠三角城市群省级开发区分审批类别与评价类型依法审批范围平均用地规模变化情况

审批类别	评价类型	2017 年参评	2020 年参评	数量（个）	2017 年平均用地规模（公顷）	2020 年平均用地规模（公顷）
经开区	产城融合型	是	是	3	546	546
	工业主导型	是	是	6	712	712
		否	是	1	—	914
高新区	产城融合型	是	是	2	—	1453
	工业主导型	是	是	2	574	574
		否	是	5	—	968
特色工业园	工业主导型	是	否	1	926	—
		是	是	17	673	673
		否	是	12	—	706

2017~2020 年，开发区实际管理范围用地规模和平均用地规模大幅增长。2020 年，参评开发区的实际管理范围用地规模为 10.75 万公顷，较 2017 年增长 2.8 倍；平均用地规模为 2240 公顷，较 2017 年增长 1.3 倍（见图 10）。从审批类别看，各类开发区平均用地规模均大幅增加。2020 年，经开区、高新区和特色工业园平均用地规模分别为 1954 公顷、2166 公顷和 2362 公顷，较 2017 年分别增长 1.2 倍、18.8% 和 1.6 倍。从评价类型看，2020 年，产城融合型和工业主导型开发区平均用地规模分别为 2449 公顷和 2216 公顷，较 2017 年分别增长 3.4 倍和 1.2 倍。从审批类别和评价类型看，2017~2020 年持续参

评开发区平均用地规模均大幅上升。新增参评开发区平均用地规模均低于同类型持续参评开发区（见表 6）。

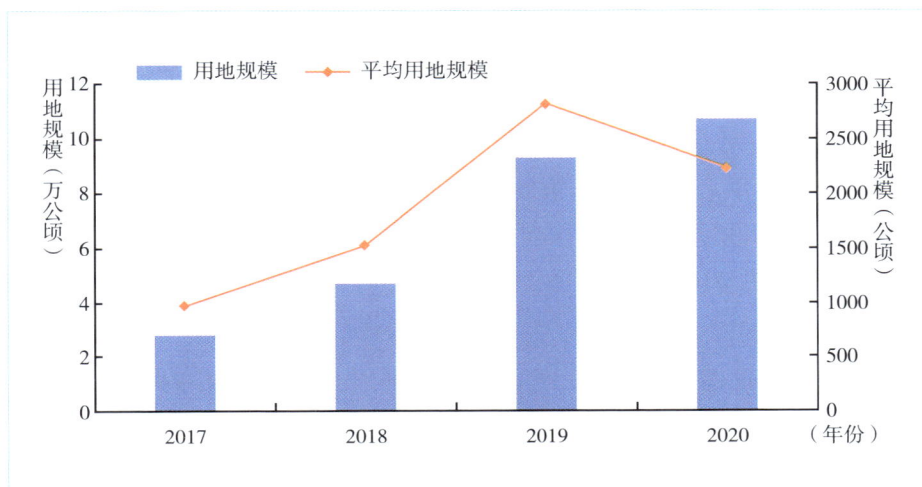

图 10　2017~2020 年珠三角城市群省级开发区实际管理范围用地规模变化

表 6　2017~2020 年珠三角城市群省级开发区分审批类别与评价类型实际管理范围平均用地规模变化情况

审批类别	评价类型	2017 年参评	2020 年参评	数量（个）	2017 年平均用地规模（公顷）	2020 年平均用地规模（公顷）
经开区	产城融合型	是	是	3	561	3047
	工业主导型	是	是	6	1066	1580
		否	是	1	—	914
高新区	产城融合型	否	是	2	—	1551
	工业主导型	是	是	2	1823	4935
		否	是	5	—	1303
特色工业园	工业主导型	是	否	1	1145	—
		是	是	17	906	3483
		否	是	12	—	774

二 2016~2020 年珠三角城市群开发区土地利用情况分析

（一）国家级开发区

1. 土地供应建设状况

2016~2020 年，开发区依法审批范围内，达供面积、供应面积和建成面积均有所增长。2020 年，开发区达供面积为 2.28 万公顷，较 2016 年增长 3.2%；供应面积为 2.15 万公顷，较 2016 年增长 3.9%；建成面积为 1.86 万公顷，较 2016 年增长 0.5%（见图 11）。其中，2016~2020 年持续参评的开发区达供面积、供应面积和建成面积增幅分别为 1.9%、2.9% 和 0%（见表 7）。从审批类别看，经开区和高新区土地供应与开发建设速度较快，海关特殊监管区土地开发和供应面积有所下降。2020 年，经开区、高新区和海关特殊监管区达供面积分别为 0.92 万公顷、1.15 万公顷和 0.21 万公顷，较 2016 年分别增长 6.6%、4.1% 和下降 15.5%；供应面积分别为 0.86 万公顷、1.10 万公顷和 0.19 万公顷，较 2016 年分别增长 7.3%、4.8% 和下降 13.5%；建成面积分别为 0.71 万公顷、0.99 万公顷和 0.16 万公顷，较 2016 年分别增长 2.0%、3.3% 和下降 17.2%。

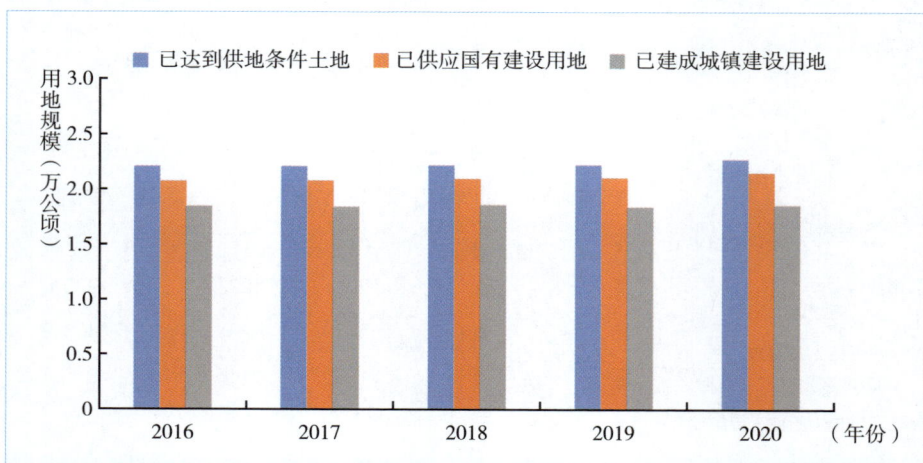

图 11　2016~2020 年珠三角城市群国家级开发区依法审批范围土地供应建设状况变化

表 7　2016~2020 年珠三角城市群国家级开发区依法审批范围
土地供应建设状况变化情况

范围	数量（个）	已达到供地条件土地		已供应国有建设用地		已建成城镇建设用地	
		增长（万公顷）	增幅（%）	增长（万公顷）	增幅（%）	增长（万公顷）	增幅（%）
全部开发区	25	0.07	3.2	0.08	3.9	0.01	0.5
2016~2020 年持续参评的开发区	24	0.04	1.9	0.06	2.9	0.00	0.0
新增参评开发区	1	0.03	—	0.02	—	0.01	—

2016~2020 年，开发区实际管理范围内，达供面积有所下降，供应面积有所提升，建成面积均有所下降。2020 年，达供面积为 2.87 万公顷，较 2016 年下降 3.4%；供应面积为 2.68 万公顷，较 2016 年增长 2.7%；建成面积为 2.27 万公顷，较 2016 年下降 0.4%。其中，持续参评且有发展方向区的开发区达供面积、供应面积和建成面积分别下降 4.9%、增长 3.8% 和下降 0.3%（见表 8）。从审批类别看，2020 年，经开区、高新区和海关特殊监管区达供面积分别为 1.09 万公顷、1.57 万公顷和 0.21 万公顷，较 2016 年分别下降 15.1%、增长 9.3% 和下降 15.5%；供应面积分别为 1.00 万公顷、1.49 万公顷和 0.19 万公顷，较 2016 年分别下降 4.6%、增长 11.3% 和下降 13.5%；建成面积分别为 0.82 万公顷、1.29 万公顷和 0.16 万公顷，较 2016 年分别下降 9.7%、增长 9.1% 和下降 17.2%。

表 8　2016~2020 年珠三角城市群国家级开发区实际管理范围土地供应
建设状况变化情况

范围	数量（个）	已达到供地条件土地		已供应国有建设用地		已建成城镇建设用地	
		增长（万公顷）	增幅（%）	增长（万公顷）	增幅（%）	增长（万公顷）	增幅（%）
全部开发区	25	-0.10	-3.4	0.07	2.7	-0.01	-0.4
持续参评且无发展方向区的开发区	16	-0.03	-2.8	-0.01	-0.8	-0.02	-2.7
持续参评且有发展方向区的开发区	8	-0.09	-4.9	0.06	3.8	0.00	-0.3
新增参评开发区	1	0.02	—	0.02	—	0.01	—

2. 土地利用结构

2016~2020 年，开发区依法审批范围内，工矿仓储用地规模有所下降，住宅用地规模有所增长。2020 年，工矿仓储用地面积为 1.06 万公顷，较 2016 年下降 4.5%；住宅用地面积为 0.17 万公顷，较 2016 年增长 21.4%。其中，2016~2020 年持续参评的开发区中，工矿仓储用地面积下降 5.2%，住宅用地面积增长 21.3%（见表 9）。从审批类别看，2020 年，经开区、高新区和海关特殊监管区工矿仓储用地面积分别为 0.43 万公顷、0.54 万公顷和 0.09 万公顷，较 2016 年分别下降 4.0%、2.9% 和 16.6%；经开区和高新区住宅用地面积分别为 0.08 万公顷和 0.09 万公顷，较 2016 年分别增长 47.8% 和 5.0%。

表 9　2016~2020 年珠三角城市群国家级开发区依法审批范围工矿仓储和住宅用地规模变化情况

范围	数量（个）	工矿仓储用地		住宅用地	
		增长（万公顷）	增幅（%）	增长（万公顷）	增幅（%）
全部开发区	25	−0.05	−4.5	0.03	21.4
2016~2020 年持续参评的开发区	24	−0.06	−5.2	0.03	21.3
新增参评开发区	1	0.01	—	0.00	—

2016~2020 年，开发区实际管理范围内，工矿仓储用地规模有所下降，住宅用地规模有所增长。2020 年，工矿仓储用地面积为 1.38 万公顷，较 2016 年下降 5.5%；住宅用地面积为 0.20 万公顷，较 2016 年增长 25.0%。其中，持续参评且有发展方向区的开发区工矿仓储用地和住宅用地面积分别下降 5.1% 和增长 29.9%（见表 10）。从审批类别看，2020 年，经开区、高新区和海关特殊监管区工矿仓储用地面积分别为 0.52 万公顷、0.77 万公顷和 0.09 万公顷，较 2016 年分别下降 17.2%、增长 6.6% 和下降 16.6%；经开区和高新区住宅用地面积分别为 0.09 万公顷和 0.12 万公顷，较 2016 年分别增长 54.6% 和 8.2%。

表 10　2016~2020 年珠三角城市群国家级开发区实际管理范围工矿仓储和住宅用地规模变化情况

范围	数量（个）	工矿仓储用地		住宅用地	
		增长（万公顷）	增幅（%）	增长（万公顷）	增幅（%）
全部开发区	25	−0.08	−5.5	0.04	25.0
持续参评且无发展方向区的开发区	16	−0.03	−7.3	0.01	18.3
持续参评且有发展方向区的开发区	8	−0.05	−5.1	0.03	29.9
新增参评开发区	1	0.00	—	0.00	—

3. 土地闲置状况

2016~2020 年，开发区依法审批范围内，闲置土地面积波动下降。2020 年，开发区闲置土地面积为 38 公顷，较 2016 年下降 155 公顷。其中，2016~2020 年持续参评的开发区闲置土地面积下降 153 公顷。从审批类别看，2020 年，海关特殊监管区无闲置土地，经开区和高新区闲置土地面积分别为 35 公顷和 3 公顷。

2016~2020 年，开发区实际管理范围内，闲置土地面积有所下降。2020 年，开发区闲置土地面积为 45 公顷，较 2016 年下降 223 公顷。其中，持续参评且有发展方向区的开发区闲置土地下降 78 公顷。从审批类别看，2020 年，海关特殊监管区无闲置土地，经开区和高新区闲置土地面积分别为 35 公顷和 10 公顷。

4. 建设量状况

2016~2020 年，开发区依法审批范围内，建设量有所增长。2020 年，开发区建筑面积为 2.11 亿平方米，较 2016 年增长 22.0%；建筑基底面积为 0.62 亿平方米，较 2016 年增长 5.1%；工矿仓储建筑面积为 1.36 亿平方米，较 2016 年增长 13.3%；工矿仓储建筑基底面积为 0.58 亿平方米，较 2016 年增长 3.6%（见图 12）。其中，2016~2020 年持续参评的开发区中，建筑面积增长 21.3%，建筑基底面积增长 4.5%，工矿仓储用地建筑面积增长 13.3%，工矿仓储建筑基底面积增长 3.5%（见表 11）。从审批类别看，2020 年，经开区、高新区和海关特殊监管区建筑面积分别为 0.81 亿平方米、1.16 亿平方米和 0.13 亿平方米，较 2016 年分别增长 15.2%、增长 32.1% 和下降 9.7%；建筑基底面积分别为 0.26 亿平方米、0.31 亿平方米和 0.05 亿平方米，较 2016 年分别增长 6.4%、3.7% 和 7.1%；工矿仓储建筑面积分别为 0.49 亿平方米、0.76 亿平方米和 0.11 亿平方米，较 2016 年分别增长 3.7%、增长 29.5% 和下降 20.0%；工矿仓储建筑基底面积分别为 0.28 亿平方米、0.26 亿平方米和 0.04 亿平方米，较 2016 年分别增长 3.8%、增长 7.3% 和下降 10.7%。

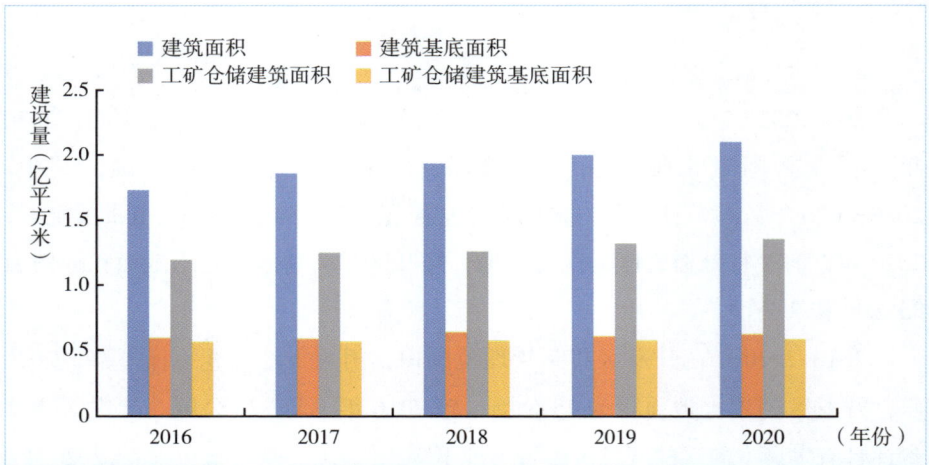

图 12　2016~2020 年珠三角城市群国家级开发区依法审批范围建设量状况变化

表 11　2016~2020 年珠三角城市群国家级开发区依法审批范围建设量状况变化情况

范围	数量（个）	建筑面积		建筑基底面积		工矿仓储建筑面积		工矿仓储建筑基底面积	
		增长（亿平方米）	增幅（%）	增长（亿平方米）	增幅（%）	增长（亿平方米）	增幅（%）	增长（亿平方米）	增幅（%）
全部开发区	25	0.38	22.0	0.03	5.1	0.16	13.3	0.02	3.6
2016~2020 年持续参评的开发区	24	0.37	21.3	0.03	4.5	0.16	13.3	0.02	3.5
新增参评开发区	1	0.01	—	0.00	—	0.00	—	0.00	—

2016~2020 年，开发区实际管理范围内，建设量大幅增长。2020 年，开发区建筑面积为 2.68 亿平方米，较 2016 年增长 24.7%；建筑基底面积为 0.80 亿平方米，较 2016 年增长 5.3%；工矿仓储建筑面积为 1.78 亿平方米，较 2016 年增长 17.9%；工矿仓储建筑基底面积为 0.75 亿平方米，较 2016 年增长 2.7%。其中，持续参评且有发展方向区的开发区建筑面积、建筑基底面积、工矿仓储建筑面积和工矿仓储建筑基底面积分别增长 27.9%、5.4%、21.9% 和 3.5%（见表 12）。从审批类别看，2020 年，经开区、高新区和海关特殊监管区建筑面积分别为 0.92 亿平方米、1.62 亿平方米和 0.13 亿平方米，较 2016 年分别增长 7.4%、增长 42.3% 和下降 9.7%；建筑基底面积分别为 0.30 亿平方米、0.45 亿平方米和 0.05 亿平方米，较 2016 年分别下降 5.1%、增长 13.2% 和增长 7.1%；工矿仓储建筑面积分别为 0.56 亿平方米、1.11 亿平方米和 0.11 亿平方米，较 2016 年分别下降 7.4%、增长 45.0% 和下降 20.0%；工矿仓储建筑基底面积分别为 0.31 亿平方米、0.39 亿平方米和 0.04 亿平方米，较 2016 年分别下降 11.1%、增长 20.4% 和下降 10.7%。

表 12　2016~2020 年珠三角城市群国家级开发区实际管理范围建设量状况变化情况

范围	数量（个）	建筑面积		建筑基底面积		工矿仓储建筑面积		工矿仓储建筑基底面积	
		增长（亿平方米）	增幅（%）	增长（亿平方米）	增幅（%）	增长（亿平方米）	增幅（%）	增长（亿平方米）	增幅（%）
全部开发区	25	0.53	24.7	0.04	5.3	0.27	17.9	0.02	2.7
持续参评且无发展方向区的开发区	16	0.16	18.9	0.01	3.0	0.05	10.0	0.00	0.5
持续参评且有发展方向区的开发区	8	0.37	27.9	0.03	5.4	0.21	21.9	0.02	3.5
新增参评开发区	1	0.01	—	0.00	—	0.01	—	0.00	—

（二）省级开发区

1. 土地供应建设状况

2017~2020 年，开发区依法审批范围内，土地供应与开发建设速度较快。

2020 年，开发区达供面积为 2.49 万公顷，较 2017 年增长 87.2%；供应面积为 2.25 万公顷，较 2017 年增长 90.7%；建成面积为 1.90 万公顷，较 2017 年增长 91.9%（见图 13）。其中，2017~2020 年持续参评的开发区中，达供面积、供应面积和建成面积分别增长 7.8%、9.3% 和 9.5%（见表 13）。

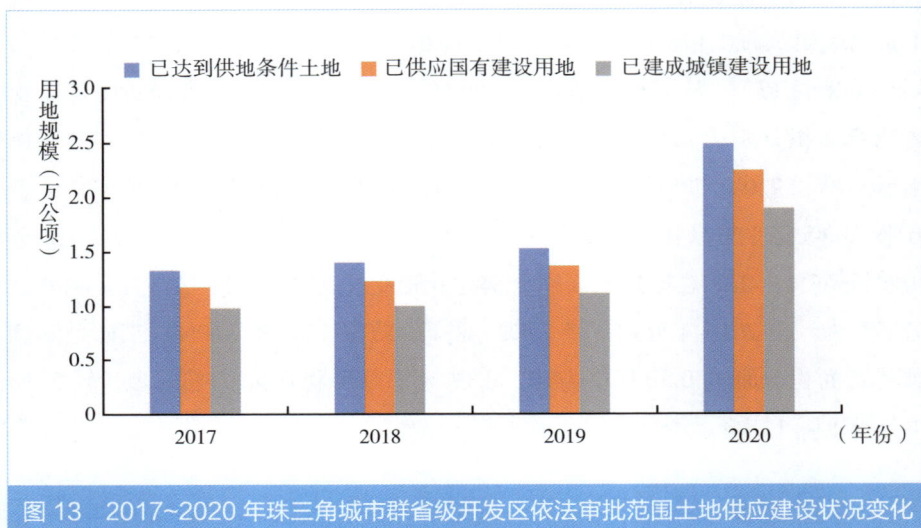

图 13　2017~2020 年珠三角城市群省级开发区依法审批范围土地供应建设状况变化

表 13　2017~2020 年珠三角城市群省级开发区依法审批范围土地供应建设状况变化情况

范围	数量（个）	已达到供地条件土地		已供应国有建设用地		已建成城镇建设用地	
		增长（万公顷）	增幅（%）	增长（万公顷）	增幅（%）	增长（万公顷）	增幅（%）
全部开发区	48	1.16	87.2	1.07	90.7	0.91	91.9
2017~2020 年持续参评的开发区	28	0.10	7.8	0.10	9.3	0.09	9.5
新增参评开发区	20	1.15	—	1.04	—	0.85	—

从审批类别看，高新区土地供应与开发建设速度最快。2020 年，经开区、高新区和特色工业园达供面积分别为 0.53 万公顷、0.61 万公顷和 1.36 万公顷，

较 2017 年分别增长 25.7%、5.9 倍和 63.9%；供应面积分别为 0.47 万公顷、0.56 万公顷和 1.22 万公顷，较 2017 年分别增长 22.9%、6.0 倍和 70.1%；建成面积分别为 0.41 万公顷、0.45 万公顷和 1.04 万公顷，较 2017 年分别增长 20.3%、5.4 倍和 79.2%。从评价类型看，产城融合型开发区土地供应与开发建设速度较快。2020 年，产城融合型和工业主导型开发区达供面积分别为 0.29 万公顷和 2.20 万公顷，较 2017 年分别增长 2.0 倍和 77.3%；供应面积分别为 0.27 万公顷和 1.98 万公顷，较 2017 年分别增长 2.3 倍和 79.9%；建成面积分别为 0.24 万公顷和 1.67 万公顷，较 2017 年分别增长 2.2 倍和 81.2%。

2017~2020 年，开发区实际管理范围内，达供面积、供应面积和建成面积均大幅增长。2020 年，开发区达供面积为 3.90 万公顷，较 2017 年增长 1.0 倍；供应面积为 3.46 万公顷，较 2017 年增长 1.1 倍；建成面积为 2.89 万公顷，较 2017 年增长 1.1 倍。其中，持续参评且有发展方向区的开发区达供面积、供应面积和建成面积分别增长 60.9%、65.4% 和 69.5%（见表 14）。

表 14　2017~2020 年珠三角城市群省级开发区实际管理范围土地供应建设状况变化情况

范围	数量（个）	已达到供地条件土地		已供应国有建设用地		已建成城镇建设用地	
		增长（万公顷）	增幅（%）	增长（万公顷）	增幅（%）	增长（万公顷）	增幅（%）
全部开发区	48	1.99	104.2	1.83	112.3	1.53	112.5
持续参评且无发展方向区的开发区	11	0.05	9.6	0.06	13.1	0.05	12.5
持续参评且有发展方向区的开发区	17	0.78	60.9	0.71	65.4	0.64	69.5
新增参评开发区	20	1.26	—	1.14	—	0.87	—

从审批类别看，2020 年，经开区、高新区和特色工业园达供面积分别为 0.76 万公顷、1.20 万公顷和 1.93 万公顷，较 2017 年分别增长 47.0%、4.2 倍和 66.8%；供应面积分别为 0.67 万公顷、1.14 万公顷和 1.65 万公顷，

较 2017 年分别增长 43.5%、4.1 倍和 76.3%；建成面积分别为 0.57 万公顷、0.95 万公顷和 1.37 万公顷，较 2017 年分别增长 41.7%、4.2 倍和 78.0%。从评价类型看，2020 年，产城融合型和工业主导型开发区达供面积分别为 0.34 万公顷和 3.56 万公顷，较 2017 年分别增长 2.5 倍和 96.5%；供应面积分别为 0.31 万公顷和 3.15 万公顷，较 2017 年分别增长 2.7 倍和 1.0倍；建成面积分别为 0.27 万公顷和 2.62 万公顷，较 2017 年分别增长 2.6倍和 1.0 倍。

2. 土地利用结构

2017~2020 年，开发区依法审批范围内，工矿仓储用地和住宅用地的规模均大幅增长。2020 年，工矿仓储用地面积为 1.28 万公顷，较 2017 年增长 82.9%；住宅用地面积为 0.12 万公顷，较 2017 年增长 71.4%。其中，2017~2020 年持续参评的开发区中，工矿仓储用地面积和住宅用地面积分别增长 10.8% 和 3.7%（见表 15）。

表 15　2017~2020 年珠三角城市群省级开发区依法审批范围工矿仓储和住宅用地规模变化情况

范围	数量（个）	工矿仓储用地		住宅用地	
		增长（万公顷）	增幅（%）	增长（万公顷）	增幅（%）
全部开发区	48	0.58	82.9	0.05	71.4
2017~2020 年持续参评的开发区	28	0.07	10.8	0.00	3.7
新增参评开发区	20	0.54	—	0.05	—

从审批类别看，高新区工矿仓储用地和住宅用地规模增幅较大。2020年，经开区、高新区和特色工业园工矿仓储用地面积分别为 0.29 万公顷、0.23万公顷和 0.76 万公顷，较 2017 年分别增长 22.1%、3.7 倍和 84.1%；住宅用地面积分别为 0.04 万公顷、0.03 万公顷和 0.05 万公顷，较 2017 年分别增长11.1%、28.4 倍和 47.9%。从评价类型看，产城融合型开发区工矿仓储用地规模增幅较大，产城融合型开发区住宅用地规模增幅较大。2020 年，产城融合

型和工业主导型开发区工矿仓储用地面积分别为 0.04 万公顷和 1.24 万公顷，较 2017 年分别增长 42.4% 和 85.3%；住宅用地面积分别为 0.05 万公顷和 0.07 万公顷，较 2017 年分别增长 1.4 倍和 42.3%。

2017~2020 年，开发区实际管理范围内，工矿仓储用地和住宅用地的规模均大幅增长。2020 年，工矿仓储用地面积为 1.88 万公顷，较 2017 年增长 91.8%；住宅用地面积为 0.27 万公顷，较 2017 年增长 2.9 倍。其中，持续参评且有发展方向区的开发区工矿仓储用地和住宅用地面积分别增长 54.4% 和 3.7 倍（见表 16）。

表 16　2017~2020 年珠三角城市群省级开发区实际管理范围工矿仓储和住宅用地规模变化情况

范围	数量（个）	工矿仓储用地		住宅用地	
		增长（万公顷）	增幅（%）	增长（万公顷）	增幅（%）
全部开发区	48	0.90	91.8	0.20	285.7
持续参评且无发展方向区的开发区	11	0.03	10.5	0.00	4.7
持续参评且有发展方向区的开发区	17	0.36	54.4	0.15	365.8
新增参评开发区	20	0.54	—	0.05	—

从审批类别看，2020 年，经开区、高新区和特色工业园工矿仓储用地面积分别为 0.39 万公顷、0.46 万公顷和 1.02 万公顷，较 2017 年分别增长 38.1%、2.7 倍和 81.9%；住宅用地面积分别为 0.05 万公顷、0.16 万公顷和 0.06 万公顷，较 2017 年分别增长 40.5%、38.6 倍和 71.3%。从评价类型看，2020 年，产城融合型和工业主导型开发区工矿仓储用地面积分别为 0.05 万公顷和 1.82 万公顷，较 2017 年分别增长 94.6% 和 93.0%；住宅用地面积分别为 0.06 万公顷和 0.21 万公顷，较 2017 年分别增长 1.8 倍和 3.0 倍。

3. 土地闲置状况

2017~2020 年，开发区依法审批范围内，闲置土地面积略有增长。2020 年，开发区闲置土地面积为 8 公顷，较 2017 年增长 6 公顷。其中，

2017~2020 年持续参评的开发区闲置土地面积增长 4 公顷。从审批类别看，仅特色工业园有闲置土地。从评价类型看，仅工业主导型开发区有闲置土地。

2017~2020 年，开发区实际管理范围内，闲置土地面积有所增长。2020年，开发区闲置土地面积为 42 公顷，较 2017 年增长 18 公顷。其中，持续参评且有发展方向区的开发区闲置土地面积增长 16 公顷。从审批类别看，仅特色工业园有闲置土地。从评价类型看，仅工业主导型开发区有闲置土地。

4. 建设量状况

2017~2020 年，开发区依法审批范围内，建设量迅速增长。2020 年，开发区建筑面积为 1.98 亿平方米，较 2017 年增长 1.1 倍；建筑基底面积为 0.77亿平方米，较 2017 年增长 97.4%；工矿仓储建筑面积为 1.39 亿平方米，较2017 年增长 85.3%；工矿仓储建筑基底面积为 0.76 亿平方米，较 2017 年增长 85.4%（见图 14）。其中，2017~2020 年持续参评的开发区中，建筑面积、建筑基底面积、工矿仓储建筑面积和工矿仓储建筑基底面积分别增长 13.6%、12.9%、14.4% 和 12.4%（见表 17）。

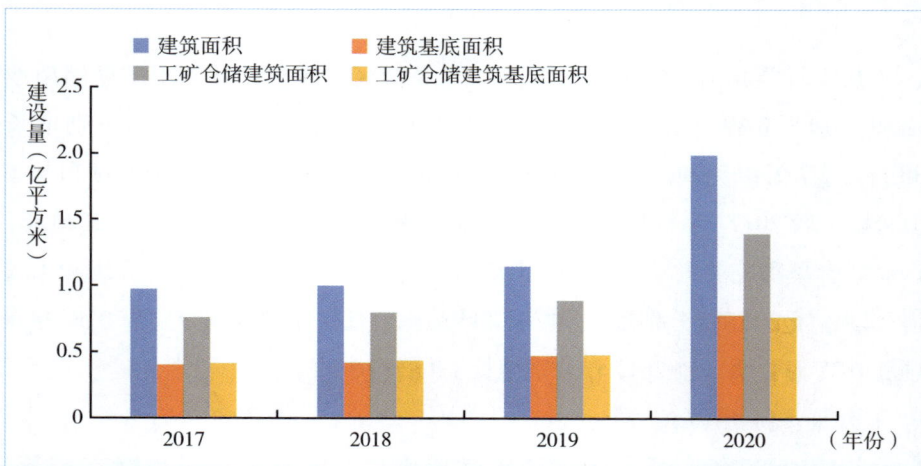

图 14 2017~2020 年珠三角城市群省级开发区依法审批范围建设量状况变化

表 17　2017~2020 年珠三角城市群省级开发区依法审批范围建设量状况变化情况

范围	数量（个）	建筑面积		建筑基底面积		工矿仓储建筑面积		工矿仓储建筑基底面积	
		增长（亿平方米）	增幅（%）	增长（亿平方米）	增幅（%）	增长（亿平方米）	增幅（%）	增长（亿平方米）	增幅（%）
全部开发区	25	1.02	106.3	0.38	97.4	0.64	85.3	0.35	85.4
2017~2020 年持续参评的开发区	28	0.13	13.6	0.05	12.9	0.10	14.4	0.05	12.4
新增参评开发区	20	0.92	—	0.34	—	0.56	—	0.32	—

从审批类别看，2020 年，经开区、高新区和特色工业园建筑面积分别为 0.41 亿平方米、0.56 亿平方米和 1.01 亿平方米，较 2017 年分别增长 16.9%、4.7 倍和 95.0%；建筑基底面积分别为 0.17 亿平方米、0.19 亿平方米和 0.41 亿平方米，较 2017 年分别增长 23.0%、5.1 倍和 83.9%；工矿仓储建筑面积分别为 0.33 亿平方米、0.28 亿平方米和 0.78 亿平方米，较 2017 年分别增长 19.6%、2.5 倍和 96.7%；工矿仓储建筑基底面积分别为 0.17 亿平方米、0.15 亿平方米和 0.44 亿平方米，较 2017 年分别增长 29.7%、4.0 倍和 80.6%。从评价类型看，2020 年，产城融合型和工业主导型开发区建筑面积分别为 0.34 亿平方米和 1.64 亿平方米，较 2017 年分别增长 4.0 倍和 83.0%；建筑基底面积分别为 0.08 亿平方米和 0.69 亿平方米，较 2017 年分别增长 2.2 倍和 87.3%；工矿仓储建筑面积分别为 0.05 亿平方米和 1.34 亿平方米，较 2017 年分别增长 67.8% 和 85.3%；工矿仓储建筑基底面积分别为 0.02 亿平方米和 0.74 亿平方米，较 2017 年分别增长 46.0% 和 88.9%。

2017~2020 年，开发区实际管理范围内，建设量大幅增长。2020 年，开发区建筑面积为 3.26 亿平方米，较 2017 年增长 1.5 倍；建筑基底面积为 1.17 亿平方米，较 2017 年增长 1.2 倍；工矿仓储建筑面积为 2.02 亿平方米，较 2017 年增长 88.8%；工矿仓储建筑基底面积为 1.05 亿平方米，较 2017 年增长 90.9%。其中，持续参评且有发展方向区的开发区建筑面积、建筑基底面积、工矿仓储建筑面积和工矿仓储建筑基底面积分别增长 1.0 倍、71.1%、48.5% 和 46.8%（见表 18）。

表 18　2017~2020 年珠三角城市群省级开发区实际管理范围建设量状况变化情况

范围	数量（个）	建筑面积		建筑基底面积		工矿仓储建筑面积		工矿仓储建筑基底面积	
		增长（万平方米）	增幅（%）	增长（万平方米）	增幅（%）	增长（万平方米）	增幅（%）	增长（万平方米）	增幅（%）
全部开发区	48	1.93	145.1	0.63	116.7	0.95	88.8	0.50	90.9
持续参评且无发展方向区的开发区	11	0.05	14.7	0.02	14.0	0.03	11.3	0.02	10.8
持续参评且有发展方向区的开发区	17	0.96	100.4	0.27	71.1	0.38	48.5	0.17	46.8
新增参评开发区	20	0.95	—	0.35	—	0.57	—	0.32	—

　　从审批类别看，2020 年，经开区、高新区和特色工业园建筑面积分别为 0.68 亿平方米、1.33 亿平方米和 1.25 亿平方米，较 2017 年分别增长 59.1%、5.0 倍和 82.6%；建筑基底面积分别为 0.25 亿平方米、0.41 亿平方米和 0.51 亿平方米，较 2017 年分别增长 53.7%、3.8 倍和 72.5%；工矿仓储建筑面积分别为 0.49 亿平方米、0.54 亿平方米和 1.00 亿平方米，较 2017 年分别增长 41.8%、1.9 倍和 83.0%；工矿仓储建筑基底面积分别为 0.24 亿平方米、0.28 亿平方米和 0.54 亿平方米，较 2017 年分别增长 47.0%、2.6 倍和 71.7%。从评价类型看，2020 年，产城融合型和工业主导型开发区建筑面积分别为 0.48 亿平方米和 2.78 亿平方米，较 2017 年分别增长 6.0 倍和 1.2 倍；建筑基底面积分别为 0.11 亿平方米和 1.06 亿平方米，较 2017 年分别增长 3.6 倍和 1.0 倍；工矿仓储建筑面积分别为 0.09 亿平方米和 1.93 亿平方米，较 2017 年分别增长 2.4 倍和 84.7%；工矿仓储建筑基底面积分别为 0.04 亿平方米和 1.01 亿平方米，较 2017 年分别增长 1.5 倍和 89.0%。

三　2016~2020 年珠三角城市群开发区土地集约利用情况分析

（一）国家级开发区

1. 土地利用程度

2016~2020 年，工业主导型开发区依法审批范围内土地开发率和土地供应率有所提升，土地建成率有所下降。2020 年，土地开发率和土地供应率分别为 90.7% 和 94.6%，较 2016 年分别提升 2.8 个和 0.8 个百分点；土地建成率为 86.4%，较 2016 年下降 2.7 个百分点（见图 15）。2016~2020 年持续参评的开发区土地开发率、土地供应率与土地建成率分别提升 2.9 个、提升 0.9 个和下降 2.5 个百分点。新增参评开发区土地开发率、土地供应率与土地建成率分别为 82.5%、83.0% 和 59.4%（见表 19）。从审批类别上看，海关特殊监管区土地开发率最高，为 95.6%，分别较经开区和高新区高 5.2 个和 5.5 个百分点；高新区土地供应率最高，为 95.9%，分别较经开区和海关特殊监管区高 2.6 个

图 15　2016~2020 年珠三角城市群国家级工业主导型开发区依法审批范围土地利用程度变化

423

和 3.4 个百分点；高新区土地建成率最高，为 89.6%，分别较经开区和海关特殊监管区高 7.3 个和 3.9 个百分点。

表 19　2016 年和 2020 年珠三角城市群国家级工业主导型开发区依法审批范围土地利用程度

范围	数量（个）	土地开发率（%）		土地供应率（%）		土地建成率（%）	
		2016 年	2020 年	2016 年	2020 年	2016 年	2020 年
全部开发区	25	87.9	90.7	93.8	94.6	89.1	86.4
2016~2020 年持续参评的开发区	24	87.9	90.8	93.8	94.7	89.1	86.6
新增参评开发区	1	—	82.5	—	83.0	—	59.4

2016~2020 年，工业主导型开发区实际管理范围内土地开发率和土地供应率有所提升，土地建成率有所下降。2020 年，土地开发率和土地供应率分别为 87.5% 和 93.5%，较 2016 年分别提升 3.5 个和 5.6 个百分点；土地建成率为 84.8%，较 2016 年下降 3.0 个百分点。持续参评且有发展方向区的开发区土地开发率、土地供应率与土地建成率分别提升 4.4 个、提升 7.9 个和下降 3.5 个百分点。新增参评开发区土地开发率、土地供应率与土地建成率分别为 82.5%、83.0% 和 59.4%（见表 20）。从审批类别上看，2020 年，海关特殊监管区土地开发率最高，为 95.6%，分别较经开区和高新区高 6.7 个和 10.1 个百分点；高新区土地供应率最高，为 95.3%，分别较经开区和海关特殊监管区高 4.2 个和 2.8 个百分点；高新区土地建成率最高，为 86.3%，分别较经开区和海关特殊监管区高 3.8 个和 0.5 个百分点。

表 20　2016 年和 2020 年珠三角城市群国家级工业主导型开发区实际管理范围土地利用程度

范围	数量（个）	土地开发率（%）		土地供应率（%）		土地建成率（%）	
		2016 年	2020 年	2016 年	2020 年	2016 年	2020 年
全部开发区	25	84.0	87.5	87.9	93.5	87.8	84.8
持续参评且无发展方向区的开发区	16	88.4	90.3	91.9	93.8	84.2	82.5

范围	数量（个）	土地开发率（%）		土地供应率（%）		土地建成率（%）	
		2016 年	2020 年	2016 年	2020 年	2016 年	2020 年
持续参评且有发展方向区的开发区	8	81.6	86.0	85.6	93.5	89.9	86.4
新增参评开发区	1	—	82.5	—	83.0	—	59.4

2. 工业用地结构

2016~2020 年，工业主导型开发区依法审批范围内工业用地率有所下降。2020 年，工业用地率为 57.1%，较 2016 年下降 3.2 个百分点。2016~2020 年持续参评的开发区工业用地率下降 3.2 个百分点。新增参评开发区工业用地率为 52.4%。从审批类别上看，2020 年，经开区工业用地率最高，为 60.5%，分别高于高新区和海关特殊监管区高新区 6.0 个和 3.3 个百分点。

2016~2020 年，工业主导型开发区实际管理范围内工业用地率有所下降。2020 年，工业用地率为 60.7%，较 2016 年下降 3.0 个百分点。持续参评且有发展方向区的开发区工业用地率下降 3.3 个百分点。新增参评开发区工业用地率为 52.4%。从审批类别上看，2020 年，经开区工业用地率最高，为 62.8%，分别高于高新区和海关特殊监管区高新区 3.0 个和 2.6 个百分点。

3. 土地利用强度

2016~2020 年，工业主导型开发区依法审批范围内土地利用强度有所提升。2020 年，综合容积率和工业用地综合容积率分别为 1.13 和 1.28，较 2016 年分别提升 0.19 和 0.21；建筑密度和工业用地建筑系数分别为 33.5% 和 54.9%，较 2016 年分别提升 1.4 个和 4.6 个百分点（见图 16）。2016~2020 年持续参评的开发区综合容积率提升 0.20，工业用地综合容积率提升 0.21，建筑密度提升 1.5 个百分点，工业用地建筑系数提升 4.6 个百分点。新增参评开发区综合容积率为 0.55，建筑密度为 25.4%，工业用地综合容积率为 0.97，工业用地建筑系数为 50.2%（见表 21）。从审批类别上看，2020 年，高新区综合容积率最高，为 1.18，分别较经开区和海关特殊监管区高 0.03 和 0.37；高新区工业用地综合容积率最高，为 1.41，分别较经开区和海关特殊监管区高

0.27 和 0.28；经开区建筑密度最高，为 37.0%，分别较高新区和海关特殊监管区高 5.2 个和 8.4 个百分点；经开区工业用地建筑系数最高，为 64.5%，分别较高新区和海关特殊监管区高 15.7 个和 17.8 个百分点。

图 16　2016~2020 年珠三角城市群国家级工业主导型开发区依法审批范围土地利用强度变化

图 17　2016~2020 年珠三角城市群国家级工业主导型开发区依法审批范围工业用地利用强度变化

表 21　2016~2020 年珠三角城市群国家级工业主导型开发区依法审批范围土地利用强度变化情况

范围	数量（个）	综合容积率		建筑密度（%）		工业用地综合容积率		工业用地建筑系数（%）	
		2016 年	2020 年	2016 年	2020 年	2016 年	2020 年	2016 年	2020 年
全部开发区	25	0.94	1.13	32.1	33.5	1.07	1.28	50.3	54.9
2016~2020 年持续参评的开发区	24	0.94	1.14	32.1	33.6	1.07	1.28	50.3	54.9
新增参评开发区	1	—	0.55	—	25.4	—	0.97	—	50.2

2016~2020 年，工业主导型开发区实际管理范围内土地利用强度有所提升。2020 年，综合容积率和工业用地综合容积率分别为 1.18 和 1.29，较 2016 年分别提升 0.24 和 0.26；建筑密度和工业用地建筑系数分别为 35.0% 和 54.4%，较 2016 年分别提升 1.9 个和 4.4 个百分点。持续参评且有发展方向区的开发区综合容积率和工业用地综合容积率分别提升 0.26 和 0.28；建筑密度和工业用地建筑系数分别提升 2.1 个和 4.7 个百分点。新增参评开发区综合容积率为 0.55，建筑密度为 25.4%，工业用地综合容积率为 0.97，工业用地建筑系数为 50.2%（见表 22）。从审批类别上看，2020 年，高新区综合容积率最高，为 1.26，分别较经开区和海关特殊监管区高 0.13 和 0.46；高新区工业用地综合容积率最高，为 1.44，分别较经开区和海关特殊监管区高 0.35 和 0.30；经开区建筑密度最高，为 36.8%，分别较高新区和海关特殊监管区高 2.2 个和 8.2 个百分点；经开区工业用地建筑系数最高，为 61.0%，分别较高新区和海关特殊监管区高 10.0 个和 14.3 个百分点。

表 22　2016~2020 年珠三角城市群国家级工业主导型开发区实际管理范围土地利用强度变化情况

范围	数量（个）	综合容积率		建筑密度（%）		工业用地综合容积率		工业用地建筑系数（%）	
		2016 年	2020 年	2016 年	2020 年	2016 年	2020 年	2016 年	2020 年
全部开发区	25	0.94	1.18	33.1	35.0	1.03	1.29	50.0	54.4
持续参评且无发展方向区的开发区	16	0.99	1.21	27.5	29.1	1.12	1.32	43.8	47.4

续表

范围	数量（个）	综合容积率		建筑密度（%）		工业用地综合容积率		工业用地建筑系数（%）	
		2016 年	2020 年	2016 年	2020 年	2016 年	2020 年	2016 年	2020 年
持续参评且有发展方向区的开发区	8	0.91	1.17	36.3	38.4	0.99	1.27	53.0	57.7
新增参评开发区	1	—	0.55	—	25.4	—	0.97	—	50.2

4. 综合用地效益

2016~2020 年，工业主导型开发区依法审批范围内综合用地效益有所提升。2020 年，工业用地固定资产投入强度为 14368 元 / 米^2，较 2016 年提升 48.3%；工业用地地均税收为 2040 元 / 米^2，较 2016 年提升 14.7%（见图 18）。2016~2020 年持续参评的开发区工业用地固定资产投入强度提升 48.8%，工业用地地均税收提升 15.3%。新增参评开发区工业用地固定资产投入强度为 4990 元 / 米^2，工业用地地均税收为 263 元 / 米^2（见表 23）。从审批类别上看，2020 年，经开区工业用地固定资产投入强度最高，为 16722 元 / 米^2，分别较高新区和海关特殊监管区高 28.2% 和 48.9%；高新区工业用地地均税收最高，为 2274 元 / 米^2，分别较经开区和海关特殊监管区高 12.9% 和 1.8 倍。

图 18　2016~2020 年珠三角城市群国家级工业主导型开发区依法审批范围综合用地效益变化

表 23　2016~2020 年珠三角城市群国家级工业主导型开发区依法审批范围综合用地效益变化情况

范围	数量（个）	工业用地固定资产投入强度（元 / 米²）		工业用地地均税收（元 / 米²）	
		2016 年	2020 年	2016 年	2020 年
全部开发区	25	9689	14368	1778	2040
2016~2020 年持续参评的开发区	24	9688	14419	1778	2050
新增参评开发区	1	—	4990	—	263

2016~2020 年，工业主导型开发区实际管理范围内综合用地效益有所提升。2020 年，工业用地固定资产投入强度为 13203 元 / 米²，较 2016 年提升 55.1%；工业用地地均税收为 1877 元 / 米²，较 2016 年提升 26.3%。持续参评且有发展方向区的开发区工业用地固定资产投入强度提升 52.9%，工业用地地均税收提升 38.3%。新增参评开发区工业用地固定资产投入强度为 4990 元 / 米²，工业用地地均税收为 263 元 / 米²（见表 24）。从审批类别上看，2020 年，经开区工业用地固定资产投入强度最高，为 16001 元 / 米²，较高新区和海关特殊监管区分别高 38.3% 和 42.5%；高新区工业用地地均税收最高，为 2026 元 / 米²，较经开区和海关特殊监管区分别高 9.5% 和 1.5 倍。

表 24　2016~2020 年珠三角城市群国家级工业主导型开发区实际管理范围综合用地效益变化情况

范围	数量（个）	工业用地固定资产投入强度（元 / 米²）		工业用地地均税收（元 / 米²）	
		2016 年	2020 年	2016 年	2020 年
全部开发区	25	8511	13203	1486	1877
持续参评且无发展方向区的开发区	16	8367	13490	1661	1767
持续参评且有发展方向区的开发区	8	8579	13119	1402	1939
新增参评开发区	1	—	4990	—	263

5. 土地管理绩效

2016~2020 年，工业主导型开发区依法审批范围内土地闲置率有所下降。

2020 年，土地闲置率为 0.18%，较 2016 年下降 0.75 个百分点。2016~2020 年持续参评的开发区土地闲置率下降 0.74 个百分点。新增参评开发区无闲置土地。从审批类别上看，经开区和高新区土地闲置率分别为 0.41% 和 0.03%；海关特殊监管区无闲置土地。

2016~2020 年，工业主导型开发区实际管理范围内土地闲置率有所下降。2020 年，土地闲置率为 0.17%，较 2016 年下降 0.86 个百分点。持续参评且有发展方向区的开发区土地闲置率下降 0.49 个百分点。新增参评开发区无闲置土地。从审批类别上看，经开区和高新区土地闲置率分别为 0.35% 和 0.07%；海关特殊监管区无闲置土地。

（二）省级开发区

1. 土地利用程度

2017~2020 年，工业主导型开发区依法审批范围内土地利用程度有所提升。2020 年，土地开发率、土地供应率和土地建成率分别为 71.8%、89.8% 和 84.3%，分别较 2017 年提升 1.0 个、1.3 个和 0.6 个百分点（见图 19）。

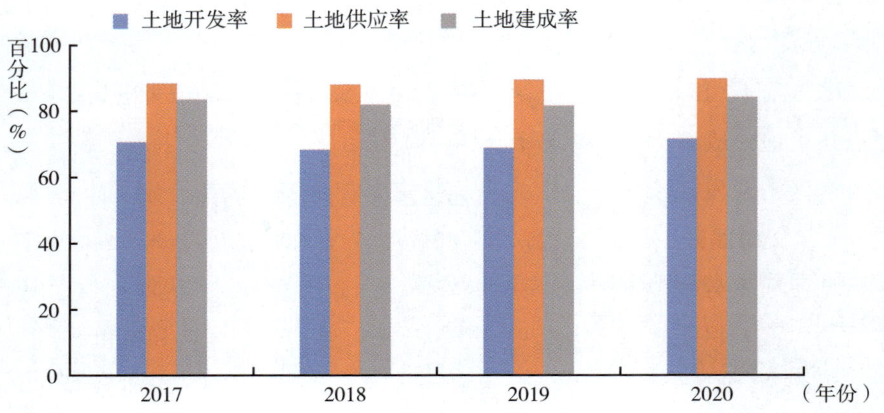

图 19　2017~2020 年珠三角城市群省级工业主导型开发区依法审批范围土地利用程度变化

2017~2020 年持续参评的开发区土地开发率、土地供应率与土地建成率分别提升 5.5 个、1.3 个和 0.3 个百分点。新增参评开发区土地开发率、土地供应率与土地建成率分别为 67.9%、89.3% 和 80.9%（见表 25）。从审批类别上看，2020 年，经开区土地开发率最高，为 83.2%，分别较高新区和特色工业园高 13.3 个和 13.9 个百分点；特色工业园土地供应率最高，为 89.9%，分别较经开区和高新区高 0.5 个和 0.2 个百分点；经开区土地建成率最高，为 87.2%，分别较高新区和特色工业园高 9.0 个和 2.0 个百分点。

表 25　2017 年和 2020 年珠三角城市群省级工业主导型开发区依法审批范围土地利用程度

范围	数量（个）	土地开发率（%）		土地供应率（%）		土地建成率（%）	
		2017 年	2020 年	2017 年	2020 年	2017 年	2020 年
全部开发区	43	70.8	71.8	88.5	89.8	83.7	84.3
2017~2020 年持续参评的开发区	25	69.5	75.0	88.9	90.2	86.6	86.9
新增参评开发区	18	—	67.9	—	89.3	—	80.9

2017~2020 年，工业主导型开发区实际管理范围内土地开发率有所下降，土地供应率有所提升，土地建成率有所下降。2020 年，土地开发率为 55.2%，较 2017 年下降 13.6 个百分点；土地供应率为 88.6%，较 2017 年提升 3.5 个百分点；土地建成率为 83.0%，较 2017 年下降 0.2 个百分点。持续参评且有发展方向区的开发区土地开发率、土地供应率和土地建成率分别下降 20.4 个、提升 2.5 个和提升 1.9 个百分点。新增参评开发区土地开发率、土地供应率与土地建成率分别为 64.4%、90.0% 和 74.6%（见表 26）。从审批类别上看，2020 年，高新区土地开发率最高，为 63.4%，分别较经开区和特色工业园高 2.1 个和 13.2 个百分点；高新区土地供应率最高，为 94.3%，分别较经开区和特色工业园高 5.5 个和 8.9 个百分点；经开区土地建成率最高，为 83.7%，分别较高新区和特色工业园高 1.3 个和 0.5 个百分点。

表 26　2017 年和 2020 年珠三角城市群省级工业主导型开发区实际管理
范围土地利用程度

范围	数量（个）	土地开发率（%）		土地供应率（%）		土地建成率（%）	
		2017 年	2020 年	2017 年	2020 年	2017 年	2020 年
全部开发区	43	68.8	55.2	85.1	88.6	83.2	83.0
持续参评且无发展方向区的开发区	10	66.1	73.5	85.1	88.3	86.9	86.1
持续参评且有发展方向区的开发区	15	68.8	48.4	85.4	87.9	85.0	86.9
新增参评开发区	18	—	64.4	—	90.0	—	74.6

　　2017~2020 年，产城融合型开发区依法审批范围内土地开发率和土地供应率有所提升，土地建成率有所下降。2020 年，土地开发率和土地供应率分别为 66.3% 和 92.9%，较 2017 年分别提升 4.1 个和 7.8 个百分点；土地建成率为 87.1%，较 2017 年下降 3.7 个百分点（见图 20）。2017~2020 年持续参评的开发区土地开发率、土地供应率与土地建成率分别提升 4.0 个、提升 0.9 个和下降 1.0 个百分点。新增参评开发区土地开发率、土地供应率与土地建成率分别为 66.4%、96.6% 和 85.9%（见表 27）。从审批类别上看，2020 年，经开

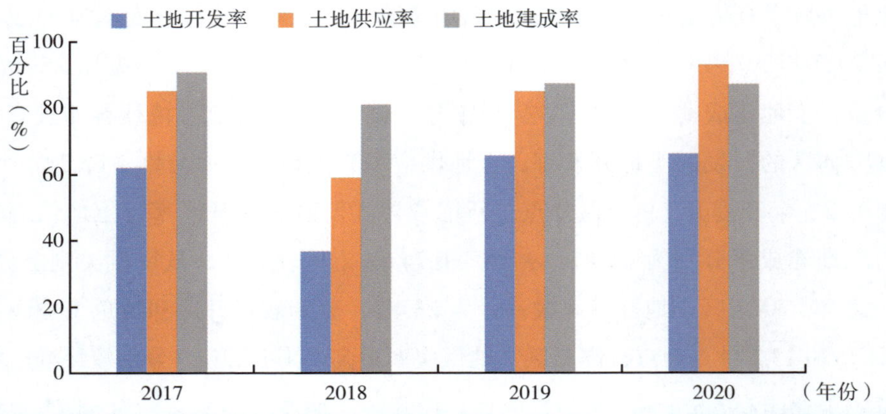

图 20　2017~2020 年珠三角城市群省级产城融合型开发区依法审批
范围土地利用程度变化

区与高新区土地开发率分别为 66.2% 和 66.4%，土地供应率分别为 86.0% 和 96.6%，土地建成率分别为 89.8% 和 85.8%。

表 27　2017 年和 2020 年珠三角城市群省级产城融合型开发区依法审批范围土地利用程度

范围	数量（个）	土地开发率（%）		土地供应率（%）		土地建成率（%）	
		2017 年	2020 年	2017 年	2020 年	2017 年	2020 年
全部开发区	5	62.2	66.3	85.1	92.9	90.8	87.1
2017~2020 年持续参评的开发区	3	62.3	66.3	85.0	85.9	90.7	89.7
新增参评开发区	2	—	66.4	—	96.6	—	85.9

2017~2020 年，产城融合型开发区实际管理范围内土地开发率有所下降，土地供应率有所提升，土地建成率有所下降。2020 年，土地开发率、土地供应率和土地建成率分别为 28.1%、90.3% 和 88.1%，较 2017 年分别下降 33.5 个、提升 5.2 个和下降 0.9 个百分点。持续参评且有发展方向区的开发区土地开发率、土地供应率和土地建成率分别下降 25.1 个、提升 9.7 个和提升 13.3 个百分点。新增参评开发区土地开发率、土地供应率与土地建成率分别为 62.4%、96.6% 和 85.9%（见表 28）。从审批类别上看，2020 年，经开区与高新区土地开发率分别为 16.6% 和 62.4%，土地供应率分别为 82.4% 和 96.6%，土地建成率分别为 91.4% 和 85.8%。

表 28　2017 年和 2020 年珠三角城市群省级产城融合型开发区实际管理范围土地利用程度

范围	数量（个）	土地开发率（%）		土地供应率（%）		土地建成率（%）	
		2017 年	2020 年	2017 年	2020 年	2017 年	2020 年
全部开发区	5	61.6	28.1	85.1	90.3	89.0	88.1
持续参评且无发展方向区的开发区	1	100.0	100.0	97.5	97.5	94.3	97.0
持续参评且有发展方向区的开发区	2	35.3	10.2	61.1	70.8	72.3	85.6
新增参评开发区	2	—	62.4	—	96.6	—	85.9

2. 工业用地结构

2017~2020 年，工业主导型开发区依法审批范围内工业用地率有所提升。2020 年，工业用地率为 74.4%，较 2017 年提升 1.6 个百分点。2017~2020 年持续参评的开发区工业用地率提升 0.6 个百分点。新增参评开发区工业用地率为 76.5%。从审批类别上看，2020 年，高新区工业用地率最高，为 77.3%，分别高于经开区和特色工业园 1.2 个和 4.2 个百分点。

2017~2020 年，工业主导型开发区实际管理范围内工业用地率有所下降。2020 年，工业用地率为 69.7%，较 2017 年下降 4.0 个百分点。持续参评且有发展方向区的开发区工业用地率下降 6.3 个百分点。新增参评开发区工业用地率为 74.9%。从审批类别上看，2020 年，经开区工业用地率最高，为 76.2%，分别高于高新区和特色工业园 18.4 个和 1.9 个百分点。

3. 土地利用强度

2017~2020 年，工业主导型开发区依法审批范围内土地利用强度有所提升。2020 年，综合容积率和工业用地综合容积率分别为 0.98 和 1.08，综合容积率较 2017 年提升 0.01，工业用地综合容积率保持不变；建筑密度和工业用地建筑系数分别为 41.6% 和 59.3%，较 2017 年分别提升 1.3 个和 1.1 个百分点（见图 21、图 22）。2017~2020 年持续参评的开发区综合容积率提升 0.04，工

图 21　2017~2020 年珠三角城市群省级工业主导型开发区依法审批范围土地利用强度变化

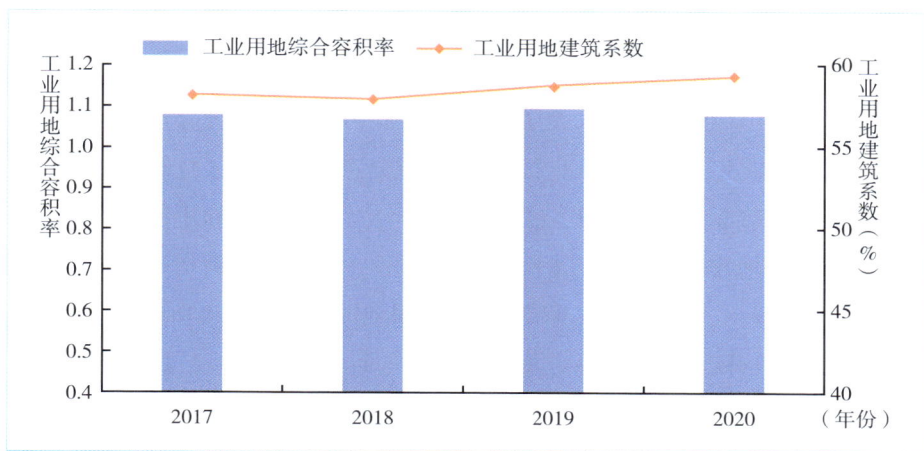

图 22　2017~2020 年珠三角城市群省级工业主导型开发区依法审批
范围工业用地利用强度变化

业用地综合容积率提升 0.03，建筑密度提升 0.9 个百分点，工业用地建筑系数
提升 1.0 个百分点。新增参评开发区综合容积率为 0.94，建筑密度为 42.7%，
工业用地综合容积率为 1.04，工业用地建筑系数为 59.3%（见表 29）。从审
批类别上看，2020 年，高新区综合容积率和工业用地综合容积率最高，分别
为 1.00 和 1.17，较经开区分别高 0.01 和 0.01，较特色工业园分别高 0.03 和 0.15；
高新区建筑密度和工业用地建筑系数最高，分别为 47.6% 和 62.6%，较经开
区分别高 5.6 个和 2.1 个百分点，较特色工业园分别高 7.7 个和 4.8 个百分点。

表 29　2017~2020 年珠三角城市群省级工业主导型开发区依法审批
范围土地利用强度变化情况

范围	数量（个）	综合容积率		建筑密度（%）		工业用地综合容积率		工业用地建筑系数（%）	
		2017 年	2020 年	2017 年	2020 年	2017 年	2020 年	2017 年	2020 年
全部开发区	43	0.97	0.98	40.3	41.6	1.08	1.08	58.2	59.3
2017~2020 年持续参评的开发区	25	0.97	1.01	40.0	40.9	1.08	1.11	58.3	59.3
新增参评开发区	18	—	0.94	—	42.7	—	1.04	—	59.3

435

2017~2020 年，工业主导型开发区实际管理范围内土地利用强度有所下降。2020 年，综合容积率和工业用地综合容积率分别为 1.06 和 1.06，较 2017 年分别增长 0.07 和下降 0.05；建筑密度和工业用地建筑系数分别为 40.5% 和 55.6%，较 2017 年分别下降 0.1 个和 1.2 个百分点。持续参评且有发展方向区的开发区综合容积率和工业用地综合容积率分别提升 0.12 和下降 0.07，建筑密度和工业用地建筑系数分别下降 0.9 个和 3.5 个百分点。新增参评开发区综合容积率为 0.94，建筑密度为 42.2%，工业用地综合容积率为 1.04，工业用地建筑系数为 59.6%（见表 30）。从审批类别上看，2020 年，高新区综合容积率最高，为 1.35，分别较经开区和特色工业园高 0.33 和 0.43；高新区建筑密度最高，为 45.5%，分别较经开区和特色工业园高 3.7 个和 8.4 个百分点；经开区工业用地综合容积率最高，为 1.18，分别较高新区和特色工业园高 0.04 和 0.21；高新区工业用地建筑系数最高，为 59.1%，分别较经开区和特色工业园高 0.6 个和 6.0 个百分点。

表 30　2017~2020 年珠三角城市群省级工业主导型开发区实际管理
范围土地利用强度变化情况

范围	数量（个）	综合容积率		建筑密度（%）		工业用地综合容积率		工业用地建筑系数（%）	
		2017 年	2020 年	2017 年	2020 年	2017 年	2020 年	2017 年	2020 年
全部开发区	43	0.99	1.06	40.6	40.5	1.11	1.06	56.8	55.6
持续参评且无发展方向区的开发区	10	0.83	0.85	37.6	37.2	0.92	0.93	59.2	59.5
持续参评且有发展方向区的开发区	15	1.05	1.17	41.5	40.6	1.18	1.11	55.8	52.3
新增参评开发区	18	—	0.94	—	42.2	—	1.04	—	59.6

2017~2020 年，产城融合型开发区依法审批范围内土地利用强度有所提升。2020 年，综合容积率为 1.45，较 2017 年提升 0.52；建筑密度为 33.5%，较 2017 年提升 0.5 个百分点（见图 23）。2017~2020 年持续参评的开发区综合容积率下降 0.02，建筑密度提升 5.6 个百分点。新增参评开发区综合容积率

为 1.72，建筑密度为 30.9%（见表 31）。从审批类别上看，2020 年，经开区与高新区综合容积率分别为 0.92 和 1.72，建筑密度分别为 38.5% 和 31.0%。

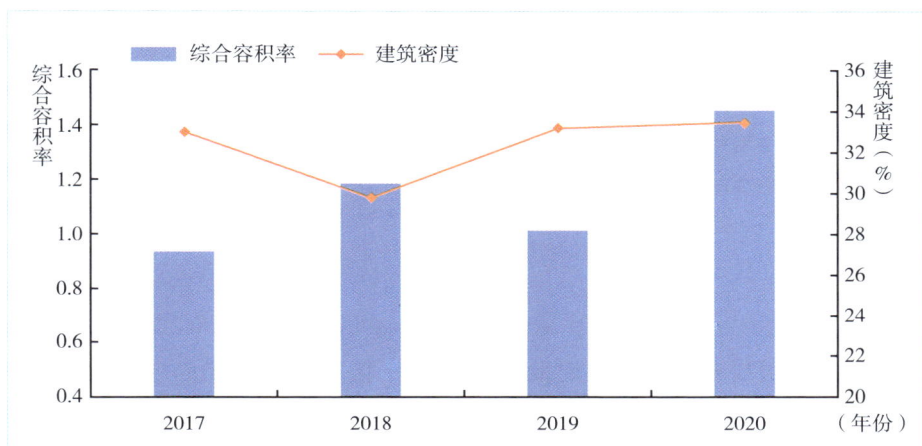

图 23　2017~2020 年珠三角城市群省级产城融合型开发区依法审批
范围土地利用强度变化

表 31　2017~2020 年珠三角城市群省级产城融合型开发区依法审批
范围土地利用强度变化情况

范围	数量（个）	综合容积率		建筑密度（%）	
		2017 年	2020 年	2017 年	2020 年
全部开发区	5	0.93	1.45	33.0	33.5
2017~2020 年持续参评的开发区	3	0.94	0.92	32.9	38.5
新增参评开发区	2	—	1.72	—	30.9

2017~2020 年，产城融合型开发区实际管理范围内土地利用强度有所提升。2020 年，综合容积率为 1.78，较 2017 年提升 0.85；建筑密度为 41.3%，较 2017 年提升 8.3 个百分点。持续参评且有发展方向区的开发区综合容积率提升 2.12，建筑密度提升 45.4 个百分点。新增参评开发区综合容积率为 1.72，建筑密度为 30.9%（见表 32）。从审批类别上看，2020 年，经开区与高新区综合容积率分别为 1.88 和 1.72，建筑密度分别为 55.6% 和 31.0%。

表 32　2017~2020 年珠三角城市群省级产城融合型开发区实际管理
范围土地利用强度变化情况

范围	数量（个）	综合容积率		建筑密度（%）	
		2017 年	2020 年	2017 年	2020 年
全部开发区	5	0.93	1.78	33.0	41.3
持续参评且无发展方向区的开发区	1	0.97	0.99	34.0	40.0
持续参评且有发展方向区的开发区	2	0.81	2.93	28.5	73.9
新增参评开发区	2	—	1.72	—	30.9

4. 综合用地效益

2017~2020 年，工业主导型开发区依法审批范围内工业用地固定资产投入强度有所提升，工业用地地均税收有所下降。2020 年，工业用地固定资产投入强度为 6200 元 / 米^2，较 2017 年提升 9.8%；工业用地地均税收为 369 元 / 米^2，较 2017 年下降 35.6%（见图 24）。2017~2020 年持续参评的开发区工业用地固定资产投入强度提升 23.2%，工业用地地均税收下降 12.8%。新增参评开发区工业用地固定资产投入强度为 4894 元 / 米^2，工业用地地均税收为 170 元 / 米^2（见表 33）。从审批类别上看，2020 年，特色工业园工业

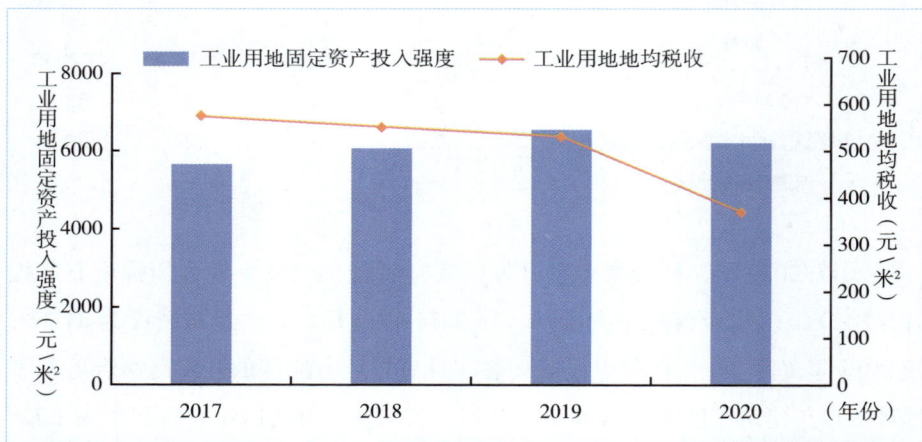

图 24　2017~2020 年珠三角城市群省级工业主导型开发区依法审批
范围综合用地效益变化

用地固定资产投入强度最高，为 6849 元 / 米 ^{2}，分别较经开区和高新区高 4.1%
和 90.8%；经开区工业用地地均税收最高，为 654 元 / 米 ^{2}，分别较高新区和
特色工业园高 3.2 倍和 93.7%。

表 33　2017~2020 年珠三角城市群省级工业主导型开发区依法审批
范围综合用地效益变化情况

范围	数量（个）	工业用地固定资产投入强度（元 / 米 ^{2}）		工业用地地均税收（元 / 米 ^{2}）	
		2017 年	2020 年	2017 年	2020 年
全部开发区	43	5646	6200	573	369
2017~2020 年持续参评的开发区	25	5821	7169	593	517
新增参评开发区	18	—	4894	—	170

2017~2020 年，工业主导型开发区实际管理范围内工业用地固定资产
投入强度有所提升，工业用地地均税收有所下降。2020 年，工业用地固定
资产投入强度为 5150 元 / 米 ^{2}，较 2017 年提升 0.6%；工业用地地均税收为
348 元 / 米 ^{2}，较 2017 年下降 34.5%。持续参评且有发展方向区的开发区工业
用地固定资产投入强度提升 2.3%，工业用地地均税收下降 24.0%。新增参评
开发区工业用地固定资产投入强度为 4843 元 / 米 ^{2}，工业用地地均税收为 167
元 / 米 ^{2}（见表 34）。从审批类别上看，2020 年，特色工业园工业用地固定资
产投入强度最高，为 6192 元 / 米 ^{2}，分别较经开区和特色工业园高 9.5% 和 1.5
倍；经开区工业用地地均税收最高，为 528 元 / 米 ^{2}，分别较高新区和特色工
业园高 53.5% 和 83.3%。

表 34　2017~2020 年珠三角城市群省级工业主导型开发区实际管理
范围综合用地效益变化情况

范围	数量（个）	工业用地固定资产投入强度（元 / 米 ^{2}）		工业用地地均税收（元 / 米 ^{2}）	
		2017 年	2020 年	2017 年	2020 年
全部开发区	43	5121	5150	531	348
持续参评且无发展方向区的开发区	10	6888	7328	824	749

续表

范围	数量 （个）	工业用地固定资产投入强度 （元/米²）		工业用地地均税收 （元/米²）	
		2017 年	2020 年	2017 年	2020 年
持续参评且有发展方向区的开发区	15	4562	4669	430	327
新增参评开发区	18	—	4843	—	167

2017~2020 年，产城融合型开发区依法审批范围内综合地均税收有所上升，人口密度有所提升。2020 年，综合地均税收为 229 元/米²，较 2017 年提升 1.4 倍；人口密度为 118 人/公顷，较 2017 年提升 2.4 倍（见图 25）。2017~2020 年持续参评的开发区综合地均税收提升 88.3%。人口密度提升 1.8 倍。新增参评开发区综合地均税收为 255 元/米²，人口密度为 128 人/公顷（见表 35）。从审批类别上看，2020 年，经开区与高新区综合地均税收分别为 177 元/米² 和 256 元/米²，人口密度分别为 99 人/公顷和 128 人/公顷。

图 25　2017~2020 年珠三角城市群省级产城融合型开发区依法审批范围综合用地效益变化

表35　2017~2020 年珠三角城市群省级产城融合型开发区依法审批范围综合用地效益变化情况

范围	数量（个）	综合地均税收（元/米²）		人口密度（人/公顷）	
		2017 年	2020 年	2017 年	2020 年
全部开发区	5	94	229	35	118
2017~2020 年持续参评的开发区	3	94	177	35	99
新增参评开发区	2	—	255	—	128

2017~2020 年，产城融合型开发区实际管理范围内综合用地效益有所提升。2020 年，综合地均税收为 210 元/米²，较 2017 年提升 1.2 倍；人口密度为 111 人/公顷，较 2017 年提升 2.2 倍。持续参评且有发展方向区的开发区综合地均税收提升 20.4%，人口密度下降 22.9%。新增参评开发区综合地均税收为 255 元/米²，人口密度为 128 人/公顷（见表 36）。从审批类别上看，2020 年，经开区与高新区综合地均税收分别为 146 元/米² 和 256 元/米²，人口密度分别为 87 人/公顷和 128 人/公顷。

表36　2017~2020 年珠三角城市群省级产城融合型开发区实际管理范围综合用地效益变化情况

范围	数量（个）	综合地均税收（元/米²）		人口密度（人/公顷）	
		2017 年	2020 年	2017 年	2020 年
全部开发区	5	94	210	35	111
持续参评且无发展方向区的开发区	1	104	215	23	107
持续参评且有发展方向区的开发区	2	54	65	83	64
新增参评开发区	2	—	255	—	128

5. 土地管理绩效

2017~2020 年，工业主导型开发区依法审批范围内土地闲置率有所提升。2020 年，土地闲置率为 0.04%，较 2017 年提升 0.02 个百分点。2017~2020 年持续参评的开发区土地闲置率增幅为 0.03 个百分点。新增参评开发区土地闲置率为 0.02%。从审批类别上看，仅特色工业园有闲置土地。

2017~2020 年，工业主导型开发区实际管理范围内土地闲置率有所下降。2020 年，土地闲置率为 0.13%，较 2017 年下降 0.03 个百分点。持续参评且有发展方向区的开发区土地闲置率无变化。新增参评开发区土地闲置率为 0.02%。从审批类别上看，仅特色工业园有闲置土地。

2017~2020 年，产城融合型开发区依法审批范围内和实际管理范围内均无闲置土地。

四　主要结论和政策建议

（一）开发区土地集约利用评价总体状况与主要特征

1. 国家级开发区

从数量上看，2020 年珠三角城市群国家级开发区参评数量为 25 个，占全国比例总计 4.5%。开发区参评持续性较强，2016~2020 年参评率均为 100%。高新区和海关特殊监管区占比高于全国水平，参评开发区均为工业主导型。

从用地规模上看，珠三角城市群国家级开发区依法审批范围平均用地规模较大，2020 年为 1072 公顷，高于全国水平 15.4%，实际管理范围平均用地规模较小，2020 年为 1386 公顷，低于全国水平 77.0%。2016~2020 年开发区依法审批范围平均用地规模有所下降，降幅为 11.3%，其中，持续参评开发区依法审批范围平均用地规模下降 8.4%，新增参评开发区依法审批范围平均用地规模明显较小。

从土地集约利用程度上看，珠三角城市群工业主导型国家级开发区土地开发程度和供应速度较快，但仍有较大比例土地未建成，土地建成率低于全国水平 4.9 个百分点；工业用地强度较大，工业用地综合容积率高于全国水平 0.34；土地投入产出效益明显，工业用地固定资产投入强度和工业用地地均税收分别高于全国水平 52.5% 和 2.0 倍；土地闲置率较高，高于全国水平 0.10 个百分点。

2. 省级开发区

从数量上看，2020 年珠三角城市群国家级开发区参评数量为 48 个，占全国比例总计 2.2%。开发区参评持续性较强，2017~2020 年参评率提升 9.1 个百分点，未参评开发区数量较少。特色工业园占比显著高于全国水平，工业主导型开发区占比高于全国水平。

从用地规模上看，珠三角城市群省级开发区平均用地规模较小，2020 年依法审批范围和实际管理范围平均用地规模分别为 742 公顷和 2240 公顷，较全国水平分别高 4.7% 和 5.8%。2017~2020 年开发区依法审批范围平均用地规模有所提升，增幅为 10.8%，其中，持续参评开发区依法审批范围平均用地规模无明显变化，新增参评开发区依法审批范围平均用地规模明显较大。

从土地集约利用程度上看，珠三角城市群工业主导型省级开发区土地供应速度较快，但建设速度相对较低，土地建成率低于全国水平 3.6 个百分点；土地利用强度较高，综合容积率高于全国水平 0.27；工业用地固定资产投入强度和工业用地地均税收分别高于全国水平 19.1% 和 47.0%；土地管理绩效高，土地闲置率低于全国水平 0.17 个百分点。产城融合型开发区土地供应速度较快，但建设速度相对较低，土地建成率低于全国水平 5.3 个百分点；综合容积率高于全国水平 0.28，建筑密度高于全国水平 1.4 个百分点；土地综合效益较低，综合地均税收低于全国水平 35.1%，人口密度低于全国水平 10.6%；土地闲置率为 0，管理绩效较高。

（二）提升开发区土地集约利用水平的对策建议

实施珠三角城市群开发区总体规划，构建"一核一带一区"区域发展新格局，促进开发区差别化发展，突出开发区在构建现代产业体系中的引领作用，推动粤东粤西开发区建成全省产业发展主战场，推动粤北开发区实现绿色发展。积极引导创新要素向企业集聚，鼓励企业加大研发投入，强化本土企业在自主创新中的主体地位，力争实现国家高新区地级以上市全覆盖。促进广州、深圳、珠海等城市的开发区转型升级为以创新驱动、全球资源配置为特色的高端发展平台。珠江口两岸开发区共同打造有全球影响力的高新技术产业和先进制造业基地。推动广州都市圈、深圳都市圈、珠江口西岸都市圈深度融合，集聚发展先进制造业、战略性新兴产业及其配套产业，提升传统优势产业。提升开发区土地管理水平，加大闲置土地处置力度，鼓励盘活存量建设用地，实行更严格的区域土地供应政策、土地使用标准和市场准入标准，实行差别化供地政策，积极推进工业园区按照产业集聚、布局合理、用地集约的原则进行提升改造探索建立土地收益调节机制，利用经济手段提高土地利用集约化水平。

B.9
2016~2020 年成渝城市群开发区
土地集约利用状况分析

摘　要： 本报告基于成渝城市群"一市一省"共 33 个国家级开发区和 162
个省级开发区的土地集约利用评价基础数据，分析 2016~2020 年
成渝城市群开发区基本情况、土地利用状况、土地集约利用状况
及变化情况，比较不同类型开发区土地集约利用状况差异。报告
指出，成渝城市群开发区数量相对较多，平均用地规模较小，开
发区产城融合发展导向明显。土地集约利用总体情况上，成渝城
市群开发区土地利用强度较高，但综合用地效益明显不高，省级
开发区存在较多闲置土地。推进成渝城市群开发区土地集约利用
可从促进开发区协同发展、强化科技成果转化能力、加大省级开
发区土地管理水平等方面着手。

关键词： 开发区　土地集约利用　成渝城市群

一　2016~2020 年成渝城市群开发区基本情况分析

（一）国家级开发区

1. 参评数量

2016~2020 年，成渝城市群国家级开发区参评数量略有增长，《目录》
中国家级开发区参评率① 达到100%。2020 年，开发区参评数量为 33 个，

---

① 《目录》中成渝城市群应参加评价的开发区数量为 26 个。

较 2016 年净增加 9 个，不在《目录》中的开发区数量为 7 个（见表 1、图 1）。

表 1　2016~2020 年成渝城市群国家级开发区参评数量及参评率

年份	参评数量（个）			《目录》中未参评数量（个）	《目录》中开发区参评率（%）
	总计	在《目录》中	不在《目录》中		
2016	24	24	0	2	92.3
2017	26	26	0	0	100
2018	27	26	1	0	100
2019	30	26	4	0	100
2020	33	26	7	0	100

从审批类别看，2020 年，经开区、高新区和海关特殊监管区参评数量分别为 11 个、12 个和 10 个，占比分别为 33.3%、36.4% 和 30.3%，高新区和海关特殊监管区较 2016 年分别净增加 3 个和 6 个（见图 2）。其中，2016 年参评的开发区 2020 年均参评。从评价类型看，工业主导型开发区参评数量占比较大，部分开发区评价类型发生变化。2020 年，产城融合型和工业主导型开发区参评数量分别为 12 个和 21 个，占比分别为 36.4% 和 63.6%，较 2016 年分别净增加 2 个和 7 个（见图 3）。其中，新增产城融合型和工业主导型开发区参评数量分别为 1 个和 8 个，1 个开发区由产城融合型转变为工业主导型，2 个开发区由工业主导型转变为产城融合型。从审批类别与评价类型看，海关特殊监管区全部为工业主导型，经开区和高新区中产城融合型开发区比例分别为 63.6% 和 41.7%（见图 4）。

2. 用地规模

2016~2020 年，参评开发区依法审批范围用地规模有所增长，平均用地规模有所下降。2020 年，开发区依法审批范围用地规模为 2.34 万公顷，较 2016 年增长 17.5%；平均用地规模为 710 公顷，较 2016 年下降 14.6%（见图 5）。

从审批类别看，经开区和高新区平均用地规模相当，海关特殊监管区平均用地规模较小。2020 年，经开区、高新区和海关特殊监管区平均用地规模

从审批类别看，经开区平均用地规模较大，海关特殊监管区平均用地规模较小，各类开发区平均用地规模均大幅增加。2020 年，经开区、高新区和海关特殊监管区平均用地规模分别为 6994 公顷、5734 公顷和 697 公顷，较 2016 年分别增长 1.6 倍、96.7% 和 16.6%。从评价类型看，产城融合型开发区平均用地规模较大且增幅较大。2020 年，产城融合型和工业主导型开发区平均用地规模分别为 7024 公顷和 3258 公顷，较 2016 年分别增长 1.7 倍和 39.1%。从审批类别和评价类型看，2016~2020 年持续参评开发区中，各类型开发区平均用地规模均大幅上升。新增参评开发区中，除工业主导型高新区外，其余类型开发区平均用地规模均高于同类型持续参评开发区（见表 3）。

表 3　2016~2020 年成渝城市群国家级开发区分审批类别与评价类型实际管理范围平均用地规模变化情况

审批类别	评价类型	2016 年参评	2020 年参评	数量（个）	2016 年平均用地规模（公顷）	2020 年平均用地规模（公顷）
经开区	产城融合型	是	是	7	2571	7788
	工业主导型	是	是	4	2938	5604
高新区	产城融合型	是	是	4	2515	5731
		否	是	1	—	6842
	工业主导型	是	是	5	3235	5958
		否	是	2	—	4627
海关特殊监管区	工业主导型	是	是	4	598	638
		否	是	6	—	737

（二）省级开发区

1. 参评数量

2017~2020 年，成渝城市群省级开发区参评数量有所增长，《目录》中参评率① 波动提升。2020 年，开发区参评数量为 159 个，较 2017 年净增加 9 个；

① 《目录》中成渝城市群应参加评价的开发区数量为 157 个。

参评率为98.1%，较2017年提升2.6个百分点；不在《目录》中的开发区数量为5个，占参评开发区的3.1%（见表4、图7）。

表4 2017~2020年成渝城市群省级开发区参评数量及参评率

年份	参评数量（个）			《目录》中未参评数量（个）	《目录》中开发区参评率（%）
	总计	在《目录》中	不在《目录》中		
2017	150	150	0	7	95.5
2018	159	156	3	1	99.4
2019	160	156	4	1	99.4
2020	159	154	5	3	98.1

从审批类别看，经开区参评数量占比较大，高新区增长较多，部分特色工业园和经开区向高新区转型。2020年，经开区、高新区和特色工业园参评数量分别为77个、24个和58个，占比分别为48.4%、15.1%和36.5%，较2017年分别净增加3个、净增加12个和净减少6个（见图8）。其中，新增参评开发区中包括8个经开区和3个高新区，5个经开区转型为高新区、6个特色工业园转型为高新区。从评价类型看，工业主导型开发区参评数量占比较大，部分开发区评价类型发生变化。2020年，产城融合型和工业主导型开发区参评数量分别为25个和134个，占比分别为15.7%和84.3%，较2017年分别净增加5个和4个（见图9）。其中，新增产城融合型和工业主导型开发区参评数量分别为3个和8个，1个开发区由产城融合型转变为工业主导型，3个开发区由工业主导型转变为产城融合型。从审批类别与评价类型看，高新区中产城融合型开发区比例较高。2020年，高新区中产城融合型开发区比例为20.8%，经开区和特色工业园中产城融合型开发区比例分别为14.3%和15.5%（见图10）。

2. 用地规模

2017~2020年，参评开发区依法审批范围用地规模有所增长，平均用地规模均有所下降。2020年，开发区依法审批范围用地规模为8.84万公顷，较

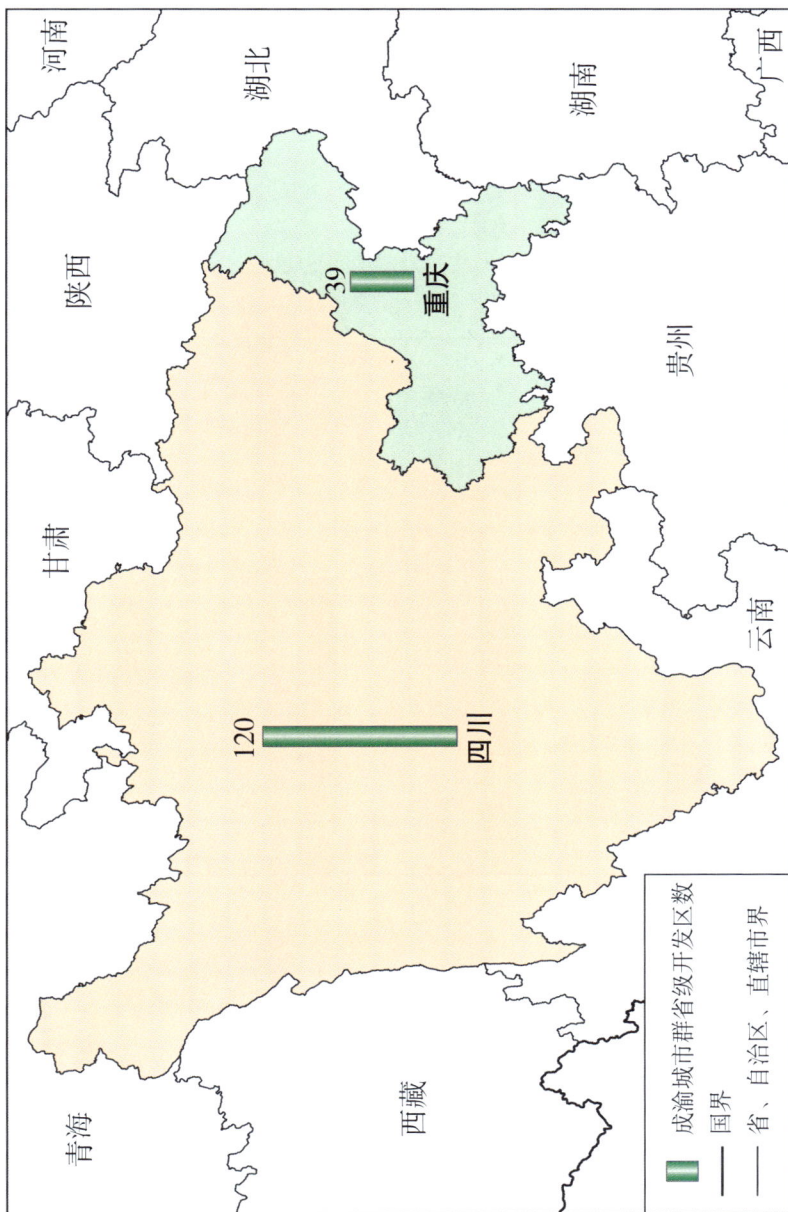

图 7　2020 年成渝城市群参评省级开发区数量分布情况

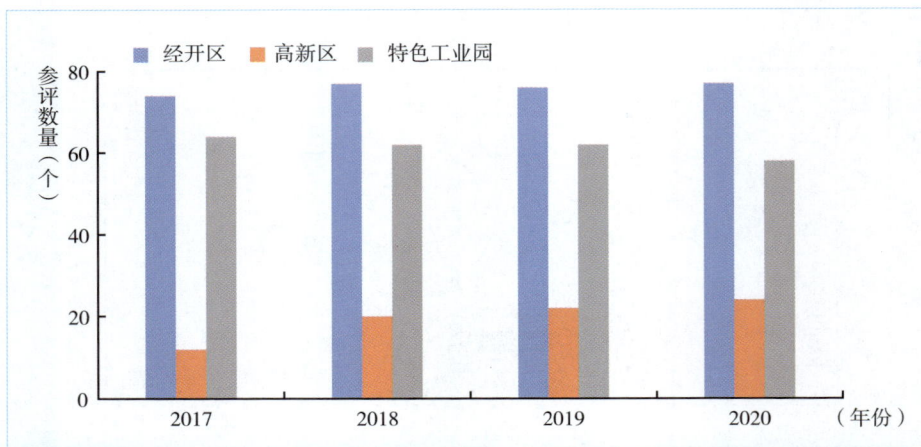

图8 2017~2020年成渝城市群省级开发区分审批类别参评数量变化

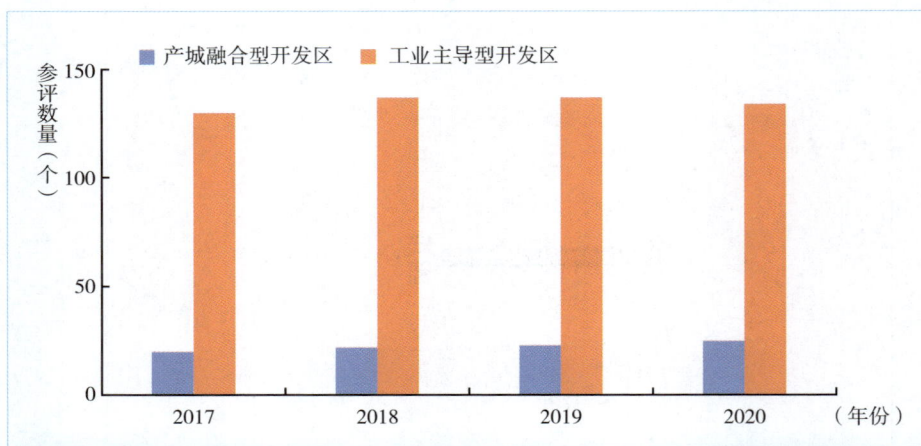

图9 2017~2020年成渝城市群省级开发区分评价类型参评数量变化

2017年增长0.5%；平均用地规模为556公顷，较2017年下降5.2%（见图11）。

从审批类别看，高新区平均用地规模较大。2020年，经开区、高新区和特色工业园平均用地规模分别为398公顷、863公顷和638公顷，较2017年分别下降11.7%、增长3.5%和下降8.3%。从评价类型看，产城融合型开发区

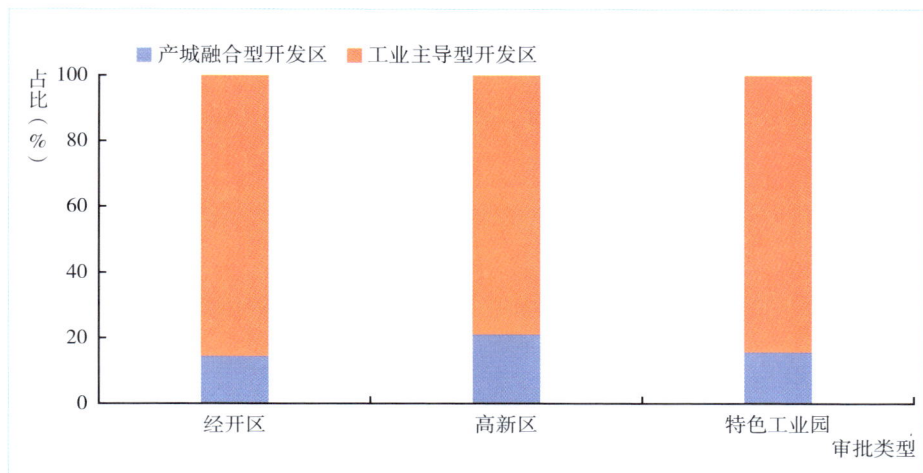

图 10　2017~2020 年成渝城市群省级开发区分审批类别分审批类别
不同评价类型开发区比例

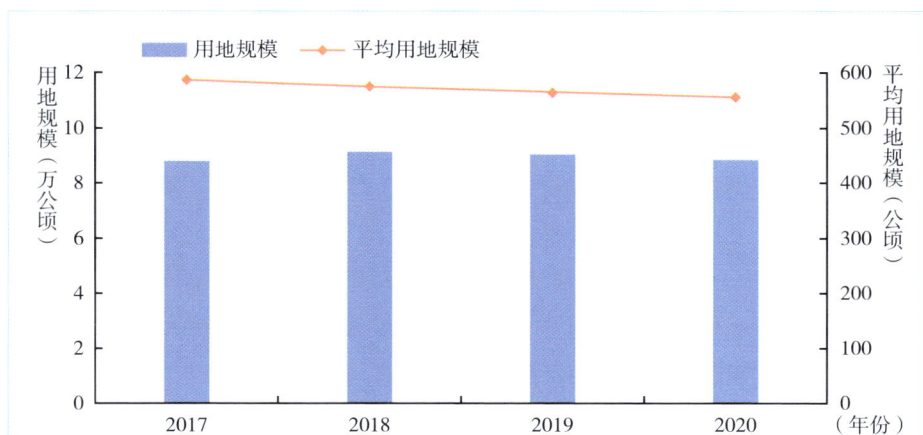

图 11　2017~2020 年成渝城市群省级开发区依法审批范围用地
规模与平均用地规模变化

平均用地规模有所增长，工业主导型开发区有所下降。2020 年，产城融合型
和工业主导型开发区平均用地规模分别为 535 公顷和 560 公顷，较 2017 年分
别增长 8.5% 和下降 6.8%。从审批类别与评价类型看，2017~2020 年持续参评

开发区中，产城融合型高新区平均用地规模增长 48 公顷，其余类型开发区有所下降。新增参评开发区中，工业主导型开发区平均用地规模均高于同类型持续参评开发区（见表 5）。

表 5 2017~2020 年成渝城市群省级开发区分审批类别与评价类型依法审批范围平均用地规模变化情况

审批类别	评价类型	2017 年参评	2020 年参评	数量（个）	2017 年平均用地规模（公顷）	2020 年平均用地规模（公顷）
经开区	产城融合型	是	是	9	386	377
		否	是	2	—	143
	工业主导型	是	是	60	426	396
		否	是	6	—	540
高新区	产城融合型	是	是	4	814	862
		否	是	1		623
	工业主导型	是	否	2	1693	—
		是	是	17	867	860
		否	是	2	—	1013
特色工业园	产城融合型	是	是	9	626	626
	工业主导型	是	是	49	651	641

2017~2020 年，开发区实际管理范围用地规模和平均用地规模有所增长。2020 年，参评开发区的实际管理范围用地规模为 24.00 万公顷，较 2017 年增长 1.0 倍；平均用地规模为 1509 公顷，较 2017 年增长 88.6%（见图 12）。

从审批类别看，高新区平均用地规模较大，各类开发区平均用地规模均大幅增加。2020 年，经开区、高新区和特色工业园平均用地规模分别为 1160 公顷、2556 公顷和 1540 公顷，较 2017 年分别增长 1.1 倍、1.1 倍和 55.1%。从评价类型看，产城融合型开发区平均用地规模较大，各类开发区平均用地规模均大幅增长。2020 年，产城融合型和工业主导型开发区平均用地规模分别为 2304 公顷和 1361 公顷，较 2017 年分别增长 98.1% 和 82.9%。从审批类别和评价类型看，2017~2020 年持续参评开发区中，各类开发区平均用地规模

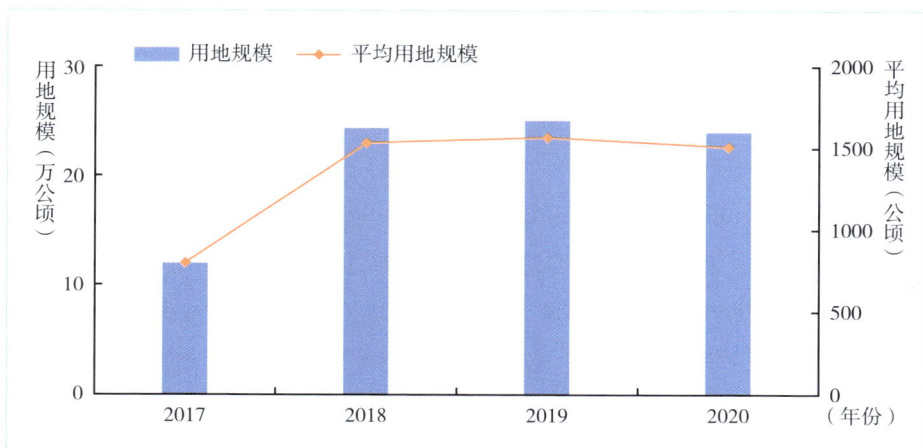

用地规模 平均用地规模

图 12 2017~2020 年成渝城市群省级开发区实际管理范围用地规模变化

均大幅上升。新增参评开发区中，除工业主导型高新区外，其余类型开发区平均用地规模均低于同类型持续参评开发区（见表6）。

表6 2017~2020 年成渝城市群省级开发区分审批类别与评价类型实际管理范围平均用地规模变化情况

审批类别	评价类型	2017 年参评	2020 年参评	数量（个）	2017 年平均用地规模（公顷）	2020 年平均用地规模（公顷）
经开区	产城融合型	是	是	9	771	1777
		否	是	2	—	981
	工业主导型	是	是	60	487	1099
		否	是	6	—	899
高新区	产城融合型	是	是	4	1694	2747
		否	是	1	—	14880
		是	否	2	2342	—
	工业主导型	是	是	17	1152	1761
		否	是	2	—	2770
特色工业园	产城融合型	是	是	9	1328	1531
	工业主导型	是	是	49	834	1542

457

二 2016~2020年成渝城市群开发区土地利用情况分析

（一）国家级开发区

1. 土地供应建设状况

2016~2020年，开发区依法审批范围内，达供面积、供应面积和建成面积均逐年增长。2020年，开发区达供面积为2.16万公顷，较2016年增长18.7%；供应面积为2.02万公顷，较2016年增长21.7%；建成面积为1.78万公顷，较2016年增长16.3%（见图13）。其中，2016~2020年持续参评的开发区达供面积、供应面积和建成面积增幅分别为1.6%、5.0%和3.1%（见表7）。

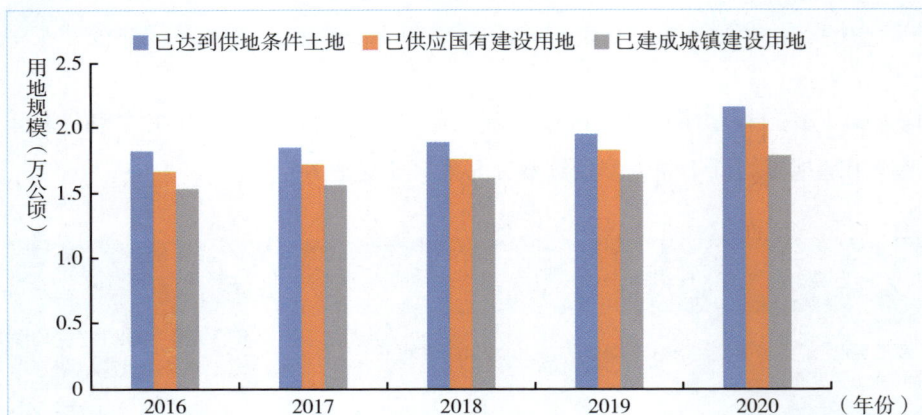

图13 2016~2020年成渝城市群国家级开发区依法审批范围土地供应建设状况变化

表7 2016~2020年成渝城市群国家级开发区依法审批范围土地供应建设状况变化情况

范围	数量（个）	已达到供地条件土地		已供应国有建设用地		已建成城镇建设用地	
		增长（万公顷）	增幅（%）	增长（万公顷）	增幅（%）	增长（万公顷）	增幅（%）
全部开发区	33	0.34	18.7	0.36	21.7	0.25	16.3
2016~2020年持续参评的开发区	24	0.03	1.6	0.08	5.0	0.05	3.1
新增参评开发区	9	0.31	—	0.28	—	0.20	—

从审批类别看，高新区和海关特殊监管区土地供应与开发建设速度较快。2020 年，经开区、高新区和海关特殊监管区达供面积分别为 0.87 万公顷、0.96万公顷和 0.32 万公顷，较 2016 年分别增长 4.3%、29.4% 和 36.7%；供应面积分别为 0.83 万公顷、0.93 万公顷和 0.27 万公顷，较 2016 年分别增长 10.2%、30.4% 和 33.5%；建成面积分别为 0.76 万公顷、0.85 万公顷和 0.17 万公顷，较 2016 年分别增长 7.8%、23.4% 和 22.7%。从评价类型看，2020 年，产城融合型和工业主导型开发区达供面积分别为 1.03 万公顷和 1.13 万公顷，较 2016年分别增长 13.2% 和 24.5%；供应面积分别为 0.99 万公顷和 1.03 万公顷，较2016 年分别增长 20.1% 和 23.2%；建成面积分别为 0.94 万公顷和 0.84 万公顷，较 2016 年分别增长 20.0% 和 12.2%。

2016~2020 年，开发区实际管理范围内，达供面积、供应面积和建成面积均大幅增长。2020 年，达供面积为 7.84 万公顷，较 2016 年增长 71.2%；供应面积为 6.94 万公顷，较 2016 年增长 79.8%；建成面积为 5.73 万公顷，较2016 年增长 68.0%。其中，持续参评且有发展方向区的开发区达供面积、供应面积和建成面积分别增长 54.6%、65.5% 和 57.8%（见表 8）。

表 8　2016~2020 年成渝城市群国家级开发区实际管理范围土地供应建设状况变化情况

范围	数量（个）	已达到供地条件土地		已供应国有建设用地		已建成城镇建设用地	
		增长（万公顷）	增幅（%）	增长（万公顷）	增幅（%）	增长（万公顷）	增幅（%）
全部开发区	33	3.26	71.2	3.08	79.8	2.32	68.0
持续参评且无发展方向区的开发区	5	0.00	-0.5	0.01	3.4	0.01	3.9
持续参评且有发展方向区的开发区	19	2.26	54.6	2.28	65.5	1.79	57.8
新增参评开发区	9	1.00	—	0.79	—	0.52	—

从审批类别看，2020 年，经开区、高新区和海关特殊监管区达供面积分别为 3.81 万公顷、3.50 万公顷和 0.52 万公顷，较 2016 年分别增长 61.6%、76.4% 和 1.2 倍；供应面积分别为 3.28 万公顷、3.25 万公顷和 0.41 万公顷，

较 2016 年分别增长 78.7%、78.4% 和 1.0 倍；建成面积分别为 2.84 万公顷、2.64 万公顷和 0.25 万公顷，较 2016 年分别增长 75.7%、59.7% 和 76.0%。从评价类型看，2020 年，产城融合型和工业主导型开发区达供面积分别为 3.77 万公顷和 4.07 万公顷，较 2016 年分别增长 87.1% 和 58.6%；供应面积分别为 3.27 万公顷和 3.66 万公顷，较 2016 年分别增长 1.0 倍和 63.2%；建成面积分别为 2.98 万公顷和 2.75 万公顷，较 2016 年分别增长 1.0 倍和 41.7%。

2. 土地利用结构

2016~2020 年，开发区依法审批范围内，工矿仓储用地和住宅用地的规模均有所增长，住宅用地增幅较大。2020 年，工矿仓储用地面积为 0.68 万公顷，较 2016 年增长 13.3%；住宅用地面积为 0.39 万公顷，较 2016 年增长 18.2%。其中，2016~2020 年持续参评的开发区中，工矿仓储用地面积下降 3.8%，住宅用地面积增长 10.9%（见表 9）。

表 9　2016~2020 年成渝城市群国家级开发区依法审批范围工矿仓储和住宅用地规模变化情况

范围	数量（个）	工矿仓储用地		住宅用地	
		增长（万公顷）	增幅（%）	增长（万公顷）	增幅（%）
全部开发区	33	0.08	13.3	0.06	18.2
2016~2020 年持续参评的开发区	24	-0.02	-3.8	0.04	10.9
新增参评开发区	9	0.10	—	0.03	—

从审批类别看，高新区工矿仓储用地和住宅用地规模增幅较大。2020 年，经开区、高新区和海关特殊监管区工矿仓储用地面积分别为 0.26 万公顷、0.30 万公顷和 0.12 万公顷，较 2016 年分别增长 5.5%、16.5% 和 24.8%；经开区和高新区住宅用地面积分别为 0.19 万公顷和 0.20 万公顷，较 2016 年分别增长 13.6% 和 26.5%。从评价类型看，产城融合型开发区工矿仓储用地和住宅用地规模增幅较大。2020 年，产城融合型和工业主导型开发区工矿仓储用地面积分别为 0.22 万公顷和 0.46 万公顷，较 2016 年分别增长 16.2% 和 12.1%；住宅用地

面积分别为 0.30 万公顷和 0.09 万公顷，较 2016 年分别增长 27.8% 和下降 2.2%。

2016~2020 年，开发区实际管理范围内，工矿仓储用地和住宅用地规模均大幅增长。2020 年，工矿仓储用地面积为 2.34 万公顷，较 2016 年增长 53.9%；住宅用地面积为 1.10 万公顷，较 2016 年增长 77.4%。其中，持续参评且有发展方向区的开发区工矿仓储用地和住宅用地面积分别增长 39.5% 和 72.4%（见表 10）。

表 10　2016~2020 年成渝城市群国家级开发区实际管理范围工矿仓储和住宅用地规模变化情况

范围	数量（个）	工矿仓储用地		住宅用地	
		增长（万公顷）	增幅（%）	增长（万公顷）	增幅（%）
全部开发区	33	0.82	53.9	0.48	77.4
持续参评且无发展方向区的开发区	5	0.00	−1.0	0.01	10.2
持续参评且有发展方向区的开发区	19	0.54	39.5	0.41	72.4
新增参评开发区	9	0.28	—	0.06	—

从审批类别看，2020 年，经开区、高新区和海关特殊监管区工矿仓储用地面积分别为 1.30 万公顷、0.89 万公顷和 0.15 万公顷，较 2016 年分别增长 63.6%、41.4% 和 53.7%；经开区和高新区住宅用地面积分别为 0.53 万公顷和 0.55 万公顷，较 2016 年分别增长 1.2 倍和 46.3%。从评价类型看，2020 年，产城融合型和工业主导型开发区工矿仓储用地面积分别为 0.99 万公顷和 1.35 万公顷，较 2016 年分别增长 86.3% 和 36.4%；住宅用地面积分别为 0.73 万公顷和 0.36 万公顷，较 2016 年分别增长 1.2 倍和 27.5%。

3. 土地闲置状况

2016~2020 年，开发区依法审批范围内，闲置土地面积呈波动趋势。2020 年，开发区闲置土地面积为 8 公顷，较 2016 年下降 22 公顷。其中，2016~2020 年持续参评的开发区闲置土地面积下降 21 公顷。从审批类别看，2020 年，经开区和海关特殊监管区闲置土地面积分别为 4 公顷和 4 公顷；高新区无闲置土地。从评价类型看，2020 年，产城融合型和工业主导型开发区闲置土地面积分别为 3 公顷和 5 公顷。

2016~2020 年，开发区实际管理范围内，闲置土地面积有所增长。2020年，开发区闲置土地面积为 157 公顷，较 2016 年增长 116 公顷。其中，持续参评且有发展方向区的开发区闲置土地增长 111 公顷。从审批类别看，2020年，经开区、高新区和海关特殊监管区闲置土地面积分别为 4 公顷、149 公顷和 4 公顷。从评价类型看，2020 年，产城融合型和工业主导型开发区闲置土地面积分别为 7 公顷和 150 公顷。

4. 建设量状况

2016~2020 年，开发区依法审批范围内，建设量有所增长。2020 年，开发区建筑面积为 2.33 亿平方米，较 2016 年增长 28.2%；建筑基底面积为 0.63亿平方米，较 2016 年增长 23.5%；工矿仓储建筑面积为 0.68 亿平方米，较2016 年增长 23.6%；工矿仓储建筑基底面积为 0.42 亿平方米，较 2016 年增长31.3%（见图 14）。其中，2016~2020 年持续参评的开发区中，建筑面积增长16.0，建筑基底面积增长 9.2%，工矿仓储建筑面积增长 4.0%，工矿仓储建筑基底面积增长 8.4%（见表 11）。

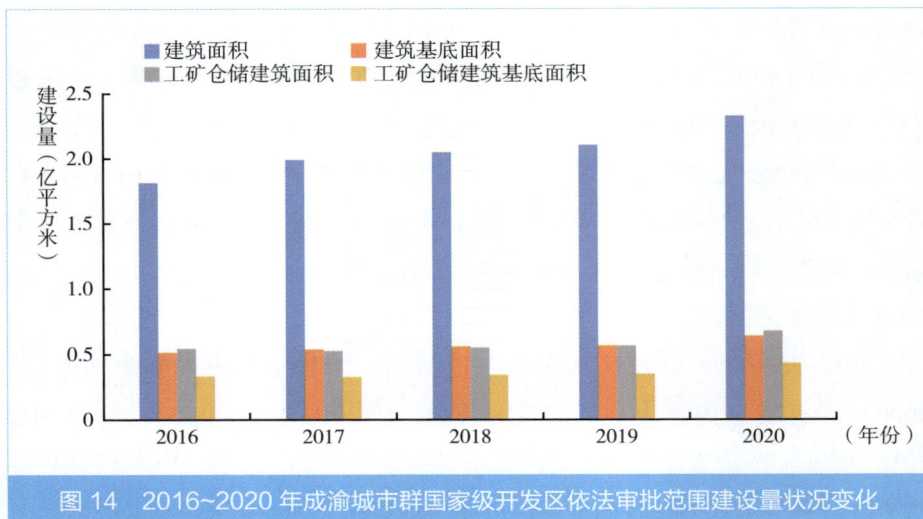

图 14　2016~2020 年成渝城市群国家级开发区依法审批范围建设量状况变化

表 11 2016~2020 年成渝城市群国家级开发区依法审批范围建设量状况变化情况

范围	数量（个）	建筑面积		建筑基底面积		工矿仓储建筑面积		工矿仓储建筑基底面积	
		增长（亿平方米）	增幅（%）	增长（亿平方米）	增幅（%）	增长（亿平方米）	增幅（%）	增长（亿平方米）	增幅（%）
全部开发区	33	0.51	28.2	0.12	23.5	0.13	23.6	0.10	31.3
2016~2020 年持续参评的开发区	24	0.29	16.0	0.05	9.2	0.02	4.0	0.03	8.4
新增参评开发区	9	0.22	—	0.08	—	0.11	—	0.07	—

从审批类别看，2020 年，经开区、高新区和海关特殊监管区建筑面积分别为 0.98 亿平方米、1.19 亿平方米和 0.16 亿平方米，较 2016 年分别增长 25.6%、28.3% 和 45.1%；建筑基底面积分别为 0.24 亿平方米、0.33 亿平方米和 0.07 亿平方米，较 2016 年分别增长 13.8%、36.4% 和 13.0%；工矿仓储建筑面积分别为 0.22 亿平方米、0.32 亿平方米和 0.14 亿平方米，较 2016 年分别增长 15.8%、19.1% 和 62.4%；工矿仓储建筑基底面积分别为 0.15 亿平方米、0.20 亿平方米和 0.08 亿平方米，较 2016 年分别增长 8.4%、43.7% 和 50.8%。从评价类型看，2020 年，产城融合型和工业主导型开发区建筑面积分别为 1.46 亿平方米和 0.87 亿平方米，较 2016 年分别增长 31.5% 和 22.9%；建筑基底面积分别为 0.32 亿平方米和 0.31 亿平方米，较 2016 年分别增长 42.3% 和 10.1%；工矿仓储建筑面积分别为 0.21 亿平方米和 0.46 亿平方米，较 2016 年分别增长 15.6% 和 29.3%；工矿仓储建筑基底面积分别为 0.14 亿平方米和 0.29 亿平方米，较 2016 年分别增长 53.0% 和 21.1%。

2016~2020 年，开发区实际管理范围内，建设量大幅增长。2020 年，开发区建筑面积为 6.22 亿平方米，较 2016 年增长 54.0%；建筑基底面积为 1.79 亿平方米，较 2016 年增长 50.4%；工矿仓储建筑面积为 2.15 亿平方米，较 2016 年增长 56.9%；工矿仓储建筑基底面积为 1.30 亿平方米，较 2016 年增长 54.8%。其中，持续参评且有发展方向区的开发区建筑面积、建筑基底面积、工矿仓储建筑面积和工矿仓储建筑基底面积分别增长45.1%、34.4%、40.9%和34.5%（见表12）。

表12　2016~2020年成渝城市群国家级开发区实际管理范围建设量状况变化情况

范围	数量（个）	建筑面积		建筑基底面积		工矿仓储建筑面积		工矿仓储建筑基底面积	
		增长（亿平方米）	增幅（%）	增长（亿平方米）	增幅（%）	增长（亿平方米）	增幅（%）	增长（亿平方米）	增幅（%）
全部开发区	33	2.18	54.0	0.60	50.4	0.78	56.9	0.46	54.8
持续参评且无发展方向区的开发区	5	0.05	10.3	0.03	20.0	0.00	0.8	0.02	27.6
持续参评且有发展方向区的开发区	19	1.61	45.1	0.37	34.4	0.50	40.9	0.26	34.5
新增参评开发区	9	0.52	—	0.21	—	0.28	—	0.18	—

从审批类别看，2020年，经开区、高新区和海关特殊监管区建筑面积分别为2.98亿平方米、3.04亿平方米和0.21亿平方米，较2016年分别增长75.5%、35.9%和92.7%；建筑基底面积分别为0.93亿平方米、0.76亿平方米和0.09亿平方米，较2016年分别增长73.5%、29.6%和43.7%；工矿仓储建筑面积分别为1.14亿平方米、0.85亿平方米和0.16亿平方米，较2016年分别增长68.4%、37.9%和96.1%；工矿仓储建筑基底面积分别为0.70亿平方米、0.50亿平方米和0.09亿平方米，较2016年分别增长54.9%、51.3%和77.6%。

从评价类型看，2020年，产城融合型和工业主导型开发区建筑面积分别为3.61亿平方米和2.62亿平方米，较2016年分别增长89.2%和22.7%；建筑基底面积分别为0.95亿平方米和0.83亿平方米，较2016年分别增长1.1倍和14.8%；工矿仓储建筑面积分别为0.83亿平方米和1.31亿平方米，较2016年分别增长69.7%和49.1%；工矿仓储建筑基底面积分别为0.52亿平方米和0.78亿平方米，较2016年分别增长84.9%和39.8%。

（二）省级开发区

1. 土地供应建设状况

2017~2020 年，开发区依法审批范围内，土地供应与开发建设速度较快。2020 年，开发区达供面积为 7.51 万公顷，较 2017 年增长 9.0%；供应面积为 6.73 万公顷，较 2017 年增长 11.2%；建成面积为 5.73 万公顷，较 2017 年增长 12.1%（见图 15）。其中，2017~2020 年持续参评的开发区中，达供面积、供应面积和建成面积分别增长 6.1%、9.3% 和 9.1%（见表 13）。

图 15　2017~2020 年成渝城市群省级开发区依法审批范围土地供应建设状况变化

表 13　2017~2020 年成渝城市群省级开发区依法审批范围土地供应建设状况变化情况

范围	数量（个）	已达到供地条件土地		已供应国有建设用地		已建成城镇建设用地	
		增长（万公顷）	增幅（%）	增长（万公顷）	增幅（%）	增长（万公顷）	增幅（%）
全部开发区	159	0.62	9.0	0.68	11.2	0.62	12.1
2016~2020 年持续参评的开发区	148	0.40	6.1	0.54	9.3	0.45	9.1
新增参评开发区	11	0.52	—	0.40	—	0.36	—

从审批类别看，高新区土地供应与开发建设速度最快。2020 年，经开区、高新区和特色工业园达供面积分别为 2.59 万公顷、1.86 万公顷和 3.06 万公顷，较 2017 年分别增长 0.8%、增长 1.2 倍和下降 11.7%；供应面积分别为 2.31 万公顷、1.67 万公顷和 2.75 万公顷，较 2017 年分别增长 7.4%、增长 1.2 倍和下降 12.0%；建成面积分别为 2.05 万公顷、1.45 万公顷和 2.23 万公顷，较 2017 年分别增长 5.8%、增长 1.3 倍和下降 12.0%。从评价类型看，产城融合型开发区土地供应与开发建设速度较快。2020 年，产城融合型和工业主导型开发区达供面积分别为 1.16 万公顷和 6.36 万公顷，较 2017 年分别增长 42.8% 和 4.5%；供应面积分别为 1.06 万公顷和 5.67 万公顷，较 2017 年分别增长 41.6% 和 7.0%；建成面积分别为 0.91 万公顷和 4.82 万公顷，较 2017 年分别增长 29.1% 和 9.3%。

2017~2020 年，开发区实际管理范围内，达供面积、供应面积和建成面积均大幅增长。2020 年，开发区达供面积为 12.82 万公顷，较 2017 年增长 45.8%；供应面积为 11.16 万公顷，较 2017 年增长 47.4%；建成面积为 9.31 万公顷，较 2017 年增长 46.8%。其中，持续参评且有发展方向区的开发区达供面积、供应面积和建成面积分别增长 49.2%、50.2% 和 49.1%（见表 14）。

表 14 2017~2020 年成渝城市群省级开发区实际管理范围土地供应建设状况变化情况

范围	数量（个）	已达到供地条件土地		已供应国有建设用地		已建成城镇建设用地	
		增长（万公顷）	增幅（%）	增长（万公顷）	增幅（%）	增长（万公顷）	增幅（%）
全部开发区	159	4.03	45.8	3.59	47.4	2.97	46.8
持续参评且无发展方向区的开发区	34	0.10	6.5	0.13	10.0	0.05	4.2
持续参评且有发展方向区的开发区	114	3.38	49.2	3.00	50.2	2.46	49.1
新增参评开发区	11	0.90	—	0.75	—	0.68	—

从审批类别看，2020 年，经开区、高新区和特色工业园达供面积分别为 4.56 万公顷、3.13 万公顷和 5.12 万公顷，较 2017 年分别增长 48.9%、1.9 倍

和 10.6%；供应面积分别为 3.98 万公顷、2.70 万公顷和 4.48 万公顷，较 2017 年分别增长 56.2%、1.8 倍和 10.4%；建成面积分别为 3.46 万公顷、2.35 万公顷和 3.51 万公顷，较 2017 年分别增长 51.7%、2.0 倍和 7.3%。从评价类型看，2020 年，产城融合型和工业主导型开发区达供面积分别为 2.54 万公顷和 10.27 万公顷，较 2017 年分别增长 47.1% 和 45.5%；供应面积分别为 2.26 万公顷和 8.90 万公顷，较 2017 年分别增长 46.9% 和 47.5%；建成面积分别为 1.96 万公顷和 7.35 万公顷，较 2017 年分别增长 39.8% 和 48.8%。

2. 土地利用结构

2017~2020 年，开发区依法审批范围内，工矿仓储用地和住宅用地的规模均大幅增长。2020 年，工矿仓储用地面积为 3.57 万公顷，较 2017 年增长 11.2%；住宅用地面积为 0.68 万公顷，较 2017 年增长 11.5%。其中，2017~2020 年持续参评的开发区中，工矿仓储用地和住宅用地面积分别增长 8.8% 和 10.8%（见表 15）。

表 15　2017~2020 年成渝城市群省级开发区依法审批范围工矿仓储和住宅用地规模变化情况

范围	数量（个）	工矿仓储用地		住宅用地	
		增长（万公顷）	增幅（%）	增长（万公顷）	增幅（%）
全部开发区	159	0.36	11.2	0.07	11.5
2016~2020 年持续参评的开发区	148	0.27	8.8	0.06	10.8
新增参评开发区	11	0.21	—	0.03	—

从审批类别看，高新区工矿仓储用地和住宅用地规模增幅较大。2020 年，经开区、高新区和特色工业园工矿仓储用地面积分别为 1.28 万公顷、0.91 万公顷和 1.39 万公顷，较 2017 年分别增长 4.1%、增长 1.5 倍和下降 14.2%；住宅用地面积分别为 0.24 万公顷、0.20 万公顷和 0.23 万公顷，较 2017 年分别增长 14.9%、增长 65.2% 和下降 15.4%。从评价类型看，产城融合型开发区工矿仓储用地和住宅用地规模增幅较大。2020 年，产城融合型和工业主导型开

发区工矿仓储用地面积分别为 0.25 万公顷和 3.32 万公顷，较 2017 年分别增长 35.8% 和 9.8%；住宅用地面积分别为 0.33 万公顷和 0.34 万公顷，较 2017 年分别增长 16.2% 和 6.8%。

2017~2020 年，开发区实际管理范围内，工矿仓储用地和住宅用地的规模均大幅增长。2020 年，工矿仓储用地面积为 5.65 万公顷，较 2017 年增长 39.9%；住宅用地面积为 1.07 万公顷，较 2017 年增长 59.7%。其中，持续参评且有发展方向区的开发区工矿仓储用地和住宅用地面积分别增长 43.1% 和 61.6%（见表 16）。

表 16　2017~2020 年成渝城市群省级开发区实际管理范围工矿仓储和住宅用地规模变化情况

范围	数量（个）	工矿仓储用地		住宅用地	
		增长（万公顷）	增幅（%）	增长（万公顷）	增幅（%）
全部开发区	159	1.61	39.9	0.40	59.7
持续参评且无发展方向区的开发区	34	0.02	2.4	0.01	8.5
持续参评且有发展方向区的开发区	114	1.36	43.1	0.35	61.6
新增参评开发区	11	0.37	—	0.07	—

从审批类别看，2020 年，经开区、高新区和特色工业园工矿仓储用地面积分别为 2.16 万公顷、1.41 万公顷和 2.08 万公顷，较 2017 年分别增长 48.9%、增长 2.2 倍和下降 3.1%；住宅用地面积分别为 0.37 万公顷、0.30 万公顷和 0.40 万公顷，较 2017 年分别增长 60.3%、1.3 倍和 27.9%。从评价类型看，2020 年，产城融合型和工业主导型开发区工矿仓储用地面积分别为 0.82 万公顷和 4.84 万公顷，较 2017 年分别增长 31.1% 和 41.6%；住宅用地面积分别为 0.46 万公顷和 0.62 万公顷，较 2017 年分别增长 39.3% 和 79.0%。

3. 土地闲置状况

2017~2020 年，开发区依法审批范围内，闲置土地面积呈波动增长趋势。2020 年，开发区闲置土地面积为 284 公顷，较 2017 年增长 246 公顷。其中，

2017~2020 年持续参评的开发区闲置土地面积增长 239 公顷。从审批类别看，2020 年，经开区、高新区和特色工业园闲置土地面积分别为 13 公顷、7 公顷和 264 公顷。从评价类型看，2020 年，产城融合型和工业主导型开发区闲置土地面积分别为 180 公顷和 104 公顷。

2017~2020 年，开发区实际管理范围内，闲置土地面积有所增长。2020 年，开发区闲置土地面积为 341 公顷，较 2017 年增长 303 公顷。其中，持续参评且有发展方向区的开发区闲置土地面积增长 131 公顷。从审批类别看，2020 年，经开区、高新区和特色工业园闲置土地面积分别为 62 公顷、7 公顷和 272 公顷。从评价类型看，2020 年，产城融合型和工业主导型开发区闲置土地面积分别为 199 公顷和 142 公顷。

4. 建设量状况

2017~2020 年，开发区依法审批范围内，建设量迅速增长。2020 年，开发区建筑面积为 6.09 亿平方米，较 2017 年增长 22.0%；建筑基底面积为 2.44 亿平方米，较 2017 年增长 20.8%；工矿仓储建筑面积为 3.84 亿平方米，较 2017 年增长 21.1%；工矿仓储建筑基底面积为 2.22 亿平方米，较 2017 年增长 16.8%（见图 16）。其中，2017~2020 年持续参评的开发区中，建筑面积、

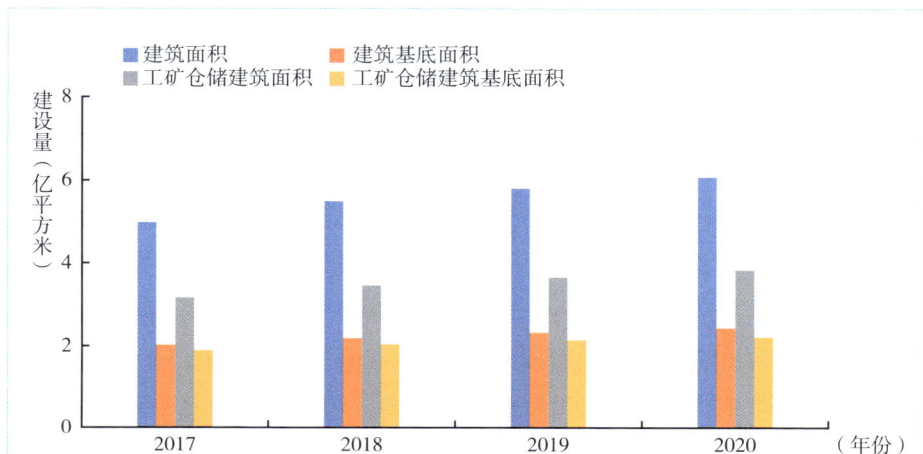

图 16 2017~2020 年成渝城市群省级开发区依法审批范围建设量状况变化

建筑基底面积、工矿仓储建筑面积和工矿仓储建筑基底面积分别增长 19.7%、18.6%、19.5% 和 15.8%（见表 17）。

表 17　2017~2020 年成渝城市群省级开发区依法审批范围建设量状况变化情况

范围	数量（个）	建筑面积		建筑基底面积		工矿仓储建筑面积		工矿仓储建筑基底面积	
		增长（万平方米）	增幅（%）	增长（万平方米）	增幅（%）	增长（万平方米）	增幅（%）	增长（万平方米）	增幅（%）
全部开发区	33	1.10	22.0	0.42	20.8	0.67	21.1	0.32	16.8
2016~2020 年持续参评的开发区	148	0.94	19.7	0.36	18.6	0.59	19.5	0.29	15.8
新增参评开发区	11	0.36	—	0.14	—	0.21	—	0.12	—

从审批类别看，2020 年，经开区、高新区和特色工业园建筑面积分别为 2.00 亿平方米、1.64 亿平方米和 2.44 亿平方米，较 2017 年分别增长 13.6%、增长 1.4 倍和下降 3.7%；建筑基底面积分别为 0.77 亿平方米、0.64 亿平方米和 1.03 亿平方米，较 2017 年分别增长 8.9%、增长 1.4 倍和下降 1.6%；工矿仓储建筑面积分别为 1.22 亿平方米、0.99 亿平方米和 1.63 亿平方米，较 2017 年分别增长 10.0%、增长 1.6 倍和下降 2.7%；工矿仓储建筑基底面积分别为 0.69 亿平方米、0.57 亿平方米和 0.97 亿平方米，较 2017 年分别增长 9.4%、增长 1.5 倍和下降 6.9%。从评价类型看，2020 年，产城融合型和工业主导型开发区建筑面积分别为 1.21 亿平方米和 4.87 亿平方米，较 2017 年分别增长 46.5% 和 17.2%；建筑基底面积分别为 0.30 亿平方米和 2.14 亿平方米，较 2017 年分别增长 39.2% 和 18.3%；工矿仓储建筑面积分别为 0.28 亿平方米和 3.56 亿平方米，较 2017 年分别增长 56.2% 和 19.2%；工矿仓储建筑基底面积分别为 0.14 亿平方米和 2.08 亿平方米，较 2017 年分别增长 52.2% 和 15.3%。

2017~2020 年，开发区实际管理范围内，建设量大幅增长。2020 年，开发区建筑面积为 9.28 亿平方米，较 2017 年增长 54.9%；建筑基底面积为 3.88 亿平方米，较 2017 年增长 57.1%；工矿仓储建筑面积为 5.62 亿平方米，较

2017 年增长 41.9%；工矿仓储建筑基底面积为 3.41 亿平方米，较 2017 年增长 47.0%。其中，持续参评且有发展方向区的开发区建筑面积、建筑基底面积、工矿仓储建筑面积和工矿仓储建筑基底面积分别增长 58.1%、63.1%、46.2% 和 54.0%（见表 18）。

表 18　2017~2020 年成渝城市群省级开发区实际管理范围建设量状况变化情况

范围	数量（个）	建筑面积		建筑基底面积		工矿仓储建筑面积		工矿仓储建筑基底面积	
		增长（万平方米）	增幅（%）	增长（万平方米）	增幅（%）	增长（万平方米）	增幅（%）	增长（万平方米）	增幅（%）
全部开发区	159	3.29	54.9	1.41	57.1	1.66	41.9	1.09	47.0
持续参评且无发展方向区的开发区	34	0.09	8.1	0.03	5.8	0.05	5.8	0.01	2.7
持续参评且有发展方向区的开发区	114	2.72	58.1	1.21	63.1	1.40	46.2	0.96	54.0
新增参评开发区	11	0.70	—	0.27	—	0.34	—	0.20	—

从审批类别看，2020 年，经开区、高新区和特色工业园建筑面积分别为 3.08 亿平方米、2.55 亿平方米和 3.65 亿平方米，较 2017 年分别增长 51.2%、2.2 倍和 15.3%；建筑基底面积分别为 1.31 亿平方米、0.95 亿平方米和 1.62 亿平方米，较 2017 年分别增长 57.2%、2.0 倍和 22.8%；工矿仓储建筑面积分别为 1.94 亿平方米、1.42 亿平方米和 2.26 亿平方米，较 2017 年分别增长 46.6%、2.2 倍和 3.0%；工矿仓储建筑基底面积分别为 1.18 亿平方米、0.84 亿平方米和 1.38 亿平方米，较 2017 年分别增长 59.2%、2.1 倍和 5.6%。从评价类型看，2020 年，产城融合型和工业主导型开发区建筑面积分别为 2.19 亿平方米和 7.09 亿平方米，较 2017 年分别增长 59.6% 和 53.5%；建筑基底面积分别为 0.66 亿平方米和 3.22 亿平方米，较 2017 年分别增长 46.0% 和 59.3%；工矿仓储建筑面积分别为 0.85 亿平方米和 4.77 亿平方米，较 2017 年分别增长 42.5% 和 41.9%；工矿仓储建筑基底面积分别为 0.43 亿平方米和 2.97 亿平方米，较 2017 年分别增长 45.7% 和 47.1%。

三　2016~2020年成渝城市群开发区土地集约利用情况分析

（一）国家级开发区

1. 土地利用程度

2016~2020年，工业主导型开发区依法审批范围内土地利用程度有所下降。2020年，土地开发率、土地供应率和土地建成率分别为94.6%、91.5%和81.4%，较2016年分别下降3.3个、1.0个和8.0个百分点（见图17）。2016~2020年持续参评的开发区土地开发率、土地供应率与土地建成率分别提升0.9个、提升3.7个和下降1.3个百分点。新增参评开发区土地开发率、土地供应率与土地建成率分别为93.9%、87.5%和65.7%（见表19）。从审批类别上看，高新区土地利用程度最高，2020年，高新区土地开发率、土地供应率与土地建成率分别为96.1%、95.1%和87.9%，较经开区分别高2.8个、0.7个和1.1个百分点，较海关特殊监管区分别高2.5个、11.8个和23.7个百分点。

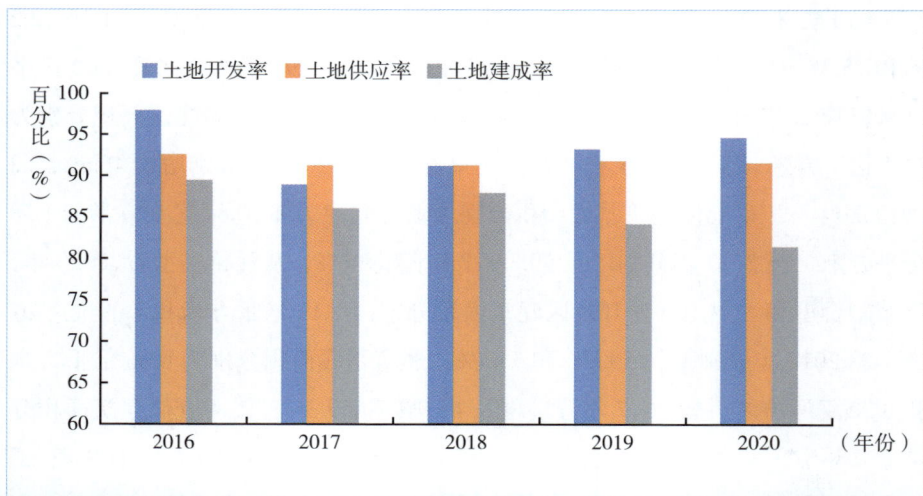

图17　2016~2020年成渝城市群国家级工业主导型开发区依法审批范围土地利用程度变化

表 19　2016 年和 2020 年成渝城市群国家级工业主导型开发区依法审批
范围土地利用程度

范围	数量（个）	土地开发率（%）		土地供应率（%）		土地建成率（%）	
		2016 年	2020 年	2016 年	2020 年	2016 年	2020 年
全部开发区	21	97.9	94.6	92.5	91.5	89.4	81.4
2016~2020 年持续参评的开发区	13	94.0	94.9	89.0	92.7	87.1	85.8
新增参评开发区	8	—	93.9	—	87.5	—	65.7

2016~2020 年，工业主导型开发区实际管理范围内土地开发率有所下降，土地供应率有所提升，土地建成率有所下降。2020 年，土地开发率为 62.1%，较 2016 年下降 19.6 个百分点；土地供应率为 90.1%，较 2016 年提升 2.5 个百分点；土地建成率为 75.1%，较 2016 年下降 11.4 个百分点。持续参评且有发展方向区的开发区土地开发率、土地供应率与土地建成率分别下降 16.5 个、提升 9.6 个和下降 7.3 个百分点。新增参评开发区土地开发率、土地供应率与土地建成率分别为 59.2%、78.3% 和 60.8%（见表 20）。从审批类别上看，2020 年，海关特殊监管区土地开发率最高，为 77.8%，分别较经开区和高新区高 15.6 个和 18.7 个百分点；高新区土地供应率最高，为 92.8%，分别较经开区和海关特殊监管区高 2.4 个和 15.0 个百分点；经开区土地建成率最高，为 77.5%，分别较高新区和海关特殊监管区高 0.9 个和 16.3 个百分点。

表 20　2016 年和 2020 年成渝城市群国家级工业主导型开发区实际管理
范围土地利用程度

范围	数量（个）	土地开发率（%）		土地供应率（%）		土地建成率（%）	
		2016 年	2020 年	2016 年	2020 年	2016 年	2020 年
全部开发区	21	81.7	62.1	87.6	90.1	86.5	75.1
持续参评且无发展方向区的开发区	4	100.0	93.1	85.3	86.2	69.9	71.1
持续参评且有发展方向区的开发区	9	77.7	61.2	83.9	93.5	85.8	78.5
新增参评开发区	8	—	59.2	—	78.3	—	60.8

2016~2020 年，产城融合型开发区依法审批范围内土地利用程度有所提升。2020 年，土地开发率和土地供应率分别为 95.0% 和 96.1%，较 2016 年分别提升 5.2 个和 5.5 个百分点；土地建成率为 94.9%，与 2016 年相比保持稳定（见图 18）。2016~2020 年持续参评的开发区土地开发率、土地供应率与土地建成率分别提升 1.4 个、提升 2.3 个和下降 1.8 个百分点。新增参评开发区土地开发率、土地供应率与土地建成率分别为 100%、96.0% 和 99.9%（见表 21）。从审批类别上看，2020 年，高新区土地利用程度最高，土地开发率、土地供应率与土地建成率分别为 98.9%、97.2% 和 96.1%，分别较经开区高 7.0 个、2.0 个和 2.2 个百分点。

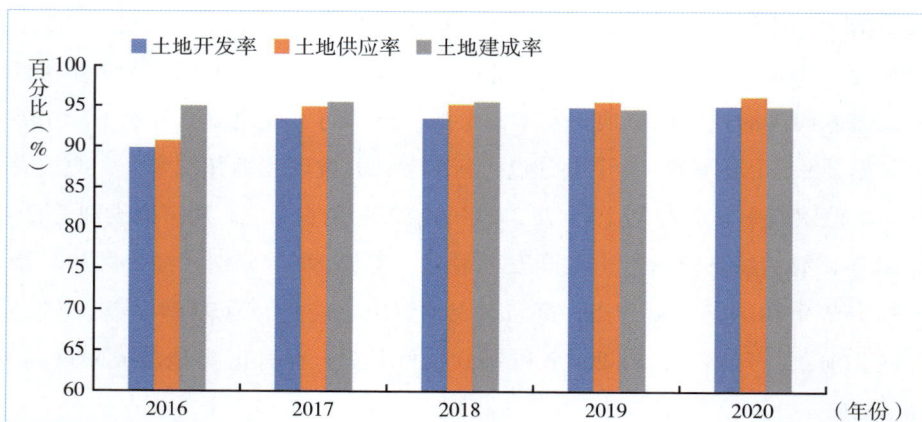

图 18　2016~2020 年成渝城市群国家级产城融合型开发区依法审批
范围土地利用程度变化

表 21　2016 年和 2020 年成渝城市群国家级产城融合型开发区依法审批
范围土地利用程度

范围	数量（个）	土地开发率（%）		土地供应率（%）		土地建成率（%）	
		2016 年	2020 年	2016 年	2020 年	2016 年	2020 年
全部开发区	12	89.8	95.0	90.6	96.1	94.9	94.9
2016~2020 年持续参评的开发区	11	93.3	94.7	93.8	96.1	96.4	94.6
新增参评开发区	1	—	100.0	—	96.0	—	99.9

2016~2020 年，产城融合型开发区实际管理范围内土地开发率明显下降，土地供应率有所提升，土地建成率保持稳定。2020 年，开发区土地开发率为 47.5%，较 2016 年下降 32.5 个百分点；土地供应率为 86.8%，较 2016 年提升 6.8 个百分点；土地建成率为 91.0%，与 2016 年相比保持稳定。持续参评且有发展方向区的开发区土地开发率、土地供应率与土地建成率分别下降 33.5 个、提升 2.5 个和下降 1.2 个百分点。新增参评开发区土地开发率、土地供应率与土地建成率分别为 30.4%、82.7% 和 84.9%（见表 22）。从审批类别上看，2020 年，经开区土地开发率最高，为 49.7%，较高新区高 6.1 个百分点；高新区土地供应率最高，为 92.6%，较经开区高 8.7 个百分点；经开区土地建成率最高，为 91.3%，较高新区高 1.0 个百分点。

表 22　2016 年和 2020 年成渝城市群国家级产城融合型开发区实际管理范围土地利用程度

范围	数量（个）	土地开发率（%）		土地供应率（%）		土地建成率（%）	
		2016 年	2020 年	2016 年	2020 年	2016 年	2020 年
全部开发区	12	80.0	47.5	80.0	86.8	91.0	91.0
持续参评且无发展方向区的开发区	1	100.0	99.1	90.3	97.0	99.3	98.0
持续参评且有发展方向区的开发区	10	81.1	47.6	83.9	86.4	92.1	90.9
新增参评开发区	1	—	30.4	—	82.7	—	84.9

2. 工业用地结构

2016~2020 年，工业主导型开发区依法审批范围内工业用地率有所下降。2020 年，工业用地率为 55.1%，较 2016 年下降 0.1 个百分点。2016~2020 年持续参评的开发区工业用地率下降 1.2 个百分点。新增参评开发区工业用地率为 65.4%。从审批类别上看，2020 年，海关特殊监管区工业用地率最高，为 70.1%，分别高于经开区和高新区 12.7 个和 22.6 个百分点。

2016~2020 年，工业主导型开发区实际管理范围内工业用地率有所下降。2020 年，工业用地率为 49.1%，较 2016 年下降 1.9 个百分点。持续参评且有发展方向区的开发区工业用地率下降 4.3 个百分点。新增参评开发区工业用地率为 64.3%。从审批类别上看，2020 年，经开区工业用地率最高，为 67.2%，分别高于高新区和海关特殊监管区 30.1 个和 7.0 个百分点。

3. 土地利用强度

2016~2020 年，工业主导型开发区依法审批范围内土地利用强度有所提升。2020 年，综合容积率和工业用地综合容积率分别为 1.03 和 1.00，较 2016 年分别提升 0.09 和 0.14；建筑密度和工业用地建筑系数分别为 37.3% 和 61.6%，较 2016 年分别下降 0.7 个和提升 4.7 个百分点（见图 19、图 20）。2016~2020 年持续参评的开发区综合容积率提升 0.09，工业用地综合容积率提升 0.09，建筑密度下降 1.5 个百分点，工业用地建筑系数提升 2.3 个百分点。新增参评开发区综合容积率为 1.05，建筑密度为 43.5%，工业用地综合容积率为 1.09，工业用地建筑系数为 68.6%（见表 23）。从审批类别上看，2020 年，高新区综合容积率最高，为 1.16，分别较经开区和海关特殊监管区高 0.26 和 0.25；海关特殊监管区工业用地综合容积率最高，为 1.12，分别较经开区和高新区高 0.25 和 0.10；海关特殊监管区建筑密度最高，为 41.0%，分别较经开

图 19　2016~2020 年成渝城市群国家级工业主导型开发区依法审批范围土地利用强度变化

图 20　2016~2020 年成渝城市群国家级工业主导型开发区依法审批范围工业用地利用强度变化

区和高新区高 7.6 个和 2.8 个百分点；海关特殊监管区工业用地建筑系数最高，为 65.2%，分别较经开区和高新区高 5.8 个和 4.2 个百分点。

表 23　2016~2020 年成渝城市群国家级工业主导型开发区依法审批范围土地利用强度变化情况

范围	数量（个）	综合容积率		建筑密度（%）		工业用地综合容积率		工业用地建筑系数（%）	
		2016 年	2020 年	2016 年	2020 年	2016 年	2020 年	2016 年	2020 年
全部开发区	21	0.94	1.03	38.0	37.3	0.86	1.00	56.9	61.6
2016~2020 年持续参评的开发区	13	0.94	1.03	37.5	36.0	0.88	0.97	57.4	59.7
新增参评开发区	8	—	1.05	—	43.5	—	1.09	—	68.6

2016~2020 年，工业主导型开发区实际管理范围内土地利用强度有所下降，工业用地强度有所提升。2020 年，综合容积率和工业用地综合容积率分别为 0.95 和 0.97，较 2016 年分别下降 0.15 和提升 0.08；建筑密度和工业用地建筑系数分别为 30.3% 和 57.7%，较 2016 年分别下降 7.1 个和提升 1.4 个

百分点。持续参评且有发展方向区的开发区综合容积率和工业用地综合容积率分别下降 0.16 和提升 0.01；建筑密度和工业用地建筑系数分别下降 7.2 个和 1.7 个百分点。新增参评开发区综合容积率为 0.97，建筑密度为 44.3%，工业用地综合容积率为 1.03，工业用地建筑系数为 65.2%（见表 24）。从审批类别上看，2020 年，高新区综合容积率最高，为 1.04，分别较经开区和海关特殊监管区高 0.21 和 0.20；海关特殊监管区工业用地综合容积率最高，为 1.10，分别较经开区和高新区高 0.18 和 0.10；海关特殊监管区建筑密度最高，为 36.3%，分别较经开区和高新区高 0.1 个和 10.2 个百分点；海关特殊监管区工业用地建筑系数最高，为 62.3%，分别较经开区和高新区高 6.8 个和 3.5 个百分点。

表 24　2016~2020 年成渝城市群国家级工业主导型开发区实际管理范围土地利用强度变化情况

范围	数量（个）	综合容积率		建筑密度（%）		工业用地综合容积率		工业用地建筑系数（%）	
		2016 年	2020 年	2016 年	2020 年	2016 年	2020 年	2016 年	2020 年
全部开发区	21	1.10	0.95	37.4	30.3	0.89	0.97	56.3	57.7
持续参评且无发展方向区的开发区	4	0.77	0.93	44.4	43.2	0.86	1.11	54.0	66.7
持续参评且有发展方向区的开发区	9	1.11	0.95	34.3	27.1	0.93	0.94	56.7	55.0
新增参评开发区	8	—	0.97	—	44.3	—	1.03	—	65.2

2016~2020 年，产城融合型开发区依法审批范围内土地利用强度有所提升。2020 年，综合容积率为 1.55，较 2016 年提升 0.13；建筑密度为 34.1%，较 2016 年提升 5.3 个百分点（见图 21）。2016~2020 年持续参评的开发区综合容积率提升 0.20，建筑密度提升 4.6 个百分点。新增参评开发区综合容积率为 1.23，建筑密度为 24.4%（见表 25）。从审批类别上看，2020 年，高新区综合容积率最高，为 1.62，较经开区高 0.13；高新区建筑密度最高，为 38.6%，较经开区高 8.3 个百分点。

综合容积率　建筑密度

图 21　2016~2020 年成渝城市群国家级产城融合型开发区依法审批
范围土地利用强度变化

表 25　2016~2020 年成渝城市群国家级产城融合型开发区依法审批
范围土地利用强度变化情况

范围	数量（个）	综合容积率		建筑密度（%）	
		2016 年	2020 年	2016 年	2020 年
全部开发区	12	1.42	1.55	28.8	34.1
2016~2020 年持续参评的开发区	11	1.37	1.57	30.1	34.7
新增参评开发区	1	—	1.23	—	24.4

　　2016~2020 年，产城融合型开发区实际管理范围内综合容积率有所下降，建筑密度有所提升。2020 年，综合容积率为 1.21，较 2016 年下降 0.09；建筑密度为 32.1%，较 2016 年提升 0.5 个百分点。持续参评且有发展方向区的开发区综合容积率下降 0.04，建筑密度下降 3.3 个百分点。新增参评开发区综合容积率为 1.10，建筑密度为 27.5%（见表 26）。从审批类别上看，2020 年，高新区综合容积率最高，为 1.32，较经开区高 0.16；高新区建筑密度最高，为 33.2%，较经开区高 1.8 个百分点。

表26 2016~2020年成渝城市群国家级产城融合型开发区实际管理
范围土地利用强度变化情况

范围	数量（个）	综合容积率		建筑密度（%）	
		2016年	2020年	2016年	2020年
全部开发区	12	1.30	1.21	31.6	32.1
持续参评且无发展方向区的开发区	1	1.97	1.99	35.0	46.8
持续参评且有发展方向区的开发区	10	1.20	1.16	34.6	31.3
新增参评开发区	1	—	1.10	—	27.5

4. 综合用地效益

2016~2020年，工业主导型开发区依法审批范围内工业用地固定资产投入强度和工业用地地均税收有所提升。2020年，工业用地固定资产投入强度为8487元/米^2，较2016年提升77.3%；工业用地地均税收为470元/米^2，较2016年提升13.8%（见图22）。2016~2020年持续参评的开发区工业用地固定资产投入强度提升59.5%，工业用地地均税收提升27.4%。新增参评开发区工业用地固定资产投入强度为9267元/米^2，工业用地地均税收为259元/米^2（见表27）。从审批类别上看，2020年，高新区工业用地固定资产投入强度最高，为9096元/米^2，分别较高新区和海关特殊监管区高22.8%和3.5%；

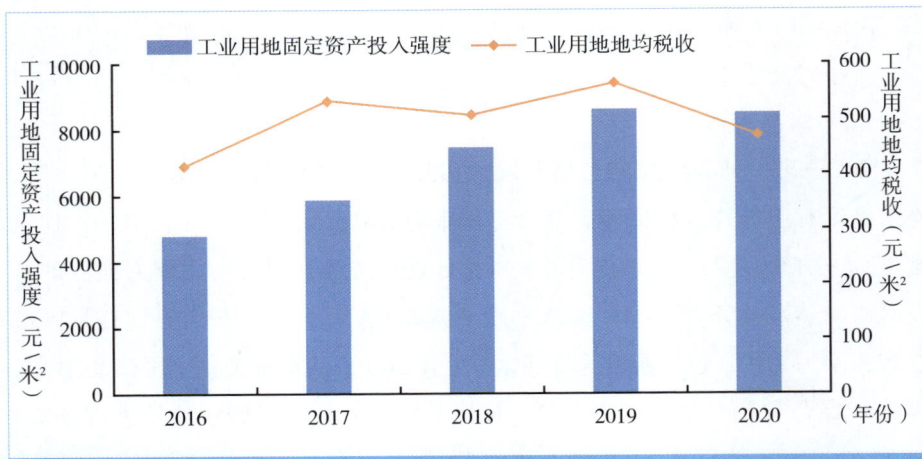

图22 2016~2020年成渝城市群国家级工业主导型开发区依法审批范围综合用地效益变化

经开区工业用地地均税收最高，为 497 元 / 米^2，分别较高新区和海关特殊监管区高 10.2% 和 6.3%。

表 27　2016~2020 年成渝城市群国家级工业主导型开发区依法审批范围综合用地效益变化情况

范围	数量（个）	工业用地固定资产投入强度（元 / 米^2）		工业用地地均税收（元 / 米^2）	
		2016 年	2020 年	2016 年	2020 年
全部开发区	21	4787	8487	413	470
2016~2020 年持续参评的开发区	13	5189	8276	412	525
新增参评开发区	8	—	9267	—	259

2016~2020 年，工业主导型开发区实际管理范围内综合用地效益有所提升。2020 年，工业用地固定资产投入强度为 7252 元 / 米^2，较 2016 年提升 56.9%；工业用地地均税收为 430 元 / 米^2，较 2016 年提升 15.0%。持续参评且有发展方向区的开发区工业用地固定资产投入强度提升 47.1%，工业用地地均税收提升 7.8%。新增参评开发区工业用地固定资产投入强度为 6958 元 / 米^2，工业用地地均税收为 348 元 / 米^2（见表 28）。从审批类别上看，2020 年，高新区工业用地固定资产投入强度最高，为 7651 元 / 米^2，较经开区和海关特殊监管区分别高 12.7% 和 1.2%；经开区工业用地地均税收最高，为 494 元 / 米^2，较高新区和海关特殊监管区分别高 33.5% 和 22.2%。

表 28　2016~2020 年成渝城市群国家级工业主导型开发区实际管理范围综合用地效益变化情况

范围	数量（个）	工业用地固定资产投入强度（元 / 米^2）		工业用地地均税收（元 / 米^2）	
		2016 年	2020 年	2016 年	2020 年
全部开发区	21	4623	7252	374	430
持续参评且无发展方向区的开发区	4	5967	8985	285	529
持续参评且有发展方向区的开发区	9	4854	7141	408	440
新增参评开发区	8	—	6958	—	348

2016~2020 年，产城融合型开发区依法审批范围内综合地均税收有所下降，人口密度有所提升。2020 年，综合地均税收为 309 元 / 米²，较 2016 年下降 8.3%；人口密度为 167 人 / 公顷，较 2016 年提升 5.0%（见图 23）。2016~2020 年持续参评的开发区综合地均税收下降 1.8%，人口密度提升 14.3%。新增参评开发区综合地均税收为 101 元 / 米²，人口密度为 160 人 / 公顷（见表 29）。从审批类别上看，2020 年，经开区综合地均税收最高，为 345 元 / 米²，较高新区高 29.1%；经开区人口密度最高，为 179 人 / 公顷，较高新区高 16.9%。

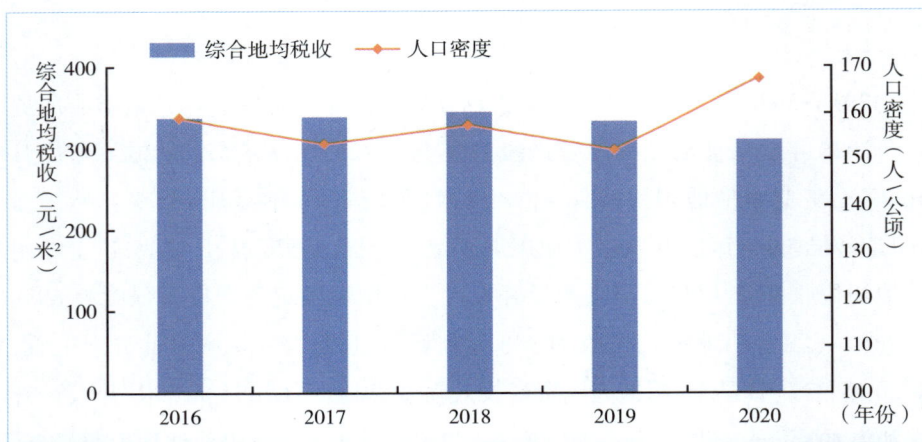

图 23　2016~2020 年成渝城市群国家级产城融合型开发区依法审批范围综合用地效益变化

表 29　2016~2020 年成渝城市群国家级产城融合型开发区依法审批范围综合用地效益变化情况

范围	数量（个）	综合地均税收（元/米2）		人口密度（人/公顷）	
		2016 年	2020 年	2016 年	2020 年
全部开发区	12	337	309	159	167
2016~2020 年持续参评的开发区	11	327	321	147	168
新增参评开发区	1	—	101	—	160

2016~2020 年，产城融合型开发区实际管理范围内综合用地效益有所下降。2020 年，综合地均税收为 196 元 / 米^2，较 2016 年下降 37.8%；人口密度为 115 人 / 公顷，与 2016 年保持稳定。持续参评且有发展方向区的开发区综合地均税收下降 24.5%，人口密度提升 19.6%。新增参评开发区综合地均税收为 68 元 / 米^2；人口密度为 127 人 / 公顷（见表 30）。从审批类别上看，2020 年，经开区综合地均税收最高，为 226 元 / 米^2，较高新区高 59.5%；经开区人口密度最高，为 121 人 / 公顷，较高新区高 18.4%。

表 30　2016~2020 年成渝城市群国家级产城融合型开发区实际管理范围综合用地效益变化情况

范围	数量（个）	综合地均税收（元 / 米^2）		人口密度（人 / 公顷）	
		2016 年	2020 年	2016 年	2020 年
全部开发区	12	315	196	115	115
持续参评且无发展方向区的开发区	1	503	325	180	178
持续参评且有发展方向区的开发区	10	257	194	92	110
新增参评开发区	1	—	68	—	127

5. 土地管理绩效

2016~2020 年，工业主导型开发区依法审批范围内土地闲置率有所下降。2020 年，土地闲置率为 0.05%，较 2016 年下降 0.31 个百分点。2016~2020 年持续参评的开发区土地闲置率下降 0.31 个百分点。新增参评开发区无闲置土地。从审批类别上看，经开区和海关特殊监管区土地闲置率分别为 0.03% 和 0.15%；高新区无闲置土地。

2016~2020 年，工业主导型开发区实际管理范围内土地闲置率有所提升。2020 年，土地闲置率为 0.41%，较 2016 年提升 0.23 个百分点。持续参评且有发展方向区的开发区土地闲置率提升 0.29 个百分点。新增参评开发区无闲置土地。从审批类别上看，经开区、高新区和海关特殊监管区土地闲置率分别为 0.01%、0.70% 和 0.10%。

2016~2020 年，产城融合型开发区依法审批范围内土地闲置率有所提升。2020 年，土地闲置率为 0.03%，较 2016 年提升 0.03 个百分点。2016~2020 年持续参评的开发区土地闲置率提升 0.03 个百分点。新增参评开发区无闲置土地。从审批类别上看，仅经开区有闲置土地。

2016~2020 年，产城融合型开发区实际管理范围内土地闲置率有所提升。2020 年，土地闲置率为 0.02%，较 2016 年提升 0.02 个百分点。持续参评且有发展方向区的开发区土地闲置率提升 0.01 个百分点。新增参评开发区土地闲置率为 0.22%。从审批类别上看，经开区和高新区土地闲置率分别为 0.01% 和 0.03%。

（二）省级开发区

1. 土地利用程度

2017~2020 年，工业主导型开发区依法审批范围内土地利用程度有所提升。2020 年，土地开发率、土地供应率为和土地建成率分别为 85.9%、89.1% 和 85.0%，较 2017 年分别提升 7.1 个、2.1 个和 1.8 个百分点（见图 24）。

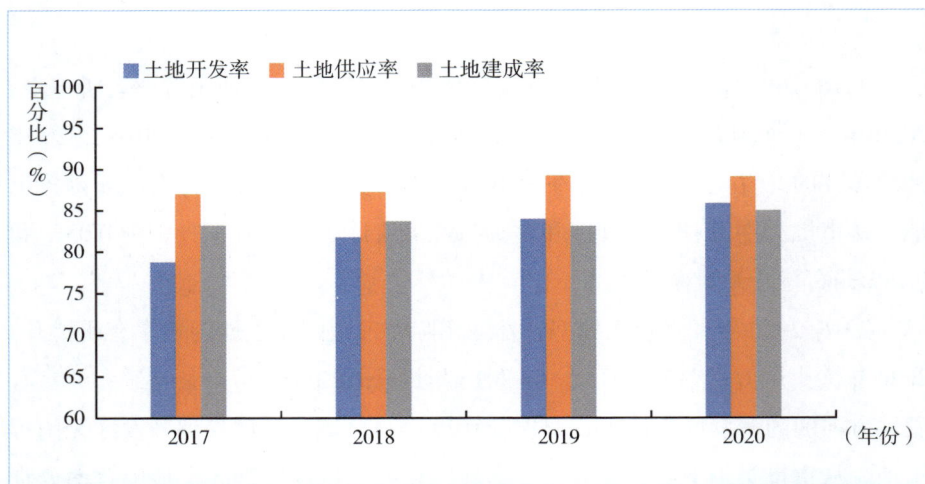

图 24　2017~2020 年成渝城市群省级工业主导型开发区依法审批
范围土地利用程度变化

2017~2020 年持续参评的开发区土地开发率和土地供应率分别提升 7.7 个和 3.4 个百分点，土地建成率保持稳定。新增参评开发区土地开发率、土地供应率与土地建成率分别为 83.3%、76.4% 和 87.8%（见表 31）。从审批类别上看，2020 年，高新区土地开发率最高，为 89.8%，分别较经开区和特色工业园高 5.4 个和 4.7 个百分点；特色工业园土地供应率最高，为 89.5%，分别较经开区和高新区高 0.5 个和 0.8 个百分点；经开区土地建成率最高，为 89.3%，分别较高新区和特色工业园高 4.3 个和 7.8 个百分点。

表 31　2017 年和 2020 年成渝城市群省级工业主导型开发区依法审批范围土地利用程度

范围	数量（个）	土地开发率（%）		土地供应率（%）		土地建成率（%）	
		2017 年	2020 年	2017 年	2020 年	2017 年	2020 年
全部开发区	134	78.8	85.9	87.0	89.1	83.2	85.0
2017~2020 年持续参评的开发区	126	78.4	86.1	86.7	90.1	84.8	84.8
新增参评开发区	8	—	83.3	—	76.4	—	87.8

2017~2020 年，工业主导型开发区实际管理范围内土地开发率有所下降，土地供应率和土地建成率有所提升。2020 年，土地开发率为 58.5%，较 2017 年下降 15.3 个百分点；土地供应率和土地建成率分别为 86.6% 和 82.6%，较 2017 年分别提升 1.1 个和 0.7 个百分点。持续参评且有发展方向区的开发区土地开发率和土地供应率分别下降 16.4 个和提升 1.0 个百分点，土地建成率保持不变。新增参评开发区土地开发率、土地供应率与土地建成率分别为 55.6%、79.1% 和 90.0%（见表 32）。从审批类别上看，2020 年，高新区土地开发率最高，为 63.2%，分别较经开区和特色工业园高 7.6 个和 4.1 个百分点；特色工业园和经开区土地供应率均为 87.1%，较高新区高 2.3 个百分点；经开区土地建成率最高，为 86.9%，分别较高新区和特色工业园高 2.2 个和 9.3 个百分点。

表 32　2017 年和 2020 年成渝城市群省级工业主导型开发区实际管理范围土地利用程度

范围	数量（个）	土地开发率（%）		土地供应率（%）		土地建成率（%）	
		2017 年	2020 年	2017 年	2020 年	2017 年	2020 年
全部开发区	134	73.8	58.5	85.5	86.6	81.9	82.6
持续参评且无发展方向区的开发区	32	80.4	87.2	83.0	86.7	87.3	83.2
持续参评且有发展方向区的开发区	94	71.8	55.4	86.1	87.1	82.0	82.0
新增参评开发区	8	—	55.6	—	79.1	—	90.0

2017~2020 年，产城融合型开发区依法审批范围内土地开发率有所提升，土地供应率和土地建成率有所下降。2020 年，土地开发率为 87.3%，较 2017 年提升 4.5 个百分点；土地供应率和土地建成率分别为 91.9% 和 85.9%，较 2017 年分别下降 0.7 个和 8.4 个百分点（见图 25）。2017~2020 年持续参评的开发区土地开发率、土地供应率与土地建成率分别提升 6.0 个、下降 1.7 个和下降 1.1 个百分点。新增参评开发区土地开发率、土地供应率与土地建成率分别为 89.8%、88.8% 和 91.1%（见表 33）。从审批类别上看，2020 年，高

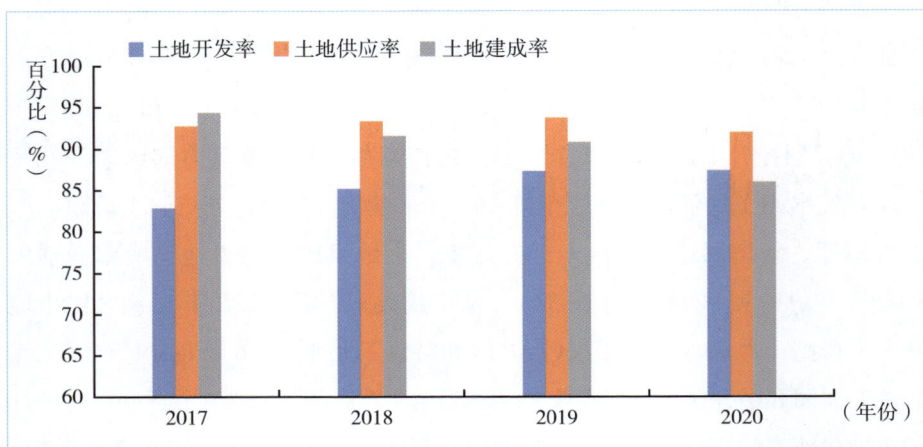

图 25　2017~2020 年成渝城市群省级产城融合型开发区依法审批范围土地利用程度变化

新区土地利用程度最高，土地开发率、土地供应率与土地建成率分别 91.0%、95.3% 和 93.7%，较经开区分别高 0.5 个、5.4 个和 6.7 个百分点，较特色工业园高 8.4 个、4.8 个和 15.2 个百分点。

表 33　2017 年和 2020 年成渝城市群省级产城融合型开发区依法审批范围土地利用程度

范围	数量（个）	土地开发率（%）		土地供应率（%）		土地建成率（%）	
		2017 年	2020 年	2017 年	2020 年	2017 年	2020 年
全部开发区	25	82.8	87.3	92.6	91.9	94.3	85.9
2017~2020 年持续参评的开发区	22	81.2	87.2	93.8	92.1	86.6	85.5
新增参评开发区	3	—	89.8	—	88.8	—	91.1

2017~2020 年，产城融合型开发区实际管理范围内土地利用程度有所下降。2020 年，土地开发率、土地供应率和土地建成率分别为 46.5%、89.0% 和 86.7%，较 2017 年分别下降 28.7 个、0.1 个和 4.4 个百分点。持续参评且有发展方向区的开发区土地开发率、土地供应率和土地建成率分别下降 18.4 个、0.3 个和 0.9 个百分点。新增参评开发区土地开发率、土地供应率与土地建成率分别为 17.8%、90.0% 和 93.4%（见表 34）。从审批类别上看，2020 年，特色工业园土地开发率最高，为 68.8%，分别较经开区和高新区高 31.6 个和 28.2 个百分点；特色工业园土地供应率最高，为 89.9%，分别较经开区和高新区高 2.0 个和 1.1 个百分点；高新区土地建成率最高，为 91.9%，分别较经开区和特色工业园高 4.8 个和 10.6 个百分点。

表 34　2017 年和 2020 年成渝城市群省级产城融合型开发区实际管理范围土地利用程度

范围	数量（个）	土地开发率（%）		土地供应率（%）		土地建成率（%）	
		2017 年	2020 年	2017 年	2020 年	2017 年	2020 年
全部开发区	25	75.2	46.5	89.1	89.0	91.1	86.7
持续参评且无发展方向区的开发区	2	62.9	76.4	96.3	89.4	67.7	60.5

续表

范围	数量（个）	土地开发率（%）		土地供应率（%）		土地建成率（%）	
		2017 年	2020 年	2017 年	2020 年	2017 年	2020 年
持续参评且有发展方向区的开发区	20	76.5	58.1	89.1	88.8	88.8	87.9
新增参评开发区	3	—	17.8	—	90.0	—	93.4

2. 工业用地结构

2017~2020 年，工业主导型开发区依法审批范围内工业用地率有所提升。2020 年，工业用地率为 68.9%，较 2017 年提升 0.3 个百分点。2017~2020 年持续参评的开发区工业用地率下降 0.5 个百分点。新增参评开发区工业用地率为 66.5%。从审批类别上看，2020 年，高新区工业用地率最高，为 69.8%，分别高于经开区和特色工业园 0.4 个和 0.9 个百分点。

2017~2020 年，工业主导型开发区实际管理范围内工业用地率有所下降。2020 年，工业用地率为 65.8%，较 2017 年下降 3.4 个百分点。持续参评且有发展方向区的开发区工业用地率下降 4.9 个百分点。新增参评开发区工业用地率为 65.4%。从审批类别上看，2020 年，高新区工业用地率最高，为 71.2%，分别高于经开区和特色工业园 4.3 个和 9.6 个百分点。

3. 土地利用强度

2017~2020 年，工业主导型开发区依法审批范围内土地利用强度有所提升。2020 年，综合容积率和工业用地综合容积率分别为 1.01 和 1.07，较 2017 年分别提升 0.07 和 0.08；建筑密度和工业用地建筑系数分别为 44.5% 和 62.8%，较 2017 年分别提升 3.4 个和 3.0 个百分点（见图 26、图 27）。2017~2020 年持续参评的开发区综合容积率提升 0.10，工业用地综合容积率提升 0.09，建筑密度提升 3.9 个百分点，工业用地建筑系数提升 3.8 个百分点。新增参评开发区综合容积率为 0.90，建筑密度为 40.5%，工业用地综合容积率为 0.95，工业用地建筑系数为 56.7%（见表 35）。从审批类别上看，2020 年，高新区综合容积率最高，为 1.09，分别较经开区和特色工业园高 0.15 和 0.04；

特色工业园工业用地综合容积率最高，为1.17，分别较经开区和高新区高0.21和0.09；特色工业园建筑密度最高，为48.6%，分别较经开区和高新区高10.0个和1.6个百分点；特色工业园工业用地建筑系数最高，为70.1%，分别较经开区和高新区高16.4个和5.3个百分点。

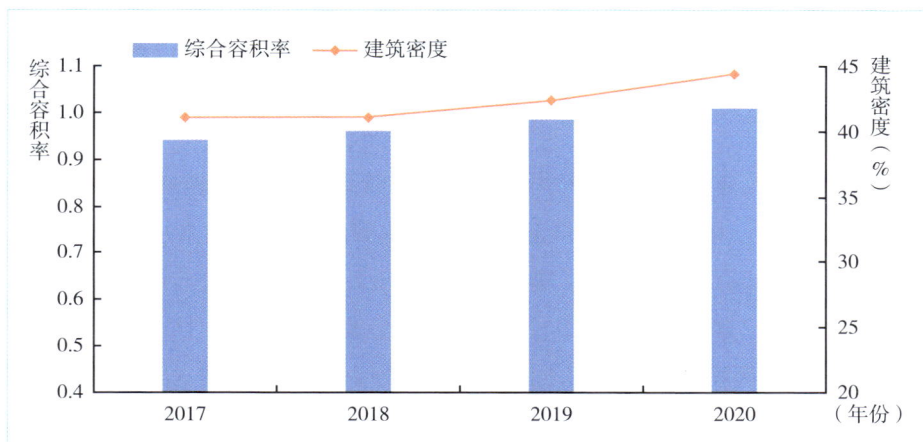

图 26　2017~2020 年成渝城市群省级工业主导型开发区依法审批范围土地利用强度变化

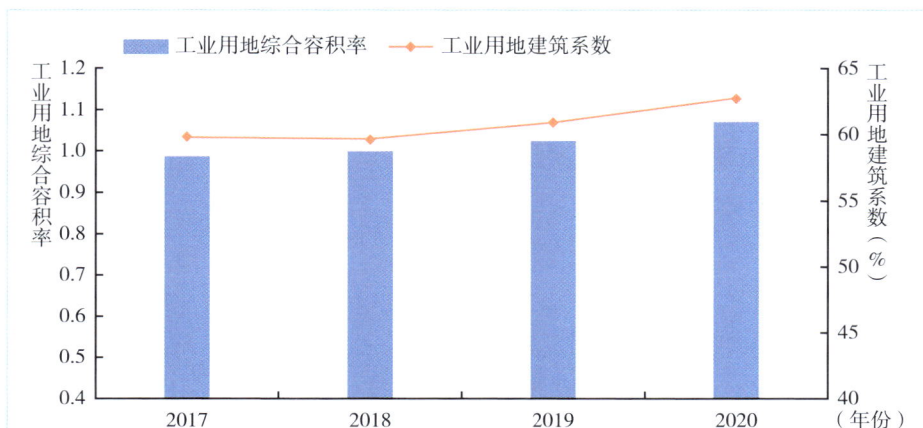

图 27　2017~2020 年成渝城市群省级工业主导型开发区依法审批范围工业用地利用强度变化

表35　2017~2020年成渝城市群省级工业主导型开发区依法审批
范围土地利用强度变化情况

范围	数量（个）	综合容积率		建筑密度（%）		工业用地综合容积率		工业用地建筑系数（%）	
		2017年	2020年	2017年	2020年	2017年	2020年	2017年	2020年
全部开发区	134	0.94	1.01	41.1	44.5	0.99	1.07	59.8	62.8
2017~2020年持续参评的开发区	126	0.92	1.02	40.8	44.7	0.99	1.08	59.4	63.2
新增参评开发区	8	—	0.90	—	40.5	—	0.95	—	56.7

2017~2020年，工业主导型开发区实际管理范围内土地利用强度有所提升。2020年，综合容积率和工业用地综合容积率分别为0.96和0.99，较2017年分别增长0.03和0.01；建筑密度和工业用地建筑系数分别为43.8%和61.5%，较2017年分别增长2.9个和2.3个百分点。持续参评且有发展方向区的开发区综合容积率和工业用地综合容积率分别提升0.06和0.01，建筑密度和工业用地建筑系数分别提升3.9个和4.0个百分点。新增参评开发区综合容积率为0.95，建筑密度为43.4%，工业用地综合容积率为0.85，工业用地建筑系数为53.5%（见表36）。从审批类别上看，2020年，高新区综合容积率最高，为1.06，分别较经开区和特色工业园高0.20和0.03；特色工业园工业用地综合容积率最高，为1.11，分别较经开区和高新区高0.22和0.12；特色工业园建筑密度最高，为48.6%，分别较经开区和高新区高10.1个和3.5个百分点；特色工业园工业用地建筑系数最高，为69.3%，分别较经开区和高新区高15.3个和6.5个百分点。

表36　2017~2020年成渝城市群省级工业主导型开发区实际管理
范围土地利用强度变化情况

范围	数量（个）	综合容积率		建筑密度（%）		工业用地综合容积率		工业用地建筑系数（%）	
		2017年	2020年	2017年	2020年	2017年	2020年	2017年	2020年
全部开发区	134	0.93	0.96	40.9	43.8	0.98	0.99	59.2	61.5
持续参评且无发展方向区的开发区	32	0.93	0.94	41.8	42.4	1.04	1.07	59.5	59.5

续表

范围	数量（个）	综合容积率		建筑密度（%）		工业用地综合容积率		工业用地建筑系数（%）	
		2017 年	2020 年	2017 年	2020 年	2017 年	2020 年	2017 年	2020 年
持续参评且有发展方向区的开发区	94	0.91	0.97	40.2	44.1	0.97	0.98	58.5	62.5
新增参评开发区	8	—	0.95	—	43.4	—	0.85	—	53.5

2017~2020 年，产城融合型开发区依法审批范围内土地利用强度有所提升。2020 年，综合容积率为 1.33，较 2017 年提升 0.16；建筑密度为 33.1%，较 2017 年提升 2.4 个百分点（见图 28）。2017~2020 年持续参评的开发区综合容积率提升 0.09，建筑密度提升 0.5 百分点。新增参评开发区综合容积率为 1.48，建筑密度为 36.0%（见表 37）。从审批类别上看，2020 年，特色工业园综合容积率最高，为 1.42，分别较经开区和高新区高 0.15 和 0.14；高新区建筑密度最高，为 33.7%，分别较经开区和特色工业园高 2.0 个和 0.1 个百分点。

图 28　2017~2020 年成渝城市群省级产城融合型开发区依法审批
范围土地利用强度变化

表 37　2017~2020 年成渝城市群省级产城融合型开发区依法审批
范围土地利用强度变化情况

范围	数量（个）	综合容积率		建筑密度（%）	
		2017 年	2020 年	2017 年	2020 年
全部开发区	25	1.17	1.33	30.7	33.1
2017~2020 年持续参评的开发区	22	1.22	1.31	32.4	32.9
新增参评开发区	3	—	1.48	—	36.0

2017~2020 年，产城融合型开发区实际管理范围内土地利用强度有所提升。2020 年，综合容积率为 1.12，较 2017 年提升 0.14；建筑密度为 33.7%，较 2017 年提升 1.5 个百分点。持续参评且有发展方向区的开发区综合容积率提升 0.07，建筑密度提升 0.5 个百分点。新增参评开发区综合容积率为 1.17，建筑密度为 33.2%（见表 38）。从审批类别上看，2020 年，高新区综合容积率最高，为 1.15，分别较经开区和特色工业园高 0.06 和 0.04；特色工业园建筑密度最高，为 35.5%，分别较经开区和高新区高 0.6 个和 4.2 个百分点。

表 38　2017~2020 年成渝城市群省级产城融合型开发区实际管理
范围土地利用强度变化情况

范围	数量（个）	综合容积率		建筑密度（%）	
		2017 年	2020 年	2017 年	2020 年
全部开发区	25	0.98	1.12	32.2	33.7
持续参评且无发展方向区的开发区	2	1.33	1.71	32.0	34.0
持续参评且有发展方向区的开发区	20	1.00	1.07	33.2	33.7
新增参评开发区	3	—	1.17	—	33.2

4. 综合用地效益

2017~2020 年，工业主导型开发区依法审批范围内工业用地固定资产投入强度有所提升，工业用地地均税收有所下降。2020 年，工业用地固定资产投入强度为 6381 元 / 米^2，较 2017 年提升 33.8%；工业用地地均税收为 216

元／米^2，较 2017 年下降 4.0%（见图 29）。2017~2020 年持续参评的开发区工业用地固定资产投入强度提升 41.7%，工业用地地均税收提升 3.3%。新增参评开发区工业用地固定资产投入强度为 3319 元／米^2，工业用地地均税收为 125 元／米^2（见表 39）。从审批类别上看，2020 年，特色工业园工业用地固定资产投入强度最高，为 7603 元／米^2，分别较经开区和高新区高 65.2% 和 6.7%；高新区工业用地地均税收最高，为 268 元／米^2，分别较经开区和特色工业园高 30.4% 和 38.1%。

图 29　2017~2020 年成渝城市群省级工业主导型开发区依法审批
范围综合用地效益变化

表 39　2017~2020 年成渝城市群省级工业主导型开发区依法审批
范围综合用地效益变化情况

范围	数量（个）	工业用地固定资产投入强度（元／米^2）		工业用地地均税收（元／米^2）	
		2017 年	2020 年	2017 年	2020 年
全部开发区	134	4769	6381	225	216
2017~2020 年持续参评的开发区	126	4637	6571	214	221
新增参评开发区	8	—	3319	—	125

493

2017~2020年，工业主导型开发区实际管理范围内工业用地固定资产投入强度有所提升，工业用地地均税收有所下降。2020年，工业用地固定资产投入强度为5490元/米²，较2017年提升17.9%；工业用地地均税收为188元/米²，较2017年下降15.7%。持续参评且有发展方向区的开发区工业用地固定资产投入强度提升21.1%，工业用地地均税收下降12.8%。新增参评开发区工业用地固定资产投入强度为3449元/米²，工业用地地均税收为128元/米²（见表40）。从审批类别上看，2020年，特色工业园工业用地固定资产投入强度最高，为6644元/米²，分别较经开区和高新区高60.4%和9.3%；高新区工业用地地均税收最高，为243元/米²，分别较经开区和特色工业园高49.6%和33.1%。

表40 2017~2020年成渝城市群省级工业主导型开发区实际管理范围综合用地效益变化情况

范围	数量（个）	工业用地固定资产投入强度（元/米²）		工业用地地均税收（元/米²）	
		2017年	2020年	2017年	2020年
全部开发区	134	4657	5490	223	188
持续参评且无发展方向区的开发区	32	4091	5446	219	233
持续参评且有发展方向区的开发区	94	4666	5649	211	184
新增参评开发区	8	—	3449	—	128

2017~2020年，产城融合型开发区依法审批范围内综合地均税收和人口密度均有所提升。2020年，综合地均税收为133元/米²，较2017年提升49.4%；人口密度为159人/公顷，较2017年提升19.5%（见图30）。2017~2020年持续参评的开发区综合地均税收提升12.5%。人口密度提升17.0%。新增参评开发区综合地均税收为109元/米²，人口密度为84人/公顷（见表41）。从审批类别上看，2020年，特色工业园综合地均税收最高，为204元/米²，分别较经开区和高新区高1.6倍和91.7%；特色工业园人口密度最高，为200人/公顷，分别较经开区和高新区高24.5%和69.3%。

494

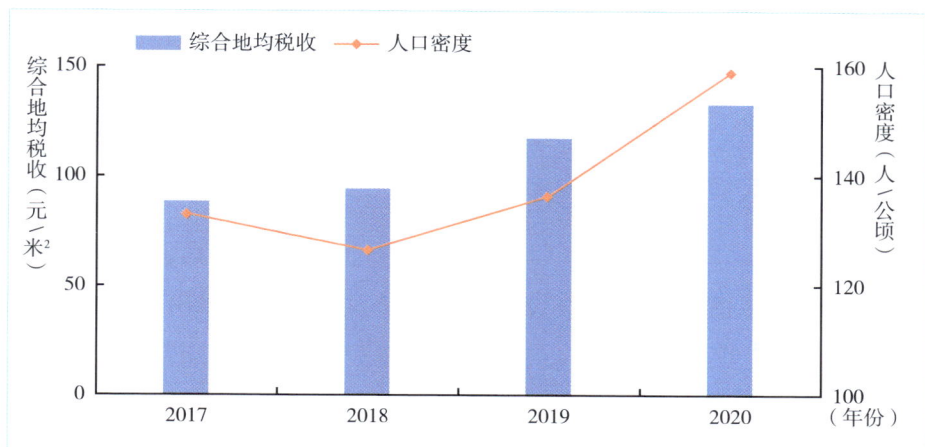

图 30　2017~2020 年成渝城市群省级产城融合型开发区依法审批
范围综合用地效益变化

表 41　2017~2020 年成渝城市群省级产城融合型开发区依法审批
范围综合用地效益变化情况

范围	数量（个）	综合地均税收（元 / 米²）		人口密度（人 / 公顷）	
		2017 年	2020 年	2017 年	2020 年
全部开发区	25	89	133	133	159
2017~2020 年持续参评的开发区	22	120	135	141	165
新增参评开发区	3	—	109	—	84

　　2017~2020 年，产城融合型开发区实际管理范围内综合用地效益有所提升。2020 年，综合地均税收为 117 元 / 米²，较 2017 年提升 14.7%；人口密度为 96 人 / 公顷，较 2017 年保持稳定。持续参评且有发展方向区的开发区综合地均税收保持稳定，人口密度下降 4.9%。新增参评开发区综合地均税收为 116 元 / 米²，人口密度为 67 人 / 公顷（见表 42）。从审批类别上看，2020 年，特色工业园综合地均税收最高，为 144 元 / 米²，分别较经开区和高新区高 69.0% 和 25.8%；经开区人口密度最高，为 108 人 / 公顷，分别较高新区和特色工业园高 32.1% 和 2.6%。

495

表 42　2017~2020 年成渝城市群省级产城融合型开发区实际管理范围综合用地效益变化情况

范围	数量（个）	综合地均税收（元/米²）		人口密度（人/公顷）	
		2017 年	2020 年	2017 年	2020 年
全部开发区	25	102	117	96	96
持续参评且无发展方向区的开发区	2	161	141	128	165
持续参评且有发展方向区的开发区	20	116	116	102	97
新增参评开发区	3	—	116	—	67

5. 土地管理绩效

2017~2020 年，工业主导型开发区依法审批范围内土地闲置率有所提升。2020 年，土地闲置率为 0.18%，较 2017 年提升 0.11 个百分点。2017~2020 年持续参评的开发区土地闲置率增幅为 0.10 个百分点。新增参评开发区土地闲置率为 0.20%。从审批类别上看，2020 年，经开区、高新区和特色工业园土地闲置率分别为 0.06%、0.05% 和 0.36%。

2017~2020 年，工业主导型开发区实际管理范围内土地闲置率有所提升。2020 年，土地闲置率为 0.16%，较 2017 年提升 0.10 个百分点。持续参评且有发展方向区的开发区土地闲置率提升 0.13 个百分点。新增参评开发区土地闲置率为 0.14%。从审批类别上看，2020 年，经开区、高新区和特色工业园土地闲置率分别为 0.14%、0.04% 和 0.24%。

2017~2020 年，产城融合型开发区依法审批范围内土地闲置率有所提升。2020 年，土地闲置率为 1.69%，较 2017 年提升 1.69 个百分点。2017~2020 年持续参评的开发区土地闲置率增幅为 1.82 个百分点。新增参评开发区无闲置土地。从审批类别上看，2020 年，仅特色工业园有闲置土地。

2017~2020 年，产城融合型开发区实际管理范围内土地闲置率有所提升。2020 年，土地闲置率为 0.88%，较 2017 年提升 0.88 个百分点。持续参评且有发展方向区的开发区土地闲置率提升 0.18 个百分点。新增参评开发区无闲置土地。从审批类别上看，2020 年，经开区和特色工业园土地闲置率分别为 0.23% 和 2.22%；高新区无闲置土地。

四 主要结论和政策建议

（一）开发区土地集约利用评价总体状况与主要特征

1. 国家级开发区

从数量上看，2020 年成渝城市群国家级开发区参评数量为 33 个，占全国比例总计 5.9%。开发区参评持续性较强，2016~2020 年参评率提升至 100%。经开区和高新区占比高于全国水平，产城融合型开发区占比高于全国水平。新增参评开发区有 9 个，持续参评开发区中，2 个开发区由工业主导型转变为产城融合型。

从用地规模上看，成渝城市群国家级开发区平均用地规模较小，2020 年依法审批范围和实际管理范围平均用地规模分别为 710 公顷和 4628 公顷，较全国水平分别低 23.6% 和 23.2%。2016~2020 年开发区依法审批范围平均用地规模有所下降，降幅为 14.6%，其中，持续参评开发区依法审批范围平均用地规模略有增长，新增参评开发区依法审批范围平均用地规模明显较小。

从土地集约利用程度上看，成渝城市群工业主导型国家级开发区土地开发和供应速度较快，建设速度相对较慢，土地建成率低于全国水平 9.9 个百分点；工业用地强度较大，工业用地综合容积率高于全国水平 0.06；土地投入产出效益较低，工业用地固定资产投入强度和工业用地地均税收分别低于全国水平 9.9% 和 31.4%；土地管理绩效较好，土地闲置率低于全国水平 0.03 个百分点。产城融合型国家级开发区土地利用程度较高，土地建成率高于全国水平 0.2 个百分点；土地利用强度较高，综合容积率高于全国水平 0.30，建筑密度高于全国水平 3.5 个百分点；土地经济效益较低，综合地均税收低于全国水平 62.2%，人口承载水平较高，人口密度高于全国水平 17.6%；土地管理绩效较好，土地闲置率低于全国水平 0.05 个百分点。

2. 省级开发区

从数量上看，2020 年成渝城市群国家级开发区参评数量为 159 个，占全国比例总计 7.4%。开发区参评持续性较强，2017~2020 年参评率提升 2.5 个百分点，未参评开发区数量较少。高新区和特色工业园占比显著高于全国水平，产城融合型开发区占比略高于全国水平。新增参评开发区有 11 个，持续参评开发区中，5 个经开区转型为高新区、6 个特色工业园转型为高新区，3 个开发区由工业主导型转变为产城融合型。

从用地规模上看，成渝城市群省级开发区平均用地规模较小，2020 年依法审批范围和实际管理范围平均用地规模分别为 556 公顷和 1509 公顷，较全国水平分别低 28.5% 和 36.6%。2017~2020 年开发区依法审批范围平均用地规模有所下降，降幅为 5.2%，其中，持续参评开发区依法审批范围平均用地规模略有下降，新增参评开发区依法审批范围平均用地规模与平均水平相当。

从土地集约利用程度上看，成渝城市群工业主导型省级开发区土地开发和供应速度较快，建设速度相对较慢，土地建成率低于全国水平4.6个百分点；工业用地强度较大，工业用地综合容积率高于全国水平 0.26；工业用地固定资产投入强度高于全国水平 22.5%，工业用地地均税收低于全国水平 13.9%；土地管理绩效高，土地闲置率低于全国水平 0.03 个百分点。产城融合型开发区土地开发和供应速度较快，建设速度相对较慢，土地建成率低于全国水平5.2 个百分点；土地利用强度较高，综合容积率高于全国水平 0.16，建筑密度高于全国水平 1.0 个百分点；土地经济效益较低，综合地均税收低于全国水平62.3%，人口承载水平较高，人口密度高于全国水平 20.5%；土地管理绩效有待提升，土地闲置率高于全国水平 1.34 个百分点。

（二）提升开发区土地集约利用水平的对策建议

促进成渝城市群开发区协同发展，加快两地高新技术产业对接协作，推动产业合理布局和上下游联动，通过市场主导、政府引导，推动创新要素有序流动、高效配置、深度融合，促进对外开放协同，整体融入"一带一路"和长江经济带战略，积极参与国内、国际科技创新合作。加快培育壮大新动能，加快发展新经济，创新承接产业转移，发展壮大先进制造业和现代服务业，打造全国重要的先进制造业和战略性新兴产业基地。培育壮大一批外向型产业园区，加强口岸大通关协作，推进成都、德阳、绵阳等全国加工贸易梯度转移重点承接地建设，建设全球知名跨国公司和企业集团重要的区域总部基地、制造基地和研发中心。健全技术创新市场导向机制，激发企业、大学和科研机构创新活力，强化科研成果转化，建设成为西部创新驱动先导区。[1]创新体制机制，合作共建产业园区，促进产业有序由重庆主城区向四川转移。加大开发区土地管理力度，加强开发区项目建设全周期管理，及时处理闲置土地，有序安排新增建设用地。[2]

---

① 姚秋昇、蒋海涛、魏倞、于雪丽：《工业园区土地集约利用水平变化研究——以重庆市工业园区为例》，《安徽农业科学》2016 年第 10 期。
② 吴俊安、杨敏、陈于林、彭颖、慕楠：《省级经济开发区土地集约利用问题和对策——以四川省为例》，《国土资源科技管理》2014 年第 4 期。

专题研究篇

Special Researches

B.10

开发区土地集约利用评价工作情况
与汇总分析方法

摘　要： 本报告阐述了开发区土地集约利用评价的背景，简述了开发区土地集约利用评价工作的历史进展，比较和总结了"十三五"期间开发区土地集约利用评价工作情况的异同，说明了开发区土地集约利用汇总分析技术方法与工作路线。

关键词： 开发区　土地集约利用评价　高质量发展

一　开发区土地集约利用评价背景

我国人口众多而土地资源相对有限，以资源环境约束趋紧为主要特征的土地供需矛盾日益突出，如何既实现耕地保护目标又满足城市化与工业化合理的用地需求，是我国的社会经济可持续发展面临的重大问题。土地集约利用是推进生态文明建设的现实要求，也是促进经济发展方式转变的有效途径。在中华人民共和国成立后的土地管理实践中，我国陆续出台了有关农用地节约利用与建设用地节约集约利用的政策文件，逐步形成最严格节约用地制度。《中华人民共和国土地管理法》将"十分珍惜、合理利用土地和切实保护耕地"作为基本国策，党的十七届三中全会强调"实行最严格的节约用地制度"，保护和合理开发利用自然资源，促进实现高质量发展。在土地节约集约利用的要求下，原国土资源部部署并开展了建设用地节约集约利用评价工作，其中开发区土地集约利用评价是其中的重要组成部分。

开发区是享有特殊政策的发展区域，是我国改革开放的成功实践。自1984年国务院批准建立国家级开发区以来，全国各级各类开发区在引导产业集聚和促进对外开放等方面发挥了难以替代的作用。与此同时，开发区为追求经济效益通常会进行大面积低强度的建设和投入，开发区土地粗放利用愈加严重。2003年《国务院办公厅关于清理整顿各类开发区加强建设用地管理的通知》（国办发〔2003〕70号）明确提出，要对各级人民政府及其有关部门批准设立的各类开发区进行全面清查，并在检查清理的基础上进行整顿规范。为进一步摸清开发区土地利用情况，促进开发区土地集约利用，原国土资源部2006年开始进行开发区土地集约利用评价技术方法研究并开展试点，2010年正式颁布开发区土地集约利用评价相关行业标准。以《开发区土地集约利用评价规程》为依据，全国开发区土地集约利用评价工作顺利展开。

二 "十三五"规划期间开发区土地集约利用评价工作情况

（一）开发区土地集约利用评价工作历史进展

开发区土地集约利用评价是自然资源部（原国土资源部）统一部署要

求各省（自治区、直辖市）开展的一项长期的工作。开发区土地集约利用评价已经在 2008 年、2010 年、2012 年、2014 年、2016 年、2017 年、2018 年、2019 年、2020 年、2021 年开展。其中，2010 年、2012 年和 2014 年全国各级各类开发区开展全面评价；按照《国土资源部办公厅关于开展 2014 年度开发区土地集约利用评价工作的通知》（国土资厅函〔2014〕143 号）文件要求，从 2014 年以后，开发区土地集约利用评价工作以 3 年为一个周期，中间为更新评价，即 2016 年和 2017 年开展更新评价，2018 年开展全面评价，2019 年和 2020 年开展更新评价（监测统计），2021 年开展全面评价。

在历年评价过程中，该项工作在原来的以批准范围为评价对象的基础上，不断根据开发区发展实际情况和相关土地管理工作需要，自然资源部在开发区评价对象、评价范围、评价方式、资料和成果要求等方面，在每年下达的工作布置文件中提出要求或予以修改，并随之下达具体工作内容和技术要求，例如 2019 年开发区的监测统计工作，安排了额外的国家级开发区待建地调查核实工作。

在评价成果应用方面，自然资源部将根据开发区评价成果，开展全国范围的国家级开发区土地集约利用水平排序和公示，并要求各省级自然资源部门开展本行政区内省级开发区的土地集约利用水平排序和公示。

（二）2016~2020年开发区土地集约利用评价工作情况

为深入贯彻党的十八大和十八届三中、四中、五中、六中全会精神，贯彻落实党的十九大和十九届二中、三中、四中全会精神，全面实施《国民经济和社会发展第十三个五年规划纲要》，进一步落实最严格的节约用地制度，大力推进开发区节约集约用地。根据《国土资源部办公厅关于开展 2017 年度开发区土地集约利用更新评价工作的通知》（国土资厅函〔2017〕304 号）、《国民经济和社会发展第十三个五年规划纲要》和《自然资源部办公厅关于开展 2018 年度开发区土地集约利用评价工作的通知》（自然资办函〔2018〕38 号）、《自然资源部办公厅关于做好 2019 年度建设用地节约集约利用状况评价有关工作的通知》（自然资办函〔2019〕1056号）、《自然资源部办公厅关于开展2020年度建设用地节约集约利用状况评价有关工作的通知》（自然资办函〔2020〕1007号）、《自然资源部办公厅关于开展产业园用地情况总调查暨2021年度开发区土地集约利用全面评价有关工作的通知》（自然资办函〔2021〕152号）等文件开展"十三五"规划期间的开发区土地集约利用评价工作。

根据自然资源部（原为国土资源部）的工作部署安排，2016年的评价时间节点为2016年12月31日，为更新评价，但为筹备2017年的《中国开发区审核公告目录》，该年仅对国家级开发区进行了更新评价；2017年的评价时间节点为2017年12月31日，为全面评价；2018年的评价时间节点为2018年12月31日，为监测统计更新评价；2019年的评价时间节点为2019年12月31日，为监测统计更新评价；2020年的评价时间节点为2020年12月31日，为全面评价，并增加第二类产业园、第三类产业园调查与评价工作。根据每年评价工作的内容差异，总结工作情况如表1所示。

三 开发区土地集约利用评价汇总分析方法与技术路线

（一）开发区土地集约利用评价汇总分析目标

开发区土地集约利用评价汇总分析拟达到三点预期目标。一是梳理开发区土地集约利用评价的相关概念内涵以及理论基础，厘清评价技术体系及方法。梳理开发区土地集约利用评价工作进展历史，明确开发区土地集约利用评价工作的现状开展情况。二是综合分析全国2016~2020年度开发区土地集约利用评价成果，深入研究分析不同范围各级、各类开发区土地利用状况，明确开发区节约集约用地中存在问题和改进方向，提出促进开发区土地节约集约利用的对策和措施。三是形成全国及分区域、重点城市群的开发区土地集约利用评价分析成果，完成对用地高效的案例开发区的深入研究分析。

表1 2016~2020年开发区土地集约利用评价工作的内容总结

项目	2016年国家级开发区更新评价	2017年开发区全面评价	2018年监测统计更新评价	2019年监测统计更新评价	2020年要求
前期组织 / 评价范围确定 — 参评开发区确定	经依法审批并参加上一年度评价的各类国家级开发区	纳入《中国开发区审核公告目录（2018年版）》的开发区	原则上为纳入《中国开发区审核公告目录（2018年版）》的开发区	原则上为纳入《中国开发区审核公告目录（2018年版）》的开发区	《中国开发区审核公告目录（2018年版）》的开发区和之后新设立的开发区
实际参评开发区数量	共有484个国家级开发区开展更新评价	共520个国家级开发区参评	共531个国家级开发区参评	共541个国家级开发区参评	共559个国家级开发区参评
主区范围（依法审批范围）	必须与上轮全面评价一致，不允许变化	可以修正；或采用扩大、目录更新上报范围	监测统计范围为参评开发区的依法审批管理范围	监测统计范围为参评开发区的依法审批管理范围	依法审批范围
发展方向区范围确定	必须与上轮全面评价一致，不允许变化	可以修正；或根据规定程序新划定，提交认定材料	开发区的依法审批管理范围和实际管理范围	开发区的依法审批管理范围和实际管理范围	实际管理范围（依法审批范围与发展方向区之和）
开发区土地集约利用评价技术工作 / 土地利用状况调查 — 基本信息调查	√	√	√	√	√
用地状况调查	√	√	√	√	√
用地效益调查	√	√	√	√	√
管理绩效调查	√	√	√	√	√
土地供应状况调查	不开展	√	√	√	√
典型企业调查	√	√	不开展	不开展	不开展
其他规划资料等调查	√	√	√	√	√
分析和多轮对比	不开展	√	不开展	不开展	√

续表

项目		2016年国家级开发区更新评价	2017年开发区全面评价	2018年监测统计更新评价	2019年监测统计更新评价	2020年要求
开发区土地集约利用评价技术工作	土地集约利用程度评价					
	确定评价类型	必须与上轮全面评价一致，不允许变化	根据用地调查结果计算已建成城镇建设用地结构确定	必须与上轮全面评价一致，不允许变化	必须与上轮全面评价一致，不允许变化	根据用地调查结果计算已建成城镇建设用地结构确定
	评价指标体系选取	根据评价类型选取	根据评价类型选取	根据评价类型选取	根据评价类型选取	根据评价类型选取
	计算指标现状值	√	√	√	√	√
	指标权重专家咨询	不开展	√	不开展	不开展	√
	指标理想值测算和专家咨询	不开展	√	不开展	不开展	√
	指标标准化和集约度分值计算	不开展	√	√	√	√
	多轮对比分析	√	√	√	√	√
	土地集约利用潜力测算					
	扩展潜力测算	√	√	不开展	不开展	不开展
	结构潜力测算	√	√	不开展	不开展	不开展
	强度潜力测算	√	√	不开展	不开展	不开展
	管理潜力测算	√	√	不开展	不开展	不开展
	尚可供地年数测算	√	√	不开展	不开展	不开展

续表

项目		2016 年国家级开发区更新评价	2017 年开发区全面评价	2018 年监测统计更新评价	2019 年监测统计更新评价	2020 年要求
园区成果要求	用地调查和评价矢量数据	√	√	不开展	不开展	√
成果报告	评价技术报告	简要情况说明	√	简要情况说明	简要情况说明	√
	工作报告	不开展	√	不开展	不开展	√
	典型企业分析报告	不开展	√	不开展	不开展	不开展
	成果图件	不开展	√	不开展	不开展	√
	表格成果	√	√	填写监测统计工作方案附录 2、附表 3、附表 4 的完整表格	填写监测统计工作方案附录 2、附表 3、附表 4 的完整表格	√
其他成果	批准文件、照片等	不开展	√	不开展	不开展	√

（二）开发区土地集约利用评价汇总分析方法

1. 文献资料研究法

通过查阅中外文献库、中外文图书期刊等，广泛收集国内外开发区土地集约利用评价相关方面的资料，经过归纳整理、分析鉴别，对开发区土地集约利用相关概念及理论进行深入分析，为研究提供支持和论证，最后为提出创新观点、建议和对策奠定基础。

2. 定性分析方法

开发区由于级别、类型、所在区位的差异，必然带来发展定位、用地等方面的差异。在研究分析全国开发区土地集约利用程度时，必须进行相关的定性分析，为客观认识开发区用地状况和发展背景提供依据。

3. 统计分析方法

利用评价数据成果汇总研究阶段，在进行开发区用地状况特征分析等研究过程中，主要在各园区评价数据成果汇总基础上，根据开发区评价类型不同统计范围分别进行统计分析，并分析统计结果，揭示开发区用地的分级、分类不同范围的用地特征。

4. 专家咨询和征求意见

通过召开研讨会、座谈会等方式，广泛征求专家意见，对阶段研究成果进行咨询和论证，及时修正有关问题，保证项目研究方向。

（三）开发区土地集约利用评价汇总分析工作路线

开发区土地集约利用评价汇总分析按照"理论基础及工作现状研究—全国评价结果汇总分析—区域评价结果汇总分析—重点城市群评价结果汇总分析—专题研究分析"的路径逐步推进，形成一个有机的分析整体。理论基础及工作现状研究包括开发区土地集约利用评价概念内涵及理论研究以及我国开发区土地集约利用评价工作状况，明确开发区土地集约利用评价工作开展的重要理论、基本路径和工作技术流程。在明确工作路径及现状的基础上，基于2016~2020年度评价工作的成果，分全国、区域和重点城市群三个层次进行综合研究分析，进行 3 个方面的重点分析，分别是开发区基本情况分析、开发区土地利用状况分析、开发区土地集约利用状况分析。最后对开发区土地集约利用评价的其他重点内容进行系统性研究分析，包括学术进展研究、典型案例开发深入分析、举措及政策探索分析以及开发区典型企业情况分析。项目的总体技术路线如图 1 所示。

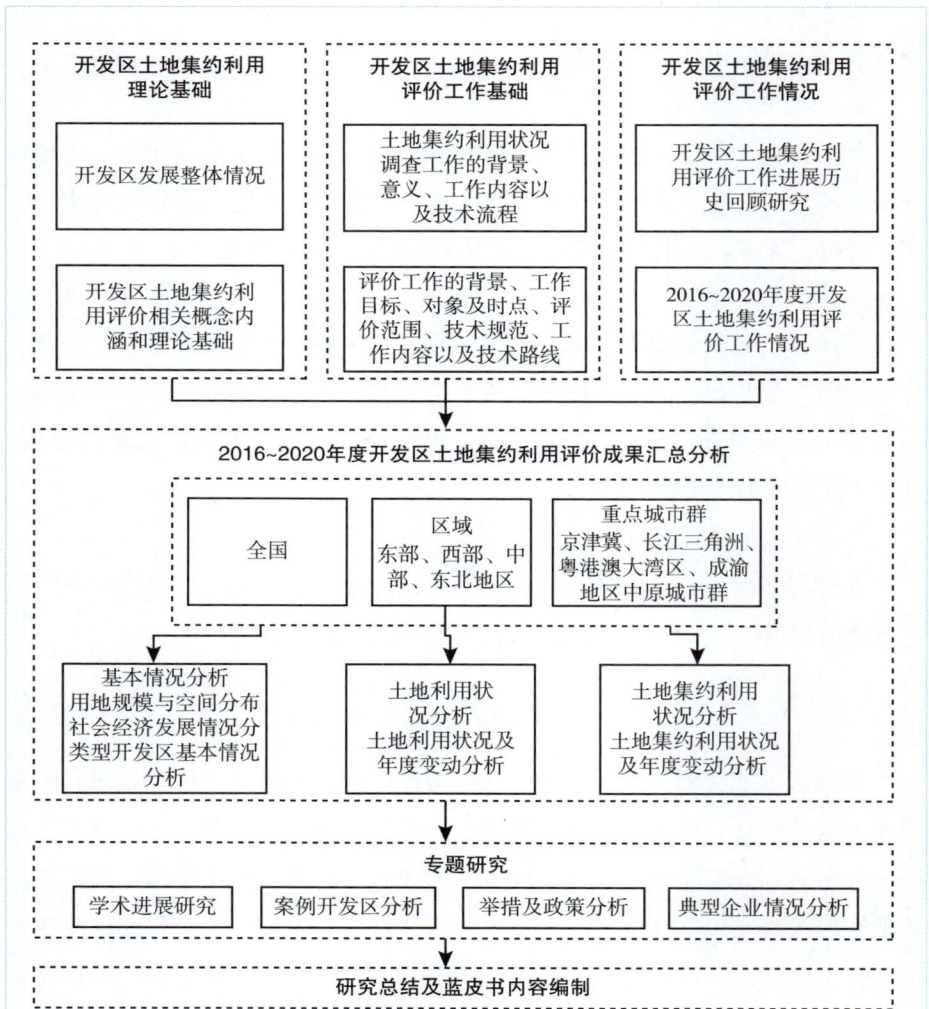

图 1   开发区土地集约利用汇总分析工作路线

B.11
开发区土地集约利用研究综述

摘　要： 本文阐述了土地集约利用的理论基础，并从开发区土地集约利用的概念内涵、评价方法与管理实践三个方面，对国内外有关开发区土地集约利用的研究进行综述，梳理研究发展脉络与研究热点，总结我国现有研究成果。目前我国开发区土地集约利用有关研究已相对成熟，在开发区关于生活和生态方面的集约利用内涵、开发区土地集约利用水平的影响因素和影响机制等方面有待于进一步深入挖掘与研究。

关键词： 开发区　土地集约利用　研究综述

一　土地集约利用的理论基础

（一）区位理论

区位理论研究了发生于不同地理位置上的社会经济活动之间的空间联系性与空间差异性。19世纪30年代，德国农业经济学家约翰·冯·杜能（J.H.v.Thunen）提出了"农业区位论"，设想了均质平原上孤立国的农业生产空间圈层式配置规则（约翰·冯·杜能，1986）。20世纪20年代，阿尔弗雷德·韦伯（Alfred Weber）开创了"工业区位论"，揭示了工业企业选址的一般规律以及企业集聚现象的成因（阿尔弗雷德·韦伯，2009）。20世纪30年代，克里斯塔勒（Christaller）提出了"中心地理论"，阐明了市场区的空间分布模式以及城镇等级体系的成因（克里斯塔勒，2010）。20世纪50年代以来，现代区位理论迅速发展，研究范式从局部静态走向综合动态，在规模经济、交易成本和区位竞争等方面形成了丰富的研究成果。[①] 开发区是工业企业的集聚区，区位理论在指导开发区识别资源禀赋优势、统筹产业结构布局、引导优势产业集聚与促进资源优化配置等方面具有重要价值。

（二）土地报酬递减理论

土地报酬递减理论研究了土地要素投入、其他要素投入与土地产出间的关系。大卫·李嘉图（David Ricardo）等古典政治经济学家认为在一定面积的土地上，集中投入较多的生产资料和劳动，使用先进的技术和管理方法，能够获得高额的产出。[②] 土地报酬递减意味着，对固定面积的土地持续追加某种要素的投入将导致收益增量的下降，因此要素的投入强度是有一定限度的。[③] 基于土地报酬递减理论，开发区可以通过在一定程度内提高资本和劳动力投入强度以及改进生产管理技术等方式提升开发区土地集约利用水平。

（三）土地可持续利用思想

土地可持续利用思想是在 1990 年首届国际土地持续利用系统研讨会上正式提出的，强调在充分考虑经济社会与生态环境协调发展的基础上，合理使用土地以实现人地和谐发展。[④] 由于人类对土地的无序和过度开发极大地破坏了可持续利用的土地资源，不可持续的城市增长方式严重影响了城市土地的利用效率，城市政策制定者和学者越来越关注城市土地利用变化特征。[⑤] 开发区作为城市的一部分，其土地可持续利用主要体现在两个方面，一是开发区

---

① 徐阳、苏兵：《区位理论的发展沿袭与应用》，《商业时代》2012 年第 33 期。
② 邵晓梅、刘庆、张衍毓：《土地集约利用的研究进展及展望》，《地理科学进展》2006 年第 2 期。
③ 朱天明、杨桂山、万荣荣：《城市土地集约利用国内外研究进展》，《经济地理》2009 年第 6 期。
④ 曹霄琪：《我国土地资源可持续利用对策研究》，《生产力研究》2009 年第 14 期。
⑤ Song, X.Q., Feng, Q., Xia, F.Z., Li, X.Y., Scheffran, J., "Impacts of Changing Urban Land-Use Structure on Sustainable City Growth in China: A Population-Density Dynamics Perspective," Habitat International 107（2021）.

内部土地实现高效利用，例如通过改变低效土地开发利用方式、盘活闲置土地等方式促进开发区土地高效利用，二是开发区内部土地与外部环境保持相对和谐的关系，例如开发区的开发建设活动要符合上位规划，尽量减小因开发区建设活动造成的对周围生态环境的影响。

二　开发区土地集约利用内涵研究

土地集约利用的概念发源于农业土地利用研究，随着城市作为区域发展增长极的地位不断提升以及城市规模的持续扩大，土地集约利用概念被引入城市土地利用研究。第二次世界大战后，世界经济联系日益紧密，国际商品交换和资金流动愈加频繁，许多国家相继设立"出口加工区"，引进外资、发展出口工业，以此带动本国经济高速发展。20世纪70年代后，综合型和高科技型开发区迅速发展，开发区开始承担商业、服务、旅游等多种功能。[1]

我国开发区兴起于20世纪80年代，相关的理论研究与探讨工作同时开始。马克伟等一些学者认为，城市土地集约利用意味着在单位面积的建设用地上不断增加投入强度，比如增加建筑密度、增加容积率或者投入更多资本。[2]除了提升要素投入强度外，改善土地经营和管理方式、优化土地利用结构与城市功能布局，对提升土地利用效率、提升土地集约利用水平也具有重要作用。[3][4]吴旭芬等从开发区具有工业用地为主、土地产出率高、开发投资量大等特征的角度出发，将土地集约利用定义为"根据有限土地资源的市场供求关系、城市发展需要以及不同的土地经济、生态、适用性，对其进行科学规划，优化配置，集约高效地利用"。[5]《开发区土地集约利用评价规程（2014

---

① 李屹:《国际开发区发展的历程及对我国新时期开发区建设的启示》,《中国发展观察》2006年第8期。

② 马克伟:《土地大辞典》,长春出版社,1991。

③ 陶志红:《城市土地集约利用几个基本问题的探讨》,《中国土地科学》2000年第5期。

④ 龚义、吴小平、欧阳安蛟:《城市土地集约利用内涵界定及评价指标体系设计》,《浙江国土资源》2002年第2期。

⑤ 吴旭芬、孙军:《开发区土地集约利用的问题探讨》,《中国土地科学》2000年第2期。

年度试行)》(以下简称《规程》)总结有关研究的经验,将开发区土地集约利用定义为"以符合有关法规、政策、规划等为导向,通过增加对土地的投入,改善经营管理,挖掘土地利用潜力,不断提高开发区土地利用效率和经济效益的一种开发经营模式",强调开发区的生产功能和生产效率。

随着生态文明建设的不断推进以及产城融合理念的推广,有学者开始从生产、生活和生态三方面探讨开发区的土地集约利用的内涵。许丽丹将开发区土地集约利用内涵分为土地利用强度、投入产出效益和生态宜居程度三个部分,王晓峰等从经济效益、空间效益和生态效益三个方面衡量土地集约利用程度。[1][2] 邹永旺等针对开发区土地集约利用与区域生态效应之间的关系开展了研究,宋喧等将碳排放指标纳入开发区土地集约利用研究中,在确定开发区生态效益方面做了很好的尝试。[3][4]

总体上看,开发区土地集约利用内涵研究已相对成熟,主要可归纳为三个方面,一是土地利用布局合理,二是资源配置合理,三是生产、生活和生态功能协调合理。[5] 其中,开发区在生活和生态方面的集约利用内涵仍有待进一步挖掘。

三 开发区土地集约利用评价研究

土地集约利用评价研究开始于19世纪,美国在19世纪30年代提出了土地潜力分类,这是第一个较为全面的农用地评价系统,经过各国的改进,美国进一步提出了斯托利指数分等和康乃尔评价系统,法国颁布了《农地评价

① 许丽丹:《新型城镇化背景下开发区土地集约利用评价及提升途径研究》,浙江大学硕士学位论文,2019。
② 王晓峰、刘宇、李龙梅:《基于生态文明的西安市经济技术开发区土地集约利用合理度研究》,《水土保持通报》2012年第5期。
③ 邹永旺、李资华:《基于DEA模型的江西省开发区土地集约利用区域生态效应研究》,《东华理工大学学报》(自然科学版)2019年第4期。
④ 宋喧、高玉昀、张敏:《基于碳排放的开发区土地集约利用评价研究——以江苏省淮安高新技术产业开发区为例》,《江苏科技信息》2017年第30期。
⑤ 尤利东:《江西省开发区土地利用现状及集约利用模式研究》,江西农业大学硕士学位论文,2013。

条例》，德国提出了土地指数分等。[①] 随着建设用地在空间上的不断扩张，土地评价对象不再局限于农用地，评价内容也随之趋于全面化发展。1976 年联合国发布了《土地评价纲要》，针对不同的土地利用方式提出了相应的土地适宜性评价框架，从此土地集约利用评价研究得到广泛开展与运用。

　　我国针对开发区土地集约利用评价体系的研究开始于 21 世纪初。潘锡辉等较早提出了包含 4 个一级指标和 28 个二级指标的评价体系，从土地利用基本情况、土地投入、土地产出效率和土地利用结构效果等方面度量开发区土地集约综合状况。[②] 2008 年，原国土资源部在总结相关研究经验的基础上，组织原中国土地勘测规划院、北京大学城市与环境学院等单位专家编制并发布了开发区土地集约利用评价规程，并持续进行修订研究，指导后续年度有关工作的开展。现行的《规程》明确了开发区土地集约利用评价的工作技术方法，对产城融合型和工业主导型两类开发区设计了不同的评价体系，并采用理想值标准化法、多因素分析评价法计算开发区土地利用综合集约度。

　　《规程》发布后，许多学者据此开展了开发区土地集约利用评价研究，研究内容主要集中在评价体系研究、评价方法研究、开发区评价研究以及开发区土地集约利用问题研究四个方面。评价体系研究方面，一些学者针对《规程》的指标体系提出了修改建议。杨小庆等认为《规程》的评价体系存在指标不够全面、未反映动态变化以及缺少与区域经济发展水平相匹配的指标等问题。[③] 周作江等提出了包含 30 个指标的评价体系，增加了生态效益和社会效益相关指标，提出了不同类型开发区可选评价指标。[④] 胡石元等基于 WSR 框架阐述了开发区土地集约利用评价的系统要求，针对《规程》中存在的评价对象混杂、开发区类型需要细化、指标体系不完整等问题提出了相应修改

① 王娜娜:《基于土地集约利用评价的开发区土地利用导向和对策研究》，沈阳农业大学硕士学位论文，2020。

② 潘锡辉、雷涯邻:《开发区土地资源集约利用评价的指标体系研究》，《中国国土资源经济》2004 年第 10 期。

③ 杨小庆、朱小林、周作江、王植:《开发区土地集约利用评价指标体系研究》，《衡阳师范学院学报》2015 年第 6 期。

④ 周作江、周国华、唐承丽、邓新忠:《开发区土地集约利用评价指标体系研究》，《湖南师范大学自然科学学报》2014 年第 4 期。

建议。① 汪雄等针对开发区发展的综合性与动态性关注不足等问题，基于分类型、分层次的评价原则构建新的指标体系，更加符合转型发展背景下开发区创新驱动、高质量发展的内涵。②

评价方法研究方面，一些学者对指标理想值的确定提出了新的方法。何芳等基于数据包络分析方法的 C2R 模型和投影分析，提出了指标理想值一次性求取模型。③ 孙东升提出将目标值法、统一理想值法与区域修正法三种方法相结合确定指标理想值。④ 何国军提出利用熵值法和数据包络分析对指标理想值进行重新赋值修正的思路。⑤ 一些学者结合新技术对开发区集约利用水平进行评价，如欧照铿等运用 BP 人工神经网络技术建立评价模型，实现福建省开发区土地集约利用评价。⑥

开发区评价研究方面，得益于开发区调查数据的越加完整且持续性强，近年来全国层面、省域层面和开发区层面的评价研究均有丰富的研究成果。自然资源部每年根据国家级开发区土地集约利用调查成果进行汇总评价，发布《国家级开发区土地集约利用评价情况通报》并公布开发区评价结果排序。省域开发区评价工作由各省国土资源勘测规划院开展，经过多年连续的调查与评价工作，形成了省域开发区土地集约利用总体情况与空间分异等研究成果，比如福建省、宁夏回族自治区等。⑦⑧ 开发区层面评价研究侧重开发区

---

① 胡石元、高浩然、唐旭、耿红、李桃桃：《基于 WSR 框架的〈开发区土地集约利用评价规程〉指标体系分析》，《测绘地理信息》2019 年第 3 期。

② 汪雄、周国华、唐承丽、袁增光：《转型发展背景下的开发区土地集约利用评价指标体系优化》，《湖南师范大学自然科学学报》2020 年第 1 期。

③ 何芳、张磊：《开发区土地集约利用评价指标理想值的确定——以上海市 19 个开发区为例》，《城市问题》2013 年第 4 期。

④ 孙东升：《开发区土地集约利用评价中指标理想值的确定》，《上海国土资源》2014 年第 3 期。

⑤ 何国军：《基于熵值法和理想值修正的开发区土地集约利用评价》，宁波大学硕士学位论文，2015。

⑥ 欧照铿、唐南奇、张黎明：《基于 BP 人工神经网络的开发区土地集约利用评价——以福建省为例》，《福建农林大学学报》（自然科学版）2014 年第 4 期。

⑦ 潘树锋：《福建省开发区土地集约利用水平与提升对策》，《亚热带资源与环境学报》2021 年第 3 期。

⑧ 马国庆、赵金梅、冯丽媛：《宁夏开发区土地集约利用空间相关性及障碍度分析研究》，《宁夏大学学报》（自然科学版）2021 年第 1 期。

产业布局与用地特点分析，针对性提出开发区土地集约利用政策建议，已有研究涉及的开发区已覆盖东部地区、中部地区、西部地区和东北地区四大区域。①②③④ 除此之外，针对高新类开发区、产城融合型开发区等各种类型开发区均有相关评价研究开展。⑤⑥

开发区土地集约利用问题研究方面，一些学者基于开发区土地集约利用评价成果，开展土地集约利用的影响因素研究。范胜龙等以福建省开发区为例分析了影响不同经济发展水平地区开发区土地集约利用的主要因素。⑦ 张永刚从企业微观视角出发对云南省开发区企业的土地集约利用进行研究，识别出影响不同行业企业集约度的重要指标。⑧ 杨鹏彦等基于山西省开发区土地集约利用评价结果，使用障碍度模型确定了各类开发区土地集约利用水平提升的主要障碍因子。⑨ 谢谦等使用系统动力学方法构建开发区建设用地供需仿真模型，模拟了低度、中度和高度三种土地集约模式下建设用地利用状况，为开发区的用地决策优化提供参考。⑩

总体上看，开发区土地集约利用评价研究成果丰富，研究尺度覆盖省级、

① 刘颖：《山东蒙阴经济开发区土地集约利用问题及对策研究》，山东财经大学硕士学位论文，2018。
② 叶芃：《江西井冈山经济技术开发区土地集约利用评价研究》，江西农业大学硕士学位论文，2020。
③ 舒瑞：《石嘴山经济技术开发区土地集约利用评价及存在的问题与对策》，《农技服务》2019年第11期。
④ 卢照地、范佳欣、王艾琳、邱国强、李强：《长春经济技术开发区土地集约利用时空分析》，《湖北农业科学》2017年第11期。
⑤ 邢丽娟：《长春高新技术产业开发区土地集约利用时空变化研究》，吉林大学硕士学位论文，2019。
⑥ 韩宇：《产城融合型开发区土地集约利用评价研究——以防城港市高新技术产业开发区为例》，《中国高新区》2018年第9期。
⑦ 范胜龙、张莉、曾在森、黄炎和、林翔程：《不同经济发展水平地区开发区土地集约利用的影响因素研究——以福建省为例》，《中国土地科学》2017年第6期。
⑧ 张永刚：《云南省开发区企业土地集约利用评价及影响因素研究》，云南财经大学硕士学位论文，2018。
⑨ 杨鹏彦、李富忠、路小仓：《不同类型开发区土地集约利用评价及障碍因素分析——以山西省为例》，《湖北农业科学》2019年第16期。
⑩ 谢谦、郭凌志、李辉、唐诗佳：《基于土地集约利用的经济开发区建设用地供需仿真模拟——以湖南邵阳经济开发区为例》，《工程经济》2021年第4期。

市级和开发区级，研究范围基本覆盖全国各地，但现有研究以开发区集约利用评价为主，对其背后的影响因素和影响机制的研究相对较少，同时囿于开发区数据的可获得性，几乎没有从全国层面开展研究的文章，未来的研究可从这两方面着手。

四 开发区土地集约利用管理实践

20 世纪 50 年代，北美以及欧洲已经开始采取管理措施以促进开发区土地集约利用。为应对开发区向外低密度蔓延导致的土地利用效率低下、基础设施规模效益下降等问题，北美以及欧洲政府采取了以"精明扩展"为导向的多种规划管理措施，以提高建成区开发密度，减少新增建设用地需求：鼓励建成区再开发、对开发区四周需保护的区域进行严格控制、推广紧凑型的建筑设计、鼓励提高开发区内建筑密度与容积率以及鼓励土地的混合型开发。[①] 在管理手段上，国外多采用分区管制和税收调节的手段控制土地开发建设活动。分区管制即通过编制分区条例等方式，将促进土地集约的措施在空间上予以落地。[②] 税收调节即通过收税的方式引导土地使用者的开发建设行为，促进土地集约利用，例如美国一些地方政府会通过调节"开发影响税、改良税以及不动产转移税"的税额，影响对开发建设活动的抑制效果。[③]

我国对开发区土地进行集约化管理的主要手段有规划实施、指标控制和政策引导三种方式。[④]1995 年，我国颁布《开发区规划管理办法》，开始以规划编制和实施控制开发区土地利用，2003 年，建设部出台《关于进一步加强与规范各类开发区规划建设管理的通知》，要求开发区规划未按法定程序获

---

① Artmann, M., Kohler, M., Meinel, G., Gan, J., Ioja, I.C., "How Smart Growth and Green Infrastructure Can Mutually Support Each Other – A Conceptual Framework for Compact and Green Cities," Ecological Indicators 96（2019）.

② 程烨、王静:《土地用途分区管制研究》，地图出版社，2003。

③ 刘书楷:《国外与台湾地区土地使用管制和农地保护的经验》，《中国土地科学》1998 年第 6 期。

④ 班茂盛、方创琳、宋吉涛:《国内外开发区土地集约利用的途径及其启示》，《世界地理研究》2007 年第 3 期。

得批准的，不得新批准建设用地，加强了对开发区土地使用的管理。指标控制是通过设定一系列土地使用要求，引导开发区的招商引资行为，在一些经济发达地区，由于土地资源紧张，一些开发区也会自行设置容积率、投资强度等指标要求筛选入园项目，也有一些开发区将科技含量、单位面积土地产出效率等指标作为项目入园标准，以吸引"占地少、技术含量高、附加值高"的项目。政策调控即通过适时出台相关政策引导开发区土地利用强度、土地利用结构的调整。如宁波市政府出台《关于提高土地集约利用水平的意见》，要求开发区要适当压缩公共绿地面积，增加生产性用地比例，同时要求对适合多层厂房的生产行业，必须使用多层标准厂房，提高土地利用强度。随着我国开发区土地集约利用评价工作的开展，评价成果将为开发区土地利用管理提供更多参考依据，开发区土地利用管理将趋于精细化和灵活化。

参考文献

［德］阿尔弗雷德·韦伯：《工业区位论》，李刚剑等译，商务印书馆，2009。

［德］沃尔特·克里斯塔勒：《德国南部中心地原理》，常正文、王兴中译，商务印书馆，2010。

［德］约翰·冯·杜能：《孤立国同农业和国民经济的关系》，吴衡康译，商务印书馆，1986。

B.12
典型开发区与典型企业土地集约
利用状况分析

摘　要： 本报告从典型开发区和典型企业两方面对开发区土地集约利用水平开展深入研究。典型开发区研究方面，设立四项原则以保证选择的科学性，梳理典型开发区的土地利用水平和相关土地管理政策，分析用地高效的开发区土地利用特征，总结提升开发区土地集约利用水平的经验。典型企业研究方面，开展典型企业的基本情况、土地集约利用情况与企业指标达标情况的比较分析。

关键词： 开发区　土地集约利用　典型企业

一　典型开发区土地集约利用状况分析

（一）典型开发区选择方法

全国开发区土地集约利用评价汇总分析结果表明，国家级开发区土地集约利用总体水平比省级开发区高，考虑到各年度国家级开发区评价工作具有集约度排名成果，选取国家级开发区作为典型开发区更具科学性和可操作性。典型开发区的选择有以下四点原则：开发区土地利用综合集约度连续多年排名靠前，开发区土地集约利用各类分项指标均没有过低的评分，开发区依法审批范围用地规模适中，重点排除用地面积较小的开发区，确保对典型开发区的研究具有较大实际意义，考虑到不同类型开发区土地集约利用特征有所差异，典型开发区的选择应覆盖经开区、高新区、海关特殊监管区三种审批类别和产城融合型、工业主导型两种评价类型。根据以上原则，本报告共选择重庆经济技术开发区、苏州高新技术产业开发区、常熟经济技术开发区、深圳市高新技术产业园区和广东福田保税区五个国家级开发区作为典型开发区（见表1）。

表1 典型开发区基本情况		
开发区名称	审批类别	评价类型
重庆经济技术开发区	经开区	产城融合型
苏州高新技术产业开发区	经开区	工业主导型
常熟经济技术开发区	高新区	产城融合型
深圳市高新技术产业园区	高新区	工业主导型
广东福田保税区	海关特殊监管区	工业主导型

（二）典型开发区土地集约利用水平与管理政策分析

1. 重庆经济技术开发区

重庆经济技术开发区成立于1993年，是西部地区最早设立的国家级经开区。地理位置上，开发区占据重庆主城东南东部门户，水路交通辐射长江流域，陆路交通辐射西南、西北和华中区域。产业结构上，开发区以高端装备制造业、现代信息通信技术产业、现代服务业为主导，重点发展特种船舶、数控机床、环保装备、手机、物联网、总部经济和仓储物流等产业。土地集约利用水平上，开发区属于产城融合型经开区，2017年开发区土地利用状况得分95.22，用地效益得分98.18，管理绩效得分100，综合集约度96.52，2018年开发区在全国经济类开发区中排名第2位，在产城融合型开发区中排名第5位，综合排名第11位。

2017年，重庆经济技术开发区依法审批范围用地规模为965.39公顷，与同类型开发区平均用地规模（999.63公顷）相当。开发区土地利用程度较高，已建成城镇建设用地面积为960.71公顷，绝对建成率为99.5%，高于平均水

平 [①]21.6 个百分点；土地利用强度较高，总建筑面积为 1531 万平方米，综合容积率为 1.59，较平均水平高 0.46。开发区依托重庆主城发展，土地利用结构具有明显产城融合特征，已建成城镇建设用地中，住宅用地占比超过 30%，工矿仓储用地占比 30%，交通运输用地占比 24%，商服用地占比 8%，公共管理与公共服务用地占比 8%。开发区人口承载能力强，常住人口 26.42 万人，人口密度达到 275 人 / 公顷，是平均水平的 2.1 倍；土地综合经济效益高，第二、三产业税收总额 92.77 亿元，综合地均税收达到 966 元 / 米 ^{2}，是平均水平的 1.9 倍。

重庆经济技术开发区通过总体规划的编制与实施明确了产业布局，确定了以先进装备制造、研发孵化流通和电子信息为主导产业的三片产业集聚区，为土地的开发与供应建设提供了依据与建设标准。作为产城融合型开发区，总体规划强调"保持合理强度，加强功能混合"，平衡了生产和生活二者的关系，增强了人口承载能力。开发区对拟入园企业设置了相应的投入产出要求，以确保土地利用强度和工业用地固定资产投入强度达到一定水平。此外，开发区设置了许多优惠政策以激励园区内企业按时完成建设任务并投产、增加投入和提升土地利用强度。比如：按期建设投产且年税收达 5 万元 / 亩（出口型企业年出口额达 20 万美元 / 亩）的，对已投产用地所缴纳的土地使用税，三年内按区级收入部分的 50% 给予补贴；增资扩能、技术改造且新增投资额在 500 万元以上的，从增资扩能项目投产当年起三年内，补贴企业所得税区级收入增量部分的 50%，在增资扩能时不新增用地，再补贴增值税区级收入增量部分的 50%；区内大型仓储、分拨、配送、采购类物流企业，仓储面积达到 1 万、2 万、4 万平方米及以上的，一次性奖励 5 万元、10 万元、20 万元。

2. 苏州高新技术产业开发区

苏州高新技术产业开发区成立于 1992 年，是全国首批国家级高新区。地理位置上，开发区位于苏州古城西侧，高速公路、铁路、水路及航空网高度

---

① 本报告中"平均水平"表示同年同类型开发区指标平均水平。

发达，与中国各主要城市相连，交通十分便利。产业结构上，开发区以电子信息、精密机械、新材料、汽车零部件等科技含量较高、附加值较大的产业为主导，服务业项目涉及现代物流、商贸、跨境电商、融资租赁、贵金属市场及城投等多个行业。土地集约利用水平上，开发区属于产城融合型高新区，2017 年开发区土地利用状况得分 96.78，用地效益得分 94.22，管理绩效得分 100，综合集约度 96.39，2018 年在全国高新类开发区中排名第 1 位，在产城融合型开发区中排名第 1 位，综合排名第 1 位。

2017 年，苏州高新技术产业开发区依法审批范围用地规模为 693.32 公顷，与同类型开发区平均用地规模（1489.60 公顷）相比较小。开发区土地利用程度较高，已建成城镇建设用地面积为 636.97 公顷，绝对建成率为 95.9%，高于平均水平 10.9 个百分点；土地利用强度较高，总建筑面积为 1111 万平方米，综合容积率为 1.74，较平均水平高 0.58。开发区依托主城发展，土地利用结构具有明显产城融合特征，已建成城镇建设用地中，住宅用地占比 42%，工矿仓储用地占比 16%，交通运输用地占比 13%，商服用地占比 13%，公共管理与公共服务用地占比 15%。开发区人口承载能力强，常住人口 11.05 万人，人口密度达到 174 人/公顷，是平均水平的 1.25 倍；土地综合经济效益高，第二、三产业税收总额 70.54 亿元，综合地均税收达到 1107 元/米^2，是平均水平的 1.9 倍。开发区高新产业贡献较大，高新技术产业总收入 64.96 亿元，占企业总收入的 72%；高新技术产业税收总额 12.80 亿元，占企业税收总额的 71%。

苏州高新技术产业开发区通过总体规划的编制与实施明确了开发区功能布局。开发区分为五大功能组团，分别为以金融商贸和文化休闲功能为主的中心组团、以综合性教育功能为主的横塘组团、以居住功能为主的浒通组团、以研发创新功能为主的科技城组团和以生态功能为主的湖滨组团，有效实现了生产、生活和生态效益。开发区通过控制性详细规划对地块开发强度和功能进行了控制和引导，强调建立高新科技产业工业社区与 TOD 模式下的商业商务综合服务区，并对各地块进行了用地规模控制、人口规模控制与就业岗位数量规划。作为高新区，开发区鼓励各类机构引进总部企业落户，对总部企业给予一次性 200 万元落户补贴，给予引进机构一次性 100 万元引进奖励；开发区鼓励企业设立研发机构，并建议相应奖励机制：省市立项拨款建设的企业研发机构项目，按上级拨款经费的 50% 予以配套；省市立项的企业研发机构项目，建设期满后经省市科技部门组织考评后给予补助和奖励的，上级有明确规定的、按上级规定执行，上级无明确规定的、按上级拨款经费的 100% 予以配套；省级立项的企业研发机构奖励 20 万元，市级立项的企业研发机构奖励 5 万元。

3. 常熟经济技术开发区

常熟经济技术开发区成立于 1992 年，2010 年成为国家级经开区。地理位置上，开发区濒江临港、邻近苏嘉杭高速、沿江高速、苏通长江大桥，水陆交通优势明显。产业结构上，开发区产业包括能源、造纸、钢铁、化工、汽车零部件、机械加工、电子、新材料等制造业及运输、仓储、保税等物流产业。土地集约利用水平上，开发区属于工业主导型经开区，2017 年开发区土地利用状况得分 95.94，用地效益得分 94.30，管理绩效得分 100，综合集约度 96.05，2018 年在全国经济类开发区中排名第 6 位，在工业主导型开发区中排名第 10 位，综合排名第 16 位。

2017 年，常熟经济技术开发区依法审批范围用地规模为 780.00 公顷，与同类型开发区平均用地规模（1198.02 公顷）相比较小。开发区土地利用程度较高，已建成城镇建设用地面积为 706.89 公顷，绝对建成率为 91.6%，高于平均水平 19.5 个百分点；土地利用强度较高，工矿仓储用地总建筑面积为 732 万平方米，工业用地综合容积率为 1.19，较平均水平高 0.31。开发区土地利用结构具有明显工业主导特征，已建成城镇建设用地中，无住宅用地，工矿仓储用地占比 87%，交通运输用地占比 9%，公共管理与公共服务用地占比 4%。开发区投入产出水平高，工业（物流）企业固定资产投资总额 657.73 亿元，工业用地固定资产投入强度为 10672 元/米^2，是平均水平的 1.5 倍；第二、三产业税收总额 40.12 亿元，工业用地地均税收为 641 元/米^2，是平均水平的 1.1 倍。

江苏省常熟经济开发区针对不同的产业，开发建设沿江工业区、国际化工园、通港工业园、高新技术园、滨江新市区。开发区招商引资紧扣"总量大、税源型、少消耗、适当先进性"原则，在做强燃油汽车、电力能源、化学工业为代表的传统产业基础上，大力招引新一代信息技术、新能源汽车及零部件、海洋经济、绿色化学、5G新材料等重点产业。开发区对入驻企业提出相应准入要求：供地项目投资强度须达到500万元/亩；在项目获得土地后6年内，项目年均税收产出原则上须达到50万元/亩；租赁厂房项目在竣工投产后3年内，年税收原则上须达到300万元/万米 ^{2}；对企业新增用地项目，根据控规，提出容积率、建筑密度等指标要求。开发区提供标准厂房，广泛适用于电子、精密机械加工和零部件的制造和加工，并可根据用户要求代建标准厂房，以保证土地利用强度和加快土地开发建设速度。开发区建立项目一票否决制，包括以下几种情况：与城镇总体规划相冲突、用地不符合控制性详细规划的项目，不符合经开区产业导向（禁止类和限制类）的项目，不符合安全生产或环保要求的项目。

4. 深圳市高新技术产业园区

深圳市高新技术产业园区成立于1996年，是中国科技部"建设世界一流科技园区"发展战略的6家试点园区之一。地理位置上，开发区位于广东省深圳经济特区西部，邻近香港，交通便利，外向型经济发展优势明显。产业结构上，开发区重点发展电子信息、生物工程、新材料、光机电一体化四大产业，开发区现已形成通信产业集群、计算机产业集群、医药产业集群等高新产业集群。土地集约利用水平上，开发区属于工业主导型高新区，2017年开发区土地利用状况得分97.13，用地效益得分96.56，管理绩效得分100，综合集约度97.30，2018年在全国高新类开发区中排名第3位，在工业主导型开发区中排名第3位，综合排名第6位。

2017年，深圳市高新技术产业园区依法审批范围用地规模为1150.67公顷，与同类型开发区平均用地规模（976.13公顷）相当。开发区土地利用程度较高，已建成城镇建设用地面积为1026.89公顷，绝对建成率为89.9%，高于平均水平9.9个百分点；土地利用强度较高，工矿仓储用地总建筑面积为770万平方米，工业用地综合容积率为2.31，较平均水平高1.34。开发区土地利用结构工业主导特征不明显，已建成城镇建设用地中，住宅用地占比 16%，工矿仓储用地占比 32%，交通运输用地占比 25%，公共管理与公共服务用地占比 26%。开发区投入产出水平高，工业（物流）企业固定资产投资总额 1025.02 亿元，工业用地固定资产投入强度为 30799 元/米^2，是平均水平的 3.9 倍；第二、三产业税收总额 469.18 亿元，工业用地地均税收为 14063 元/米^2，是平均水平的 15.2 倍。开发区高新产业贡献较大，高新技术产业总收入和税收总额占比接近 100%。

深圳市高新技术产业园区在规划上强调"一区两核多园"错位发展，南山园区、坪山园区、龙岗园区、宝安园区、龙华园区等五个园区分别在生物医药、电子信息、高端装备制造和通信技术等各领域发展未来产业集群。开发区强调科技创新能力的提升，《深圳国家高新区"十四五"发展规划》设置了主要目标值，包括企业研发经费支出占 GDP 比例为 13.67%，国家级和省级研发机构数为 900 家，国家高新技术企业为 7000 家，上市企业数为 200 家，技术合同成交额 820 亿元，营业收入 31800 亿元等。开发区创新招商引资统计与监测工作方式方法，建立以投资项目经济、科技贡献度为核心的统计指标体系，提升对外来投资的监测分析能力。开发区设立容积率调整规则，促进土地集约利用，《关于规范已出让未建用地土地用途变更和容积率调整的处置办法》和《深圳市扶持实体经济发展促进产业用地节约集约利用的管理规定》明确了产业用地容积率调整原则和程序，市规划和自然资源主管部门负责产业用地容积调整的管理与监督，市主管部门派出机构负责产业用地容积规划调整的审批，市产业主管部门负责产业用地容积调整涉及的产业发展导向、产业政策的统筹与指导，高新区管理机构负责产业准入、产业发展及产业用地容积调整的审批和后续监管。

5. 广东福田保税区

广东福田保税区成立于 1991 年，1993 年正式封关运作。地理位置上，开发区东接福田口岸、南邻香港、西抵红树林保护区、北靠福田中心区，交通十分便利。产业结构上，开发区致力于发展高科技工业和现代物流业，产品主要为微电子、电脑及零配件、光通信元器件、生物医药工程等。土地集约利用水平上，开发区属于海关特殊监管区，2017 年开发区土地利用状况得分 95.91，用地效益得分 97.77，管理绩效得分 100，综合集约度 96.65，2018 年在全国海关特殊监管区类开发区中排名第 1 位，在工业主导型开发区中排名第 1 位，综合排名第 2 位。

2017 年，广东福田保税区依法审批范围用地规模为 140.41 公顷，与同类型开发区平均用地规模（340.88 公顷）相比较小。开发区土地利用程度较高，已建成城镇建设用地面积为 137.31 公顷，绝对建成率为 97.8%，高于平均水平 42.4 个百分点；土地利用强度较高，工矿仓储用地总建筑面积为 227 万平方米，工业用地综合容积率为 2.42，较平均水平高 1.58。开发区投入产出水平高，工业（物流）企业固定资产投资总额 282.58 亿元，工业用地固定资产投入强度为 30174 元 / 米^2，是平均水平的 4.1 倍；第二、三产业税收总额 91.34 亿元，工业用地地均税收为 6972 元 / 米^2，是平均水平的 9.5 倍。

广东福田保税区采取多种措施提升开发区土地集约利用水平，包括：实施"工业上楼"，把重量较轻、震动小的生产设备迁移至高层，实现立体式开发；探索地下空间，鼓励对地上地下空间综合统筹和一体化开发；完善规划、提高容积率，向天空"借"空间；更新整备，为发展腾出宝贵空间，提升"经济密度"；秉持"增量盘活存量，存量拉动增量"的理念，通过对存量用地"提质"、优化配置增量空间等手段，尽力满足重点项目空间需求。

（三）典型开发区土地利用特征与管理政策总结

1. 土地利用特征总结

表 2 总结了典型开发区的土地集约利用情况。土地集约利用水平与开发区区龄有一定关系，随着开发区不断进行土地开发与建设，开发区土地利用程度会不断提升，五个典型开发区成立时间均在 21 世纪之前，均有二十余年的建设历史，土地绝对建成率因此较高。开发区土地集约利用提升需要持续的管理，新设立开发区要避免短时间内盲目开发建设。

不同类型的开发区用地结构存在显著差异。产城融合型开发区大多依托于主城区发展，不仅发展工业，同时也进行城镇建设，工矿仓储比例相对较小，住宅用地比例较大。典型的工业主导型开发区内部主要以工矿仓储用地为主导，没有住宅用地。高新区以高新产业为主，需要接近高端人才，大多设立在城区内部，以产城融合型为主。工业主导型高新区介于工业主导型和产城融合型间的开发区之间，工业用地和住宅用地比例相对均衡。海关特殊监管区由于海关特殊监管需要没有住宅用地，以工矿仓储用地为主导。

土地集约利用水平高的开发区具有用垂直空间置换水平空间的用地特征。用地高效的开发区综合容积率较高，但建筑密度可能不高。五个典型开发区综合容积率和工业用地综合容积率明显高于各类型开发区的平均水平，而重庆经济技术开发区、深圳市高新技术产业园区和广东福田保税区建筑密度和工业用地建筑系数较低。开发区垂向方向的土地集约利用程度较水平方向更为重要，多层的工业用地使用方式能够明显降低工业用地基底面积的占用，通过垂直空间置换水平空间还可以增加其他公共服务或交通用地空间，进而提升开发区整体服务水平，提高开发区土地集约利用水平。

土地综合效益高是开发区土地集约利用水平高的重要体现。从典型开发区的实际情况上看，两个产城融合型开发区综合地均税收水平均超过平均水平的1.8倍，承载人口能力均超过平均水平的1.2倍，三个工业主导型开发区中，深圳市高新技术产业园区和广东福田保税区工业投入高于平均水平的4倍以上，工业产出高于平均水平的9倍以上。

表2 2017年典型开发区土地集约利用情况

土地集约利用指标	重庆经济技术开发区	苏州高新技术产业开发区	常熟经济技术开发区	深圳市高新技术产业园区	广东福田保税区
绝对建成率（%）	99.5(77.9)	95.9(85.0)	91.6(72.2)	89.9(80.1)	97.8(55.4)
工业用地率（%）	30.2(27.1)	16.3(21.8)	87.2(60.2)	32.4(53.0)	68.2(66.6)
住宅用地率（%）	30.3	42.3	0	15.7	0
综合容积率	1.59(1.14)	1.74(1.16)	1.04(0.83)	1.30(0.96)	1.82(0.65)

土地集约利用指标	重庆经济技术开发区	苏州高新技术产业开发区	常熟经济技术开发区	深圳市高新技术产业园区	广东福田保税区
建筑密度（%）	26.7(31.1)	51.5(27.5)	46.4(32.8)	21.2(33.4)	26.2(28.4)
工业用地综合容积率	0.88(0.77)	1.29(0.98)	1.19(0.87)	2.31(0.98)	2.42(0.84)
工业用地建筑系数（%）	44.0(48.8)	75.2(47.5)	56.0(51.5)	35.0(50.4)	38.3(54.0)
综合地均税收（万元／公顷）	966(506)	1107(595)	568(486)	4569(713)	6652(646)
人口密度（人／公顷）	275(130)	174(139)	12(54)	344(83)	0(16)
工业用地固定资产投入强度（万元／公顷）	12740(7452)	11512(11038)	10672(7292)	30799(7905)	30174(7415)
工业用地地均税收（万元／公顷）	172(480)	1737(811)	641(583)	14063(927)	6972(732)
土地闲置率（%）	0(0.01)	0(0.10)	0(0.07)	0(0.07)	0(0.18)

注：括号内数值为同年份同类型开发区指标总体水平。

2. 开发区土地管理政策借鉴

通过对五个典型开发区土地集约利用有关政策和规范的梳理，不同阶段采取相应的土地利用控制措施和引导正常能够有效提升开发区土地集约利用水平。在开发区总体规划编制阶段，需要明确开发区的总体定位、资源优势、主导产业，确定产业空间和其他配套空间的空间布局；对于用地规模较大且主导产业多样的开发区，需合理确定不同类型产业分园的空间布局；对于产城融合型开发区，要合理确定生产生活相关空间的比例。在开发区土地开发阶段，可采取集中建设标准化厂房的方式，保证土地利用强度，缩减企业入驻时间。在开发区招商引资阶段，应充分评估拟入驻企业的产业方向是否符合开发区定位，可设置相应投入标准对企业进行择优筛选；可对高新技术产业提供优惠政策，主动招商引资，提升开发区产业发展能级。在控制性详细规划编制和土地出让阶段，要合理确定土地利用强度各项指标。在企业建设阶段，可采取持续监测的方式确保项目如期投产，对按期投产的企业可给予奖励。在企业投产运营阶段，可提供相应政策促进已有企业再投资；实施容积率动态调整，鼓励企业自行提升土地利用强度。

二 开发区典型企业土地集约利用状况分析

（一）典型企业基本情况

2017 年开发区集约利用评价调查的典型企业包括 28472 家，提交典型企业调查成果的开发区共有 2253 个，包括 496 个国家级开发区和 1757 个省级开发区。其中，国家级开发区涉及 6969 家典型企业，包括依法审批范围 4491 家和发展方向区 2478 家，省级开发区涉及 21503 家，包括依法审批范围 15593 家和发展方向区 5910 家（见表 3）。

表 3 典型企业调查数量情况

单位：个

开发区级别	开发区数量	典型企业数量		
		依法审批范围	发展方向区	实际管理范围
国家级	496	4491	2478	6969
省级	1757	15593	5910	21503
全部	2253	20084	8388	28472

（二）典型企业土地利用状况

1. 典型企业用地结构状况分析

开发区集约利用评价调查的全部典型企业总用地规模达到 25.3 万公顷，其中国家级开发区内的典型企业用地规模 7.3 万公顷，包括依法审批范围内 4.2 万公顷和发展方向区内 3.1 万公顷，省级开发区内的典型企业用地规模 18.0 万公顷，包括依法审批范围内 12.7 万公顷和发展方向区内 5.3 万公顷。

从典型企业用地结构上看，国家级开发区依法审批范围内典型企业主要用地类型为厂房及配套设施用地，平均占比为 45.3%，其次为企业内部道路停车场和露天堆场、操作场地，分别占比 13.7% 和 13.6%，绿地占比 11.1%，企业内部行政办公及生活服务设施和预留用地分别占比 5.4% 和 8.5%。

省级开发区依法审批范围内典型企业主要用地类型与国家级开发区相同，厂房及配套设施用地平均占比为 44.3%，企业内部道路停车场和露天堆场、操作场地，分别占比 12.6% 和 12.5%，绿地占比 10.5%，企业内部行政办公及生活服务设施和场区内部预留用地分别占比 5.2% 和 10.4%。相比国家级开发区，省级开发区典型企业预留用地占比相对较大（见图 1）。

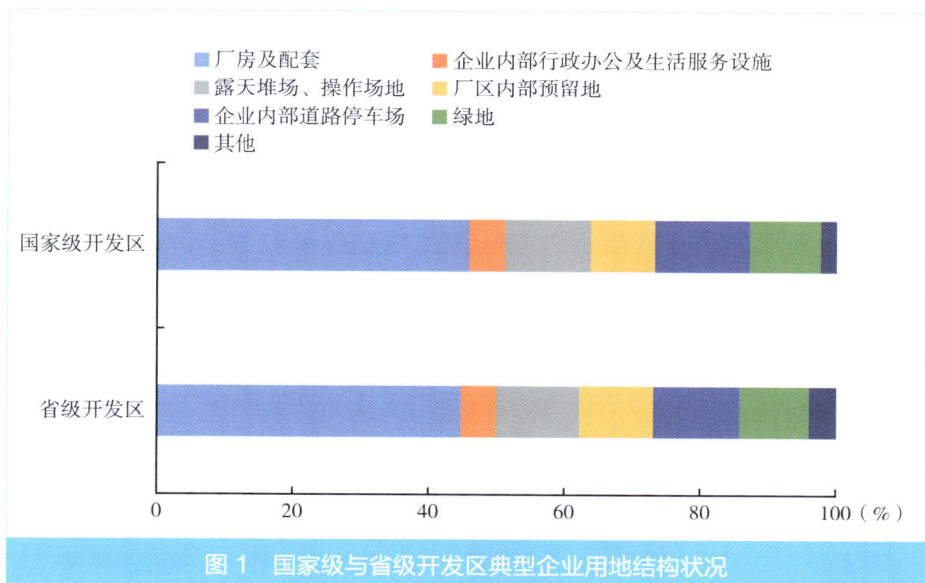

图 1 国家级与省级开发区典型企业用地结构状况

发展方向区内典型企业用地结构与依法审批范围内典型企业具有一定相似性，但是又存在差别。主要表现在：发展方向区厂房及配套设施用地占比略高于依法审批范围，露天堆场、操作场地和绿地占比略低于依法审批范围，厂区内部预留地和企业内部道路停车场占比略高于依法审批范围（见表 4）。

表4 典型企业用地结构状况

园区类型			典型企业用地面积	厂房及配套	企业内部行政办公及生活服务设施	露天堆场、操作场地	厂区内部预留地	企业内部道路停车场	绿地	其他
国家级开发区	依法审批范围	面积合计（万公顷）	4.2	1.9	0.2	0.6	0.4	0.6	0.5	0.1
		占比（%）	100.0	45.3	5.4	13.6	8.5	13.7	11.1	2.5
	发展方向区	面积合计（万公顷）	3.1	1.4	0.2	0.3	0.3	0.4	0.3	0.1
		占比（%）	100.0	46.6	5.2	11.3	10.8	14.4	9.7	2.1
	实际管理范围	面积合计（万公顷）	7.2	3.3	0.4	0.9	0.7	1.0	0.8	0.2
		占比（%）	100.0	45.8	5.3	12.6	9.5	14.0	10.5	2.3
省级开发区	依法审批范围	面积合计（万公顷）	12.7	5.6	0.7	1.6	1.3	1.6	1.3	0.6
		占比（%）	100.0	44.3	5.2	12.5	10.4	12.6	10.5	4.5
	发展方向区	面积合计（万公顷）	5.3	2.4	0.3	0.6	0.6	0.7	0.5	0.2
		占比（%）	100.0	45.5	5.2	11.8	11.8	13.2	9.5	2.9
	实际管理范围	面积合计（万公顷）	18.0	8.0	0.9	2.2	2.0	2.3	1.8	0.7
		占比（%）	100.0	44.7	5.2	12.3	10.9	12.7	10.3	4.0

2. 典型企业土地利用强度状况分析

国家级开发区内典型企业土地利用强度高于省级开发区。依法审批范围内，国家级开发区内典型企业平均综合容积率为0.83，高于省级开发区0.02，建筑系数为55.9%，高于省级开发区0.6个百分点。实际管理范围内，国家级开发区内典型企业平均综合容积率为0.89，高于省级开发区0.07，建筑系数为55.7%，高于省级开发区0.3个百分点（见表5）。

表5 典型企业土地利用强度情况		
		单位：%
开发区类型	综合容积率	建筑系数
国家级开发区 依法审批范围	0.83	55.9
国家级开发区 发展方向区	0.89	55.4
国家级开发区 实际管理范围	0.86	55.7
省级开发区 依法审批范围	0.81	55.3
省级开发区 发展方向区	0.82	55.7
省级开发区 实际管理范围	0.81	55.4

3. 典型企业土地利用效益状况分析

国家级开发区内典型企业固定资产投入强度和单位土地产出强度均高于省级开发区。依法审批范围内，国家级开发区内典型企业固定资产投入强度为7038万元/公顷，是省级开发区的1.5倍，单位土地地均收入、地均产值和地均税收分别为17280万元/公顷、18004万元/公顷和1148万元/公顷，分别是省级开发区的1.9倍、2.4倍和3.2倍。实际管理范围内，国家级开发区内典型企业固定资产投入强度为6603万元/公顷，是省级开发区的1.4倍，单位土地地均收入、地均产值和地均税收分别为14406万元/公顷、14855万元/公顷和894万元/公顷，分别是省级开发区的1.8倍、2.1倍和2.7倍。

与依法审批范围相比，发展方向区典型企业固定资产投入强度和单位土地产出强度相对较低。国家级开发区中，发展方向区固定资产投入强度是依法审批范围的85.5%，单位土地地均收入、地均产值和地均税收分别为依法审批范围的61.0%、59.0%和48.0%，省级开发区中，发展方向区固定资产投入强度是依法审批范围的86.8%，单位土地地均收入、地均产值和地均税收分别为依法审批范围的68.9%、84.2%和78.5%（见表6、图2）。

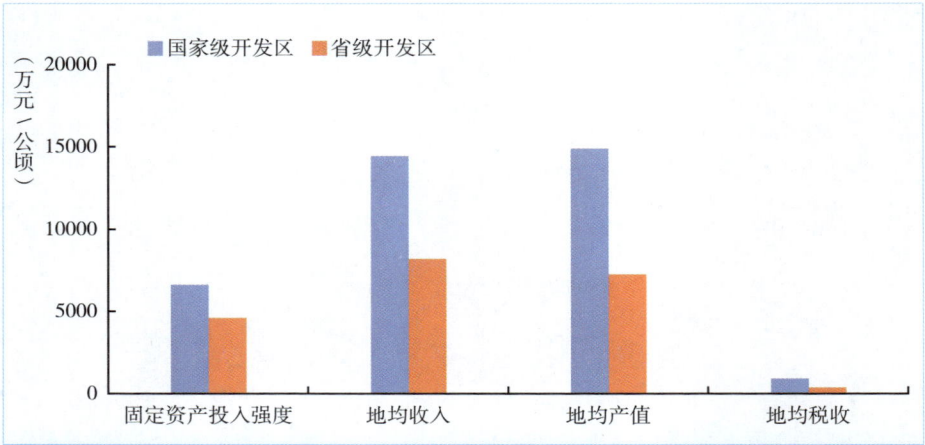

图2　国家级与省级开发区典型企业土地利用效益情况

表6　典型企业土地利用效益状况

单位：万元／公顷

开发区类型		固定资产投入强度	单位土地产出强度		
			地均收入	地均产值	地均税收
国家级开发区	依法审批范围	7038	17280	18004	1148
	发展方向区	6019	10546	10626	552
	实际管理范围	6603	14406	14855	894
省级开发区	依法审批范围	4749	8989	7572	356
	发展方向区	4122	6190	6377	279
	实际管理范围	4565	8169	7222	334

（三）典型企业达标情况分析

根据《关于发布和实施〈工业项目建设用地控制指标〉的通知》对典型企业达标情况进行评判，该通知对工业企业的地均固定资产投入强度、企业内部行政办公及生活服务设施用地比例、绿地率、容积率、建筑系数等指标做出了具体要求。

根据评判结果，国家级开发区依法审批范围中地均固定资产投入强度、企业内部行政办公及生活服务设施用地比例、绿地率、容积率、建筑系数的达标率分别为 54.5%、81.4%、90.4%、38.8% 和 93.8%。省级开发区依法审批范围中地均固定资产投入强度、企业内部行政办公及生活服务设施用地比例、绿地率、容积率、建筑系数的达标率分别为 30.4%、80.3%、92.6%、33.6% 和 94.1%。

发展方向区范围内，国家级开发区固定资产投入强度、企业内部行政办公及生活服务设施用地比例、绿地率、容积率、建筑系数的达标率分别为 51.9%、84.8%、94.0%、65.9% 和 94.2%。省级开发区固定资产投入强度、企业内部行政办公及生活服务设施用地比例、绿地率、容积率、建筑系数的达标率分别为 32.2%、83.7%、94.0%、57.7% 和 94.1%。

通过合计国家级和省级所有典型企业的统计，总的地均固定资产投入强度、企业内部行政办公及生活服务设施用地比例、绿地率、容积率、建筑系数的达标率分别为 36.4%、81.5%、92.7%、42.2% 和 94.1%。

从指标差异上看，企业内部行政办公及生活服务设施用地比例、绿地率和建筑系数达标率较高，地均固定资产投入强度和容积率达标率较低。在几项指标中，国家级开发区与省级开发区的达标率差别不大，其中在地均固定资产投入强度差别最大，国家级开发区的 53.6% 达标率明显高于省级开发区的 30.9%（见图 3、表 7）。

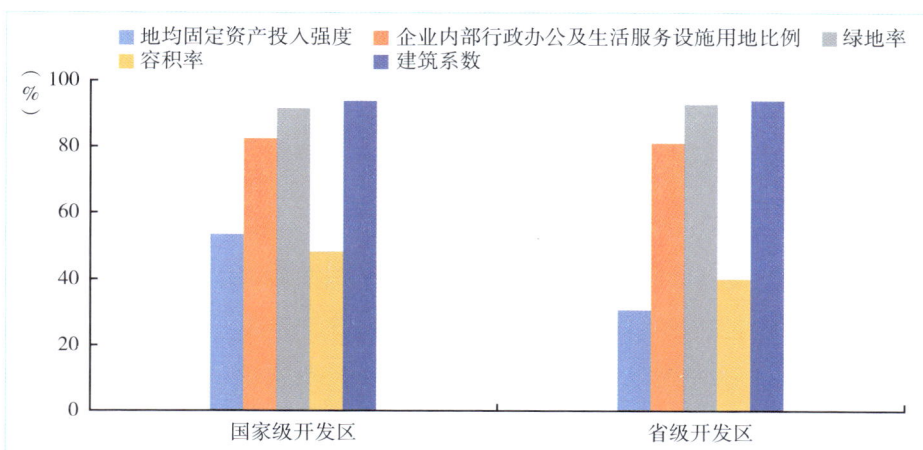

图 3　国家级与省级开发区典型企业达标率情况

表7 典型企业土地利用情况相比《关于发布和实施〈工业项目建设用地控制指标〉的通知》达标情况统计表

级别	指标	主区				发展方向区				总计		
		总个数（个）	达标个数（个）	标准值	达标率（%）	总个数（个）	达标个数（个）	标准值	达标率（%）	总个数（个）	达标个数（个）	达标率（%）
国家级开发区	地均固定资产投入强度	4491	2449	≥4400	54.5	2478	1287	≥4400	51.9	6969	3736	53.6
	企业内部行政办公及生活服务设施用地比例	4491	3654	≤7%	81.4	2478	2102	≤7%	84.8	6969	5756	82.6
	绿地率	4491	4062	≤20%	90.4	2478	2329	≤20%	94.0	6969	6391	91.7
	容积率	4491	1742	≥1.0	38.8	2478	1633	≥0.8	65.9	6969	3375	48.4
	建筑系数	4491	4214	≥30%	93.8	2478	2335	≥30%	94.2	6969	6549	94.0
省级开发区	地均固定资产投入强度	15593	4736	≥4400	30.4	5910	1901	≥4400	32.2	21503	6637	30.9
	企业内部行政办公及生活服务设施用地比例	15593	12516	≤7%	80.3	5910	4946	≤7%	83.7	21503	17462	81.2
	绿地率	15593	14435	≤20%	92.6	5910	5555	≤20%	94.0	21503	19990	93.0
	容积率	15593	5241	≥1.0	33.6	5910	3413	≥0.8	57.7	21503	8654	40.2
	建筑系数	15593	14669	≥30%	94.1	5910	5564	≥30%	94.1	21503	20233	94.1
全部开发区	地均固定资产投入强度	20084	7185	≥4400	35.8	8388	3188	≥4400	38.0	28472	10373	36.4
	企业内部行政办公及生活服务设施用地比例	20084	16170	≤7%	80.5	8388	7048	≤7%	84.0	28472	23218	81.5
	绿地率	20084	18497	≤20%	92.1	8388	7884	≤20%	94.0	28472	26381	92.7
	容积率	20084	6983	≥1.0	34.8	8388	5046	≥0.8	60.2	28472	12029	42.2
	建筑系数	20084	18883	≥30%	94.0	8388	7899	≥30%	94.2	28472	26782	94.1

附录一 开发区土地集约利用评价工作依据清单

（1）《中华人民共和国土地管理法》。

（2）《中华人民共和国城市房地产管理法》。

（3）《中华人民共和国城镇国有土地使用权出让和转让暂行条例》。

（4）《中华人民共和国土地管理法实施条例》。

（5）《中华人民共和国城乡规划法》。

（6）《国务院办公厅关于清理整顿各类开发区加强建设用地管理的通知》（国办发〔2003〕70号）。

（7）《国务院关于深化改革严格土地管理的决定》（国发〔2004〕28号）。

（8）《国务院关于促进节约集约用地的通知》（国发〔2008〕3号）。

（9）《国土资源部关于大力推进节约集约用地制度建设的意见》（国土资发〔2012〕47号）。

（10）《节约集约利用土地规定》（中华人民共和国国土资源部令〔2014〕第61号）。

（11）《国土资源部关于推进土地节约集约利用的指导意见》（国土资发〔2014〕119号）。

（12）《土地利用现状分类》（GB/T 21010-2007）。

（13）《城市用地分类与规划建设用地标准》（GB50137-2011）。

（14）《国民经济行业分类》（GB/T4754-2002）。

（15）《国民经济行业分类》（GB/T4754-2011）。

（16）《国土资源部关于发布和实施〈工业项目建设用地控制指标〉的通知》（国发〔2008〕24号）。

（17）《国土资源部办公厅关于开展2014年度开发区土地集约利用评价工作的通知》（国土资厅函〔2014〕143号）。

（18）《开发区土地集约利用评价规程》（2014年度试行）。

（19）《开发区土地集约利用评价数据库标准》（2014年度试行）。

（20）《开发区土地集约利用评价制图规范》（2014年度试行）。

（21）《开发区发展方向区划定实施方案》（原国土资源部制定）。

（22）国土部《2014年度开发区土地集约利用更新评价技术方案》。

（23）《中国开发区审核公告目录》（2018版）。

（24）《关于开展开发区土地集约利用评价工作的通知》（国土资发〔2008〕145号）。

（25）《关于开展2014年度开发区土地集约利用评价工作的通知》（国土资厅函〔2014〕143号）。

（26）《国民经济和社会发展第十三个五年规划纲要》和《国土资源部办公厅关于开展2016年度开发区土地集约利用更新评价工作的通知》（国土资厅函〔2016〕480号）。

（27）《国土资源部办公厅关于开展2017年度开发区土地集约利用更新评价工作的通知》（国土资厅函〔2017〕304号）。

（28）《自然资源部办公厅关于开展2018年度开发区土地集约利用评价工作的通知》（自然资办函〔2018〕38号）。

（29）《自然资源部办公厅关于做好2019年度建设用地节约集约利用状况评价有关工作的通知》（自然资办函〔2019〕1056号）。

（30）《自然资源部办公厅关于开展2020年度建设用地节约集约利用状况评价有关工作的通知》（自然资办函〔2020〕1007号）。

（31）《产业园用地情况总调查通知暨2021年度开发区土地集约利用全面评价总体方案》（自然资办函〔2021〕152号）。

（32）《自然资源部办公厅关于补充完善产业园用地情况总调查有关工作的通知》（自然资办函〔2021〕2259号）。

（33）其他相关政策、法规、技术标准依据等。

附录二　开发区土地集约利用评价 有关名词解释

（1）开发区：是指在政府批准的特定区域内，实行特殊的经济政策与管理体制，以利于从国内、外吸引更多的资金和先进的技术，集中发展产业，促进区域经济的迅速增长，以带动整个国家和地区经济的发展的特定区域。

（2）开发区土地集约利用评价：通过基础调查、分析评价土地集约利用程度、测算土地集约利用潜力，全面掌握土地集约利用状况，推动开发区土地利用管理基础信息建设，为开发区扩区升级审核、动态监控及有关政策制定提供依据。

（3）依法审批范围：为经国务院或省、自治区、直辖市人民政府依法审批的开发区界限范围，即报部备案的"开发区四至"，与 2017 年前的"主区"概念一致。

（4）发展方向区：为开发区依法审批范围以外属开发区管理机构通过代管等方式实际管辖且已建成的城镇建设用地范围和符合规划的未来发展用地空间。

（5）实际管理范围：包含开发区依法审批范围与发展方向区两部分。

（6）开发区级别：分为国家级开发区和省级开发区。

（7）开发区审批类别：国家级开发区分为经济技术开发区、高新技术产业开发区、海关特殊监管区、旅游度假区、其他开发区等类型，分为省级开发区经济技术开发区、高新技术产业开发区、省级特色工业园、其他开发区等类型。

（8）开发区评价类型：根据开发区依法审批范围内工矿仓储用地和住宅用地占已建成城镇建设用地的比例状况，将开发区划分为工业主导型开发区和产城融合型开发区两种评价类型。开发区依法审批范围内工矿仓储用地占已建成城镇建设用地的比例＞30%且住宅用地占已建成城镇建设用地的比例＜25%的，划为工业主导型开发区；开发区依法审批范围内工矿仓储用地占已建成城镇建设用地的比例≤30%或住宅用地占已建成城镇建设用地的比例≥25%的，划为产城融合型开发区；保税区、出口加工区、保税港区、保税物流园区、综合保税区等海关特殊监管区域统一划定为工业主导型开发区。

附录三 开发区土地集约利用评价 工作技术体系

开发区土地集约利用评价依托颁布的行业标准执行，包括《开发区土地集约利用评价规程（2014 年度试行）》、《开发区土地集约利用评价数据库标准（2014 年度试行）》和《开发区土地集约利用评价制图规范（2014 年度试行）》。开发区土地集约利用评价工作体系包括土地利用状况调查、土地集约利用程度评价和土地集约利用潜力测算三个方面。

（一）开发区土地利用状况调查

开发区土地利用状况调查是程度评价和潜力测算的基础性工作。用地调查应分别对依法审批范围、发展方向区和实际管理范围的基本信息、用地状况、用地效益、管理绩效、土地供应状况和典型企业情况等进行调查。用地调查应充分利用现有成果，收集各类资料，主要包括统计年鉴或报表、经济社会普查、土地利用调查，以及国民经济和社会发展规划、土地利用总体规划、城乡规划、国土空间规划等成果资料。

1. 基本信息调查

开发区基本信息调查包括开发区名称、级别、审批类型、设立时间、审批单位、管理机构和地址、主导产业、土地面积、扩区或调整情况、经济社会发展及相关规划资料等。

2. 用地状况调查

按照相关技术规范的要求，依建设状况分类，对已建成城镇建设用地、未建成城镇建设用地和不可建设土地的情况进行调查。已建成城镇建设用地需明确各类用地的位置、范围、面积、用途、建筑基底面积、建筑面积等，其中，工矿仓储用地应调查建筑物构筑物基底、露天堆场和露天操作场地的总面积；未建成城镇建设用地需明确已建成农村建设用地的位置、范围、面积、用途等，明确其他未建成城镇建设用地的位置、范围、面积、权属和开发状况等；此外，还需明确不可建设土地中河湖及其蓄滞洪区土地，自然、生态保护区土地和其他不可建设土地的位置、范围、面积、权属等，并说明其确认依据。

按照相关技术规范的要求，依供应状况分类，对已供应国有建设用地、尚可供应土地和不可供应土地的情况进行调查。已供应国有建设用地分为划拨土地和有偿使用土地，需明确各类用地的位置、范围、面积、用途、供应时间、供应方式、招标拍卖挂牌情况、使用年限、土地使用者和规划用途等；尚可供应土地需明确位置、范围、面积、权属和规划用途等；不可供应土地需明确位置、范围、面积和权属等，不可供应土地对应按建设状况划分的土地利用类型中的不可建设土地。

按照相关技术规范的要求，对高新技术产业用地分类，调查评价范围内高新技术产业用地的位置、范围、面积、类型等情况，汇总相关数据。

3. 用地效益调查

用地效益调查主要针对评价范围内已建成城镇建设用地、工矿仓储用地和高新技术产业用地的投入产出情况及人口承载水平开展调查，包括开发区常住人口、二三产业税收总额、工业（物流）企业固定资产投资总额、工业（物流）企业总收入、工业（物流）企业税收总额、高新技术产业总收入和高新技术产业税收总额等。

4. 管理绩效调查

针对评价范围内已供应国有建设用地的闲置情况开展调查。包括闲置土地的位置、范围、面积、使用者、用途、获得使用权时间、认定为闲置土地的时间等。

5. 土地供应状况调查

针对评价范围内历年供应土地面积、历年供应工矿仓储用地面积开展调查。

6. 典型企业调查

针对评价范围内典型企业的基本情况、投入产出状况、用地状况、建设情况等开展调查。针对选定的典型企业发放调查表，通过实地踏勘和座谈，了解典型企业投入、产出、用地和建设状况等，汇总、分析典型企业土地集约利用情况。其中，典型企业的选取原则包括：应结合开发区的定位和发展方向，从主导产业中优先选取企业；依法审批范围和发展方向区内的典型企业原则上应分别不少于10家；选取的典型企业注册和生产均应在评价范围内。典型企业的选取方法为：应选取各主导产业总收入或总产值排名前三名的企业作为典型企业，当主导产业企业总数不足10家时，应从非主导产业中选取总收入或总产值靠前的企业进行补充；评价范围内企业个数不足10家时，应将全部企业作为典型企业进行调查。

7. 其他调查

评价工作中，可根据实际需要开展其他相关调查。如2019年，全国国家级开发区开展依法审批范围内的待建地核查工作。

（二）开发区土地集约利用程度评价

开发区土地集约利用程度评价是指在用地调查基础上，依据开发区土地集约利用评价指标体系开展程度评价，计算开发区土地利用集约度分值，土地利用集约度分值应在0~100，集约度分值越大，集约利用程度越高。

1. 评价指标体系

开发区土地集约利用程度评价，应根据不同评价范围（依法审批范围和发展方向区）和评价类型（工业主导型和产城融合型），从土地利用状况、用地效益和管理绩效等三个方面开展。程度评价指标体系包括目标、子目标和指标三个层次。评价指标分为正向相关指标和负向相关指标。正向相关指标，其数值越大，代表土地集约利用状况越佳，反之相反；负向相关指标，其数值越小，代表土地集约利用状况越佳，反之相反。不同评价类型的评价指标体系及指标含义如表 1~4 所示。

表 1　工业主导型开发区土地集约利用评价指标体系					
目标	子目标	指标			
		依法审批范围	指标属性	发展方向区	指标属性
土地利用状况（A）	土地利用程度（A1）	土地供应率（A11）	正向相关	土地开发率（A13）	正向相关
		土地建成率（A12）	正向相关		
	用地结构状况（A2）	工业用地率（A21）	正向相关	工业用地率（A21）	正向相关
	土地利用强度（A3）	综合容积率（A31）	正向相关	综合容积率（A31）	正向相关
		建筑密度（A32）	正向相关	建筑密度（A32）	正向相关
		工业用地综合容积率（A33）	正向相关	工业用地综合容积率（A33）	正向相关
		工业用地建筑系数（A34）	正向相关	工业用地建筑系数（A34）	正向相关
用地效益（B）	产业用地投入产出效益（B1）	工业用地固定资产投入强度（B11）	正向相关	工业用地固定资产投入强度（B11）	正向相关
		工业用地地均税收（B12）	正向相关	工业用地地均税收（B12）	正向相关
管理绩效（C）	土地利用监管绩效（C1）	土地闲置率（C11）	负向相关	土地闲置率（C11）	负向相关

表 2　工业主导型开发区土地集约利用评价指标含义	
指标名称	指标含义
土地供应率（A11）	是指已供应国有建设用地面积与已达到供地条件的土地面积之比，数值以 % 表示。反映开发区已达到供地条件土地的供应情况，属正向相关指标。
土地建成率（A12）	是指已建成城镇建设用地面积与已供应国有建设用地面积之比，数值以 % 表示。反映开发区已供应国有建设用地的建成状况，属正向相关指标。
土地开发率（A13）	是指开发区发展方向区内已达到供地条件的土地面积与除不可建设土地以外的用地面积之比，数值以 % 表示。反映开发区发展方向区土地的开发状况，属正向相关指标。

指标名称	指标含义
工业用地率（A21）	是指已建成城镇建设用地范围内工矿仓储用地面积与已建成城镇建设用地面积之比，数值以 % 表示。
综合容积率（A31）	是指已建成城镇建设用地上的总建筑面积与已建成城镇建设用地面积的比值，无量纲。反映开发区已建成城镇建设用地的综合利用强度，属正向相关指标。
建筑密度（A32）	是指已建成城镇建设用地内的建筑基底总面积与已建成城镇建设用地面积的比值，数值以 % 表示。反映开发区已建成城镇建设用地的平面利用状况，属正向相关指标。
工业用地综合容积率（A33）	是指已建成城镇建设用地范围内工矿仓储用地上的总建筑面积与工矿仓储用地面积之比，无量纲。反映开发区工矿仓储用地的综合利用强度，属正向相关指标。
工业用地建筑系数（A34）	是指已建成城镇建设用地范围内工矿仓储用地上的建筑物构筑物基底面积、露天堆场和露天操作场地的总面积与工矿仓储用地面积之比，数值以 % 表示。反映开发区工矿仓储用地的平面利用状况，属正向相关指标。
工业用地固定资产投入强度（B11）	是指已建成城镇建设用地范围内的工业（物流）企业累计固定资产投资总额与工矿仓储用地面积之比，单位为万元 / 公顷。反映开发区工矿仓储用地的投入强度，属正向相关指标。
工业用地地均税收（B12）	是指已建成城镇建设用地范围内的工业（物流）企业税收总额与工矿仓储用地面积之比，单位为万元 / 公顷。反映开发区工矿仓储用地的产出效益，属正向相关指标。
土地闲置率（C11）	是指已供应国有建设用地中闲置土地面积与已供应国有建设用地面积之比，数值以 % 表示。反映开发区土地的闲置情况，属负向相关指标。

表 3　产城融合型开发区土地集约利用评价指标体系

目标	子目标	指标			
		依法审批范围	指标属性	发展方向区	指标属性
土地利用状况（A）	土地利用程度（A1）	土地供应率（A11）	正向相关	土地开发率（A13）	正向相关
		土地建成率（A12）	正向相关		
	土地利用强度（A2）	综合容积率（A21）	正向相关	综合容积率（A21）	正向相关
		建筑密度（A22）	正向相关	建筑密度（A22）	正向相关
用地效益（B）	综合用地效益（B1）	综合地均税收（B11）	正向相关	综合地均税收（B11）	正向相关
		人口密度（B12）	正向相关	人口密度（B12）	正向相关
管理绩效（C）	土地利用监管绩效（C1）	土地闲置率（C11）	负向相关	土地闲置率（C11）	负向相关

表4　产城融合型开发区土地集约利用评价指标含义

指标名称	指标含义
土地供应率（A11）	是指已供应国有建设用地面积与已达到供地条件的土地面积之比，数值以%表示。反映开发区已达到供地条件土地的供应情况，属正向相关指标。
土地建成率（A12）	是指已建成城镇建设用地面积与已供应国有建设用地面积之比，数值以%表示。反映开发区已供应国有建设用地的建成状况，属正向相关指标。
土地开发率（A13）	是指开发区发展方向区内已达到供地条件的土地面积与除不可建设土地以外的用地面积之比，数值以%表示。反映开发区发展方向区土地的开发状况，属正向相关指标。
综合容积率（A31）	是指已建成城镇建设用地上的总建筑面积与已建成城镇建设用地面积的比值，无量纲。反映开发区已建成城镇建设用地的综合利用强度，属正向相关指标。
建筑密度（A32）	是指已建成城镇建设用地内的建筑基底总面积与已建成城镇建设用地面积的比值，数值以%表示。反映开发区已建成城镇建设用地的平面利用状况，属正向相关指标。
综合地均税收（B11）	是指已建成城镇建设用地范围内的二、三产业税收总额与已建成城镇建设用地面积之比，单位为万元/公顷。反映开发区已建成城镇建设用地的产出效益，属正向相关指标。
人口密度（B12）	是指评价范围内的常住人口与已建成城镇建设用地面积之比，单位为人/公顷。反映开发区土地的人口承载水平，属正向相关指标。
土地闲置率（C11）	是指已供应国有建设用地中闲置土地面积与已供应国有建设用地面积之比，数值以%表示。反映开发区土地的闲置情况，属负向相关指标。

2. 理想值确定及指标标准化方法

理想值为开发区土地集约利用各评价指标在评价时点应达到的理想水平。理想值应依照节约集约用地原则，在符合有关法律法规、国家和地方制定的技术标准、土地利用总体规划、城乡规划、国土空间规划等要求的前提下，结合开发区实际确定。理想值原则上应不小于现状值。理想值确定可采用以下方法：目标值法：结合国民经济和社会发展规划、土地利用总体规划、城乡规划等相关规划，以及有关用地标准、行业政策等，在分析土地利用现状的基础上，确定指标理想值；经验借鉴法：参考相关开发区土地集约利用先进水平，确定指标理想值；专家咨询法：选择一定数量（10~40人）熟悉城市、开发区经济社会发展和土地利用状况的专家，提供相关材料，咨询确定指标理想值。

正向评价指标标准化应采用理想值比例推算法，以指标实现度分值进行度量，按照公式（1）计算：

$$S_{ijk} = \frac{X_{ijk}}{T_{ijk}} \times 100 \qquad (1)$$

式中：

S_{ijk} —— i 目标 j 子目标 k 指标的实现度分值；

X_{ijk} —— i 目标 j 子目标 k 指标的现状值；

T_{ijk} —— i 目标 j 子目标 k 指标的理想值。

负向指标按照公式（2）计算，例如土地闲置率，以指标实现度分值进行度量：

$$S = (1 - X) \times 100 \qquad (2)$$

式中：

S —— 土地闲置率的实现度分值；

X —— 土地闲置率的现状值。

各评价指标实现度分值应在 0~100。当指标理想值小于现状值时，该指标的实现度分值记为 100。

3. 土地利用集约度分值计算

计算子目标分值。开发区土地利用集约度子目标分值按照公式（3）计算：

$$F_{mij} = \sum_{k=1}^{n} \left(S_{mijk} \times w_{mijk} \right) \qquad (3)$$

式中：

F_{mij} —— m 评价范围 i 目标 j 子目标的土地利用集约度分值；

S_{mijk} —— m 评价范围 i 目标 j 子目标 k 指标的实现度分值；

w_{mijk} —— m 评价范围 i 目标 j 子目标 k 指标相对 j 子目标的权重值；

m —— 1 为主区，2 为发展方向区；

n —— 指标个数。

计算目标分值。开发区土地利用集约度目标分值按照公式（4）计算：

$$F_{mi} = \sum_{j=1}^{n} \left(F_{mij} \times w_{mij} \right) \tag{4}$$

式中：

F_{mi} —— m 评价范围 i 目标的土地利用集约度分值；

F_{mij} —— m 评价范围 i 目标 j 子目标的土地利用集约度分值；

w_{mij} —— m 评价范围 i 目标 j 子目标相对 i 目标的权重值；

m —— 1 为主区，2 为发展方向区；

n —— 子目标个数。

计算评价范围分值。开发区土地利用集约度评价范围分值按照公式（5）计算：

$$F_{m} = \sum_{i=1}^{n} \left(F_{mi} \times w_{mi} \right) \tag{5}$$

式中：

F_{m} —— m 评价范围的土地利用集约度分值；

F_{mi} —— m 评价范围 i 目标的土地利用集约度分值；

w_{mi} —— m 评价范围 i 目标的权重值；

m —— 1 为主区，2 为发展方向区；

n —— 目标个数。

计算综合分值。开发区土地利用集约度综合分值按照公式（6）计算：

$$F = \sum_{m=1}^{2} \left(F_{m} \times w_{m} \right) \tag{6}$$

式中：

F —— 土地利用集约度综合分值；

F_{m} —— m 评价范围的土地利用集约度分值；

w_{m} —— m 评价范围的权重值；

m —— 1 为主区，2 为发展方向区。

（三）开发区土地集约利用潜力测算

开发区土地集约利用潜力分为扩展潜力、结构潜力、强度潜力和管理潜力四种类型。扩展潜力是指截至评价时点，开发区评价范围内尚可供应用于建设的土地面积，分为尚可供应土地面积和尚可供应工矿仓储用地面积。结构潜力是指开发区评价范围内已建成城镇建设用地中，通过用地结构调整可增加的工矿仓储用地面积。产城融合型开发区不进行结构潜力测算。强度潜力是指开发区评价范围内已建成城镇建设用地中，根据土地利用强度指标现状值与相应理想值的差距换算形成的用地面积。工业主导型开发区强度潜力根据工业用地综合容积率、工业用地建筑系数、工业用地固定资产投入强度、工业用地地均税收测算。产城融合型开发区强度潜力根据综合地均税收测算。管理潜力是指开发区评价范围内通过处置有偿使用且已到期但未处置土地和闲置土地，可挖潜的土地面积。潜力测算应分别针对依法审批范围和发展方向区开展，并进行汇总分析。在扩展潜力测算的基础上，推算开发区尚可供地年数。其中，发展方向区内尚无已供应国有建设用地的，不推算发展方向区的尚可供地年数。

Abstract

Blue Book on the Land Intensive Use of the Development Zones in China, mainly relying on the evaluation of land intensive use of development zones nationwide deployed by the Ministry of Natural Resources, and based on the economic, social and land use data of development zones at all levels and of all types, summarizes the current level, dynamic changes, regional pattern and overall characteristics of land intensive use of development zones in 2016-2020 from different scales such as the whole country, four regions and four major urban agglomerations, and puts forward policy suggestions on promoting the level of land intensive use of development zone with the actual conditions of all regions and urban agglomerations. The book consists of general report, regions, major urban agglomerations, special researches and appendices.

During the "13th Five-Year Plan" period, the number of development zones in China has increased, and the enthusiasm to participate in the evaluation has been continuously improved, with the trend of transforming to comprehensive, high-tech and industry-city integration development zones. The scale of land use in development zones continues to expand, and the effect of land intensive use is remarkable. However, the level of land intensive use in development zones varies greatly, and the imbalance of regional development is still prominent. Some development zones have many problems, such as insufficient investment attraction, low quality of construction projects, insufficient land use intensity, and untimely disposal of idle land. To continue to promote the intensive use of land in development zones, it is necessary to start with scientific planning of the overall layout of the development zone, the establishment of the life-cycle management model of industrial projects, and the promotion of the transformation of the evaluation results of the intensive use of land in development zones.

The level of land intensive use of development zones in four regions presents different characteristics. The eastern region has the largest number of development zones, the largest average land use scale, the rapid development of high-tech zones and special customs supervision zones, and the best overall level of land intensive use, but the space for expanding land use is obviously insufficient. It is necessary to explore the redevelopment mode of stock land and build a demonstration area for land intensive use. In the central region, the average land use scale of development zones is small, the development power of the high-tech zone is strong, the land use degree and land use intensity of development zones are high, but the comprehensive land use efficiency and land management performance are obviously insufficient. The industrial development level of development zones needs to be further improved, and the disposal of idle land needs to be accelerated. In the western region, the number of development zones is only second to that in the eastern region, but the sustainability of the evaluation is relatively weak. The average scale of land use in the provincial development zones is the largest. The economic development zones such as the border cooperation zone are developing rapidly. The overall level of land intensive use in the development zones is low. Only the national development zones have a good population carrying capacity. Appropriate policies can be implemented to promote the development of characteristic industries, and the level of land management needs to be further improved. In the northeast region, the number of development zones is the smallest, the average land use scale is relatively small, the economic development zones develop rapidly, the land use degree of the development zones is high, and the land management performance is good, but the land use intensity and comprehensive land use efficiency are obviously insufficient. It is urgent to innovate the way of attracting investment, improve economic vitality, and promote industrial upgrading.

The level of intensive land use in development zones within the four key urban agglomerations has their own characteristics. In Beijing-Tianjin-Hebei urban agglomeration, the overall level of land intensive use of development zones is relatively high, but the land use intensity and comprehensive land use efficiency in Hebei development zones are obviously low. It is necessary to explore the cooperation and co-construction of the Beijing-Tianjin-Hebei development zones to promote the coordinated development of industries, and further strengthen the land use management of the Hebei development zone. In Yangtze River Delta urban agglomeration, the number of development zones is large, the orientation of industry-city integration development is obvious, the overall level of land intensive use is the highest, and the inter-provincial difference is relatively small. It is possible to further strengthen the inter-provincial division of labor and cooperation, establish the linkage mechanism of development zones, and promote the stock tapping and secondary development of development zones. In Pearl River Delta urban agglomeration, the number of development zones is small and stable, the average land use scale is large, and the land use intensity is high. The number of provincial characteristic industrial zones accounts for the highest proportion, but the comprehensive land use efficiency is low, and there is a certain proportion of idle land. To promote the intensive use of land, it is necessary to strengthen the innovative leadership of the development zones, and focus on improving the land management level of provincial characteristic industrial zones. In Chengdu-Chongqing urban agglomeration, the number of development zones is relatively large, the average land use scale is small, the industry-city integration development orientation is obvious, the land use intensity of the development zones is high, but the comprehensive land use efficiency is obviously insufficient, and there are plenty of idle land in the provincial development zones. It is necessary to further promote the coordinated development of industry in Chengdu-

Chongqing development zones, strengthen the transformation ability of scientific and technological achievements, and strengthen the land management ability of the provincial development zones.

Keywords: Development Zone; Construction Land; Intensive Use Evaluation; Regional Pattern

Contents

I   General Report

Abstract: Based on the basic data of land intensive use evaluation of development zones in 31 provinces, autonomous regions and municipalities directly under the central government from 2016 to 2020, this report analyzes the basic situation, land use status, land intensive use status of development zones across the country, compares the differences of land intensive use status of different types of development zones. The report points out that during the "13th Five-Year Plan" period, the enthusiasm of China's development zones to participate in the evaluation has been continuously improved, and the trend of transformation to comprehensive, high-tech and industry-city integration is obvious. The scale of land use has continued to expand, and the efficiency of land intensive use has been remarkable. However, the level of land intensive use in development zones has varied greatly, and the imbalance of regional development is still prominent. Some development zones still have insufficient investment attraction and low quality of construction projects There are many problems such as insufficient land use intensity and untimely disposal of idle land. To continue to promote the intensive use of land in the development zone, it is necessary to start with scientific planning of the overall layout of the development zone, the establishment of the life-cycle management model of industrial projects, and the promotion of the transformation of the evaluation results of the intensive use of land in the development zone.

Keywords: Development Zone; Construction Land; Intensive Land Use

II Regions

B.2 Report on Land Intensive Use of Development Zones of Eastern Region from 2016 to 2020 / 070

Abstract: Based on the basic data of land intensive use evaluation of 255 national development zones and 853 provincial development zones in 10 provinces (municipalities directly under the central government) in the eastern region, this report analyzes the basic situation, land use status, land intensive use status of development zones of eastern region, compares the differences of land intensive use in different types of development zones. The report points out that the number of development zones in the eastern region is the largest, and the participation in the evaluation is sustainable. The high-tech zones and special customs supervision zones are developing rapidly, and the land use scale is large. On the overall level of land intensive use, the development zones in the eastern region have higher land use degree, land use intensity, comprehensive land use efficiency and land management performance. To promote the intensive use of land in the development zone in the eastern region, we can build a demonstration area for the intensive use of land in the development zone by integrating smaller development zones, promoting the integrated development of industry and city, exploring the redevelopment of existing land, controlling the scale of new construction land in the development zone, and improving the level of information management in the development zone.

Keywords: Development Zone; Intensive Land Use; Eastern Region

Abstract: Based on the basic data of land intensive use evaluation of 177 national development zones and 585 provincial development zones in 6 provinces in the central region, this report analyzes the basic situation, land use status, land intensive use status of development zones of central region, compares the differences of land intensive use in different types of development zones. The report points out that the number of development zones in the central region accounts for about one fifth of the whole country, and the average land use scale is relatively small, among which the development impetus of high-tech zones is strong. On the overall level of land intensive use, the land use degree and intensity of the development zone in the central region are high, but the comprehensive land use efficiency and land management performance need to be improved. To promote the intensive use of land in the development zones in the central region, we can start from promoting the differential development of the development zones, developing new strategic industrial clusters, improving the operation and management level of the development zones, and accelerating the disposal of idle land.

Keywords: Development Zone; Intensive Land Use; Central Region

Abstract: Based on the basic data of land intensive use evaluation of 138 national development zones and 687 provincial development zones in 1 municipality directly under the central government, 5 autonomous regions and 6 provinces in the western region, this report analyzes the basic situation, land use status, land intensive use status of development zones of western region, compares the differences of land intensive use in different types of development zones. The report points out that the number of development zones in the western region accounts for about a quarter of the country's total, the participation rate fluctuated during the "13th Five-Year Plan" period, and economic development zones such as border cooperation zones developed rapidly. In terms of the land use scale of the development zones, the average land use scale of the national development zones in the western region is small, and the provincial development zones are large. In general, the development zones in the western region need to be strengthened in terms of land use degree, land use intensity, comprehensive land use efficiency and land management performance. Only the national development zones have a good population carrying capacity. To promote the intensive use of land in the development zones in the western region, we can start from building the border characteristic industries, strengthening the infrastructure security, providing effective industrial policies, controlling the scale of land use in the development zones, and strengthening the management of land use.

Keywords: Development Zone; Intensive Land Use; Western Region

B.5 Report on Land Intensive Use of Development Zones of Northeast Region from 2016 to 2020 / 236

Abstract: Based on the basic data of land intensive use evaluation of 54 national development zones and 230 provincial development zones in 3 provinces in the northeast region, this report analyzes the basic situation, land use status, land intensive use status of development zones of northeast region, compares the differences of land intensive use in different types of development zones. The report points out that the number of development zones in Northeast China accounts for about one tenth of the country's total. During the "13th Five-Year Plan" period, more provincial development zones were added. Economic development zones developed rapidly and the average land use scale was relatively small. On the whole, the development zone in Northeast China has a relatively high degree of land use and good performance of land management, but its land use intensity and comprehensive land use efficiency are obviously insufficient. To promote the intensive use of land in the development zones of the Northeast China, we can start from promoting industrial upgrading, improving economic vitality, and innovating the ways of attracting investment.

Keywords: Development Zone; Intensive Land Use; Northeast Region

III   Major Urban Agglomerations

Abstract: Based on the basic data of land intensive use evaluation of 30 national development zones and 213 provincial development zones in Beijing-Tianjin-Hebei urban agglomeration, this report analyzes the basic situation, land use status, land intensive use status of development zones of Beijing-Tianjin-Hebei urban agglomeration, compares the differences of land intensive use in different types of development zones. The report points out that development zones in Beijing-Tianjin-Hebei urban agglomeration have strong sustainability, large average land use scale, rapid development of high-tech zones and special customs supervision zones, and a relatively high overall level of intensive land use. The level of land intensive use in inter-provincial development zones is significantly different. There are many provincial development zones in Hebei Province, and the land use intensity and comprehensive land use efficiency are significantly lower. This is the key to restrict the improvement of the level of land intensive use in the Beijing-Tianjin-Hebei urban agglomeration development zones. To promote the intensive use of land in the Beijing-Tianjin-Hebei urban agglomeration development zone, we can start from strengthening the coordinated development of regional industries, promoting the cooperation and co-construction of inter-provincial parks, and strengthening the management of land use in the development zone of Hebei Province.

Keywords: Development Zone; Intensive Land Use; Beijing-Tianjin-Hebei Urban Agglomeration

B.7 Report on Land Intensive Use of Development Zones of Yangtze River Delta Urban Agglomeration from 2016 to 2020   / 345

Abstract: Based on the basic data of land intensive use evaluation of 145 national development zones and 376 provincial development zones in Yangtze River Delta urban agglomeration, this report analyzes the basic situation, land use status, land intensive use status of development zones of Yangtze River Delta urban agglomeration, compares the differences of land intensive use in different types of development zones. The report points out that the number of development zones in Yangtze River Delta urban agglomeration accounts for about one fifth of the country's total. The high-tech zones and special customs supervision zones have sufficient development momentum. The development zones have obvious industry-city integration development orientation. The average size of national development zones is small, the provincial development zones are large, and the level of intensive land use is high. To promote the intensive use of land in the development zone of the Yangtze River Delta urban agglomeration, we can start from promoting the potential tapping and secondary development of the stock, strengthening the construction of innovation capacity, strengthening the inter-provincial division of labor and cooperation, and establishing the linkage mechanism of the development zone.

Keywords: Development Zone; Intensive Land Use; Yangtze River Delta Urban Agglomeration

B.8   Report on Land Intensive Use of Development Zones of Pearl River Delta Urban Agglomeration from 2016 to 2020   / 399

Abstract: Based on the basic data of land intensive use evaluation of 25 national development zones and 48 provincial development zones in Pearl River Delta urban agglomeration, this report analyzes the basic situation, land use status, land intensive use status of development zones of Pearl River Delta urban agglomeration, compares the differences of land intensive use in different types of development zones. The report pointed out that during the "13th Five-Year Plan" period, the number of development zones in Pearl River Delta urban agglomeration remained stable, the national high-tech zones and special customs supervision zones developed rapidly, the land use scale was large, the number of provincial characteristic industrial zones was large, and the average land use scale was small. On the whole, the land intensive use in the Pearl River Delta urban agglomeration development zone is relatively high, the comprehensive land use efficiency of the national development zone is significant, and the provincial development zone is relatively low, and there is still a certain proportion of idle land. To promote the intensive use of land, we can start from implementing the overall planning of development zones in Pearl River Delta urban agglomeration, strengthening the innovative leadership of the development zone, and focusing on improving the land management level of provincial characteristic industrial zones.

Keywords: Development Zone; Intensive Land Use; Pearl River Delta Urban Agglomeration

559

Abstract: Based on the basic data of land intensive use evaluation of 33 national development zones and 162 provincial development zones in Chengdu-Chongqing urban agglomeration, this report analyzes the basic situation, land use status, land intensive use status of development zones of Chengdu-Chongqing urban agglomeration, compares the differences of land intensive use in different types of development zones. The report points out that the number of development zones in Chengdu-Chongqing urban agglomeration is relatively large, the average land use scale is small, and the development direction of the integration of industry and city is obvious. In general, the land use intensity of development zones is relatively high, but the comprehensive land use efficiency is obviously not high. There are many idle land in the provincial development zone. To promote the intensive use of land, we can start from promoting the coordinated development of development zones, strengthening the transformation ability of scientific and technological achievements, and increasing the level of land management in provincial development zones.

Keywords: Development Zone; Intensive Land Use; Chengdu-Chongqing Urban Agglomeration

Ⅳ　Special Researches

Abstract: This report describes the background of the evaluation of land intensive use in the development zone, briefly describes the historical progress of the evaluation of land intensive use in the development zone, compares and summarizes the similarities and differences of the evaluation of land intensive use in the development zone during the "13th Five-Year Plan", and explains the technical methods and work routes of the summary analysis of land intensive use in the development zone.

Keywords: Development Zone; Land Intensive Use; Evaluation Index System

Abstract: This report describes the theoretical basis of intensive land use, and summarizes the research on intensive land use in development zones at home and abroad from three aspects of the concept, connotation, evaluation method and management practice of intensive land use in development zones, combs the research development context and research hotspots, and summarizes the existing research results in China. At present, the research on the intensive use of land in development zones in China has been relatively mature, and the connotation of intensive use of land in life and ecology in development zones, and the influencing factors and mechanisms of the level of intensive use of land in development zones need to be further explored and studied.

Keywords: Development Zone; Land Intensive Use; Research Overview

Abstract: This report conducts in-depth research on the level of land intensive use in the development zone from two aspects of typical development zones and typical enterprises. In the research of typical development zones, four principles are set up to ensure the scientific selection, sort out the land use level and relevant land management policies of typical development zones, analyze the land use characteristics of development zones with efficient land use, and summarize the experience of improving the land intensive use level of development zones. In the research of typical enterprises, comparative analysis of the basic situation of typical enterprises, the intensive use of land and the compliance of enterprise indicators was carried out.

Keywords: Development Zone; Land Intensive Use; Typical Enterprises

社会科学文献出版社

皮 书

智库成果出版与传播平台

❖ 皮书定义 ❖

皮书是对中国与世界发展状况和热点问题进行年度监测，以专业的角度、专家的视野和实证研究方法，针对某一领域或区域现状与发展态势展开分析和预测，具备前沿性、原创性、实证性、连续性、时效性等特点的公开出版物，由一系列权威研究报告组成。

❖ 皮书作者 ❖

皮书系列报告作者以国内外一流研究机构、知名高校等重点智库的研究人员为主，多为相关领域一流专家学者，他们的观点代表了当下学界对中国与世界的现实和未来最高水平的解读与分析。截至2022年底，皮书研创机构逾千家，报告作者累计超过10万人。

❖ 皮书荣誉 ❖

皮书作为中国社会科学院基础理论研究与应用对策研究融合发展的代表性成果，不仅是哲学社会科学工作者服务中国特色社会主义现代化建设的重要成果，更是助力中国特色新型智库建设、构建中国特色哲学社会科学"三大体系"的重要平台。皮书系列先后被列入"十二五""十三五""十四五"时期国家重点出版物出版专项规划项目；2013~2023年，重点皮书列入中国社会科学院国家哲学社会科学创新工程项目。

皮书网

（网址：www.pishu.cn）

发布皮书研创资讯，传播皮书精彩内容
引领皮书出版潮流，打造皮书服务平台

栏目设置

◆ **关于皮书**
何谓皮书、皮书分类、皮书大事记、
皮书荣誉、皮书出版第一人、皮书编辑部

◆ **最新资讯**
通知公告、新闻动态、媒体聚焦、
网站专题、视频直播、下载专区

◆ **皮书研创**
皮书规范、皮书选题、皮书出版、
皮书研究、研创团队

◆ **皮书评奖评价**
指标体系、皮书评价、皮书评奖

◆ **皮书研究院理事会**
理事会章程、理事单位、个人理事、高级
研究员、理事会秘书处、入会指南

所获荣誉

◆ 2008 年、2011 年、2014 年，皮书网均
在全国新闻出版业网站荣誉评选中获得
"最具商业价值网站"称号；
◆ 2012 年，获得"出版业网站百强"称号。

网库合一

2014 年，皮书网与皮书数据库端口合
一，实现资源共享，搭建智库成果融合创
新平台。

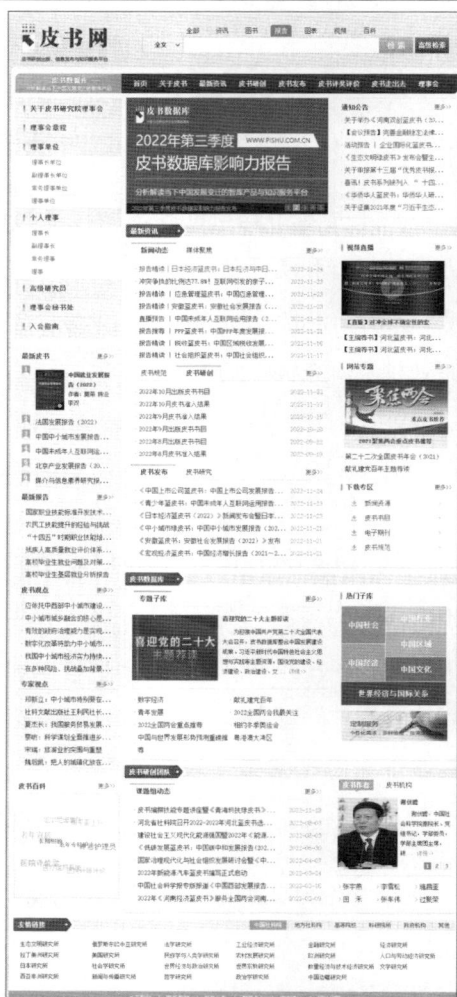

皮书网

"皮书说"
微信公众号

皮书微博

权威报告·连续出版·独家资源

皮书数据库
ANNUAL REPORT(YEARBOOK)
DATABASE

分析解读当下中国发展变迁的高端智库平台

所获荣誉

- 2020年，入选全国新闻出版深度融合发展创新案例
- 2019年，入选国家新闻出版署数字出版精品遴选推荐计划
- 2016年，入选"十三五"国家重点电子出版物出版规划骨干工程
- 2013年，荣获"中国出版政府奖·网络出版物奖"提名奖
- 连续多年荣获中国数字出版博览会"数字出版·优秀品牌"奖

皮书数据库　　"社科数托邦"
微信公众号

成为用户

　　登录网址www.pishu.com.cn访问皮书数据库网站或下载皮书数据库APP，通过手机号码验证或邮箱验证即可成为皮书数据库用户。

用户福利

- 已注册用户购书后可免费获赠100元皮书数据库充值卡。刮开充值卡涂层获取充值密码，登录并进入"会员中心"—"在线充值"—"充值卡充值"，充值成功即可购买和查看数据库内容。
- 用户福利最终解释权归社会科学文献出版社所有。

数据库服务热线：400-008-6695
数据库服务QQ：2475522410
数据库服务邮箱：database@ssap.cn
图书销售热线：010-59367070/7028
图书服务QQ：1265056568
图书服务邮箱：duzhe@ssap.cn

社会科学文献出版社 皮书系列
SOCIAL SCIENCES ACADEMIC PRESS (CHINA)
卡号：678697278746
密码：

S 基本子库
UB DATABASE

中国社会发展数据库（下设 12 个专题子库）

紧扣人口、政治、外交、法律、教育、医疗卫生、资源环境等 12 个社会发展领域的前沿和热点，全面整合专业著作、智库报告、学术资讯、调研数据等类型资源，帮助用户追踪中国社会发展动态、研究社会发展战略与政策、了解社会热点问题、分析社会发展趋势。

中国经济发展数据库（下设 12 专题子库）

内容涵盖宏观经济、产业经济、工业经济、农业经济、财政金融、房地产经济、城市经济、商业贸易等 12 个重点经济领域，为把握经济运行态势、洞察经济发展规律、研判经济发展趋势、进行经济调控决策提供参考和依据。

中国行业发展数据库（下设 17 个专题子库）

以中国国民经济行业分类为依据，覆盖金融业、旅游业、交通运输业、能源矿产业、制造业等 100 多个行业，跟踪分析国民经济相关行业市场运行状况和政策导向，汇集行业发展前沿资讯，为投资、从业及各种经济决策提供理论支撑和实践指导。

中国区域发展数据库（下设 4 个专题子库）

对中国特定区域内的经济、社会、文化等领域现状与发展情况进行深度分析和预测，涉及省级行政区、城市群、城市、农村等不同维度，研究层级至县及县以下行政区，为学者研究地方经济社会宏观态势、经验模式、发展案例提供支撑，为地方政府决策提供参考。

中国文化传媒数据库（下设 18 个专题子库）

内容覆盖文化产业、新闻传播、电影娱乐、文学艺术、群众文化、图书情报等 18 个重点研究领域，聚焦文化传媒领域发展前沿、热点话题、行业实践，服务用户的教学科研、文化投资、企业规划等需要。

世界经济与国际关系数据库（下设 6 个专题子库）

整合世界经济、国际政治、世界文化与科技、全球性问题、国际组织与国际法、区域研究 6 大领域研究成果，对世界经济形势、国际形势进行连续性深度分析，对年度热点问题进行专题解读，为研判全球发展趋势提供事实和数据支持。

法律声明

"皮书系列"（含蓝皮书、绿皮书、黄皮书）之品牌由社会科学文献出版社最早使用并持续至今，现已被中国图书行业所熟知。"皮书系列"的相关商标已在国家商标管理部门商标局注册，包括但不限于 LOGO（ ▉ ）、皮书、Pishu、经济蓝皮书、社会蓝皮书等。"皮书系列"图书的注册商标专用权及封面设计、版式设计的著作权均为社会科学文献出版社所有。未经社会科学文献出版社书面授权许可，任何使用与"皮书系列"图书注册商标、封面设计、版式设计相同或者近似的文字、图形或其组合的行为均系侵权行为。

经作者授权，本书的专有出版权及信息网络传播权等为社会科学文献出版社享有。未经社会科学文献出版社书面授权许可，任何就本书内容的复制、发行或以数字形式进行网络传播的行为均系侵权行为。

社会科学文献出版社将通过法律途径追究上述侵权行为的法律责任，维护自身合法权益。

欢迎社会各界人士对侵犯社会科学文献出版社上述权利的侵权行为进行举报。电话：010-59367121，电子邮箱：fawubu@ssap.cn。

社会科学文献出版社